Ensayo

Biografía

Élisabeth Roudinesco es historiadora y directora de investigación en la Universidad de París-VII y autora de numerosas obras, entre las que se destacan *Jacques Lacan. Esbozo de una vida, historia de un sistema de pensamiento*; *¿Por qué el psicoanálisis?*; *Nuestro lado oscuro. Una historia de los perversos*; y *Freud. En su tiempo y en el nuestro*.

Élisabeth Roudinesco

Freud en su tiempo y en el nuestro

Traducción de
Horacio Pons

DEBOLS!LLO

Papel certificado por el Forest Stewardship Council®

Título original: *Sigmund Freud. En son temps et dans le nôtre*

Primera edición en Debolsillo: septiembre de 2022

© 2014, Éditions du Seuil
© 2015, 2022, Penguin Random House Grupo Editorial, S.A.U.
Travessera de Gràcia, 47-49. 08021 Barcelona
© 2015, Horacio Pons, por la traducción
Diseño de la cubierta: Penguin Random House Grupo Editorial
Imagen de la cubierta: © Getty Images
Fotografía de la autora: © Photo Luc Facchetti

Printed in Spain – Impreso en España

ISBN: 978-84-663-6139-2
Depósito legal: B-11.799-2022

Impreso en Black Print CPI Ibérica
Sant Andreu de la Barca (Barcelona)

P361392

El secreto de un hombre no es su complejo de Edipo [...], es el límite mismo de su libertad, su poder de resistencia a los suplicios y la muerte.

JEAN-PAUL SARTRE

Índice

Primera parte
VIDA DE FREUD

Segunda parte
FREUD, LA CONQUISTA

Tercera parte
FREUD EN SU PROPIA CASA

CUARTA PARTE
FREUD, LOS ÚLTIMOS TIEMPOS

Introducción

Un hombre solo está verdaderamente muerto, decía Jorge Luis Borges, cuando muere a su vez el último hombre que lo ha conocido. Es lo que hoy sucede en el caso de Freud, aunque vivan todavía unas pocas personas que tuvieron algún contacto con él en su infancia. Freud dedicó la vida a escribir, y si bien alguna que otra vez destruyó documentos de trabajo y cartas para complicar la tarea de sus biógrafos futuros, se entregó con tamaña pasión a la huella, la arqueología y la memoria, que lo perdido no es nada en comparación con lo conservado. Tratándose de un destino semejante, el historiador se enfrenta a un exceso de archivos y, en consecuencia, a una pluralidad infinita de interpretaciones.

Además de unos veinte volúmenes y más de trescientos artículos, Freud dejó una cantidad considerable de notas, borradores, agendas, dedicatorias y anotaciones en las obras de su inmensa biblioteca instalada en el Freud Museum de Londres. Escribió, al parecer, alrededor de veinte mil cartas, de las que solo se conserva la mitad.[1] Estas, en su mayor parte, se han publicado en francés o, cuando no es así, están en proceso de fijación del texto en alemán. A ello se suman intervenciones y entrevistas de gran riqueza realizadas en la década de 1950 por Kurt Eissler, psicoanalista emigrado de Viena a Nueva York, así como textos acerca de unos ciento sesenta pacientes ahora identificados, pero en su mayoría poco conocidos.

Traducidas a una cincuentena de lenguas, las obras de Freud son de dominio público desde 2010, y ya se puede acceder a una parte esencial de sus archivos en el Departamento de Manuscritos de la

Library of Congress (LoC, Biblioteca del Congreso) de Washington, después de treinta años de polémicas y terribles batallas.[2] También pueden consultarse diversos documentos en el Freud Museum de Viena.

Sobre Freud se han escrito varias decenas de biografías, desde la primera aparecida mientras aún vivía, en 1924, obra de su discípulo Fritz Wittels, norteamericano naturalizado, hasta la de Peter Gay publicada en 1988, pasando por el monumental edificio en tres volúmenes de Ernest Jones, puesto en entredicho a partir de 1970 por Henri F. Ellenberger y los trabajos de la historiografía científica, a la que me adhiero. Eso sin contar el trabajo historiográfico realizado por Emilio Rodrigué, primer biógrafo latinoamericano, que en 1996 tuvo la audacia de inventar un Freud de la sinrazón más cercano a un personaje de García Márquez que a un científico originario de la vieja Europa. Cada escuela psicoanalítica tiene su Freud —freudianos, posfreudianos, kleinianos, lacanianos, culturalistas, independientes— y cada país ha creado el suyo. Cada momento de la vida de Freud ha sido objeto de decenas de comentarios y cada línea de su obra se ha interpretado de numerosas maneras, a tal punto que, al modo de Georges Perec, podemos trazar una lista de todos los ensayos aparecidos sobre el tema de un «Freud acompañado»: Freud y el judaísmo, Freud y la religión, Freud y las mujeres, Freud clínico, Freud en familia con sus cigarros, Freud y las neuronas, Freud y los perros, Freud y los francmasones, etc. Pero también, destinados a los muchos adeptos de un antifreudismo (o *Freud bashing*): Freud rapaz, Freud organizador de un gulag clínico, demoníaco, incestuoso, mentiroso, falsario, fascista. Freud está presente en todas las formas de expresión y de relatos: caricaturas, cómics, libros de arte, retratos, dibujos, fotografías, novelas clásicas, pornográficas o policiales, filmes de ficción, documentales, series de televisión.

Tras decenios de hagiografías, aborrecimientos, trabajos científicos, interpretaciones innovadoras y declaraciones abusivas, y luego de los múltiples retornos a sus textos que han salpicado la historia de la segunda mitad del siglo XX, nos cuesta mucho saber quién era verdaderamente Freud: a tal punto el exceso de comentarios, fantasías, leyendas y rumores ha terminado por distorsionar lo que fue el destino paradójico de ese pensador en su tiempo y en el nuestro.

Por eso, y dado que yo misma frecuenté durante mucho tiempo los textos y los lugares de la memoria freudiana, en el marco de mi enseñanza o con motivo de mis viajes y mis investigaciones, me he propuesto exponer de manera crítica la vida de Freud, la génesis de sus escritos, la revolución simbólica que lo tuvo por iniciador en los albores de la Belle Époque, los tormentos pesimistas de los años locos y los momentos dolorosos de la destrucción de sus iniciativas por los regímenes dictatoriales. La apertura de los archivos y el acceso a un conjunto de documentos todavía no analizados me brindaron la posibilidad de adoptar un enfoque de esas características, y la empresa se vio facilitada por el hecho de que ningún historiador francés se había aventurado todavía en este terreno dominado desde hace lustros por investigaciones en inglés de gran calidad.

En este aspecto, quiero dar las gracias a título póstumo a Jacques Le Goff, quien, durante una prolongada conversación y frente a mis vacilaciones, me alentó vivamente a lanzarme a esta empresa y me dio valiosas indicaciones acerca de la manera como convenía observar a Freud en la construcción de su época, a la vez que esta lo construía.

Así pues, se encontrará en este libro, dividido en cuatro partes, el relato de la existencia de un hombre ambicioso perteneciente a un extenso linaje de comerciantes judíos de Galitzia oriental que se dio el lujo, a lo largo de una época turbulenta —el derrumbe de los Imperios Centrales, la Gran Guerra, la crisis económica, el triunfo del nazismo—, de ser a la vez un conservador ilustrado en busca de liberar el sexo a fin de controlarlo mejor, un descifrador de enigmas, un observador atento de la especie animal, un amigo de las mujeres, un estoico aficionado a las antigüedades, un «desilusionador» de lo imaginario, un heredero del romanticismo alemán y un dinamitero de las certezas de la conciencia, pero también, y acaso sobre todo, un judío vienés, deconstructor del judaísmo y de las identidades comunitarias, tan apegado a la tradición de los trágicos griegos (Edipo) como a la herencia del teatro shakespeariano (Hamlet).

A la vez que se volcaba en la ciencia más rigurosa de su tiempo —la fisiología—, consumió cocaína y, en 1884, creyó descubrir sus virtudes digestivas. Se aventuró en el mundo de lo irracional y del sueño, identificándose con el combate de Fausto y Mefistófeles, de Jacob y el ángel, y después fundó un cenáculo según el modelo de la república platónica, al que arrastró a discípulos fascinados por la búsqueda de una revolución de las conciencias. Con la pretensión de aplicar sus tesis a todos los dominios del saber, se equivocó en lo concerniente a las innovaciones literarias de sus contemporáneos —que tomaron sin embargo sus modelos—, desconoció el arte y la pintura de su tiempo y adoptó posiciones ideológicas y políticas bastante conservadoras, pero impuso a la subjetividad moderna una pasmosa mitología de los orígenes cuyo poderío parece más vivo que nunca cuando más se intenta erradicarlo. Al margen de la historia del «hombre ilustre», abordé, como contrapunto, la de algunos de sus pacientes que llevaron una «vida paralela» sin relación con la exposición de su «caso». Otros reconstruyeron su cura como una ficción y, por último, aun otros, más anónimos, salieron de las sombras gracias a la apertura de sus archivos.

Freud siempre pensó que lo que él descubría en el inconsciente anticipaba lo que sucedía a los hombres en la realidad. Por mi parte he decidido invertir esa proposición y mostrar que lo que Freud creyó descubrir no era, en el fondo, sino el fruto de una sociedad, de un entorno familiar y de una situación política cuya significación él interpretaba magistralmente para presentarla como una producción del inconsciente.

He aquí al hombre y la obra inmersos en el tiempo de la historia, la larga duración de una narración donde se mezclan pequeños y grandes acontecimientos, vida privada y vida pública, locura, amor y amistades, diálogos de largo aliento, agotamiento y melancolía, tragedias de la muerte y la guerra y, para terminar, exilio hacia el reino de un futuro siempre incierto y siempre por reinventar.

PRIMERA PARTE
VIDA DE FREUD

1

Los comienzos

A mediados del siglo XIX, la aspiración de los pueblos europeos a disponer de sí mismos inflamaba los espíritus. Por doquier, de este a oeste, tanto en el corazón de las naciones ya democráticas como en el seno de las comunidades todavía arcaicas o de las minorías integradas en los Imperios Centrales, un nuevo ideal de emancipación surgía en las conciencias, ilustrando la gran profecía enunciada por Saint-Just en 1794: «Sepa Europa que ya no queréis un solo desdichado ni un solo opresor en territorio francés; fructifique este ejemplo sobre la tierra [...]. La felicidad es una idea nueva en Europa».

El año de 1848 puso en marcha un viraje. Primavera de los pueblos y de las revoluciones, primavera del liberalismo y del socialismo, aurora del comunismo. Tras años de guerras, masacres, sojuzgamientos y rebeliones, hombres de lenguas y costumbres diferentes reclamaban la abolición de los antiguos regímenes monárquicos restaurados en los países donde la epopeya napoleónica había contribuido, no mucho tiempo atrás, a difundir los ideales de 1789: «Un fantasma recorre Europa: el fantasma del comunismo», escribían Marx y Engels en 1848, y proseguían: «Todas las fuerzas de la vieja Europa se han unido en santa cruzada para acosar a ese fantasma».[1]

Si esas revoluciones fueron reprimidas en toda Europa, las ideas que expresaban siguieron propagándose de manera contradictoria, según se refirieran a la Ilustración francesa, caracterizada por la búsqueda de un ideal de civilización universal fundada en una práctica política, o, al contrario, en la *Aufklärung* alemana, cuya vocación filosófica tenía sus orígenes en la religión protestante.[2]

Sin embargo, a mediados del siglo XIX esas dos concepciones de la Ilustración (civilización y *Kultur*) —la primera universalista, y la segunda más identitaria— entraron en contradicción con los regímenes políticos deseosos de restaurar, bajo nuevas formas, el antiguo orden del mundo, gravemente quebrantado por la primavera de las revoluciones. Así apareció el nacionalismo.

Para responder a la aspiración de los pueblos y luchar contra la universalización de los ideales de la Ilustración, la burguesía industrial en plena expansión hizo suya la idea de nación para transformarla en su contrario. Procuró entonces unificar, no a los hombres entre sí, sino naciones jerarquizadas concebidas como entidades distintas las unas de las otras, cada una de ellas asimilada a la suma de sus particularismos. El principio afirmado por la Ilustración francesa, conforme al cual el hombre debía definirse como un sujeto libre, y el ideal alemán de la cultura identitaria fueron sucedidos por una doctrina fundada en la obligación en que se veían todos los seres humanos de pertenecer a una comunidad o una raza: el hombre en sí no existe, se decía; solo hay hombres sujetos a un territorio, a un Estado nación. Cada uno tenía el deber de ser francés, italiano, alemán, antes de ser un sujeto de derecho, al margen de toda pertenencia.

En ese mundo europeo en plena mutación, también los judíos aspiraban a un ideal de emancipación. Convertidos en ciudadanos con todas las de la ley desde 1791, los judíos franceses habían ganado los mismos derechos que los demás ciudadanos, pero a condición de renunciar a la carga de la doble identidad. Para ellos solo debía contar el acceso al estatus de sujeto de derecho, liberado de las servidumbres de la religión y del influjo comunitario. En virtud de ello se les había autorizado, en privado, a practicar el culto de su preferencia. Al mismo tiempo el judaísmo se convirtió, para el Estado laico, en una religión como cualquier otra; dejaba de ser la religión madre, la religión odiada desde la Edad Media, la religión del pueblo elegido que había dado origen al cristianismo. La idea de que uno pudiera definirse como judío en el sentido de tener la identidad judía era contraria al ideal universalista del laicismo francés.

En Alemania, tierra de la Reforma luterana, el proceso de emancipación ambicionado por la Haskalá —el movimiento de la Ilustración judía fundado por Moses Mendelssohn— apuntaba, no a integrar a los judíos como ciudadanos con todas las de la ley, sino a permitirles ser a la vez «judíos *y* alemanes». Opuestos al jasidismo, otro componente de la Ilustración que intentaba revalorizar la espiritualidad judía —sobre todo en Europa oriental—, los partidarios de la Haskalá afirmaban que los judíos modernos podrían vivir de acuerdo con dos pertenencias positivas: una dependiente de la fe, otra, del territorio. Con la condición, de todos modos, de que se deshicieran de los lastres de una tradición religiosa demasiado apremiante.

En la generalidad del mundo germanoparlante en vías de industrialización —de Europa del Norte a la *Mitteleuropa*—, los judíos asquenazíes no habían conquistado los mismos derechos que en Francia. Repartidos en las cuatro grandes provincias antaño situadas en el corazón del Santo Imperio Romano Germánico —Galitzia, Moravia, Bohemia y Silesia— e incorporadas luego al Imperio austrohúngaro, ocupaban en realidad un territorio más amplio de fronteras indeterminadas —la famosa *Yiddishland*— donde se agrupaban en comunidades de una misma lengua y circulaban por una zona inestable entre Polonia, Lituania, Bielorrusia, Ucrania, Rumanía y Hungría.

Al no tener acceso a todas las profesiones, esos judíos estaban condenados, para escapar a la humillación de serlo, ya fuera a la conversión, ya fuera a la práctica del autoodio judío, ya fuera al éxito intelectual, a menudo vivido a la manera de una revancha: «Si los judíos se destacaron en la universidad», escribe William Johnston, «es porque sus familias los exhortaron a trabajar con más empeño para vencer los prejuicios».[3]

Los judíos emancipados del siglo XIX creían, así, ser capaces de escapar a la persecución ancestral mediante la integración en la sociedad burguesa industrial e intelectual de diferentes maneras, según el país donde habitaran: como ciudadanos con todas las de la ley en Francia, como individuos pertenecientes a una comunidad en Inglaterra y más adelante en Estados Unidos, como súbditos judeoalemanes en el mundo germánico y como minorías en los Imperios Centrales. Muchos de ellos transformaron su apellido con motivo de las distintas migraciones que los afectaron: de ahí el movimiento de germanización o afrancesamiento de los nombres polacos, rusos o rumanos en esa época. Y muchos renunciaron a la circuncisión o se convirtieron.

Pero a medida que el nacionalismo se apartaba de los antiguos ideales de la primavera de los pueblos, comenzaron a ser rechazados, ya no por su religión sino por su «raza», es decir, debido a una pertenencia identitaria invisible que parecía resistirse a las conversiones y que, al mismo tiempo, los forzaba a definirse, también a ellos, como originarios de una nación. Tal fue la paradoja del nacimiento del antisemitismo, que reemplazó al viejo antijudaísmo. El judío dejó de ser condenado al ostracismo por su práctica de la *otra* religión —el primer monoteísmo—; ahora se lo miraba como miembro de una raza en busca de una nación.

Si durante siglos los europeos solo habían tenido que vérselas con judíos *dispersos*, es decir, con un pueblo de parias consciente del rechazo que provocaba, y que entendía su unidad o su universalidad sin referencia a frontera alguna, pronto iban a tener que enfrentarse con un pueblo que, como ellos, estaba obligado a definirse como una nación: la nación judía. Pero ¿qué es una nación sin fronteras? ¿Qué es un pueblo sin territorio? ¿Qué son una nación y un pueblo compuestos de sujetos o individuos que, a fuerza de tener su origen en diferentes naciones, no son ciudadanos de ninguna parte?[4]

Fue en ese mundo en plena efervescencia, marcado por una urbanización y una germanización graduales de los judíos del reino de los Habsburgo, donde nació Jacob Kallamon (Kalman) Freud, en Tysmenitz, aldea (*shtetl*) de Galitzia oriental, el 18 de diciembre de 1815, seis meses después de la derrota de las tropas napoleónicas en Waterloo.[5] Como muchos judíos establecidos en esa zona de Europa oriental, ahora incorporada al imperio de los Habsburgo, su padre, Schlomo Freud, originario de Buczacz, ejercía la profesión de comerciante. Tras el nacimiento de su hijo mayor, la mujer de Schlomo, Peppi Hofmann-Freud, hija de Abraham Siskind Hofmann, negociante en tejidos y otros artículos de primera necesidad, trajo al mundo otros dos varones —Abae y Josef— y una niña. El apellido Freud derivaba sin duda del nombre de pila Freide que llevaba la bisabuela de Schlomo.

Comerciante de lanas en Breslau, Abae tuvo muy poca suerte con sus hijos: un varón hidrocefálico y débil mental, otro que se volvió loco. Al pensar en sus tíos y sus primos durante su viaje a París en 1886, Freud, por entonces ferviente admirador de Jean-Martin Charcot y convencido del origen hereditario de las neurosis, no vacilaba en afirmar que una tara neuropatológica afectaba a su familia: «En mi calidad de neurólogo me preocupan tanto estas cosas como a un marinero el mar». Y agregaba: «Estas cosas son muy corrientes en las familias judías».[6]

Hacia mediados de 1832, cuando tenía apenas diecisiete años, Jacob se casó en Tysmenitz con la joven Sally Kanner, hija de un comerciante. Según la costumbre todavía vigente en la época, las dos familias habían concertado el matrimonio. En un primer momento la pareja se alojó en casa de la familia Kanner, donde Sally trajo al mundo dos varones: Emanuel en 1833 y Philipp un año después. Tuvo a continuación otros dos hijos que murieron de pequeños.

Siskind Hofmann y Schlomo Freud se entendían a las maravillas. Como solía suceder en las familias extensas del *shtetl*, regidas por la ley del padre y los matrimonios consanguíneos, tres generaciones vivían bajo el mismo techo o en el mismo barrio. Las mujeres permanecían en el hogar para criar a los hijos en compañía de sus madres, hermanas, suegras, criadas o ayas, mientras que los hombres, padres, yernos e hijos, se encargaban de los negocios fuera de la casa: por un lado el poderío femenino reducido al territorio de lo íntimo y de las tareas domésticas, por otro el poder masculino en perpetuo exilio. Dentro de ese orden familiar, donde cada cual ocupaba un lugar bien definido desde el nacimiento hasta la muerte, las relaciones entre suegro y yerno revelaban ser tan importantes como las existentes entre padre e hijo, abuelo y nieto o tío y sobrino. Casado en la adolescencia y ya padre de dos hijos a los diecinueve años, Jacob perpetuó esa tradición. Como su padre, se habituó a acompañar a su abuelo materno (Siskind) en sus viajes de negocios a Moravia, donde la política austríaca de asimilación era más rigurosa que en Galitzia y, por lo tanto, más orientada no solo a la germanización de los judíos sino también a su integración en un modo de vida más urbano.

Los dos hombres dormían en posadas judías, respetaban los ritos ancestrales y, al hacerlo, chocaban con las leyes discriminatorias, a la vez que descubrían maneras de vivir más modernas que la suya en el *shtetl*. Uno seguía apegado a la herencia del jasidismo, en tanto que Jacob, si bien piadoso y perfecto conocedor de la lengua sagrada, comenzaba a interesarse en los ideales de la Haskalá.[7] A los veinte años Jacob se convirtió en socio de su abuelo.

En julio de 1844 ambos iniciaron juntos un trámite administrativo con el fin de que los inscribieran en la lista de los judíos «tolerados» en Freiberg. Tras recordar a las autoridades que compraba paños en Moravia, que los llevaba a Galitzia para teñirlos y que sobresalía en el comercio de cáñamo, miel y sebo, Siskind reclamó además la prórroga de su pasaporte y el de su nieto. Luego de muchas y farragosas gestiones se les concedió la «tolerancia».

Cuatro años después la revolución de los pueblos, que estremeció Europa, permitió a los judíos del Imperio austrohúngaro obtener derechos civiles y políticos. La urbanización progresaba a medida que, bajo el efecto de la explosión demográfica, las poblaciones judías de Galitzia emigraban al oeste y el sur.[8] Jacob aprovechó esa situación para solicitar autorización a fin de fijar domicilio en Freiberg. Con el paso de los años deshizo lentamente los lazos que todavía lo ataban a la tradición jasídica de su padre, para romper mejor con la mentalidad del *shtetl* e integrarse en la nueva sociedad burguesa.

Y como una manera de señalar su evolución, compró un ejemplar de la Biblia de Ludwig Philippson, primer traductor al alemán del texto hebreo. Publicada entre 1838 y 1854 y destinada al uso de los judíos reformados, la obra respetaba la integridad de las Sagradas Escrituras, pero acompañaba el texto de una lujosa iconografía tomada del antiguo Egipto. En la página de guarda Jacob dejó anotada la fecha del 1 de noviembre de 1848, como una manera de celebrar la primavera de los pueblos.

Convertido en liberal sin dejar por eso de salpicar sus conversaciones con numerosas anécdotas tomadas de la larga tradición del humor judío, Jacob terminó por ignorar las ceremonias religiosas. Pero tenía el cuidado de celebrar Purim y Pésaj como fiestas familiares. La primera conmemoraba la liberación de los judíos del Imperio persa, y la segunda, la salida de Egipto y el fin del sojuzgamiento del hombre por el hombre: dos fiestas de la libertad en las cuales se arraigaba su adhesión a los ideales de la rebelión de los pueblos.

Entre 1848 y 1852 Jacob prosiguió con su vida itinerante. Tras la muerte de Sally se casó con una tal Rebekka, hija de un comerciante, con la que no tuvo descendencia, al mismo tiempo que su hijo mayor desposaba a los diecinueve años a una joven judía, Maria Rokach, cuya familia procedía de Rusia. En 1855 Maria trajo al mundo a su primer hijo, Johann (John) Freud, futuro compañero de juegos de su tío Sigmund, nacido un año después de él. Vino a continuación Pauline, nacida el 20 de noviembre de 1856.[9]

Emanuel, el primer hijo de Jacob, se convirtió a su turno en socio de su padre como este lo había sido del suyo y de su abuelo. En cuanto a Philipp, el menor, se mantuvo soltero y solo fundó una familia una vez instalado en Manchester, a donde había emigrado con su hermano alrededor de 1859, cuando su padre se marchó de Freiberg. Los dos hicieron fortuna en el comercio de telas y joyería. Jacob no mencionó nunca su segundo matrimonio, cuyas huellas fueron descubiertas por historiadores. ¿Había repudiado a Rebekka? No hay ninguna prueba. Algunos comentaristas inventaron toda una novela con referencia a esa segunda esposa, de la que no se sabe casi nada y cuya existencia Freud desconocía.[10]

Lo cierto es que el 29 de julio de 1855 contrajo un nuevo matrimonio con una muchacha, Amalia Nathansohn, hija de Jacob Nathansohn, agente comercial procedente de Odesa y radicado en Viena. Nacida en Brody en 1835 y única mujer en una fratría de cuatro varones, Amalia pertenecía a la generación de los dos hijos de su esposo. La unión fue bendecida conforme al rito reformado por Isaac Noah Mannheimer. El oficiante recitó las siete bendiciones nupciales y el recién casado rompió un vaso bajo sus pies en recuerdo de la destrucción del Templo de Jerusalén.

Imperiosa, autoritaria y sin duda mucho más afligida que su madre y su abuela por la falta de libertad individual que aún forzaba a las mujeres de la época a ser exclusivamente madres, Amalia se negó a dejarse encerrar en la cárcel de un modelo familiar condenado a la extinción. Pero carecía, sin embargo, de los medios para rebelarse contra su condición de esposa en el hogar. Delgada, elegante, bella, jovial, capaz de una enorme resistencia física, psíquica y moral, supo conservar su autonomía en un mundo en plena mutación. Dio a ese marido que habría podido ser su padre ocho hijos en diez años, tres varones y cinco niñas: Sigmund, Julius, Anna, Regine Debora (apodada Rosa), Maria (apodada Mitzi), Esther Adolfine (apodada Dolfi), Pauline Regine (apodada Paula) y Alexander. La enumeración hace notar que nunca dejó de estar embarazada entre la fecha de su casamiento y la del nacimiento de su último hijo, en 1866. Por lo demás, no se sabe por qué, si era tan fértil, no tuvo más hijos luego de esa fecha.

El 6 de mayo de 1856, entonces, Amalia dio a luz a su primer hijo, Sigmund (Sigismund), llamado Schlomo-Shelomoh en homenaje al patriarca de Tysmenitz. Jacob, que había anotado en hebreo en su famosa Biblia la fecha de la muerte de su padre, ocurrida el 21 de febrero, agregó la del nacimiento de este nuevo Schlomo, «admitido en la Alianza» (circuncidado) una semana después.[11] En 1891 daría a su hijo esa obra como regalo de cumpleaños, luego de haberla hecho reencuadernar: «Hijo que es querido para mí, Shelomoh [...]. Te lo obsequié como recuerdo y signo de amor de tu padre, que te ama con amor eterno. En la ciudad capital, Viena, 29 de nisán de [5]651, 6 de mayo de 1891».[12]

Desde su nacimiento Sigmund fue para Amalia un motivo de orgullo y altivez. Ella lo llamaba «mi Sigi de oro», le hablaba naturalmente en yiddish y siempre lo prefirió al resto de sus hijos, convencida de que llegaría a ser un gran hombre. Un día, en una pastelería, se encontró con una anciana, que le anunció que su hijo era un genio. Se sintió con ello ratificada en su certeza, que Freud siempre juzgó ridícula: «Harto frecuentes han de ser tales profecías; ¡hay tantas madres esperanzadas y tantas viejas campesinas u otras viejas mujeres que han perdido su poder en la tierra y por eso se han vuelto al futuro!».[13]

Amalia transmitió su convicción a Jacob, que comenzó entonces a admirar a su hijo, en la creencia de que algún día sería superior a él. En tanto que los hombres de la familia, ayudados por sus yernos o sostenidos por sus suegros, siempre se habían visto como honrados comerciantes de lana y artículos surtidos, Jacob, que ahora se adhería plenamente a la Ilustración judía, pensó muy pronto que su hijo podría acceder a un destino distinto del de sus antepasados: ya no el negocio sino el saber. Lo inició, pues, en el relato bíblico como en una novela familiar genealógica, lo que le procuró un intenso placer. A lo largo de toda su escolaridad el joven Freud seguiría empapándose de la lengua bíblica, en contacto sobre todo con Samuel Hammerschlag, su profesor de hebreo, que lo ayudaría además a financiar sus estudios: «En su alma», escribiría Freud en 1904, a la muerte de aquel, «ardía una chispa del mismo fuego que animó a los grandes sabios y profetas judíos».[14]

Dijera lo que dijese al respecto, Freud tomó así muy tempranamente conocimiento del texto sagrado. En la infancia nada lo atraía más que la saga egipcia de Moisés, las aventuras de José y sus hermanos o los múltiples matrimonios de los patriarcas centenarios que engendraban una numerosa descendencia con sus mujeres, sus concubinas o sus criadas. Adoraba a Sansón, Saúl, David, Jacob. En los textos del judaísmo reencontraba algunos rasgos estructurales de su propia familia, y más adelante deduciría de ellos que una gran familia es siempre una bendición al mismo tiempo que un motivo de inquietud. Aficionado a deleitarse en sus fantasías y sus ensoñaciones, le gustaba imaginar que su medio hermano Philipp, que vivía bajo el mismo techo que él, era el verdadero esposo de su madre y que su padre era su abuelo. Por eso tenía celos de ese soltero, en tanto que se entendía de maravilla con su otro medio hermano, Emanuel, que se había casado con una mujer de su misma generación. Algunos historiadores imaginaron, sin aportar la más mínima prueba de ello, que Philipp había sido realmente amante de Amalia.

Apegado a su joven y seductora madre, a quien amaba de manera egoísta, Freud la miraba en su infancia como una mujer a la vez viril y sexualmente deseable. Durante un viaje en tren, entre Freiberg y Leipzig, quedó deslumbrado con su desnudez, y más adelante contó un célebre sueño de angustia en el cual la veía dormida y transportada a su cama por personajes con pico de pájaro que le recordaban las divinidades egipcias reproducidas en la Biblia paterna. A continuación consideró que los niños que habían sido preferidos por su madre acarreaban consigo, una vez llegados a la edad adulta, un optimismo inquebrantable. Más aún, deduciría de esta convicción la idea de que las relaciones de amor entre las madres y los hijos varones son las más perfectas y despojadas de ambivalencia. En realidad, jamás pudo dilucidar la índole del vínculo que lo unía a su madre. Para él, el amor maternal —y más aún el amor de la madre por el hijo varón— era algo que estaba en la naturaleza de las cosas.

Con su *nanny* descubrió otro aspecto del amor maternal. Contratada como niñera, Resi Wittek (o Monika Zajic)[15] era vieja, fea y poco deseable: todo lo contrario de Amalia. Pero brindó a Freud afecto y sensualidad. En síntesis, algo carnal que le faltaba en la relación con su madre: «Ella fue», diría más adelante, «mi maestra en cosas sexuales. [...] [M]e ha lavado con agua enrojecida, en la que se había lavado antes».[16] Ardiente católica, Monika le hablaba en checo, le contaba historias de diablos y santos y lo llevaba a iglesias en las que se celebraba el culto de María. Freud descubrió así la segunda religión monoteísta, religión de la carne, del pecado, de la confesión y de la culpa, con sus imágenes piadosas, sus rosarios, su iconografía barroca, sus representaciones del infierno. Cuando volvía a su casa, Sigmund predicaba y glorificaba el nombre del Dios de los cristianos. Pero al nacer Anna, Philipp, el «mal hermano», hizo encarcelar a Monika por robo. Privado de su madre, confinada en su habitación tras el reciente parto, y despojado de su nodriza, Sigmund comenzó a proferir alaridos. Creía a pies juntillas que habían encerrado a Amalia en un baúl.

En 1905, en los *Tres ensayos de teoría sexual*, Freud afirmó que las nodrizas poco concienzudas acariciaban los órganos genitales de los niños para adormecerlos.[17] Al tomar conocimiento de esta observación, varios comentaristas imaginaron a posteriori que Monika había sobado el pene del pequeño Sigmund y que ese era, a no dudar, el origen de la pasión de este por el estudio de la sexualidad humana.[18] Así se abrió paso la idea de un Freud que había sufrido abusos de su nodriza, como tantos otros rumores en torno de la vida privada del fundador del psicoanálisis.

En su infancia Sigmund tuvo como compañeros de juegos a Pauline y John, con quienes formaba un trío. Treinta años después, en un artículo sobre los «recuerdos encubridores», contó que un hombre de treinta y ocho años, a quien él había curado de una fobia, había evocado un recuerdo infantil que enmascaraba otro mucho más reprimido.

De hecho, en ese texto Freud ponía en juego sus propios recuerdos para ilustrar su teoría, y el hombre cuya historia daba a conocer no era otro que él mismo. Dos primos y una prima juegan en un prado, decía, y cada uno de ellos recoge un ramo. Como la niña junta la mayor cantidad de flores, los dos varones, celosos, le arrebatan el ramo. Cuando ella se queja a una campesina, que la consuela y le da una rebanada de pan, los varones tiran las flores para ganarse también su parte de la hogaza: «Este pan me sabe exquisito en el recuerdo; y con esto se interrumpe la escena». Y unas páginas más adelante Freud señalaba «el punto de contacto [entre] el desflorar [y] el arrebatar las flores».[19]

No hacía falta nada más para que algunos comentaristas, confundiendo realidad y fantasia inconsciente, aprovecharan para afirmar que, en su infancia, Freud había desflorado efectivamente a su sobrina con la complicidad de su sobrino.

La leyenda de un Freud víctima de abusos de su nodriza y violador de su sobrina encuentra su fuente, por lo tanto —como todas las otras leyendas—, en la propia obra freudiana, reinterpretada sin cesar al capricho de especulaciones o construcciones infundadas. En cambio, lo que está establecido con certeza es que Freud mantenía relaciones de complicidad y rivalidad con su sobrino mayor que él. Como todos los varones enfrentados a niñas de su edad, John y Sigmund «a veces [se] porta[ban] cruelmente» con Pauline.[20] Eran inseparables, se querían, se acusaban o se peleaban. Al comparar esta amistad infantil con la de Bruto y César, Freud hizo de ella la matriz de lo que más adelante serían sus relaciones con los hombres de su entorno, maestros, discípulos, amigos, adversarios, enemigos: «Un amigo íntimo y un enemigo odiado fueron siempre los requerimientos necesarios de mi vida afectiva; siempre supe crearme a ambos de nuevo, y no rara vez ese ideal infantil se impuso hasta el punto de que amigo y enemigo coincidieron en la misma persona».[21]

En 1860 la familia Freud se instaló en Leopoldstadt, un suburbio popular de Viena poblado de judíos pobres que residían a veces en viviendas insalubres. Otra vez embarazada, Amalia enfermó de tuberculosis y tuvo que pasar varios períodos en los Cárpatos para restablecerse. En esa época Jacob seguía autocalificándose de comerciante de lanas. Sin embargo, víctima de la mecanización de la producción de textiles, nunca logró llegar a ser un comerciante próspero. Con la ayuda de sus hijos del primer matrimonio, no obstante, pudo asegurar una vida decente a su numerosa prole.

Después de haber sido la encarnación de una fuerte autoridad paterna, Jacob daba de sí mismo la imagen de un hombre débil y humillado. Por eso acariciaba, con más intensidad que nunca, el sueño de que su hijo disfrutara de un destino más glorioso que el suyo, pero sin olvidar, empero, honrar lo que él había sido antaño: «Mi Sigismund tiene más inteligencia en el dedo pequeño del pie que yo en la cabeza, pero jamás se atrevería a contradecirme».[22] Schlomo-Sigismund fue el primero en el extenso linaje de los Freud, procedentes de los *shtetl* de Europa oriental, en acceder a otra carrera que la de comerciante.[23]

De esa época procede su identificación con figuras de conquistadores, vencedores luego vencidos, pero siempre dispuestos a vengar al padre o a superarlo: Aníbal, Alejandro, Napoleón. Lo testimonia el recuerdo que conservó de una escena de la infancia: el relato hecho por su padre de una vieja anécdota destinada a demostrarle que el presente era mejor que el pasado. Una vez, le había dicho Jacob, «vino [...] un cristiano y de un golpe me quitó el gorro y lo arrojó al barro exclamando: "¡Judío, bájate de la acera!"». Y a la pregunta de su hijo sobre su reacción, había respondido: «Me bajé a la calle y recogí el gorro».

A esta escena que le disgustaba, Sigmund había opuesto otra, más ajustada a sus aspiraciones: el episodio histórico en que Amílcar había hecho jurar a su hijo Aníbal que se vengaría de los romanos y defendería Cartago hasta la muerte.[24]

De ese modo se afirmó en el imaginario del joven la preocupación por restablecer el recuerdo de un poder patriarcal que no dejaba de deshacerse ante su vista. La anécdota del gorro de piel, en efecto, contaba no solo la historia de una claudicación paterna frente al antisemitismo, sino también el itinerario de un hijo que desde muy temprano se había asignado la misión de revalorizar simbólicamente la ley del padre por un acto de rebelión a la altura de Aníbal. No solo había que superar al padre, sino que además era preciso cambiar de cultura sin traicionar jamás la identidad judía de los ancestros. Al trazar así su destino, Freud se asociaba a la historia de los hijos de la burguesía comercial judía del Imperio austrohúngaro, obligados a despojarse de su judaísmo para ser intelectuales o científicos. Para vivir como judíos, habían tenido que adoptar la cultura griega, latina y alemana.

Ernst Simon, un filósofo israelí de origen berlinés, afirmó en 1980 que Freud se había preparado para el bar-mitzvá y había realizado la ceremonia a los trece años. Y como prueba de lo que sostenía, traía a colación una confidencia del propio Freud. Este contó un día, en efecto, que a los catorce años le habían regalado las obras del escritor judío alemán Ludwig Börne, admirador de la Revolución francesa y heredero de la *Aufklärung*. Freud las conservó piadosamente como los únicos libros procedentes de su juventud. Y Simon deducía de ello que, en realidad, se los habían regalado al cumplir trece años y que, en consecuencia, se trataba de un obsequio recibido con motivo de su bar-mitzvá. Esta interpretación es seductora, sin duda, pero nada prueba que la ceremonia tuviera efectivamente lugar. En cambio, es indudable que Freud admiraba a ese escritor, de quien recordaba estas palabras: «Una vituperable cobardía para pensar nos refrena a todos. Más oprimente que la censura de los gobiernos es la censura que la opinión pública ejerce sobre nuestra labor espiritual».[25]

Durante el verano de 1865 Josef Freud, hermano de Jacob, fue detenido por posesión de billetes falsos. Algunos meses después lo condenaron a diez años de cárcel: «Mi padre, que a causa del disgusto encaneció en pocos días, solía decir siempre que el tío Josef no era un mal hombre, pero sí un idiota».[26] Nada permite decir, como lo han hecho algunos comentaristas, que este asunto se habría ocultado al joven Sigmund, con la consecuencia de provocar en su subjetividad de adulto una gran «catástrofe» existencial.[27] En realidad, Freud fue sensible a esa nueva humillación del padre y recordó en esa oportunidad que la relación de tío con sobrino había sido, en su propia infancia, un motivo de odio y amistad.

A los trece años intimó con Eduard Silberstein, hijo de un banquero judío rumano establecido en Jassy y luego en Brăila, una ciudad a orillas del Danubio.[28] Criado por un padre medio loco y sometido a la ortodoxia religiosa, Eduard aspiraba a ser un librepensador. Así, se hizo amigo y fue condiscípulo del hijo de Jacob en el Real-gymnasium de Viena y después en el Obergymnasium.

Se tejieron entonces lazos entre las familias de los dos adolescentes. Anna Silberstein y Amalia Freud se reunían en la estación termal de Roznau para tomar las aguas y charlar sobre sus problemas domésticos, mientras los dos muchachos, apasionados por la literatura, se imaginaban que eran héroes de una novela. Para alimentar mejor sus ensoñaciones, fundaron una «Academia Castellana» en homenaje a su escritor predilecto: Cervantes. En ese cenáculo, que los tenía por únicos miembros, sus placeres intelectuales procedían de una libre práctica de la palabra iniciática. Intercambiaban sus misivas en alemán y castellano a la vez que aderezaban ambas lenguas con palabras que funcionaban como un lenguaje codificado. Y para mostrar su veneración por la novela picaresca, se asignaron nombres tomados del célebre «Coloquio de los perros» de las *Novelas ejemplares*.

En ese relato Cervantes presenta al perro Berganza, narrador inveterado, y al perro Cipión, filósofo cínico y amargo, ambos hijos de la bruja Montiela, a quien deben su asombrosa facultad de disertar sobre los vagabundeos del alma humana. A través de ese coloquio el autor se entrega a una crítica feroz de las perversiones humanas y de las injusticias de su época.

No nos sorprenderemos de que Freud escogiera llamarse Cipión, como una autoafirmación de su fe en la incapacidad del ser humano para dominar sus pasiones. Y pese a ello, decía, «el hombre que piensa» es el único capaz de decidir al respecto: «Es su propio legislador, su confesor y su juez».[29]

Fascinado desde temprana edad por esa concepción de la libertad humana, Freud, llegado a la adolescencia, tuvo con respecto a su propia sexualidad una actitud ambivalente. Por un lado sufría las frustraciones impuestas por la sociedad en que vivía, al punto de considerarlas como la causa de los tormentos subjetivos más sombríos; por otro, consideraba la exhibición pulsional como una fuente de destrucción. De ahí un culto marcado por el control de los desórdenes del yo. Prefiriendo el deseo no saciado al goce de los cuerpos, no vacilaba en rememorar una escena infantil durante la cual había orinado en el dormitorio de sus padres en presencia de estos: «Este chico nunca llegará a nada», había dicho Jacob. Desafiado por esa frase paterna, Freud no dejó de contabilizar, a lo largo de muchos años, todos sus éxitos intelectuales a fin de demostrarse que nunca sería un inútil.[30] Judío sin Dios, puritano emancipado capaz de dominar sus pulsiones y criticar los perjuicios del puritanismo, presentó de sí mismo la imagen de un rebelde bien ordenado, apasionado desde su infancia por los misterios y las extravagancias de la sexualidad humana. Siempre se definiría como un «liberal a la antigua usanza», alimentado por la *Neue Freie Presse*, principal diario del Imperio austrohúngaro,[31] fundado en 1864, y en el cual colaboraban eminentes intelectuales vieneses: Hugo von Hofmannsthal, Stefan Zweig, Arthur Schnitzler, Theodor Herzl.

Durante el verano de 1871, acompañado por Eduard, Freud se alojó en Freiberg en la casa de la familia de Ignaz Fluss, comerciante textil y un viejo amigo de Jacob Freud. Turbado por la hija de Ignaz, Gisela, una niña de doce años que también era hermana de su camarada Emil Fluss, le dio el nombre de *Ichthyosaura* y se autodesignó como «príncipe del Liásico y señor del Cretácico», en referencia a un poema de Viktor von Scheffel sobre el fin de la era de los saurios, esos animales rebeldes al orden del mundo pero impotentes para impedir la catástrofe final.

Un año después Freud volvió a ver a Gisela. Con aparente indiferencia, la dejó regresar a su internado y luego comenzó a vagabundear por los bosques de su infancia, pensando en lo que podría haber sido su vida si sus padres no se hubiesen marchado de Freiberg y, en vez de hacer suyo el nuevo destino vienés, él hubiera aceptado tomar a su cargo el negocio de Jacob y casarse, a la misma edad que este, con una joven procedente de su medio.

Para poner mejor fin a la era prehistórica de los amores imposibles entre saurios —señor del Cretácico e *Ichthyosaura*—, explicó a Eduard que el verdadero objeto de su deseo no era Gisela sino Eleonora, la madre de esta:

> Me parece que transferí a la hija, bajo la forma de amistad, el respeto que me inspira la madre. Soy un observador perspicaz o me tengo por tal: mi vida dentro de una familia numerosa, donde se desarrollan tantos caracteres, ha aguzado mi mirada y estoy lleno de admiración por esa mujer a quien no iguala del todo ninguno de sus hijos.[32]

Eleonora Fluss tenía cualidades de las que carecía Amalia. Moderna, liberal, culta, se había deshecho del espíritu del gueto. En cuanto a su marido, al contrario de Jacob Freud, se había mostrado capaz de superar la crisis que había vivido la industria textil. Al haber conservado su fortuna, no se había mudado de Freiberg a Viena, ciudad detestada por Sigmund, que amaba la naturaleza, las flores, las setas, los bosques, los animales y la vida al aire libre. Con motivo de ese retorno a la comarca natal, el joven se fabricó pues una doble «novela familiar». Mientras imaginaba lo que habría podido ser su vida si hubiera hecho carrera en el comercio textil, aspiraba también a otra parentalidad: tener un padre idéntico a Ignaz Fluss y una madre semejante a Eleonora. Esto le permitía, claro está, sublimar su atracción carnal por Gisela. Una manera entre otras de tomar distancia con respecto a su propio padre, que, a la misma edad que él, no se había visto obligado a refrenar su sexualidad.

Una anécdota muestra hasta qué punto el joven Freud era capaz de inventar una novela familiar conforme a sus deseos y, a la vez, juzgar con gran severidad a las familias que violaban las reglas de la compostura burguesa. Y, desde luego, consideraba que en el corazón de ese sistema las familias judías tenían el deber de ser más ejemplares que las demás. Por eso se horrorizó, en septiembre de 1872, al descubrir la banal grosería de un padre y una madre en el tren que lo llevaba de Freiberg a Viena:

> Él era de la madera con que el destino, llegado el momento, hace malandrines: astuto, mentiroso, mantenido por su querida familia en la convicción de ser un hombre de talento, y todo eso acompañado de una ausencia de principios y de concepción del mundo. Una cocinera de Bohemia, dueña del más perfecto rostro de bulldog que yo haya visto en mi vida, completaba el panorama. Me harté de esa canalla. Durante la conversación me enteré de que la dama judía y toda su familia eran originarios de Meseritsch; justamente el montón de mierda que conviene a este tipo de producto.[33]

Y algunas líneas más adelante, sensible al sufrimiento de las madres neuróticas, contaba a Emil Fluss su encuentro, en el mismo tren, con «una mujer nerviosa, excitada, trémula, acompañada por una niña de doce años con rostro de ángel», a quien él no había dejado de mirar a lo largo de todo el viaje: «Llegaba así a Viena. Vi una vez más a la mujer nerviosa y la hija rubia, y me juré apuntar el lugar donde, en la multitud vienesa, volviera a encontrarlas. De ese modo termina mi pequeña novela».[34]

Educado de manera liberal, en el seno de un sistema familiar endogámico y todavía marcado por la tradición de los matrimonios concertados, Freud tuvo una infancia feliz entre un padre que habría podido ser su abuelo, una madre que habría podido casarse con su medio hermano y sobrinos que tenían la misma edad que él. Si bien sus cinco hermanas lo veneraban, también lo consideraban tiránico. Él vigilaba sus lecturas, no soportaba el ruido del piano —que lo perturbaba en sus preciosos estudios— y le parecía normal que quedaran relegadas en una sola habitación iluminada con bujías, cuando por su parte él tenía un cuarto para su exclusivo disfrute y contaba con el beneficio de una lámpara de aceite.

Como la mayoría de las mujeres de su generación, las hermanas de Freud no tuvieron otro destino que el de convertirse en esposas, madres o sirvientas, y no recibieron ninguna formación intelectual que les permitiera escapar a su condición. Anna fue la única que estudió para ser maestra. Hacia los dieciséis años comenzó a cortejarla un viejo tío de la familia Nathansohn que se había lanzado a la búsqueda de una nueva esposa y pretendía llevarla a Odesa. Horrorizado ante la idea de una unión consanguínea entre una adolescente y un viejo, Freud se opuso con la mayor firmeza.[35] Anna tuvo luego la fortuna de contraer un buen matrimonio con Eli Bernays, hermano de Martha, y de emigrar a Estados Unidos, donde sus cinco hijos disfrutaron de una vida próspera.[36]

Rosa, la preferida de Freud, tan neurasténica como él, se casó con un jurista, Heinrich Graf, que murió al cabo de poco tiempo. Su hijo Hermann perdió la vida en la Gran Guerra, y su hija Cäcilie (Mausi) se suicidó en 1922 después de que, embarazada, su amante la abandonara.[37] Maria se casó con un primo lejano de Bucarest, Moritz Freud, con quien tuvo cinco hijos:[38] entre ellos un mortinato y otras dos víctimas de muerte violenta (suicidio y accidente). Casada con Valentin Winternitz, Paula, viuda tras esta unión, tuvo una única hija.[39] En cuanto a Adolfine, permaneció soltera y ejerció de ama de llaves de su madre, que le infligió numerosas humillaciones.

En el corazón de esta organización del parentesco, en la que las mujeres aún estaban privadas de todo acceso a un oficio y los primos y los parientes cercanos se casaban unos con otros, a veces con diferencias de edad que transformaban a jóvenes esposas en viudas, Freud se convirtió muy pronto en un perspicaz espectador de la evolución de la familia burguesa y del paso de un modelo antiguo —el encarnado por su padre y su abuelo— a uno nuevo: el de los matrimonios por amor, fundado en la libre elección de los futuros cónyuges.

Al observar diversas familias cercanas a la suya, Freud se complacía en inventar relaciones entre madres, padres e hijos que, en realidad, no eran sino el espejo de las transformaciones del orden familiar a las que él mismo se enfrentaba. Y por eso fue tan sensible a la idea de que el padre estaba perdiendo su omnipotencia original y debía ahora compartir el poder con la madre.

El orden familiar que había impregnado a Freud en su infancia y durante su adolescencia descansaba sobre tres fundamentos: la autoridad del marido, la subordinación de las mujeres y la dependencia de los hijos. Al otorgar a la madre un lugar central, al precio de hacer mella en la autoridad paterna, el nuevo orden buscaba asimismo la manera de poner bajo control aquello que, en el imaginario de la sociedad de la segunda mitad del siglo XIX, amenazaba dar libre curso a una peligrosa irrupción de lo femenino, es decir, a la sexualidad calificada de «histérica» o «nerviosa», que se juzgaba mucho más devastadora por no estar ya sometida a la función materna.

Para evitar ese «desastre antropológico» tan temido, y que tenía además como telón de fondo un descenso real de la natalidad y la fertilidad en Occidente,[40] médicos y demógrafos afirmaban que la mujer debía ser ante todo una madre a fin de que el cuerpo social estuviera en condiciones de resistir a la presunta tiranía de un goce femenino liberado de sus ataduras y capaz, decían, de aniquilar la sociedad.

Si el joven Freud, embargado por un deseo carnal, prefería ver en cada muchacha la sombra tendida de su madre, al extremo de enamorarse de ellas, era sin duda porque lo fascinaba la irrupción del deseo femenino. Lejos de rechazarlo o juzgarlo amenazante para la sociedad, quería aprehender su significación, explorarlo, verbalizarlo. Y al mismo tiempo adoptaba dos actitudes en apariencia contradictorias: una apuntaba a erotizar todas las relaciones intrafamiliares e incluso a imaginar transgresiones e ignominias que solo existían en sus fantasías, y otra, al contrario, tendía a racionalizar la peligrosidad presunta de la pulsión sexual y a sofocarla, condición de una real emancipación de la sexualidad humana. Esta dialéctica siempre recurrente entre una afirmación del valor creador de la erotización y la necesidad de ponerla bajo control sería una constante en su vida y su obra.

Freud sintió muy pronto atracción por los mitos de la antigua Grecia, lo cual le permitiría más adelante trasladar a la clínica de las neurosis y las neurastenias de fines del siglo XIX un gran relato de los orígenes fundado en diversas formas de dualidad: dualidad entre los Titanes, divinidades primordiales, y los dioses del Olimpo, vencedores de las antiguas fuerzas telúricas; dualidad entre un principio de placer y un principio de realidad, entre lo irracional y lo racional, e incluso entre una pulsión de destrucción (Tánatos) y una pulsión de vida (Eros), etc.

La adhesión a una dialéctica de esas características ya daba testimonio de la política de la amistad propia del universo psíquico freudiano: el amigo indispensable está condenado a ser el indispensable enemigo. Siempre inclinado a las formulaciones tajantes y excluyentes, Freud se definiría sin cesar, frente a su entorno, como un contradictor audaz, dispuesto en todo momento a defender una posición extrema y asumir los costes correspondientes. Y atribuía ese ardor no solo a una construcción originada en sus relaciones infantiles con su sobrino John, sino también a una herencia ancestral: se sentía capaz, decía, de sacrificar su vida con el mismo júbilo de que habían dado pruebas los hebreos en la defensa de su Templo.

Durante los años pasados en la escuela secundaria Freud tuvo buenos profesores y fue un excelente alumno: el primero de su clase. De todas maneras, no vacilaba en erigirse en portavoz de sus compañeros para protestar contra un docente impopular o considerado ignorante. En junio de 1869 varios alumnos fueron sancionados por haber ido a lugares de mala fama. Freud no estaba entre ellos porque solo parecía interesarse en el saber y la cultura. No se le conoce ninguna relación amorosa significativa antes del matrimonio, y cuando Marie Bonaparte, siempre curiosa por los asuntos de la sexualidad, le preguntó si había tenido relaciones carnales en su juventud y, como los jóvenes de su generación, frecuentado los burdeles de Viena, él hizo oídos sordos a su pregunta.[41] Freud nunca habló de su vida sexual anterior al matrimonio, actitud que dio lugar a una multitud de rumores y juicios apresurados.

En el momento en que se preparaba para entrar en la universidad, el liberalismo parecía en plena expansión en el Imperio austrohúngaro. Sin embargo, al cabo de algunos meses se anunció una crisis financiera de extrema gravedad, que terminó por estallar en mayo de 1873, al mismo tiempo que una epidemia de cólera. Como consecuencia se produjo una serie de bancarrotas y quiebras que se extendieron a toda Europa. Arruinados por un sistema económico al que se habían adherido con entusiasmo, los liberales perdieron poco a poco sus ilusiones, en tanto que las minorías nacionales ponían en entredicho, con sus reivindicaciones, la relativa estabilidad de la monarquía bicéfala. Se acusó entonces a los judíos vieneses urbanizados de ser los responsables de la desestabilización de los mercados. Los periodistas estigmatizaron sus presuntas «maniobras» y los caricaturistas disfrutaron de lo lindo propagando su veneno en la prensa. Aquí y allá florecían dibujos que representaban a agentes de cambio y bolsa de nariz ganchuda y pelo crespo.

Una vez más, en ese contexto, se tuvo a los judíos por responsables de la puesta en marcha de un proceso de transformación social que iba a culminar en una evolución de las costumbres fundada en una nueva organización de la familia. El pueblo judío, se decía, ¿no es desde siempre un pueblo errante sin patria ni fronteras, un pueblo maldito, movido por el afán de lucro y siempre dispuesto a propiciar comercios sexuales perversos? ¿No es incestuoso y sodomita por naturaleza? ¿No es el judío tan peligroso como el homosexual, el travesti o la histérica? ¿No es culpable, por su «femineidad» supuesta, de la destrucción de la familia patriarcal?

En esa época Viena se había convertido en el refugio de todos los judíos de Europa oriental, originarios de Galitzia, Hungría, Rusia, Moldavia. Al contrario de Jacob Freud, en su mayoría habían logrado integrarse en la nueva sociedad liberal, en un principio como comerciantes o banqueros —en el caso de la primera generación— y luego como editores, periodistas, mecenas, abogados, escritores, poetas, científicos, filósofos, historiadores. Pero con la ampliación gradual de la crisis, esta integración exitosa, de tipo comunitario, se tornó sospechosa a los ojos de la opinión pública y suscitó odios y discriminaciones.[42]

El adjetivo «antisemita» lo había utilizado por primera vez en Alemania, en 1860, un eminente orientalista judío de Bohemia, que había calificado con ese término la expresión de un prejuicio hostil a quienes se llamaba entonces, con una palabra culta, ya no judíos sino semitas.[43] Frente a esta nueva forma de odio, el gran movimiento de emancipación de la Haskalá, nacido en la Ilustración, corría el riesgo de aparecer en lo sucesivo como una suerte de interludio. Hasta entonces denunciados por su pertenencia a una religión, los judíos eran estigmatizados como originarios de una «mala raza», la de los semitas. En 1879 la palabra dejó la esfera de los debates científicos entre filólogos para constituir, en la pluma del mediocre publicista Wilhelm Marr, el núcleo de una nueva visión del mundo: el antisemitismo.

Reivindicado por ligas de reciente formación, el antisemitismo terminó por dar cuerpo a un movimiento que promovía la expulsión de los judíos de Alemania con destino a Palestina, y su estigmatización como una «clase peligrosa» para la pureza de la raza germánica, llamada «aria». En pocos años, y hasta la Primera Guerra Mundial, el antisemitismo se difundió por toda Europa en numerosas variantes: biológica, higienista, racialista, nacionalista.

Enfrentado durante sus años de universidad a esa mutación del antijudaísmo en antisemitismo, Freud se identificó cada vez más con el héroe de su juventud, Aníbal, general semita. A lo largo de sus estudios despreció a quienes lo trataban de «sucio judío» o esperaban que admitiera su «inferioridad racial». En varias ocasiones no vaciló, bastón en ristre, en poner en desbandada a diversos canallas que lo habían colmado de insultos. Como contrapunto, cultivó la idea de que al estar excluido, en cuanto judío, de la «mayoría compacta», podría conservar una independencia de criterio que después le permitiría defenderse mejor de los prejuicios. Le gustaban muy poco «las liturgias del cuerpo social, los coros de protesta, las consignas anónimas entonadas al tuntún».[44]

Hambriento de saber, soñador de gloria y conquista, consideró en un primer momento la posibilidad de emprender una carrera política, para decidir luego que sería filósofo, después jurista y por último naturalista... Pensó varias veces en embarcarse en una nave y recorrer los océanos, a la manera de un Charles Darwin, el héroe de la ciencia moderna a quien más admiraba porque su doctrina, decía, «prometía un extraordinario avance en la comprensión del universo».[45] Pero también se comparaba con Cristóbal Colón, el aventurero de los mares, el descubridor del Nuevo Mundo. Deseoso de otra identidad y siempre preocupado por superar a su padre y acceder, por la gracia de maestros excepcionales, a una cultura científica, se inició entonces en los debates filosóficos de su tiempo de la mano de Franz Brentano, cuya enseñanza seguía.

Sobrino de Clemens Brentano e influido por la escuela romántica alemana, ese filósofo, que sería ulteriormente maestro de Husserl, exponía en su cátedra de Viena, entre 1874 y 1894, los principios de una psicología empírica centrada en un análisis de las modalidades de la conciencia del que estaba excluida toda forma de subjetividad. En ese aspecto Franz Brentano se presentaba como un renovador de las tesis del filósofo alemán Johann Friedrich Herbart, quien, en el linaje de Kant y Fichte, había sido uno de los fundadores de la ciencia psicológica moderna. Por eso tenía muchos discípulos en el mundo académico germanoparlante y sobre todo en Austria, donde médicos y pedagogos laicos reivindicaban su doctrina.

Con un enfoque basado en una concepción del yo que suponía la relación con una alteridad —un «no yo»—, Herbart había contribuido al estallido de la noción clásica de identidad subjetiva. Profesaba la idea de que el sujeto humano está dividido en una serie de átomos reprimidos en el umbral de la conciencia y que luchan unos contra otros para invadir esta última. En otras palabras, había planteado, durante la primera mitad del siglo XIX, los principios de una llamada teoría «dinámica» del inconsciente, en la que entraban en juego tres polos: la representación, la pulsión y la represión.[46]

Partidario del orden y el conservadurismo político, Herbart había sido en Alemania el iniciador de una pedagogía que valoraba el saber de los «expertos» en detrimento del espíritu inventivo. Muy apreciada por el medio académico vienés, su obra se había granjeado adeptos entre quienes a continuación intentaron reformar la enseñanza de las ciencias naturales y la medicina. Sin dejar de ser teísta y de preconizar los valores de un catolicismo reformado, Brentano se consideraba seguidor de la doctrina herbartiana y apelaba a la noción de intencionalidad, que unía a la de representación para designar el acto mediante el cual la conciencia se orienta hacia un objeto. También distinguía dos categorías de actos mentales: los juicios de afirmación y negación y las actitudes conjugadas de odio y amor. Freud recordaría esa enseñanza en el momento de elaborar su doctrina. Pero en esa época todavía soñaba con ir a la búsqueda de un doctorado de filosofía. Con la ayuda de su amigo y condiscípulo Josef Paneth,[47] se propuso pues impugnar el teísmo de Brentano y adherirse al materialismo de Ludwig Feuerbach, un filósofo alemán que acababa de morir y cuya enseñanza estaba muy presente en la cultura vienesa de la década de 1870. Crítico del pensamiento hegeliano, Feuerbach había sostenido que la afirmación de una trascendencia llevaba a una alienación y que, para salir de esta, había que efectuar un retorno al hombre concreto. Sensualismo y crítica de la religión: esas eran las tesis que inspiraron precozmente a Freud y que, de hecho, contribuyeron en esa época a apartarlo de la especulación filosófica juzgada demasiado abstracta y, sobre todo, demasiado teológica. A través del sensualismo de Feuerbach, Freud llegó a tomar en consideración la diferencia de los sexos y el reconocimiento de una alteridad —un yo [je] y un tú—, y por la crítica de la alienación hizo suya la idea de que la religión era siempre un obstáculo al progreso del conocimiento humano. Así, el joven Freud se entregó a una admiración sin límites por ese filósofo materialista cuya vida y pensamiento había descubierto al leer la biografía dedicada a él por Karl Grün.

Después de librar batalla contra Brentano —su respetado profesor, que pese a ello aceptó dirigir su tesis—, Freud renunció a emprender una carrera de filosofía sin traicionar, empero, su adhesión al materialismo de Feuerbach. En 1873, a los diecisiete años, entró en la Universidad de Viena para realizar estudios científicos: anatomía, biología, zoología, fisiología, medicina. Pero como le gustaba prohibirse placeres a fin de acceder mejor a lo que juzgaba esencial para sí mismo, siguió dejándose seducir por el pensamiento especulativo. Por lo demás, este nunca estaría ausente de su proceder y, después de 1923, terminaría por impregnar el conjunto de su obra: «En mi juventud», dirá a Jones, «me sentí muy atraído por la especulación [filosófica], pero me aparté valerosamente de ella».[48]

Dotada de una organización excepcional, la gigantesca Universidad de Viena vivía por entonces un período de plena expansión pese a la existencia de graves dificultades financieras. En el ámbito de las ciencias naturales era una de las mejores de Europa por su capacidad de reunir a brillantes científicos del mundo germanoparlante, a menudo liberales en política y, en todo caso, duchos en las justas oratorias y las más famosas controversias. Entre ellos, Carl Claus, profesor de anatomía comparada y zoología, que había introducido el pensamiento darwiniano en Austria, y Ernst Wilhelm von Brücke, médico y fisiólogo de origen berlinés, perteneciente a la gran corriente positivista y antivitalista representada por Hermann von Helmholtz y Emil Du Bois-Reymond.

Para comprender el papel desempeñado por esa enseñanza en la trayectoria de Freud, y sobre todo en su elaboración de una nueva dinámica materialista de la psique, hay que recordar que a fines del siglo XIX la fisiología dominaba los estudios médicos. Sobre la base del método anatomoclínico, conforme al cual la enfermedad es la expresión de una lesión orgánica, el enfoque fisiológico concebía esta como la consecuencia de una modificación funcional de un órgano.[49] Pero también se apoyaba en la doctrina darwiniana, de la cual tomaba los instrumentos para interrogarse sobre el origen y la evolución de los organismos vivos, así como sobre las fuerzas instintivas que subyacen a la actividad humana. Sus representantes estaban, además, animados por un verdadero espíritu de cruzada, cuyo objetivo apuntaba a hacer valer, contra la vieja medicina romántica, la idea de que el organismo humano se componía exclusivamente de fuerzas físicas y químicas.

En treinta años, y sin crear escuela, los fisiólogos terminaron por imponerse como los representantes de una especie de vanguardia de la medicina de lengua alemana. Y aplicaron su modelo a la neurología y la psicología para unirlas y separarlas de la filosofía especulativa. Al mismo tiempo, renunciaron a toda consideración de la subjetividad —en el sentido filosófico—, centrando sus trabajos en la primacía de la observación. En esa perspectiva, los problemas del alma y la psique solo podían resolverse mediante un enfoque monista capaz de incorporar el fenómeno de la conciencia al campo de la fisiología y, por ende, de la ciencia experimental. Para el joven Freud ese compromiso con la fisiología y el evolucionismo perpetuaba una adhesión ya antigua a la filosofía materialista.

En el verano de 1875 realizó por fin su sueño de viajar a Manchester para pasar un tiempo con su medio hermano. Preparó su viaje con minucia, recitó versos, escribió cartas, se sumergió en la historia inglesa y se afirmó fanáticamente «anglómano». Soñaba ya con llegar a ser ciudadano inglés: «*To become an Englishman*». A despecho de «la niebla, la lluvia, el conservadurismo y la embriaguez», sentía una profunda atracción por Inglaterra, por su sistema económico y político, por su literatura y por su culto de una ciencia experimental que le parecía muy alejada de la tradición metafísica alemana. En una carta a Eduard Silberstein escribía:

> Si quisiera actuar sobre una gran masa de individuos, en vez de una pequeña cohorte de lectores o pares, Inglaterra sería el país indicado para esa ambición. Un hombre considerado, sostenido por la prensa y los ricos, podría hacer milagros para aliviar los padecimientos físicos si fuera lo bastante investigador para internarse en nuevos caminos terapéuticos.[50]

Entretanto, fue en Trieste, donde Carl Claus había fundado un instituto de investigaciones sobre los animales marinos, donde efectuó sus primeros trabajos de zoología, a la vez que descubría el mundo mediterráneo. Apasionado por el hermafroditismo, Claus le había encargado someter a prueba la reciente afirmación del investigador polaco Szymon Syrski, que pretendía haber descubierto testículos en las anguilas. Al cabo de dos períodos de trabajo y el examen de cuatrocientos especímenes, Freud intentó efectivamente confirmar la hipótesis del «órgano de Syrski», pero aprendió sobre todo, a disgusto, a plegarse a las exigencias de la ciencia experimental. Y aprovechó su estancia para interesarse en la sensualidad de las mujeres italianas, a quienes comparaba con divinidades.

Gran maestro de la escuela austríaca de fisiología, Brücke había logrado unir en una misma enseñanza la tradición alemana de la medicina de laboratorio y la mirada clínica formada en la práctica hospitalaria vienesa. Personaje pintoresco, de melena pelirroja y sonrisa diabólica, este especialista berlinés en la fisiología de los ojos, la digestión y la voz era asimismo un enamorado de la poesía y la pintura, que no vaciló en inventar una «escritura universal» —la pasigrafía—, a la que adjudicaba el potencial de transcribir, algún día, todas las lenguas del planeta. Ejercía sobre sus alumnos un verdadero poder de seducción, tanto por sus capacidades para transmitir los principios de la ciencia de los organismos como por su concepción elitista y hasta tiránica de la jerarquía universitaria. Apreciaba el talento y propiciaba en sus discípulos la eclosión de la inteligencia, a la vez que los ayudaba a progresar y liberarse de toda mentalidad arribista. Ninguno de ellos le sería infiel. No bien conquistado, Freud lo vio como un maestro, en el que admiraba la mirada azul y penetrante y sobre todo una autoridad patriarcal que le parecía inmune a la claudicación: todo lo contrario de Jacob Freud.

En el laboratorio de Brücke conoció a tres fisiólogos brillantes: Sigmund Exner, Ernst von Fleischl-Marxow y Josef Breuer. Este último se interesaba ya en las medicinas del alma y por lo tanto en las enfermedades mentales, tratadas por la psiquiatría, y las enfermedades nerviosas, que estaban en la órbita de la neurología.

Los tres formaban parte de una comunidad científica de aspecto nobiliario, donde se mezclaban relaciones intrafamiliares, intercambios clínicos, amistades, inclinaciones amorosas, ambiciones sociales, gustos estéticos y un deseo de cambiar la vida, sobre la base de la ciencia anatomoclínica más refinada del mundo europeo. La mayoría de los miembros de ese cenáculo, fuesen ricos o pobres, pertenecían a la burguesía liberal progresista. Visitantes asiduos de los salones literarios y los cafés, mantenían vínculos con artistas, escritores, filólogos, universitarios, periodistas. Unos eran judíos, otros no; los había librepensadores e incluso protestantes o católicos, pero todos se habían apartado del influjo de un ideal religioso juzgado anticientífico y oscurantista.[51]

Tras el estudio de la sexualidad de las anguilas Freud se propuso ir a Berlín, ciudad admirada, para asistir a los cursos de Helmholtz y Du Bois-Reymond. Al cabo de un tiempo renunció al proyecto y prosiguió con sus trabajos zoológicos. Bajo la batuta de Brücke e impregnado de evolucionismo, se consagró, gracias a la magia del microscopio, al estudio de las neuronas del cangrejo y luego a la médula espinal de uno de los peces más primitivos (*Ammocoetes petromyzon*), lo cual le permitió elevarse hasta el sistema nervioso central del hombre. A continuación trabajó en la elaboración de una teoría del funcionamiento de las células y las fibrillas nerviosas, a la vez que hacía una carrera médica clásica, completada con una formación de dos semestres en el laboratorio de química del profesor Carl Ludwig. En síntesis, Freud estaba por entonces en vías de convertirse en uno de los mejores investigadores de su generación en anatomía, biología y fisiología.[52]

En marzo de 1881 finalizó sus estudios, defendió su tesis doctoral y se lo designó en el cargo de preparador (asistente) en el Instituto de Fisiología de su venerado maestro. Entretanto había cumplido su año de servicio militar obligatorio y, para escapar al tedio, había traducido el duodécimo volumen de las obras completas de John Stuart Mill, dedicado a la emancipación de las mujeres, a Platón, a la cuestión obrera y al socialismo. La invitación a hacer ese trabajo procedía de Theodor Gomperz, que se había dirigido a Brentano, quien, a su vez, le había hablado de las cualidades excepcionales de su ex alumno. Miembro de una familia de banqueros e industriales judíos de Moravia, Gomperz, políglota y helenista distinguido, padecía crisis de melancolía y exaltación. Solo concebía la cultura (*Bildung*) y el progreso bajo la forma de un refinamiento creciente en el uso de las lenguas.[53] Más adelante Freud mantendría excelentes relaciones con este intelectual vienés que le había hecho descubrir el método filológico, y que sería incluso el médico de su esposa.[54]

A pesar de sus cualidades como investigador, Freud, por consejo de Brücke, decidió en el verano de 1882 inclinarse por una carrera de médico y, por lo tanto, proseguir su formación en el Hospital General de Viena. Habida cuenta de su juventud, no tenía posibilidad alguna de suceder a su maestro en la dirección del instituto, toda vez que dos asistentes de este —Exner y Fleischl— tenían prioridad sobre él.[55] Además, como no disponía de ninguna fortuna personal, no podía contemplar la posibilidad de ser titular de un cargo muy mal remunerado. En esa fecha, por otra parte, ya pensaba en un futuro muy distinto.

Así, después de mostrar una curiosidad insaciable por las ciencias naturales más avanzadas de su tiempo, aprendió a reconocer la verdad de la amonestación de Mefistófeles en el *Fausto* de Goethe: «En vano rondará usted de ciencia en ciencia, / cada quien solo aprende lo que puede aprender».[56]

2

Amores, tempestades y ambiciones

Ya lo he dicho: Freud afirmó a menudo que toda su existencia había estado marcada por la necesidad de encontrar un amigo indispensable que fuera igualmente un indispensable enemigo. En 1899, con referencia a *Fausto*, destacó a ese respecto que todas sus amistades masculinas habían sido las encarnaciones de una figura de su infancia —su sobrino John— «que "antaño se mostró a mis opacos ojos"; son *resucitados*».[1]

Con sus numerosas citas de los textos de Goethe, Freud se atribuyó desde época muy temprana un estatus análogo al del príncipe de las letras alemanas, su escritor predilecto. Admiraba tanto como este la *Weltliteratur*, la literatura universal, la civilización grecolatina, Oriente y la sensualidad de los pueblos primordiales. Le encantaba contar la historia del orfebre Demetrio que, en Éfeso, en el año 54, se había opuesto a los judíos, los cristianos y el apóstol Pablo porque la nueva religión monoteísta atacaba a las antiguas divinidades y el comercio de estatuillas de la diosa Artemis: «¡Grande es Diana Efesia!», gritaban los amotinados. Y Freud, como Goethe, hacía del orfebre el símbolo de la resistencia del artista frente a la militancia religiosa, sin dejar de recordar que las figuraciones de la diosa madre (*Ur Mutter*) existían en todos los cultos, desde la primitiva Oupis hasta la Virgen María.[2]

Freud se sentía el heredero de Goethe. Como él, había sido el favorito de su madre, nacido «negro»[3] y prometido a un destino heroico. Al identificarse tanto con Fausto como con Mefistófeles, se asignó muy pronto la misión de dar existencia a lo que el discurso de la razón procuraba enmascarar: la parte oscura de la humanidad, lo que hay de diabólico en ella; en resumen, lo reprimido, lo desconocido, el sexo prohibido, la extrañeza, lo irracional, la farmacopea.[4] Además, Freud compartía con Goethe un mismo culto de la naturaleza, una aversión al dogmatismo, un amor loco por la arqueología e Italia, un rechazo de la metafísica y una capacidad inaudita de mantener amistades duraderas para luego deshacerlas.

Y fue en la más pura tradición del *Sturm und Drang* (tempestad y pasión) —encarnado por Goethe y *Las cuitas del joven Werther*—[5] que Freud, científico positivista, darwiniano y racional, en busca de gloria y adversidad, especializado en la observación de los animales marinos, se enamoró, a los veintiséis años, de Martha Bernays. Tras la conmoción que había suscitado en él Gisela Fluss diez años antes, se había mostrado muy poco interesado en las muchachas. Afectado de inhibición, angustia y neurastenia, caía periódicamente presa de enfermedades somáticas: malestares, desmayos, trastornos cardíacos y digestivos, migrañas, neuralgias de origen inflamatorio, colitis. Su cuerpo, al que llamaba «nuestro pobre Konrad», jamás lo dejaba tranquilo. Una vez contrajo incluso una fiebre tifoidea leve, y después una forma atenuada de viruela. Víctima —él, el trabajador incansable— de dolores físicos, muy pronto se aficionó a la nicotina, primero en cigarrillos y luego en puros: una veintena por día.[6] Solo el hombre que sufre puede realizar algo, pensaba, y cuando el bienestar lo invadía no lograba ni crear ni pensar. En 1897 declaró que las adicciones no eran otra cosa que sustitutos de la práctica de la masturbación: necesidad propia de la especie humana salida del mundo animal.[7] ¿Cómo no evocar aquí las célebres palabras de Darwin, que tan bien convienen a la génesis y el devenir de la obra freudiana: «El diablo con forma de babuino es nuestro abuelo»?

Una vez más, se trató de una historia de familias y encuentros cruzados. Nacida en Hamburgo el 26 de julio de 1861, Martha era hija de Berman Bernays, comerciante de paños y bordados, que había conocido la bancarrota y la cárcel a raíz de malos negocios, tras lo cual se instaló en Viena en 1869. Aunque de escasa fortuna, los Bernays eran de una condición social e intelectual superior a los Freud. Célebre filólogo alemán apegado al judaísmo ortodoxo, Jacob Bernays (1821-1881), hermano de Berman y tío de Martha, se había negado a convertirse y prefirió renunciar a un puesto de profesor en una universidad prusiana antes que renegar de su fe. Comentarista de la obra de Aristóteles, había puesto de relieve, contra la interpretación clásica, el carácter médico de la catarsis, que veía menos como una purgación del alma que como una terapia ancestral, originada en el corpus hipocrático y apta para reducir las violencias colectivas. Los trágicos griegos, entonces, la habían heredado. Aunque nunca lo conoció, Freud admiraba a ese sabio riguroso y ascético, enamorado de los hombres, y que había sido amante de uno de sus ex alumnos, el poeta Paul Heyse.[8]

Quinta integrante de una fratría de seis, dos de los cuales habían muerto de pequeños y un tercero en la adolescencia, Martha estaba muy apegada a su hermano Eli, convertido en cabeza de familia después de la muerte de Berman, y a su hermana menor Minna, que no se le parecía en nada. Los tres vivían con su madre, Emmeline, hija de comerciantes, judía practicante, arrogante, egoísta, imbuida de prejuicios religiosos y que, según el rito ortodoxo, había sacrificado su cabellera al día siguiente de sus nupcias, para usar a partir de entonces peluca.

Novio de Anna, hermana de Freud, Eli visitaba con frecuencia a la familia en compañía de su madre y sus dos hermanas. Una noche de abril de 1882 Martha conoció a quien iba a ser su esposo. Al ver a esa joven elegante, de rasgos delicados y pelo oscuro, que llevaba un vestido de cuello ajustado y calzaba finas botas con cordones, Freud experimentó un sentimiento extraño, convencido al instante de que ella, una mujer que era lo contrario de su madre, sería para él la mujer de su vida. Por eso se dejó desbordar por ese estado amoroso, cuyos efectos devastadores siempre temía. Durante sus largos años de estudio no había soñado más que con la ciencia y la celebridad, a costa de reprimir sus afectos.

Pese a su timidez enfermiza, se apresuró a conquistar a esa mujer, cortejada por otros y de la que deseaba adueñarse. Todos los días le enviaba una rosa acompañada de un verso latino. El 27 de junio de 1882 se comprometieron en secreto y decidieron de común acuerdo respetar las convenciones victorianas de su tiempo, que obligaban a los futuros cónyuges a someterse a un largo período de castidad prenupcial. Freud no había terminado su formación médica y, en consecuencia, no podía pensar en fundar rápidamente una familia.[9]

En ese final del siglo XIX las jóvenes de la buena sociedad, sometidas a noviazgos interminables y consumidas por la frustración, se sumían a menudo en una neurosis histérica que las llevaba a consultar a especialistas en enfermedades nerviosas. En cuanto a los varones, frecuentaban los burdeles o tenían amoríos con mujeres casadas, hartas por su parte de una vida conyugal muchas veces monótona. Freud escogió la abstinencia, las drogas, la exaltación romántica y la sublimación, lo cual lo llevó a ser un excelente epistológrafo.

Durante años intercambió con Martha, que vivía en Wandsbek, cerca de Hamburgo, una voluminosa correspondencia amorosa en la cual se mostraba alternativamente tiránico, impetuoso, celoso, melancólico, prolífico y capaz de elaborar, hasta en sus más mínimos detalles, proyectos de vida cotidiana, en los que llegaba al extremo de describir por anticipado cómo veía la organización de la casa. Martha debía ser su dulce princesa, afirmaba Freud, aquella a quien se hacen mil regalos y se dan mil vestidos elegantes. Pero también tendría el deber de ceñirse a la organización de la pareja y el hogar, así como a la educación de los hijos, y apartarse de todo proyecto de emancipación. En cada página de cada carta Freud contradecía las tesis de Stuart Mill, a pesar de que había traducido su obra dedicada a la libertad de las mujeres.

Y de igual modo, pensaba contra sí mismo al adoptar en su vida privada prejuicios y comportamientos dominantes que, sin embargo, reprobaba en sus manifestaciones públicas. Martha le respondía siempre con cierta firmeza que no aceptaría que la tiranizara, pero nunca conseguía impedir que su prometido se refiriera a sus celos y su rivalidad con quienes la frecuentaban, en especial Fritz Wahle, un seductor artista que había osado darle un beso. Freud también prohibía a su querida y tierna princesa tratar con familiaridad a sus admiradores, e incluso agarrarse del brazo de un hombre cuando se daba el gusto de acudir a una pista de patinaje. Un día se ofuscó porque ella había visitado a una amiga de la infancia que había tenido una relación carnal con su prometido antes de la boda. Freud velaba por su buena salud y se preocupaba por su peso y su palidez. En una palabra, el enamoramiento y la abstinencia lo tornaban insoportable, despótico e irracional.

Persuadido de que su amor por Martha era más fuerte que el de ella por él, llegó a reprocharle que le hubiera dado su consentimiento sin sentir por él un verdadero afecto. Se quejaba además de los sufrimientos que padecía cuando creía darse cuenta de que ella se esforzaba en vano por amarlo. En junio de 1884 trazó el balance de sus relaciones:

> Quiero decir que yo me impuse a ti y que tú me aceptaste sin gran afecto. Sé que todo esto ha cambiado por fin, y este éxito, que yo deseaba más que cualquier otra cosa, y cuya prolongada ausencia ha constituido mi mayor tristeza, me presta alientos, ayudándome a encararme con los otros éxitos que aún anhelo. [...] ¿Te acuerdas de cómo nos peleábamos y de que nunca te rendías? Éramos dos personas que pensábamos de manera distinta en todas las facetas de la existencia; dos personas decididas a quererse por encima de todo y que, de hecho, ya se amaban. Y luego, cuando sobrevino una época prolongada en que no surgieron diferencias entre nosotros, tuve que admitir, confrontado conmigo mismo, que antes, a pesar de ser mi amada, te mostrabas tan pocas veces de acuerdo conmigo, que nadie hubiera podido deducir de tu conducta que te estabas preparando para compartir mi vida.[10]

Buscando una vez más al indispensable enemigo, comenzó a detestar a Emmeline, la madre de Martha, quien por otra parte le pagaba con la misma moneda y, al contrario de su hija, no consideraba a su futuro yerno como un ser excepcional. Le reconocía empero algunas cualidades: constancia, tenacidad, temeridad. Si mucho tiempo atrás Freud se había enamorado de una muchacha porque admiraba en ella la sombra de su madre, esta vez se empeñó en separar a la madre de la hija. Le reprochaba a la primera asemejarse a un hombre y haberlo privado de la segunda al mudarse de Viena a Wandsbek. Por añadidura, se mofaba abiertamente de las prácticas religiosas de la familia Bernays. Calificaba de camelos oscurantistas los ritos alimentarios y la observancia del sabbat, y conminaba a Martha a apartarse de ellos si no quería reprimendas. El destino de las muchachas, también decía, es dejar a padre y madre para someterse a la autoridad del marido.

Como Martha había puesto en manos de su hermano Eli la administración de una parte de la dote que ella había heredado de su tío Jacob, Freud encontró la manera de rivalizar con su futuro cuñado, al extremo de acusarlo de hacer transacciones dudosas y exigir a su prometida una ruptura inmediata. En realidad, Eli era víctima de un chantaje que le hacía una mujer, sin duda una antigua amante, que le reclamaba dinero para criar al hijo que habría tenido con él. Y usó entonces la dote destinada a su hermana. Indignada, Martha apoyó a Eli, a quien Freud trató de bellaco. Fue preciso que se produjera el casamiento entre Eli y Anna,[11] en 1883, para que cesaran las hostilidades.

Así como Freud había necesitado a un enemigo para arrancar de su entorno a la mujer deseada, para hacerse amar por ella recurrió en su combate a una indispensable amiga: Minna Bernays, la hermana menor de Martha. A lo largo de ese interminable noviazgo Minna se convirtió en su cómplice y su aliada intelectual, capaz de oponerse a Emmeline, sobre todo en el terreno de la religión: «No quieres mucho a tu madre», le diría Freud un día a Martha, «pero estás llena de miramientos con ella. Minna, por su parte, la adora y no la trata con consideración».[12] Esta situación convenía además a su concepción de un orden familiar ampliado. Ya en 1882 se decía mucho más atraído por Minna debido al hecho de que era la novia de su amigo vienés Ignaz Schönberg. La inteligencia y el espíritu cáustico de su futura cuñada le parecían en extremo encantadores. Por eso le escribía cartas de una infinita ternura en las cuales le hacía numerosas confidencias y la llamaba «querida mía, mi hermana».[13] Como Emmeline no había autorizado a Minna a comprometerse con Schönberg, Freud le enviaba clandestinamente las cartas de este. En parte a causa de este juego sutil entre Martha, Minna y los dos amigos, algunos comentaristas supusieron la existencia de un amorío, inhallable en los archivos, entre Sigmund y su cuñada.[14]

Freud se había forjado la certeza de que Minna se le asemejaba y era tan salvajemente apasionada como él, aun cuando en lo físico pareciera la melliza de su hermana. En consecuencia, consideraba a Ignaz —un hombre prudente y ponderado— como un doble de Martha que prefería a una mujer fuerte y autoritaria antes que a una dulce y delicada princesa. Y deducía de ello que las dos parejas formarían en el porvenir un valeroso cuarteto en el que, con armonía, se mezclarían temperamentos opuestos. Así creía poder reconstruir en su vida futura el ideal de fraternidad conflictiva al que estaba tan apegado desde su infancia. Pero en 1885 Schönberg, ya afectado por la tuberculosis, se vio con Minna por última vez antes de reunirse en Baden con Freud, que juzgó desesperado su estado. Su muerte provocó en este una gran conmoción, agravada por el hecho de que, poco tiempo antes, su camarada Nathan Weiss, ante quien se abría la perspectiva de una brillante carrera de neurólogo, se había ahorcado en un establecimiento de baños al volver de su viaje de bodas.

Redactadas en un estilo a menudo caótico, las cartas escritas por Freud durante ese período dan testimonio de un verdadero talento literario. Escribía a vuela pluma y sabía, en pocas líneas, expresar sus afectos, explorar su inconsciente y sus pulsiones y manifestar con palabras simples pero sabiamente elegidas sus estados de ánimo, sus perturbaciones, sus vacilaciones, su ambivalencia. Siempre dispuesto a cuestionarse y manejar el humor en pleno torrente de furia, tenía aptitud para dar de sí mismo y de los otros una imagen picaresca y lúcida, esbozando aquí y allá retratos de una infinita sutileza. Bosquejaba situaciones, mencionaba anécdotas o contaba sus sueños sin caer jamás ni en la jerga cientificista —a pesar del uso de términos latinos— ni en el relato sentimentaloide. Una verdadera lección de anatomía novelesca.

Pero la exaltación amorosa de la que dio muestras en diversas ocasiones también tenía por origen un consumo excesivo de drogas. Entre 1884 y 1887, mientras era asistente en el Hospital General, Freud manifestó un entusiasmo considerable por las múltiples propiedades de la planta llamada coca (*Erythroxylum coca*) y del alcaloide extraído de sus hojas, la cocaína.[15] Conocida desde mediados del siglo XIX por sus efectos tónicos y euforizantes, esta sustancia había constituido el tema de numerosas publicaciones. Descontento por haberse visto obligado a abandonar la investigación científica para dedicarse a la práctica médica, Freud esperaba hacer un gran descubrimiento que lo elevara a la celebridad. Y, de tal modo, se lanzó a un estudio histórico clínico de las virtudes de la cocaína en el tratamiento de las afecciones cardíacas, la depresión y los estados provocados por la abstinencia de morfina.

De resultas de ello, experimentó con la droga en sí mismo como un remedio milagroso que supuestamente le permitiría luchar contra su neurastenia y los efectos devastadores de su abstinencia sexual. «Cuídate, princesa mía», le escribía a Martha en junio de 1884, «cuando vuelva te besaré hasta hacerte enrojecer toda [...]. Y si te muestras indócil, verás quién es el más fuerte de los dos: la dulce muchachita que no come lo suficiente o el fogoso hombretón que tiene cocaína en el cuerpo.»[16] Con la intención de ayudar a su amigo Ernst von Fleischl-Marxow, que había sufrido una grave herida durante una experiencia de patología anatómica y había sido víctima de una amputación fallida del pulgar, le administró cocaína. De ese modo creía poder deshabituarlo a la morfina, que le resultaba indispensable para aliviar sus dolores. Freud ignoraba entonces que ese tratamiento llevaría a Fleischl a sustituir una toxicomanía por otra. Como el propio Freud no era dependiente de aquella droga, se negaba a admitir la existencia de varios casos de adicción, señalados, empero, en la literatura médica de su tiempo.

En su entusiasmo llegó además a sugerir a dos de sus colegas oftalmólogos, Carl Koller y Leopold Königstein, que utilizaran las propiedades analgésicas de la coca en las operaciones oculares. Y fue así como Koller se convirtió en el inventor de la anestesia local.

El episodio de la cocaína, que suscitó interpretaciones delirantes en no pocos comentaristas,[17] debe comprenderse como una etapa importante en la trayectoria del joven Freud. Un día este contó que el estudio de la coca había constituido para él un *allotrion*[18] que había intentado en vano alejar de sí: un momento marginal pero profundo y esencial. En otras palabras, es preciso admitir que, con el uso de esa droga, Freud se enfrentó a su «demonio», su *hybris*, su desmesura, la parte irracional de sí mismo que siempre lo llevaría a desafiar el orden de la razón, ya fuera en el interés prestado a los fenómenos ocultos y la telepatía o en su atracción por las especulaciones más extravagantes. Durante ese episodio comprobó hasta qué punto la droga podía ser a la vez el mal y el remedio del mal, la herramienta diabólica capaz de producir estados mentales patológicos para tratar a continuación de erradicarlos. Ese paso por la droga, que duró varios años, fue para él, por lo tanto, una manera de hacer el duelo del enfoque fisiológico en beneficio del estudio de los fenómenos psíquicos.

La práctica hospitalaria permitió a Freud conocer a varias eminencias de la ciencia médica e iniciarse en todas las especialidades: la cirugía con Theodor Billroth, la dermatología con Hermann von Zeissl, la oftalmología, la clínica de enfermedades nerviosas, la psiquiatría en el servicio de Theodor Meynert y, para terminar, la medicina interna bajo la batuta de Hermann Nothnagel, a quien comparó con un gigante teutón salido de los bosques germánicos: «Este hombre no es de nuestra raza. Cabellos rubios y rostro cubierto de pelos con dos enormes verrugas en la mejilla y la base de la nariz».[19]

En esa época la creciente influencia de la medicina hospitalaria vienesa, ligada a la profusión de pacientes llegados de todos los ámbitos del mundo germanoparlante, iba a la par con una actitud específica de algunos miembros del gremio que se interesaban mucho más en la investigación, las autopsias y la patología anatómica que en la relación terapéutica. En ellos la fascinación por la muerte se imponía al deseo de curar o prestar asistencia a los cuerpos sufrientes. El arte clínico más consumado consistía entonces en señalar en el cuerpo de un agonizante los signos de una enfermedad que solo se revelaría gracias a la autopsia. El joven Freud afrontó esa prueba pasando una noche entera a la cabecera de un enfermo afectado de escorbuto que, según su sospecha, había tenido una hemorragia cerebral. Anotó hora por hora la progresión de los síntomas y asistió al deceso observando cómo efectúa el ser humano el gran tránsito.

Dentro del hospital los mandarines mostraban despreocupación y hasta una bella arrogancia con los pacientes. Se expandía así ese «nihilismo terapéutico» tan característico del espíritu vienés de la segunda mitad del siglo XIX. Convencidos —con razón, por otra parte— de que las enfermedades formaban parte de la vida, sus adeptos procuraban comprenderlas y describirlas más que curarlas.[20]

Procedente en línea directa de esta tradición de la patología anatómica, encarnada sobre todo por Carl von Rokitansky, Theodor Meynert, gran maestro de la psiquiatría vienesa, era un pintoresco personaje, colérico y ambivalente, dotado de un «exterior bastante llamativo, una enorme cabeza encaramada sobre un pequeño cuerpo y una cabellera desmelenada que tenía la molesta costumbre de caerle sobre la frente, y que él debía echar sin cesar hacia atrás».[21] Esta manera de ser no era, sin duda, ajena al interés que él prestaba a la confusión mental (*amentia*). Inspirado en el modelo herbartiano, Meynert distinguía el córtex superior, del que hacía una instancia de socialización, y el córtex inferior, terreno privilegiado de lo arcaico.

En esa perspectiva, asimilaba el yo primario a la parte genéticamente primordial del inconsciente, y el yo secundario al instrumento de un control de la percepción. Freud retomaría en parte sus tesis en el *Proyecto de psicología*.[22]

Meynert dejó su marca en la escuela vienesa de psiquiatría al pretender acentuar aún más la idea de que todos los fenómenos psicológicos se reducían a un sustrato orgánico. Con la elaboración de una verdadera «mitología cerebral» adoptaba, en ese ámbito, el punto de vista del nihilismo terapéutico. Apenas se ocupaba de los alienados que tenía a su cargo y prefería consagrar su tiempo a estudiar la anatomía del cerebro, con el objeto de proponer una clasificación «natural» de los trastornos mentales.

En 1883 Freud fue durante cinco meses alumno de ese científico, que suscitó en él una fuerte impresión. Y gracias a él tuvo la oportunidad, por única vez en su vida, de observar a varias decenas de enfermos mentales a quienes los médicos infligían diversos tratamientos corporales sin prestar atención a su palabra. Es evidente que Freud no sentía atracción alguna por el enfoque de la locura (las psicosis) y no compartía ni la mitología cerebral de Meynert ni su nihilismo. Como había abandonado la investigación en fisiología para dedicarse al ejercicio de la medicina, era preciso además que tomara en consideración la relación terapéutica. Y por eso decidió orientarse en primer lugar hacia la neurología y luego hacia el estudio de las enfermedades de los nervios, esas famosas neurosis observadas con tanta frecuencia en la sociedad occidental, y que ocasionaban trastornos de la personalidad:[23] angustia, histeria, obsesión, neurastenia. Él mismo era un producto puro de ellas. En 1885, gracias a Meynert, Nothnagel y Brücke, obtuvo el título de *Privatdozent*, que lo habilitaba para enseñar en la Universidad de Viena.

Hijo de un rabino, pero perteneciente a la generación de judíos vieneses ansiosos por asimilarse, Josef Breuer, nacido en 1842, también se veía destinado a la fisiología.[24] Y fue en el laboratorio de Ewald Hering, rival de Brücke, donde comenzó a trabajar en el problema de la respiración, antes de llegar a ser asistente de Johann von Oppolzer, un notable internista, y de elegir la carrera médica para interesarse a continuación en la neurología y luego en la psicología, y por ende en las enfermedades nerviosas. Profesional humanista, muy alejado del nihilismo terapéutico de las figuras más influyentes del cuerpo médico, Breuer había sabido tejer una red de relaciones personales en el seno de la burguesía acomodada, a tal punto que era médico de sus colegas y de numerosos intelectuales vieneses. Entre ellos Brentano, Billroth, Rudolf Chrobak —célebre obstetra— y, por último, Marie von Ebner-Eschenbach, con la cual mantuvo una vasta correspondencia: «En Breuer», escribe Hirschmüller, «los pacientes encontraban, además de un médico competente, un interlocutor estimulante y un amigo personal. Era la representación misma del médico de familia de comienzos del siglo XIX, que, con la especialización creciente, se había hecho cada vez menos habitual».[25]

Freud lo había conocido hacia 1877 —quizá un poco antes— y había asistido a sus cursos sobre las afecciones renales, a la vez que, como él, se vinculaba con Fleischl y Exner. Gradualmente, encontró en ese clínico ponderado un consuelo permanente. Caía una vez más, pues, bajo el encanto del indispensable amigo, capaz de ocupar, en su imaginario familiar, el lugar del hermano mayor.

Breuer mostraba una gran generosidad con sus amigos. Ayudó económicamente a Freud y le prodigó consejos ilustrados, alentándolo, por ejemplo, a inclinarse por la neurología en vez de la psiquiatría o a mantener las mejores relaciones con la burguesía vienesa. Por último, advertido de la intensa curiosidad de Freud por las experiencias innovadoras o transgresoras, lo impulsó a interesarse en el hipnotismo tan detestado por los partidarios del nihilismo, que consideraban esa técnica de adormecimiento de los pacientes con fines terapéuticos indigna de su ideal de cientificidad. Pero Breuer se obstinaba en mostrarse sensible a esa experiencia originada en el antiguo magnetismo. El propio Brentano, además, le había hablado maravillas de ella, tras visitar en Breslau al fisiólogo Rudolf Heidenhain, que estudiaba los estados modificados de la conciencia,[26] de los cuales se pensaba que favorecían el develamiento de secretos patógenos enterrados en el subconsciente.

En 1880 Breuer empezó a tratar a Bertha Pappenheim, una joven vienesa de veintiún años perteneciente a una familia judía ortodoxa. La muchacha presentaba graves síntomas histéricos. Cuatro años después, Freud, que ya conocía la historia de Bertha, recibió a su primera paciente, afectada de idénticos trastornos.

Para todos los que en esos años aspiraban a tratar las enfermedades nerviosas, la escuela francesa parecía mucho más evolucionada que la escuela austríaca. París era pues, a los ojos de los jóvenes investigadores, la capital del saber más elaborado en la materia. Por eso Freud solicitó una beca para seguir la enseñanza de aquel a quien en todo el mundo occidental se consideraba como el más grande especialista en histeria: Jean-Martin Charcot, apodado el «César» del hospital de la Salpêtrière.

Autoritario y notablemente apuesto, en ocasiones propenso a adoptar la pose imperial con una mano dentro de su traje negro, este médico de origen modesto, a menudo tocado con un sombrero de copa, estaba por entonces en el apogeo de su carrera. Sombrío y silencioso, afectado por un leve estrabismo que contrastaba con la regularidad de los rasgos de su rostro lampiño, este personaje victorhuguiano temía el contacto con los seres humanos, pero apreciaba las mundanidades. Adoraba a los animales y vivía rodeado de perros y con una monita que testimoniaba su interés por el circo y los seres diferentes, víctimas de enfermedades neurológicas. Conocido por su defensa de las tesis de Pasteur y su combate contra la caza y la vivisección, este clínico de la mirada, erudito y esteta, parecía absolutamente ajeno a las batallas políticas que desgarraban a Francia en la segunda mitad del siglo XIX.

Heredero de la medicina experimental de Claude Bernard, símbolo del éxito republicano de la medicina hospitalaria, Charcot se había inclinado por la neurología y había descrito la terrible enfermedad que lleva su nombre: la esclerosis lateral amiotrófica. En 1870, mientras París sufría el asedio de las tropas prusianas, había decidido reformar la organización del psiquiátrico que tenía bajo su dirección, para lo cual separó a las alienadas de las epilépticas (no alienadas) y las histéricas. Y fue así como se metió de lleno en la cuestión de la histeria, una obsesión del discurso médico de la época.

Conocida desde siempre, esta extraña enfermedad, que ahora se denominaba neurosis,[27] había sido vista durante siglos como la expresión de una locura sexual estrictamente femenina y de origen uterino. Las convulsiones y sofocos que hacían presa del alma y el cuerpo de las mujeres se atribuían a una posesión demoníaca. El diablo embustero, se decía, entraba en la matriz de las mujeres para desviarlas de su destino anatómico e impedirles ponerse al servicio de la perpetuación de la especie humana.

En realidad, fue Franz Anton Mesmer quien, en vísperas de la Revolución francesa, efectuó el tránsito de una concepción demoníaca a un enfoque científico de la histeria. Por medio de la falsa teoría del magnetismo animal, Mesmer sostenía que las enfermedades nerviosas tenían su origen en el desequilibrio en la difusión de un «fluido universal». Bastaba pues con que el médico provocara crisis convulsivas en los pacientes —en general, mujeres— para restablecer el equilibrio fluídico perdido. De esta concepción había salido la primera psiquiatría dinámica,[28] que puso de relieve las «curas magnéticas». La histeria escapó entonces a la religión para pasar a ser considerada como una enfermedad de los nervios que afectaba a mujeres vistas como «simuladoras», es decir, poseídas por el demonio del sexo, brujas sin dios ni diablo y por consiguiente mucho más nocivas para la sociedad porque también se las acusaba de transmitir un temible mal: la sífilis. Al exhibir sus cuerpos sexuados, se decía, transgredían el orden procreativo y se negaban a ser madres y esposas.

Charcot reprobaba esas tesis y, durante sus famosas clases de los martes y los viernes, frecuentadas por médicos e intelectuales de todos los pelajes políticos, enseñaba su teoría de los diferentes aspectos del trance hipnótico: letargo, catalepsia, clownismo, sonambulismo. Pero en particular, al poner en escena a las locas de la Salpêtrière —esas mujeres del pueblo en estado de éxtasis y convulsión—, demostraba que sus parálisis o sus gesticulaciones obscenas no eran el resultado ni de una simulación diabólica ni de lesiones localizadas, sino que tenían un origen traumático. Y para probarlo hacía desaparecer y reaparecer los síntomas de la enfermedad. Blanche Wittmann, Augustine Gleizes, Rosalie Dubois, Justine Etchevery y muchas otras, maltratadas en la vida, violadas o víctimas de abusos en la infancia, fueron las heroínas de esas experiencias llevadas a cabo por un maestro cuya sombría mirada clínica lindaba con el genio. El destino de esas mujeres fue inmortalizado tanto por el cuadro de André Brouillet como por la *Iconographie photographique de la Salpêtrière* realizada por Désiré-Magloire Bourneville y Paul Regnard: verdadero monumento levantado en honor de las representaciones visuales de la histeria de fin de siglo.

Para probar que no era un mal del siglo, Charcot hizo de la histeria una enfermedad funcional de origen hereditario y afirmó que sus estigmas estaban presentes en las obras de arte del pasado. Y para confundir a los inquisidores destacó que, en su época, estos habían hecho condenar por brujería a mujeres histéricas.[29] Además, para liberar a la histeria de toda presunción uterina, demostró que también podía afectar a los hombres, sobre todo tras padecer traumas provocados por accidentes ferroviarios. De ese modo, asimilaba trastornos funcionales (histeria clásica) a trastornos postraumáticos (accidentes).

Charcot compartía con la escuela alemana la doctrina de las localizaciones y creía que la construcción de la medicina moderna iba a la par con la elaboración de una clasificación rigurosa. Sin adoptar el principio del nihilismo, apenas se ocupaba de tratar o curar las neurosis. Utilizaba la hipnosis, no con fines terapéuticos, sino para demostrar la precisión de su concepción de la histeria. Esta actitud le fue reprochada por su rival de la escuela de Nancy, Hippolyte Bernheim.

No hay ninguna duda de que Charcot proponía una nueva concepción de la histeria. Sin embargo, solo podía hacerlo porque esta se había convertido en toda Europa en la expresión de una rebelión impotente de las mujeres contra un poder patriarcal atormentado por el espectro de una posible feminización del cuerpo social. En Viena esa rebelión se mantenía confinada dentro del círculo de las familias burguesas. Pero en París —ciudad de los motines revolucionarios— asumía un cariz tanto más político cuanto que la medicina de Estado se pretendía popular y republicana.

Así, las mujeres exhibidas en la Salpêtrière eran, sin saberlo, las herederas de la figura de la bruja rehabilitada por Jules Michelet, y de la que Arthur Rimbaud se había erigido en heraldo al celebrar en 1872 «las manos de Jeanne-Marie», esa heroína de la Comuna tratada de «arpía histérica» y torturada por las tropas de Versalles.

Brücke intervino en favor de Freud. En junio de 1885 se autorizó a este a interrumpir durante seis meses sus funciones de médico residente.[30] El 13 de octubre, siempre bajo la influencia de la cocaína, se instaló en el hotel de la Paix del callejón Royer-Collard, en pleno corazón del Barrio Latino, muy cerca de la Sorbona y el Panteón.

La idea de deambular por las calles de esa ciudad de las Luces, donde los judíos se habían emancipado por primera vez en Europa, le había proporcionado extrema felicidad. Una vez allí, fue al cementerio de Père-Lachaise para visitar las tumbas de Heine y Börne. Sin embargo, apegado a los ideales de las dinastías reales, le gustaba muy poco el espíritu republicano. Por eso consideraba la epopeya revolucionaria francesa como la expresión de una suerte de patología mental, a la manera de Hippolyte Taine y los reaccionarios de fines de siglo, obsesionados por el recuerdo de la Comuna, que señalaban como el equivalente de una crisis de histeria.[31]

Al adoptar ese discurso de la contrarrevolución y la anti-Ilustración, que fue una de las fuentes del antisemitismo moderno, pronto encarnado por Édouard Drumont,[32] Freud parecía olvidar su amor por Bonaparte, heredero del jacobinismo. Siempre excesivo, no tardó en juzgar con severidad al pueblo parisino, consideraba feas a las mujeres y apreciaba muy poco la gastronomía francesa: «Estoy bajo el pleno impacto de París», escribía a Minna,

y, hablando en tonos poéticos, podría compararlo con una esfinge de formas ampulosas y adornos estrafalarios que se zampara a todos los extranjeros incapaces de contestar correctamente a enigmas [...]. Básteme decir que la ciudad y sus habitantes me parecen irreales; es como si las personas pertenecieran a especies distintas de la nuestra, como si estuvieran poseídas por mil demonios. En lugar de oír sus *Monsieur* y *Voilà l'Écho de Paris*, les oigo gritar *À la lanterne* y *À bas* tal o cual persona. Creo que desconocen el significado de la vergüenza o el temor. Mujeres y hombres, sin distinción, se apretujan frente a los desnudos, del mismo modo que lo hacen alrededor de los cadáveres en el depósito, o de los horrendos carteles que anuncian en las calles un nuevo folletín en tal o cual periódico, exhibiendo simultáneamente una muestra de su contenido. Son gente dada a las epidemias psíquicas y las convulsiones históricas de masas, y no han cambiado desde que Victor Hugo escribió *Notre-Dame*.

Y en una carta anterior a Martha: «En la Place de la République contemplé la estatua gigantesca que lleva representaciones pictóricas de los años 1789, 1792, 1830, 1848 y 1870. Esto da una idea de la existencia azarosa de esta pobre República».[33]

Si la cultura republicana le resultaba desagradable y su puritanismo lo llevaba a veces a olvidar su propio espíritu de rebelión, no por ello Freud dejaba de ser sensible a las más diversas manifestaciones artísticas. En Viena siempre le habían gustado el teatro y la ópera, a la vez que miraba con malos ojos los cafés y los lugares que consideraba demasiado ruidosos. En París, tan pronto como pudo, fue a los grandes bulevares para admirar a su actriz preferida, Sarah Bernhardt, cuya voz y mirada hipnotizaban a las muchedumbres que él tanto aborrecía. Como Charcot, ella llevaba a las tablas los interrogantes de la época sobre la ambivalencia de la sexualidad humana, al representar ora papeles de hombres enfrentados a su femineidad, ora personajes de mujeres embargadas por una libido masculina. En el melodrama de Victorien Sardou, que Freud describía con entusiasmo a Martha, la Bernhardt encarnaba a Teodora, emperatriz maldita, vestida con suntuosos trajes bizantinos y enamorada de un amante patricio, que ignoraba su verdadera identidad.

Freud visitó con frecuencia los sitios culturales eminentes de la capital y fue en Notre-Dame de París donde tuvo la sensación de encontrarse por primera vez en una iglesia que no le recordaba en absoluto las que había recorrido en su infancia junto a su *nanny*. Se prometió releer la novela de Victor Hugo y no paró hasta conseguir subir a las torres para pasearse entre los monstruos y los diablos gesticulantes de la catedral, mientras soñaba con estrecharse en un ardoroso abrazo con su prometida.

Admiraba a tal extremo a su maestro Charcot que, al acudir a una velada que se celebraba en su palacete del bulevar Saint-Germain, su hija lo atrajo tanto que se vio en la necesidad de alejarse de ella y quedarse con «los ancianos caballeros». Tras señalar que, aunque fea, la joven era interesante a causa de un «parecido casi grotesco» con su padre, comenzó a imaginar, una vez más, lo que habría sido su vida si, en lugar de amar a Martha, hubiera sucumbido a los encantos de Jeanne Charcot: «Nada es tan peligroso como una joven que posee los rasgos del hombre a quien uno admira. En tal caso, todo el mundo haría befa de mí, me echarían de la casa y habría salido ganando la experiencia de una bella aventura. Después de todo, es mejor que no sea así».[34] Esa noche había tomado una pequeña dosis de cocaína, se había hecho cortar la barba y el pelo y lucía con orgullo un atuendo nuevo: un traje negro, una camisa impecable, una corbata comprada en Hamburgo y guantes blancos. Se veía apuesto y tenía la mejor impresión de sí mismo.

El 28 de febrero de 1886 se marchó de París con destino a Wandsbek y de allí a Berlín, para asistir a los cursos de Adolf Aron Baginsky, un profesor de pediatría muy activo en la comunidad judía de la ciudad e iniciador de una política de prevención de las enfermedades infantiles, mentales y orgánicas. Freud tuvo entonces, sin duda, la oportunidad de descubrir en Berlín algunas torturas y mutilaciones infligidas a los niños para impedir que se masturbaran.[35]

Si bien sentía muy poca simpatía por el imperio de los Hohenzollern, Freud amaba Berlín, la ciudad que encarnaba a sus ojos la quintaesencia de la cultura y la ciencia en el mundo germanoparlante. Ese encuentro debía permitirle prepararse para ejercer funciones importantes en el Departamento de Neurología de la Steindlgasse, primer instituto público vienés para el tratamiento de las enfermedades infantiles, dirigido por Max Kassowitz. En abril se instaló provisionalmente como médico privado en la Rathausstrasse y comenzó a recibir pacientes enviados por sus amigos. Mientras terminaba la traducción de la obra de Charcot, pensaba en Martha, con quien por fin iba a poder casarse a pesar de sus dificultades económicas y las prevenciones de su futura suegra.

A fuerza de cultivar la abstinencia y el *Sturm und Drang*, tan pronto para complacerse en sufrimientos románticos como para mejor proyectarse en el porvenir, no dejaba de desear todo y nada. Por un lado se veía como un patriarca que vivía junto a una maravillosa esposa consagrada a las tareas de la casa y a su numerosa descendencia, y por otro temía que, una vez terminado el período de los esponsales, se levantara ante él el horrible obstáculo de «peligrosos rivales»: la pareja y el cuarto de los niños, el marido que se junta con sus amigos en el café, la esposa abandonada, etc.

La boda civil se celebró en Wandsbek el 13 de septiembre de 1886. Freud abrigaba la esperanza de que con eso bastara y no se viera obligado a ceder a los ritos religiosos, que lo horrorizaban. Pero, para su gran decepción, tuvo que hacer frente a la realidad: en Austria ese matrimonio jamás sería válido en ausencia de una ceremonia religiosa. Al día siguiente, en consecuencia, tuvo que aceptar a la fuerza esa ceremonia, celebrada en la sinagoga de Wandsbek por el rabino David Hanover. Por eso pidió a Elias Philipp, tío materno de Martha, que lo ayudara a repetir las oraciones hebreas y le enseñara cómo moverse cuando tuviera que pasar bajo el baldaquino que simboliza el Templo. El día de las nupcias, muy elegante y ya con la barba de los notables, se contentó con lucir una levita y un sombrero de copa, para evitar así usar el traje tradicional.

No bien instalados en su nuevo apartamento vienés de la Theresienstrasse, prohibió a Martha celebrar el sabbat y cocinar según las reglas del Kashrut. Ninguno de sus hijos sería circuncidado.[36] El rechazo de los rituales fue para Freud la única manera de sentirse judío en el sentido de la judeidad sin tener que renegar de su identidad a través de una conversión cualquiera. Consciente, como Spinoza, de ser heredero de un pueblo que había cohesionado su unidad histórica, no tanto por la doctrina sagrada de la elección como por el odio que suscitaba en las otras naciones, hacía de tal modo de su orgullo de ser judío el fermento más poderoso de una resistencia a todos los conformismos.[37]

Martha pasó del estado de novia febrilmente deseada al de esposa y madre colmada, respetada y deserotizada. Entre enero de 1887 y diciembre de 1895 trajo al mundo seis hijos: Mathilde, Martin, Oliver, Ernst, Sophie y Anna. Freud dio a los varones los nombres de pila de sus «héroes» favoritos —Charcot, Cromwell y Brücke— y a las niñas nombres tomados de un entorno familiar perfectamente delimitado: Mathilde, esposa de Josef Breuer; Sophie, esposa de Josef Paneth, y Anna, hija de Samuel Hammerschlag. Así como sus hijas quedaron «emparentadas» con las familias judías de la burguesía vienesa de las que su padre era amigo, sus hijos escaparon a ese tipo de designación al asociarse a una denominación más simbólica: por un lado la endogamia y la perpetuación del hogar, por otro la ciencia, la política y la salida del gueto.[38]

En 1891 la familia se mudó a un apartamento bastante grande en Berggasse, 19. Sin embargo, el año siguiente Freud alquiló otro en la planta baja para instalar en él su consultorio. Cinco años después Minna se fue a vivir a ese mismo lugar para ayudar a su hermana en la crianza de los hijos y las tareas de la casa. Destino muy habitual en las familias extensas de esa época, cuando el lugar de la mujer soltera o

viuda —hija, tía, prima, hermana— se definía según criterios riguro-
sos:.segunda madre, jefa de la casa, compañía indispensable.

Ya en 1893, al notar a Martha agotada por sus sucesivos embarazos, Freud decidió recurrir una vez más a la abstinencia. Tras un primer fracaso que se tradujo en el nacimiento de Anna, su última hija,
se negó a practicar el *coitus interruptus*, al igual que los diversos medios
contraceptivos utilizados en esos tiempos: preservativo, diafragma,
esponja. Con apenas cuarenta años y víctima ocasional de impotencia, renunció a toda relación carnal para liberar a Martha del temor
permanente de la maternidad. Ella se sintió menos angustiada y él
más curioso al entregarse a una experiencia semejante, que excitaba
su imaginación: Freud consideraba, en efecto, que la sublimación de
las pulsiones sexuales era el arte de vivir reservado a una élite, la única capaz de acceder a un nivel elevado de civilización.

La vida carnal del más grande teórico moderno de la sexualidad
habría de durar, por tanto, nueve años. Sin embargo, hasta los sesenta
años, y a pesar de que no aprovechaba la libertad sexual que pre-
conizaba en su doctrina, Freud tuvo numerosos sueños eróticos: se
complacía particularmente en analizarlos y, por lo demás, no dejaba
de buscar causas «sexuales» en todos los comportamientos humanos.
Por eso se lo acusó en varias ocasiones de ser un burgués libidinoso,
abortista clandestino, adepto a los burdeles y la masturbación, que no
vacilaba en disimular las relaciones sexuales con su cuñada. Se publicaron decenas de libros, novelas y ensayos, para «demostrar» que
Freud no había dejado, a lo largo de toda la vida, de ocultar su sexualidad, necesariamente salvaje y transgresora. En realidad, Freud intentó varias veces reanudar las relaciones carnales con Martha. Pero
se sentía viejo y torpe y terminó por renunciar: «Cuando haya superado del todo mi libido (en el sentido corriente), me dedicaré a una
"vida amorosa de los hombres"». Y también: «Lamentablemente, el
rebrote de erotismo que nos ocupó durante el viaje se fundió en los
afanes del tiempo de trabajo. Me adapto al hecho de ser viejo y ni
siquiera pienso constantemente en el envejecer».[39]

Todos los rumores sobre la vida sexual de Freud se apoyaban en
una realidad mil veces reinterpretada: la endogamia, por una parte, y
la teoría de los sustitutos, por otra. Fascinado desde la infancia por el
deseo de incesto, los matrimonios consanguíneos, las relaciones in-

trafamiliares transgresoras, las genealogías defectuosas, Freud, en efecto, veía en cada hija la imagen negativa o positiva de la madre o el reflejo invertido de la hermana, e incluso en cada niñera el sustituto de una madre, una tía, una hermana o una abuela. Y consideraba asimismo a cada hijo o yerno como el heredero del padre o del abuelo y hasta como el cómplice del hermano.[40] Y esa es la razón por la cual hizo de Minna su «segunda esposa», su hermana, su confidente de todos los momentos. Con la condición, empero, de que no ocupara jamás el lugar de Martha.

En septiembre de 1897, cuatro meses después de que el emperador Francisco José se resignara a convalidar la elección como alcalde de Viena de Karl Lueger, admirador de Drumont y cabecilla antisemita del Christlichsoziale Partei (Partido Socialcristiano), Freud se adhirió a la logia del B'nai B'rith, asociación judía humanitaria de fines benéficos y culturales, frente a la cual habría de pronunciar más adelante una veintena de conferencias. Ante «sus hermanos» en la alianza reivindicaba vínculos de naturaleza ética con el judaísmo, que no tenían nada que ver con «creencia» alguna. Freud seguía siendo un descreído y votaba al Partido Liberal, a la vez que frecuentaba a socialdemócratas.

El encuentro con Charcot había sido decisivo. No solo porque su concepción de la histeria le había abierto nuevas perspectivas sobre la vida psíquica y la realidad de la sexualidad humana, sino porque ese maestro pertenecía, mucho más que Brücke, a una estirpe de científicos cuya irradiación superaba ampliamente el ámbito cerrado de las facultades. Mundialmente conocido, Charcot era en primer lugar y ante todo un «vidente» dotado de un poder imaginativo que coincidía a la perfección con los sueños más extravagantes de Freud. ¿No había llegado él, al mismo tiempo que alejaba a la histeria de toda referencia a un sustrato anatómico, a susurrar al oído del joven vienés enamorado, convencido de su talento, que las verdaderas causas de ese mal convulsivo eran genitales? ¿No había dicho un día, delante de sus alumnos estupefactos, que la teoría, aun la más pertinente, era impotente frente a una realidad que la contradecía? «La teoría es buena, pero eso no impide que las cosas sean como son»: Freud siempre recordaría este imperativo categórico.[41]

El estudio de la sexualidad se había convertido para todos los científicos de la época, tanto de Europa como del otro lado del Atlántico, en la gran cuestión del siglo próximo, y la histeria parecía ser su pieza maestra, mucho más allá de los debates médicos entre especialistas. Y no hay duda de que Charcot no era solo un maestro para Freud. Era la persona gracias a la cual se había conquistado un nuevo continente: el de la sexualidad.

Es cierto, el honesto Breuer había encauzado a Freud por el camino de la dilucidación de los fenómenos neuróticos al señalarle la importancia del determinismo psíquico en la etiología de la histeria. Pero, como profesional riguroso, deseoso de verificación experimental, dudaba de todo, formulaba sin cesar reservas sobre sus propias hipótesis y aconsejaba a Freud la mayor de las prudencias. Breuer quería a Freud y Freud quería a Breuer. Pero, bajo el influjo del amor que sentía por Charcot, Freud no sabía ser prudente.

Por eso, el 15 de octubre de 1886, invitado a dictar una conferencia en la prestigiosa Sociedad Imperial de Médicos de Viena, cometió el error de no elaborar un trabajo original como pretendía la tradición y, en cambio, se erigió en el vocero de las tesis de Charcot sobre la histeria masculina y el hipnotismo. Convencido de que las eminencias presentes en la sala ignoraban la doctrina del maestro francés, Freud les impartió una lección en toda regla. Atribuyó pues a Charcot haber descubierto, el primero, que la histeria no era ni una simulación ni una enfermedad del útero, olvidando que el hecho ya era bien conocido en Viena.[42] Omitió señalar, por añadidura, que la disputa entre Viena y París se refería a la distinción entre histeria funcional e histeria traumática, que Charcot rechazaba.[43]

En síntesis, Freud recibió severas críticas de Heinrich von Bamberger, de Emil Rosenthal y sobre todo de Theodor Meynert, muy hostil al hipnotismo. Esos juicios lo sumieron en una fuerte amargura y lo indujeron a concebir, como más adelante lo harían sus hagiógrafos, la idea de que lo detestaban debido a sus geniales innovaciones de sabio solitario. Sin embargo, no era así.[44]

Breuer y Freud conversaban a menudo de sus pacientes e intercambiaban sus experiencias. Uno y otro utilizaban los tratamientos en vigencia en la época: electroterapia, balneoterapia, hidroterapia. Breuer se inclinaba por el método catártico, reactualizado por Jacob Bernays. Ese método permitía a los pacientes eliminar los efectos patógenos y luego, mediante una «abreacción», revivir los acontecimientos traumáticos a los cuales aquellos estaban ligados. Freud también recurriría a él. Pero en el otoño de 1887 decidió apoyarse más en la sugestión hipnótica, motivo de una verdadera disputa no solo entre los médicos vieneses sino entre la escuela de París y la de Nancy. Al pretenderse «hipnotizador», Freud buscaba, por la relación dinámica, una salida al nihilismo terapéutico. Frente a las eminencias médicas que lo habían criticado por usar cocaína y elogiar a Charcot, tenía toda la intención de desempeñar el papel de rebelde transgresor que tan oportuno le resultaba. Y al mismo tiempo se distanciaba de la enseñanza de la Salpêtrière.

Profesor de medicina interna en Nancy, Bernheim había adoptado el método hipnótico de Auguste Liébault y solo trataba a pacientes capaces de entrar en estado de hipnosis. Si el marqués Armand de Puységur había abierto, en vísperas de la revolución de 1789, el camino a la idea de que un maestro —noble, médico, sabio— podía ser limitado en el ejercicio de su poder por un sujeto capaz de oponerle una resistencia, Bernheim mostraba que, a fines del siglo XIX, la hipnosis ya no era más que un asunto de sugestión verbal. En esa época una clínica de la palabra sustituía a la clínica de la mirada, y Bernheim contribuía a eliminar los últimos vestigios del magnetismo al invertir la relación descrita por Puységur, a costa de disolver la hipnosis en la sugestión.

En consecuencia, el reproche fundamental que hacía a Charcot era el de fabricar artificialmente síntomas histéricos y manipular a los enfermos, mientras que la lógica de la fusión entre hipnosis y sugestión llevaba a Bernheim a sostener que los efectos obtenidos por el hipnotismo podían alcanzarse mediante una sugestión en estado de vigilia, lo que pronto se denominaría psicoterapia.

En el verano de 1889, acompañado por Anna von Lieben, una paciente perteneciente a la aristocracia judía de Viena a quien Charcot ya había tratado, Freud visitó a Bernheim antes de viajar una vez más a París para asistir a dos congresos internacionales. Fue testigo de sus experiencias de sugestión, tuvo discusiones estimulantes con él y se propuso traducir su libro.[45] Sin renunciar a lo que había aprendido con Charcot, tomó de Bernheim el principio de una terapia que allanaba el camino a una cura por la palabra. No intervino, pues, en la disputa que oponía a las dos escuelas. Pero muy pronto se percató de que la sugestión solo funcionaba en determinadas circunstancias, y sobre todo en un medio hospitalario. Por eso prefirió valerse del método catártico, sin proscribir de todos modos el hipnotismo, lo cual lo condujo además a tener en cuenta el elemento erótico presente en la cura, es decir, la transferencia:[46]

> Me encontraba con una de mis pacientes más dóciles, en quien la hipnosis había posibilitado notabilísimos artilugios; acababa de liberarla de su padecer reconduciendo un ataque de dolor a su ocasionamiento, y hete aquí que al despertar me echó los brazos al cuello. [...] Me mantuve lo bastante sereno como para no atribuir este accidente a mi irresistible atractivo personal, y creí haber aprehendido la naturaleza del elemento místico que operaba tras la hipnosis. Para eliminarlo o, al menos, aislarlo, debía abandonar esta última.[47]

A posteriori, Freud solo conservó de la hipnosis la posición acostada del paciente sobre un diván, detrás del cual se sentaba él para verlo sin ser visto. En cuanto a Anna von Lieben, gran ajedrecista, afectada de locura, obesa, consumidora ilimitada de caviar, champán y drogas y siempre insomne durante las noches, era en la época su principal paciente, su *prima donna*.[48] Y en su familia llamaban a Freud *der Zauberer* (el mago). Pero más adelante lo rechazaron, sin que lograra curar jamás a Anna de su adicción a la morfina, ni por la hipnosis ni por el método catártico.[49]

Desde su boda y su establecimiento como especialista en enfermedades nerviosas Freud carecía de un interlocutor que estuviera lo bastante alejado de él para permitirle utilizar de nuevo sus incomparables talentos de epistológrafo. La espera duró un año, hasta el día del otoño de 1887 en que, aconsejado por Breuer, un tal Wilhelm Fliess, médico berlinés especializado en las patologías de la nariz y la garganta,[50] acudió a él para asistir a sus clases, tras finalizar su formación en el Hospital General de Viena. De la misma generación de Freud y, como él, partidario del darwinismo y de la escuela positivista de Helmholtz, Fliess era hijo de un negociante de granos poco afortunado y depresivo cuya familia, judía sefaradí, estaba establecida en la marca de Brandemburgo desde el siglo XVII.

Es difícil saber qué es en verdad lo que sintió Fliess en esa relación de amistad volcánica que, otra vez, se apoderó de Freud. Contrariamente a la que había mantenido con Martha, la correspondencia intercambiada por los dos hombres nunca pudo reunirse por completo. Solo quedan las cartas de Freud.[51] ¡Nuevo *Sturm und Drang*! Freud escribía a toda velocidad; multiplicaba las abreviaturas y las palabras latinas y hacía un menjunje con todo lo que se enteraba acerca de la vida sexual de sus pacientes y todo lo que sabía de la suya propia y la de las familias vienesas: padres, madres, hermanas, hijas, empleados domésticos. Clasificaba, ordenaba, multiplicaba los cuadros clínicos y manifestaba un entusiasmo frenético ante cada misiva recibida o enviada.

En resumen, desde el primer encuentro Freud cayó bajo el hechizo de ese médico que no se parecía a ninguno de sus amigos vieneses de la misma generación y ni siquiera a Breuer, quien, a pesar de su legendaria prudencia, sentía por su protegido la misma admiración que este por él.

Dotado de una sólida formación médica y científica, Fliess pertenecía no obstante a la prolongada estirpe de sabios prometeicos puestos en valor por la literatura romántica y cuya huella encontramos en la obra de Thomas Mann. Adepto a una teoría mística y organicista de la sexualidad, era en cierta forma un doble de Freud, su «demonio», su «álter», y suscitaba en él las más grandes excitaciones intelectuales. A fuerza de quererse, de oponerse, de tomarse recíprocamente por testigos de su cotidianeidad más íntima o de contarse historias de casos, a la vez que elucubraban las hipótesis más atrevidas, pero también a fuerza de encontrarse en diversas ciudades de Europa durante «congresos» de los que eran los únicos oyentes y los únicos participantes, llegaron a verse como hermanos mellizos y a hacerse fotografiar con la misma barba, la misma ropa, la misma mirada, y repartieron ese retrato entre sus amigos.

En 1892 Fliess se casó con Ida Bondy, una paciente de Breuer, cuya hermana, Melanie, se casaría cuatro años después con Oskar Rie, el médico de la familia Freud y compañero de Sigmund en el juego del tarot. De la unión de Fliess con Ida nacería Robert, que llegaría a ser psicoanalista, mientras que Oskar tendría dos hijas, Margarethe y Marianne. La primera sería la mujer de Herman Nunberg y la segunda, de Ernst Kris, ambos discípulos de Freud. ¡Una historia de familia, sin lugar a dudas!

Heredero de un enfoque científico en plena mutación, en el que se mezclaban las explicaciones más racionales, las más innovadoras y las más extravagantes acerca de las relaciones del alma y el cuerpo, Fliess, que padecía migrañas de origen desconocido, no dudaba jamás de sus hipótesis, que tomaba por certezas establecidas no bien las intuía. Apasionado por el arte, las matemáticas, la biología, la historia, la literatura y la antropología, había tomado la costumbre de poner en relación toda clase de manifestaciones patológicas de la vida humana que, sin embargo, no tenían nada que ver unas con otras. Su proceder era, pues, mucho más fascinante por tener como fundamento una concepción de la ciencia en que la duda no tenía lugar alguno, así como por basarse en especulaciones que llegado el caso eran delirantes.

Cuando conoció a Freud, Fliess estaba elaborando una doctrina articulada alrededor de tres ejes: una clínica de la neurosis, una teoría fisiológica de la periodicidad y una representación biomédica y cosmológica de la bisexualidad humana.

Tras haber descrito una entidad clínica denominada «neurosis nasal refleja»,[52] Fliess encontraba sus causas tan pronto en perturbaciones orgánicas ligadas a diversas enfermedades —entre ellas las migrañas— como en trastornos originados en los órganos genitales. Por eso relacionaba las mucosas nasales y las actividades genitales para colegir la existencia de un vínculo entre los cornetes de la nariz, las menstruaciones de la mujer, el embarazo y el parto. De ahí la idea de que los síntomas de esa «neurosis», al igual que las migrañas y otras secuelas de la menstruación, obedecían a un ritmo regular de veintiocho horas. Fliess agregaba a este otro ciclo de veintitrés días, del que hacía el equivalente masculino del ciclo menstrual femenino. Y como esos dos ciclos se manifestaban en cada uno de los dos sexos, deducía de ello la existencia de una bisexualidad fundamental del ser humano, que a su juicio se traducía en una bilateralidad fisiológica, por la que cada humano era a la vez hombre (a la derecha) y mujer (a la izquierda). Armado de este conocimiento de la periodicidad y la bisexualidad humana, creía poder determinar con certeza las fechas críticas de los ciclos que predeterminaban el nacimiento, la enfermedad y la muerte.[53]

Convencido de que los diversos trastornos de su «pobre Konrad» podían, así, aliviarse o curarse mediante un tratamiento de las fosas nasales, Freud, que calificaba a Fliess de «Kepler de la biología», se hizo operar dos veces por él. Durante algún tiempo tuvo supuraciones. Fliess trató entonces en vano de hacerlo abandonar su adicción a la nicotina, que se intensificó cuando dejó de tomar cocaína. Y mientras llegaban a la edad madura, ambos hombres se entregaban a cálculos científicos para determinar, en virtud de la teoría fliessiana, las fechas de muerte y nacimiento.

En esa época, Freud temía morir antes de conocer Roma, su tierra prometida, o de consumar su obra: el paso de la neurología a la psicología. Sin embargo, rechazaba una y otra vez la oportunidad de hacer ese viaje, en razón de sus famosos cálculos. Cuando Ida se quedó embarazada casi al mismo tiempo que Martha, Fliess pronosticó el nacimiento de una hija y Freud el de un varón al que llamaría Wilhelm. Pero el destino decidió otra cosa: Fliess tuvo un varón (Robert) y Freud una niña (Anna).

Mientras Fliess avanzaba en la exploración cada vez más irracional de la bisexualidad humana, a la vez que propiciaba peligrosas operaciones de las fosas nasales, Freud elucubraba toda clase de hipótesis sobre el psiquismo humano. En un manuscrito de un centenar de páginas, *Proyecto de psicología*, concebido como un tratado de psicología destinado a los neurólogos, expuso en honor de su amigo, en 1895, un plan general de su enfoque neurológico de la memoria, la percepción y la conciencia. En él describía los procesos patológicos a través de los cuales intentaba poner de manifiesto las características de los llamados fenómenos psicológicos «normales». Al contrario de Fliess, y siempre en duda con respecto a sí mismo, procuraba hacer de la psicología una ciencia natural muy alejada del proyecto de reducir los fenómenos psíquicos a trastornos orgánicos.

Planteaba además una serie de correlaciones entre las estructuras cerebrales y el aparato psíquico, en el propósito de representar los procesos psíquicos como otros tantos estados cuantitativamente determinados por partículas materiales o neuronas. Ordenaba estas en tres sistemas distintos: percepción (neuronas w), memoria (neuronas N) y conciencia (neuronas R). En cuanto a la energía transmitida (cantidad), la regían, en su opinión, dos principios —uno de inercia, otro de constancia— y provenía ora del mundo exterior, vehiculada en este caso por los órganos de los sentidos, ora del mundo interior, es decir, del cuerpo. La ambición de Freud era referir a ese modelo neurofisiológico el conjunto del funcionamiento psíquico, tanto normal como patológico: el deseo, los estados alucinatorios, las funciones del yo, el mecanismo del sueño, etc.

Esa necesidad de «neurologizar» el aparato psíquico equivalía además a fabricar una «mitología cerebral». Freud no tardó en advertirlo y renunció a ese proyecto para construir una teoría puramente psíquica del inconsciente.[54] A partir de entonces calificó de delirio, balbuceo y galimatías lo que había elaborado.

En virtud de esa nueva perspectiva, que lo llevó a explorar los fenómenos inconscientes, consideraba que el origen de los síntomas neuróticos —y en especial los que caracterizaban a las histéricas— se encontraba en traumas sexuales sufridos en la infancia. Este postulado coincidía con lo que Freud había retenido de la enseñanza de Charcot. Y dio el nombre de «seducción» o «atentado» a los abusos sexuales padecidos en la infancia por las pacientes a quienes escuchaba y que, muy a menudo, los contaban con lujo de detalle en las curas y acusaban a un padre, un tío, un amigo de la familia.

Comoquiera que sea, entre 1892 y 1895 la joven y bella Emma Eckstein fue la principal víctima de los intercambios clínicos y las divagaciones teóricas de Fliess y Freud.[55]

Perteneciente a la burguesía judía progresista y muy activa en el movimiento feminista austríaco, en su infancia Emma había sido víctima, al parecer, de una llamada ablación «terapéutica» destinada a impedirle masturbarse. Desde bastante tiempo atrás padecía molestias gástricas y menstruaciones dolorosas. Allegado a su familia, Freud decidió practicar con ella una cura catártica ad honórem en la propia casa de la muchacha. Se persuadió entonces de que sus dolores podían relacionarse con la mucosa de la nariz. Por eso pidió a Fliess que viajara desde Berlín para operarla. Fliess extirpó el tercio anterior del cornete medio izquierdo de la nariz de Emma.

Dos semanas después de la intervención la joven sintió espantosos dolores causados por secreciones infecciosas purulentas de las que se desprendía un olor fétido. Un fragmento de hueso se había partido y provocaba hemorragias. Preocupado, Freud llamó a su amigo Ignaz

Rosanes; este, al limpiar la herida, advirtió que Fliess había olvidado en la cavidad nasal un pedazo de gasa impregnada de tintura de yodo. Al removerlo, salió un abundante chorro de sangre. A punto de desvanecerse, Freud se refugió en la habitación de al lado. Después de tomar una copa de coñac volvió junto a la paciente, que lo recibió con estas palabras: «He ahí al sexo fuerte».[56] Emma padecería toda su vida secuelas de esa intervención quirúrgica: el hueso de la nariz se había necrosado de manera irreversible.

Realmente afectado por este asunto, Freud consideró que Fliess y él se habían mostrado irresponsables con Emma, quien, sin embargo, nunca les reprochó sus errores. Pero, para exonerar a su amigo, señaló que ella ya sufría desde la infancia violentas hemorragias nasales. Emma retomó el tratamiento con él. Al escucharla hablar de su temor a entrar en las tiendas, Freud dedujo que esa fobia se remontaba a una escena de seducción que se habría producido cuando ella tenía ocho años: un tendero habría intentado un toqueteo. La escena habría sido reprimida, pero era al parecer el origen del síntoma del que la joven se quejaba.[57]

A continuación, tras haber propuesto la hipótesis de que la confesión hecha por las histéricas de las seducciones sufridas en la infancia se asemejaba a la del comercio sexual obtenida antaño bajo la tortura por los inquisidores, Freud se maravilló al ver que Emma confirmaba su tesis al contar una escena en que el diablo le clavaba agujas en los dedos y pasaba luego un caramelo por cada gota de sangre. Y de nuevo exoneraba a Fliess, quien por otra parte seguía negándose a reconocer su error.[58]

Emma Eckstein fue la primera mujer psicoanalista de la historia del freudismo. Entre 1905 y 1910 escribió varios artículos e intercambió algunas cartas con Freud, que siguió ignorando las múltiples causas de las que dependían sus trastornos psíquicos y somáticos. Tras una desdichada aventura amorosa ella intentó suicidarse. Pero ni su sobrino, Albert Hirst,[59] que dio a Kurt Eissler un testimonio conmovedor, ni médico alguno lograron curarla y ni siquiera comprenderla.[60]

Consciente de la persistencia del misterio, pero no dispuesto a admitir que podía haberse extraviado mil veces, Freud pronosticó que Emma no se repondría jamás. ¡Increíble profecía! Paralizada por un mal inexplicable, ella pasó sus últimos años de vida tendida en una cama rodeada de sus libros.

En vista de este episodio podemos preguntarnos quién inventaba los presuntos abusos y otras maniobras perversas que, según se decía, se ocultaban en el seno de familias honorables. ¿El propio Freud o las pacientes que le hacían creer en la existencia de una empresa de seducción sistemática de los niños llevada adelante por los adultos? Al respecto, Breuer, que por entonces preparaba con su protegido un estudio sobre la histeria, se mostró siempre muy reservado en cuanto a la etiología traumática.

Durante años, pues, Freud se dejó hechizar por Fliess, y este lo encerró en una concepción de la ciencia en la que no había lugar ni para el error, ni para la experiencia, ni para la búsqueda de la verdad, dado que era la certeza, y solo ella, la que gobernaba el trabajo especulativo. Al paso de las cartas advertimos, sin embargo, que Freud evolucionaba en sentido contrario a Fliess. Si bien se negaba conscientemente a poner en duda las hipótesis de su amigo, se alejaba poco a poco de ellas a fuerza de renegación, ambivalencia y contorsiones, como si el trabajo que se operaba en él sin que lo supiera lo impulsara a dudar de lo que juzgaba como un verdadero proceder científico.

De hecho, el contacto con Fliess lo llevó a separarse de la neurología, a enemistarse definitivamente con Breuer, a inventar el tratamiento psicoanalítico, a renunciar a la teoría de la seducción, a invocar la tragedia griega en auxilio de su explicación del inconsciente y a preparar el gran libro que iba a hacer de él uno de los pensadores más importantes del siglo XX: *La interpretación de los sueños*. Como Emma Eckstein, Fliess fue la principal víctima de ese combate librado por Freud contra sí mismo. En tanto que en vida se encumbró a Fliess por su aporte a la biología médica, la posteridad lo juzgó severamente como un maniático de los números y un taumaturgo delirante, último testigo de una medicina romántica que agonizaba. Su obra cayó a tal punto en el olvido que solo tuvo existencia por el papel que los historiadores le atribuyeron en la dilucidación de los orígenes del psicoanálisis.[61] Y el propio Freud rechazó siempre que lo asociaran a la tradición del romanticismo.

En los albores del siglo XX, después de tantos años de intercambiar locuras y de estar unidos por matrimonios cruzados entre amigos cercanos en el seno de una familia intelectual ampliada, y con el telón de fondo del doble auge de la modernidad vienesa y la modernidad berlinesa, los dos amigos se separaron para no volverse a ver nunca más. Freud fue el suntuoso beneficiario de esa amistad de unos quince años, cuyo saldo fue para Fliess un desastre y para el psicoanálisis un triunfo.[62]

La ruptura fue de gran violencia. En julio de 1900 los dos hombres se reunieron a orillas del lago de Achen. Fliess acusó a Freud de dar muestras de animosidad contra él y Freud le reprochó no reconocer el valor de sus descubrimientos.

Muy poco tiempo después Freud expuso su teoría de la bisexualidad al jurista austríaco Hermann Swoboda, que se analizaba con él. Esa misma noche Swoboda habló del tema con su amigo Otto Weininger, célebre escritor judío vienés, quien, un año después, publicó su único libro, *Sexo y carácter*, verdadero manifiesto de la bisexualidad y del odio a las mujeres y los judíos. Algún tiempo más tarde, Weininger puso en escena su suicidio: alquiló una habitación en la antigua casa de Beethoven y se disparó una bala en el corazón.[63]

Fliess conoció la obra en 1904 y, al igual que Swoboda y Paul Julius Moebius,[64] se sintió plagiado y acusó a Freud de haberle robado sus ideas durante los años de su amistad. Este asunto del «robo de ideas» fue la comidilla de la prensa y Freud reconoció su deuda con Fliess.[65] Pero también sabía que, a diferencia del plagio, el «robo de ideas» no existe, y que la teoría de la bisexualidad impregnaba en esa época todos los trabajos de los científicos. Originada en el darwinismo y la embriología, reactualizaba en parte los mitos fundacionales de la antigua Grecia. Freud, es cierto, se sentía culpable de haber hablado con Swoboda, pero en ningún momento se adhirió a esa fantasía del «robo de ideas».[66] En cuanto a la bisexualidad, ulteriormente hizo de ella un concepto central de la doctrina psicoanalítica que no tenía mucho que ver con la representación fliessiana de una bilateralidad.

Con todo, el episodio de esa amistad que, a través de una larga deriva, había hecho de él otro hombre, siguió asediando durante mucho tiempo a Freud. Sin atreverse a contarlo verdaderamente, este destruyó las cartas de Fliess y, cuando Marie Bonaparte compró las suyas a un comerciante, en 1936, se opuso con firmeza a su publicación.[67] A continuación, sobre la base de su propia concepción de la paranoia, Freud explicó a Sándor Ferenczi, en 1910, que la idea de ligar el conocimiento paranoico a una investidura homosexual y el conocimiento teórico a un rechazo de esta última se le había ocurrido a causa de una reactivación dolorosa de la ruptura con Fliess: «Desde el asunto de Fliess [...] una parte de la investidura homosexual se extinguió y me valí de ella para expandir mi propio yo. He triunfado donde el paranoico fracasa».[68] Esta teoría era por lo menos discutible. Sin embargo, Freud había creído sin asomo de duda que iba a poder deshacerse de esa parte de su historia. En agosto de 1897 pretendió que estaba haciendo un «autoanálisis». Una manera de poner en entredicho, sin decirlo, todo el sistema de pensamiento que había elaborado hasta entonces. Pero también este asunto se saldó con un fiasco. En un principio Freud había explicado a Fliess que su principal paciente era él mismo. Luego había analizado sus propios sueños para afirmar a continuación que no entendía nada de lo que le pasaba. Tras creer por un tiempo que el «autoanálisis» se había puesto efectivamente en marcha, terminó por admitir que era imposible:

> Mi autoanálisis sigue interrumpido. He echado de ver por qué. Solo puedo analizarme a mí mismo con los conocimientos adquiridos objetivamente (como a un extraño), un autoanálisis genuino es imposible, de lo contrario no habría enfermedad. Como todavía tengo algunos enigmas en mis casos, esto no puede menos que estorbar en el autoanálisis.[69]

Inventado para salir de un estancamiento, el concepto inhallable de autoanálisis tuvo una carrera afortunada en la comunidad freudiana, que acogió la idea de que solo Freud, como «padre fundador» de la disciplina, había llevado realmente a cabo una investigación de sí mismo que podría servir de modelo iniciático a toda la genealogía de las filiaciones venideras. Él se había «autoengendrado», se decía, y, en consecuencia, había que recusar toda historia contextual de los orígenes del psicoanálisis en beneficio de una mitología del «gran hombre». Esa fue la posición de Jones en 1953. Desde ese punto de vista, este hizo de Fliess un falso científico iluminado y de Freud un héroe de la ciencia capaz, desde las alturas de su «espléndido aislamiento», de inventar todo sin deber nada a su época. Y de resultas, Jones se entregó a una interpretación psicoanalítica de la historia que la comunidad psicoanalítica, para su gran infortunio, repetiría durante varios decenios: una verdadera leyenda en lugar de la historia, según la cual Fliess habría ocupado en relación con su amigo la posición del seductor paranoico y del sustituto paterno del que Freud, a la larga, se habría liberado gracias a la fuerza de su genio. Sabemos bien que leyendas semejantes no se sostienen frente a los estudios históricos. Aun cuando toda nueva disciplina deba sus enunciados a un «padre fundador», este instaura una discursividad que no puede pertenecerle porque, si dicha disciplina es racional, genera una posibilidad infinita de discursos susceptibles, a su vez, de reinterpretación.[70]

Otra interpretación de ese episodio, mucho más interesante, fue la que propuso Freud al comienzo de su ruptura con Fliess. En una carta fechada el 7 de mayo de 1900, un día después de cumplir cuarenta y cuatro años, aquel reafirmó que, para pensar, necesitaba el contacto con un amigo capaz de revelarle lo que había de «femenino» en él. Y, tras destacar que ningún científico podía saber de antemano cuál sería el juicio de la posteridad, agregó:

> Ningún crítico [...] puede ver con más acuidad que yo qué «desproporción» se abre entre problemas y soluciones, y como justo castigo me será dado el de que ninguna de las provincias todavía no descubiertas en la vida anímica, que yo soy entre los mortales el primero en hollar, lleve alguna vez mi nombre u obedezca a mis leyes. Cuando a mí en la contienda amenazaba acabárseme el aliento, rogué al ángel que soltara, y es lo que desde entonces él ha hecho. Pero yo no he sido el más fuerte, aunque desde entonces visiblemente cojeo. Sí, efectivamente ya tengo cuarenta y cuatro años, un viejo, tosco israelita.[71]

Freud hace alusión aquí al célebre pasaje del Génesis que relata el combate nocturno de Jacob con el ángel. Solo en la noche, el hijo de Isaac y nieto de Abraham lucha hasta el alba con un misterioso adversario cuyo sexo ignora, y que es a la vez Dios y el enviado de Dios (Elohim y el ángel). Al comprender que no vencerá al hombre, el ángel lo hiere en la articulación del fémur y lo deja cojo. Y cuando quiere huir, Jacob le pide que lo bendiga. El ángel le anuncia entonces que en el futuro se lo llamará Israel. Vencedor del adversario pero herido de por vida, el tercer patriarca encarna la idea de que la más alta victoria del hombre es la que obtiene sobre sí mismo y sobre su arrogancia.[72]

Y sin duda era mediante esa temática heredada del texto sagrado como Freud llevaba a cabo su ruptura con Fliess y se inventaba un destino: el de un hombre herido que se apresta al combate perpetuo contra los hombres y contra sí mismo. Tal era pues, en 1900, su estado de ánimo en el momento en que, como el tercer patriarca, creía haber hecho un descubrimiento cuyo devenir jamás controlaría, ya que se juzgaba demasiado viejo y «cojo» para ponerlo en práctica.[73]

Esta aventura confirma, por si hubiera necesidad, que todo proceder científico está salpicado por el paso del error a la verdad. Jamás teoría alguna, aunque sea la más racional o más lógica, está inmune al irracionalismo al que pretende escapar. En otras palabras, Freud no se liberará nunca, en sus obras ulteriores, de los vestigios de una deriva —o de un perpetuo combate contra el ángel— cuyas huellas discernimos en su correspondencia con Fliess.

3

La invención del psicoanálisis

En 1895 la histeria de todas las mujeres observadas por tantos científicos conservaba su misterio. Y correspondió a los novelistas y a sus heroínas —de Flaubert a Tolstói, de Emma Bovary a Anna Karenina— el mérito de haber sabido darles un rostro humano: el de una rebelión impotente que conducía al suicidio o la locura. Por mucho que tanto en París como en Viena se afirmara la existencia de una histeria masculina, la «enfermedad» parecía afectar sobre todo a las mujeres.

El paradigma de «LA mujer histérica», progresivamente abandonado en el transcurso del siglo xx,[1] siguió ligado a un estado de la sociedad en el cual, para expresar su aspiración a la libertad, las mujeres no tenían otro medio que la exhibición de un cuerpo sufriente. Si a fines del siglo xix las mujeres locas o medio locas procedentes de los arrabales parisinos habían servido de motivo para la elaboración de una clínica de la mirada —la de Charcot—, las mujeres vienesas, recibidas en el secreto de un gabinete privado, fueron las actrices protagónicas de la construcción de una clínica de la escucha: una clínica de la interioridad y ya no de la exterioridad. Al contrario de las mujeres del pueblo, esas burguesas tuvieron derecho a una vida privada, un sentido íntimo. Su desamparo existencial permitió a los hombres de ciencia elaborar una nueva teoría de la subjetividad. Gracias a su presencia muda, y a través de los relatos clínicos que disfrazaban su vida real, esas mujeres estuvieron en el origen de la invención del psicoanálisis: origen indecible que el historiador tiene el deber de reconstruir.

No sorprenderá, por tanto, que los *Estudios sobre la histeria* publicados en 1895 por Freud y Breuer hayan suscitado una impresión tan grande en los escritores debido a que la palabra se otorgaba tanto a las pacientes como a los médicos, aun cuando estos fueran los únicos autorizados a reconstruir la historia de aquellas.[2] Al recorrer esos relatos de casos el lector de la época asistía a un abandono de la clínica de la mirada en provecho de una clínica de la relación transferencial: un renacimiento de la cura dinámica, procedente de los antiguos magnetizadores.

Pero la verdadera novedad radicaba en el hecho de que los dos autores optaban por el camino contrario a las descripciones frías y aderezadas de términos técnicos que tanto deleitaban a los médicos del alma, sus contemporáneos. Deseosos de cautivar la imaginación, aquellos privilegiaban, con talento, el relato novelesco en detrimento de la exposición del caso, y tenían la inquietud de penetrar de manera literaria en la geografía íntima de las ignominias familiares de su época para tornar vivos e insólitos los dramas cotidianos de una locura privada disimulada bajo las apariencias de la más grande de las normalidades: «[Ella] relata», escribe Freud, «que su propia madre pasó algún tiempo en el manicomio. Cierta vez tuvieron una criada cuya patrona anterior había estado en el manicomio un lapso prolongado, y solía contarle terroríficas historias». Y también:

> Por ejemplo, hoy da en hablar sobre su familia, y a través de toda clase de rodeos llega hasta un primo; era un poco retrasado y los padres de él le hicieron sacar todos los dientes de una asentada. [...] Explica [...] cómo su hermano estaba muy enfermo por ingerir dosis excesivas de morfina, y tenía unos crudelísimos ataques, en que solía echarle mano de manera repentina [...]. Ha soñado cosas terroríficas, las patas y respaldos de las sillas eran, todos, serpientes; un monstruo con pico de buitre arremetió a picotazos contra ella y la devoraba por todo el cuerpo.[3]

Es indudable que las mujeres cuyas angustias desplegaban Freud y Breuer jamás habrían imaginado que su historia —real o inventada— pudiese ser así expuesta al público, ya que su «enfermedad» parecía aún muy sospechosa a los representantes de la ciencia médica: parálisis, contracturas, tics, alucinaciones, gesticulaciones, terrores inscritos en el rostro, angustias, pavor y sobre todo obsesiones sexuales acompañadas de relatos de traumas y abusos vividos en la infancia.

Siempre preocupado por dar cuerpo a lo que descubría, Freud había empujado a Breuer, muy vacilante, a pasar a los hechos, sobre todo en lo concerniente a la asombrosa historia de Bertha Pappenheim, una joven vienesa de la buena burguesía judía, cuyo tratamiento se había desarrollado entre 1880 y 1882. Pero Breuer se resistía, muy poco satisfecho con los resultados obtenidos en esa paciente que, tras un maratón terapéutico a lo largo del cual había desplegado una serie impresionante de síntomas[4] —alucinaciones, parálisis, ataques de tos, etc.—, había sido internada en el sanatorio Bellevue de Kreuzlingen, magnífica clínica dirigida por Robert Binswanger y situada a orillas del lago de Constanza. En ese lugar idílico ella había coincidido con la élite de enfermos mentales adinerados procedentes de los cuatro puntos cardinales de la vieja Europa. Morfinómana y siempre presa de las mismas angustias, a continuación había pasado por muchos otros establecimientos asistenciales antes de volver al seno de la familia.[5]

En 1895 Breuer ya no utilizaba el método catártico y no quería interpretar como fenómenos transferenciales el hecho de que las pacientes pudiesen querer seducir a sus terapeutas. Freud creía, al contrario, que el tratamiento de Bertha aportaba no solo la prueba de la etiología sexual sino que, como era muy anterior a las experiencias llevadas a cabo por Pierre Janet[6] con pacientes que presentaban los mismos síntomas, permitía demostrar que ese rival francés no era, como él creía, el inventor de este tipo de cura. Freud tuvo la última palabra y su fervor se impuso. Aunque estuviera perfectamente al tanto de la historia de Bertha, que había sido además amiga de Martha Bernays, no podía prescindir de la colaboración de Breuer, más conocido que él e iniciador del método.

En su presentación de la obra, los dos autores destacaban que su elección no había sido dictada por consideraciones de orden científico: «Nuestras experiencias», decían,

provinieron de la práctica particular en una clase de la sociedad que es culta y lectora, y su contenido muchas veces toca la vida y las peripecias más íntimas de nuestros enfermos. Sería un grave abuso de confianza publicar esas comunicaciones, a riesgo de que los enfermos fueran reconocidos y por su círculo de relaciones se difundieran unos hechos que solo al médico confiaron. Por eso hemos debido renunciar a las observaciones más instructivas y probatorias.[7]

Había que privilegiar, en consecuencia, ciertos tramos de la vida y evitar al mismo tiempo sacar a la luz del día verdades capaces de perturbar un orden social común a los médicos y las pacientes. Las mujeres tratadas por Breuer y Freud formaban parte de una familia extensa: eran muchas veces amigas, hermanas o primas de sus esposas, y a los ojos de estas podían convertirse en rivales. Además, si presentaban síntomas semejantes, quería decir que esas mismas esposas podían ser portadoras, sin saberlo, de la gran plaga de la histeria. También era menester presentar todas esas curas como otros tantos éxitos terapéuticos y no como «experiencias» cuya validez pudiera impugnarse de inmediato. Si no, ¿de qué servía publicarlas?

Tal era pues el estado de ánimo de Freud y Breuer en vísperas de la aparición de su obra. Breuer dudaba de todo, privilegiaba la causalidad fisiológica y se negaba a encerrarse en la mera etiología sexual, temeroso, además, de los ataques virulentos de su colega Adolf Strümpell, que afirmaba, como Richard von Krafft-Ebing y muchos otros, que los enfermos, a través de sus síntomas, inducían a los médicos al error. Por su lado, Freud sostenía que la disociación mental constatada en el síntoma histérico era provocada por una defensa psíquica y reminiscencias ligadas a un trauma sexual de origen infantil. Confiado en su destino y convencido de la idoneidad de su teoría de la seducción, estaba muy decidido, contra el nihilismo, a probar el valor curativo de la psicoterapia:

> Repetidas veces he tenido que escuchar de mis enfermos, tras prometerles yo curación o alivio mediante una cura catártica, esta objeción: «Usted mismo lo dice; es probable que mi sufrimiento se entrame con las condiciones y peripecias de mi vida; usted nada puede cambiar en ellas, y entonces, ¿de qué modo pretende socorrerme?». A ello he podido responder: «No dudo de que al destino le resultaría por fuerza más fácil que a mí librarlo de su padecer. Pero usted se convencerá de que es grande la ganancia si conseguimos mudar su miseria histérica en infortunio ordinario. Con una vida anímica restablecida usted podrá defenderse mejor de este último».[8]

Los dos autores estaban en desacuerdo. Pero coincidían en la cuestión de las reminiscencias y la necesidad de afirmar que las ocho pacientes cuyos casos exponían se habían curado, si no de su enfermedad, sí al menos de sus síntomas: «señorita Anna O.», «señora Emmy von N.», «Miss Lucy», «Katharina», «señorita Elisabeth von R.», «señorita Mathilde H.», «señorita Rosalia H.», «señora Cäcilie M.». La verdadera identidad de cinco de estas mujeres fue revelada por los historiadores a partir de la década de 1960.[9] Se llamaban Bertha Pappenheim, Fanny Moser, Aurelia Öhm, Anna von Lieben e Ilona Weiss.[10] Ninguna de ellas se «curó», pero nada permite decir que la experiencia de la cura no transformó su existencia.

En este aspecto, los *Estudios sobre la histeria*, considerados como el acta de nacimiento de la práctica psicoanalítica, no relataban más que curas hipnóticas y catárticas. A eso se agregaba un método de concentración (Ilona Weiss, «Miss Lucy») por presión en el cráneo o en un muslo, que Freud utilizaba para persuadir a sus pacientes de que le contaran todo lo que les venía a la mente.

En lo que se refiere al «caso fundacional» —«Anna O.»—, no fue otra cosa que una experiencia de cura que fascinaba a Freud, pero que había conducido Breuer. En cuanto a Bertha Pappenheim, nunca aceptó ser Anna O. Y las pacientes cuyos casos se daban a conocer a lo largo de los *Estudios sobre la histeria* jamás se reconocieron en los retratos hechos de ellas por Freud sobre la base de sus notas. Así, Ilona Weiss, interrogada un día por su hija, respondió que se acordaba de que el famoso «médico barbudo de Viena», a quien la habían enviado, había intentado, contra su voluntad, convencerla de que estaba enamorada de su cuñado. Sin embargo, en esta historia no se puede sospechar mentira ni malversación en ninguno de los protagonistas. Expuestos por los científicos, los relatos de casos no tienen mucho que ver, en general, con la realidad vivida de los pacientes.

Digamos simplemente que en esa distancia se aprecia la oposición dialéctica entre dos regímenes de subjetividad —la del médico por un lado, la del enfermo por otro— y esos regímenes manifiestan una partición inherente a las relaciones entre la locura expresada y el discurso de la psicopatología. Partición entre una conciencia de sí y una conciencia crítica: por una parte la existencia anónima de un paciente sumido en el desamparo, por otra la racionalidad de una mirada clínica que se aleja de ella para aprehenderla mejor.

En este aspecto, se verifica que los estudios de casos siempre se construyen como ficciones, relatos o viñetas literarias destinadas a convalidar las hipótesis de los científicos. De ahí las necesarias revisiones que en general ponen de relieve hasta qué punto el enfermo rechaza la validez de un discurso reconstruido del que se siente víctima.

Esa fue la actitud de Bertha Pappenheim. Tras su cura con Breuer y su periplo terapéutico, rechazó todo lo que se relacionara con su tratamiento y exigió a su familia que no proporcionase jamás ninguna información sobre ese episodio de su vida.[11] En varias oportunidades manifestó una gran hostilidad hacia el psicoanálisis y se negó a hacer comentario alguno sobre el destino legendario de Anna O., muy en especial después de la publicación de los *Estudios sobre la histeria*. ¿La curaron de algo? Sí, sin ninguna duda. ¿Su vida hubiera sido la misma de no haberse cruzado con Breuer? Nadie lo sabe.

En virtud de una suerte de sublimación, Bertha logró transformar sus síntomas patológicos en una actividad humanitaria, al extremo de convertirse, al cabo de algunos años, en una gran figura del feminismo judío alemán. En principio directora de un orfanato en Frankfurt, viajó luego a los Balcanes, Oriente Próximo y Rusia para realizar investigaciones sobre la trata de blancas. En 1904 fundó el Jüdischer Frauenbund,[12] una organización destinada a promover la emancipación de las mujeres por el trabajo. Escribió un sinnúmero de artículos, cuentos y obras teatrales para niños antes de codearse con Martin Buber y Gershom Scholem. Hostil al sionismo, y tan piadosa y autoritaria como lo había sido su madre, se pronunció contra la emigración de los judíos de Alemania. Murió en 1936, tres años antes que Freud y después de escapar por poco a las persecuciones de los nazis.

Mientras Bertha proseguía con su existencia pública, Anna O., su aborrecido doble, conocía un destino muy distinto. Convencido de que Breuer se había espantado ante el carácter sexual de la transferencia amorosa de su paciente hacia él, Freud dio, entre 1915 y 1932 —sobre todo a Stefan Zweig—,[13] varias versiones del final de esa cura, reconstruyendo a su manera la historia de la ruptura con su viejo amigo. Con el propósito de demostrar que el motivo de esa ruptura era una divergencia acerca de la etiología sexual de la neurosis histérica, afirmó que Anna, al parecer, había manifestado un día todos los signos de un embarazo nervioso. Temeroso por su reputación, Breuer habría desaparecido, en tanto que Mathilde, su mujer, habría estado tentada de suicidarse por celos.

Retomada por Jones, en 1953 la fábula de ese embarazo nervioso se transformó en una verdadera novela de los orígenes del psicoanálisis, en la que se enfrentaban el «miedoso» Breuer y el «valiente» Freud. Según esta versión, Breuer habría «huido» literalmente a Venecia con su esposa para vivir una nueva luna de miel, durante la cual, al parecer, concibieron a Dora, su hija. Y Jones elevaba la apuesta al contar que, diez años más adelante, Breuer habría llamado a Freud en consulta por un caso idéntico. Cuando Freud, dice Jones, le señaló que los síntomas de esa nueva enferma revelaban un embarazo psicológico, Breuer no pudo soportar la repetición de un hecho pasado: «Sin decir una sola palabra, tomó su bastón y su sombrero y se apresuró a marcharse de la casa».[14]

Fuera como fuese, la ruptura entre Freud y Breuer era inevitable. No solo porque no tenían la misma concepción sobre el enfoque de las neurosis, sino porque Freud no toleraba que lo contradijera un hombre que había sido su benefactor. Deseoso de afirmarse en un momento en que se expandía su pasión por Fliess, e incapaz de dominar su orgullo, transformó una vez más al amigo íntimo en un enemigo.

En 1925, a la muerte de Breuer, lamentaría su actitud al enterarse de que su antiguo protector, a pesar de los años pasados desde la ruptura, no había dejado de interesarse en sus trabajos. A los setenta años y ya célebre, confesaría entonces al hijo de Breuer cuánto se había equivocado él mismo durante décadas: «Lo que usted dijo sobre la relación de su padre con mis trabajos más tardíos era una novedad para mí y actuó como un bálsamo sobre una herida dolorosa que nunca se había cerrado».[15]

Fue pues en medio de un clima conflictivo que Freud atribuyó a Breuer, en marzo de 1896, la invención de un nuevo método de exploración del inconsciente: el *psicoanálisis*.[16] Pero, en realidad, él mismo lo practicaba desde hacía ya seis años, al tender al paciente en una cama muy corta adornada con un tapiz oriental y cojines, que le había regalado una tal señora Benvenisti. Con el paso del tiempo, Freud había tomado la costumbre de sentarse detrás del diván para captar mejor el flujo de las palabras del paciente.[17] Verdadero manifiesto contra los herederos franceses de Charcot, el texto donde aparecía por primera vez el término «psicoanálisis» contenía la primera gran clasificación freudiana de las neurosis.

El autor afirmaba en ese texto que la sacrosanta herencia —tan apreciada por los psiquiatras, los psicólogos y los partidarios del nihilismo terapéutico— no podía en ningún caso explicar el origen de las neurosis. A su entender, la verdadera causa estaba en un trauma real sobrevenido en la infancia. Con esa concepción de los trastornos psíquicos, Freud efectuaba una especie de revolución terapéutica. Sostenía, en efecto, que gracias al nuevo método de cura por la palabra inventado por Breuer y retomado por él, los trastornos psíquicos podían escucharse, tratarse y a veces curarse. Para ello bastaba con que el propio paciente, con la ayuda del terapeuta y conforme a la antigua técnica de la confesión, sacara a la luz el origen del mal. De ese modo, Freud, sin haberlo imaginado, se conectaba no solo con la herencia de Mesmer sino, en especial, y de manera mucho más remota, con el gran principio de la confesión heredado de la Contrarreforma y sobre todo del concilio de Trento, que había hecho de ella un sacramento, un ejercicio íntimo sin contacto visual o físico entre el confesor y el penitente.[18] Quisiéralo o no, Freud también era, en mayor o menor medida, el heredero de ciertas tradiciones del catolicismo, religión en la que su querida niñera lo había iniciado, al mismo tiempo que era su «profesora de sexualidad».

Y para responder a las acusaciones de quienes sostenían que las confesiones de las histéricas no eran de fiar o que los propios médicos las inducían, Freud se erigía en vigoroso defensor de los pacientes sumidos en el sufrimiento, a la vez que se entregaba a un feroz despedazamiento del orden familiar de fin de siglo. Justificaba pues, a posteriori, la validez de los casos expuestos en los *Estudios sobre la histeria*.

Las más de las veces, decía, las niñas son víctimas de los abusos cometidos por sus hermanos mayores, que han sido iniciados en la sexualidad por una niñera o una criada. Pero, peor aún, Freud afirmaba la existencia, en el seno de todas las familias, de un «atentado precoz» siempre cometido por un adulto contra un niño que, en general, tenía entre dos y cinco años.

De ahí se desprendía su clasificación de las neurosis fundada en la diferencia de los sexos: la neurosis obsesiva por un lado, la neurosis histérica por otro. A su juicio, la primera era en el varón el resultado de una participación activa en la agresión sufrida, mientras que la segunda conducía a la niña a la aceptación pasiva del abuso:

> La importancia del elemento activo de la vida sexual como causa de las obsesiones, y de la pasividad sexual para la patogénesis de la histeria, parece incluso revelar la razón del nexo más íntimo de la histeria con el sexo femenino y de la preferencia de los hombres por la neurosis de obsesiones. A veces uno encuentra parejas de enfermos neuróticos que han sido una pareja de pequeños amantes en su niñez temprana y de ellos el hombre sufre de obsesiones, y de histeria la mujer; si se trata de un hermano y su hermana, se podrá tomar equivocadamente por un efecto de la herencia nerviosa lo que en verdad deriva de experiencias sexuales precoces.[19]

El 2 de mayo de 1896 Freud, siempre tan temerario, volvió a exponer su teoría de la seducción en la Sociedad de Psiquiatría y Neurología de Viena. La recepción fue glacial, sobre todo por parte de Krafft-Ebing, especialista en sexología y perversiones, que calificó su comunicación de «cuento de hadas científico»,[20] destacando una vez más que las «confesiones» de las histéricas podían haberse obtenido perfectamente bajo el efecto de una sugestión inducida por el médico. Freud se sintió otra vez perseguido por los mandarines del cuerpo médico. Sin embargo, quince meses después iba a tener que admitir que su teoría no se sostenía.

Entretanto, seguía con sus vagabundeos. Cuando murió Jacob, el 23 de octubre de 1896, sintió un sufrimiento real al recordar a ese padre claudicante que había tenido un papel tan importante en su vida, con ese modo de asociar la más profunda sabiduría a una manera de ser llena de fantasía: «Ya había gozado harto de la vida cuando murió, pero en lo interior, con esta ocasión, sin duda ha despertado todo lo más temprano».[21]

Tres meses después Freud se convenció de que el desdichado

Jacob se había comportado como todos los demás adultos, abusadores de niños: «Por desgracia, mi propio padre ha sido uno de los perversos y se ha hecho culpable de la histeria de mi hermano (cuyos malestares son, todos ellos, identificación) y de una hermana menor. La frecuencia de esta circunstancia me hace dudar a menudo».[22] Sin embargo, dado que se sentía muy poco inclinado a considerarse él mismo como un padre que experimentara deseos culpables por su descendencia, comenzó a recelar de su teoría.

Adepto a la abstinencia, Freud se entregaba, como es sabido, a toda clase de pasiones sustitutivas, a las cuales se sumó la fiebre del viaje. A partir de 1895, embargado por un profundo deseo de explorar los grandes lugares de la cultura grecolatina y del arte del Renacimiento, había decidido afrontar su temor a los accidentes ferroviarios y su obsesión con los pasos de fronteras para trasladarse todos los años a Italia.[23] En septiembre de aquel año había descubierto las maravillas de Venecia. Un año después emprendió, en compañía de su hermano Alexander y de Felix Gattel, un prolongado periplo por Toscana, y el año siguiente volvió a Venecia para luego dirigirse a Siena, Orvieto, Perugia, Arezzo y Florencia. Más adelante, acompañado por Minna y luego por Alexander, Sándor Ferenczi o su hija Anna, no dejaría jamás de *tender* hacia el sur: en primer lugar Roma y después Pompeya, Nápoles, Ravello, Sorrento, Capri, Palermo, Siracusa y Atenas.[24] Fascinado por la egiptología, admirador de Champollion, muchas veces soñó, sin hacerlo jamás, con trasladarse a orillas del Nilo para conocer la antigua tierra de los faraones.

Lo cierto es que en septiembre de 1897, embriagado por su búsqueda de un mundo subterráneo semejante al descrito en un poema de Heinrich Heine, envió a Fliess una carta en la cual afirmaba buscar en Italia un «ponche de Leteo», una ebriedad del olvido, una nueva droga, fuente de creatividad: «Aquí y allí tomo un sorbo. Uno se regodea en una belleza extraña y en un esfuerzo de creación gigantesco, en ello tiene parte sin duda mi inclinación a lo disforme, a lo perverso-psíquico».[25]

Esa primera inmersión en la embriaguez del viaje italiano fue el último acto de una prolongada reflexión que, a su retorno a Viena, lo llevó a renunciar a su teoría de la seducción: «No creo más en mi *neurótica*. [...] Es que podría sentirme muy insatisfecho. La expectativa de la fama eterna era demasiado bella, y la de la segura riqueza, la plena independencia, el viajar, el preservar a los hijos de los serios cuidados que me consumieron en mi juventud».[26] ¡Demasiado tarde, no obstante, para hacer justicia a Jacob, injustamente señalado como sospechoso!

Al no haber aceptado nunca las críticas de sus contemporáneos, que veían en su teoría de la seducción una manera de convalidar una falsificación inducida por una sugestión, Freud tropezaba con una realidad compleja. Era impensable, por cierto, que todos los padres fuesen violadores. Pero, pese a ello, no podía considerarse a todas las histéricas simuladoras o mitómanas cuando afirmaban haber sido víctimas de abusos sexuales. Había que proponer además una hipótesis capaz de rendir cuenta de dos verdades contradictorias: ora que las histéricas inventaban escenas de seducción que no se habían producido, ora que dichas escenas, cuando habían existido, no explicaban por sí solas la eclosión de una neurosis.

Al abandonar su *neurótica*, Freud se alejaba tanto de la neurología y la fisiología como de la sexología, disciplina ligada a la psiquiatría y la biología y cuyo objeto era estudiar el comportamiento sexual humano a fin de determinar normas y patologías.

Atentos al higienismo, la nosografía y la descripción de las «aberraciones», los grandes sexólogos de fines del siglo XIX —Krafft-Ebing, Albert Moll o Havelock Ellis— se preocupaban menos por la terapéutica que por las investigaciones eruditas sobre las diferentes formas de prácticas e identidades sexuales: homosexualidad, bisexualidad, travestismo, transexualismo, pedofilia, zoofilia, etc. En una palabra, se interesaban ante todo en la cuestión de las perversiones sexuales y su origen infantil. Si el paradigma de la mujer histérica había invadido todo el campo de estudio de las neurosis, las dos grandes figuras del «sexo no procreador» —el homosexual y el niño masturbador— eran el coto cerrado de los sexólogos, higienistas y pediatras. Y estos dejaban a los psiquiatras, herederos de los alienistas, la tarea de ocuparse de la locura, es decir, de las psicosis.

Al renunciar a la idea de que el orden familiar burgués pudiese fundarse en la alianza entre un progenitor perverso y un hijo víctima de abusos, Freud desplazaba la cuestión de la causalidad sexual de las neurosis a un terreno que ya no era el de la sexología, y tampoco el de la psiquiatría o la psicología. Dejaba el dominio de la descripción de los comportamientos para ir hacia el de la interpretación de los discursos, sobre la base de la consideración de que las famosas escenas sexuales descritas por los pacientes podían suponer una fantasía, es decir, una subjetividad o una representación imaginaria. Y agregaba que aun cuando una seducción hubiera tenido realmente lugar, no era por fuerza la fuente de una neurosis. Además aceptaba a la vez la existencia de la fantasía y la del trauma. Y destacaba que, gracias al método psicoanalítico —exploración del inconsciente y cura por la palabra—, el terapeuta debía ser en lo sucesivo capaz de discernir varios órdenes de realidad a menudo entrelazados: el abuso sexual real, la seducción psíquica, la fantasía, la transferencia.

Pero era menester además preguntarse cuál era el lugar del niño real en esas historias de seducciones confesadas o fantaseadas.

Hacía ya años que el cuerpo del niño se había convertido en un objeto de predilección para higienistas y médicos. Y centenares de libros se referían a los perjuicios de la masturbación infantil en la génesis de las neurosis y las perversiones. Freud se había interesado en esta cuestión en 1886, durante el período pasado en el servicio de pediatría de Adolf Baginsky, en Berlín.[27] Y en cuanto él mismo había sido un niño criado en una familia extensa para ser luego un padre atento a sus numerosos hijos, no había dejado de pretender ser el observador advertido de las relaciones carnales reales o fantaseadas que sembraban la perturbación en el corazón de las relaciones de parentesco.

Todo el debate de esa segunda mitad del siglo XIX se refería a la cuestión de si un niño podía nacer, si no loco, sí al menos perverso, y si esa «locura» particular se manifestaba o no mediante una práctica sexual específica —la masturbación— cuyos perjuicios se hubieran desconocido hasta entonces. Como ahora se admitía que el niño era un sujeto sexuado —y no solo un objeto inerte disfrazado de adulto—, había que definir para él un marco jurídico, social y psíquico. Tras haber adquirido el derecho de existir, el niño debía ser protegido contra sí mismo y contra las tentativas de seducción que ponían en peligro su integridad.

En consecuencia, y siempre en la óptica del niño que debía llegar a ser un adulto «normal» bien integrado en el orden familiar, también había que convencerlo, en su fuero íntimo, de que el aprendizaje de la vida pasaba por un temible adiestramiento corporal y psíquico con objeto de hacer de él una persona mejor. Esos fueron los principios de una educación perversa, llevada a la práctica sobre todo en Alemania y consistente en hacer admitir a los niños que los maltratos corporales infligidos por los adultos los hacían mejores, les permitían combatir sus vicios a fin de acceder a un «soberano bien» y, más aún, desear acceder a él.

Entre los teóricos de esta «pedagogía negra»,[28] Gottlieb Moritz Schreber adquirió celebridad al redactar manuales por medio de los cuales pretendía remediar la decadencia de las sociedades a través de la creación de un hombre nuevo: una mente pura en un cuerpo sano. Sostenidas en un principio por los socialdemócratas, estas tesis serían retomadas a continuación por el nacionalsocialismo. Daniel Paul Schreber, jurista loco, sería una víctima de esta educación insensata, cuyas huellas encontramos en sus *Memorias*, comentadas luego por Freud.[29]

Si la pediatría tenía sus raíces en la filosofía de la Ilustración, la anexión del dominio de la infancia al discurso psiquiátrico se produjo a fines del siglo XIX, cuando se inició la gran ola de medicalización del conjunto de los comportamientos humanos a través de la sexología, la criminología y la psicología. Así, el saber psiquiátrico batió en retirada la noción de inocencia infantil, en beneficio de varias tesis contradictorias. En la perspectiva del darwinismo, se creía que el niño, nacido sin humanidad, portaba en sí, en su cuerpo y por lo tanto en sus órganos genitales, los vestigios de una animalidad todavía no superada. Pero también se estimaba que, si era perverso, esa manera de actuar emanaba de su alma y por lo tanto de un vicio propio de la humanidad misma.

Fue entonces cuando la masturbación comenzó a ser vista como la causa principal de ciertos delirios que se manifestaban no solo en los niños sino también, de manera más tardía, en todos los llamados sujetos «histéricos». Se cataloga a unos y otros como «enfermos del sexo»: a los primeros, porque se entregaban sin límites a la práctica del sexo solitario, y a los segundos, porque habían vivido —o afirmaban haber vivido—, en su infancia, traumas de orden sexual idénticos a los inducidos por el onanismo (abuso, seducción, violación, etc.).

La idea de la peligrosidad de la masturbación había sido magistralmente enunciada por Jean-Jacques Rousseau, no solo en un pasaje célebre del *Emilio*, de 1762 —«si llega a conocer ese peligroso suplemento»—, sino también en *Las confesiones*, publicadas a título póstumo en 1780:

> Yo había sentido el progreso de los años; mi temperamento inquieto por fin se había declarado y su primera erupción, muy involuntaria, me había suscitado alarmas sobre mi salud que pintan mejor que cualquier otra cosa la inocencia en que había vivido hasta entonces. Pronto tranquilizado, aprendí ese peligroso suplemento que engaña a la naturaleza y salva a los jóvenes de mi talante de muchos desórdenes a expensas de su salud, de su vigor y, a veces, de su vida.[30]

Un siglo después, lejos de vérsela como un «peligroso suplemento», la masturbación llegó a considerarse, junto con la homosexualidad, como la más grande de las perversiones, una exposición peligrosa a la locura y la muerte; en síntesis, como una pérdida de sustancia que apuntaba a «suplir» a la naturaleza, a actuar en su lugar,[31] a imponer un cultivo del sexo en ruptura con el orden natural del mundo viviente. En consecuencia, solo al hombre se juzgaba responsable de la seducción que efectuaba sobre sí mismo a causa de su manía autoerótica. Confiados en los progresos de un arte quirúrgico en plena expansión, los médicos de la infancia preconizaban un remedio preventivo para esa patología: ablación o cauterización del clítoris en las niñas, circuncisión en los varones. Se inventó también todo tipo de «terapéuticas» para acabar con la peste onanista: corsés antimasturbatorios, fundas para la erección, aparatos para separar las piernas de las chiquillas, conminaciones y amenazas de castración, esposas en las manos y, para terminar, procesos contra las nodrizas acusadas de «sevicias».

Pero, para aplicar tales «tratamientos» y proferir tales amenazas, hacía falta además probar la existencia de la excitación sexual. Se lanzó entonces, dentro de las familias, una búsqueda sistemática para detectar las huellas de la infame práctica. Se observaba con lupa cada inflamación de las partes genitales, cada hinchazón, cada edema, cada aparición de un herpes o un enrojecimiento. Pero la masturbación se conceptualizó no solo como el fruto de una práctica solitaria sino también como un placer «anónimo» que suponía a veces la presencia de una alteridad: roce, mano desconocida, vestimenta, sensación táctil u olfativa. Mucho después del triunfo de las tesis de Pasteur se creía aún en la fábula de que toda clase de enfermedades infecciosas o virales tenían por origen la práctica de la masturbación. Pero ¿cuál era el origen de la pulsión masturbatoria? En ese plano se enfrentaban dos hipótesis, y ambas establecían un nexo entre el autoerotismo y la seducción. Si la masturbación era un «peligroso suplemento», quería decir que la inducían la cultura y el entorno. Y si así sucedían las cosas, lo importante era entonces saber si el niño era el seductor de sí mismo, toda vez que se convertía en un ser social al pasar de la naturaleza a la cultura, o si la seducción era obra de un adulto corruptor que abusaba sexualmente de él. Todo el debate sobre la cuestión del trauma, por una parte, y las teorías sexuales infantiles, por otra, derivaba de esas dos hipótesis, que Freud terminó por abandonar, al mismo tiempo que renunciaba a cualquier concepción de la masturbación en términos de «peligroso suplemento».

Fue así como la gran *furia* quirúrgica que se desató en Europa entre 1850 y 1890 se abatió tanto sobre el niño masturbador como sobre la mujer histérica. ¿No eran uno y otra —como por otra parte el invertido (el homosexual)— los actores más rutilantes de ese «peligroso suplemento»? En todo caso, tenían como punto en común, a juicio de la mirada médica, la preferencia por una sexualidad autoerótica en detrimento de una sexualidad procreadora.

Al abandonar su *neurótica* y definir las condiciones originales de una terapéutica de la confesión, Freud exploraba una manera inédita de entender la sexualidad humana. Lejos de dedicarse a describir *ad nauseam* violaciones, patologías sexuales, prácticas eróticas o comportamientos instintivos, y en vez de elaborar láminas anatómicas que se perdieran en mediciones, cálculos diversos o evaluaciones, e incluso de dictar normas o redactar el catálogo de todas las aberraciones sexuales, extendió la noción de sexualidad para hacer de ella una disposición psíquica universal y la erigió en la esencia misma de la actividad humana. Lo que adquirió un carácter primordial en su doctrina, por consiguiente, no fue tanto la sexualidad en sí misma como un conjunto conceptual que permitía representarla: la pulsión, fuente del funcionamiento psíquico inconsciente; la libido, término genérico que designaba la energía sexual; el apuntalamiento o proceso relacional; la bisexualidad, disposición propia de toda forma de sexualidad humana, y, para terminar, el deseo, tendencia, realización, búsqueda infinita, relación ambivalente con otro.

El científico positivista que era Freud, nutrido de fisiología y experimentación en el reino animal, se orientaba pues en 1897 hacia la construcción de una teoría del amor —o del eros—, como lo habían hecho antes que él los maestros de la filosofía occidental. Pero, como buen darwiniano, completamente imbuido de la leyenda de Fausto y su pacto con el diablo, afirmaba no solo que el principio cristiano de amar al prójimo como a uno mismo iba en contra de la naturaleza agresiva del ser humano, sino que la conquista de la libertad subjetiva pasaba por la aceptación de un determinismo inconsciente: «Yo es otro».

Ya sin deseos de ser filósofo, Freud tenía la convicción de que su doctrina debía ser ante todo una ciencia del psiquismo, capaz de subvertir el campo de la psicología, y cuyos fundamentos se inscribieran en la biología, las ciencias naturales. En realidad, ponía en práctica algo totalmente distinto: una revolución de lo íntimo originada en la Ilustración oscura y el romanticismo negro, una revolución a la vez racional y obsesionada por la conquista de los ríos subterráneos. Ulises en busca de una tierra prometida poblada de espectros, espejismos, tentaciones: tal era la promesa del viaje freudiano al corazón de un inconsciente definido como «otra escena», y que suponía una organización de las estructuras del parentesco capaz de explicar las modalidades de un nuevo orden familiar del que Freud aspiraba a ser el clínico, pero sin dejar de ser también su actor.

Marcado como toda su generación por los famosos «dramas de la fatalidad» que escenificaban terribles historias de reyes, príncipes y princesas contra un fondo de incestos y parricidios, Freud había querido ser el testigo privilegiado del mal de las familias que, en Viena, hacía estragos aun dentro de la propia dinastía imperial de los Habsburgo. En esos espectáculos, que lo horrorizaban, el «destino» intervenía bajo la forma de un *deus ex machina* que permitía a un par de jóvenes aplastados por el poder paterno liberarse del peso de una genealogía engañosa.

Y fue al pensar en uno de ellos, y después de mencionar una vez más su infancia y su sentimiento amoroso por su madre judía y su niñera cristiana, que, en una carta a Fliess fechada el 15 de octubre de 1897, tuvo la idea genial de comparar el destino de las neurosis de fin de siglo con el de un héroe de la tragedia griega: «Cada uno de los oyentes fue una vez en germen y en la fantasía un Edipo así, y ante el cumplimiento de sueño traído aquí a la realidad retrocede espantado con toda la carga de la represión que separa su estado infantil de su estado actual».[32]

Pero de inmediato Freud sumaba a su construcción teatral el personaje de Hamlet, príncipe melancólico que vacila en vengar a su padre y matar a su tío, ahora esposo de su madre. Y hacía de ese príncipe de Dinamarca un histérico feminizado a quien obsesiona el recuerdo de haber deseado a su madre: «¿[C]ómo explica su vacilación en vengar a su padre con la muerte de su tío [...]? No lo justificaría mejor que por la tortura que le depara el oscuro recuerdo de haber meditado la misma fechoría contra el padre por pasión hacia la madre».[33]

Edipo, la figura más dolorosa concebida por Sófocles en su trilogía consagrada a la familia de los Labdácidas, pasó así a ser en la pluma de Freud el arquetipo del neurótico moderno, en lo que era una desvirtuación deliberada de la historia de ese tirano noble y generoso, afectado de desmesura y condenado por el oráculo a descubrirse otro y no lo que era. El Edipo de Sófocles era sin duda el asesino de su padre (Layo) y el esposo de su madre (Yocasta), pero no conocía la identidad de aquel así como no deseaba a esta, otorgada a él por la ciudad de Tebas después de que resolviera el enigma de la Esfinge, referido a las tres etapas de la evolución humana (infancia, madurez, vejez). Edipo, padre y hermano de los hijos que habría de tener de su madre, terminará su vida en el exilio, acompañado por Antígona, su hija maldita, obligada a no procrear jamás. Nada que ver con el Edipo reinventado por Freud, culpable de un doble deseo: matar al padre y poseer sexualmente el cuerpo de la madre.

A fines del siglo XIX, a raíz de las excavaciones que habían permitido localizar los emplazamientos de Troya y Micenas, el retorno a los trágicos griegos, las mitologías antiguas y la temática de la desmesura (hybris) estaba a la orden del día. En el desarrollo de esas antiguas sagas que oponían a los dioses y los hombres, sin que estos últimos, sometidos al destino, fuesen nunca considerados culpables de sus actos, los pensadores de la modernidad creían ver desplegarse, como una catarsis colectiva, la historia presente de la agonía de un sistema patriarcal que ellos rechazaban, pero al cual estaban atados: el del poderío imperial europeo.

Las estructuras del parentesco propias de la familia de los Labdácidas, la privilegiada por Sófocles, fascinaban a los historiadores porque parecían confirmar, en la misma medida que obstaculizaban, la llegada del tan temido apocalipsis de una posible desaparición de la diferencia de los sexos. En la larga historia de los Labdácidas, las mujeres, los hombres y sus descendientes son condenados, en efecto, a no encontrar jamás su lugar como no sea bajo el signo de la locura, el asesinato y la mancha, hasta la extinción final de su *genos*.

Como contrapunto, en la historia de los Átridas cada crimen debe castigarse con otro crimen y cada generación, guiada por las Erinias, debe vengar y expiar los crímenes de la precedente. Así, Agamenón, rey de Micenas que ha sacrificado a su hija Ifigenia, es degollado por Clitemnestra, su esposa, con la complicidad de Egisto, su amante, hijo incestuoso de Tiestes. La madre venga a la hija, por lo cual Orestes está obligado a vengar a su padre y matar a su madre y a Egisto con la ayuda de su hermana Electra. Al final del ciclo,[34] Apolo y Atenea acaban con la ley del crimen para instaurar el derecho y la justicia en la ciudad. Orestes, que se ha vuelto loco, es purificado; las Erinias, divinidades de la venganza, se convierten en las Euménides (las Benevolentes), y el orden de la civilización triunfa sobre el de la naturaleza, salvaje, incestuosa y destructiva.

Así como la historia de los Labdácidas pone en escena una autodestrucción implacable y ahistórica de la subjetividad de cada uno de los actores de cada generación, la de los Átridas señala que la civilización puede poner fin a la *hybris* de los hombres y las divinidades. Por un lado la tragedia del inconsciente, la autodestrucción y la monstruosidad; por otro, la de la historia, la política y el advenimiento de la democracia. A la vista de esta diferencia se entiende por qué, en 1897, Freud escoge como modelo genealógico la familia de los Labdácidas, culpable de autodestruirse en torno de Tebas, ciudad casi «vienesa», endogámica, cerrada y replegada en sí misma: una locura interna al psiquismo.

Si el Edipo de Sófocles encarnaba para Freud el inconsciente

conceptualizado por el psicoanálisis, el Hamlet de Shakespeare, príncipe cristiano de comienzos del siglo XVII, hacía posible una teorización de la «conciencia culpable». Sujeto copernicano, Hamlet no
logra aún dudar de manera cartesiana de los fundamentos del pensamiento racional. Inquieto y débil, no puede seguir siendo un príncipe ni convertirse en rey, porque no tiene siquiera la certeza de «ser o
no ser». En el sistema freudiano Hamlet es una suerte de Orestes cris-
tianizado, culpable y neurótico.

Al inventar un sujeto moderno dividido entre Edipo y Hamlet,
entre un inconsciente que lo determina sin que él lo sepa y una conciencia culpable que le pone trabas en su libertad, Freud concebía su
doctrina como una antropología de la modernidad trágica, una «novela familiar»:[35] la tragedia inconsciente del incesto y el crimen, decía, se repite en el drama de la conciencia culpable. Esta concepción
del sujeto no tenía ya nada que ver con una psicología médica, fuera
cual fuese. En cuanto al psicoanálisis, era un acto de transgresión, una
manera de escuchar las palabras a espaldas de ellas mismas, y de reco-
gerlas sin aparentar escucharlas o definirlas. Una disciplina extraña,
una combinación frágil que unía el alma y el cuerpo, el afecto y la
razón, la política y la animalidad: soy un *zoon politikon*, decía Freud
citando a Aristóteles.

En momentos en que por toda Europa se diseñaban vastos programas de investigación, fundados en el estudio de los hechos y las
conductas, Freud se volvía, pues, hacia la literatura y las mitologías de
los orígenes para dar a su teoría del psiquismo una consistencia que,
a los ojos de sus contemporáneos, no podía en ningún caso invocar-
se como parte de la ciencia: ni de la psicología, que enumeraba comportamientos y aspiraba a la objetividad; ni de la antropología, que
procuraba describir las sociedades humanas; ni de la sociología,
que estudiaba realidades humanas; ni de la medicina que, desde Bichat, Claude Bernard y Pasteur, definía una norma y una patología
fundadas en variaciones orgánicas y fisiológicas. Y pese a ello, Freud
afirmaba ser el inventor de una verdadera ciencia de la psique.

Se entiende entonces por qué esa extraña revolución del sentido íntimo, contemporánea de la invención del arte cinematográfico
—otra gran fábrica de sueños, mitos y héroes—, supo interesar a los
escritores, los poetas y los historiadores y repeler a los adeptos de las

ciencias positivas, los mismos a quienes Freud trataba de convencer. Fiel sin saberlo a la tradición del romanticismo negro, abrazaba la idea de los trágicos griegos de que el hombre es el actor inconsciente de su propia destrucción por el hecho mismo de su arraigo en una genealogía que no domina. Inversión de la razón en su contrario, rastreo de la parte oscura de uno mismo, búsqueda de la muerte que obra en la vida: esa era en verdad la naturaleza de la inmersión efectuada por el inventor del psicoanálisis en los albores del siglo XX, y a cuyo respecto Thomas Mann diría con tino, contra la opinión de Freud, que con ella estábamos frente a un «romanticismo hecho ciencia».

Desde su infancia Freud siempre había admirado a los héroes rebeldes: conquistadores, fundadores de dinastías, aventureros, capaces de abolir la ley del padre y, a la vez, de restablecer simbólicamente la soberanía de una paternidad vencida o humillada. Al ligar el destino de Hamlet con el de Edipo, atribuía al psicoanálisis un lugar imperial, es cierto, en el corazón de lo que más adelante recibiría el nombre de ciencias humanas, pero un lugar imposible de definir: entre saber racional y pensamiento salvaje, entre medicina del alma y técnica de la confesión, entre mitología y práctica terapéutica.

En el fondo, Freud llevaba a cabo una revolución simbólica: cambiaba la mirada que toda una época posaba sobre sí misma y sobre sus maneras de pensar. Inventaba un nuevo relato de los orígenes en que el sujeto moderno era el héroe, no de una mera patología, sino de una tragedia. Durante un siglo esta invención freudiana marcaría las mentes. Pero, a la vez que reactualizaba la tragedia de Edipo, Freud también corría el riesgo de encerrar su relato en un «complejo» y de generar así las condiciones de una reducción de su doctrina a una psicología familiarista. Necesitaría trece años para dar cuerpo a ese complejo edípico, sin dedicar jamás el más mínimo artículo a esta noción, presente por doquier en su obra pero, en definitiva, muy poco desarrollada. En efecto, fue en 1910, justo después de escribir su ensayo sobre Leonardo da Vinci, cuando utilizó por primera vez el término *Ödipuskomplex*.[36]

Freud consideraba la historia del «caso Dora» como la primera cura psicoanalítica que había efectuado. Y sin embargo, si se examina con detenimiento ese caso, se advierte que la paciente a quien él había dado ese nombre, Ida Bauer, se parecía a las otras jóvenes vienesas de la burguesía judía acomodada cuyo destino mencionaba en los *Estudios sobre la histeria*. Una vez más, Freud se enfrentaba a una patología familiar, como médico y como especialista en enfermedades nerviosas. Y una vez más, escribió acerca de Ida, y con una pluma inmensamente talentosa, un relato que se dejaba leer como una novela breve de Stefan Zweig o Arthur Schnitzler. Víctima de un cuarteto de adultos cínicos, uno de los cuales había intentado abusar sexualmente de ella cuando tenía trece años, Ida Bauer fue obligada por su padre a iniciar un tratamiento con Freud.

Gran industrial, Philipp Bauer, tuerto y enfermo de sífilis, había contraído tuberculosis en 1888, por lo cual se había mudado a Merano, en el Tirol, con su mujer Katharina y toda su familia. En ese lugar había conocido a Hans Zellenka, un hombre de negocios con menos fortuna que él, casado con una bella italiana, Giuseppina o Peppina, que sufría trastornos histéricos y era asidua de los sanatorios. En un principio amante de Bauer, se había quedado a su lado cuando, en 1892, él sufrió un desprendimiento de retina.

En esa época, ya de regreso en Viena, Bauer vivía en la misma calle que Freud y lo consultó debido a un ataque de parálisis y confusión mental de origen sifilítico. Satisfecho con el tratamiento, le envió enseguida a su hermana, Malvine Friedmann, neurótica grave y hundida en el desastre de una vida conyugal atormentada, que murió poco después a raíz de una caquexia de rápida evolución.

Katharina, la madre de Ida, pertenecía como su marido a una familia judía originaria de Bohemia. Poco instruida y bastante tonta, padecía dolores abdominales permanentes, que su hija había heredado. Nunca se había interesado por sus hijos y, a partir de la enfermedad de su marido y la desunión resultante, presentaba todos los signos de una «psicosis de ama de casa»: sin entender en absoluto las aspiraciones de sus hijos, si damos crédito a Freud consagraba todos sus días a limpiar y mantener en condiciones la vivienda, los muebles y los utensilios domésticos, a tal punto que el uso y el disfrute de estos se habían tornado poco menos que imposibles. La hija no prestaba ninguna atención a la madre, la criticaba con dureza y se había sustraído por completo a su influencia. Una institutriz le servía de apoyo. Moderna y «liberada», esta mujer leía libros sobre la vida sexual e informaba sobre ellos a su alumna, en secreto. Y, en especial, le abrió los ojos sobre el amorío de su padre con Peppina. No obstante, después de haberla querido y escuchado, Ida se enemistó con ella.

En cuanto al hermano, Otto Bauer, soñaba sobre todo con huir de las disputas familiares. Cuando debía tomar partido, se alineaba con su madre. A los nueve años daba muestras de ser un niño prodigio, al extremo de escribir un drama sobre el fin del imperio de Napoleón. A continuación se rebeló contra las opiniones políticas de su padre, cuyo adulterio, por otra parte, aprobaba. Como él, tendría una doble vida, marcada por el secreto y la ambivalencia. Secretario del Partido Socialdemócrata de 1907 a 1914 y luego adjunto de Viktor Adler en el Ministerio de Asuntos Exteriores en 1918, sería una de las grandes figuras de la *intelligentsia* austríaca de entreguerras.

En octubre de 1900, a los dieciocho años, Ida Bauer, presionada por su padre, visitó a Freud para emprender una cura que duraría exactamente once semanas. Afectada de diversos trastornos nerviosos —migrañas, tos convulsa, afonía, depresión, tendencias suicidas—, había sufrido una segunda afrenta. Consciente desde mucho tiempo atrás de la «falta» paterna y de la mentira sobre la que descansaba la vida familiar, había rechazado otra vez las proposiciones amorosas que le hacía Hans Zellenka a orillas del lago de Garda, tras lo cual lo había abofeteado. El drama estalló cuando Hans y su padre la acusaron de haber inventado del principio al fin la escena de seducción. Peor aún, fue desautorizada por Peppina Zellenka, que sospechaba que Ida leía libros pornográficos, en particular la *Fisiología del amor* de Paolo Mantegazza, publicado en 1872 y traducido al alemán cinco años después. El autor era un sexólogo darwiniano muy citado por Richard von Krafft-Ebing y especializado en la descripción antropológica de las grandes prácticas sexuales humanas: lesbianismo, onanismo, masturbación, inversión, felación, etc.

Al enviar a su hija a ver a Freud, Philipp Bauer esperaba sin duda que este le diera la razón y se ocupara de poner fin a las presuntas fantasías sexuales de la muchacha. Lejos de suscribir la expectativa paterna, Freud se internó en una dirección muy distinta. En once semanas y a través de dos sueños —uno referido a un incendio en la casa familiar y otro a la muerte del padre—, reconstituyó la verdad inconsciente de ese drama. El primer sueño revelaba que Dora se había entregado a la masturbación y que estaba, en realidad, enamorada de Hans Zellenka. Pero esta evocación también despertaba un deseo incestuoso reprimido en relación con el padre. En cuanto al segundo, permitía ir aún más lejos en la investigación de la «geografía sexual» de Dora y poner de relieve, en particular, su perfecto conocimiento de la vida sexual de los adultos.[37]

Freud se dio cuenta de que la paciente no soportaba la «revelación» de su deseo por el hombre a quien había abofeteado. Se lanzó entonces a hacer interpretaciones aventuradas y erróneas sobre una crisis de apendicitis como consecuencia de una fantasía de parto. La paciente se negó a asumir ese discurso. Por eso Freud dejó que se fuera cuando ella decidió interrumpir el tratamiento.

En un primer momento favorable a la cura, el padre no tardó en percatarse de que Freud no había aceptado la tesis de la fabulación. En consecuencia, se desinteresó del asunto. Por su lado, Ida no halló en Freud el consuelo que esperaba de él. Por entonces, en efecto, él todavía no sabía manejar la transferencia en la psicoterapia. Asimismo, como lo destacaría en una nota de 1923, era incapaz de comprender la naturaleza del lazo homosexual que unía a Ida y Peppina. «Si bien Freud utilizaba un lenguaje seco con Dora», escribe Patrick Mahony, «tampoco se expresaba con calma; se estremecía y dejaba traslucir su excitación en tonalidades de ironía, frustración, amargura, venganza y triunfalismo complaciente.»[38]

En síntesis, Freud dudaba y se resistía a la tentación de aplicar su flamante teoría a la historia de esa desdichada joven histérica para hacer de ella un caso. Ida se le escapaba. Pero, sin importar lo que esta haya dicho más adelante, él, con todo, la había liberado en parte de las cadenas de una familia patógena.

Ida Bauer no sanó jamás de su rechazo por los hombres. Pero sus síntomas se mitigaron. Tras su breve análisis se vengó de la humillación sufrida haciendo confesar a Peppina su amorío y a Hans Zellenka su tentativa de seducción. A continuación contó la verdad a su padre y puso fin a toda relación con la pareja. En 1903 se casó con Ernst Adler, un compositor empleado en la fábrica paterna. Dos años después dio a luz un varón que más adelante hizo carrera como músico en Estados Unidos.

En 1923, afectada por nuevos trastornos —vértigos, zumbidos de oídos, insomnios, migrañas—,[39] llamó en su auxilio a Felix

Deutsch, discípulo de Freud. Le contó toda su historia, habló del egoísmo de los hombres, de sus frustraciones, de su frigidez. Al escuchar sus quejas, Deutsch reconoció el famoso caso «Dora». Afirmó que ella había olvidado su enfermedad pasada y que manifestaba un enorme orgullo por haber sido objeto de un escrito célebre en la literatura psiquiátrica. Ida discutió entonces las interpretaciones hechas por Freud de sus dos sueños. Cuando Deutsch volvió a verla, los ataques habían pasado.[40]

El «caso Dora» será uno de los más comentados de toda la historia del psicoanálisis, más aún que el de Bertha Pappenheim, y dio lugar a decenas de artículos, ensayos, una pieza teatral y varias novelas. Reunía, en efecto, todos los ingredientes de esa sexualidad de fin de siglo que hacía las delicias de los escritores y los médicos del alma: irritación histérica, homosexualidad, obsesión por las enfermedades venéreas, explotación del cuerpo de las mujeres y los niños, placeres del adulterio.

Aun antes de abandonar su *neurótica*, Freud dedicaba una buena parte de su tiempo al estudio de lo que más le atraía desde hacía años: el análisis de los sueños. Habituado al consumo de drogas, se entregaba con facilidad a intensas actividades oníricas. Llevaba además un diario de sus sueños. Soñaba con frecuencia y de manera desordenada: con viajes futuros, sus colegas, la vida cotidiana en Viena, hechos anodinos o, al contrario, acontecimientos importantes relacionados con la vida, la comida, el amor, la muerte, los lazos de parentesco.

A lo largo de sus peregrinaciones nocturnas repartía mandobles a sus rivales, se metía en situaciones de riesgo, revivía escenas de su infancia, soñaba que tenía un sueño y luego otro inmerso en el primero, para verse después en el corazón de una ciudad en ruinas, poblada de estatuas, columnas o casas sepultadas, y cuyas callejuelas recorría a la vez que se extraviaba en el laberinto arqueológico de sus deseos culpables. Soñaba en varias lenguas y varios estratos; soñaba con cosas sexuales, la actualidad política, los atentados anarquistas, la familia imperial, Aníbal, Roma, el antisemitismo, el ateísmo, madres, padres, tíos, nodrizas.

Soñaba: inventaba jeroglíficos y se proyectaba en personajes literarios, recorriendo ríos o entregándose a larguísimos paseos por museos europeos, para contemplar los cuadros de sus pintores favoritos.

En sus ensoñaciones pasaba revista a todas las obras de la cultura occidental y mencionaba nombres de ciudades, lugares o científicos célebres o desconocidos. Y fue así como se lanzó a escribir la obra con la cual pretendía fundar su nueva teoría del psiquismo. En un principio esa obra adoptó la forma de una especie de enciclopedia varias veces retocada, antes de sosegarse en un recorrido iniciático salpicado por grandes momentos de exaltación, duda, angustia y melancolía.

A lo largo de ese nuevo *Sturm und Drang*, durante el cual mantuvo entre 1895 y 1900 una conversación consigo mismo, sin dejar en ningún momento, empero, de dirigirse a Fliess como a un doble de Mefistófeles, Freud tomó la costumbre de referirse a la *Divina Comedia*, al punto de mandar al infierno a enemigos y adversarios. Reunió así ciento sesenta sueños, entre ellos cincuenta de sí mismo y setenta contados por sus allegados, para componer un vasto poema en versos libres poblados de episodios oníricos de todo tipo: sueño de Bismarck, sueño del caballo gris, de Casimir Bonjour, de la monografía botánica, sueño de Fidelio, del hijo muerto que arde, del lince en el techo, de mi hijo el miope, de Julio César, de Napoleón, de Edipo disfrazado, sueño del padre muerto o de la sonata de Tartini. Ese libro, agregaría en 1908, tiene además «otro significado, subjetivo, que solo después de terminarlo pude comprender. Advertí que era parte de mi autoanálisis, que era mi reacción frente a la muerte de mi padre, vale decir, frente al acontecimiento más significativo y la pérdida más terrible en la vida de un hombre».[41] Extraña observación que, en todo caso, confirma que a sus ojos el padre es mortal y la madre inmortal.

Al abandonarse a esa exploración de la psique, paralela tanto al viaje de Dante como al periplo de Ulises, Freud tuvo conciencia de que estaba creando, casi sin saberlo, una obra magistral que lo arrastraba a los bosques oscuros de su inconsciente en plena efervescencia. Esa «ciencia del sueño», salida de la tradición del romanticismo, movilizaba interrogantes sobre la sexualidad infantil y el origen de las neurosis, y se apoyaba a la vez en un retorno a los dioses y los héroes de la antigua Grecia. A través de ese viaje por las profundidades del alma, Freud quería ser el mensajero de una realidad rechazada, negada, reprimida: «Creo estar destinado», diría un día a Jones, «a no descubrir sino lo que es evidente: que los niños tienen una sexualidad

—como lo sabe cualquier niñera— y que nuestros sueños nocturnos son, de la misma forma que nuestras ensoñaciones diurnas, realizaciones de deseo».[42]

Consciente de abordar las riberas de un continente conocido desde la noche de los tiempos, y particularmente investigado durante la segunda mitad del siglo XIX, Freud decidió leer las obras más pertinentes sobre la cuestión, y de tal modo consagró las primeras ochenta páginas del primer capítulo de su gran libro a un análisis crítico de lo que habían escrito sus predecesores, desde Aristóteles y Artemidoro de Daldis hasta los contemporáneos más cercanos, los mismos que, escapando a la idea de que el sueño fuese una premonición, una «clave de los sueños» o la expresión de una actividad fisiológica inducida por estímulos sensoriales o somáticos, habían hecho de él un objeto de saber y de conocimiento de sí: Gotthilf Heinrich von Schubert, Eduard von Hartmann, Johannes Volkelt, Adolf Strümpell, Havelock Ellis, Albert Moll, Joseph Delbœuf, Yves Delage, Wilhelm Griesinger y muchos otros, y sobre todo Alfred Maury, Karl Albert Scherner y Hervey de Saint-Denys.[43]

Todos estos autores, y más aún los tres últimos, habían inventado técnicas de investigación de esa parte de la vida humana protegida por el dormir. Habían percibido que los sueños eran otras tantas expresiones deformadas de pensamientos inconfesables, deseos reprimidos, recuerdos de infancia o fantasías sexuales relacionadas con prohibiciones fundamentales: incesto, masturbación, perversión, locura, transgresión. Varios de ellos ya habían planteado la hipótesis de que el desciframiento racional de las figuras retóricas propias de la estructura del sueño permitiría a los especialistas en enfermedades nerviosas tratar mejor a sus pacientes. Y así como algunos autores afirmaban que el sueño era de naturaleza similar a un síndrome psicótico, otros destacaban que la actividad onírica servía de remedio espontáneo para los trastornos de los sujetos perversos. En efecto, estos —se decía— podían muy bien escenificar, durante el dormir, sus aberraciones sexuales para mejor erradicarlas del estado de vigilia. En síntesis, al internarse en el camino del análisis de los sueños Freud se vio obligado a la vez a recibir una herencia y a diferenciarse de ella.

De tal modo, lejos de hacer referencia, como sus predecesores, a una «vida de los sueños» o una manera de dirigirlos, decidió efectuar una síntesis de todas las modalidades de enfoque posibles de la cuestión del sueño en general y de los sueños en particular, y presentar su *Traumbuch* como el manifiesto de una nueva comprensión de la subjetividad humana. De ahí la elección de una fecha emblemática —1900 y no 1899— y de un título pasmoso: *Die Traumdeutung*. Mediante esa expresión genérica («la interpretación del sueño») Freud se vinculaba, más allá de las experiencias científicas, con la tradición de los adivinos.[44] No «los sueños» sino «EL sueño», no dos palabras, *Deutung des Traums*, sino una sola denominación que connotaba la idea de entregar al público una suma definitiva, universal, semejante a una biblia que fuera al mismo tiempo un tratado de los oráculos y la expresión de una ciencia de la psique.

Para el epígrafe Freud escogió un verso tomado del canto VII de la *Eneida*: «*Flectere si nequeo Superos, Acheronta movebo*» («Si a los supernos no puedo doblegar, moveré el Aqueronte»), en el cual Juno defiende a Dido, reina cartaginesa, contra Eneas, troyano destituido y futuro fundador de Roma. Al no lograr convencer a Júpiter (los supernos) de que deje a Eneas desposar a Dido, Juno apela a una furia surgida del Aqueronte, Alecto, una suerte de Gorgona bisexual capaz de desencadenar las pasiones instintivas y los ejércitos en el campo de los aliados de Eneas. Abandonada por su amante, Dido se da muerte y, cuando Eneas se le une en los Infiernos, ella le niega todo perdón: él hablará con su espectro.

Con ese epígrafe Freud ponía en juego en una sola frase, no solo lo esencial de su doctrina de la sexualidad —las fuerzas pulsionales reactivadas por las potestades subterráneas del Infierno—, sino también algunos de los principales significantes de su propia historia. En él se encontraba en primer lugar la expresión de su rebelión contra la ciudad imperial tan deseada e imposible de alcanzar, esa ciudad que Aníbal, héroe freudiano por antonomasia, no había conseguido conquistar, incapaz con ello de vengar a Amílcar. Identificado con Aníbal, Freud, como se sabe, seguía sintiéndose culpable de no haber abandonado su teoría de la seducción antes de la muerte de su padre, injustamente señalado como sospechoso de haber abusado sexualmente de sus hijas.

Pero la imprecación de Juno, en la obra de Virgilio, remitía también a la actitud política ambivalente de Freud hacia la monarquía austríaca y sobre todo hacia su representante más temible, el conde

Von Thun,[45] con quien, según contaba, se había enfrentado. La escena se había producido en un andén de la estación del oeste de Viena, el 11 de agosto de 1898, cuando Freud se disponía a partir de vacaciones. Ese día se cruzó con el conde, que se trasladaba a la residencia estival del emperador, donde debían firmarse unos acuerdos económicos con Hungría. Aunque no tenía billete, Von Thun hizo a un lado al revisor y se instaló en un lujoso vagón. Freud comenzó entonces a silbar el aria del criado de *Las bodas de Fígaro* de Mozart: «Si el señor conde quiere bailar, yo tocaré la guitarra». Fígaro, como es sabido, se burlaba así del conde Almaviva, que cortejaba a su prometida.

Al día siguiente Freud tuvo un «sueño revolucionario» en el que se identificaba con un estudiante que había contribuido al desencadenamiento de la revolución de 1848. Y veía aparecer a otro médico judío, Viktor Adler, ese ex condiscípulo al que antaño había desafiado con motivo de un duelo. En otra escena, después de dejar el episodio político, se veía en el andén de la estación. Pero, en vez de enfrentarse a Von Thun, acompañaba a un ciego al que tendía un orinal. Al analizar ese sueño, Freud interpretó que el anciano era la figuración de su padre moribundo, a quien otrora había desafiado orinando en su dormitorio. Había sustituido pues la imagen detestada de Von Thun por la de Jacob en su agonía.

¿Cómo no ver en ese sueño la ilustración del destino de Freud y de su concepción del poder, según la cual toda sociedad tiene por origen un conflicto entre un padre tiránico y un hijo rebelde obligado a darle muerte? Una concepción que más adelante Freud teorizaría en *Tótem y tabú* y *Moisés y la religión monoteísta*.

Pero en 1900 también anunciaba, a través del epígrafe tomado de Virgilio, su firme intención de celebrar la primacía del psicoanálisis sobre la política y de hacer de su doctrina recién elaborada el instrumento de una revolución: cambiar al hombre mediante la exploración de la cara oculta de sus deseos.[46]

En una carta de 1927 a Werner Achelis, Freud afirmaba haber conocido la frase virgiliana gracias a la lectura de un folleto publicado por Ferdinand Lassalle en 1859 contra la monarquía de los Habsburgo, juzgada oscurantista: «Usted traduce la expresión *Acheronta movebo* por "hacer temblar las ciudadelas de la tierra"», decía a su interlocutor, cuando, en realidad, significa «agitar el mundo subterráneo». Había tomado la cita de Lassalle, quien la empleó probablemente en sentido personal, refiriéndola a clasificaciones sociales y no psicológicas. Yo la adopté meramente para recalcar la parte más importante de la dinámica del sueño. El deseo rechazado por las instancias psíquicas superiores (el deseo reprimido del sueño) agita el mundo psíquico subterráneo (es decir, el inconsciente) para hacerse notar.[47]

Como subraya Carl Schorske, había una gran similitud entre las elecciones políticas del joven Freud y las de Lassalle. Ambos rechazaban el catolicismo romano y la dinastía de los Habsburgo. Pero, en particular, Freud planteaba un paralelismo entre la revolución social ambicionada por Lassalle y la que él tenía como aspiración.

Sucedía que, al celebrar las pulsiones, las leyendas, los mitos, las tradiciones populares, su intención era atacar a los mandarines y representantes de la ciencia oficial. Y el recurso al sueño y a su interpretación equivalía a la proclamación de que la fuerza de lo imaginario, descifrada por un científico ambicioso, podía igualmente encarnarse en un vasto movimiento capaz de desafiar al poder político. Bajo la máscara de un Aníbal dotado del humor de un Fígaro, Freud fabricaba un mito, el del héroe solitario sumido en un «espléndido aislamiento»[48] y enfrentado a un mundo hostil a su genio.

En virtud de esa construcción emblemática, comenzó a considerarse como el dueño y señor de una revolución de la sexualidad puesta bajo el signo de una nueva ciencia: el psicoanálisis. Pero pese a ello, Freud dudaba de sí mismo al punto de creerse objeto de toda clase de persecuciones:

> Ese destino lo imaginé de la manera siguiente: probablemente, los éxitos terapéuticos del nuevo procedimiento me permitirían subsistir, pero la ciencia no repararía en mí mientras yo viviese. Algunos decenios después, otro, infaliblemente, tropezaría con esas mismas cosas para las cuales ahora no habían madurado los tiempos, haría que los demás las reconociesen y me honraría como a un precursor forzosamente malogrado. Entretanto, me dispuse a pasarlo lo mejor posible, como Robinson en su isla solitaria.[49]

En esa época, sin embargo, Freud no estaba aislado ni era rechazado; antes bien, se lo veía como un médico brillante y con mucho futuro. Y si él mismo se consideraba un rebelde, los sexólogos lo juzgaban un conservador y los mandarines de la ciencia médica lo veían como un «literato».

De haber sido redactada como un suntuoso poema, la *Traumdeutung* no habría permitido imponer un nuevo enfoque de la psique humana. Y por eso Freud, si bien adoptó para escribir esta obra un estilo apto para transmitir el aspecto novelesco de la vida soñada, también se consagró a hacer de ella un manifiesto teórico y clínico de una fuerza y una modernidad sin igual.

En dos partes fundamentales del libro expone su método interpretativo: este se funda en la asociación libre, es decir, en la escucha de lo que el que sueña expresa al dar libre curso a sus pensamientos sin discriminar entre ellos. Desde este punto de vista, el sueño dejó de ser un enunciado inmóvil para convertirse en narración, trabajo en movimiento, verdadera expresión deformada o censurada de un deseo reprimido cuya significación es preciso descifrar. Y para explicar sus modalidades Freud distingue un contenido manifiesto —relato del sueño una vez se está despierto— y un contenido latente, progresivamente sacado a la luz gracias al proceso asociativo.

A su entender, dos grandes operaciones estructuran la retórica del sueño: el desplazamiento, que transforma los elementos primordiales del contenido latente por medio de un deslizamiento, y la condensación, que realiza una fusión entre varias ideas de ese mismo contenido para culminar en la creación de una sola imagen en el contenido manifiesto.

A lo largo del famoso capítulo 7, muchas veces comentado, y que constituye un libro en sí mismo, inmerso, por decirlo de algún modo, en el vasto conjunto de la *Traumdeutung*, Freud introduce su concepción del aparato psíquico —o primera tópica— sobre la base de los «manuscritos» enviados a Fliess, para cuya redacción se había inspirado en todas las teorías de la psique formuladas por los pensadores del siglo XIX. Distingue así el consciente, equivalente de la conciencia; el preconsciente, instancia accesible al consciente, y para terminar el inconsciente, «otra escena», lugar desconocido por la conciencia. Pero si se vale del tercero de estos términos, utilizado desde la noche de los tiempos y teorizado por primera vez en 1751, es para hacer de él el principal concepto de una doctrina que rompe

de manera radical con las antiguas definiciones: ya no una supracon-
ciencia, un subconsciente o un depósito de la sinrazón, sino un lugar
instituido por la represión, es decir, por un proceso que apunta a
mantener al margen de toda forma de conciencia, como un «defecto
de traducción», todas las representaciones pulsionales capaces de
convertirse en una fuente de displacer y, por lo tanto, de perturbar el
equilibrio de la conciencia subjetiva. En el sistema freudiano de la
primera tópica la represión es al Aqueronte lo que el inconsciente era
a Edipo y el preconsciente a Hamlet.

Lo más asombroso en esta cuestión por la cual Freud explicaba
que el análisis del sueño es la «vía regia del inconsciente» es que, aunque su *Traumbuch* tenía una vocación universal, lo había construido
sobre el modelo de lo que Viena había llegado a ser para los intelectuales de su generación: una ciudad dividida entre el odio y el amor,
y cuya grandeza reprimida suscitaba en ellos una verdadera atracción,
no solo por la atemporalidad y la deconstrucción del yo que se vivía
en ella, sino también por la invención de una muy extraña modernidad centrada en el retorno a un pasado ancestral. Según las palabras
de Hugo von Hofmannsthal, Viena era entonces, en el imaginario de
esa generación, la «monstruosa residencia de un rey ya muerto y de un
dios no nacido».[50]

¿Cómo no ver en el famoso sueño de «la inyección de Irma», mil
veces interpretado,[51] la ilustración de la «novela familiar» que unía a
Freud con Viena?

Durante el verano de 1895, una paciente apodada Irma había
seguido una cura con Freud. Al comprobar que ella no sanaba, él le
había propuesto interrumpir el tratamiento, pero la paciente se negó.
Freud pasó entonces algunos días en familia en la residencia de Bellevue, en los altos de Viena, donde Oskar Rie se le unió tras una estancia con la familia de Irma. Su visitante le hizo algunos reproches
acerca del tratamiento y Freud redactó su observación para presen-
társela a Breuer. En esos días Martha iba a festejar su cumpleaños y
recibir a su amiga Irma.

En la noche del 24 de julio Freud soñó que se encontraba con
Irma en una velada y le decía que, si aún tenía dolores, era por su
exclusiva culpa. No obstante, al examinarla le descubría unas man-
chas grisáceas en la boca que se parecían a cornetes nasales o a los

síntomas de una difteria. Llamaba enseguida en su auxilio al doctor M., que cojeaba y decía palabras de consuelo, y luego convocaba a otros dos amigos, Leopold y Otto. Este último ponía a Irma una inyección de trimetilamina para curar una infección que él mismo había provocado por usar una jeringa que no estaba bien limpia.

Freud creía que este sueño era de una importancia capital: el primero, decía, que había sometido a un análisis detallado a lo largo de unas quince páginas. A su juicio, se trataba del cumplimiento de un deseo que lo eximía de toda responsabilidad en la enfermedad de Irma.

Hay un vínculo entre la gran importancia que Freud atribuía a ese sueño y la operación de autoficción a la que se entregaba so capa de una impecable racionalidad. En la misma medida que la realización de un deseo o la afirmación de una interpretación llevada hasta el final, el sueño contenía en efecto una suerte de novela familiar de los orígenes vieneses del psicoanálisis. En él aparecían Oskar Rie (Otto), concuñado de Fliess; Ernst von Fleischl-Marxow (Leopold); Josef Breuer (el doctor M.) y, por último, una mezcla de Emma Eckstein y Anna Lichtheim (Irma), hija de Samuel Hammerschlag: la quintaesencia de la mujer judía vienesa de fin de siglo.[52]

En el momento de presentarse como el inventor de una doctrina que debía revolucionar el mundo, Freud soñaba pues con el fracaso de la cura de Emma Eckstein. Atribuía la responsabilidad a Fliess —a través de Oskar Rie, encarnado por Otto— y a la propia Emma. Luego se vengaba de sus críticos transformando a sus amigos en adversarios. Al mismo tiempo justificaba sus decisiones frente a Breuer y recordaba que su hija Mathilde había estado a punto de morir de difteria. Se liberaba a continuación de su culpa con respecto a Fleischl-Marxow y afirmaba por último, frente a los mandarines de la ciencia médica, que el sueño no era reducible en modo alguno a la expresión de una actividad cerebral..

El 12 de junio de 1900 escribió a Fliess: «¿Crees tú por ventura que en la casa alguna vez se podrá leer sobre una placa de mármol: "Aquí se reveló el 24 de julio de 1895 al doctor Sigmund Freud el secreto del sueño"?».[53] Y el 10 de julio, sintiéndose agotado e incapaz de acometer otros grandes problemas, tuvo la impresión de entrar en un infierno intelectual y distinguir, en el núcleo más oscuro de sus diferentes estratos, «la silueta de Lucifer Amor».[54]

Hasta 1929 Freud nunca dejó de retocar ese libro inaugural, profundizar en su análisis y agregarle listas de obras de referencia, así como dos contribuciones de su amigo y discípulo Otto Rank.

Durante mucho tiempo prevaleció la idea de que el *Traumbuch* había tenido una mala acogida. Acreditada por Freud en la misma medida que el mito del «autoanálisis» y del «espléndido aislamiento», esta presentación indignada de la recepción de una de las obras mayores del fundador del psicoanálisis fue retomada por Jones y por generaciones de profesionales. En su prefacio a la segunda edición, en 1908, el propio Freud mencionó «la condena del silencio» que había recaído sobre su obra y, un año después, se quejaba aún de que su trabajo no se tomara en cuenta. La realidad de las cosas invita, con todo, a matizar un poco el juicio, sobre todo cuando se sabe cómo era la vida intelectual y científica de esa época.

En rigor, Freud esperaba que esta obra tuviera un destino de best seller. Y, en especial, que los psicólogos y los médicos lo saludaran como un verdadero genio de la ciencia. La realidad fue muy diferente. El libro, es cierto, tuvo reseñas en la casi totalidad de las grandes revistas de medicina y psicología de Europa. Las ventas fueron de un promedio de setenta y cinco ejemplares anuales en un lapso de ocho años, pero el libro, no obstante, proporcionó a Freud un renombre internacional.[55] Y además, los ataques e insultos que él tuvo que sufrir, así como las polémicas suscitadas por el libro, ¿no dan testimonio de una penetración de la doctrina freudiana en el campo de la psiquiatría y la psicopatología?

En cuanto a la recepción de la *Traumdeutung* en los medios literarios, filosóficos y artísticos —y sobre todo en las vanguardias y el movimiento surrealista—,[56] contribuyó a asegurar progresivamente a Freud el lugar eminente que le correspondía en la historia del pensamiento occidental.

Ya en 1897 Nothnagel y Krafft-Ebing habían propuesto su candidatura al cargo de profesor adjunto en la Universidad de Viena. Después de múltiples obstáculos administrativos, y visto que había sido docente no remunerado, ya que había optado por la carrera de médico de práctica privada, Freud obtuvo por fin, en febrero de 1902, la designación tan deseada a aquel cargo,[57] lo que significaba sin duda que sus trabajos comenzaban a ser reconocidos. A partir de ahora sería *Herr Professor.*

A esas alturas ya había un antes y un después de Freud. Pero él, entregado por completo a su destino, a la vez lúcido, triunfador, amargo, seguro e inseguro de su genio, parecía no querer tomar aún conciencia del acontecimiento que lo había tenido por demiurgo.

Segunda parte

FREUD, LA CONQUISTA

1

Una época tan bella

En una confidencia hecha a Marie Bonaparte, el 4 de enero de 1926, Freud contaba lo decepcionante que había sido para él la lectura de *Por el camino de Swann*: «No creo que la obra de Proust vaya a ser duradera. ¡Y ese estilo! ¡Quiere ir siempre a las profundidades y nunca termina las frases!».[1]

Si Freud menospreció de tal modo la obra proustiana, el autor de *En busca del tiempo perdido* le pagó con la misma moneda y nunca hizo la más mínima alusión a sus trabajos, pese a que, entre 1910 y 1925, el medio literario parisino, de André Gide a André Breton, les brindó una fervorosa recepción. En 1924, intrigado por esa ignorancia mutua, Jacques Rivière, director de la *Nouvelle Revue Française*, intentaría explicar, en las muy concurridas conferencias que dictaba en el teatro del Vieux-Colombier, hasta qué punto Freud y Proust habían explorado, de manera paralela y disímil, el sueño, el inconsciente, la memoria, la sexualidad.[2]

Si Freud y Proust eran, cada uno a su manera, los narradores modernos de la exploración del yo, también tenían en común la idea de que la madre es el primer objeto de apego hacia el cual se vuelca el ser humano: la madre o su sustituto. Y de ahí se deducía, tanto para el escritor como para el científico, una concepción del amor conforme a la cual cada ser humano desea ser amado por otro como lo ha sido por su madre. O, en su defecto, como habría deseado serlo. Tratándose de la homosexualidad —que ambos denominaban «inversión»—, Freud y Proust la definían como la consecuencia de una bisexualidad necesaria para la civilización y la perpetuación del gé-

nero humano. Sin ella, en efecto, los hombres, sometidos a una virilidad excesiva y poco inclinados a la sublimación, se habrían condenado a un perpetuo exterminio.

Más allá de esas analogías, tan innovadoras en los albores del siglo XX, Freud y Proust sentían una atracción real por las seducciones
de una aristocracia declinante y aburguesada, que había renunciado
al ejercicio del poder político para consagrarse a la búsqueda de sí,
con el propósito, de tal modo, de acceder al tiempo recuperado: ilusión de una existencia condenada a su propio fin. Judíos y desjudaizados, ambos se sentían a la vez ajenos a la sociedad en la cual estaban
inmersos y apegados a sus costumbres y tradiciones familiares. Sabían
además, uno y otro, describir con lucidez las diferentes esferas de ese
mundo que era profundamente suyo: los grandes burgueses, los nuevos ricos, los empleados domésticos, los marginales. Y habida cuenta de que *En busca del tiempo perdido* terminaba inmediatamente después de la Primera Guerra Mundial, ¿cómo no advertir que ponía en
escena la historia misma de una clase social cuyo ideal europeo estaba atravesado, desde el ascenso de los nacionalismos y el antisemitismo, por la convicción de que solo se sobreviviría a sí misma si transformaba cada destino singular en una obra de arte?

Los pacientes y los primeros discípulos de Freud se parecían, pues,
a personajes proustianos, que cultivaban tanto la angustia de ser ellos
mismos como la dicha de una libertad individual por fin conquistada
dentro de una sociedad profundamente desigual donde los obreros, los
campesinos y los pobres vivían en condiciones miserables.

Condenados a la búsqueda de sí y al culto del arte y los valores
del liberalismo, los científicos de la Belle Époque depositaban además toda su esperanza en la ciencia. Por otro lado, en el corazón de
ese continente europeo en plena mutación, los judíos vieneses eran,
ellos también, los actores de un gran momento de efervescencia que
al parecer habría de eternizarse. Alcanzado ya el ideal de la supera-
ción del gueto, hacían resplandecer con mil luces las facetas de su
identidad múltiple. De ahí la búsqueda permanente de un futuro
cuya realidad se proyectara en el pasado: racionalidad científica y restauración de los mitos en Sigmund Freud; sueño de un retorno a la
tierra prometida en Nathan Birnbaum y Theodor Herzl; fantasma de
una «Viena roja» en Viktor Adler y Otto Bauer; adopción de un ideal

de destrucción y reconstrucción satírica de la lengua alemana en Karl Kraus; nostalgia de una fusión de la Ilustración francesa y la *Aufklärung* alemana en Stefan Zweig; afirmación de una estética novelesca judía y austríaca en Arthur Schnitzler, y elaboración de un nuevo formalismo musical en Gustav Mahler y Arnold Schönberg. Todos estos judíos que ya no eran judíos buscaban expresar la cara oculta de una utopía capaz de suceder a la agonía de un mundo del que se sabían actores protagonistas.[3]

A la vez que asumía la actitud de un judío espinosista, Freud mostró siempre los signos de una ambivalencia propia de la crisis de la identidad judía de fines de siglo. Hablaba sin ambages de «raza judía», «pertenencia racial» e incluso de «diferencias» entre los judíos y los «arios», como designaba, en efecto, a quienes no eran judíos. Cuando sus primeros discípulos lo exasperaban los trataba fácilmente de «judíos» incapaces de ganar amigos para la nueva doctrina. Sin embargo, el uso de tales expresiones no lo llevaba jamás a promover una psicología de la diferencia racial, como se explayó con Sándor Ferenczi en una carta del 8 de junio de 1913:

> En cuanto al semitismo, hay sin duda grandes diferencias con el espíritu ario. Todos los días lo vemos confirmado. Por eso resultarán aquí y allá, a no dudar, concepciones del mundo diferentes y un arte diferente. Sin embargo, no debería haber una ciencia específica aria o judía. Los resultados tendrían que ser idénticos y solo la presentación podría variar [...]. Si esas diferencias intervinieran en la concepción científica de las relaciones objetivas, algo, entonces, no estaría en orden.[4]

Dolido por no disfrutar del reconocimiento suficiente, Freud parecía ignorar que su «espléndido aislamiento» no era más que una fantasía y que, en la realidad, su obra dedicada al sueño generaba tantos elogios como críticas. Apenas tenía conciencia de ser el hombre de un tiempo en que los estados de ánimo se habían convertido en objeto de apasionamiento para una generación obsesionada por la introspección. Invadido por la duda, solo percibía de su época lo que le permitía alimentar su neurastenia y su condición de genio solitario. Ignoraba además que al reinventar a Hamlet y Edipo hacía del sujeto tendido en el diván el reflejo exacto de ese personaje dibujado por Alfred Kubin en 1902: un hombre decapitado y con el torso desnudo sumido en la contemplación de una inmensa cabeza melancólica que, desde el suelo y con la boca entreabierta, lo mira fijamente con sus ojos ciegos.[5]

En esa época Freud llevaba una barba cuidadosamente cortada a diario por su peluquero. Levemente encorvado cuando caminaba a paso vivo con sus trajes un poco amplios pero sobrios y elegantes, siempre miraba a sus visitantes directamente a los ojos, como si quisiera mostrar que nunca se le escapaba nada. Hablaba el alemán con acento vienés y una voz clara y baja, y solía contar los hechos de la vida común y corriente sobre la base de ficciones. Cuando señalaba un olvido o un acto fallido y su interlocutor intentaba dar una explicación racional, se mostraba intransigente y la condena caía como una cuchilla.[6] Trabajaba entre dieciséis y dieciocho horas al día, se desplazaba en calesa para visitar a sus pacientes cuando era necesario y exigía de los integrantes de su casa una estricta observancia de los horarios de las comidas. Martha, por su parte, se había convertido estrictamente en un ama de casa, atada a un ritual inmutable: la dirección adecuada del hogar.

De muy vasta erudición y una inteligencia excepcional, Freud leía y hablaba perfectamente en inglés, francés, italiano y español; usaba letras góticas para escribir en alemán, conocía el griego, el latín, el hebreo y el yiddish: «Mare nostrum», decía, calificándose de mediterráneo frente a los celtas, los germanos, los prusianos, los nórdicos, los americanos y los suizos. Era un producto puro de la cultura vienesa, verdadera Babel de las suntuosas sonoridades europeas. Ni goloso ni gourmet, no se negaba, sin embargo, algunos placeres de la mesa. Detestaba la carne de ave y la coliflor y no apreciaba los refinamientos de la gastronomía francesa, pero tenía una marcada afición por las pequeñas alcachofas italianas, la carne vacuna hervida y los asados encebollados. Intransigente con todas las formas de negligencia y dotado de un humor feroz, a pesar de carecer casi de encanto, no toleraba ni palabras malsonantes ni vestimenta inadecuada y manifestaba cierto desprecio por las personas demasiado corpulentas. No le gustaba ir a espectáculos ni comer en restaurantes, no bailaba el vals y no se sentía cómodo cuando debía frecuentar a la alta sociedad aristocrática.

Sin embargo, se movilizaba de buena gana para asistir a tal o cual representación de una ópera de Mozart, su compositor preferido. Galante y educado, regalaba flores a las señoras y tenía predilección por las orquídeas y más aún por las gardenias. A veces jugaba al ajedrez pero le gustaba en especial el tarot, tanto que le dedicaba la noche del sábado en compañía de Oskar Rie, Leopold Königstein y Ludwig Rosenberg, tres brillantes médicos. En 1895 hizo que instalaran en su casa el teléfono, instrumento detestable a sus ojos pero necesario, sin dejar pese a ello de escribir diariamente su famosa correspondencia.

Como todos los médicos vieneses de comienzos del siglo xx, tenía cuatro empleadas domésticas a su servicio: una cocinera, una encargada de la limpieza, una niñera y, por último, una criada que abría la puerta a sus pacientes. En general se tomaba un poco más de dos meses de vacaciones, entre mediados de julio y fines de septiembre. Durante ese lapso, y sobre todo en agosto, se ocupaba de sus hijos, y reservaba a sus viajes el mes siguiente. Le gustaba bañarse y nadar en el Adriático: «Tío Alexander», escribe Martin Freud,

nos acompañaba y tanto él como mi padre estaban raras veces fuera del agua y quedaban completamente tostados por el sol hasta donde lo permitían los decorosos trajes de baño del siglo pasado. Estos cubrían los hombros e incluso parte del brazo. Los de las mujeres eran aún peores: debían cubrirse las piernas con largas medias negras. No recuerdo haber visto jamás a mi madre o su hermana en traje de baño, ya fuera en la costa del Adriático o a orilla de los lagos donde fuimos más adelante. Es probable que ambas fuesen demasiado modestas o vanidosas para exhibirse aun en esos trajes de baño del siglo xix; tal vez no sabían nadar.[7]

Esa bella época fue la más feliz de la vida de Freud. En pocos años conquistó el mundo occidental, viajó con frenesí en busca de una cartografía del inconsciente con la que había soñado desde la infancia, fundó un movimiento internacional y se rodeó de un grupo de discípulos que, después de leer embargados por el entusiasmo *La interpretación de los sueños*, contribuyeron a difundir y dar forma a su doctrina como ningún científico había sabido ni querido hacerlo entre sus contemporáneos, ni siquiera Pierre Janet y tampoco

Théodore Flournoy. En la misma medida que el socialismo, el feminismo y las ideas de la vanguardia literaria y filosófica, el psicoanálisis se convirtió entonces en el símbolo de una asombrosa revolución del espíritu.

Encontramos huellas de esa dicha de vivir en *Psicopatología de la vida cotidiana*, escrita como folletín y publicada en dos partes en una revista en 1901, para ser luego editada como libro,[8] retocado sin cesar y aumentado a lo largo de los años. Así como el análisis del sueño sacaba a la luz el continente nocturno del pensamiento, esta nueva obra, más moderna en ciertos aspectos, mostraba que el inconsciente se manifiesta de manera permanente a través de los fenómenos normales de la vida psíquica de todos los hombres despiertos y de buena salud. Ese texto sería la alegría de los escritores, los poetas, los lingüistas, los estructuralistas, los autores de novelas policíacas, y de Jacques Lacan.[9] Con un placer infinito, Freud se apoderaba de las palabras, la sintaxis, los discursos, los relatos: olvidos, lapsus, errores, actos fallidos, gestos intempestivos, recuerdos encubridores. Todo ese material lingüístico, decía, no hace sino delatar una verdad que escapa al sujeto para constituirse, sin que él lo sepa, en un saber organizado, una formación del inconsciente.

Antes de que Freud explorara esta cuestión, muchos autores ya habían reflexionado sobre el estatus de la «asociación libre» y destacado que permitía descifrar en el sujeto una parte desconocida por él mismo. Por ejemplo, Hans Gross, magistrado austríaco y padre fundador de la criminología, se había interesado en el lapsus y su valor de revelación en ciertos casos de falsos testimonios. En cuanto a sus alumnos, habían perfeccionado un método de investigación —una «prueba asociativa»— utilizable en la realización de las pesquisas y las instrucciones.[10]

Pero Freud iba mucho más lejos: afirmaba que esos errores y otras equivocaciones eran la manifestación de un deseo reprimido, a menudo de carácter sexual, que venía a contradecir de manera radical una intención consciente. Y como siempre, recurría a numerosas anécdotas tomadas de su vida privada o la de su entorno. A través de la lengua alemana, y con el acento puesto en el prefijo *ver-*, trazaba el cuadro lógico de todos los fallos del discurso: *versprechen* (lapsus línguae), *verhören* (lapsus auditivo), *verlesen* (lapsus de lectura), *verschrei-*

ben (lapsus de escritura), *vergreifen* (gesto fallido), *vergessen* (olvido de palabras o nombres). A ello se sumaba un estudio de las creencias, las casualidades y las supersticiones.

¿Habrá de sorprendernos que ese libro, dedicado a la traición y las maneras de detectarla, haya puesto en escena la ruptura entre Freud y Fliess contra un fondo de actos fallidos y acusaciones recíprocas? Sea como fuere, en el momento de terminar la primera parte, con un epígrafe sacado de *Fausto* y encontrado por el propio Fliess,[11] Freud quiso una vez más convencerse de que la recepción que se le reservaba sería negativa: «[La obra] me produce un disgusto grandioso, cabe esperar que para otros sea todavía mayor. El trabajo carece de toda forma y hay en él una diversidad de cosas prohibidas».[12] Y junto a estas palabras —o «cosas prohibidas»— ponía las tres cruces cristianas del conjuro, a las que se adjudicaba tradicionalmente el poder de curar una enfermedad o disipar un hechizo.

Freud se equivocaba una vez más: ese libro luminoso fue recibido con entusiasmo por un vasto público y contribuyó no solo a su celebridad sino a popularizar el concepto de inconsciente.

Y mientras volvía a dudar de sí mismo y se sentía más perseguido que nunca, Freud, al contemplar un objeto de su colección, soñó una vez más con alejarse de Viena: «Un trozo de muro de Pompeya con centauro y fauno me traslada a la Italia anhelada». Y añadía, pensando en su temporada en París: «*Fluctuat nec mergitur*».[13]

En una carta de septiembre de 1900 dirigida a Martha y escrita en Lavarone, una pequeña ciudad del Tirol del Sur, incluía una frase que resumía tanto su inclinación por el viaje como su deseo de llegar a Roma para, desde allí, escapar hacia el sur: «¿Por qué, entonces, dejamos ese lugar de belleza y calma ideales y abundante en setas? Simplemente porque apenas queda una semana y nuestro corazón, como lo hemos comprobado, tiende al sur, a los higos, las castañas, el laurel, los cipreses, las casas ornadas de balcones, los anticuarios, y así de seguido».[14]

Un año después, el 2 de septiembre de 1901, acompañado por Alexander, tomó por fin posesión de Roma, la ciudad tantas veces deseada, eludida, rechazada:

Llegado a Roma después de las dos, me cambié a las tres después del baño y me convertí en romano. Es increíble que no hayamos venido años antes [...]. Mediodía frente al Panteón, y esto es pues lo que he temido durante años: hace un calor casi delicioso, y como consecuencia una maravillosa luz se difunde por doquier, aun en la Sixtina. Por lo demás, se vive divinamente si uno no está obligado a deslomarse para ahorrar. El agua, el café, la comida, el pan: excelentes [...]. Hoy introduje la mano en la *Bocca de la verità* [*sic*] jurando volver.[15]

El viaje a Roma no era solo el cumplimiento de una revancha soñada. La ciudad era también el lugar de grandes promesas arqueológicas, de un reencuentro con la naturaleza inmemorial de la femineidad. Roma era para Freud un antídoto a Viena, un remedio, una droga. Tierra prometida, ciudad gloriosa, reino de los papas y del catolicismo, devolvía a Freud a su búsqueda de otra parte. Ciudad bisexuada, ciudad adulada tanto por su potencia masculina como por sus encantos femeninos: «A diferencia de su enfoque de Inglaterra o París», destacará Carl Schorske, «su concepción de Roma es judía; es la de un extranjero, pero también es doble. Por un lado, Roma es masculina, es la ciudadela del poder católico, y el sueño-deseo de Freud, en cuanto liberal y en cuanto judío, es conquistarla. Por otro, al mismo tiempo la sueña femenina, Santa Madre Iglesia, prometedora recompensa que se visita con amor».[16]

En las entrañas y las ruinas de Roma, Freud se inició en las dulzuras y las violencias de un saber prohibido. En su topografía descubrió el secreto de placeres infinitos: placeres de la boca, placeres del ojo, placeres del oído, placeres del alma. Como antes Goethe, sentía que la Italia romana lo metamorfoseaba.

Tres años después, durante su estancia de cinco días en Atenas, y tras una larga travesía marítima que lo había llevado de Trieste a Corfú, visitó por fin la Acrópolis: «Me puse mi mejor camisa para la visita a la Acrópolis [...]. Esto supera todo lo que hayamos visto hasta el día de hoy y lo que hayamos podido imaginar».[17]

Al llegar al pie del Partenón, pensó una vez más en su padre. Pero en el país de los Olímpicos se trataba menos de vengarlo, como en Roma, que de expresar otra vez hasta qué punto el acceso a la cultura griega le había permitido superarlo. Bajo la lluvia Freud murmuró entonces al oído de Alexander las palabras que Bonaparte había pronunciado el día de su coronación, dirigidas a su hermano Joseph: «¿Qué habría dicho nuestro padre?».[18] Y en el preciso momento en que se identificaba con Bonaparte, se sintió atravesado, como en una narración proustiana, por una fuerte culpa. Al adherirse con fervor a esa cultura clásica, ¿no había renunciado a una parte de su identidad judía? Además, lo asaltó entonces la sensación de que todo lo que veía existía realmente, y no solo en los libros. «No soy digno de semejante felicidad», pensó, sin dejar de tener la impresión de algo ya visto o ya vivido: doble conciencia, escisión. Algo extraño, como una vida ya vivida, asomaba a su conciencia, como si lo que veía no fuera real.

Retomó esa temática en un libro que él mismo consideraba como una diversión, y que marcaba sin embargo la última etapa de la trilogía de la madurez consagrada al sueño, los lapsus y los actos fallidos: *El chiste y su relación con lo inconsciente*.[19]

Una vez más, Freud se presentaba en él como un experto en asuntos familiares y sobre todo como un «casamentero judío» (*Schaden*) que contaba historias de pedigüeños (*Schnorrer*) por medio de las cuales se expresaban, a través de la risa, los grandes y los pequeños problemas de la comunidad judía de Europa central enfrentada al antisemitismo. Dotado de un humor corrosivo, Freud adoraba coleccionar anécdotas para burlarse de sí mismo o de su entorno y reírse de las realidades más lóbregas. Una manera como cualquier otra de enviar sus recuerdos al *Yiddishland*, territorio de sus ancestros mercaderes de aceite y telas al que no regresaría jamás.

Tras la lectura de un famoso libro de Theodor Lipps,[20] filósofo de la empatía, Freud decidió estudiar las relaciones entre el chiste y el inconsciente. Lo cual no le impidió inspirarse en Bergson e incluso en los aforismos de Lichtenberg, pero también en las historias cómicas contadas por Heinrich Heine o Cervantes.

En ese libro estudiaba en primer lugar la técnica del *Witz* en cuanto permite representar social y psíquicamente el mecanismo del placer en presencia de al menos tres protagonistas: el autor de la broma, su destinatario y el espectador. Pero eso no basta —mostraba Freud— para alcanzar su objetivo último: el escepticismo. El chiste, como formación del inconsciente, debe acometer contra un cuarto participante, mucho más abstracto: la seguridad presunta del juicio. Por eso el chiste siempre es, según Freud, una especie de «sinsentido». Miente cuando dice la verdad y dice la verdad por la vía de la mentira, como lo testimonia esta famosa historia judía:

> En una estación ferroviaria de Galitzia, dos judíos se encuentran en el vagón. «¿Adónde viajas?», pregunta uno. «A Cracovia», es la respuesta. «¡Pero mira qué mentiroso eres! —se encoleriza el otro—. Cuando dices que viajas a Cracovia me quieres hacer creer que viajas a Lemberg. Pero yo sé bien que realmente viajas a Cracovia. ¿Por qué mientes entonces?»

Si Freud veía el sueño como la expresión del cumplimiento de un deseo conducente a una regresión hacia el pensamiento en imágenes, hacía del chiste un productor de placer que autorizaba el ejercicio de una función lúdica del lenguaje. Su primer estadio, señalaba, es el juego infantil, y el segundo la broma: «La euforia que aspiramos a alcanzar por estos caminos no es otra cosa que el talante [...] de nuestra infancia, en la que no teníamos noticia de lo cómico, no éramos capaces de chiste y no nos hacía falta el humor para sentirnos dichosos en la vida».[21]

Los niños y la infancia tenían un lugar esencial en la vida de Freud. Y como a su entender todos los problemas afectivos de los adultos encontraban allí su origen, se propuso escribir una pequeña obra en la cual pudiera exponer con claridad sus teorías sobre la sexualidad infantil y, más en general, sobre la sexualidad humana. El resultado fueron los *Tres ensayos de teoría sexual*.

Tras la suntuosa trilogía del cambio de siglo, tanto relato autobiográfico como exploración de las diversas formaciones del inconsciente, Freud pretendía ahora, por lo tanto, abordar un dominio que desde hacía años constituía el objeto de una multitud de estudios de pedagogos, médicos, juristas y sexólogos. Sin embargo, y al contrario de lo que sostiene una leyenda tenaz, no fue el héroe de una gran demolición del «verde paraíso de los amores infantiles». En 1905, cuando emprendió este nuevo trabajo, ese dominio, en efecto, ya había sido ampliamente explorado por los científicos de la época, que tenían la convicción —lo hemos sugerido— de que el niño era un ser perverso y polimorfo. No obstante, Freud contribuyó a deconstruir aún más el universo de la infancia al describir la sexualidad infantil como una «disposición perversa polimorfa». La utilización del término *Sexualtheorie* marcaba deliberadamente la ruptura con los enfoques anteriores, porque Freud designaba con ello las hipótesis planteadas por los científicos y las «teorías» o representaciones fantasmáticas inventadas por los niños —y a veces por los adultos— para resolver el enigma de la copulación, la procreación, el engendramiento y la diferencia de los sexos.

En función de esa ambigüedad, Freud describía con humor y sin valerse de la más mínima jerga psiquiátrica, las actividades sexuales de los niños, y con ese fin ponía en juego todos los conocimientos que había acumulado sobre el tema, fuera en su infancia, fuera en contacto con sus propios hijos. Mencionaba sin embarazo ni obscenidad los chupeteos, tal o cual juego con los excrementos, la defecación, las diferentes maneras de orinar o decir palabrotas. En síntesis, hacía del niño de menos de cuatro años un ser de goce, cruel y bárbaro, y capaz de entregarse a toda clase de experiencias a las que, sin embargo, se veía obligado a renunciar en la edad adulta. De ahí la idea de los diferentes estadios —anal, oral, genital y más adelante fálico— tomada del evolucionismo, que servía para definir las etapas de la vida subjetiva conforme a los objetos escogidos: las heces, el pecho, los órganos genitales.

Freud añadía que la sexualidad infantil no conoce ni ley ni prohibición y que apunta a todos los fines y todos los objetos posibles. Y por eso las «teorías» fabricadas por los niños constituyen un verdadero pensamiento mágico: los bebés vienen al mundo por el recto, los seres humanos, sean hombres o mujeres, dan a luz por el ombligo, etc.

En un estilo diáfano y directo, Freud arrancaba con ello la antigua *libido sexualis* al discurso médico para hacer de ella un determinante fundamental de la psique: la meta de la sexualidad humana, decía, no es la procreación sino el ejercicio de un placer que se basta a sí mismo y escapa al orden de la naturaleza. La sexualidad se apoya en una pulsión (un impulso), manifestada a través de un deseo de satisfacerse mediante la fijación en un objeto. Hay que controlarla, es cierto, pero indudablemente no erradicarla por medio de castigos corporales.

Al construir su doctrina sexual en torno de los términos de pulsión,[22] libido, estadio, deseo o búsqueda del objeto, Freud liberaba al niño —y por ende al adulto— de todas las acusaciones que habían alimentado las prácticas médicas de fines del siglo XIX tendentes a reprimir las manifestaciones de su sexualidad, y sobre todo las procedentes de la «pedagogía negra». De acuerdo con esta óptica, además, se veía al niño masturbador ya no como un salvaje cuyos malos instintos había que domeñar, sino como el prototipo del ser humano en devenir. Freud normalizaba la «aberración sexual» al liberarla de todo enfoque en términos de patología o de disposición innata comparable a una «tara» o una «degeneración».

Fue muy natural entonces que llegara a analizar las perversiones sexuales presentes en los adultos, todas esas prácticas (pedofilia, fetichismo, zoofilia, sadomasoquismo, inversión, etc.) que los sexólogos de su época trataban de manera tan ostentosa. Pero, en vez de catalogarlas, Freud intentaba relacionarlas con una estructura ligada a determinado estadio de la evolución subjetiva. En ese marco en particular, hacía de la homosexualidad no solo la consecuencia de una bisexualidad presente en todos los seres humanos, sino un componente adquirido de la sexualidad humana: una inclinación inconsciente universal. De ahí esta célebre fórmula en la que ya había pensado en 1896: «La neurosis es, por así decir, el negativo de la perversión».

Con ese libro, que sufriría incesantes modificaciones, Freud abría el camino al desarrollo del psicoanálisis infantil y a una vasta reflexión sobre la educación sexual. Promovía la tolerancia de la sociedad hacia las diferentes formas de sexualidad —y en especial la homosexualidad— e insistía en que los adultos no mintieran a los niños acerca de su origen.

Comenzó así a imponerse una forma original de concebir el universal de la sexualidad. Con el paso de los años, ese pensamiento contribuyó a la extinción de la sexología —que había sido, empero, su matriz primera— y, en la segunda mitad del siglo XX, al auge de los trabajos de historiadores y filósofos sobre la historia de la sexualidad en Occidente, de Michel Foucault a Thomas Laqueur, pasando por John Boswell.

Una vez más, Freud se había convencido de que su nuevo libro estaba destinado a escandalizar desde el momento mismo de su publicación, y de que haría «universalmente impopular» a su autor. Con cada reedición se quejaba de la mala acogida que se le reservaba. En realidad, en 1905, y aunque no tuvo gran difusión, la obra suscitó una mayoría de artículos favorables. Sin embargo, algunos años después, y a medida que la doctrina psicoanalítica se difundía en las sociedades occidentales —a través de un movimiento organizado y nuevas publicaciones—, se la consideró retrospectivamente como una obra nociva, obscena, pornográfica, escandalosa, etc.

Fue pues en el momento en que el freudismo comenzaba a acceder al reconocimiento internacional cuando se levantaron frente a él las acusaciones de pansexualismo. La resistencia a esa nueva teoría de la sexualidad, expresada en los *Tres ensayos*, se convirtió entonces en el síntoma de su progreso activo.[23]

En 1909, en un violento ataque al psicoanálisis, el psiquiatra alemán Adolf Albrecht Friedländer afirmó que este debía su éxito a una presunta «mentalidad vienesa», que al parecer atribuía una importancia fundamental a la sexualidad.[24] Retomaba con ello una tesis nacionalista, la del *genius loci*, muy en boga desde el nacimiento del antisemitismo y la psicología de los pueblos, y según la cual cada nación podía no solo ser diferente a otra, sino superior a ella. Sobre esa base, la acusación de pansexualismo pudo servir de caballo de batalla a un antifreudismo primario en plena expansión. El término permitía afirmar, en efecto, que esa doctrina no era sino la expresión de una cultura que aspiraba a dominar a otra.

En Francia, país particularmente germanófobo, la teoría sexual de Freud se asimiló a una visión bárbara de la sexualidad, calificada de germánica, «teutona» o *boche*. A esa *Kultur* alemana se oponía la presunta luminosidad cartesiana de la «civilización» francesa,[25] mientras que en los países escandinavos y el norte de Alemania, al contrario, se acusaba al freudismo de privilegiar una concepción «latina» de la sexualidad, inadmisible para la «mentalidad» nórdica.

En esa época Freud recibió, en consultas breves, a personalidades del mundo artístico, curiosas por conocerlo, y que dejaron de él testimonios originales, retratos a través de los cuales se revelaba el entusiasmo de un hombre embargado por la creencia en su poder de descifrador de enigmas.

En 1905 el joven poeta suizo Bruno Goetz, que asistía en Viena a cursos sobre el hinduismo, sufrió violentas neuralgias faciales. Freud había leído algunos de sus poemas. Durante una hora Goetz le habló de su padre, capitán de altura, y de sus desgraciados amores con algunas muchachas y cierto marinero al que devoraba a besos. Freud lo obligó en principio a evocar un recuerdo de infancia ligado al dios Poseidón y le dijo que su caso no era apto para el análisis. Para terminar, con tono paternal, le recomendó que se alimentara bien y comiera carne y le entregó una receta y un sobre con doscientas coronas: «Pequeños honorarios por la alegría que me han procurado sus versos y la historia de su juventud».

Algún tiempo después, cuando volvió a verlo, lo previno contra la lectura del *Bhagavad-Gita*, que podía llegar a sumirlo en un estado de anonadamiento. Las neuralgias cesaron:

> Soy médico, dijo, y desearía ayudar en la medida de mis posibilidades a toda esa gente que interiormente vive hoy en un infierno. Y no es en un más allá, sea el que fuere, donde la mayoría vive en un infierno, sino aquí mismo, en la tierra. Eso es lo que Schopenhauer supo ver con mucha justeza. Mis conocimientos, mis teorías y mis métodos deben hacerles tomar conciencia de ese infierno, para que puedan liberarse de él. Solo cuando los hombres sepan respirar libremente volverán a aprender lo que puede ser el arte. Hoy hacen mal uso de él como un narcótico, para deshacerse, al menos por algunas horas, de sus tormentos. El arte es para ellos una suerte de aguardiente.[26]

Un año más adelante, Bruno Walter, director de orquesta en la Ópera de la corte imperial, consultó a Freud por una neuralgia del brazo que le impedía tocar el piano y dirigir a sus músicos. En lugar de iniciar una cura con él, Freud le aconsejó viajar a Sicilia, lo que permitió al músico descubrir maravillado los templos griegos, sin curarse empero de sus calambres. A su regreso, Freud utilizó la sugestión para intentar asumir la «responsabilidad» del mal de Walter, y lo convenció de que no pensara más en él. Walter logró olvidar sus dolores. Más adelante recurrió a una autoterapia, inspirada por el libro del médico romántico Ernst von Feuchtersleben sobre la dietética del alma. Superó entonces su incapacidad, siguió admirando a Freud y aconsejó a su amigo Gustav Mahler, que por su parte se había hundido en la melancolía, que fuera a verlo.[27]

Tras varias cancelaciones, los dos hombres se encontraron por fin en Leiden, el 26 de agosto de 1910, durante cuatro horas, la duración de una larga caminata por las calles de la ciudad. «Supongo», le dijo Freud a Mahler, «que su madre se llamaba Marie. Algunas de sus frases en esta conversación me llevan a pensarlo. ¿Cómo es que se casó con una mujer que tiene otro nombre, Alma, cuando es indudable que su madre tuvo en su vida un papel predominante?» Mahler respondió que había tomado la costumbre de llamar a su mujer Marie (y no Alma). En el transcurso de la conversación el músico logró comprender por qué la intrusión repetitiva de una melodía banal «echaba a perder» su música. En su infancia, a raíz de una disputa conyugal particularmente violenta entre su padre y su madre, se había lanzado a la calle, donde oyó una canción popular vienesa tocada en un organillo: la canción se le había fijado en la memoria y volvía bajo la forma de una melodía molesta.[28]

Freud no advertía aún que en el corazón de esa época tan bella, que había soñado tanto con el gran florecimiento de la Europa de la Ilustración, en la huella del progreso, la industrialización y la democracia, se perfilaba, como un sombrío presagio, un odio recíproco de las naciones que iba a llevar al continente, a través de la Primera Guerra Mundial, a su propia aniquilación.

A fuerza de contemplarse en el espejo de su tedio, la burguesía más culta del mundo occidental había omitido tener en cuenta la gran miseria de los pueblos. Y el psicoanálisis, inventado por un judío de la Haskalá, ciencia teutona para unos y latina para otros, sufría ya las consecuencias: «No veíamos los signos de fuego escritos en el muro», escribiría Stefan Zweig acerca de ese «mundo de ayer»,

e, inconscientes como antaño el rey Baltasar, nos llenábamos con todos los platos deliciosos del arte, sin echar miradas ansiosas al porvenir. Y solo cuando, decenas de años después, techos y murallas se derrumbaron sobre nuestra cabeza, reconocimos que los cimientos estaban socavados desde hacía mucho y que con el nuevo siglo se había iniciado la ruina de la libertad individual en Europa.[29]

2

Discípulos y disidentes

El psicoanálisis, esa extraña disciplina a medio camino de la arqueología, la medicina, el análisis literario, la antropología y la psicología más abisal —la de un más allá de lo íntimo—, nunca fue reducido por su inventor a un enfoque clínico de la psique. Freud quiso hacer de él, desde el inicio, un sistema de pensamiento hecho y derecho, capaz de expresarse a través de un movimiento del que su creador fuera, no el jefe, sino el maestro. Por eso inscribía su doctrina en la herencia de las grandes escuelas filosóficas de la antigua Grecia, a la que sumaba cierta tradición laicizada del mesianismo judeocristiano. En una época en que se desarrollaban el feminismo, el socialismo y el sionismo, Freud soñaba pues —él también— con conquistar una nueva tierra prometida y convertirse en el Sócrates de los tiempos modernos. Y para llevar a cabo su proyecto no podía conformarse con una enseñanza universitaria. Tenía que fundar un movimiento político.

A los cuarenta y cuatro años ya se había granjeado una notoriedad real dentro del vasto movimiento de renovación de la psicología y la psiquiatría dinámica que recorría Europa desde fines del siglo XIX, con el telón de fondo del poderoso ascenso de la incredulidad en materia de religión y una puesta en entredicho de las ilusiones alimentadas por esta. Por eso Freud comenzó a reunir a su alrededor, en un principio de manera informal, un círculo de discípulos que, en su mayoría, no estaban en el mismo nivel que los integrantes del mundo académico vienés. Médico de las curas termales, Rudolf Reitler, perteneciente a una familia de la burguesía católica, fue el primer profesional de ese cenáculo. En cuanto a Max Kahane, médico melancólico y francoparlante de origen rumano, amigo de juventud de Freud, apasionado por la hipnosis y diversas terapias, acompañó los comienzos del movimiento sin adherirse, empero, a la concepción freudiana de la sexualidad.[1]

En el otoño de 1902 Reitler y Kahane participaron, junto con Alfred Adler y Wilhelm Stekel, en la fundación de la Sociedad Psicológica de los Miércoles (Psychologische Mittwochs-Gesellschaft, PMG),[2] primer círculo de la historia del movimiento psicoanalítico. Pronto se les unió Paul Federn, que se comparaba gustoso con el apóstol Pablo o con un oficial subalterno del ejército psicoanalítico, y luego Hugo Heller, editor y librero; a continuación, Max Graf, musicólogo, y Eduard Hirschmann, psicobiógrafo obstinado, y por último Isidor Sadger y su sobrino Fritz Wittels, ambos fanáticamente freudianos y misóginos.[3]

Inmersos en el espíritu vienés y casi todos judíos, esos hombres treintañeros —nacidos entre 1865 y 1880— tomaron la costumbre de reunirse los miércoles por la noche, después de cenar, en la casa de Freud. En cada sesión, sentados a una mesa oval, observaban el mismo ritual: ponían en una urna el nombre de los oradores del día y después escuchaban en silencio la comunicación de aquel cuyo nombre había salido sorteado. Durante una breve pausa tomaban café negro y comían deliciosos pasteles. Se lanzaban entonces a interminables discusiones mientras fumaban una profusión de cigarros y cigarrillos: estaba prohibido leer un documento redactado de antemano y ninguna mujer perturbaba ese banquete cuyo profeta secular era, contra su voluntad, el propio Freud. En esa época, y por breve tiempo, este tuvo siempre la última palabra y todos parecían venerarlo. Sin el diálogo que mantuvo entonces con esta primera generación de discípulos Freud jamás podría haber nutrido su obra, como lo hizo, con modificaciones incesantes a la luz de lo que cada uno le aportaba.

Esos hombres que todavía no practicaban la cura psicoanalítica solían compararse con paladines. Intelectuales y militantes, eran muy representativos de la cultura de la *Mitteleuropa*. Al crear ese cenáculo procuraban calmar sus angustias y dar cuerpo a sus sueños de un mundo mejor. Cuando hablaban de sus casos clínicos se referían las más de las veces a sí mismos, a su vida privada a menudo tumultuosa, a su complicada genealogía familiar, a sus neurosis, a su identidad judía, a sus perturbaciones psíquicas y sexuales, a su rebelión contra los padres y, con frecuencia, a su profunda melancolía.

En una palabra, constituían en cierta forma una familia extensa y se asemejaban a sus pacientes, quienes, por lo demás, pertenecían a su misma clase social. Freud trató por sus patologías a muchos de ellos, y varios tomaron la costumbre de atender a sus íntimos o derivarlos al consultorio del maestro o de sus colegas. Esposas, amantes y hermanas se convirtieron así en pacientes y más adelante en terapeutas. En cuanto a los hijos de esos hombres del primer círculo, fueron los primeros en experimentar la cura freudiana, que solo cobró vigencia entre ellos a partir de 1904.

Fue así como el musicólogo vienés Max Graf conoció a Freud por medio de Olga Hönig,[4] que había sido paciente de este en 1897, en el momento del abandono de la teoría de la seducción. Sus dos hermanos se habían suicidado y ella misma había sufrido una tenaz neurosis. Cuando Max visitó a Freud, le preguntó si el estado mental de la joven le permitía casarse con él. Freud dio su bendición y, en 1902, Graf se incorporó al cenáculo de los miércoles. Seis años después, bajo el control del propio Freud, dirigió la cura de su hijo Herbert. Había comenzado a tomar notas sobre la manera en que el niño hablaba de la sexualidad haciendo preguntas directas y dedicándose a tocarse el «hace-pipí». Bajo el nombre de «pequeño Hans», Herbert Graf se convertiría en un caso célebre, que permitiría a Freud ilustrar sus teorías sobre la sexualidad infantil y dar un impulso decisivo al psicoanálisis de niños. Freud, por tanto, había tratado a la madre y después, cuando el padre se convirtió en su discípulo, aceptó que fuera, bajo su control, el analista de su propio hijo. En esos inicios, la historia del psicoanálisis no fue otra cosa que la de una familia recompuesta.[5]

Médico y escritor prolífico, Stekel consideraba a Freud como un Cristo y se veía a sí mismo como su apóstol. Y adoptó las tesis sexuales de su maestro con un sectarismo que lo remitía a sus propios problemas neuróticos. Víctima de una compulsión patológica a la masturbación, el *Herr Professor* lo trató a lo largo de ocho sesiones sin lograr liberarlo de sus síntomas. Freud admiraba su talento y su inventiva y tomó de él algunos temas que haría fructificar en su obra: en especial sobre el sueño, así como sobre la represión. Muy pronto, sin embargo, manifestó una fuerte exasperación hacia él, al extremo de considerarlo como un «completo cerdo» y querer apartarlo de su lado.[6]

Si Alfred Adler fue el primer gran disidente de la historia del movimiento psicoanalítico, del que se separó en 1911, fue sin duda porque, al contrario de Stekel, nunca se adhirió a las tesis freudianas. Dentro de la comunidad de los miércoles ya elaboraba un sistema de pensamiento original centrado en la prevalencia del yo —la psicología individual—, que no debía nada a aquel de quien fue compañero y rival durante nueve años. Originario de una familia de comerciantes judíos de la comunidad germanoparlante del Burgerland, bastante más próspera que la de Galitzia oriental, Adler atribuía mucha más importancia a los lazos grupales y de fraternidad que a las relaciones intrapsíquicas y genealógicas. En tanto que Freud hacía de la familia la clave de bóveda de su teoría, al punto de querer aplicar su complejo edípico a todas las sociedades, Adler la consideraba como una comunidad cambiante cuyo estatus debían estudiar la sociología, la historia y la antropología. A su juicio, la neurosis era la consecuencia de una lucha entre lo femenino y lo masculino, y derivaba de un sentimiento de inferioridad reprimido ya en la primera relación del niño con la sexualidad. Adler se interesaba en el marxismo y frecuentó a León Trotski después de casarse con Raissa Epstein, que por su parte era una presencia asidua en las filas de la *intelligentsia* rusa. Por añadidura, le era imposible ver a Freud, catorce años mayor que él, como un padre al que hubiera que someterse incondicionalmente.

Adler no solo no fue jamás freudiano ni pudo aceptar en ningún momento la mitología de los Labdácidas, sino que no tenía con su judeidad la misma relación que Freud. Aunque no lo animara, como sí sucedía con Karl Kraus u Otto Weininger, un sentimiento de «autoodio judío», en 1904 quiso escapar a su condición convirtiéndose al protestantismo, lo cual no le impidió llevar una vida de librepensador partidario de un socialismo reformista.[7] Ya en esos momentos se dio cuenta de que no podría ser un discípulo como los demás integrantes del cenáculo. Y por ello comenzó a cuestionar la idea de que la causalidad sexual pudiese ser el eje central de una doctrina psicológica centrada, a su vez, en una concepción casi ontológica de la familia y de la fijación incestuosa del niño con el padre del sexo opuesto. La guerra y la ulterior ruptura entre ambos hombres eran inevitables. Uno, burgués elegante y cultivado, con títulos universitarios, seguro de su genio, quería construir un ejército de misioneros; otro, menos brillante y dolorido por la falta de reconocimiento académico, estaba en busca de un foro de discusión e intercambio: «Las teorías de Adler se apartaban en exceso del camino recto. Era hora de hacerles frente. Él olvida las palabras del apóstol Pablo que usted conoce mejor que yo: "si no tengo amor...". Ha creado para sí un sistema universal, sin amor, y yo estoy a punto de ejercer en su contra la venganza de la diosa Libido ofendida».[8]

En mayo de 1906 algunos discípulos regalaron a Freud, que cumplía cincuenta años, una medalla de bronce grabada por Karl Maria Schwerdtner e inspirada en un soberbio dibujo *Jugendstil* (*Art Nouveau*) de Bertold Löffler, que servía de ex libris al *Herr Professor*.[9] En el anverso aparecía su busto de perfil y en el reverso una representación estilizada de la escena de Edipo frente a la Esfinge. Desnudo y apoyado en un bastón, este Edipo vienés, pensativo y musculoso, no se asemejaba a ninguno de los retratos conocidos del personaje de Sófocles. Otro tanto ocurría con la Esfinge, representada con los rasgos de una mujer moderna un poco bruja, cuya parte animal era claramente menos importante que la parte humana. La inscripción grabada en griego había sido escogida por Federn y no remitía de manera alguna al «complejo de Edipo» sino a la verdadera significación de la *hybris* sofocleana: «El que resolvió el famoso enigma y fue un hombre de muy grande poder».

Al leer esas palabras, Freud pareció olvidar por un instante su interpretación desviada de la tragedia de Sófocles para recordar con emoción que, durante sus estudios universitarios, había adquirido la costumbre de observar los bustos de los profesores célebres y se decía que, tal vez, el suyo se colocaría algún día junto a ellos, acompañado de la famosa cita.[10]

Ese año el editor Hugo Heller envió a Freud y a varios otros intelectuales un cuestionario donde les pedía que nombraran diez libros que les gustara tener siempre junto a ellos. La respuesta de Freud, enviada el día de Todos los Santos, aclaraba al editor que su intención no había sido seleccionar obras maestras de la literatura mundial, sino «compañeros», «buenos amigos» a los «uno debe parte de su conocimiento de la vida y de su cosmovisión propia». Y a continuación daba, sin ningún orden, diez nombres y diez títulos: Multatuli (seudónimo de Eduard Douwes Dekker), *Cartas y obras*; Rudyard Kipling, *El libro de la jungla*; Anatole France, *Sobre la piedra blanca*; Émile Zola, *Fecundidad*; Dmitri Merezhkovski, *El romance de Leonardo*; Gottfried Keller, *La gente de Seldwyla*; Conrad Ferdinand Meyer, *Los últimos días de Hutten*; Thomas Babington Macaulay, *Estudios*; Theodor Gomperz, *Pensadores griegos*, y Mark Twain, *Escritos con humor*.[11] Esto es: dos escritores franceses, un holandés, dos suizos, dos ingleses, un ruso, un austríaco y un norteamericano, todos asociados a la tradición de la Ilustración. Una obra sobre la belleza de la jungla opuesta a los artificios de la vida moderna; otra contra el colonialismo; otra sobre la abolición de la esclavitud; una cuarta sobre la arqueología; otra más sobre el amor a Grecia; una acerca de la maternidad (cuyo autor era un gran dreyfusista); otra sobre la apología de un reformista prusiano; una más dedicada al goce dionisíaco; otra sobre la vida del mayor pintor del Renacimiento, y una última consagrada a historias macabras tratadas con humor por un escritor que defendía a los judíos. Freud había aceptado plegarse a una especie de prueba asociativa, que autorizó a sus lectores y futuros exégetas a entregarse a una multitud de interpretaciones sobre su vida y su obra. Como Edipo, los descifradores de enigmas se divirtieron de lo lindo.

En esa época Freud hizo entrar en su círculo de iniciados a un joven autodidacta, aprendiz de tornero, de veintiséis años: Otto Rank. Hijo de un artesano joyero alcohólico, originario como Adler del Burgenland,[12] padecía un reumatismo articular y temía tanto esta enfermedad como su fealdad física. Por añadidura, había sido víctima de abusos sexuales en su infancia y sufría de una fobia por la cual no podía tocar nada sin guantes.

Freud lo quería profundamente y muy pronto lo consideró como su hijo adoptivo. Lo impulsó a ir a la universidad y obtener un doctorado de filosofía. Pero, en especial, lo nombró secretario de la Sociedad de los Miércoles y le encargó la transcripción de las actas de las reuniones. El cenáculo se convirtió entonces en un sitio privilegiado de la memoria y Rank fue su primer archivista. En las actas, cuidadosamente conservadas y luego legadas a la posteridad, él relata el nacimiento de un movimiento y se erige en el mensajero de un pensamiento dialéctico elaborado por el cenáculo.

En 1907, cuando la sociedad contaba aún con veintiún miembros activos, Freud decretó su disolución. Deseoso entonces de respetabilidad y con el propósito de marginar a algunos vieneses que en su opinión eran demasiado exaltados, demasiado fanáticos o demasiados disidentes, creó una verdadera asociación, la Wiener Psychoanalytische Vereinigung (WPV), la primera institución psicoanalítica de la historia del freudismo. Suprimió la regla que obligaba a todos los miembros a tomar la palabra en ciertas condiciones y sancionó una reglamentación que se fundaba, de facto, en la existencia de una jerarquía entre el maestro y sus alumnos e incluso entre *unos* maestros y *unos* alumnos. Y en particular propició la incorporación a esa nueva institución de discípulos «extranjeros»,[13] sobre todo Max Eitingon, Sándor Ferenczi, Karl Abraham, Carl Gustav Jung y Ernest Jones.

Fue así como se constituyó, entre 1907 y 1910, el primer núcleo de grandes discípulos de Freud —todos hombres— que, progresivamente, contribuyeron a la internacionalización del movimiento. Las más de las veces, se dedicaban a la práctica del psicoanálisis tras haber hecho una cura con alguno de sus pares o con el propio Freud, Federn o Ferenczi. El banquete socrático fue sucedido, de tal modo, por una especie de academia cruzada de disputas pero que tenía sobre todo la función de llevar a la práctica una política del psicoanálisis descentrada de Viena y orientada hacia Europa, y pronto hacia el continente americano. Y para asegurar la transmisión del saber psicoanalítico, Freud y sus discípulos fundaron tres revistas con la ayuda de Hugo Heller: el *Jahrbuch für Psychoanalytische und Psychopathologische Forschungen* en 1909, el *Zentralblatt für Psychoanalyse. Medizinische Monatsschrift für Seelenkunde* en 1910, y por último *Imago* dos años después. El primero era una publicación generalista; el segundo, el órgano del movimiento internacional, y el tercero tenía una inspiración más estética.[14]

El contacto con los miembros de este nuevo círculo llevó a Freud a reanudar la intensa actividad epistolar que echaba de menos desde la ruptura con Fliess. Cada día escribía una decena de misivas en caracteres góticos, en las cuales se ocupaba tanto de cuestiones teóricas, clínicas o políticas como de problemas cotidianos. En esa correspondencia, el tuteo, reservado a los amigos de juventud y los miembros de la familia, estaba excluido en el caso de los discípulos, hombres o mujeres: *Lieber Herr Kollege, Herr Doktor, Lieber Freund, Dear Jones, Liebe Marie,* querida princesa, *Liebe Lou, Verehter Freund und liebster alle Männer*.[15]

Herr Professor pedía a todos sus corresponsales noticias de sus esposas e hijos, se interesaba por su salud y no olvidaba nunca la fecha de sus cumpleaños. Cada discípulo ocupaba en esos intercambios un lugar singular, y con cada uno Freud hablaba de los otros, con objeto de establecer entre ellos un vínculo que pasara por él. A veces, en un mismo día, decía cosas contradictorias y a menudo cometía verdaderas indiscreciones so pretexto de transmitir a tal o cual confidencias sobre otro, y recíprocamente. De ese modo, cada uno tenía la impresión de ser el preferido del maestro. Esos hombres, que tenían ahora la misión de fundar a su alrededor escuelas y grupos a fin de divulgar la nueva doctrina, eran militantes consagrados a la causa de lo que era, a su juicio, la más grande revolución del siglo XX. Ninguno de ellos era servil y ninguno dudaba del genio de aquel a quien habían escogido por maestro. Freud formaba parte de su familia, de su vida íntima, de su historia.[16]

Este progreso hacia una internacionalización del movimiento psicoanalítico estuvo en el origen, no solo de sus diferentes conflictos doctrinales o transferenciales, sino también de la construcción de una historia oficial fundada en la «leyenda del héroe». Con el paso de los años, los suyos consideraron a Freud como un pensador solitario injustamente atacado pero gloriosamente triunfante sobre sus enemigos, tanto de fuera como de dentro. En 1914 él mismo hizo su aporte a esa leyenda al publicar una contribución a la historia del movimiento psicoanalítico en la cual afirmaba que el psicoanálisis era su «asunto» (*die Sache*): «En efecto, el psicoanálisis es creación mía, yo fui durante diez años el único que se ocupó de él, y todo el disgusto que el nuevo fenómeno provocó en los contemporáneos se descargó sobre mi cabeza en forma de crítica».[17] Once años después, a petición de un editor, escribió, en la misma línea, una presentación de sí mismo (*Selbstdartellung*) en la cual exponía su *Ego-Historie* y la génesis subjetiva de sus descubrimientos.[18]

Magníficamente escritas, esas dos obras unificaban la historia caótica de los orígenes del psicoanálisis en un relato mítico verosímil, estructurado por la dualidad freudiana del padre humillado y el hijo rebelde promovido a un destino heroico. En el ínterin, Freud añadió a esa construcción la idea de que el psicoanálisis, en cuanto disciplina, suponía un descentramiento del sujeto que pasaba por tres humillaciones narcisistas:[19] no ocupar ya el centro del universo, no estar ya fuera del mundo animal, no ser ya dueño y señor en su propia morada. No conforme con asignar a su doctrina un destino edípico, Freud, que se había identificado con Aníbal y Bonaparte, ahora también se veía como el heredero de Copérnico. Nueva confirmación de una inquietud permanente: procurar que su movimiento pudiera referirse a una epopeya de los orígenes, una canción de gesta con sus fábulas, sus mitos, su historia piadosa, sus imágenes.

En 1908 se celebró en Salzburgo la primera gran reunión de los nuevos «psicólogos freudianos». Cuarenta y dos personas procedentes de seis países participaron en ella y se propusieron reencontrarse dos años después en Nuremberg. Firmemente decidido a sacar al psicoanálisis del «gueto judío vienés», Freud fundó entonces, en 1910, con Ferenczi, la Internationale Psychoanalytische Vereinigung (IPV),[20] a la que apodó el «Verein» (asociación). Y puso su dirección en manos de Jung. En su alocución Ferenczi se entregó a un brillante ejercicio de historiador del clan, distinguiendo tres grandes etapas en el movimiento psicoanalítico: la llamada época «heroica» (1896-1907), durante la cual Freud había conformado un pequeño cenáculo; la llamada época «de Jung» (1907-1909), que le había permitido implantar el psicoanálisis en el terreno de la psiquiatría, y para terminar la llamada época «americana» (1909-1910), consecutiva a su viaje a la otra orilla del Atlántico.

Después de ese exaltado impulso, Ferenczi afirmaba la necesidad de que el movimiento se sometiera a una disciplina racional, a la vez que daba pruebas de una gran lucidez en lo concerniente al devenir de las organizaciones: «Conozco bien la patología de las asociaciones y sé hasta qué punto suelen reinar en las agrupaciones políticas, sociales y científicas la megalomanía pueril, la vanidad, el respeto de las fórmulas vacías, la obediencia ciega y el interés personal, en lugar de un trabajo concienzudo consagrado al bien común».[21] Hasta 1918, después de Salzburgo y Nuremberg, el Verein celebraría sus congresos en el mundo germanoparlante, el de los imperios: Weimar (1911), Munich (1913) y Budapest (1918). A continuación, tras la Gran Guerra, de 1920 a 1936, la elección se ampliaría, con sus vaivenes, a distintos países: Holanda, Suiza, Gran Bretaña, y diversas ciudades: La Haya, Berlín, Salzburgo, Bad-Homburg, Innsbruck, Oxford, Wiesbaden, Lucerna, Marienbad.

Representante típico de la *intelligentsia* de Budapest, Sándor Ferenczi era hijo de un librero judío de origen polaco que se había adherido a la causa del liberalismo y apoyado la primavera de los pueblos. Educado en el espíritu de la Ilustración por un padre al que adoraba, Ferenczi se había entregado con fervor a los estudios médicos, movido a la vez, como los intelectuales de su generación, por la convicción de que había que despojar a la antigua Hungría de sus sueños nostálgicos a fin de transformarla en un país moderno, semejante a las democracias occidentales.

Por eso se mostró desde el principio, a diferencia de Freud, abierto a los debates entablados por las revistas de vanguardia acerca del *Art Nouveau* (*Jugendstil*), la emancipación de las mujeres, la libertad sexual y la expansión de las nuevas ciencias del hombre. En 1905, cuando tenía treinta y dos años, y tras haber trabajado en el hospital Saint-Roch, puso un consultorio privado donde ejercía medicina general, neurología y psiquiatría, a la vez que trabajaba como perito judicial. Inmerso en el darwinismo, apasionado por la hipnosis, el espiritismo, la telepatía, el ocultismo y las mitologías, fascinado por el estudio de las drogas y los fenómenos psicosomáticos, tan conocedor de la filosofía como de la literatura, había asumido la defensa de los homosexuales —los «uranianos»— en un valeroso texto presentado ante la Asociación Médica de Budapest.

Sobre la base de los trabajos de Magnus Hirschfeld,[22] Ferenczi refutaba todas las estigmatizaciones y se oponía a la teoría de la degeneración, haciendo valer la idea de la bisexualidad propia de la especie humana. Y salpicaba el texto con citas de Platón, Leonardo da Vinci, Miguel Ángel y Oscar Wilde:

> Nadie castiga a los seres humanos que se aman con un amor heterosexual. De igual modo, la homosexualidad, en la medida en que no cause ningún daño a la sociedad, no debe ser sancionada. Los

juristas tienen a veces el derecho de proteger los intereses de nuestra sociedad, pero no de castigar a alguien por un acto benigno. Cuando lo hacen, rechazan infaliblemente a seres de gran valor pero de desgraciados instintos que se convierten en víctimas de individuos turbios y miserables, lo cual no redunda en el interés de la sociedad.[23]

Sensual, femenino y sensible al sufrimiento de sus pacientes, Ferenczi conoció a Freud en 1908 y se convirtió en su discípulo más cercano, no un delfín o un heredero, sino un hijo adoptivo amado por el maestro, a tal punto que este soñó con darle por esposa a su hija Mathilde. Ferenczi se autocalificaba de «paladín», «gran visir secreto» e incluso «astrólogo de corte» a quien le encantaba visitar a las videntes de Budapest. No vacilaba en embarcarse en controversias, y aunque rechazaba el autoritarismo de Freud jamás pensó en abandonarlo. Durante un cuarto de siglo los dos hombres intercambiaron mil doscientas cartas: un tesoro de invención clínica y teórica salpicado por confidencias y preciosos testimonios sobre las costumbres y la vida cotidiana de los freudianos de la Belle Époque. Mucho más terapeuta que Freud, Ferenczi inventó el concepto de contratransferencia y nunca dejó, a lo largo de su vida, de modificar los principios de la cura e introducir una empatía singular en la relación con sus pacientes y alumnos.

Como la mayoría de los discípulos del primer círculo, mezclaba las curas con la vida privada y los asuntos de familia. En 1908 emprendió el análisis de su amante, Gizella Pálos, todavía no divorciada de su primer marido, y cuya hija mayor, Magda, estaba casada con el propio hermano de Ferenczi, Lajos. Tres años después decidió analizar a Elma, la hija menor de Gizella, que sufría de depresión y de la que no tardó en enamorarse. Carta tras carta confió sus dificultades a Freud, que, una vez más, se entregó con deleite a sus actividades de «casamentero judío» y gran conocedor de los amores intrafamiliares. También él había pasado por situaciones idénticas, ya fuera al enamorarse de una joven cuya madre lo atraía, o al procurar arrancar a una novia de la influencia de una madre, a la vez que se convertía en cómplice de la otra hija de esta. Por añadidura, no dejaba de interrogarse sobre el deseo de incesto propio de la especie humana[24] y sobre la cuestión de las relaciones entre amor y transferencia.

Confundido entre el deseo, el amor y la transferencia, Ferenczi decidió casarse con Elma, al mismo tiempo que forzaba a Freud a tomarla en análisis. Algún tiempo después dio marcha atrás y renunció a ese matrimonio, tras haber analizado su propia contratransferencia en el diván del maestro. En la creencia de que amaba a la hija, en realidad amaba a la madre y terminaría por casarse con ella al advertir que esta lo quería. En 1919, tras releer su intercambio epistolar donde se detallaba toda «la historia reciente de los desarrollos del psicoanálisis», Ferenczi testimonió un enorme agradecimiento a Freud por su solicitud:

> En esta oportunidad comprendí como en una iluminación que, desde el momento en que usted me desaconsejara el casamiento con Elma, yo había dado pruebas de una resistencia contra su persona que ni siquiera el intento de cura psicoanalítica pudo superar, y que era responsable de todas mis susceptibilidades. Con rencor inconsciente en el corazón, seguí empero como «hijo» fiel todos sus consejos, dejé a Elma y me incliné otra vez por mi mujer actual [Gizella], con la que he perseverado, pese a innumerables y reiteradas tentaciones.[25]

Así como se mostraba afectuoso con Ferenczi, Freud mantenía cierta distancia con Karl Abraham. Afable, atento, elocuente, culto, este último fue hasta su prematura muerte, en 1925, un ortodoxo inteligente de la doctrina psicoanalítica, un «*rocher de bronze*» [«peñón de acero»], según las palabras de Freud, que consagró todos sus esfuerzos a la implantación de las ideas comunes en el medio psicoanalítico berlinés y a la organización de una sólida asociación de clínicos. El único discípulo que no buscó a Freud para pedirle su opinión sobre asuntos sentimentales o eventuales relaciones sexuales con sus pacientes, analizaría no obstante a su propia hija, Hilda Abraham, de seis años, futura psicoanalista, y describiría su «caso» en un artículo de 1913.[26] En diciembre de 1907 se trasladó a Viena para conocer a Freud, que unos meses antes ya había recibido la visita de Max Eitingon, procedente de Zurich, y a quien analizaría durante unos «paseos vespertinos».

Segundo hijo de una familia de judíos ortodoxos originarios de Bielorrusia, Max Eitingon, sionista convencido, estaba acostumbrado desde la infancia a llevar una vida itinerante. Tenía doce años cuando su padre, rico comerciante peletero, se instaló en Leipzig; Max fue a la escuela en esa ciudad y luego comenzó estudios universitarios como oyente libre, primero en Marburgo y después en Heidelberg. En 1902, tras tomar la decisión de ser psiquiatra, hizo unas prácticas en la clínica del Burghölzli de Zurich bajo la dirección de Eugen Bleuler, y allí conoció a Carl Gustav Jung y Abraham, a quien volvería a ver en 1909 en Berlín, donde vivió hasta su partida definitiva a Palestina en 1934.[27] En febrero de 1920, tras el derrumbe de los Imperios Centrales, llevaría a cabo, por amor al psicoanálisis, la gran obra de su vida: el Berliner Psychoanalytisches Institut (BPI), primer instituto de formación que iba a servir de modelo a todos los que se fundaron a continuación en el mundo entero.[28] A lo largo de su existencia tumultuosa, Eitingon puso su fortuna al servicio del instituto, y también propuso, en el marco de una «policlínica»,[29] curas gratuitas para las personas desfavorecidas, pero de pago para los demás pacientes. En 1930 ya era por sí solo, según las palabras de Ernest Jones, «el corazón de todo el movimiento psicoanalítico internacional».

Situado en la colina arbolada del barrio de Riesbach, al sudeste de Zurich, el inmenso hospital del Burghölzli recibía desde su fundación en 1870 a pacientes con trastornos mentales. Los arquitectos habían tenido la precaución de levantar la estructura a espaldas del lago a fin de ahorrar la vista del agua a los internos que pudieran sentir la tentación de suicidarse. En un principio bajo la batuta de August Forel y luego de Eugen Bleuler, en los albores del siglo XX se había impuesto un nuevo enfoque de la locura en el corazón de esa prestigiosa fortaleza que, con el paso de los años, llegaría a ser un lugar de paso obligado para todos los especialistas en las afecciones del alma. En ese contexto, la apertura freudiana al mundo del sueño y el inconsciente suscitaba entusiasmo: los jóvenes terapeutas de la locura miraban la obra vienesa como una innovación capaz de hacer que el saber psiquiátrico se apartara del nihilismo terapéutico.

En 1898, cuando Bleuler asumió la dirección del establecimiento, la psiquiatría de lengua alemana —un faro en Europa y el mundo entero— estaba aún dominada por la nosografía de Emil Kraepelin. Contemporáneo de Freud, este había elaborado una clasificación rigurosa de las enfermedades mentales sin dejar de adherirse a una concepción represiva de la locura, que apenas buscaba mejorar la suerte de los alienados. Pese a su vigor, el sistema kraepeliniano ya estaba, empero, agrietándose bajo el efecto de los progresos realizados por un enfoque fundado en la escucha de los sujetos. Escuchar el sufrimiento de los pacientes, descifrar su lenguaje, comprender la significación de su delirio y establecer con ellos una relación transferencial: tal era el programa terapéutico promovido por el equipo hospitalario del Burghölzli.[30]

Y por medio de un trabajo de largo aliento dedicado a la demencia precoz (*Dementia praecox*), Bleuler sintetizó en 1911 ese enfoque y dio el nombre de esquizofrenia a una forma de locura caracterizada por una incoherencia del pensamiento y una actividad delirante. Sin renunciar a la etiología orgánica, situaba la enfermedad en el campo de las afecciones psicológicas y la caracterizaba por una disociación de la personalidad (*Spaltung*) y un repliegue sobre sí mismo (autismo).[31]

Aunque no compartía la concepción freudiana de la sexualidad, Bleuler proponía integrar el enfoque psicoanalítico en el tratamiento de las psicosis. De ahí la siguiente analogía: así como Freud había transformado la histeria en un paradigma moderno de la neurosis, Bleuler inventaba la esquizofrenia para hacer de ella el modelo estructural de la locura en el siglo XX.

En octubre de 1905, cuando Jung, por entonces asistente de Bleuler, se puso en contacto con Freud, este sabía ya que ese encuentro iba a ser decisivo para la historia de su movimiento. Hasta esa fecha, en efecto, la terapia psicoanalítica parecía exclusivamente destinada al tratamiento de las neurosis, pero he aquí que ahora se abría para ella, fuera de Viena y lejos de Berlín, el continente de la psicosis: una nueva «tierra prometida». Así como el psicoanálisis era un fenómeno urbano, que iba a la par con la transformación de la familia clásica y suponía la confrontación del sujeto consigo mismo, la psiquiatría, disciplina médica, seguía siendo tributaria de una concepción colectiva de los cuidados psíquicos. Además, desde mediados del siglo XIX los centros psiquiátricos se emplazaban fuera de las ciudades y en plena naturaleza. Suponía la creación de lugares de vida, transitorios o definitivos, en condiciones de suplir a familias débiles que no podían ocuparse de sus parientes. Así se habían desarrollado, sobre el modelo de los internados y los sanatorios, grandes espacios hospitalarios públicos o privados, dentro de los cuales cohabitaban médicos y pacientes, enfermeros y personal asistencial. Gracias a una organización federal y una situación geográfica privilegiada, asociada a una intensa tradición pedagógica de inspiración calvinista, Suiza —con sus numerosos lagos y sus regiones montañosas— había llegado a ser, al cabo de algunos decenios, uno de los países de Europa donde las clínicas eran más prósperas. Como Bleuler y todo el equipo del Burghölzli, Jung no bebía una gota de alcohol. Poseedor de un conocimiento íntimo de la locura, sentía verdadera atracción por los pacientes psicóticos. Jamás temía sus amenazas porque se sabía capaz de devolver los golpes, y organizaba con ellos veladas de baile y fiestas de disfraces.

Por primera vez Freud iba a enfrentarse con un joven discípulo de inteligencia excepcional, brillante alumno de Bleuler, que no le debía nada y que ya era conocido por sus propios trabajos sobre la asociación libre y la psicogénesis de las enfermedades mentales.[32] Por eso quiso desde el principio transformar a ese hijo de un pastor, de enorme talento y a veces mitómano, en un delfín que habría de serle, creía él, mucho más útil por no ser ni judío ni vienés. Al otorgar un lugar semejante a este hombre de treinta años que soñaba como él en un glorioso destino, Freud creía sustraer al psicoanálisis de la tan temida calificación de «ciencia judía», que iba a la par con la acusación de «pansexualismo».[33] En consecuencia, durante ese período se negó a ver que su querido príncipe heredero, a quien comparaba de buen grado con Josué,[34] mantenía con la «cuestión judía» una relación por lo menos ambigua.[35] Cosa que no había escapado a Karl Abraham: «Sea tolerante», le dirá Freud en 1908,

a usted le resulta más fácil que a Jung seguir mis pensamientos porque [...], debido a nuestro parentesco racial, está más próximo a mi constitución intelectual, mientras que él, como cristiano e hijo de un pastor, solo encuentra el camino que lleva a mí a costa de grandes resistencias interiores. Y por ello su adhesión tiene más valor. Casi diría que solo su entrada en escena ha sustraído al psicoanálisis al peligro de convertirse en un asunto nacional judío.[36]

Así como Freud era el heredero de una concepción racionalista de la ciencia y de un universalismo que no toleraba forma alguna de relativismo, Jung procedía de una tradición muy distinta en la que se mezclaban esoterismo, antimaterialismo, espiritismo, ocultismo, impulso hacia la espiritualidad, atracción por lo inconsciente subliminal y los fenómenos de personalidades múltiples[37] y, para terminar, adhesión a la psicología de los pueblos. Neurólogo y fisiólogo, Freud cultivaba la abstinencia a pesar de fundar su doctrina en la primacía de la pulsión sexual. Psiquiatra y lector de textos filosóficos —Kant, Nietzsche, Hegel—, Jung pretendía ser, por el contrario, adepto a una concepción ampliada de la libido entendida como «energía vital». Al mismo tiempo polígamo y calvinista, no vacilaría en multiplicar las aventuras amorosas con sus pacientes, a quienes haría sus discípulas.

En un primer momento la relación entre los dos hombres fue pasional, para ser luego conflictiva y al final bélica. Tras la ruptura de 1913 Freud acusaría a Jung de ceder al «lodo negro del ocultismo», mientras que Jung viviría como una liberación su separación de Freud, si bien fue presa a continuación de una crisis melancólica.[38] Durante toda su vida tendría conciencia de la supremacía de la doctrina freudiana sobre la suya,[39] si bien se sentía socialmente superior a Freud, que a su entender no era más que el hijo de un comerciante judío procedente de una clase popular y casado con una mujer pobre.[40] En cuanto a Freud, convencido del valor de su sistema de pensamiento, habría de querer una vez más a un hombre a quien vio al comienzo como un hijo y un discípulo, para transformarlo luego en un enemigo.

Jung había vivido una infancia traumática, a tal punto que, una vez llegado a la edad adulta lo atormentaban reminiscencias terribles que le hacían odiar a los jesuitas y la Iglesia católica, y le recordaban cuán presente había estado, a lo largo de su escolaridad, la experiencia de un sentimiento de indignidad fantasmática. En efecto, se le había recordado sin cesar que era nieto de otro Carl Gustav —llamado «el Mayor»—, médico y rector de la Universidad de Basilea, al que una leyenda tenaz consideraba hijo natural de Goethe.

Colérico, insurrecto contra el orden patriarcal y víctima de numerosos desmayos, el joven Jung se refugió muy pronto en la contemplación y el estudio de los grandes textos de la civilización occidental, para volcarse luego en los estudios médicos. Se había forjado un conocimiento intuitivo de la locura dentro de su propia familia y sobre todo junto a su madre, Emilie Preiswerk, que se dedicaba en su presencia al espiritismo en compañía de su propio padre —un pastor iluminado—, su hermano y sus sobrinas. Cuando comenzó a intercambiar con Freud una correspondencia muy rica, Jung tuvo la sensación de haber dado con un mesías capaz de salvarlo de su «indignidad» ligada a una agresión sexual:

> De hecho —debo confesárselo con renuencia—, tengo una admiración ilimitada por usted como hombre e investigador y, conscientemente, no lo envidio. No procede de ahí, pues, mi complejo de autoconservación, sino del hecho de que mi veneración por usted tiene el carácter de un entusiasmo apasionado y religioso que, aunque no me causa ningún desagrado, es para mí, no obstante, repugnante y ridículo debido a su irrefutable consonancia erótica. Ese sentimiento abominable es el resultado de haber sucumbido, de pequeño, a la agresión homosexual de un hombre a quien antaño había venerado.[41]

Asistente de Bleuler desde 1895, Jung defendió su tesis sobre el caso de una joven médium afectada de sonambulismo, y de la que se revelaría más adelante que se trataba de su prima, Helene Preiswerk. En ese estudio, verdadera autobiografía enmascarada, Jung trazaba un cuadro aterrador del universo familiar de su paciente, a quien trataba de manera despreciativa, reduciéndola al carácter de un sujeto de observación y destacando que sus padres eran enfermos mentales. Bien recibido por Flournoy, ese texto suscitaría, no obstante, tempestuosas indignaciones.[42]

Jung tuvo entonces la suerte de escapar de su familia al casarse con una mujer bella, inteligente, rica y distinguida, Emma Rauschenbach, cuya fortuna le permitió no solo escribir sin preocuparse por sus ingresos, sino también vivir en condiciones privilegiadas a la vez que frecuentaba los mejores círculos de la alta burguesía financiera de la Suiza alemánica. Pese a la esclavitud que implicaba su posición de madre y esposa, agotada por sus numerosos embarazos y herida por las infidelidades de su marido, Emma se convirtió en su discípula después de analizarse con él.

El domingo 3 de marzo de 1907, como de costumbre muy elegante, ella acompañó a su marido a Viena, donde se encontrarían por primera vez con Freud. Este la recibió en su hotel con un ramo de flores en la mano. Intimidado, Jung había pedido a Ludwig Binswanger que fuera con él a ese encuentro tan esperado. Sobrino de Otto Binswanger, jefe supremo de la célebre clínica de Kreuzlingen donde había pasado un tiempo Bertha Pappenheim, el joven Ludwig deseaba ardientemente conocer a ese maestro a quien tanto admiraba.[43]

Impresionado por Emma, tan diferente a las mujeres de su entorno y sobre todo perteneciente a una clase social muy distinta de la suya, Freud hizo gala de una amabilidad exquisita. Invitados a compartir la comida de la familia al completo, los comensales captaron a las claras que los dos hombres sentían prisa por reunirse a solas e iniciar un diálogo que terminaría a altas horas de la noche.[44] Jung habló sin parar durante tres horas, hasta que Freud optó por interrumpirlo para proponerle conversar de manera ordenada. El intercambio prosiguió entonces a lo largo de diez horas, y cada uno tuvo la sensación de compartir con el otro opiniones convergentes. Sin embargo, a Jung le llamaron la atención la falta «total de conciencia filosófica» de su interlocutor, su «positivismo» y la importancia extravagante que otorgaba a su teoría sexual.

Mientras departían, un fuerte ruido procedente de la biblioteca los hizo sobresaltar. Convencido de que se trataba de un fenómeno de «exteriorización cataléptica»,[45] Jung, siempre al acecho de las voces del más allá, anunció que no tardaría en hacerse oír un segundo ruido. Freud calificó de «puras tonterías» las supersticiones de su huésped, que creyó descubrir en su rostro un gesto de terror cuando se produjo un segundo crujido.

Persuadido de la profundidad del genio de Freud, Jung tuvo empero, desde el comienzo, la convicción de que su neurosis sería un obstáculo insuperable en las relaciones entre ambos. Por su lado, a despecho del temor de que Jung no estuviese a la altura de sus esperanzas, Freud le propuso unirse a su cenáculo sin sospechar que muy pronto, aquel, imbuido de su superioridad, los vería como un «amasijo de artistas, decadentes y mediocres».[46] En realidad, ya desde ese primer encuentro Freud y Jung se vieron uno frente a otro en una situación insostenible. Freud creía haber hallado un heredero capaz de adherirse a su doctrina y Jung suponía haber conocido a un padre capaz de amarlo. Pero, en el momento mismo en que ambos procuraban convencerse del poder de su unión, el hijo se sublevaba ya contra el padre, en tanto que Freud temía que ese Josué imaginario se convirtiera en su principal rival.

Por añadidura, ninguno de los dos protagonistas quería ver, en esa época, que la invención freudiana estaba muy poco adaptada, stricto sensu, a la clínica psiquiátrica. Ahora bien, la mayoría de los alumnos de Herr Professor —Jung el primero— eran psiquiatras que estimaban —con justa razón, además— que el método psicoanalítico, heredado del enfoque dinámico, iba a transformar de cabo a rabo la mirada que la sociedad occidental tenía de la locura. Y si Freud consideraba esta disciplina como una tierra prometida que había que conquistar, los psiquiatras veían el psicoanálisis como el arma que les permitiría realizar esa conquista.

Comoquiera que sea, la conceptualidad psicoanalítica procedía, en efecto, de un verdadero rechazo de las nociones vigentes en la psiquiatría y la psicología médica. Freud, aunque admiraba a Philippe Pinel, jamás se valía del vocabulario de los alienistas: estado mental, personalidad, carácter, desdoblamiento, psicología clínica, alienación, conducta, etc. No recetaba remedios, no pensaba en el acondicionamiento de los psiquiátricos y no se ocupaba de la gestión de la vida colectiva de los enfermos mentales. Solo tenía en cuenta la palabra, el lenguaje, la sexualidad, la neurosis, la vida, la muerte. A sus ojos, el destino humano se organizaba alrededor de instancias, principios energéticos, tópicas. En una palabra, Freud definía la psicosis como la reconstrucción inconsciente de una realidad delirante y la inscribía en una estructura tripartita en virtud de la cual aquella se diferenciaba de la neurosis y de la perversión.

Ni psiquiatra ni sexólogo, Freud rechazaba todas las formas de nomenclatura. Y, de resultas, no creía seriamente que se pudiese analizar a los locos, porque en ellos el inconsciente se mostraba al desnudo. Así, cuando se las veía frente a la locura individual, siempre intentaba «neurotizarla». Freud era ante todo un médico de la psique, un humanista de las palabras, el sueño y las mitologías, un clínico del sufrimiento solitario, un hombre de ciencia formado en la neurología y la fisiología. El mundo de la psiquiatría, con sus clasificaciones normativas, su universo de asilos, su observación de los cuerpos y los comportamientos, ese mundo políticamente organizado como un

Estado dentro del Estado, ese mundo cerrado —el de Bleuler, de Jung, de Binswanger y de muchos otros—, no era el suyo.

Al día siguiente del memorable encuentro en la Berggasse, Freud se entregó a su ejercicio favorito y pidió a Jung y Binswanger que le contaran sus sueños: «Ya no recuerdo el sueño de Jung», dirá Binswanger,

> pero me acuerdo de la interpretación que le dio Freud. Esa interpretación procuraba demostrar que Jung quería destronarlo para tomar su lugar. Por mi parte, había soñado con la entrada de la casa de Berggasse, 19, que estaba justamente en reconstrucción, y con la vieja araña cubierta a toda prisa, debido a la reparación. La interpretación de Freud, que no me pareció precisamente convincente [...], era que el sueño contenía el deseo de casarme con su hija (mayor), al mismo tiempo que el rechazo de ese deseo, porque sostenía [...]: «No me caso con nadie que sea de una casa donde cuelgan una araña tan lastimosa».[47]

Freud y Jung continuaron durante mucho tiempo entregándose a su pasión de interpretar los sueños. Uno y otro, como todos los discípulos del primer cenáculo, tenían la certeza de que, gracias a su doctrina común, el inconsciente había hecho una entrada espectacular en la vida cotidiana de las sociedades europeas. Todo sucedía como si ya no pudiera contemplarse la posibilidad de sumergir el sueño en el dormir, disimularlo en lo recóndito de una vida nocturna, porque, por el milagro de la interpretación freudiana, el propio hombre se había convertido en la encarnación del sueño. Esa era la máxima de los nuevos tiempos, que el poeta Joë Bousquet resumiría en una fórmula sobrecogedora: «Pertenezco ahora a un tiempo en que ya no soñaremos, porque el hombre es el sueño».

Los freudianos de esta generación estaban convencidos de que la revolución simbólica representada por ellos debía extenderse a todos los dominios del pensamiento. Había que «aplicar» el psicoanálisis a la literatura, al estudio de los mitos y las religiones, a la ciencia histórica, a la antropología, al arte y a la totalidad de las producciones humanas. Dentro de la Sociedad de los Miércoles, y luego en la WPV, se entablaban intensas discusiones para distinguir el psicoanálisis aplicado de la «patografía» que se había desarrollado en consonancia con la pretensión del discurso médico de controlar la vida de los locos.

En ese contexto Jung recibió con vivo placer el ensayo de Freud dedicado a una novela de Wilhelm Jensen, *Gradiva: una fantasía pompeyana*.[48] También el joven zuriqués adoraba contar sueños y comparar los textos literarios con los relatos clínicos. Y ya se interesaba por las grandes mitologías cósmicas y el orientalismo. Sabía, al respecto, que Freud se había sentido seducido por el famoso bajorrelieve de una muchacha griega en trance de caminar, con un atuendo que, levemente levantado, dejaba ver los pies calzados con sandalias, uno bien posado en tierra y otro tan alzado que solo las puntas de los dedos parecían rozar el suelo. Esa era Gradiva, mujer misteriosa, moldeada en la piedra, envuelta en una túnica de pliegues desordenados y encaminándose con paso guerrero hacia un destino desconocido: ¿iba al combate o quería dar vida?

Publicado en 1903, el relato de Jensen reunía todos los temas de la literatura amorosa de comienzos del siglo: confusión entre sueño y realidad, viaje entre pasado y presente y entre delirio y deseo, y omnipresencia de ruinas antiguas, mujeres muertas, duelos y pasiones evanescentes. Freud se sintió atraído a tal extremo por Gradiva que compró un molde del bajorrelieve y lo colgó de la pared de su consultorio.

En la novela breve de Jensen, Norbert Hanold, un joven arqueólogo, se enamora de la mujer del bajorrelieve que cautiva su mirada. En una pesadilla, la ve víctima de la erupción que sepultó Pompeya en el siglo I de la era cristiana. Al despertar, convencido de la veracidad de ese sueño, viaja a Pompeya después de haber atisbado en la calle una silueta similar a la de Gradiva. Y entonces, al visitar las ruinas, creer volver a verla al percibir a una muchacha bien real, Zoé Bertgang, cuyo nombre significa «la que brilla por su andar». Comprendiendo el estado mental en que se encuentra Hanold, la joven se propone curarlo y lo logra, ya que consigue hacerlo evocar recuerdos reprimidos. De hecho, ambos viven en la misma ciudad y, en la infancia, han sido buenos compañeros de juego.

Se entiende que *Herr Professor* pudiera sentirse seducido por ese texto que también había llamado la atención de Jung. Esta ficción parecía poner en escena los mecanismos del inconsciente y el sueño y, al mismo tiempo, hacía encarnar a personajes novelescos los papeles respectivos del paciente y el terapeuta. Además, Freud podía confirmar su tesis de que los sueños inventados por los escritores pueden interpretarse como los de los pacientes. Mejor aún, el relato ilustraba a la perfección lo que le había dicho a Arthur Schnitzler: «A menudo me he preguntado con asombro cómo había llegado usted a tal o cual conocimiento íntimo y secreto que yo había adquirido solo después de una prolongada investigación sobre el tema, y, finalmente, llegué a envidiar al autor a quien antes admiraba».[49]

Freud quiso ir más lejos, pero tropezó entonces con serias dificultades. En efecto, después de enviar a Jensen un ejemplar de su libro, recibió en respuesta una amable carta en la que se le confirmaba su comprensión del relato. Pero, por consejo de Jung, que le había señalado la existencia de otros dos textos del autor, imaginó que Jensen había experimentado un violento deseo incestuoso por su hermana menor, discapacitada a causa de un pie contrahecho. Se equivocaba una vez más, y lo mandaron a paseo. Irritado por sus peticiones, Jensen explicó para terminar que no tenía hermana pero que en su infancia había experimentado, en efecto, sentimientos amorosos por una amiga prematuramente desaparecida. De ese modo Gradiva conocería, gracias a Freud, una increíble posteridad, sobre todo entre los surrealistas. Según la concepción freudiana de la neurosis, Hanold tenía todos los rasgos del histérico. Pero para Jung esa novela era la expresión de un verdadero delirio, en el sentido psiquiátrico del término.

Freud se topaba sin cesar con la locura entre sus pacientes y sus discípulos, que encontraban en la tragedia edípica del alzamiento de los hijos contra los padres el eco de su propia rebelión.

Fue en ese contexto que Otto Gross se cruzó con la aventura freudiana. Hijo único,[50] había sido criado como un príncipe por sus padres, que veían en él un prodigio de inteligencia. Su padre, Hans Gross, amigo de Krafft-Ebing y admirador de los primeros escritos de Freud, soñaba con asociar a este niño superdotado a sus propios trabajos. Por eso le brindó una educación privilegiada sin reproches ni coacciones, que contrastaba singularmente con las tesis que él defendía y ponía al servicio de la policía científica. Partidario de la lucha contra la presunta degeneración de las sociedades, este célebre penalista aspiraba en efecto a combatir la prostitución, la homosexualidad, las perversiones y la pornografía no solo mediante la represión policial sino también con la prohibición de las novelas juzgadas «inmorales», y hacía de las mujeres «virilizadas», los anarquistas, los vagabundos y los gitanos, «bribones y ladrones», el blanco de sus ataques.

Sometido durante años al amor de ese padre cuyas teorías delirantes parecían ser de un absoluto rigor y sobre todo conformes a la ideología racialista de fines del siglo xix,[51] Otto Gross llegó a ser un brillante psiquiatra. Pero no bien obtenido su doctorado se embarcó como médico de a bordo en los transatlánticos de la línea Hamburgo-América del Sur y se entregó al consumo de diversas drogas: cocaína, opio, morfina.

A su regreso, después de diferentes períodos en clínicas neurológicas de Munich y Graz, se sometió a una primera cura de desintoxicación en la clínica del Burghölzli. En 1903 se casó con Frieda Schloffer y por medio de esta conoció a Marianne Weber, la mujer del sociólogo Max Weber,[52] y a las hermanas Von Richthofen, con las cuales tuvo un amorío. Designado *Privatdozent* y catedrático de psicopatología, Gross comenzó a trabajar como asistente de Emil Kraepelin en Munich y se entusiasmó con la obra freudiana, a la vez que exigía que se lo considerara como un profeta. Tras conocer a Freud, a quien no le disgustaba tener como discípulo al hijo de una celebridad tan grande, se encauzó hacia la práctica del psicoanálisis y frecuentó los medios intelectuales del barrio muniqués de Schwabing, donde se mezclaban, a comienzos del siglo, los discípulos de Stefan George y de Ludwig Klages. Como pone de relieve Jacques Le Rider, el nietzscheanismo tomaba en ellos la forma de una metafísica del «eros cosmogónico», donde se manifestaba la nostalgia por un dionisismo arcaico inspirado en las investigaciones mitológicas de Bachofen sobre el «matriarcado».

Y a través de ese culto, y como impulsor del inmoralismo sexual y la práctica del éxtasis, Gross militó a favor del psicoanálisis para llevar la contraria a las tesis de su padre y dar valor a todo lo que este condenaba: la fragilidad de las personas, el hedonismo, el placer, el matriarcado, los anormales, el feminismo, la rebelión de las mujeres; «los degenerados son la sal de la tierra» y «el estado más sano para el

neurótico debe ser el inmoralismo sexual», diría algún día. En síntesis, mezclaba freudismo y nietzscheanismo para elaborar un «programa» de liberación sexual que Wilhelm Reich y los freudomarxistas
retomarían más adelante de otra manera.

En mayo de 1908, obligado por su padre, se internó otra vez en
la clínica del Burghölzli para una segunda cura de desintoxicación,
acompañado por su mujer, Frieda, sometida a sus caprichos. Freud,
que había redactado un informe en su favor, pidió a Jung que lo de-
sintoxicara de las drogas, con la esperanza de que luego pudiera tomarlo en análisis, cosa que no sucedería. Alabando sus méritos de teórico, Jung emitió dos diagnósticos sucesivos: neurosis obsesiva y
demencia precoz. De ese modo Gross se convirtió en un paciente-
discípulo atrapado entre un maestro y otro discípulo, él mismo futuro disidente. Gracias a él, en cierta forma, Jung pudo sostener frente
a Freud la validez de la noción de demencia precoz, a la que este
último se oponía. En un principio Jung se propuso considerar a
Gross como un loco absoluto y luego se apegó a él hasta el punto de
verlo como un hermano mellizo, sin lograr ayudarlo.

Gross solo comía verduras cocinadas a su manera, era desaliñado,
jamás se lavaba ni se afeitaba y mezclaba con opio los productos destinados a desintoxicarlo. Se ponía mucha ropa cuando hacía calor y
exigía que todas las lámparas estuviesen encendidas; deambulaba por
los corredores de la clínica pintarrajeando con dibujos las paredes y
el suelo, y dormía con una almohada ceñida sobre la cabeza.

El tratamiento resultó en un desastre. Tras una fase maníaca
Gross se escapó de la clínica para hacerse tratar, sin más éxito, por
Wilhelm Stekel. En el Burghölzli, Jung también tomó en tratamiento a Frieda, que le expuso los beneficios de su común emancipación
erótica, mientras que a Ernest Jones le contó cuánto sufría por su situación y las extravagancias de su marido.[53]

Muy pronto la mayoría de los discípulos comenzaron a ver a
Gross como un peligroso extremista capaz de causar un perjuicio al
movimiento. Licencioso, inmoral, anarquista, violentamente apegado
a la temática de la revolución por el sexo, Freud lo abandonó sin miramientos tras darse cuenta de improviso de que desnaturalizaba la
causa psicoanalítica. Esto no impidió que Gross siguiera practicando
e invocando el freudismo. Tras suscitar un escándalo por tratar a una

muchacha insurrecta contra la autoridad parental, vivió con una pintora anarquista que se mató en 1911. Acusado entonces de incitación al suicidio, luego internado varias veces y perseguido finalmente por la policía, que no dejaría de acosarlo por «actividades subversivas», terminaría su vida errante en 1920, tras la muerte de su padre y la caída de los Imperios, en una acera de Berlín, consumido por el frío y el hambre.

Es indudable que Freud no sabía qué hacer con esos discípulos locos, transgresores, inventivos y de gran talento[54] que, en ciertos aspectos, tomaban su doctrina «al pie de la letra» leyendo en sus textos lo que estos no contenían, a fin de revolucionar a la persona y la sociedad en términos mucho más extremos que los preconizados por Freud. Pobre clínico de la locura, pero sobre todo deseoso de construir un movimiento capaz de servir de apoyo a sus tesis, *Herr Professor* tenía el deber de presentar ante la opinión pública la prueba de que los soldados de su ejército eran honorables terapeutas. Por eso fue siempre muy injusto con aquellos que, por sus excesos, mostraban un rostro muy distinto de su doctrina. Ese rostro le recordaba los delirios de Fliess y sus propios extravíos.

En ese aspecto, Freud no disfrutaba del mismo margen de maniobra que los escritores y los poetas: se había propuesto construir un movimiento que la ciencia tuviera que aceptar. Misión imposible, claro está. Pero, en esas condiciones, ¿cómo ver que el culto de la ortodoxia termina siempre por alimentar la esterilidad del pensamiento, así como sus derivas y sus transgresiones?

Franz Kafka sería pues más perspicaz y daría de Gross un retrato que sobrecoge por su verdad: «Me hacía pensar en el desasosiego de los discípulos de Cristo a los pies del crucificado».[55] En cambio, Max Weber, que había conocido el psicoanálisis a través de las extravagancias de Gross, se mostró muy severo con Freud y sus discípulos, considerando que esa disciplina no aportaba ninguna nueva exigencia ética a la humanidad y amenazaba con provocar la sustitución del científico por un «director de almas».

En 1908 Ernest Jones fue la persona indicada, el hombre que podía aportar a Freud lo que Jung no le ofrecía: los instrumentos políticos necesarios para la transmisión de su obra, la normalización de la práctica psicoanalítica y la ampliación mundial del Verein.

Nacido en Gales en una familia provinciana de la pequeña burguesía, y tras haber vivido una infancia difícil bajo la autoridad de un padre convencido de que los hijos no debían cometer ningún acto de insubordinación, se había orientado hacia la psiquiatría tras ser alumno del gran neurólogo John Hughlings Jackson. Cuando conoció los primeros escritos de Freud tuvo la convicción de que el psicoanálisis aportaba al mundo una nueva racionalidad y aprendió alemán para leer *La interpretación de los sueños*.

La educación que había recibido lo llevó, como a muchos otros, a rebelarse contra el orden establecido y las costumbres vigentes en una Inglaterra todavía muy victoriana. Muy pronto adquirió un agudo conocimiento de las prácticas sexuales y hablaba de ellas con una franqueza nada conveniente para su entorno; esa era su manera de impugnar la ley del padre. Y como por otra parte era un seductor de mujeres acostumbrado a tener numerosos amoríos, no podía ser indiferente a la nueva teoría freudiana de la sexualidad. Por eso comenzó en 1906 a ejercer espontáneamente el psicoanálisis. Un año después, en un congreso de neurología celebrado en Amsterdam, conoció a Jung y este lo invitó a trabajar con él en la clínica del Burghölzli, donde Jones se inició en la nueva psiquiatría a la vez que era testigo del extravío de Otto Gross y Frieda.[56]

El 30 de abril de 1908, después del congreso de Salzburgo, visitó a Freud en compañía del psiquiatra Abraham Arden Brill, originario de Galitzia y emigrado a Estados Unidos hacia 1890 a raíz de unos violentos conflictos con su padre, oficial del ejército imperial. Jones deseaba conocer a Freud, en tanto que Brill quería ser su analizante y su propagandista norteamericano.

El resultado de esa visita fue desastroso para Jones pero beneficioso para Brill, a quien Freud encargó la traducción de sus obras sin darse cuenta de que ese discípulo antojadizo no dominaba el inglés y, sobre todo, de que soñaba con adaptar la doctrina vienesa a un presunto «espíritu americano».

En un primer momento Freud encontró desagradable a Jones. De ahí este intercambio con Jung: «Jones es sin duda alguien muy interesante y de gran valor, pero a su respecto diría casi que tengo la impresión de una raza extranjera. Es un fanático y come demasiado poco. [...] Me recuerda a Casio, el enjuto. Niega toda herencia. Para

él yo soy ya un reaccionario». Y además: «Es muy interesante la mezcla de razas en nuestra hueste. Él es celta, y por eso para nosotros, el
germano y el mediterráneo, no es del todo accesible».[57]

Al principio, entonces, Freud no sintió ninguna simpatía por ese
«celta» que venía de un mundo distinto del suyo. Jones no expresaba
interés alguno por la *Mitteleuropa*, no entendía ni las locuras barrocas
de la Viena imperial ni los sueños de atemporalidad melancólica que
asaltaban al primer círculo de discípulos del maestro. No era judío
como ellos ni estaba fascinado por el espiritismo y las mesas girato-
rias como Jung, y si respetaba el genio clínico de Ferenczi, su futuro
analista, no sentía ninguna inclinación por la telepatía y las videntes
de Budapest. Conservador, pragmático, más neurólogo que psiquiatra y muy favorable a la emancipación de las mujeres en un país donde el feminismo estaba a la cabeza de todos los combates, rechazaba
la idea de que el psicoanálisis fuera portador de una posible revolución social o filosófica. Por eso quería asociarlo a la medicina, a la vez
que lo incitaba a abrir un debate con otras disciplinas, sobre todo la
antropología, por entonces en plena expansión en el mundo angloparlante. En síntesis, llegado del otro extremo de Europa y como representante puro de los valores liberales de una de las más poderosas
democracias occidentales, Jones era histórica, política y geográfica-
mente el hombre del futuro del psicoanálisis.

Sin buscar jamás seducir a un maestro junto al cual habría podido encontrar un consuelo paternal, su única ambición era ser útil a
una «causa» y defenderla, al precio, llegado el caso, de enfrentarse a su
fundador y serle infiel. Desde el inicio se situó ante Freud como un
heredero cuya fidelidad iba mucho más allá del apego a la persona.
Y Freud se vio obligado a admitir que ese trabajador incansable, que
no tenía ningún deseo de «superar al padre», le aportaba no solo la
eficacia que necesitaba en la organización de su movimiento y la famosa salida del «gueto vienés», sino también la apertura al nuevo
mundo con el cual soñaba: el reino de Shakespeare y de Cromwell y,
del otro lado del océano, el de Nueva Inglaterra. Y como Jones no lograba descifrar su escritura gótica, Freud aceptó redactar en lo sucesivo sus misivas ya fuera en caracteres latinos, ya fuera en su «mal inglés».

En Londres, la situación de ese nuevo discípulo era poco envi-
diable. Después de haber sido públicamente denunciado por el her-

mano de una de sus pacientes deseosas de divorciarse, lo acusaron de haber hablado con crudeza de la sexualidad a dos niños a quienes había hecho un test. Es cierto, lo habían exculpado después de una noche en la cárcel, pero decidió marcharse de Gran Bretaña e instalarse con su compañera Loe Kann[58] en Canadá, donde vivió cuatro años. Y desde Toronto empezó a escribir a Freud. Contra Brill, se impuso muy pronto como el mejor organizador de la implantación del freudismo de ese lado del Atlántico, sobre todo con la creación, en 1911, de la American Psychoanalytic Association (APsA).[59]

Freud comprendió cuánta razón había tenido, a pesar de sus reticencias iniciales, al atar el destino de su movimiento a ese galés a quien no quería pero que iba a tener un papel considerable, para bien y para mal, en la historia del freudismo. Pensara lo que pensase de él, *Herr Professor* había encontrado en Jones al amigo indispensable que no sería jamás su enemigo.

Desde su llegada a Toronto, Jones se enfrentó a una situación difícil. Por un lado, chocaba con movimientos religiosos que rechazaban todo enfoque racional del psiquismo y alababan los méritos de las curaciones milagrosas, y por otro, tenía que vérselas con los partidarios de toda una corriente de la psiquiatría dinámica, marcada por los trabajos de Pierre Janet y Morton Prince, gran especialista en las personalidades múltiples y pionero de la escuela bostoniana de psicoterapia, que libraban una guerra sin cuartel contra la teoría freudiana. En nombre de otro enfoque clínico considerado más «científico», veían a los freudianos como los defensores de una nueva religión. En cuanto a la burguesía de Toronto, a Jones le parecía detestable, mezquina y oscurantista.

No tardó en ser víctima de una campaña orquestada por una de esas ligas puritanas del Nuevo Mundo que asimilaban el freudismo a un demonio sexual y el psicoanálisis a una práctica de desenfreno y libertinaje. Convertido en un verdadero chivo expiatorio, lo acusaron de toda clase de crímenes imaginarios: incitaba a los jóvenes, se decía, a masturbarse; repartía en su entorno tarjetas postales obscenas o hacía que adolescentes de buena familia visitaran a prostitutas. Con sir Robert Alexander Falconer, ministro de la Iglesia presbiteriana, como principal enemigo, también lo llevó a la justicia la célebre Emma Leila Gordon, primera médica de Canadá y miembro de la muy puritana Women's Christian Temperance Union [Unión Cristiana Femenina de la Templanza]. Gordon lo acusaba de haber abusado sexualmente de una mujer histérica, delirante y morfinómana que Jones había tenido en tratamiento y a quien, además, le había dado tontamente dinero para que dejara de extorsionarlo. El caso tomó un viso trágico cuando la paciente quiso matarlo para después intentar suicidarse. Después de que una liga de la virtud la hiciera objeto de tales manipulaciones, la mujer fue expulsada de Ontario.

Impedido de proseguir su trabajo en ese clima de cacería de brujas, Jones pensó instalarse en Boston. En 1910, en efecto, el simpático James Jackson Putnam,[60] convertido a la doctrina vienesa a pesar de su puritanismo, consideraba la posibilidad de darle un puesto en Harvard, si bien vacilaba en hacerlo debido a su muy fuerte tendencia a hablar de la sexualidad ante un público reticente. Finalmente, el intento quedó en nada y Jones se marchó de Canadá en el verano de 1912, para instalarse en Londres.[61]

Un año después, aconsejado por Freud, pasó dos meses en Budapest para analizarse con Ferenczi, en el momento en que él mismo pedía al maestro que se encargara de tratar a Loe Kann, a quien la estancia en Toronto había dejado aterrada y que, además, tomaba morfina para calmar los dolores causados por una pielonefritis. Perteneciente a una rica familia de la burguesía judía holandesa, era bonita, espiritual y generosa y no le gustaba que le impusieran interpretaciones sobre sí misma que no le parecieran conformes a la verdad. Aceptó, no obstante, reunirse con Freud. A este le pareció deliciosa e intentó curarla de su frigidez y sus dolores abdominales, que tomó por síntomas histéricos. Se produjo entonces un enredo transferencial muy característico de las primeras curas psicoanalíticas.

Si bien Jones no se daba cuenta todavía de que Loe estaba a punto de dejarlo, temía con toda la razón las indiscreciones de Freud y Ferenczi a su respecto. Y de hecho, Freud mantenía informado a su discípulo del alma del desarrollo de la cura de la joven mujer, mientras que el húngaro lo tenía al tanto de las confidencias de Jones. En septiembre de 1912 Loe se instaló en Viena con Lina, su doncella, y Freud rogó a Jones —conforme a la famosa regla de la abstinencia que tanto le gustaba— que se alejara «sexualmente» de su paciente. Cuatro meses después Jones comenzó un amorío con Lina, mientras que Loe se enamoraba de Herbert «Davy» Jones (apodado Jones II), un millonario norteamericano cuya familia era propietaria de minas de zinc en Wisconsin. Por fidelidad al primer Jones, Loe lo acompañó a Londres para ayudarlo económicamente a rehacer su clientela. En vísperas de la guerra Loe se casó con Herbert Davy en Budapest, en presencia de Rank y Ferenczi. Aunque escéptica con respecto al psicoanálisis, se hizo amiga de Anna Freud y conservó las buenas relaciones con *Herr Professor*. Nunca se curó ni de la adicción a la morfina ni de la frigidez. Pero la cura le permitió separarse de Jones.[62]

Siempre inclinado a intervenir en las historias amorosas de sus discípulos, Freud se servía del psicoanálisis para interpretar la significación de los conflictos que surgían, no solo en la vida de aquellos, sino en cada etapa de la constitución de su movimiento. Por eso veía a sus partidarios más cercanos como otros tantos pacientes, y ellos mismos respondían a sus demandas. Todos compartían un mismo interés por la exploración de su propio inconsciente, sus sueños, su vida privada. Se analizaban sin cesar unos a otros y exponían sus casos clínicos en sus reuniones o sus intercambios epistolares. En síntesis, los discípulos del maestro desarrollaban en esa época una verdadera manía interpretativa,[63] olvidando que la interpretación nunca debe caer en el delirio, ni servir de droga, ni alimentar el goce, so pena de perjuicio a la causa psicoanalítica.

Por añadidura, Freud se entregaba a interpretaciones sistemáticas en relación con conflictos políticos o doctrinales, valiéndose a diestra y siniestra del sacrosanto complejo de Edipo, transformado poco a poco por sus imitadores en una psicología familiarista. Así, aplicaba sus conceptos no solo a los textos literarios sino a situaciones conflictivas de gran banalidad. Y se negaba a ver que esa evolución amenazaba hacer del psicoanálisis una nueva teología que permitiera neutralizar toda forma de contradicción o compromiso.

Es indudable que ese rumbo daba en parte la razón a los antifreudianos que consideraban el psicoanálisis como un «método peligroso» y se regocijaban ante el espectáculo de sus disidencias. ¿Cómo no advertir que los grandes pioneros de esa magnífica doctrina se pasaban el tiempo comportándose, en su vida concreta, como personas incapaces de controlar sus pasiones? Jugaban con fuego.

En 1906 Jung acudió a Freud en relación con el caso de una muchacha rusa llamada Sabina Spielrein,[64] que pertenecía a un medio de comerciantes judíos de Rostov. Había sido internada en el Burghölzli el 17 de agosto de 1904 a raíz de un episodio psicótico y después de haber pasado por varias clínicas y psiquiátricos sin que su estado mejorara. Su destino iba a ser emblemático de la saga de las primeras mujeres psicoanalistas.

Según el informe escrito por Jung en septiembre de 1905, Sabina había sido criada por padres neuróticos, cuyo matrimonio era producto de un arreglo entre sus propios progenitores. Aterrorizada frente a las «cosas sexuales», la madre dedicaba su tiempo a viajar, alojarse en suntuosos hoteles europeos y comprar joyas y ropa de lujo. En cuanto al padre, lunático y con tendencias suicidas, golpeaba a sus hijos, en particular a los varones, e insultaba a su hija. A los siete años esta ya hablaba varios idiomas y en la adolescencia comenzó a sentir excitación sexual a la vista de las manos de ese padre que, delante de ella, le había pegado a su hermano en las nalgas desnudas.[65] Afectada por una compulsión a la masturbación acompañada de rituales ligados a un erotismo anal, había tomado la costumbre de doblar la pierna para presionar el pie contra el ano y retener los excrementos, a la vez que experimentaba un voluptuoso estremecimiento en cada intento de evacuar los intestinos. A su llegada al Burghölzli, a los diecinueve años, parecía gozar de sus rituales y su onanismo, sin dejar al mismo tiempo de gritar de manera convulsiva contra el mundo entero.

En 1906 Jung expuso su caso a Freud, señalando que había tratado a la joven como una «histérica psicótica». Pero Freud hizo una interpretación de su cosecha: a su entender, Sabina padecía un autoerotismo anal con fijación de la libido en el padre y perversión reprimida.[66]

Hubo que esperar hasta 1908-1909 para que Jung le contara que Sabina se había enamorado de él, y tanto, que le había hecho un «feo escándalo». La realidad era muy diferente. En el transcurso de la cura, en efecto, Jung se había convertido en amante de su paciente; en medio de la relación, que duró varios años, ella comenzó a estudiar medicina. Celosa y desesperada, Emma divulgó el amorío e informó a los padres de la muchacha. Lleno de pánico, Jung terminó por confesar la verdad a Freud, que tomó partido por su querido delfín.

Curada de sus síntomas, Sabina se convirtió en otra mujer, tanto por la psicoterapia como por amor a su terapeuta: itinerario clásico, específico de las relaciones transferenciales y contratransferenciales. Por eso soñó de ahí en adelante con dedicarse a la defensa de la gran causa del psicoanálisis. Sin embargo, siempre enamorada de Jung, quien por su lado seguía profesándole un apego culpable, y deseosa de tener un hijo con él, se dirigió a Freud, que le aconsejó hacer el duelo de una relación sin futuro a fin de centrarse en otro objetivo.

En 1911 Sabina defendió su tesina sobre el caso de una mujer psicótica tratada en el Burghölzli.[67] A continuación pronunció una conferencia en la WPV, en la cual expuso sus tesis sobre la pulsión de destrucción,[68] destacando que esta atravesaba la pulsión sexual. Freud iba a inspirarse en esta hipótesis para presentarla, modificada, en su elaboración de una nueva concepción de la dualidad pulsional.

Ese mismo año, Sabina se casó con un médico judío y ruso, Pavel Naumovich Scheftel, para gran alegría de Freud, que en esa época ya no quería oír hablar de Jung, ni de su propia crítica de Herzl y el sionismo, ni del peligro de que el psicoanálisis fuera asimilado a una «ciencia judía»: «Por mi parte, como usted sabe», le escribió a Sabina, «estoy curado de toda secuela de predilección por los arios, y quiero suponer, si su hijo es un varón, que se convertirá en un inquebrantable sionista. Es preciso que sea moreno o, en todo caso, que llegue a serlo; basta de cabezas rubias [...]. Somos y seguiremos siendo judíos».[69]

En el centro del enredo entre Freud y Jung, Sabina Spielrein tuvo pues un papel esencial en la evolución de las relaciones entre quien era su amante y aquel a cuya causa se adhería. Al procurar evitar la ruptura entre ambos, fue, para uno y para otro y en virtud de una terrible «astucia de la historia», el revelador de la degradación de una situación que marcó el final de cierta época del psicoanálisis, un momento de fervor en el que únicamente los hombres —discípulos o disidentes— estaban autorizados no solo a entregarse a justas intelectuales, sino también a creerse los exclusivos poseedores de un saber sobre el psiquismo, fundado en la decadencia de la autoridad patriarcal y la rebelión de los hijos. En lo sucesivo habría que vérselas con otra configuración en la que el lugar de las mujeres y el análisis de la sexualidad femenina —y ya no solo la clínica de la histeria, centrada en muchachas vienesas presas de reminiscencias— servirían al objetivo de un combate esencial en la historia del psicoanálisis.

A partir de 1910, por lo tanto, las mujeres hicieron su entrada en la historia del movimiento psicoanalítico: entre las primeras, Hermine von Hug-Hellmuth, Tatiana Rosenthal, Eugénie Sokolnicka, Margarethe Hilferding y la célebre Lou Andreas-Salomé.[70]

En septiembre de 1911, en el congreso del Verein en Weimar, la ciudad de Goethe, rodeaban a Freud unos cincuenta discípulos procedentes de varios países. En la foto tomada delante de la escalinata de un gran hotel, lo vemos alto, subido a un escabel. De acuerdo con el fotógrafo, había preferido disimular su escasa altura a fin de aparecer como el señor del lugar, al lado de Jung, a su izquierda, y Ferenczi, a su derecha. Más lejos, Abraham, Jones, Brill, Eitingon, Sachs, en desorden. Estaban presentes todos los vieneses, así como Bleuler y muchos otros: Oskar Pfister, el suizo Alfons Maeder, Karl Landauer, el sueco Poul Bjerre, Ludwig Jekels. En una primera fila de sillas elegantemente dispuestas se habían situado ocho mujeres, una con sombrero y las demás con la cabeza descubierta, todas calzadas con botines y ceñidas por corsés: *Frau* Emma, derecha y soberbia; *Fräulein* Toni Wolff,[71] inquietante en su extrañeza, y *Liebe* Lou, radiante de belleza. Sabina no participaba de la reunión.

Durante ese momento de gran dicha, Jung era todavía el delfín preferido y Ferenczi, el hijo adorado. Frente a esta asamblea de hombres y mujeres que había aceptado posar ante la *camera oscura*, Freud se entregó a un deslumbrante comentario de las *Memorias de un enfermo nervioso* de Daniel Paul Schreber, jurista loco y ex presidente del Tribunal de Apelación de Sajonia. El autor de esa extraña autobiografía era hijo de un médico, Daniel Gottlieb Schreber, adepto de la «pedagogía negra» y célebre en Alemania por querer remediar la decadencia de las sociedades mediante la creación de un hombre nuevo modelado por ejercicios de gimnasia ortopédica: una mente pura en un cuerpo sano.[72]

Gracias al relato de su vida, Daniel Paul, el hijo, tratado en principio en la clínica de enfermedades mentales de Leipzig por el profesor Paul Flechsig, y luego internado en Pirna, cerca de Dresde, había logrado salir del psiquiátrico al demostrar que su locura no podía aducirse como motivo de encierro. Schreber afirmaba que Dios, su perseguidor, le había encargado la misión salvadora de convertirse en mujer para engendrar una nueva raza de humanos. Freud hacía de él un paranoico rebelado contra la autoridad paterna, y al analizar su delirio situaba su origen en una homosexualidad reprimida y una tentativa de reconciliarse con la imagen de un padre muerto transformado en potestad divina.

Concluía su estudio con la mención del mito del águila y el sol, que tenía en Jung su fuente de inspiración. Sobre la base de lo que Schreber decía de su relación con los rayos solares y su incapacidad para procrear e integrar un orden genealógico, Freud ponía de relieve que, en los antiguos mitos, las águilas, al volar en las altas capas de la atmósfera, eran consideradas como los únicos animales que mantenían una relación íntima con el sol, símbolo de la potestad paterna. Y de resultas, imponían a sus crías la prueba de mirar al astro rey sin pestañear, bajo la amenaza, si no lo conseguían, de expulsarlas del nido. Freud traía ese mito al presente afirmando que el neurótico moderno ocultaba en sí los vestigios del hombre primitivo:[73] cada hijo debe enfrentarse con su padre, a riesgo de morir, para hacer la prueba de su legitimidad.

Una vez más, rechazaba la historia de la rebelión de un hijo contra un padre; un hijo loco cuya locura había sido engendrada por la de un padre partidario de teorías educativas delirantes que, para la época, tenían la apariencia de la mayor normalidad: un «asesinato del alma». La historia de Daniel Paul Schreber exhibía muchos rasgos en común con la de Otto Gross, pero Freud no decía ni pío al respecto y sin duda no era consciente de ellos. Sin embargo, en 1905 Gross había comentado la obra en su presencia.[74]

El caso Schreber se convertiría en un clásico comentado y revisado por decenas de psicoanalistas que, a diferencia de Freud, tuvieron en cuenta, en la génesis de la locura del jurista, las «teorías educativas» de su padre.[75] En una perspectiva muy distinta, Elias Canetti estudió a su vez, en *Masa y poder*,[76] de 1960, el destino de Schreber, haciendo de su sistema de pensamiento uno de los paradigmas de la concepción conspirativa del poder, característica del siglo XX. Y proponía volver a sacar a la luz el delirio subterráneo de ese célebre paranoico para compararlo mejor con el empuje de las fuerzas oscuras que terminarían por triunfar sobre la democracia al transformar el orden de la soberanía legal en su contrario: repelente figura de un yo único, que suprime la alteridad, la razón y el pensamiento.

En 1909 Freud había aceptado tomar en análisis, a petición de sus padres, a un escritor vienés de veinticinco años, el barón Viktor von Dirsztay, conocido por sus extravagancias y delirios. Su padre, judío húngaro ennoblecido, había hecho fortuna en la banca y el comercio. Amigo de Karl Kraus y de Oskar Kokoschka, Viktor padecía una grave psicosis y una enfermedad de la piel cuya causa atribuía al desprecio que profesaba a su familia y la vergüenza que sentía por sus orígenes. Durante más de diez años, en tres períodos sucesivos, acudió a la Berggasse para contar su calvario.

Como Schreber, se sentía víctima de un «asesinato del alma». Cautivo de un enredo por el cual se oponía tan pronto a Kraus como a Freud, terminó por sentirse perseguido por el psicoanálisis y se internó en varios sanatorios para enfermos mentales, entre ellos el de Rudolf von Urbantschitsch, uno de los fundadores de la Sociedad de los Miércoles.[77] Tras esas experiencias escribió una novela sobre su «caso», en la cual presentaba a un doble diabólico que lo arrastraba a la muerte. Con el paso de los años, el barón loco, que se creía embrujado, terminó por acusar a Freud y Reik de haberlo destruido. En 1935 puso fin a sus días junto con su mujer, también tratada por una grave psicosis en el hospital psiquiátrico Steinhof.[78] Tal fue el destino de ese Schreber vienés, esteta y bohemio, de quien se decía que era discípulo de Freud y cuyo caso nunca se publicó; apenas se lo mencionó en alguna correspondencia y en la prensa.

En 1912, mientras Freud se debatía con ese nuevo «asesinato del alma» tras haber comentado las *Memorias* de Schreber, Jung también se interesaba en la temática del astro solar, pero de manera muy diferente. En efecto, había tratado a un paciente psicótico, Emil Schwyzer, internado en el Burghölzli en 1901, quien, al mirar el sol, veía un *membrum erectum* (miembro erecto). Schwyzer estaba convencido de que podía «influir en el clima» si movía el miembro eréctil al compás de los movimientos de la cabeza. Lejos de comparar el apéndice fálico con un sustituto de la potestad paterna, Jung relacionaba ese delirio con la liturgia de Mitra,[79] divinidad indoeuropea. En tanto que Freud reinterpretaba los mitos a la luz del psicoanálisis, Jung veía en las mitologías la expresión de un inconsciente arcaico propio de cada pueblo y generador de tipos psicológicos. Las dos tesis eran incompatibles. Jung volvía al antiguo subconsciente de los espiritistas y los magos al creer que el hombre moderno era el heredero directo de sus ancestros, mientras que Freud tomaba en los mitos de origen los instrumentos aptos para metaforizar, por medio del lenguaje, la condición de ese mismo hombre.

Después de 1913, año de la ruptura entre el delfín y el maestro, y en vísperas de una guerra letal que iba a cambiar el destino del psicoanálisis tanto como el de Europa y el de las mujeres, Freud no experimentaría nunca más el mismo entusiasmo por un discípulo, y Jung jamás se sentiría atraído hacia un padre por el que quisiera tanto ser amado.

En cuanto a Sabina Spielrein, al pasar del estatus de enferma al de clínica, fue la primera mujer del movimiento psicoanalítico en realizar una verdadera carrera y, por lo tanto, en entrar en una historia de la que las mujeres estaban excluidas, salvo que se conformaran con el papel de pacientes o esposas. Su destino fue trágico. Tras participar en el auge del movimiento psicoanalítico ruso, los nazis la exterminarían junto a sus dos hijas en Rostov del Don, en julio de 1942.

3

El descubrimiento de América

Como en toda Europa, los científicos de la costa Este de Estados Unidos, marcados por el auge de la psiquiatría dinámica, procuraban resolver la cuestión de las enfermedades nerviosas. En ese país fundado por los descendientes de los puritanos tan admirados por Freud, la democracia se inspiraba en la Declaración de Independencia de 1776 y se basaba tanto en una concepción individualista de la libertad humana como en la creación de estados federados, cuyo proyecto era de inspiración religiosa. A través de sus «padres fundadores», el pueblo norteamericano se consideraba como el nuevo intérprete de la Biblia y el heredero de la antigua alianza divina con Israel. Durante toda la primera mitad del siglo XIX el florecimiento de la psiquiatría había coincidido con el desarrollo de los *state mental hospitals*, sistema de seguros que se hacía cargo de los alienados indigentes, mientras que múltiples fundaciones y establecimientos privados se dedicaban al tratamiento de la locura.[1]

Cuando Freud recibió la invitación a descubrir el Nuevo Mundo, dos grandes corrientes se enfrentaban en lo relacionado con el enfoque de las enfermedades del alma: por un lado los somaticistas, que atribuían el origen de los trastornos psíquicos a un sustrato neurológico y eran partidarios de un *educational treatment*, y por otro los psicoterapeutas, quienes, si bien criticaban los excesos del somaticismo, buscaban una legitimidad negándose a que los asimilaran a sanadores. Todos los grandes especialistas norteamericanos de las enfermedades del alma —Morton Prince, Adolf Meyer, William James, James Jackson Putnam, Stanley Hall— eran refinados conocedores de las tesis europeas. Hablaban varios idiomas, habían viajado y seguían con interés las publicaciones de Janet, Flournoy, Bleuler, Jung y Freud.

Si la neurología, la psiquiatría y la psicología tenían un papel capital en el auge de los tratamientos psíquicos, la «moral civilizada» seguía siendo un componente esencial en la formulación de los diferentes enfoques terapéuticos. En ese país profundamente religioso, los ideólogos de la nueva sociedad industrial estaban convencidos, en efecto, de que el progreso de la civilización dependía de la estabilidad de la familia monogámica y del control ejercido sobre la sexualidad.[2] En ese contexto, la construcción de una moral civilizada pasaba por una puesta en valor absoluta del matrimonio por amor en detrimento del matrimonio concertado y, en consecuencia, por la condena radical no solo de todas las prácticas de «fornicación» —masturbación, sodomía, felación, etc.— sino de todos los tipos de relaciones sexuales exteriores a la conyugalidad: tanto para los hombres como para las mujeres. Espantados por el poder de la energía sexual (o libido) —cuyos perjuicios se descubrían en los cuerpos convulsos de las histéricas—, los defensores de la ética protestante habían lanzado, en torno de 1900, una cruzada contra su posible «pérdida». Para ser útil a la familia industriosa, la libido debía canalizarse, desexualizarse, mesurarse e incluso orientarse hacia las llamadas actividades rentables, como la instrucción o la economía, y controlarse en el interior mismo de la conyugalidad burguesa. Así, frente a la prohibición del placer fuera del matrimonio, que, dictada por las ligas de la virtud, desembocaba en la abstinencia obligatoria, se afirmaba de manera simétrica la voluntad de luchar, dentro del matrimonio, contra la frigidez de las mujeres y la impotencia de los hombres. Una buena «unión civilizada» suponía pues la obligación de una sexualidad «normalizada», fundada tanto en el coito como en el orgasmo y la procreación. Pero como contrapartida, fuera de los lazos del matrimonio ninguna sexualidad «normal» tenía derecho de ciudadanía.

Esta posición era muy diferente de la de Freud, para quien, al contrario, la represión de la sexualidad era la causa de la neurosis, sin que la falta de control de la pulsión sexual brindara, empero, la solución a esta cuestión. En otras palabras, a sus ojos la idea de una «moral civilizada» descansaba, no sobre la preservación de la familia monogámica o la fidelidad conyugal, sino sobre la necesaria sublimación de las pulsiones en actividades creativas. Es cierto, Freud creía que la mente debía predominar sobre los sentidos, pero también sabía, por haberla practicado voluntariamente, que ninguna abstinencia sexual podía imponerse al sujeto en nombre de una moral higienista de inspiración religiosa.[3]

En ese contexto, el simpático psicólogo Granville Stanley Hall lo invitó a pronunciar varias conferencias en la Clark University de Worcester con ocasión del vigésimo aniversario de su fundación. Reputado por sus «manías» —caminaba descalzo— y convencido de la validez de las teorías freudianas sobre la sexualidad, este gran especialista en la infancia y la adolescencia, adepto al higienismo, ignoraba hasta qué punto *Herr Professor*, a despecho de sus tergiversaciones, soñaba con América, y tanto más cuanto que se sentía despreciado en Europa. Además, le encantaban los viajes, admiraba a Abraham Lincoln, quería ver puercoespines y aspiraba a conquistar una nueva tierra prometida.

Cuando se enteró de que Jung había sido invitado a la misma celebración como consecuencia de la defección de Ernst Meumann, especialista en la infancia, pidió a Ferenczi que lo acompañara; él correría con los gastos. Durante varias semanas se ocupó esencialmente de su ropa interior y de los trajes que tendría que usar en la travesía del Atlántico, en primera clase, a bordo del *George Washington*, un soberbio paquebote de línea, la joya de la Norddeutscher Lloyd-Dampfer, dotado de camarotes elegantes, lugares para fumar, salones decorados, antenas Marconi, tumbonas con chales y mantas y varios pisos de puentes interconectados. ¿Habría bailes con trajes de etiqueta obligatorios? ¿Qué comidas servirían? ¿Qué trastornos digestivos serían de temer? ¿Cómo sería el barbero? ¿Y el baño? Provisto de su Baedeker y amontonando libros y ropa en un baúl, Ferenczi preparó minuciosamente su viaje sin omitir proponer a Freud la lectura de obras científicas sobre América.[4] Freud no le hizo ningún caso.

Los tres hombres se reunieron en Bremen la víspera de la partida, el 20 de agosto de 1909, y almorzaron alegremente en un excelente restaurante. Acicateado por Freud y Ferenczi, Jung se decidió a romper su juramento de abstinencia y bebió vino por primera vez en nueve años. Freud interpretó ese acto como un juramento de obediencia en su favor y al punto las manías interpretativas reaparecieron con renovados bríos de uno y otro lado, delante de un Ferenczi que no tenía ningunas ganas de entrar en el gran juego del análisis silvestre.

Por la noche, Jung invitó a sus dos amigos a cenar en su hotel, y no bien sentados se puso a contar la leyenda de los cuerpos momificados de hombres prehistóricos encontrados en turberas alemanas —los *Moorleichen*—, de quienes se ignoraba cómo habían muerto. Embargado de angustia, Freud tuvo un desmayo, y cuando recuperó el conocimiento explicó que ese relato traducía un anhelo del hijo de dar muerte al padre. Furioso, Jung recusó la interpretación, destacó todo lo que la «Causa» le debía y reprochó a Freud entregarse a un delirio proyectivo.[5]

Durante la travesía del Atlántico, y mientras observaban los movimientos del océano, los dos hombres siguieron con su pretensión de analizarse mutuamente. Pensando en los ataúdes de cristal de la «cripta de plomo» de la catedral de Bremen, Jung contó un sueño en el que veía dos cráneos humanos en el suelo de una gruta. Freud se apresuró a reafirmar que su amigo deseaba inconscientemente su muerte.

En tanto que el maestro acusaba a su delfín de querer «matar al padre», Jung tomaba conciencia subrepticiamente de la evolución que se producía en él. En realidad, la fascinación que sentía por las grutas, las momias, los vestigios del pasado, respondía a su concepción del inconsciente. Jung nunca se había adherido a la teoría freudiana de un inconsciente pensado en términos de instancia, tejido de contenidos reprimidos y que se manifestaba a través de las palabras de la lengua común y corriente. Jamás había aceptado la idea de esa «otra escena» estructural cara a Freud, esa otra escena interna a la subjetividad y sin vínculo con absolutamente ninguna anterioridad. Jamás había tomado como fuente de inspiración el modelo de los trágicos griegos.

Jung pensaba ya en la posible existencia de un más allá del inconsciente, una forma de representación original que cada individuo lleva en sí mismo como patrimonio propio de toda la humanidad. La gruta, la caverna, lo arcaico, la genealogía de los ancestros, los espectros, las criptas o los secretos inconfesados constituían otros tantos temas que lo llevaban a esa convicción, es decir, a todo lo que Freud juzgaba irracional y muy poco científico. Lo que dividía a ambos hombres no era el deseo de Jung de «matar al padre», sino la imposibilidad en que uno y otro se veían de compartir una misma concepción de la clínica, de la psique y de la sexualidad: «Yo sospechaba», dirá Jung,

> la existencia de un a priori colectivo de la psique personal, un a priori que consideraba en un principio como vestigios de modos funcionales anteriores [...]. No habría podido comunicar a Freud mis propias asociaciones para interpretar el sueño sin tropezar con su incomprensión y violentas resistencias. No me sentía a la altura necesaria para plantarle cara. Temía también perder su amistad si persistía en mi punto de vista.[6]

Por el momento, Jung explicó que los dos cráneos eran los de su mujer y su cuñada. Freud no le creyó una palabra y, más adelante, lo invadió un franco enojo al advertir que Jung simpatizaba con William Stern, un psicólogo berlinés, adversario del psicoanálisis y partidario de la medición del «coeficiente intelectual». Freud trató a este hombre de «judío deplorable».[7] No obstante, encantado con la travesía y la fuerte amistad que no dejaba de unirlo a su discípulo, dio pruebas de humor al comprobar que figuraba bajo el apellido de «Freund» en la lista de pasajeros. Y sintió verdadera alegría al cruzarse con un camarero que se deleitaba en la lectura de *Psicopatología de la vida cotidiana*.

Al llegar, a fines del verano, a las costas del Nuevo Mundo, y después de asistir la víspera al baile de despedida, Freud se sintió embargado por una intensa emoción. Había soñado con América, y ahora esta, gracias a una prestigiosa invitación, le prometía que el psicoanálisis saldría pronto, y de verdad, del «entorno vienés». Mientras el transatlántico se deslizaba en silencio sobre las aguas de la desembocadura del Hudson para echar anclas, el 29 de agosto por la noche, en el puerto de Hoboken (New Jersey), divisó la inmensa estatua de la Libertad con sus luces en lo alto. Se volvió entonces hacia Jung y pronunció estas palabras: «Si tan solo supieran lo que les traemos...».[8] En enero había escrito a Ferenczi: «Muy pronto deberían incluirnos allá en el índex, no bien den con los basamentos sexuales de nuestra psicología».[9]

Para hacer frente a lo que le esperaba, *Herr Professor* había tomado la atinada decisión de no escribir de antemano ninguna conferencia e inclinarse, contra la opinión de Ferenczi, por hablar en alemán ante su auditorio, que conocía perfectamente el idioma, y sobre todo abordar sin rodeos la cuestión sexual.

Brill esperaba en el muelle a los tres hombres en compañía de Bronislaw Onuf, médico jefe de Ellis Island. Una vez cumplidas las formalidades, los llevó al hotel Manhattan, en la esquina de la avenida Madison y la calle Cuarenta y dos. Durante cinco días, haciendo caso omiso de los trastornos digestivos y el cansancio de los visitantes, les hizo descubrir Nueva York: el Metropolitan Museum y sus antigüedades griegas y egipcias, el Museo de Historia Natural, el Departamento de Psiquiatría de la Universidad de Columbia y los diferentes barrios —Chinatown, Harlem—, así como el parque de atracciones de Coney Island. Freud asistió por primera vez a una función cinematográfica, viajó en taxi y luego trató de visitar a un viejo compañero de estudios, Sigmund Lustgarten, y sobre todo a Eli Bernays y su mujer. Todos estaban ausentes debido a las vacaciones. Observó los carteles redactados en alemán, italiano o yiddish, y notó para su gran sorpresa que estos últimos tenían a veces caracteres hebreos. Para terminar, contó a Martha su peregrinaje por varios restaurantes y abundó, para su conocimiento, en el sabor del café, las frutas, el pan, las setas y la carne. En síntesis, se habituó a frecuentar un nuevo pueblo urbano, el del *melting pot* norteamericano: negros, asiáticos, blancos, judíos, mestizos. Por momentos tenía la sensación de que esa mezcla no era sino la otra cara de la mezcla de la *Mitteleuropa*.

Durante horas discutió con Jung, en Central Park, las diferencias entre los pueblos y las «razas» y sobre todo entre los judíos y los «arios». La conversación se deslizó otra vez hacia los sueños. Freud tuvo un percance urinario que Jung interpretó, a la manera freudiana, como un deseo infantil de atraer la atención sobre él. Luego lo llevó a su hotel para someterlo a un «análisis en profundidad», más «junguiano».

Así como Freud veía en los sueños de Jung historias de asesinato del padre, Jung buscaba en el inconsciente de Freud misterios femeninos sepultados en una gruta arcaica. Y como solo se interesaba por las representaciones ligadas a su propia poligamia, estaba convencido de que, bajo el pretexto de la abstinencia, Freud escondía actividades culpables: «un material ardiente», es decir, relaciones carnales con su cuñada Minna. Por eso decidió, para aliviarlo, confesarle sus secretos patógenos.[10] Con el argumento de su autoridad, Freud rechazó el ejercicio y Jung dedujo de esa actitud que aquel lo maltrataba, y se persuadió a la vez de que lo había curado provisionalmente de sus síntomas.[11]

Tales eran pues las justas insensatas a las que se entregaban, en privado, los dos grandes representantes europeos del nuevo enfoque del psiquismo, invitados a dar a conocer sus trabajos clínicos y científicos frente a las más altas autoridades del mundo académico de Nueva Inglaterra. Cada uno a su manera, ambos ponían en juego los instrumentos propios de la exploración de la psique para infligirse un sufrimiento recíproco.

Jones se unió a Jung, Freud y Ferenczi la víspera de la partida hacia Worcester. Durante una cena en el Hammerstein's Roof Garden, volvió a aconsejar a Freud no avanzar demasiado en el terreno de la sexualidad. Tiempo perdido. El 5 de septiembre se instalaron todos en el Standish Hotel. Al día siguiente Jung y Freud tuvieron el privilegio de alojarse en la casa de Stanley Hall al mismo tiempo que William James, célebre psicólogo, que estimaba peligrosa la teoría freudiana —«a dangerous method»— e incomprensible su interpretación del sueño. Se sentía más cerca de Jung por el interés que prestaba a la parapsicología, el espiritismo y la curación por la fe. Freud soñaba con convencerlo de la pertinencia de su doctrina y James quería conocer a toda costa a ese extravagante vienés que había trastornado el mundo de la psicología. Caminaron juntos por Worcester y Freud conservó de él el recuerdo emocionado de un hombre, ya muy enfermo, que afrontaba la muerte con serenidad.

Por primera vez en su vida, el 9 de septiembre, durante una cena en casa de sus anfitriones, Freud fue servido por criados negros que llevaban librea y guantes blancos. Por mucho que reivindicara las teorías sexuales de su invitado, Stanley Hall no dejaba de ser el heredero de una antigua familia de granjeros puritanos. Jung pareció halagado por la acogida, pero pese a ello escribió a Emma que apreciaba muy poco la «solemnidad virtuosa» de esa familia «rígida». Y para librarse de ella, se entregó a toda clase de bromas destinadas a suscitar la risa de los criados. Partidario de la jerarquía de las «razas», se sentía más cercano a sus «hermanos africanos» —enraizados, a su entender, en una genealogía primitiva— que a los hombres blancos civilizados de la costa Este. Freud, que veía en cada ser humano, más allá de cualquier diferencia, un sujeto universal —una singularidad—, no hizo por su parte ninguna observación sobre el servicio doméstico de sus anfitriones.[12]

El 7 de septiembre, tras una extensa conversación con Ferenczi sobre lo que iba a decir, Freud inició su serie de cinco conferencias frente a una platea de ilustres científicos,[13] entre ellos el antropólogo Franz Boas, los físicos Albert Michelson y Ernest Rutherford —ambos premios Nobel—, William James y muchos más. Adaptándose perfectamente al pragmatismo reclamado por su auditorio norteamericano, Freud se lanzó, sin recurrir a apuntes, a hacer una impresionante presentación de sus trabajos clínicos y teóricos. Y para no aparecer como el propietario de su doctrina, hizo un vibrante elogio de Breuer, el inventor de la palabra «psicoanálisis», y presentó con entusiasmo el caso «Anna O.» como la historia de una fantástica curación, sin saber, por lo demás, que Bertha Pappenheim había viajado desde la otra orilla del Atlántico al mismo tiempo que él para hablar allí de la prostitución. Luego expuso su método de interpretación de los sueños, su concepción de la represión, su técnica de la cura y su visión de la histeria. Para terminar, abordó de manera frontal la cuestión de la sexualidad infantil, con la mención del caso del «pequeño Hans» y estableciendo un paralelismo con la exposición de Jung sobre el «caso Ana».[14]

En cada etapa de sus ponencias Freud daba ejemplos concretos. Así, para explicar la «moción de deseo», se refirió a la posible presencia de un «revoltoso» que quisiera perturbar el desarrollo de sus conferencias. Si sucedía eso, dijo, las personas presentes en la sala (las «resistencias») no tardarían en manifestarse para expulsar del anfiteatro al perturbador: se trataría en ese caso de una represión que permitiría el desarrollo apacible del curso. Pero una vez fuera, el revoltoso podría muy bien hacer aún más ruido y perturbar al conferenciante y sus oyentes de otra manera, no menos insoportable. Eso era, en efecto, lo que Freud llamaba síntoma: una manifestación desplazada de la moción inconsciente reprimida.

Comparó entonces al psicoanalista con un «mediador» capaz de entablar negociaciones con el revoltoso a fin de que este pudiera regresar al auditorio después de comprometerse a no molestar más a los oyentes. La tarea del psicoanalista era, pues, reconducir el síntoma al lugar de donde venía, es decir, hacia la idea reprimida.

Esas conferencias proponían una suerte de síntesis de la doctrina del primer Freud, un Freud optimista, un Freud de la Belle Époque convencido de haber aportado al mundo el impulso para una revolución de lo íntimo. En esos momentos no se trataba todavía de narcisismo, metapsicología, tópicas complicadas o pulsión de muerte. Freud hablaba de libido, de curación y de las manifestaciones del inconsciente en la vida cotidiana. Por añadidura, en relación con la sexualidad, tuvo la habilidad de citar los trabajos positivistas de Stanford Bell, investigador de la Clark University que había reunido una muestra de dos mil quinientos casos de niños: «Como diríamos en Europa, él trabajó al estilo norteamericano [...]. No me extrañaría que creyeran ustedes más en estas observaciones de su compatriota que en las mías».[15]

Unánimemente apreciadas, las cinco conferencias de Worcester disfrutaron de una recepción triunfal en la prensa local y nacional. En un bello artículo, Stanley Hall calificó de nuevas y revolucionarias las concepciones freudianas, lo cual no le impediría más adelante, para gran furia de Freud, interesarse en las tesis de Adler. El 10 de septiembre, durante una solemne reunión, Freud recibió, al igual que Jung, el título de doctor en derecho, *honoris causa*, de la Clark University. Sería esa su única distinción universitaria; para Jung, al contrario, la primera de una larga lista: estaba tan orgulloso de ella que a su regreso a Zurich encargó un nuevo papel de carta con el membrete de «Med. CG Jung, LL.D.» [*Legum Doctor*].

Freud tuvo la impresión de que ese momento norteamericano marcaba el final de su aislamiento: «Por esa época yo solo tenía cincuenta y tres años», decía en 1925,

me sentía joven y sano, y la breve estancia en el Nuevo Mundo me resultó benéfica para mi sentimiento de mí mismo; si en Europa me sentía como despreciado, allá me vi aceptado por los mejores como uno de sus pares. Cuando en Worcester subí a la cátedra para dar mis cinco conferencias sobre psicoanálisis, me pareció la realización de un increíble sueño diurno. El psicoanálisis ya no era, pues, un producto delirante; se había convertido en un valioso fragmento de la realidad.[16]

En la fotografía grupal tomada el día de la ceremonia se divisa, de pie en la primera fila, a Freud y Jung, vestidos con levita negra, al lado de Stanley Hall, Adolf Meyer, Franz Boas y William James. Detrás de ellos aparecen Jones, Brill, Ferenczi, Michelson y Rutherford. En medio de esos hombres de barba o bigote, algunos con bastón y sombrero en la mano, aparecía en la última fila, a la derecha, Solomon Carter Fuller, nacido en Liberia y nieto de esclavos norteamericanos que habían regresado a África. Primer psiquiatra negro del cuerpo de profesores de la Escuela de Medicina de la Universidad de Boston, conocía bien Europa y Alemania en particular por haber sido alumno de Alois Alzheimer en Munich, para convertirse luego en uno de los pioneros norteamericanos en el estudio de la terrible enfermedad. Practicante también de la psicoterapia, había asistido con interés a las conferencias de Freud.

No hay mujer alguna en esta fotografía, y sin embargo fue una mujer, la fogosa Emma Goldman, célebre anarquista, quien hizo el comentario más vívido de esa visita. También ella conocía Europa y hablaba alemán. En 1896, mientras cursaba estudios de comadrona en Viena, había tenido la oportunidad de seguir los cursos de Freud. En Worcester su intención era intervenir desde la sala, pero las «autoridades» habían sido terminantes en su negativa: era, se decía, «demasiado explosiva, demasiado peligrosa, demasiado histérica». En su autobiografía Goldman escribiría:

> El suceso más importante de mi visita a Worcester fue la intervención de Freud [...]; me causaron una profunda impresión la lucidez de su mente y la simplicidad de sus palabras. Entre todos esos profesores, muy bien plantados, con aires de importancia y engalanados con sus togas, Freud, vestido con sencillez, modesto, casi apagado, se erguía como un gigante entre pigmeos.[17]

«En apenas poco más de un año», escribe Linda Donn, «Freud había pasado de la modesta asamblea de Salzburgo a una posición de *primus inter pares* en el campo de la psicología.»[18] Tras la partida de Jones hacia Toronto, Jung, Freud y Ferenczi prosiguieron con su viaje. Visitaron las cataratas del Niágara y luego llegaron, a través del lago Placid, a Keene Valley, en las montañas Adirondack.

Como muchos otros representantes de la aristocracia de la costa Este, Putnam había comprado un lote de tierra en medio de los arces, los abetos y los pinos. Al llegar al lugar, Freud, que amaba los bosques y la naturaleza salvaje, se sintió estupefacto ante la suntuosidad de los paisajes y la manera de vivir de sus anfitriones en esa vieja granja transformada en residencia campestre, con salones, biblioteca, bañeras, chimeneas y cigarros por doquier. Para recibirlos, la familia Putnam había decorado la cabaña de los invitados, apodada «Chatterbox», en negro, rojo y oro, los colores de la Alemania imperial, olvidando que ninguno de ellos era alemán. Pero poco importaba. Jung entonó viejas canciones germánicas y Ferenczi ayudó a Freud a reponerse de una «apendicitis nerviosa» que no era otra cosa que la manifestación de sus habituales trastornos digestivos (*Magenkatarrh*). *Herr Professor* encontraba decididamente «espantosa» la comida norteamericana y se negaba a beber el agua helada que le servían, reclamando siempre, estuviera donde estuviese, vino del Rin.[19]

Después de no pocos esfuerzos y largos paseos se cruzó por fin con su sueño: un puercoespín, pero desgraciadamente muerto. Para consolarlo, los Putnam le obsequiaron una estatuilla del animal, que Freud puso en su escritorio. Desde hacía mucho lo fascinaba la parábola de Schopenhauer, su filósofo preferido, sobre la sociabilidad:

> Un helado día de invierno, los miembros de la sociedad de puercoespines se apretujaron para prestarse calor y no morir de frío. Pero pronto sintieron las púas de los otros, y debieron tomar distancias. Cuando la necesidad de calentarse los hizo volver a arrimarse, se repitió aquel segundo mal, y así se vieron llevados y traídos entre ambas desgracias, hasta que encontraron un distanciamiento moderado que les hizo tolerable la situación. Así, la necesidad de sociedad, nacida del vacío y la monotonía de su vida interior, empuja a los hombres los unos hacia los otros; pero sus muchas maneras de ser antipáticos y sus insoportables defectos vuelven a dispersarlos.

Schopenhauer llegaba a la conclusión de que la sociabilidad era inversamente proporcional al valor intelectual de un hombre y de que la sabiduría humana consistía en mantenerse al margen de la sociedad, dedicados al cultivo de un calor interior.[20]

Si bien conquistó el Nuevo Mundo, Freud no dejaría de considerar que América era «una máquina loca»: «Mi éxito será breve», confiaría pronto a Barbara Low, «los norteamericanos me tratan como lo haría un niño que se entretiene con su nueva muñeca, para reemplazarla poco después por otro juguete».[21]

Algunos años más adelante el psicoanálisis se convirtió en la «cura mental» más popular del continente americano. Barrió con las viejas doctrinas somáticas, sustituyó a la psiquiatría, hizo caer en el ridículo los grandes principios de la moral civilizada y provocó el entusiasmo de las clases medias. Se entiende entonces la furia que, a continuación, se desataría contra ese europeo pesimista, poco inclinado a adherirse al eje del bien y del mal en materia de sexualidad. En 1909, ¿no había sembrado la confusión en la conciencia perseguida de los puritanos? De hecho, los norteamericanos recibieron triunfalmente el psicoanálisis por lo que no era —una terapia de la felicidad— y lo rechazaron sesenta años después porque no había cumplido la promesa que no podía cumplir.

Como dos puercoespines, Jung y Freud eran peligrosos el uno para el otro, como lo era el psicoanálisis para Estados Unidos y Estados Unidos para el psicoanálisis. Freud lo sabía, pero ignoraba aún que su doctrina estaba destinada a «americanizarse» cada vez más a medida que Europa, tras una primera guerra letal y el exilio de sus principales discípulos, se convirtiera en presa del nazismo.

De desmayos a desacuerdos y de disputas a interpretaciones silvestres y enfermedades somáticas, la ruptura entre Freud y Jung se concretó en el verano de 1912, cuando el primero tuvo que ir precipitadamente a Kreuzlingen para ponerse a la cabecera de Binswanger, afectado por un tumor maligno.[22] Había avisado a Jung de su visita y pensaba verlo junto a su común amigo. Por eso olvidó hacer un rodeo por Küsnacht, lugar de residencia que aquel acababa de acondicionar a orillas del lago de Zurich: un malentendido más. Vino a continuación el cuarto congreso del Verein en Munich; después, sombrías discusiones acerca de un artículo de Karl Abraham consagrado a Amenhotep IV, el hijo del faraón, y por último la publicación de *Transformaciones y símbolos de la libido*, obra donde Jung proponía una completa desexualización del concepto de libido. Durante todo ese tiempo Freud siguió extendiendo su doctrina a la dilucidación de los enigmas del arte y la literatura. Como un Sherlock Holmes, le encantaba abandonarse al desciframiento de la vida inconsciente de los «grandes hombres». Leonardo da Vinci formaba parte desde siempre de ese panteón de elegidos por quienes sentía una admiración sin límites.

En octubre de 1909, justo a su regreso de su periplo americano, decidió dedicar un ensayo a ese genio universal del *Cinquecento*, zurdo, homosexual, vegetariano, atraído por las «cabezas extrañas y grotescas», conocido por haber dejado inacabadas sus obras, ingeniero, escultor, anatomista, caricaturista, arquitecto admirado en vida por todos sus contemporáneos, hijo ilegítimo de Piero da Vinci, un rico notable, y una humilde campesina, celebrado y protegido por príncipes y reyes, de Ludovico Sforza a Francisco I, pasando por Lorenzo de Médicis.

Freud anunció su proyecto a Jung como si emprendiera la conquista de un nuevo continente:

> Debemos hacer igualmente nuestro el dominio de la biografía. Desde mi regreso no tengo más que una idea. De improviso, el enigma del carácter de Leonardo da Vinci se me ha tornado transparente. Ese sería pues un primer paso en la biografía. Pero el material sobre Leonardo es tan escaso que desespero de exponer a los otros de manera comprensible aquello de lo que a ciencia cierta estoy convencido.[23]

Su convicción radicaba sobre todo en que la vida carnal del gran Leonardo era la ilustración perfecta de una de sus hipótesis acerca de las teorías sexuales infantiles, y deducía de ello que aquel había sido «sexualmente inactivo u homosexual» y que «había convertido su sexualidad en pulsión de saber», sin dejar de aferrarse a «la ejemplaridad del inacabamiento». Y añadía que poco tiempo atrás había visto en un neurótico (sin genio) una sintomatología idéntica. En otras palabras, planteaba una vez más una hipótesis que esperaba ver verificada a la luz de los hechos.

Para escribir su ensayo se apoyó en fuentes indiscutibles, casi todas traducidas al alemán: la biografía de Edmondo Solmi, el estudio de Smiraglia Scognamiglio dedicado a la infancia y la juventud de Leonardo, el estudio clásico de Giorgio Vasari, el del historiador del arte francés Eugène Müntz, el *Tratado de pintura* del propio Leonardo y sus *Cuadernos*.[24] Pero debía buena parte de sus hipótesis a la biografía novelada de Merezhkovski, su libro de cabecera. En esa novela histórica —muy bien documentada, por lo demás—, el escritor ruso, para elaborar el retrato de Leonardo, imaginaba que Giovanni Boltraffio, su alumno, llevaba un diario secreto sobre su maestro. Este recurso permitía a Merezhkovski hacer del pintor un personaje conforme a su concepción dualista del paganismo y el cristianismo: dos corrientes universales irreconciliables, decía, una vuelta hacia Dios y otra que se alejaba de él. Y pintaba entonces a Leonardo con los colores de una especie de Anticristo, hereje, impío y femenino, que no se acercaba jamás a las mujeres por el horror que le despertaba la mera idea de una posesión física. Esta interpretación de un Leonardo escindido e infiel, atraído tanto por la sonrisa de los ángeles andróginos como por los rostros monstruosos, y empeñado en destruir a través de su arte las Sagradas Escrituras, complacía a Freud, que conocía muy bien los otros libros del escritor ruso.

Como la cuasi totalidad de los biógrafos de Leonardo, Merezhkovski silenciaba la existencia de una homosexualidad activa en el pintor y se contentaba con mencionar sus relaciones ambiguas con su maestro Andrea del Verrocchio y dos de sus alumnos, Boltraffio y Francesco Melzi. A comienzos del siglo XX, atreverse a hablar crudamente de la vida sexual de Leonardo era todavía un acto de subversión que amenazaba provocar un inmenso escándalo.[25] Sin embargo, aunque no se la nombrara, esa vida era conocida. Bastaba con consultar los archivos para saber que el pintor había estado a punto de morir en la hoguera a raíz de una denuncia, presentada el 9 de abril de 1476 ante los «oficiales de la noche» de la ciudad de Florencia, por «sodomía activa» en la persona de Jacopo Saltarelli, aprendiz de orfebre y chapero notorio. Leonardo fue liberado por falta de pruebas tras pasar dos meses en la cárcel, lo cual no le impidió seguir teniendo jóvenes amantes. En 1505 diría, además, que en su juventud lo habían condenado por actos que continuaba realizando en la vida adulta, y que eran entonces, sin duda, aún más reprobables.

Había recibido en su casa a Gian Giacomo Caprotti, apodado Salai (el diablo), un joven y agraciado ladrón de pelo rizado y sonrisa enigmática, que llegaría a ser su alumno y haría un retrato de Mona Lisa desnuda. En Leonardo, por lo tanto, no había «relaciones ambiguas» con los hombres, sino más bien amores disimulados a lo largo de toda su vida, para no incurrir en el riesgo de la pena de muerte. Y es poco probable que fuera, como creía Freud, un hombre «sexualmente inactivo» que, en virtud de una sublimación, había convertido su sexualidad en una pulsión de saber. Leonardo vivió hasta su muerte en compañía de Melzi, a quien haría su heredero.

Es indudable que Freud proyectaba en este genio sumamente admirado su culto de la abstinencia. En verdad era él, y no Leonardo, quien había convertido su pulsión sexual en una pulsión creadora. De todas maneras, faltaba explicar la génesis de esa homosexualidad. Y Freud sabía que en la vida del gran hombre aún quedaban por descifrar muchos enigmas, en particular un recuerdo de infancia detalladamente anotado en sus *Cuadernos*. En ellos Leonardo explicaba por qué le gustaban tanto las aves, al extremo de imaginar máquinas capaces de transformar a los hombres en ángeles voladores: «Parece que ya de antes me estaba destinado», escribía, «ocuparme tanto del buitre, pues me acude, como un tempranísimo recuerdo, que estando yo todavía en la cuna un buitre descendió sobre mí, me abrió la boca con su cola y golpeó muchas veces con esa cola suya contra mis labios».[26] Freud citaba la versión alemana de ese texto, en el cual aparecía la palabra «buitre» (*Geier*), pero en nota agregaba el original italiano, donde Leonardo hablaba de otra ave de presa llamada *nibbio* (milano) que habría debido traducirse en alemán como *Hühnergeier* o *Gabelweihe*. En ese original, citado por Scognamiglio y tomado del Códice Atlántico, Leonardo decía que la cola del ave había entrado «entre los labios» y no que los había «golpeado».[27]

Fascinado con razón por ese increíble recuerdo infantil, que parecía salido directamente de *La interpretación de los sueños*, Freud no se percató del error de traducción. Pero ¿olvidaba acaso que una palabra no es un mito? Al procurar resolver el enigma del vínculo entre la homosexualidad de Leonardo y su recuerdo de infancia, formuló pues la hipótesis de que el pintor se había inspirado en mitos de la civilización egipcia, en la cual la palabra «madre» se escribe por medio de un pictograma que remite a la imagen del buitre, animal cuya cabeza representaba una divinidad materna y cuyo nombre se pronunciaba *mut*. Y asociaba esa representación a la leyenda cristiana según la cual el buitre, ave hembra, abre la vagina para que el viento la fecunde, y encarna así a la virgen inmaculada.

Al cotejar esos dos mitos del recuerdo infantil de Leonardo, Freud deducía que la felación por la cola no era sino la repetición de una situación más antigua, la del lactante que recibe en la boca el pezón materno. La reminiscencia del buitre y la connotación pasiva asociada a ella debían pues ponerse en relación con la infancia del pintor, criado por su madre, Caterina, y objeto exclusivo de su amor, sin padre con el cual identificarse en el momento de surgimiento de su sexualidad. Esto equivale a decir que Freud establecía una relación de causalidad entre el vínculo infantil de Leonardo con su madre y la génesis de su homosexualidad. Luego interpretaba esta como un repliegue hacia una fase autoerótica que lo llevaba a amar exclusivamente a sustitutos de su propia persona. Es así, explicaba, como el homosexual masculino reprime el amor por la madre después de haber quedado fijado en ella, y encuentra a continuación sus objetos amorosos por el camino del narcisismo.[28]

Hasta ese momento Freud se había conformado, en lo referido a la inversión masculina, con declaraciones contradictorias. A su entender, esa inversión derivaba no de una herencia sino de una bisexualidad e incluso de una predisposición o un autoerotismo. Pero, con referencia a Leonardo, hablaba por primera vez de una fijación en la madre y de una elección narcisista que excluía la identificación con el padre. Y procuraba, claro está, resolver el enigma de la famosa sonrisa de Mona Lisa del Giocondo, que desafiaba al espectador de ese cuadro a tal punto que, a lo largo de cuatro siglos, había hecho perder la cabeza a todos los especialistas que la contemplaban. Goethe había hecho de ella la encarnación más pura del eterno femenino, el equivalente de lo que el ideal griego había aportado a la estatuaria antigua. Para Freud, más simplemente, Leonardo había pintado la sonrisa de su madre, una madre transfigurada por la mirada de su hijo. Así, las bellas cabezas de ángeles y adolescentes apreciadas por el pintor eran otras tantas reproducciones de su propia persona infantil, y las mujeres sonrientes, réplicas de Caterina, que exhibía antaño la misma sonrisa ahora perdida por él.

Siempre lleno de audacia, Freud procedía a efectuar otra comparación entre *La Gioconda* y *Santa Ana con la Virgen y el Niño* (*Anna Metterza*),[29] afirmando que este segundo cuadro era una continuación del primero. En él, santa Ana sujetaba a su hija María; esta, a su vez, trataba con un gesto de hacer lo mismo con Jesús, que procuraba jugar con el cordero del sacrificio. Ana encarnaba a la Iglesia y María sabía que su hijo moriría. La primera sujetaba a la segunda que sujetaba al tercero, y cada actor de ese trío sabía, supuestamente, que la pasión y la redención de Jesús eran inevitables.

Olvidando que el tema de la *Anna Metterza* era frecuente en la pintura del *Quattrocento* y que Leonardo había hecho bosquejos de esa tela antes de su encuentro con Mona Lisa,[30] Freud pretendía discernir en ella la presencia de dos madres: por un lado Caterina, la esposa legítima del padre, y Donna Albiera por otro. Ambas, decía Freud, tenían la misma edad y la misma sonrisa:

> Cuando Leonardo fue acogido en casa de sus abuelos, no habiendo alcanzado todavía los cinco años de edad, sin duda que en su sentir la joven madrastra Albiera ocupó el lugar de su madre y él entró en esa relación de rivalidad con el padre que merece el nombre de normal. Como es notorio, la decisión en favor de la homosexualidad solo sobreviene en las cercanías de la pubertad. Cuando ella se hubo decretado para Leonardo, la identificación con el padre perdió toda significatividad para su vida sexual pero continuó en otros campos de quehacer no erótico.[31]

Freud no solo atribuía dos madres a Leonardo: explicaba además que la identificación paterna había sido funesta para él porque, al sentirse el padre de sus obras, no se preocupó por ellas más de lo que su padre se había preocupado por él. Por eso el inacabamiento permanente. Para terminar, el amor por las aves y el sueño de levantar vuelo remitían, según Freud, a un deseo infantil de acceder a una intensa actividad sexual, que a posteriori se había convertido en una capacidad inaudita de crear objetos insólitos semejantes a juguetes de niño. Vasari contaba además que Leonardo fabricaba animales huecos y livianos a los que insuflaba aire para hacerlos volar, e incluso que había añadido alas al lomo de un gran lagarto, también provisto de ojos, cuernos y barba para asustar a sus amigos.

La invención freudiana de un Leonardo del nuevo siglo fue saludada con toda la razón como una verdadera hazaña. Por su estilo, la obra se parecía a una novela de iniciación —entre Balzac y Conan Doyle— que arrastraba al lector al corazón de un mundo oculto donde reinaba, cual una diosa enigmática, la extraña figura andrógina de la Gioconda de indescifrable sonrisa: «Lo único bello que he escrito», diría en 1919. Contra los psicólogos de su tiempo, Freud había asociado la historia del neurótico moderno al doble nombre de Hamlet y Edipo, y ahora, frente a los sexólogos, daba el nombre de Leonardo a cada representante de la antigua «raza maldita». A continuación no dejaría de cambiar de opinión con respecto al enfoque clínico de la homosexualidad masculina.[32]

En notas agregadas en 1919 comentó los bosquejos, mostrando que en uno de ellos Leonardo había fundido los cuerpos de María y Ana como si se tratara de un proceso de condensación, a tal punto que ya no se podía distinguir uno de otro como no fuera por el rostro. También analizaba un célebre dibujo del pintor en el que se representa un coito, y deducía que Leonardo había tratado con cierto descuido el aparato genital femenino.

Durante años, discípulos y amigos se entretuvieron con el juego de «la imagen en clave inconsciente». En 1913 Oskar Pfister creyó así descubrir la silueta de un buitre en el drapeado que rodea a las dos mujeres de la *Anna Metterza*. Y de hecho, a través del juego de unas interpretaciones que eran, con todo, perfectamente racionales, Freud se inscribía sin saberlo en continuidad directa con una literatura simbológica y hierogámica que tomaba por tema los misterios de la vida y la obra de Leonardo da Vinci para hacer de este pintor universal el emblema de una visión sexualizada de las Sagradas Escrituras.[33]

En este ensayo Freud también respondía a Jung, ávido de ese tipo de literatura. Ya no hablaba de asesinato del padre sino del vínculo precoz con la madre, como si quisiera mostrar que, en el plano simbólico, esta ocupaba un lugar tan determinante como el de aquel en la evolución del niño. En el texto la madre ya no supone una evidencia natural sino una posición estructural. De tal modo, por medio de este estudio Freud daba los últimos toques a su concepción de la familia occidental, sin dejar de correr, de todas formas, el riesgo de transformar un gran relato de los orígenes —el mismo inventado por él— en una vulgar psicología.

En efecto, no bien concluida la redacción de su brillante ensayo sobre Leonardo utilizó por primera vez el término *Ödipuskomplex* o complejo de Edipo.[34] Su pretensión era traducir clínicamente, contra el telón de fondo de una escena primitiva o un coito fantaseado, la historia del deseo por la madre y la rivalidad con el padre. Después de haber explicado todo el desprecio que el varón pequeño siente por las prostitutas cuando descubre que su madre, al acostarse con su padre, se les asemeja, señalaba:

> Empieza a anhelar a su propia madre en el sentido recién adquirido y a odiar de nuevo al padre como un competidor que estorba ese deseo; en nuestra terminología: cae bajo el imperio del complejo de Edipo [*Ödipuskomplex*]. No perdona a su madre, y lo considera una infidelidad, que no le haya regalado a él, sino al padre, el comercio sexual.[35]

Fue con ocasión de una nueva incursión en un continente que se proponía explorar —el de la antropología— cuando Freud retomó su temática del asesinato del padre, con la publicación, entre 1911 y 1913, de cuatro pequeños ensayos reunidos a continuación bajo el título de *Tótem y tabú*, uno de sus libros más bellos.[36] Como la histeria, el totemismo, consistente en establecer una conexión entre una especie natural (un animal) y un clan exogámico a fin de explicar una hipotética unidad original de los diversos hechos etnográficos, atraía a los científicos de fines del siglo XIX.[37]

El libro se presentaba como una fábula darwiniana sobre el origen de la humanidad, la omnipotencia del pensamiento y la relación de los hombres con los dioses. Por eso iba a contrapelo de la evolución de la antropología moderna, que en esa época ya había renunciado a la búsqueda de los mitos de origen para estudiar, por medio de expediciones y viajes, las costumbres, la lengua y la historia de los pueblos autóctonos. Y ahora resultaba que el sabio vienés, que solo había viajado por el mundo occidental, pretendía explorar, a través de un conocimiento puramente libresco, un terreno que no conocía. En síntesis, se proponía volver a poner en juego los mitos y las dinastías reales en el preciso momento en que el saber científico moderno —de Franz Boas a Bronislaw Malinowski— efectuaba una ruptura radical con todas las tesis antiguas relativas a la oposición entre el primitivo y el civilizado, el animal y el humano, y más aún con la temática colonial de la jerarquía de las razas.

Pero Freud no quería abandonar ese *Ödipuskomplex* que acababa de teorizar y del que pretendía hacer, contra viento y marea, un complejo universal propio de todas las sociedades humanas y situado en el origen de todas las religiones. Esta es la trama de su relato tal como la expuso febrilmente a todos sus discípulos de la WPV: en un tiempo primitivo los hombres vivían dentro de pequeñas hordas, sometidas al poder despótico de un macho que se apropiaba de las hembras. Un día, los hijos de la tribu, rebelados contra el padre, pusieron fin al reino de la horda salvaje. En un acto de violencia colectiva, mataron al padre y se comieron su cadáver. Sin embargo, después del asesinato sintieron arrepentimiento, renegaron de su crimen e inventaron un nuevo orden social mediante la instauración simultánea de la exogamia (o renuncia a la posesión de las mujeres del clan del tótem) y el totemismo, fundado en la prohibición del asesinato del sustituto del padre (el tótem).

Totemismo, exogamia, prohibición del incesto: tal era el modelo común a todas las religiones, y en especial al monoteísmo. En esta perspectiva, el complejo de Edipo no era otra cosa, según Freud, que la expresión de los deseos reprimidos (deseo de incesto, deseo de matar al padre) contenidos en los dos tabúes característicos del totemismo: prohibición del incesto, prohibición de matar al padre-tótem. En consecuencia, era menester considerarlo como un paradigma universal, porque traducía las dos grandes prohibiciones fundacionales de todas las sociedades humanas.

Para construir esta fábula, Freud se apoyaba en la literatura evolucionista. En primer lugar, tomaba de Darwin la famosa historia de la horda salvaje, contada en *La descendencia del hombre*, luego la teoría de la recapitulación, conforme a la cual el individuo repite las principales etapas de la evolución de las especies (la ontogénesis repite la filogénesis), y por último la tesis de la herencia de los caracteres adquiridos, popularizada por Jean-Baptiste Lamarck y adoptada por el propio Darwin y Haeckel. De James George Frazer —el autor de la célebre epopeya de *La rama dorada*, la historia de ese rey asesino de la Antigüedad latina muerto por su sucesor, cuando él mismo debía su poder al asesinato de su predecesor—, Freud tomaba una concepción del totemismo como modo de pensamiento arcaico de las llamadas sociedades «primitivas». De William Robertson Smith adoptaba la tesis de la comida totémica y la sustitución de la horda por el clan. En James Jasper Atkinson encontraba la idea de que el sistema patriarcal llegaba a su fin en la rebelión de los hijos y la devoración del padre. Y para terminar, de la obra de Edward Westermarck extraía consideraciones sobre el horror al incesto y la nocividad de los matrimonios consanguíneos.[38]

Si Freud hacía del salvaje un equivalente del niño y mantenía las etapas de la evolución, rechazaba en cambio todas las teorías de la «inferioridad» del estado primitivo. En consecuencia, no hacía del totemismo un modo de pensamiento mágico menos elaborado que el espiritualismo o el monoteísmo: lo veía, antes bien, como una supervivencia interna a todas las religiones. Y por esa misma razón, solo comparaba al salvaje con el niño para probar la adecuación entre la neurosis infantil y la condición humana en general, y erigir así el complejo de Edipo en modelo universal. Por último, con referencia a la prohibición del incesto y al origen de las sociedades, aportaba una nueva luz. Por un lado, renunciaba a la idea misma de origen, al afirmar que la famosa horda no existía en ninguna parte: el estado original era de hecho la forma interiorizada para cada sujeto (ontogénesis) de una historia colectiva (filogénesis) que se repetía con el paso de las generaciones; por otro, destacaba que la prohibición del incesto no había surgido, como creía Westermarck, de un sentimiento natural de repulsión de los hombres con respecto a esa práctica; había, al contrario, un deseo de incesto, y su corolario era la prohibición instaurada bajo la forma de una ley y un imperativo categórico. ¿Por qué, en efecto, habría de prohibirse un acto que horrorizaba a tal punto a la colectividad? En otras palabras, Freud aportaba a la antropología dos temas salidos en su doctrina: la ley moral, la culpa. En lugar del origen, un acto real: el asesinato necesario; en lugar del horror al incesto, un acto simbólico: la interiorización de la prohibición. Desde ese punto de vista, cada sociedad se fundaba en el regicidio, pero solo salía de la anarquía asesina a condición de que siguieran a ese regicidio una sanción y una reconciliación con la imagen del padre, la única que autorizaba la conciencia.

Tótem y tabú era pues, en primer lugar, un libro político de inspiración kantiana, así como un manifiesto contra la psicología de los pueblos tan apreciada por Jung. Propondré además la hipótesis de que también era el fruto del viaje por Estados Unidos, durante el cual los dos hombres habían abordado con tanta frecuencia la cuestión de la mezcla de las «razas» y las «etnias», sobre todo en Nueva York. Freud y Jung no tenían ninguna opinión común al respecto, y *Tótem y tabú* era la prueba de ello. Con el estudio sobre Leonardo, Freud había privilegiado la relación con la madre en respuesta a Jung, y he aquí que ahora volvía a la rebelión contra el padre para marcar una ruptura radical, tanto con el relativismo junguiano como con cualquier forma de colonialismo.

Su ensayo proponía en definitiva una teoría del poder democrático centrado en tres necesidades: necesidad de un acto fundador, necesidad de la ley, necesidad de la renuncia al despotismo. Sin embargo, la recepción brindada a *Tótem y tabú* no lo destacó como un libro político sino como una contribución seria del psicoanálisis a la antropología. No suscitó la indignación prevista, pero sí cosechó severas críticas, a menudo justificadas, por otra parte. En efecto, Freud no solo se mantenía aferrado a los marcos del evolucionismo del que la etnología de principios de siglo estaba emancipándose, sino que, por añadidura, pretendía regentar un dominio del que no conocía nada, sin tener en cuenta los trabajos contemporáneos. Ese sería el sentido de la crítica elaborada en 1920 por el antropólogo norteamericano Alfred Kroeber, especialista en los indios de América del Norte, que muchos representantes de la disciplina harían suya.

Si *Tótem y tabú* dio durante sesenta años pábulo a debates que aún perduran, fue en lo fundamental debido a las resistencias que despertó. Jones tuvo activa participación en ellos, sobre todo con Malinowski, y a continuación surgirían nuevas disputas y exámenes con Geza Roheim y Georges Devereux.[39]

Tótem y tabú fue la última gran obra del Freud de la Belle Époque, esa ensoñación roussoniana sobre el paso de la naturaleza a la cultura que no dejaba de evocar, en el plano clínico, la historia de Schreber. Tenía aún toda la frescura de los ideales mesiánicos de los que estaban imbuidos los primeros freudianos. Al leer ese libro tenemos verdaderamente la impresión de ver a Freud pasearse en medio de una naturaleza salvaje poblada de los relatos de aventuras que tanto había amado en su infancia. Recorría la geografía de los mitos y las creencias a través de los libros procedentes de una época pasada y con la misma vivacidad de sus primeras vacaciones en Italia, deslumbrado por Leonardo o rumbo al sur en busca de una inencontrable Gradiva.

Años después del periplo americano, ya consumada la ruptura, Jung fue asaltado por alucinaciones y temió extraviarse en abismos de ignorancia, al punto de olvidar que vivía en Küsnacht y tenía mujer e hijos. Había perdido un maestro, un amigo, un cómplice. De una y otra parte la ruptura había sido de extrema violencia a pesar de los esfuerzos de Emma, que intentó, como Sabina Spielrein, que ambos hombres no quemaran las naves. Mientras seguía ejerciendo como psiquiatra, Jung pasó por estados que conocía bien por haberlos descrito en sus pacientes. Después logró salir a la superficie y se rodeó de amantes y discípulos. Con Emma, que había estado a punto de divorciarse, constituyó una escuela de psicoterapia —la psicología analítica— y se embarcó en la exploración de las imagos y más adelante de los arquetipos. Jamás volvió a ver a Freud, pero, como él, no dejó de replantearse a lo largo de toda su vida lo que los había unido para luego separarlos.

Una vez más, en septiembre de 1913, invadido por la tristeza, Freud se trasladó a Roma, convencido de que la incomparable belleza de la ciudad le resultaba cada vez más necesaria. Hizo una parada en Bolonia para encontrarse con Minna, que lo acompañó en su periplo. Escribió estas palabras a sus hijos Sophie y Max: «Por supuesto, tendréis que venir aquí algún día. Pero en verdad no es una cuestión apremiante; con los años, la estancia es cada vez más sustancial y quizás vosotros seáis todavía demasiado jóvenes. Por el momento, vuestra casa debe apasionaros e interesaros mucho más que la más bella y eterna de las ciudades». Y a Anna: «Papá a su futura acompañante».[40] Minna estaba agotada por los recorridos a paso vivo que le imponía su cuñado. Él, por su parte, soñaba ya con que su hija menor ocupara el lugar de su tía. Entretanto, un día, sentado a la mesa de un café, repartió chocolates entre los hijos de un viajero, no muy sorprendido al comprobar cómo se parecían ese hermano y esa hermana, Sigmund y Minna.[41]

Todos los días, como ya había hecho el año anterior, visitaba la iglesia de San Pietro in Vincoli a fin de contemplar la imponente estatua esculpida por Miguel Ángel para engalanar la tumba de Julio II. Y fue allí donde se dio cuenta de que el profeta sostenía al revés las Tablas de la Ley y que, enfurecido contra su pueblo, estaba a punto de dejarlas caer antes de rehacerse: la calma sucedía a la tempestad. Como mantenía con ese trabajo de largo aliento «la relación que uno tiene con un hijo del amor», se identificó con Miguel Ángel, que había hecho de Moisés el ejemplo mismo de la capacidad humana de dominarse.[42] Después de los trágicos griegos, América y los tormentos de la ruptura con Jung, había llegado para él, por la vía de su apego al Renacimiento italiano, la hora de interesarse en una nueva historia de asesinato del padre que lo devolvería a una reflexión sobre su judeidad. Por lo demás, la había iniciado en su soberbia ensoñación darwiniana sobre el origen de las sociedades. En marzo de 1914 publicó en *Imago* este ensayo sobre el *Moisés* de Miguel Ángel en forma anónima. Dudaba de sus hipótesis.[43]

Mientras tanto, Jones había ocupado el lugar de Jung y creado el Ring (o Comité Secreto) para reagrupar a los discípulos más fieles: Karl Abraham, Hanns Sachs, Otto Rank y Sándor Ferenczi. Anton von Freund, industrial húngaro, quedó asociado a la empresa hasta su muerte en 1920 y Max Eitingon se unió al grupo en 1919. Para Freud, así rodeado por sus seis elegidos y por quien iba a financiar el Verlag —la editorial del movimiento—, la tarea consistía en construir un proyecto racional capaz de preservar la doctrina de cualquier tipo de desviación: rechazar las mitologías oscurantistas, el espiritismo y el pensamiento mágico; mantenerse firme en cuanto a la cuestión sexual; formar clínicos que ya no estuvieran afectados por trastornos patológicos; luchar contra los impostores, etc. Jones quería reunir en torno a Freud a combatientes capaces de responder a los enemigos externos, a fin de que él pudiese ocuparse exclusivamente de la elaboración de su obra y, de tal modo, quedar eximido de todas las molestias del liderazgo.

Inspirado en el modelo de las sociedades secretas del siglo xix, el Ring se concibió, por lo tanto, como una asamblea de caballeros de la Tabla Redonda: igualdad entre los miembros, soberanía compartida con el maestro que no podía decidir nada sin ellos. Pero la iniciativa era también una manera de restablecer los principios de la medicina hipocrática: crear escuelas fundadas en la relación entre un maestro y un discípulo. Eje horizontal de un lado, eje vertical de otro: Freud retomaría esta teorización del poder en 1921, en *Psicología de las masas y análisis del yo*. Para sellar la alianza con sus nuevos paladines, les entregó una gema griega grabada en hueco de su colección, que ellos hicieron montar en un anillo de oro. Siempre embargado por el ideal olímpico, él llevó la que representaba a Zeus.[44]

Una vez terminada la guerra, y cuando la unión sagrada contra Jung ya no era de actualidad, estallaron nuevos conflictos entre los propios paladines, que terminaron por poner fin a la hermosa aventura después de haber intercambiado una cantidad impresionante de circulares: las *Rundbriefe*.[45]

En julio de 1914, de veraneo en Karlsbad, Freud no imaginaba ni por un momento que la guerra habría de ser larga, ni que provocaría millones de muertos, ni que la Europa que él conocía, la cuna del psicoanálisis, desaparecería para siempre. Revelaba entonces a su hermana Maria (Mitzi) lo viejo y cansado que se sentía: «Martha y yo tenemos problemas cardíacos. [...] Nos hemos convertido en una vieja generación».[46] Y en una carta a Ferenczi mencionaba el sorprendente «asesinato de Sarajevo», sin pensar en las consecuencias que ese acontecimiento podría tener para su movimiento en plena expansión.

En Berlín, por su parte, Abraham no pensaba en otra cosa que en deshacerse de los partidarios de Jung, mientras se concentraba en la organización del quinto congreso del Verein que debía celebrarse en Dresde. En Londres, Jones, mucho más lúcido, preveía que Alemania y Austria serían los países vencidos en ese nuevo tipo de guerra. Y como Anna Freud residía en su casa, tuvo la impresión de que estaría más segura en Inglaterra que en Viena. De todas maneras, preparó su regreso. Ninguno de los miembros del comité soñó ni por un momento en verlo como un enemigo, y el propio Freud le envió sus cartas en inglés, a sabiendas de que serían abiertas.

El 9 de noviembre de 1914 Freud anunció a Ferenczi que la voz

del psicoanálisis ya no podía oírse en el mundo desde que habían comenzado a tronar los cañones. Como en la novela de Tolstói, el tiempo de la guerra sucedía al de la paz, los cuerpos lacerados a la palabra,
el odio al diálogo. Por doquier, los profesores universitarios devol-
vían sus diplomas *honoris causa* a sus amigos, convertidos ahora en
enemigos.[47]

Con la publicación de un artículo sobre el narcisismo,[48] Freud
comenzaba en 1914 a modificar su doctrina y a generar una alternativa a la «libido desexualizada» de Jung, a la vez que se apoyaba en la
aportación de Karl Abraham, clínico de las psicosis. Ya no se confor-
maba con hablar de la libido como una manifestación de la pulsión
sexual: quería mostrar que podía referirse al yo. Y deducía de eso la
existencia simultánea, en el psiquismo, de una oposición entre libido
del yo y libido de objeto, y entre narcisismo primario, estado primero de la vida, y narcisismo secundario que evoluciona hacia un repliegue de las investiduras de objeto. Abría de tal modo el camino a
una reflexión sobre los trastornos de la subjetividad que iba mucho
más allá de la manera como había concebido hasta entonces la génesis del conflicto neurótico. Ahora, el sujeto ya no era simplemente
Edipo reconvertido en Hamlet, sino Narciso culpable de contemplar
su imagen hasta morir a causa de ello: una forma de señalar hasta qué
punto el hombre del nuevo siglo estaba invadido por el deseo profundo y permanente de destruirse destruyendo al otro.

La guerra pareció dar la razón a Freud.

4

La guerra de las naciones

Si bien pretendía detestar Viena y la doble monarquía, tanto como detestaba, por otra parte, el espíritu prusiano, la guerra sorprendió a tal punto a Freud que comenzó a defender firmemente la Triple Alianza, a anhelar la victoria de Austria y a revolverse contra Francia, los serbios y Rusia. No creyó ni por un momento en la victoria de Francia e Inglaterra, ni en el apoyo de los norteamericanos, ni en la desaparición de los Imperios Centrales.

No había sabido ver el aliento nacionalista de los pueblos contra las últimas dinastías imperiales, ni el crecimiento del odio que, en unos sesenta años, había sustituido poco a poco a la primavera de los pueblos. Todavía no había tomado conciencia de la agonía de esa burguesía nobiliaria de la Belle Époque que, a fuerza de preocuparse por sí misma, había pasado por alto la miseria de los desheredados. Hasta ese día solo conocía la guerra por sus lecturas —Alejandro Magno, Julio César, Napoleón, Homero— y el recuerdo que le había dejado su período militar, durante el cual se las había dado de médico de los ejércitos con sus enfermeras para luchar contra su neurastenia. En lo inmediato, frente al desencadenamiento real de las armas, no quería en ningún caso arremeter contra Inglaterra, sin dejar de lamentar que esta no se alineara con los tres imperios: el prusiano, el austrohúngaro y el otomano.

Por eso entró en contradicción con la evolución del Verein, donde se codeaban médicos procedentes de todos o casi todos los países de Europa, así como de Estados Unidos, una nueva generación que aspiraba a un psicoanálisis independiente de Viena y, por lo tanto, del ideal freudiano de los paladines unidos en el Ring. Pero la guerra, sobre todo, clausuraba de antemano el progreso del movimiento y levantaba fronteras artificiales entre intelectuales, investigadores, médicos, escritores y psicólogos.

Esa primera guerra del siglo XX se desplegaba en el aire y el fondo de los océanos, en el mar, en tierra y en trincheras fangosas, arrasadas por gases tóxicos y cubiertas de cuerpos mutilados. Ya no tenía nada que ver con las guerras de los siglos anteriores, cuando se enfrentaban a plena luz del día ejércitos de colores variopintos, con cornetas, combates sangrientos con armas blancas y cantos de victoria y de muerte.

De improviso, esa guerra trasladó a otra escena los conflictos internos del psicoanálisis y, desde el inicio, forzó a los freudianos a renunciar a sus congresos, interrumpir sus actividades y suspender los intercambios epistolares y las producciones editoriales. En síntesis, los obligaba a interesarse en otra cosa y no en sus trabajos científicos y su lucha irrisoria contra «el brutal santurrón de Jung»[1] o contra los «zuriqueses», que no participaban, además, en el furor de las otras naciones. Suiza, España, Holanda y los países escandinavos no integraban ninguna de las coaliciones.

Salvo Hanns Sachs, declarado inútil por su miopía, todos los miembros del comité fueron movilizados, uno tras otro. En 1915 Eitingon partió el primero como cirujano con uniforme austríaco, destinado a Praga y luego al norte de Hungría, mientras que Abraham fue enviado, también como cirujano, a un gran hospital de Prusia Oriental. Rank, incorporado a la artillería pesada, marchó a Cracovia, y Ferenczi fue llamado a filas para ejercer como comandante médico de los húsares húngaros; más adelante se lo envió, como psiquiatra, a un hospital militar de Budapest, lo que le permitió retomar sus actividades. En ningún momento abandonó su fe en el psicoanálisis y realizó una cura a caballo con un oficial de su regimiento, víctima de un trauma a raíz del estallido de un obús. Al mismo tiempo intentaba resolver sus problemas con Gizella.

Solo en Viena con Sachs, Martha, Anna y Minna, Freud afrontó esos tiempos de guerra con el temor constante de que sus tres hijos varones y su yerno —Martin, Oliver, Ernst y Max Halberstadt—, movilizados o alistados en la artillería, el cuerpo de ingenieros o en diversos frentes, fuesen víctimas de esa carnicería.[2] Hermann Graf, su sobrino, hijo único de Rosa, muerto en el frente italiano en julio de 1917, fue el único de sus parientes que no volvió. Otro tanto ocurrió con Rudolf Halberstadt, hermano de Max.

En realidad, ya en los primeros meses del conflicto, y a pesar de su humor belicoso y su certeza sobre la victoria alemana, Freud comprendió que esa guerra sería larga y mortífera y cambiaría de arriba abajo el mundo en que vivía: «La humanidad, no lo dudo, se repondrá de esta guerra», escribía a Lou Andreas-Salomé en noviembre de 1914,

> pero estoy seguro de que mis contemporáneos y yo ya no veremos el mundo bajo una luz dichosa. Todo es demasiado horrible. Lo más triste es que, conforme a las experiencias suscitadas por el psicoanálisis, es exactamente así como deberíamos habernos representado a los hombres y su comportamiento. A causa de esta postura con referencia a los hombres, jamás pude compartir su bienaventurado optimismo. El hecho de que viéramos tan atrozmente manchada de hipocresía la más alta cultura de nuestro tiempo me había llevado a la conclusión, en lo más recóndito de mi alma, de que no estamos orgánicamente hechos para ella.[3]

Una vez más, Freud afirmaba que su doctrina era el revelador de los aspectos más oscuros de la humanidad, y buscaba en los acontecimientos —como, por otra parte, en los textos literarios, los mitos y las leyendas— la confirmación de la precisión de sus hipótesis. Y de resultas, no advertía que sus reflexiones, y en especial su estudio reciente sobre el narcisismo, no escapaban a la evolución mortífera de ese mundo por el que ya sentía nostalgia. Freud se veía a sí mismo como el creador de una doctrina sin imaginar que esta pudiera ser también el producto de una historia que él no controlaba. El psicoanálisis era su «cosa» (*Sache*), y lo veía en acción por doquier.

La época bendita del viaje a América, de la pasión por Jung y de la convicción sobre los beneficios de la terapia analítica había terminado. Ahora, Freud pensaba en una organización muy distinta de todo lo concerniente al psicoanálisis. Y fue durante ese período de guerra, en efecto, cuando comenzó a efectuar una refundición de su sistema de pensamiento. Quisiéralo o no, la guerra lo afectaba en todos los aspectos: estaba irritable, multiplicaba los lapsus, contaba historias judías para luchar contra la angustia. Su libido, decía sin creerlo realmente, estaba movilizada con firmeza en favor de Austria-Hungría.[4] En cuanto a su teoría, no existe la certeza de que por entonces hubiera podido resumirla.

Su actividad onírica y fantasmática adquirió muy pronto un nuevo cariz. Freud soñaba con la muerte de sus hijos y de sus discípulos, la dispersión de su movimiento, heridas atroces, campos de batalla sembrados de cadáveres anónimos. En una palabra, tanto de noche como de día lo invadía la idea de que el poder mortífero de las pulsiones inconscientes amenaza las formas más elevadas de la civilización humana.[5]

Y al reflexionar sobre esta cuestión, en abril de 1915, escribió un ensayo sobre la guerra y la muerte en el cual contradecía de manera radical sus primeros arrebatos belicistas. En ese texto desesperado, que anunciaba todas las hipótesis venideras, comenzaba por entregarse a un vibrante elogio de la sociedad europea originada en la cultura grecolatina e impregnada de las luces de la ciencia, para mostrar hasta qué punto esa nueva guerra llevaba a la humanidad más ilustrada, no solo a una degradación de todo sentimiento moral y una peligrosa desilusión, sino también a un despertar de todas las formas posibles de crueldad, perfidia y traición, las mismas que se creían abolidas por el ejercicio de la democracia y el reino de la civilización. Y es así, decía, que el «ciudadano del mundo culto [...] puede quedar desorientado y perplejo en un mundo que se le ha hecho ajeno, despedazada su patria grande, devastado el patrimonio común, desavenidos y envilecidos sus ciudadanos».[6]

En otras palabras, Freud tomaba nota del hecho de que esa guerra, provocada por el nacionalismo y el odio mutuo de los pueblos, traducía la quintaesencia de un deseo de muerte propio de la especie humana. Venía a recordar al sujeto moderno que no era otra cosa que el heredero de una genealogía de asesinos y que la guerra lo retrotraía a un arcaísmo pulsional cuyos perfiles el propio Freud había descrito en *Tótem y tabú*, y lo autorizaba a transgredir la prohibición de dar muerte al otro. Peor aún, *Herr Professor* constataba que, en ese conflicto, bajo el efecto de la abolición de la distinción entre combatientes y poblaciones civiles, ya nadie sabía reconocer las prerrogativas de los heridos y los médicos.

Con tono dramático, Freud ponía el acento en el hecho de que esta guerra perturbaba de manera inédita la relación del hombre con la muerte. Fenómeno «natural», decía, la muerte es la salida necesaria de toda vida y cada quien tiene el deber de prepararse para ella. Pero, como nuestro inconsciente es inaccesible a su representación, es preciso además, para aceptarla, negar su existencia, ponerla al margen y hasta teatralizarla en una identificación con un héroe idealizado. Ahora bien, la guerra moderna, con su poder de destrucción masiva, abolía en el ser humano el recurso a esas construcciones imaginarias capaces de preservarlo de la realidad de la muerte.

Al recordar la respuesta de Aquiles a Ulises,[7] Freud hacía suya la idea de los antiguos de una oposición entre la «bella muerte», la heroica de los guerreros que eligen una vida breve, y la muerte natural ligada a una vida tranquila y prolongada. Y daba a entender que la guerra contemporánea borraba las fronteras entre las dos muertes, porque precipitaba al soldado —individuo anónimo— en lo cotidiano de su finitud inmediata aun antes de que tuviera tiempo de identificarse con nada. Además, esa guerra ponía al desnudo, decía, lo más ancestral en el hombre: el placer del asesinato generalizado más allá de la muerte heroizada y la muerte natural. En consecuencia, si la crueldad volvía para situarse de tal modo en el corazón de ese período turbulento, era porque la civilización nunca había podido erradicarla. Pese a su humanización y el acceso a la cultura, el hombre, por lo tanto, siempre sería otro y no el que creía ser. En los estratos profundos de su vida psíquica se disimulaba un bárbaro siempre presto a despertar.

Freud terminaba su ensayo con una profesión de fe inapelable: «Recordamos el viejo apotegma: *"Si vis pacem, para bellum"*. Si quieres conseguir la paz, ármate para la guerra. Sería tiempo de modificarlo: *"Si vis vitam, para mortem"*. Si quieres soportar la vida, prepárate para la muerte».[8]

A los cincuenta y nueve años, Freud iba pues al encuentro del reino de los muertos. Pensaba tanto en su muerte y la de sus allegados como en la de los combatientes perdidos en la «noche polar» de una guerra a la que no le veía salida y que comparaba con una «artesanía repugnante». Minna y Martha ya lo llamaban «querido viejo». Cuatro meses antes de la declaración de las hostilidades, en la noche del 10 al 11 de marzo de 1914, había sido abuelo por primera vez con el nacimiento de Ernst (apodado «Ernstl») Halberstadt, hijo de Sophie y futuro «niño del carretel», cuyo juego describiría algunos años después: «¡Muy singular! ¡Un sentimiento de haber envejecido, de respeto frente a los milagros de la sexualidad!».[9]

En el otoño de 1914 se enteró de la muerte, a los ochenta y un años, de Emanuel, su querido medio hermano que, decía Freud, no había soportado la guerra. Al cumplir sesenta años, en mayo de 1916, escribiría que él mismo franqueaba el umbral de la vejez, que ya no podía dejar nada para más adelante, que su corazón y sus arterias habían envejecido y que él no era lo que su padre había sido a su edad.[10]

En varias ocasiones salió de Viena para visitar a su hija, luego a la esposa de Abraham y por último a Ferenczi, el amigo del alma. Su clientela escaseaba, los ahorros se esfumaban, faltaba la comida, las viviendas no tenían calefacción y la tuberculosis amenazaba a los más desfavorecidos o los más frágiles. El amargo «Konrad» desfallecía: dolores de garganta, hinchazón de la próstata, diversos trastornos somáticos. En 1917, a los sesenta y un años, Freud trató una vez más de dejar de fumar. Pero, contra toda lógica racional, logró convencerse de que el edema doloroso que sentía en el paladar era una consecuencia de la abstinencia de tabaco y volvió a encender cigarros aún con más ahínco para agudizar sus facultades intelectuales.[11]

La constatación de las atrocidades bélicas y la presencia física de la muerte en su vida y su cuerpo llevaron a Freud a abandonarse a la soledad creadora que tanto le gustaba y que iba a la par con su adicción al tabaco, también con cierto masoquismo y con su culto de la abstinencia sexual. Solo el hombre que sufre puede llevar a cabo algo, pensaba, y a la vez afirmaba sin cesar que la pasión por los cigarros no era de la incumbencia del psicoanálisis. A pesar de los años de trabajo sobre sí mismo, seguía siendo el neurótico de siempre.

En 1896, en una carta a Fliess, ya había utilizado el término «metapsicología» para calificar la totalidad de su concepción de la psique, con el fin de distinguirla de la psicología clásica. Armado de ese término, pretendía realizar su viejo sueño de consagrarse a la filosofía o, mejor, de desafiarla. Luego, en la *Psicopatología de la vida cotidiana*, había afirmado de manera aún más clara que el conocimiento de los factores psíquicos del inconsciente se reflejaba en la construcción de una realidad suprasensible que la ciencia transformaba en una psicología del inconsciente. Y, por lo tanto, se había asignado la tarea de descomponer los mitos relativos al mal y el bien, la inmortalidad y los orígenes de la humanidad, mediante la traducción de la metafísica en una metapsicología.

En otras palabras, si la metafísica era el estudio en filosofía de las causas primeras del ser y la existencia —y por ende de realidades separadas de la materia y lo vivido—, la metapsicología debía ser, en paralelo, el estudio de la realidad psíquica, es decir, de todo lo que escapa a la conciencia y la realidad material. Mediante ese rumbo especulativo, Freud aspiraba a fundar el psicoanálisis como una nueva disciplina desvinculada de la psicología. Hasta entonces, en efecto, siempre había enraizado su doctrina en la psicología sin teorizar jamás la idea de que pudiera subvertirla.

Rivalizando así con el saber filosófico, al que consideraba, sin embargo, como un sistema paranoico, Freud desafiaba a la psicología, disciplina gracias a la cual había salido antaño de la neurología. Empresa desmesurada, porque él pretendía hacer del psicoanálisis una «ciencia» en toda regla, entre psicología, filosofía y biología, al extremo de negarse a considerarla como una «ciencia humana» en el mismo concepto que la antropología o la sociología.

A partir de 1915 elaboró pues, bajo la denominación de «metapsicología», un conjunto de modelos definidos por la toma en consideración simultánea de los puntos de vista dinámico, tópico y económico. Por medio del enfoque dinámico relacionaba los procesos psíquicos con su origen inconsciente, y por tanto con las pulsiones. Según el eje tópico, definía lugares: el consciente, el preconsciente, el inconsciente.[12] Y por último, en virtud de la perspectiva económica, distinguía los diferentes dominios de la energía psíquica.

Fue esa la perspectiva adoptada por Freud entre 1915 y 1917 para agrupar, precisamente bajo la denominación de «metapsicología», cinco ensayos austeros y complejos que contrastaban con sus escritos anteriores: «Pulsiones y destinos de pulsión», «La represión», «Lo inconsciente», «Complemento metapsicológico a la doctrina de los sueños» y «Duelo y melancolía».[13] Freud proponía distinguir dos grupos de pulsiones, el de las pulsiones de autoconservación y el de las pulsiones sexuales. Ponía de relieve diferentes inversiones de pul-

siones con objetos, metas, personas, pares opuestos: sadismo y masoquismo, voyeurismo y exhibición, pasividad y actividad. Y trazaba un
cuadro sombrío de las múltiples facetas por las cuales el ser humano
siente placer cuando seduce, se pavonea, se atormenta al atormentar
a otro, odia al mismo tiempo que simula amar.

En lo referido a la represión, concepto fundamental, Freud inventaba una especie de cartografía de sus astucias, sus contornos, sus
desfiguraciones, sus distanciamientos, sus persecuciones del sujeto, y
distinguía a la vez la represión primordial, la fijación, la represión
propiamente dicha y, por último, el retorno de lo reprimido, con sus
representantes, sus representados, sus «montos de afecto», sus mecanismos de sustitución presentes en las principales neurosis: fobia, angustia, histeria, neurosis obsesiva.

En esa nueva perspectiva, el inconsciente, según Freud, ya no tenía mucho que ver con *La interpretación de los sueños*. Es cierto, seguía
sin ser alcanzable salvo traspuesto o traducido en los sueños, los lapsus, los actos fallidos o las conversiones somáticas. Pero también era
algo muy distinto: una hipótesis, un proceso «en sí», una forma derivada de la antigua animalidad del hombre revisada y corregida conforme a un principio originado en la filosofía de Kant. Y Freud
indicaba que nunca había que poner la percepción de la conciencia
en lugar del psiquismo inconsciente, aun cuando este fuera menos
incognoscible que el mundo exterior. En ese aspecto, hacía del psicoanálisis una psicología de las profundidades articulada alrededor de
la primacía del inconsciente —instancia hecha de contenidos reprimidos— sobre el consciente y el preconsciente, siempre en devenir.

En el momento de abordar el inmenso continente de la melancolía, tan magníficamente descrita en cada época de la historia de la
humanidad por los poetas y los filósofos, y más adelante por los alienistas, Freud no trató de rivalizar con esos escritos, con mayor razón
por el hecho de que él mismo ya había presentado a Hamlet, prototipo del príncipe melancólico de comienzos del siglo XVII, como un
histérico. Se contentó con integrar la melancolía en su metapsicología
y, por consiguiente, con arrancarla tanto a la nosografía psiquiátrica
como a la tradición filosófica, con el objeto de redefinirla como una
suerte de delirio narcisista.[14] Los tiempos eran propicios para una reflexión semejante. Vestidas de negro, las mujeres reemplazaban a los

hombres caídos en combate y tomaban las riendas de las actividades económicas de cada uno de sus países. Lejos de considerar la melancolía como uno de los grandes componentes de la condición humana, Freud la definía como la forma patológica del duelo: una enfermedad del autocastigo. Antes de la publicación envió su manuscrito a Abraham, que ya había comparado el duelo y la melancolía. Este le hizo numerosas observaciones y Freud se las agradeció y lo citó. Así incorporó los tormentos de la melancolía a un proceso de regresión de la libido y de abandono de la investidura inconsciente.[15]

Freud destacaba que, en el trabajo del duelo, el sujeto llega gradualmente a separarse del objeto perdido, mientras que en la melancolía se siente culpable de la muerte acaecida, la desmiente o se cree poseído por el difunto o afectado por la enfermedad que lo llevó a la tumba. Enfrentado a esa pérdida irremediable, experimenta un sentimiento de indignidad y cree que su conciencia moral lo juzga y persigue. Más adelante, Freud dará a esta el nombre de «superyó».

Herr Professor tenía el proyecto de escribir doce ensayos y agruparlos en un conjunto titulado «Elementos para una metapsicología». Pero dudaba de sí mismo y finalmente abandonó siete de los textos, de los cuales se encontró uno solo: *Sinopsis de las neurosis de transferencia*.[16] Construida como un intercambio con Ferenczi,[17] pero también como una «fantasía filogenética», esa sinopsis se había concebido como una continuación de *Tótem y tabú*. Era el resultado de una especulación «bioanalítica» en cuyo transcurso Freud se dedicaba a ampliar la teoría de las neurosis y del asesinato del padre al origen del hombre. En otras palabras, aspiraba a efectuar una recapitulación de la filogénesis por la ontogénesis.[18] Por eso afirmaba la existencia de una analogía entre los estadios de la evolución de la especie humana y los de las neurosis. Si el orden cronológico muestra que, en el desarrollo individual, la histeria de angustia es la más precoz, seguida de la histeria de conversión y más adelante de la neurosis obsesiva, esto significa que esos tres tipos de neurosis tendrían su equivalente en una historia filogenética de la humanidad, situada entre los comienzos y el final de la era glacial.[19] Encontraríamos así en cada ser humano la huella de una regresión neurótica correspondiente a un estadio ya presente en la filogénesis. En los albores de la era glacial la humanidad se habría vuelto ansiosa, para experimentar a continuación un conflicto entre autoconservación y deseo de reproducción, y de ahí la aparición de una histeria de angustia. En la fase siguiente se habría producido una sobrevaloración del pensamiento y el lenguaje correspondiente a una neurosis obsesiva, es decir, a una concepción religiosa del mundo. Seguía entonces, en la pluma de Freud, una nueva versión del relato de la «lucha por la existencia» reconvertido en fábula psicofilogenética: horda primitiva, asesinato del padre, hijos unidos por su homosexualidad, mujeres sumergidas en un continente desconocido —*dark continent*—, retorno de la figura del padre en la paranoia, identificación con el padre muerto entre duelo y melancolía.

Una vez más, Freud reinventaba los componentes de su sistema de parentesco para hacer de él un modelo de comprensión del psiquismo. Se entiende que haya vacilado en hacer públicas sus especulaciones, con el resultado de destruir varios manuscritos. Su ambiciosa metapsicología era, por lo menos, oscura y frágil. En cuanto a la idea de dar al psicoanálisis un fundamento simétricamente idéntico al de la biología, equivalía a hacer de él una «metabiología», como deseaba Ferenczi. Y de hecho, Freud confesaba entonces querer poner la «tarjeta de visita» del psicoanálisis en el tarjetero de los biólogos.[20]

Consciente de la fragilidad de su hipótesis, renunció a ella sin abandonar, empero, la idea de trasladar los mecanismos de la evolución al campo del psicoanálisis. Y para ello se puso a leer la *Filosofía zoológica* de Lamarck,[21] no con la intención de oponer el lamarckismo al darwinismo[22] sino de mostrar que la idea lamarckiana de que «la necesidad crea el órgano» no significaba otra cosa que tomar en consideración el «poder de la representación inconsciente sobre el cuerpo propio», cuyos vestigios veía Freud en la histeria. En síntesis, decía, la «omnipotencia de los pensamientos». La adecuación por finalidad se explicaría entonces, añadía, «psicoanalíticamente, con lo cual se alcanzaría la consumación del psicoanálisis. Se desprenderían dos grandes principios del cambio (del progreso), el cambio por adaptación del cuerpo propio y el cambio ulterior por transformación del mundo exterior (autoplástico y heteroplástico), etc.».[23]

Freud retomaría esa tesis en 1920, en escritos cada vez más especulativos, sin dar jamás un contenido más sólido a su metapsicología. Y por lo demás, esta no tendría nunca otra utilidad que la de servir

de muralla contra algunas empresas de psicologización del psicoanálisis. Flaco consuelo.

Mientras se esbozaba ese cambio de perspectiva, Freud proseguía con su enseñanza en el Hospital General de Viena, donde se
apretujaba para escucharlo un centenar de oyentes, estudiantes, médicos, padres, amigos o futuros discípulos: Max Schur, Edoardo
Weiss, Anna Freud, etc. Surgía una nueva generación. Como de costumbre, Freud hablaba sin recurrir a anotaciones, y para su último
año académico decidió exponer en veintiocho lecciones los principales logros de lo que todavía llamaba «una joven ciencia»: síntesis de
La interpretación de los sueños, de la *Psicopatología de la vida cotidiana*,
de los *Tres ensayos*.

A ello se sumaba una serie de ponencias sobre la técnica psicoanalítica, la transferencia, la definición de las neurosis. En ese nuevo
ensayo de introducción al psicoanálisis, Freud reafirmaba con vigor
que la primera elección de objeto del ser humano siempre es incestuosa, que en el hombre se dirige a la madre y la hermana y en la
mujer a la madre y luego al padre y el hermano, y que solo una seve-
ra prohibición permite mantener a distancia esa tendencia pulsional,
presente para siempre jamás en la sexualidad adulta.

No bien publicada, la obra conoció en todo el mundo un éxito
fulminante.[24] No obstante, contribuyó a alimentar los rumores acerca de la llamada organización «incestuosa» de la vida familiar de Berggasse 19. Más que nunca, el psicoanálisis fue recibido entonces por
sus defensores entusiastas —escritores, filósofos o poetas— como
una revolución de la libertad, capaz de cambiar el destino de los
hombres, y por sus adversarios como una falsa ciencia que atentaba
contra el orden familiar, las virtudes de la religión y los sentimientos
patrióticos de los pueblos: un pensamiento lascivo salido de un cerebro degenerado y un imperio agonizante.[25]

Por esos tiempos Freud soñaba con el premio Nobel. Su joven
amigo y ex alumno Robert Barany, médico húngaro, galardonado en
1914 por sus trabajos fisiológicos sobre el aparato vestibular del oído,
lo había designado como su candidato. Pero ¿en qué concepto y en
nombre de qué disciplina? Pese a su notoriedad mundial, *Herr Professor* no disfrutaba de reconocimiento ni como hombre de ciencia
ni como escritor. En cuanto al psicoanálisis, no formaba parte de

ningún campo del saber universitario. Freud jamás obtendría el tan anhelado premio.

Aunque no era partidario del marxismo, recibió con simpatía la Revolución de Octubre, que ponía fin a la participación de los rusos en la guerra. De igual manera, si bien no era en modo alguno favorable al sionismo, aprobó la declaración de lord Balfour, que abría el camino a la creación de un hogar nacional judío en Palestina.[26] En noviembre de 1917 era tan pesimista que quería soñar con días mejores.

Mientras se acercaba el fin de las hostilidades, los miembros del comité entraron en guerra unos contra otros. Muy resuelto a tomar en sus manos los destinos del movimiento y llevarlo al campo de los vencedores, Jones la emprendió contra Abraham y defendió a Ferenczi. Contra el primero, que deseaba organizar el quinto congreso del Verein en Berlín, destacó que con ello se corría el riesgo de que el psicoanálisis pasara por ser una «ciencia *boche*», y, con el acuerdo del segundo, eligió Budapest como lugar del encuentro. Freud aprobó esta opción. Todos los «paladines» sabían que Hungría no tardaría en separarse de Austria: Budapest, cuna de cierta idea ferencziana del psicoanálisis característica de la *Mitteleuropa*, resplandecía con sus últimas luces.

El congreso se desarrolló el 28 y 29 de septiembre de 1918 en la Academia Húngara de Ciencias en presencia de representantes de los gobiernos húngaro, alemán y austríaco y con la participación de cuarenta y dos psicoanalistas, entre ellos Geza Roheim, futuro antropólogo norteamericano, y un número importante de mujeres, con sombreros discretos y ropa que ocultaba sus formas. A excepción de Freud, todos los hombres iban de uniforme. Melanie Klein, brillante alumna de Ferenczi, conoció entonces al maestro y asistió a su conferencia sobre los «Nuevos caminos de la técnica psicoanalítica».[27]

En vez de improvisar como de costumbre, la intervención de Freud consistió en la lectura de un texto pasmoso, por no decir más. Contra sí mismo y contra su propia práctica —pero también contra Ferenczi—, anunciaba que el tratamiento psíquico debía efectuarse, en la medida de lo posible, «en un estado de privación, de abstinencia». No llegaba a decir que el paciente debía privarse de toda actividad sexual, pero propiciaba la idea de prohibirle aprovechar los beneficios de los primeros resultados de la terapia psicoanalítica. Sin ese rigor, decía, el paciente corría el riesgo de volver a caer en un fracaso irremediable.

No conforme con oponerse a la empatía terapéutica, y a la vez que desaprobaba la orientación puritana adoptada por su amigo Putnam, Freud anunciaba que el psicoanálisis iba a convertirse en una terapia de masas —como en Estados Unidos— y que había que crear por doquier instituciones capaces de llevar a buen puerto tratamientos gratuitos. Se podría así ayudar por fin a las poblaciones más pobres a salir de su condición. Al fomentar un programa semejante de higiene social, y llamar a los Estados democráticos a reconocer el valor profiláctico del psicoanálisis, Freud rompía con el mundo antiguo. Tras haber errado por su laberinto metapsicológico, quería creer que la cura ya no estaba reservada a grandes burgueses proustianos aferrados a cierta imagen de sí mismos ahora desvanecida con la guerra.

Convocaba además a las nuevas generaciones a proyectarse en el porvenir:

> Haremos probablemente la experiencia de que el pobre está todavía menos dispuesto que el rico a renunciar a su neurosis; en efecto, no lo seduce la dura vida que le espera, y la condición de enfermo le significa otro título para la asistencia social. Es posible que en muchos casos solo consigamos resultados positivos si podemos aunar la terapia anímica con un apoyo material, al modo del emperador José. Y también es muy probable que en la aplicación de nuestra terapia a las masas nos veamos precisados a alear el oro puro del análisis con el cobre de la sugestión directa, y quizá el influjo hipnótico vuelva a hallar cabida, como ha ocurrido en el tratamiento de los neuróticos de guerra. Pero cualquiera que sea la forma futura de esta psicoterapia para el pueblo, y no importa qué elementos la constituyan finalmente, no cabe ninguna duda de que sus ingredientes más eficaces e importantes seguirán siendo los que ella tome del psicoanálisis riguroso, ajeno a todo partidismo.[28]

La cuestión de las neurosis de guerra se discutió a lo largo de todo el congreso de Budapest, con ponencias de Abraham, Freud, Ferenczi, Ernst Simmel y Victor Tausk.[29] Y el problema era fundamentalmente este: ¿cómo inscribir la intervención del psicoanálisis en el corazón de la vida de las sociedades, tanto en tiempos de guerra como en tiempos de paz? El interés de Freud y sus discípulos radicaba en mostrar la diferencia entre las neurosis traumáticas y las neurosis corrientes, por un lado, y, por otro, entre los sujetos neuróticos y los sujetos «sanos», atrapados unos y otros en la tormenta de la guerra. Si bien los freudianos habían abandonado mucho tiempo atrás la causalidad traumática en la dilucidación de las neurosis, ahora se veían de nuevo enfrentados a ella, pero en una escala muy distinta. En esas circunstancias era imposible negar que los horrores de la guerra pudieran tener algún papel en la aparición de trastornos como los temblores compulsivos, las amnesias, los terrores, las pesadillas, el insomnio, etc. Enfrentados a las autoridades de sus respectivos países, los psicoanalistas, que habían sido movilizados como cualquier hijo de vecino, intentaron explicar que los soldados no reaccionaban de la misma manera ante el combate según hubieran sido o no neuróticos en la vida civil. Así, tal soldado podía exhibir signos graves de conmoción debidos a la dureza de los combates sin estar, pese a ello, deprimido o ansioso, mientras que tal otro, sin haber estado bajo fuego, podía perfectamente sumirse en un estado de shock ante la idea misma de encontrarse frente al enemigo. ¿Cómo había que tratar a los soldados afectados por esas neurosis? ¿La cura por la palabra era en todos los casos superior a la electroterapia, verdadera tortura impuesta a los pacientes, o a la hipnosis, juzgada muy eficaz?

Las intervenciones se publicaron en el marco del Internationaler Psychoanalytische Verlag,[30] editorial financiada por Anton von Freund y que era la joya del movimiento. Freud publicaría en ella sus libros venideros.

Durante el congreso Herman Nunberg propuso por primera vez que, para ser psicoanalista, se impusiera como condición haber hecho un análisis. Rank y Ferenczi se opusieron a la votación de una moción en ese sentido. Tiempo perdido. La idea del análisis de los analistas —cura didáctica y análisis de supervisión— se impondría con el paso de los años a partir de la gran experiencia berlinesa. En la sesión de clausura todos fueron conscientes de que el movimiento psicoanalítico recuperaba su vigor. Freud creyó adecuado declarar que el centro neurálgico del psicoanálisis estaba en Hungría: se equivocaba.

Dos meses después, los representantes del Imperio austrohúngaro firmaban el armisticio de Villa Giusti, los plenipotenciarios alemanes se reunían con los aliados en el bosque de Compiègne, Guillermo II abdicaba, en Hungría se establecía la república. En nombre del derecho de los pueblos a disponer de sí mismos, y en virtud de los catorce puntos redactados por el presidente Thomas Woodrow Wilson, las diversas poblaciones de la antigua Europa central y los Balcanes fueron distribuidas dentro de nuevas fronteras, definidas algunos meses más tarde por los tratados de Versalles, de Saint-Germain-en-Laye y de Trianon. Austria ya no era entonces más que una «luz crepuscular, una sombra gris, incierta y sin vida de la antigua monarquía imperial».[31]

Al fundarse la primera República húngara, Ferenczi, cercano a los medios progresistas y a la revista *Nyugat*, fue sondeado para ocupar una cátedra de enseñanza del psicoanálisis en la universidad. A despecho de un primer informe negativo, el decreto correspondiente fue firmado por Georg Lukács, comisario del pueblo de Instrucción Pública y Cultura del nuevo gobierno de Béla Kun, que el 20 de marzo de 1920 había instaurado una república de consejos obreros según el modelo de la revolución bolchevique. El 10 de junio Ferenczi dio inicio a sus clases en un anfiteatro repleto de estudiantes entusiastas.

En esa ocasión Freud escribió un artículo que se publicó directamente en húngaro: «¿Debe enseñarse el psicoanálisis en la universidad?».[32] En él hacía un inventario de todas las materias necesarias para el plan de estudios de la disciplina. No solo destacaba la necesidad de conocer bien la historia de las psicoterapias, para comprender las razones objetivas de la superioridad del método psicoanalítico, sino que proponía asimismo un programa referido a la literatura, la filosofía, el arte, la mitología, la historia de las religiones y las civilizaciones. Señalaba con énfasis que el psicoanálisis no debía en ningún caso limitar su campo de aplicación a las afecciones patológicas. Ese programa nunca se implementaría: ni en Budapest, ni en Viena, ni en ninguna universidad del mundo. Freud había errado el camino al pretender imponer el psicoanálisis como una disciplina con todas las de la ley. En realidad, este solo debía y debió su existencia a sus instituciones privadas. En las altas esferas de la enseñanza universitaria solo pudo implantarse como vector de otras disciplinas: psiquiatría y psicología por un lado, humanidades por otro. Por eso quedó escindido en dos ramas: una clínica, asociada al ideal médico de la atención, y otra cultural, vinculada a la filosofía, la historia, la literatura, la antropología.

La caída de la Comuna de Budapest y la sangrienta represión lanzada por las tropas del almirante Miklós Horthy, que se proclamó «regente», pusieron fin a la experiencia. Ferenczi perdió su cargo: «El aspecto más repugnante de los diez primeros años del régimen de Horthy», escribe William Johnston, «fue sin duda el terror blanco de 1920. Con espíritu de venganza [...], se aplicó la tortura a diestro y siniestro y se restableció la flagelación pública, mientras se echaba tierra a los asesinatos políticos y se expulsaba a los judíos refugiados a partir de 1914».[33]

En otra actitud equivocada, Freud condenó tanto la Comuna como el terror blanco de Horthy. En cuanto a Jones, aprovechó la situación para tomar la dirección del IPV (Verein) y desplazar el centro neurálgico del movimiento hacia el oeste, es decir, hacia el mundo angloparlante.

En 1919 Freud ya no tenía más que algunos pacientes austríacos y húngaros. En Alemania sus hijos habían quedado arruinados por la guerra y, por el momento, él debía mantenerlos, así como ayudar a algunos amigos, en especial Lou Andreas-Salomé, a quien daría una pensión hasta su muerte. Con la esperanza de recibir nuevos discípulos, deseosos de formarse con él, perfeccionó aún más su dominio del inglés. Soñaba otra vez con irse de Viena para instalarse en Berlín o Londres: «Por aquí nos hemos convertido todos en mendigos hambrientos. Pero usted no ha de oír quejas. Todavía estoy de pie y no me considero en manera alguna responsable del absurdo del mundo». Y añadía: «Me encanta oír que el psicoanálisis florece en todas partes, y espero que también para usted la ciencia sea un consuelo».[34] Cálidamente recibido en Viena en septiembre, Jones invitó a Freud y Ferenczi a almorzar: ambos estaban hambrientos.

Deprimido tras la caída de la Comuna, Ferenczi inició gestiones para emigrar a Estados Unidos. Freud se negó obstinadamente a dejarlo partir, a pesar de que, al mismo tiempo, lo hacía a un lado y se apoyaba cada vez más en Jones en lo tocante a la organización del movimiento internacional. Consciente de pertenecer al campo de los vencedores y deseoso de sacar de las manos de la Europa continental arruinada la administración de los asuntos, Jones comenzó a poner en práctica su política pragmática de normalización de la profesión. Contra Freud, defendió incluso la idea de que el ejercicio del psicoanálisis debía quedar exclusivamente reservado a los médicos, como sucedía en Estados Unidos.

En la misma perspectiva, impuso al comité una decisión catastrófica para el futuro, al inducirlo a adoptar una regla en virtud de la cual los homosexuales no podrían ser ni miembros de una asociación ni ejercer como psicoanalistas, porque, «en la mayoría de los casos, son anormales». Esta pasmosa disposición era contraria a la doctrina freudiana y escarnecía el nombre de Leonardo da Vinci. Los berlineses se opusieron y Rank previno a sus amigos al acusar a Jones de no tener en cuenta los diferentes tipos de homosexualidad.[35]

Así, los homosexuales volvían a ser tratados como pervertidos por los mismos que se habían alejado de las tesis racistas de fines del siglo XIX. Está claro que esa disposición no les impidió en absoluto ser psicoanalistas, pero para ello tuvieron que disimular su orientación sexual. Una de las consecuencias de la medida fue favorecer hasta fines del siglo XX la difusión de una espantosa homofobia dentro de la comunidad psicoanalítica mundial.[36] Esta posición del comité era mucho más absurda por el hecho de que Freud había apoyado la iniciativa de Magnus Hirschfeld para que se eliminara del Código Penal alemán el artículo 175, que condenaba con pena de cárcel y privación de derechos cívicos el comercio sexual entre personas del mismo sexo, sobre todo si eran hombres.[37]

Las jerarquías militares de los países en guerra habían solicitado el concurso de los psiquiatras para contribuir a la detección de los «simuladores», considerados como desertores, malos patriotas o cobardes.[38] En el núcleo de este debate reaparecía pues con fuerza la vieja pregunta sobre el estatus de la histeria: ¿verdadera enfermedad psíquica o disimulo?

En ese contexto se acusó de felonía a Julius Wagner-Jauregg, célebre psiquiatra vienés organicista y reformador de los psiquiátricos,[39] por haber calificado de simuladores a soldados afectados por una neurosis traumática, a los que había sometido a tratamientos con electricidad.[40] El caso se inició en 1920 a raíz de una denuncia hecha contra él y sus asistentes —en particular Michael Kozlowski— por el teniente Walter Kauders,[41] un brillante patriota judío del ejército austríaco. Se convocó entonces a Freud como perito ante una comisión de instrucción presidida por Alexander Löffler e integrada, entre otros, por Julius Tandler. Freud escribió un informe y participó en los intercambios entre los miembros del jurado, el acusado y el demandante.

En 1915 Kauders había sufrido una fisura de cráneo como consecuencia de la explosión de un obús. Después de varias estancias en hospitales militares, quedó a medias alelado, debía usar bastón para caminar y padecía migrañas. Entre noviembre de 1917 y marzo de 1918, considerado como un enfermo mental, se lo había sometido a aislamiento en la clínica de Wagner-Jauregg, tras lo cual sufrió dos «faradizaciones» con pinzas metálicas realizadas por Kozlowski y reservadas a los simuladores:[42] «Esas torturas se preparan especialmente desde un punto de vista psicológico. Se hace oír al paciente que se le va a aplicar un método conocido por su atrocidad [...]. Los dolores que provoca la faradización con pinza son indescriptibles. Es como si innumerables barrenas se hundieran hasta la médula de los huesos a una velocidad vertiginosa».[43]

Con la aspiración, ante todo, de utilizar esa tribuna para defender su doctrina, atacada desde todos los flancos, Freud soslayó la cuestión de la responsabilidad de Wagner-Jauregg para hacer la apología del método psicoanalítico. Señalaba en un principio que los médicos debían ponerse al servicio del enfermo y no a las órdenes de la jerarquía militar y negaba la utilidad de la electroterapia. Con ello exoneraba a Wagner-Jauregg de toda responsabilidad en el caso, pero lamentaba que no fuera un ardiente partidario del psicoanálisis. Afirmaba en especial que no era un torturador y que no había cometido ninguna felonía al creer que un tratamiento como el aplicado podía ser un remedio a la simulación. A su juicio, la simulación no existía por la sencilla razón de que «todos los neuróticos son simuladores» y recíprocamente, habida cuenta de que «simulan sin saberlo y esa es su enfermedad». En otras palabras, Freud reducía otra vez a nada la noción de simulación: no simulamos lo que somos.

Wagner-Jauregg, por su parte, no podía aceptar ser defendido de tal modo por un hombre a quien estimaba, pero cuyo razonamiento rechazaba. No admitía la idea de que la simulación fuera una neurosis ni el principio de que el psiquiatra, en tiempos de guerra, debía ponerse exclusivamente al servicio del paciente. No obstante, fue absuelto.

Freud había cometido el error de emitir un diagnóstico de neurosis sin ocuparse de Kauders. Y sin embargo, este se asemejaba a buena parte de sus allegados. Había tenido un padre autoritario, un hermano mayor que se había suicidado y una media hermana afectada por problemas mentales, y su infancia había estado marcada por la humillación de ser judío. Era un neurótico, sin duda, pero había sufrido sobre todo un verdadero trauma de guerra, como destacaría Eissler en 1979:

> Yo diría que el caso Kauders, pese a su aspecto trágico, encerraba en sí mismo una verdadera comedia austríaca. Tenemos aquí a un joven que parte con entusiasmo a la guerra. Es oficial, lo hieren y ya no puede seguir, sean cuales fueren las razones [...]. No sabemos si en la sala de audiencias alguien advirtió que en Wagner-Jauregg y Freud se enfrentaban los representantes de dos mundos diferentes: uno, el del punto de vista de la eficacia, otro, el de la humanidad que ve en el hombre el entrelazamiento del destino y el sufrimiento.[44]

La cantidad de víctimas humanas de esa Primera Guerra Mundial se elevaba a cerca de cuarenta millones: un poco más de la mitad, muertos —civiles y militares—, y el resto, heridos de todo tipo. Los Aliados perdieron cinco millones de soldados, y los Imperios Centrales, cuatro millones, entre ellos Ernst Lanzer.

Este hombre había conocido a Freud a los veintinueve años, en octubre de 1907. Había tenido una infancia similar a la de muchos hijos de la burguesía judía vienesa, y se lo hubiera creído directamente salido de las novelas de Schnitzler o Zweig. El padre, Heinrich Lanzer, se había casado con su prima Rosa Herlinger, más rica que él, lo cual le había permitido entrar como empleado en la empresa de los Saborsky.[45] Cuarto de siete hermanos, Ernst había visto a su madre agotarse en embarazos sucesivos y consideraba que su padre se había tornado violento a raíz de sinsabores financieros. En su infancia, ese padre lo había golpeado y tratado de «futuro criminal», porque se había atrevido a responder a sus insultos con los suyos propios.[46]

A los cinco años se había refugiado debajo de las faldas de su aya y le había tocado los órganos genitales. De ahí una sexualidad precoz y sólidas erecciones, muchas veces alimentadas por las palabras de las sirvientas. Tras adoptar, como su hermano, «hábitos sexuales» y maneras de hablar poco elegantes, no vacilaba en pedir a su madre que «le frotara el culo». En 1897, cortejado por una costurera contratada al servicio de sus padres, se sintió culpable cuando ella se suicidó después de que él rechazara sus avances. A continuación se enamoró de Gisela Adler, una prima pobre, estéril y enclenque que disgustaba a su padre. Por eso pensó que solo la muerte de Heinrich eliminaría el obstáculo para un matrimonio anhelado.

Cuando esa muerte se produjo, Lanzer cayó una vez más presa de rituales sexuales, en el momento mismo en que se incorporaba al ejército austríaco con el grado de cabo primero. Obsesionado por el espectro de su padre que le perturbaba las noches, tomó la costumbre de contemplarse el pene erecto por medio de un espejo puesto entre las piernas. Asaltado sin cesar por ideas suicidas y por la voluntad de cortarse la garganta, a los veintiséis años, durante su primer coito, tuvo conciencia de estar afectado por una enfermedad psíquica. Viajó entonces a Munich para hacer un tratamiento de hidroterapia, y en esa ocasión entabló una relación sexual con una criada, mientras pensaba que, para obtener una satisfacción semejante, habría sido capaz de matar a su padre. Se masturbaba regularmente o se entregaba a rituales religiosos. Consultó a varios médicos, entre ellos Wagner-Jauregg, que no le aportó solución alguna.

En 1907, convertido en oficial de reserva, se trasladó a Galitzia para realizar ejercicios militares, y fue allí donde conoció a Nemeczek, un capitán particularmente cruel, partidario de los castigos corporales, que le habló de un suplicio oriental consistente en obligar a un prisionero a desvestirse y arrodillarse en el suelo, con la espalda doblada. En las nalgas del hombre se fijaba entonces, por medio de una correa, un gran recipiente perforado en el cual se movía intranquila una rata. Privado de alimento y excitado por una varilla calentada al fuego que se introducía por un agujero del recipiente, el animal intentaba escapar a la quemadura y penetraba en el recto del torturado, provocándole sangrientas heridas. Al cabo de una media hora la rata moría asfixiada, al mismo tiempo que el hombre.[47] Ese día, en el transcurso de un ejercicio, Lanzer perdió sus lentes y telegrafió a su óptico vienés para pedirle que le enviara otro par por correo. A los dos días recuperó el objeto por medio del mismo capitán, quien le hizo saber que debía pagar los gastos postales al teniente David, encargado de la oficina postal.

Frente a esta contrariedad, Lanzer reaccionó con un comportamiento delirante y la historia del suplicio, mezclada con la de la deuda, hizo surgir el recuerdo de otro asunto de dinero: un día su padre había contraído una deuda de juego y fue un amigo quien, al prestarle la suma necesaria para saldarla, lo salvó del deshonor. Una vez terminado el servicio militar Heinrich había tratado de encontrar a ese amigo pero, al no lograrlo, nunca pudo reembolsar su deuda.

Así era el hombre que se presentó en la Berggasse el 1 de octubre de 1907. Comenzó de inmediato a mencionar sus recuerdos de infancia, y cada noche Freud escribía el diario de esa cura para reproducir con exactitud sus diálogos. Por una vez conocía a un paciente ideal, realmente afectado por los síntomas de una neurosis obsesiva tal como él la había descrito: una neurosis que tenía por origen un conflicto psíquico caracterizado por la fijación de la libido en un estadio anal. Odio al padre, ritos de conjuros, pensamientos obsesivos, dudas, escrúpulos, inhibiciones, matrimonios consanguíneos, ignominias familiares, presencia de los hermanos, las hermanas, los tíos, las tías: frente a una historia tan «freudiana», *Herr Professor* no tendría necesidad de construir una ficción en la cual el paciente no se reconociera. Y como Lanzer estaba a la búsqueda de una autoridad paterna que le permitiera comprender el significado de su neurosis, entre ambos hombres se estableció una transferencia positiva, a tal punto, además, que Freud pudo forzarlo a contar la terrible escena del suplicio, mientras imaginaba que, con esta evocación, su paciente experimentaba «horror ante su placer, ignorado por él mismo».

Freud se dejó injuriar a fin de que, por la vía dolorosa de la transferencia, Lanzer confesara el odio inconsciente que sentía por su padre. Y el enigma se resuelve: fue el relato del castigo por medio de las ratas, dice en sustancia Freud, el que despertó el erotismo anal de Lanzer. Al erigirse en defensor de un castigo corporal por las ratas, el capitán había ocupado, a los ojos del paciente, el lugar del padre y atraído sobre sí una animosidad comparable a la que antaño respondía a la crueldad de Heinrich. Según Freud, la rata revestía aquí la significación del dinero y por lo tanto de la deuda, que se manifestaba en la cura a través de una asociación verbal: «florín/rata» o «cuotas (*Raten*)/ratas (*Ratten*)». Recordemos que, desde el inicio del tratamiento, el paciente había adoptado la costumbre de contar el importe de los honorarios de este modo: «Tantos florines, tantas ratas».

En 1908 Freud expuso durante cinco horas, en el primer congreso del Verein en Salzburgo, el caso de ese *Rattenmann* frente a un público sorprendido por la construcción lógica del relato. Para la publicación modificó las palabras del paciente y le atribuyó interpretaciones que le eran propias, y omitió también contar varios sucesos. Por añadidura, presentó al padre como un hombre ejemplar y no dijo casi nada de la madre. Sin embargo, no se trataba de una pura «construcción especulativa» destinada a ilustrar su teoría, como han pretendido algunos.[48] De un modo u otro, Ernst Lanzer juzgó que ese tratamiento de cuatro meses había sido beneficioso para él y que la interpretación freudiana lo había curado de su padecimiento y, sobre todo, de sus obsesiones. Autorizó, además, la publicación de su caso.[49] Freud, por su parte, afirmó que se estaba en presencia de un restablecimiento total.

En 1910 Lanzer se casó con su querida Gisela y en 1913 obtuvo el título de abogado. Enrolado en el ejército imperial en agosto de 1914, los rusos lo tomaron prisionero en noviembre y luego lo ejecutaron. Su madre murió dos meses después. ¿Qué habría sido de él, de haber sobrevivido?

En el caso de Lanzer, Freud se había enfrentado otra vez a una tragedia familiar y matrimonios consanguíneos, pero ciertamente no a un complejo edípico. El oficial del ejército imperial había leído algunas de sus obras y lo había buscado como un descifrador de enigmas, un Edipo que ocupaba el lugar de la Esfinge, pero durante su cura nunca se trató de ningún deseo inconsciente dirigido a la madre.[50] Lanzer había tenido en efecto anhelos culpables de matar a un padre claudicante y brutal,[51] pero no de poseer a la madre, ni siquiera cuando recordaba haber buscado en ella una protección contra un padre temido. Su madre había seguido siendo para él un objeto de asco cuyos olores nauseabundos, debidos a sus trastornos intestinales, lo horrorizaban. Y solo la veía como una mujer rígida y frustrada que había intentado impedirle contraer matrimonio con la mujer de su vida para casarlo con una Saborsky.

En vez de añadir una interpretación que refute o complete todas las propuestas por los psicoanalistas desde la publicación del caso, es más útil, sin duda, señalar lo representativa que es la historia de Lanzer de lo que fueron las primeras curas freudianas, caracterizadas por la imbricación entre cierto estado de la familia occidental —marcado por la demolición de la autoridad patriarcal— y la primacía atribuida a una palabra individual capaz de recoger su confesión. El propio Freud era el actor de esa historia y se alimentaba de ella para afinar su doctrina, enfrentado al riesgo permanente de extraviarse en el laberinto de las interpretaciones más extravagantes o intentar discernir con el mayor rigor la significación de un destino.

A la conminación de un matrimonio concertado que habría sido la repetición del de sus padres, Lanzer había opuesto las virtudes del matrimonio por amor, sin cuestionar la consanguinidad entre primos. Jamás había intentado, como otros judíos vieneses, superar al padre, y la incorporación a la vida militar no le había permitido resolver el conflicto que lo enfrentaba a su familia. El encuentro con Freud hizo de él el actor de su existencia, cuando los otros tratamientos corporales que le habían infligido eran una muestra del nihilismo terapéutico. Como muchos de los jóvenes de esa época, no tuvo tiempo de conocer la continuación de su historia, porque su destino fue muerte en combate: «El paciente, a quien el análisis le había devuelto su salud psíquica, murió en la Gran Guerra como tantos otros jóvenes valiosos y prometedores».[52]

El 28 de junio de 1914, Sergius (o Serguéi) Konstantínovich Pankejeff paseaba por el Prater pensando en su análisis con Freud cuando se enteró de la noticia, pasmosa para él, del asesinato del archiduque Francisco Fernando, cometido por un nacionalista bosnio. Su cura se había iniciado en enero de 1910, dos años después del final de la de Lanzer, y ahora, sin saberlo, se encontraba en un campo opuesto al de ese oficial del ejército austríaco que, como él, había frecuentado el consultorio de Berggasse 19. Miembro de una rica familia de la aristocracia rusa, Pankejeff había sido criado en Odesa junto con su hermana Anna por tres empleadas domésticas (Grusha, Nania y miss Owen) y varios preceptores. En esa residencia palaciega, su padre, Konstantin, depresivo y alcohólico, llevaba la vida activa de un político liberal y culto y organizaba a la vez cacerías de lobos que encantaban a Serguéi. Por la noche, tras las batidas, su madre, permanentemente afectada por diversos trastornos somáticos, solía bailar con sus dos hijos delante de un montón de animales transformados en trofeos.[53]

De los dos lados de la genealogía, los integrantes de esta familia patológica hacen pensar en los personajes de *Los hermanos Karamazov*. El abuelo paterno había muerto alcohólico y su mujer se había hundido en la depresión. El tío Pierre, primer hermano del padre, sufría paranoia y se había tratado con el psiquiatra Serguéi Korsakov. Reacio a los contactos humanos, vivió como un salvaje en medio de los animales y terminó su vida en un psiquiátrico. El tío Nicolas, segundo hermano del padre, había querido raptar a la prometida de uno de sus hijos y casarse con ella a la fuerza. Un primo, hijo de la hermana de la madre, había sido internado en un psiquiátrico de Praga, afectado, también él, por una forma de delirio persecutorio. En cuanto a Konstantin, lo había tratado Moshe Wulff, uno de los primeros discípulos rusos de Freud, que también tenía en tratamiento a dos primos maternos afectados de esquizofrenia. Cuando Konstantin viajó a Munich para consultar a Kraepelin, este le diagnosticó una psicosis maníaco depresiva, sin brindarle empero el más mínimo apoyo.

Desde muy pronto Serguéi se vio frente a lobos y extraños rabos. Un día, miss Owen, a quien detestaba, blandió ante él unos largos caramelos y los comparó con pedazos de serpiente. Otro día se abrió el vestido por detrás y, meneándose, exclamó: «¡Pero miren mi rabito!». En cuanto a Anna, la hermana querida, masculina y temeraria, imitaba a miss Owen para burlarse de su hermano. Un día, con el propósito de despertar su curiosidad, le mostró la bella imagen de una muchacha. Pero detrás de la hoja había escondido el retrato de un horrible lobo erguido sobre sus patas traseras y a punto de devorar a Caperucita Roja. Enamorado de esa hermana que era la preferida de Konstantin, Serguéi dibujaba con ella árboles, caballos, lobos, borrachos y avaros. Y cuando lo embargaba el miedo, se refugiaba en los brazos de su Nania, nodriza adorada, muy piadosa, que le contaba historias de santos, mártires y persecuciones.

En 1896, a los diez años, Serguéi presentó signos de fobia a los animales. En 1905 su hermana Anna se suicidó y, dos años después, quien se dio muerte fue el padre. En esa época Serguéi iba a la escuela secundaria. Conoció a una mujer del pueblo, Matrona, con la cual contrajo una enfermedad venérea. Cayó entonces en frecuentes crisis depresivas que pronto lo llevaron —de sanatorio en psiquiátrico y de casa de reposo en establecimiento termal— a ser, como todos los miembros de su familia, un enfermo ideal a los ojos de los partidarios del saber psiquiátrico de fin de siglo: un melancólico crónico víctima de accesos de exaltación y depresión y siempre en busca de hallar su identidad. Contaba a cada médico una versión diferente de su «caso», tanto para hacerse querer por él como para atribuirse cierta consistencia.

Atendido en un primer momento por Vladímir Bejtérev, que utilizó la hipnosis; luego por Theodor Ziehen en Berlín, y finalmente por Friedländer en Frankfurt, se trasladó a Munich para ver a Emil Kraepelin, quien, recordando la herencia paterna, emitió de nuevo un diagnóstico de psicosis maníaco depresiva. En el sanatorio de Neuwittelsbach, donde siguió tratamientos tan diversos como inútiles —masajes, baños, etc.—, Serguéi, siempre muy atraído por las nodrizas y las mujeres del pueblo, se enamoró de una enfermera, Teresa Keller, algo mayor que él y madre de una niña (Else). Se estableció entonces una relación pasional que generó la oposición no solo de su familia sino también de su psiquiatra, convencido de que ese tipo de contacto con una mujer «inferior» tendría como consecuencia un agravamiento de su locura.

De retorno en Odesa, Pankejeff comenzó a tratarse con un joven médico, Leonid Drosnes, quien decidió llevarlo a Viena para una consulta en la Berggasse. Con una frase mordaz, Freud estigmatizó el nihilismo terapéutico de sus colegas psiquiatras: «Hasta ahora», le dijo a Pankejeff, «usted ha buscado la causa de su enfermedad en un orinal».

La interpretación tenía una doble significación. Freud apuntaba tanto a la inutilidad de los tratamientos anteriores como a la patología propia de Serguéi, que sufría trastornos intestinales permanentes y sobre todo un estreñimiento crónico. Erróneamente, *Herr Professor* estaba convencido de que ese trastorno era de origen psíquico. Por eso ordenó a su paciente que interrumpiera las lavativas que le aplicaba un estudiante, a causa de su «carácter homosexual».

Por consejo de Freud, Pankejeff se instaló en Viena. Mientras Drosnes asistía a los seminarios de la WPV y se iniciaba en el psicoanálisis, Serguéi daba clases de esgrima y se dedicaba a sus estudios de derecho. Por la noche iba al teatro o jugaba a las cartas. Le encantaban Viena, el Prater, los cafés, la vida urbana que le hacía olvidar su infancia rural poblada de lobos y ancestros pavorosos.

En vez de prohibirle ver a Teresa, Freud le pidió simplemente que esperara hasta el final de la cura para volver con ella. No se opuso al matrimonio: «Teresa», dijo, «es el impulso hacia la mujer». En una carta a Sándor Ferenczi, de febrero de 1910, señaló la violencia de las manifestaciones transferenciales de su paciente:

> El joven ruso rico que he tomado como paciente a causa de una pasión amorosa compulsiva me ha confesado, después de la primera sesión, las siguientes transferencias: como soy un judío estafador, le gustaría dármela por detrás y cagarme en la cabeza. A los seis años, el primer síntoma manifiesto consistía en injurias blasfemas contra Dios: cochino, perro, etc. Cuando veía tres montones de bosta en la calle, se sentía incómodo a causa de la Santísima Trinidad y buscaba ansiosamente un cuarto montón para destruir la evocación.[54]

Pankejeff tuvo por primera vez la impresión de ser escuchado y ya no tratado como un enfermo. El tratamiento contribuyó a darle una identidad y sacarlo de la nada existencial en la cual lo habían mantenido los distintos médicos con quienes se había cruzado durante sus vagabundeos por los hospitales. Y en particular, mantuvo con Freud relaciones amistosas y terminó por venerarlo. Al final del tratamiento, Freud, por su lado, manifestó una fuerte empatía hacia él. Conocería finalmente a Teresa y aprobaría el matrimonio, que se celebró en Odesa en 1914. Pankejeff se sintió entonces curado y afirmó que el análisis le había permitido casarse con la mujer que amaba.

Con este paciente Freud se había enfrentado una vez más a una historia que ilustraba a la perfección su concepción de las neurosis familiares: sexualidad precoz, relaciones ambiguas entre hermanos y hermanas, papel de las institutrices y las malas nodrizas, escenas de seducción, patología de los padres, tíos y primos, sojuzgamiento de las mujeres, etc. Olvidó pues que su paciente padecía una melancolía crónica incurable e hizo de él un caso de histeria de angustia con fobia a los animales, transformada a continuación en neurosis obsesiva o neurosis infantil.

Inmerso en ese estado de ánimo, y en medio de la tormenta de la guerra, escribió en dos meses, de octubre a noviembre de 1914, la historia de ese ruso depresivo y ambivalente, sin recurrir a la denominación «Hombre de los Lobos». A petición del propio Serguéi, el relato se publicó en 1918 con el título de «Extracto de la historia de una neurosis infantil».[55] En él Freud no hacía ninguna referencia a lo que acababa de escribir sobre la melancolía. Sin embargo, en varias ocasiones habría de agregar notas al texto original.

Contrariamente al caso del Hombre de las Ratas, donde la lógica de la terapia psicoanalítica se exponía de manera implacable, Freud, para escribir la historia de Pankejeff, se lanzó a un verdadero trabajo de reconstrucción biográfica, al extremo de «inventar», a fuerza de interpretaciones, acontecimientos que sin duda jamás se habían producido,[56] en un relato centrado en su totalidad en la infancia del paciente y su sexualidad.

El cuadro familiar freudiano estaba compuesto por la madre, el padre, la hermana y tres empleadas: la niñera (Nania), la institutriz inglesa (miss Owen) y la criada (Grusha). Según Freud, que se basaba en los recuerdos evocados por Serguéi en su cura, este habría sido objeto de un intento de seducción a los tres años y medio por su hermana Anna, que le habría mostrado la «cola», en tanto que él, a continuación, se exhibió presuntamente delante de Nania y se ganó el reto de esta. Freud contaba que hacia los diez años el paciente ruso había querido, a su turno, seducir a su hermana, que lo había rechazado. En consecuencia, prefirió en lo sucesivo escoger mujeres de condición inferior a la suya. Sobre la base de la interpretación de un sueño que Serguéi tuvo a los cuatro años, luego contado y dibujado por él durante las sesiones, Freud reconstruye el origen de la neurosis infantil: «He soñado que es de noche», dice el paciente,

y estoy en mi cama [...] Sé que es de noche [...]. De repente, la ventana se abre sola y veo con gran terror que sobre el nogal grande frente a la ventana están sentados unos cuantos lobos blancos. Eran seis o siete. Los lobos eran totalmente blancos y parecían más bien como unos zorros o perros ovejeros, pues tenían grandes rabos como zorros y sus orejas tiesas como de perros al acecho. Presa de gran angustia, evidentemente de ser devorado por los lobos, rompo a gritar y despierto.[57]

Relacionando ese sueño de los lobos blancos con varios recuerdos del paciente acerca de su sexualidad infantil, Freud inventó, con detalles de una precisión inaudita, una extraordinaria «escena primordial» (*Urszene*),[58] que será célebre en los anales del psicoanálisis y constituirá el objeto de muchos comentarios:

> [Serguéi, por entonces de dieciocho meses,] dormía, pues, en su camita en la habitación de sus padres cuando despertó, tal vez a consecuencia de un aumento de la fiebre, pasado el mediodía, quizá hacia las cinco de la tarde, la hora señalada luego para la depresión. Armoniza con la hipótesis de un caluroso día de verano que los padres desvestidos a medias se hubieran retirado para dormir la siesta. Al despertar fue testigo de un *coitus a tergo* repetido tres veces, pudo ver los genitales de la madre así como el miembro del padre y comprendió el hecho así como su significado. [...] El niño interrumpió al fin el estar juntos de sus padres mediante una evacuación que le dio motivo para berrear.[59]

Según Freud, el sueño de los lobos era, por tanto, la representación invertida de una antigua escena de amor. Serguéi Pankejeff jamás admitió la existencia de esa escena, pero no dejó de considerarla fascinante y de señalar que había dado un sentido a su vida. Tan pronto afirmaba que Freud había acertado al reconstruir de tal modo su vida psíquica inconsciente como dudaba de la pertinencia de esa interpretación.

Otros dos episodios de la vida de Serguéi suscitaron una serie de interpretaciones. Uno incumbía a Grusha, cuyas nalgas, comparadas con alas de mariposa y luego con el número romano V, remitían a los cinco lobos del sueño y la hora en la que habría tenido lugar el famoso coito; el segundo tenía que ver con una alucinación visual. En su infancia Serguéi había visto su dedo meñique seccionado por una navaja, para advertir enseguida que no había ninguna herida. Freud dedujo de ello que, en este asunto, su paciente había manifestado una actitud de rechazo (*Verwerfung*) consistente en ver la sexualidad únicamente desde la óptica de una teoría infantil: el contacto por el ano.

Después de esta gran inmersión en la infancia de Serguéi, Freud tuvo la certeza de haberlo curado. Hasta la primavera de 1918 Pankejeff vivió en Odesa entre su madre y Teresa, que no se llevaban bien. Retomó a continuación sus estudios y no tardó en obtener el título de jurista. En cuanto a Teresa, se vio obligada a salir de Rusia para reunirse con su hija, que murió en Viena. Serguéi se le unió allí. La Revolución de Octubre lo había arruinado y el antiguo aristócrata acaudalado se convirtió en otro hombre, un emigrado pobre y sin recursos, forzado a aceptar un empleo en una compañía de seguros donde trabajaría hasta jubilarse.

Los cambios acaecidos en su vida lo sumieron en una nueva depresión, que lo incitó a acudir otra vez a Freud. Este lo recibió de buena gana, le obsequió sin demora el relato de su caso, que acababa de publicar, y después volvió a tomarlo en análisis, de noviembre de 1919 a febrero de 1920. Si le damos crédito, esta «posterapia» permitió liquidar un resto de transferencia no analizada y curar por fin al paciente.

En realidad, Serguéi siguió presentando los mismos síntomas, agravados bajo el efecto de una mala situación económica. Para ayudarlo, Freud recolectó dinero en el círculo de sus discípulos vieneses. Fue entonces cuando Pankejeff comenzó a identificarse con la historia de su caso y a verse verdaderamente como el Hombre de los Lobos, a tal punto que se atribuyó el nombre de *Wolfsmann*.

En 1926, siempre afectado por los mismos síntomas, volvió a consultar a Freud, quien se negó a tratarlo por tercera vez y lo derivó a Ruth Mack-Brunswick, morfinómana y casi tan enferma como él. Serguéi se vio entonces atrapado en un increíble enredo transferencial. Freud no solo analizaba al mismo tiempo a Ruth, a su marido y al hermano de este, sino que, por añadidura, ese mismo año derivó al diván de aquella a una norteamericana, Muriel Gardiner, que iba a convertirse en amiga y confidente de Pankejeff a medida que se desarrollaban sus respectivos análisis.

Partidaria de las teorías de Melanie Klein, Ruth Mack-Brunswick identificó en el paciente, tras un tratamiento de seis meses, no una neurosis sino una paranoia. En 1928 publicó una segunda versión del caso.[60] Por primera vez, atribuyó al paciente el nombre que este quería llevar y que de allí en adelante lo identificaría: «el Hombre de los Lobos». Lo describió como un hombre perseguido, antipático, avaro, sórdido, hipocondríaco, obsesionado por su imagen y, en particular, por una pústula que le carcomía la nariz. Con ese nuevo diagnóstico, el movimiento psicoanalítico se dividió en dos campos: los partidarios de la psicosis por un lado, los de la neurosis por otro. Pankejeff juzgó que su segunda terapeuta estaba loca y que había mostrado una dureza increíble con Teresa, pero que lo había ayudado.

Siempre en 1926, en el momento del estallido de la terrible desavenencia entre Freud y Rank, este criticó la interpretación freudiana del sueño de los lobos. A su entender, era imposible que un niño de cuatro años hubiera podido soñarlo; Rank afirmaba por eso que se estaba en realidad frente a un deseo transferencial del paciente. La cama del niño, decía en sustancia, representa el diván; los árboles son los que se ven desde el consultorio, y los lobos no son más que la representación de los miembros del comité cuya fotografía adorna el escritorio de Freud, e incluso los hijos de este. Y Rank añadía que ese sueño probaba la existencia de sus propias teorías sobre la transferencia materna y el trauma del nacimiento. A sus ojos, el paciente había soñado con un «árbol genealógico», lo cual había despertado sus celos infantiles, en los que Freud ocupaba para él el lugar de una madre con un pene adosado.[61]

Furioso, Freud redujo a nada las hipótesis de su querido discípulo al demostrar, con la aportación de pruebas, que en el momento del relato del sueño el paciente no había podido ver los retratos de los miembros del comité, dado que en la pared, encima de la *Lección clínica del profesor Charcot en la Salpêtrière*, solo colgaban dos o tres retratos. Y para confirmar esa aserción, pidió a Pankejeff que le enviara un testimonio escrito: «No tengo ninguna razón para dudar de la exactitud de ese recuerdo [...]. Además, que yo sepa, el recuerdo de ese sueño infantil nunca sufrió cambios [...]. Siempre me pareció que el sueño de los lobos estaba en el centro de mis sueños infantiles [...]. Le conté el sueño de los lobos al comienzo de la cura».[62] A raíz de este episodio, Freud encargó a Ferenczi que atacara las tesis de Rank. Triste combate, cuyo saldo para aquel fue la pérdida de dos de sus mejores discípulos.[63]

Para generaciones de psicoanalistas, historiadores y filósofos, el nombre de Pankejeff permaneció ignorado en los anales del psicoanálisis. Solo subsistió, durante decenios, la historia del *Wolfsmann* tal como había sido contada por Freud y reinterpretada hasta el infinito, en virtud de teorías a cual más extravagante, por prestigiosos comentaristas.[64]

Hasta que por fin se reveló, en dos obras contradictorias[65] y con diez años de intervalo, la verdadera vida de Serguéi Pankejeff, era imposible discernir con claridad porque este seguía haciéndose llamar «el Hombre de los Lobos». Con el paso de los años el antiguo paciente se había metamorfoseado en una suerte de archivo, un personaje novelesco surgido de otro siglo, arruinado por dos guerras, refugiado en Viena, que dibujaba una y otra vez su árbol con lobos y multiplicaba las dedicatorias destinadas a psicoanalistas del mundo entero deseosos de ostentar en sus consultorios el recuerdo de una época finiquitada. Tomado a su cargo por la comunidad psicoanalítica vienesa, a la vez como paciente y como leyenda, Pankejeff no dejó hasta su muerte, en 1979, de contar a cada uno de sus interlocutores varias versiones diferentes de su historia.

Tras haber adquirido gran competencia en lo concerniente a la realidad de su melancolía, había aprendido a rivalizar con todos los comentaristas de su «caso». ¿No había tenido el privilegio, decía, de ser un fragmento inalterable de la obra freudiana y el «amigo» de un «pensador genial»? Los antifreudianos afirmaron entonces que el desdichado ruso era la víctima de una empresa criminal, y Freud un estafador que manipulaba a sus pacientes para hacer creer que el psicoanálisis los curaba.[66]

Dos años antes de la Gran Guerra, durante la cual moriría Lanzer pero a la que Pankejeff sobreviviría, Freud se había valido de la idea de que el crimen, bajo la forma del asesinato del padre, estaba en el origen de todas las sociedades. Pero el único tipo de crimen que verdaderamente le interesaba era el ligado al incesto, y de él hacía el paradigma de todos los actos mortíferos. Armado de tal hipótesis, daba a entender que toda sociedad, en función de su evolución, repetía ese acto, presente como un «resto» o un «vestigio», tanto en las colectividades humanas como en la vida individual. Y no había que negar ese resto, sino reinterpretarlo en cuanto suponía una prohibición. Por eso Freud se oponía a la pena de muerte, no como simple ciudadano sino, diría, porque es incompatible con la enseñanza del psicoanálisis:

> Si la humanidad sigue negando a la pena de muerte su carácter de asesinato sancionado por la ley, es porque siempre se negó hasta aquí a mirar a la realidad a la cara, a reconocer la existencia de la vida afectiva inconsciente. Mi posición con respecto a la pena capital no procede, por lo tanto, de razones humanitarias, sino del reconocimiento de la necesidad psicológica de la prohibición universal: no matarás [...]. Afirmo ser un resuelto adversario del asesinato, ya se presente bajo la forma de un crimen individual o de represalias ejercidas por el Estado.[67]

Freud concebía su teoría como una ciencia cuyo objetivo era traducir en la lengua de los mitos la epopeya psíquica de la especie humana y de su origen. Por eso estaba convencido de que, en su mundo, todo sucedía como en los mitos que él había construido. En su práctica clínica, en su vida cotidiana —con Lanzer, Pankejeff y muchos otros—, intentaba encontrar sus construcciones científicas. La guerra, es cierto, había puesto fin a sus viejos arrebatos de optimismo, y en 1920 él veía a su alrededor la muerte en acción. Pero en ese mismo momento su doctrina era recibida triunfalmente por doquier como una higiene de vida, una nueva moral civilizada, no solo por los partidarios de una nueva psiquiatría dinámica, sino también y sobre todo por los escritores que veían en ella una suntuosa manera de explorar las profundidades del inconsciente.

La Belle Époque y los años mortíferos fueron sucedidos durante un decenio, al menos para las clases dominantes de la sociedad, por la era de los felices años veinte, marcada por la recuperación económica y la aspiración a todas las formas de revolución: literaria, artística, política, sexual, musical. Llegado de Hollywood, el arte cinematográfico procuraba aportar a las masas una representación inédita de la realidad. Alentados por el socialismo, el feminismo y el psicoanálisis, todos querían creer que la jerarquía entre las clases sociales y los sexos estaba condenada a una próxima desaparición. La familia se transformaba, los divorcios eran más frecuentes y el índice de natalidad disminuía. En los medios urbanos —París, Berlín, Londres, Nueva York— se expandían el culto de la bisexualidad y las experiencias transgresoras. En cuanto a las mujeres, se liberaban del corsé de la familia, llevaban ropa de corte fluido que dejaba traslucir sus formas y reclamaban el derecho a participar en la vida política. En una palabra, se negaban a ser reducidas, como antaño, al estatus de novia tonta, madre agotada por una sucesión de embarazos no deseados, esposa condenada a las tareas domésticas.

En Francia, país de todos los contrastes, el psicoanálisis suscitaba mucho más entusiasmo en los escritores debido al rechazo que sufría, como «ciencia *boche*» u «obscenidad científica», en una buena parte de las instituciones médicas. Y cuando los surrealistas dieron un lugar de privilegio a la «revolución freudiana», Freud se negó a escuchar sus voces y no entendió demasiado la admiración que le profesaban André Breton y sus amigos. Él seguía admirando a Anatole France y se obstinaba en desconocer la importancia de las vanguardias literarias, a la vez que mantenía correspondencia con Romain Rolland, escritor prolífico, amigo íntimo de Stefan Zweig, hostil a todos los nacionalismos y galardonado con el premio Nobel de Literatura en 1915.[68] En pocas palabras, Freud seguía aferrado al «mundo de ayer» y más aún a la manera como había concebido ese mundo al aportarle una revolución cuyo alcance, es indudable, no apreciaba. Extraña contradicción, soberbiamente freudiana.

En el momento mismo en que la guerra terminaba y aparecían nuevos modos de vida, una pandemia de gripe mortal se abatió sobre el mundo. Procedente de China, el virus llegó a Estados Unidos y, después de pasar por España y sufrir una mutación, se propagó por Europa. En pocos meses provocó una hecatombe aún más considerable que la de los combates.

En enero de 1920 Freud no daba señales de gran simpatía por las aspiraciones de las jóvenes generaciones. Poco sensible a los entusiasmos de la modernidad, pensaba en su propia muerte y la de sus allegados, en el envejecimiento de los cuerpos y los rostros y en sus viejas enfermedades: trastornos de la vejiga y los intestinos, supuración de la nariz. Temía morir antes que su madre y, más aún, en el caso de suceder así, que fuera menester ocultarle a esta la verdad. Cuando Jones le anunció la muerte de su propio padre, lo consoló, considerando como una suerte que ese anciano no hubiera tenido que soportar demasiado tiempo los sufrimientos de un cáncer que lo habría carcomido a fuego lento.

No fue el caso de Anton von Freund, su amigo y benefactor. Freud creía erróneamente haberlo preservado de una recaída al tratar su neurosis, y tuvo que desengañarse. El amigo Toni murió el 20 de enero a los cuarenta años: «Toni Freund murió ayer, apaciblemente liberado de su mal incurable. Una pesada pérdida para nuestra causa, un vivo dolor para mí, pero para el cual pude prepararme en el transcurso de los últimos meses. Soportó su falta de esperanza con una lucidez heroica y no avergonzó al psicoanálisis».[69]

Cinco días después, Sophie Halberstadt, debilitada bajo los efectos de un embarazo no deseado, sucumbió a una neumonía gripal. Debido al cierre de las redes ferroviarias, ningún vienés pudo viajar a Hamburgo para el entierro:

> La brutalidad sin velo de la época nos agobia. Mañana incineran a nuestra pobre niña favorecida por los dioses [...]. Sophie deja dos hijos de seis años y trece meses y un marido inconsolable que ahora va a pagar caro la felicidad vivida a lo largo de siete años. Felicidad que solo existía entre ellos, no exteriormente. Guerra, ocupación, herida, desaparición de su fortuna; pero supieron mantener su coraje y su alegría.[70]

Y también:

> ¿Con qué fin escribo, entonces? Solo creo que no estamos juntos y que en esta miserable época de encierro no podemos ir uno a casa de otro [...]. Un acto absurdo y brutal del destino nos ha arrebatado a nuestra Sophie: algo frente a lo cual no se puede ni acusar ni cavilar, sino bajar la cabeza ante el golpe, como pobres seres humanos sin recursos con quienes juegan las potestades superiores.[71]

Así como la muerte lo afectaba, el suicidio, muy frecuente en las filas de los intelectuales y psicoanalistas de Viena, lo dejaba frío. Aferrado a una concepción heroica de la muerte y profundamente marcado por la cultura grecolatina y el romanticismo negro, Freud rechazaba la psiquiatrización de ese acto, que veía con toda la razón como un derecho. Pero solo le interesaba ya fuera para relacionarlo con su concepción de la diferencia de los sexos, ya fuera para mostrar que el deseo de matarse suponía una inversión del deseo de matar. A su entender, las mujeres no se suicidaban de la misma manera que los hombres. Estos, decía, prefieren las armas, es decir, un sustituto del pene, y las mujeres eligen más bien ahogarse, arrojarse por una ventana, envenenarse: tres maneras, a su juicio, de dar nacimiento, alumbrar o desear un embarazo.[72]

Esto equivale a decir que Freud, obsesionado por el asesinato primordial, la guerra, la bella muerte y la idea de la finitud biológica de la vida, no entendía gran cosa de la esencia de la muerte voluntaria: crimen multifacético contra sí mismo, presente en el núcleo de todas las sociedades humanas, desafío constante a todas las formas de autoridad. Se divertía cuando anunciaban su propio suicidio y le gustaba citar el telegrama de Mark Twain.[73] Es cierto, veía con claridad que no se trataba de un acto de locura y establecía un vínculo entre el suicidio y la melancolía, llegando a veces a hablar de una «liberación» que seguía a un exceso de sufrimiento psíquico, pero no discernía hasta qué punto la muerte voluntaria podía ser también la expresión de la más alta de las libertades. En una palabra, tenía tendencia a «psicologizar» el suicidio.

Por esa razón se mostró tan duro con Victor Tausk, uno de sus discípulos más brillantes de la primera generación, a quien habían criado en Croacia un padre tiránico y una madre perseguida. Como Lou Andreas-Salomé, su amante, que lo llamaba «tú, hermano animal», había sentido en sí mismo la presencia de una fuerza primitiva. Poseído por el odio al padre, Tausk había adoptado con Freud una actitud ambivalente, hecha de rebelión, adoración y sometimiento. A la hora de los combates había estado en el frente serbio para luego regresar a Viena, abatido por el derrumbe del Imperio, y Freud no encontró nada mejor que incorporarlo a una triangulación transferencial cuyos secretos dominaba. Lo envió, en efecto, a analizarse con Helene Deutsch, que por entonces frecuentaba su propio diván, y a través de ella pensaba controlar el desarrollo de su cura. Ahora bien, en julio de 1919 Tausk puso fin a sus días estrangulándose con el cordón de una cortina y disparándose una bala de revólver en la sien.

Freud compuso sobre él una necrológica elogiosa. Pero, en una carta privada enviada a Lou Andreas-Salomé, escribió estas palabras:

El pobre Tausk, a quien usted distinguió durante un tiempo con su amistad, se ha suicidado de la manera más radical. Había vuelto desgastado, minado por los horrores de la guerra, y se había visto en la obligación de intentar restablecerse en Viena en las circunstancias más desfavorables de una existencia arruinada por la entrada de las tropas; procuró incorporar una nueva mujer a su vida y debía casarse ocho días después...., pero decidió otra cosa. Las cartas de despedida a su prometida, a su primera mujer y a mí son igualmente tiernas, dan testimonio de su perfecta lucidez, no acusan a nadie sino a su propia insuficiencia y su vida fracasada y, por lo tanto, no arrojan luz alguna sobre su acto supremo.

Y añadía: «Confieso que no lo echo verdaderamente de menos. Hacía tiempo que lo consideraba inútil e incluso como una amenaza para el futuro».[74]

Una vez restablecida la paz, los miembros del comité se entregaron a feroces batallas internas. Las sociedades psicoanalíticas de Londres y Berlín habían cobrado mayor importancia que la WPV, y la New York Psychoanalytic Society (NYPS) ganaba una amplitud considerable. Ferenczi y Rank se interesaban cada vez más, como antaño Jung, en el origen «femenino» y «materno» de las neurosis y las psicosis, y ya no solo en la cuestión del asesinato del padre. Freud siempre había afirmado que la madre era el primer objeto de amor del ser humano, pero, al psicologizar la tragedia de Edipo, había transformado esta en un «complejo» que no podía explicar todos los aspectos de la psique. Y los psicoanalistas de la nueva generación procuraban despegarse de la figura tutelar del padre erigido en tótem. Por eso dejaban de lado el crimen primordial para preguntarse sobre el apego precoz a la madre. De resultas, Ferenczi proponía, mediante la aplicación de la «técnica activa», una transformación radical de la práctica de la terapia psicoanalítica. En el congreso de Budapest ya se había opuesto a Freud en la cuestión de los «nuevos caminos». Y ahora iba a ir aún más allá.[75]

Lejos de limitarse a plantear interpretaciones apuntadas a extirpar del inconsciente los relatos de escenas primordiales, el analista moderno debía, en opinión de Ferenczi, intervenir en la sesión por medio de conminaciones y prohibiciones. A la figura de la Esfinge poseedora de secretos y enigmas oponía la imagen del terapeuta benévolo, empático, femenino, sensual y maternal, deseoso de aliviar el sufrimiento del paciente. A la luz de semejante revolución, Freud aparecía como un monarca honrado que imperaba sobre un reino arcaico.

Al apoyar a Abraham, Jones buscaba por su parte profesionalizar el oficio y combatía a Rank y Ferenczi para lograr encauzar la dirección del movimiento hacia el mundo angloparlante. La victoria de los Aliados parecía darle la razón. En este caso contra Abraham, y pese a las dificultades económicas de los vencidos, impuso la elección de La Haya para la celebración del sexto congreso del IPV. En lo sucesivo sería su presidente hasta 1925. Freud lo apoyó.[76]

En septiembre de 1920, delante de sesenta y dos participantes, entre los cuales había muchas mujeres, Abraham pronunció su discurso inaugural en latín para no herir las susceptibilidades de los vencedores de la guerra. De todos modos, la lengua alemana dominó los debates. Y Berlín, gracias a la creación de su prestigioso instituto, seguiría siendo, durante unos diez años más, el centro neurálgico de una expansión del psicoanálisis hacia el mundo occidental y oriental. Freud, en lo que significaba para él la oportunidad de modificar una vez más su *Traumbuch*, volvió a dictar una conferencia sobre el sueño, mientras que Ferenczi se explayó sobre la técnica activa; Binswanger se ocupó de la clínica psiquiátrica y Geza Roheim, en inglés, habló del totemismo en Australia. Los holandeses se mezclaban de buena gana con los ingleses y los polacos para intercambiar impresiones de viaje e ideas en el transcurso de largos paseos en automóvil, en barco o a caballo. Al término de esas jornadas de alegría y reencuentros, un distendido banquete, ofrecido por los vencedores, permitió a los vencidos de los fenecidos Imperios Centrales dejar de verse como los parias de la nueva Europa.

Ahora célebre en el planeta entero, Freud asistía así al triunfo mundial de su movimiento. Pero sobre todo se aburría y añoraba el tiempo en que él mismo se había considerado como un descubridor solitario. Puesto que, de hecho, no aceptaba la manera en que sus numerosos discípulos y admiradores interpretaban su doctrina y la hacían vivir al ritmo vibrante de los felices años veinte, y sentía que entre «él y los otros» se había abierto una brecha irreparable: «En su última circular», escribiría a Ferenczi, me parece excelente el pasaje donde usted dice que las cosas van mal para todos nosotros, pero muy bien para nuestra causa. Es efectivamente así: la causa nos devora y, en cierta forma, nos disolvemos en ella. Y quizá esté bien que suceda de ese modo; yo habría deseado simplemente que la segunda generación analítica, la más joven, pudiera resistir la disolución todavía un tiempo.[77]

En La Haya, no obstante, Freud sintió una verdadera felicidad al ver llegar desde Baden-Baden, a orillas del Rin, y acompañado de su amante, a un médico poco común: Georg Groddeck. En medio de esta culta asamblea que intentaba hacer el duelo de los años de guerra y normalizar la formación de los profesionales, Groddeck afirmaba, en efecto, con un tono bastante exaltado y una voz atronadora, que era un «analista silvestre» y pretendía curar las enfermedades orgánicas mediante un tratamiento psíquico adaptado. En 1900, por lo demás, había fundado un sanatorio en Baden-Baden para aplicar en él sus teorías: una medicina del «sujeto» con hidroterapia, masajes, régimen alimentario y conversaciones entre pacientes y personal de atención. Ferenczi lo adoraba y Freud ya le había expresado su entusiasmo: «Es usted un analista de primera fila [...]. El hombre que ha reconocido que la transferencia y la resistencia constituyen los puntos clave del tratamiento pertenece irrevocablemente a la "jauría" [...]. [M]e inclino a acoger su colaboración con los brazos abiertos». Y añadía: «¿Por qué se arroja usted [...] de cabeza al misticismo, por qué [...] se liga usted a inútiles teorías filosóficas [...]? Sus experiencias, después de todo, no suponen sino la comprensión de que los factores psicológicos representan un elemento inesperadamente importante también en el origen de las enfermedades orgánicas».[78]

A la inversa de buen número de discípulos y pacientes de Freud, Groddeck no había padecido ninguna tiranía paterna sino la frialdad de una madre que, a sus ojos, había eclipsado la figura adorada del padre. Criada ella misma en el culto de un padre autoritario, aquella no había sabido transmitir a sus hijos el afecto necesario para su desarrollo. Afectados por diversas enfermedades orgánicas, cuatro de ellos habían muerto prematuramente, y Georg era el único superviviente. Médico reputado, Carl Theodor, su padre, dirigía un establecimiento de baños y se lo conocía por sus posiciones ultraconservadoras. Terminada la primavera de los pueblos, había publicado una obra en la que equiparaba la democracia a una plaga, una epidemia capaz de «contaminar» Europa y provocar en los individuos la desaparición de toda forma de autoconciencia. Esa tesis, que está presente en los sociólogos de las multitudes, y sobre todo en Gustave Le Bon, hacía de Carl Theodor Groddeck un partidario del canciller Bismarck.[79]

Acicateado por su padre, Georg se inició en la carrera médica como asistente de Ernst Schweninger, un médico marginal que había conquistado fama al tratar con éxito las diferentes «enfermedades» del canciller Bismarck —tabaquismo, toxicomanía, obesidad— por medio de un régimen draconiano. Ultraconservador también él, había trasladado a la medicina los principios del autoritarismo prusiano e instaurado con sus pacientes una relación de sugestión y de sumisión absoluta de la que hacía depender el tratamiento y la naturaleza misma de la curación. Su divisa —*Natura sanat, medicus curat*—[80] fue utilizada por Groddeck en 1913, al publicar su primera obra.[81]

Como su maestro y su padre, Groddeck reivindicaba la idea de una «pureza de la raza» y proponía despojar de sus derechos cívicos a todo ciudadano alemán casado con una persona extranjera. En 1929, en sus *Lebenserinnerungen*,[82] lamentaría su actitud de entonces y la corregiría, sin renunciar jamás a la utopía higienista que le servía de fundamento y que además compartían muchos médicos y sexólogos alemanes apegados a la idea de la «mejora de la especie humana».[83] En ese mismo libro atacaba enérgicamente el psicoanálisis, poniendo en guardia al lector contra los peligros de una técnica a menudo mal dominada por profesionales incompetentes.

Muy poco después Groddeck había dado un giro. Y Freud estaba fascinado por ese médico que le recordaba a Fliess y los deliciosos delirios de antaño. En contacto con él podía desafiar de nuevo a la medicina de su tiempo, soñar con conquistar el territorio del cuerpo, imaginar una amistad con un doble femenino de Jung, plantear un reto al tedioso pragmatismo de Jones y complacerse en especulaciones sobre la naturaleza bisexual de la humanidad. En una palabra, reencontraba en Groddeck el entusiasmo de sus años de juventud, y poco importaba que algunas de sus tesis fueran en contra de la ciencia médica, porque tenían en cuenta el sufrimiento subjetivo, abandonado por la ciencia.

En el sanatorio de Baden–Baden Groddeck recibía pacientes afectados por toda clase de enfermedades orgánicas frente a las cuales la medicina de la época se revelaba impotente. En 1916, para hacerlos participar en su propio tratamiento, se le ocurrió la idea de dictar conferencias dirigidas a ellos y crear, luego, una revista, *Sanatorium*, donde pudieran expresarse en un nivel de igualdad con el terapeuta. Groddeck se ocupaba de cánceres, úlceras, reumatismos, diabetes, y pretendía encontrar en el trazado de la enfermedad la expresión de un deseo orgánico. Así, veía en el bocio un deseo infantil y en la diabetes el deseo del organismo de endulzarse. En la misma perspectiva, sexualizaba los órganos del cuerpo: el nervio óptico estaba del lado de la masculinidad y las cavidades cardíacas, del lado de la femineidad.[84]

Ese deseo orgánico derivaba de lo que Groddeck llamaba el ello (*Es*). Con ese pronombre neutro tomado de Nietzsche designaba una sustancia arcaica, anterior al lenguaje, una especie de naturaleza salvaje e irredentista que sumergía las instancias subjetivas: algo así como las «grutas» de Jung. La curación consistía en dejar actuar en el sujeto el manar del ello, fuente de verdad.

Un año después de su encuentro con Freud, Groddeck publicó una «novela psicoanalítica», *El escrutador de almas*,[85] en la cual contaba la epopeya de un hombre transfigurado por la revelación de su inconsciente que sale a la caza, a través del mundo, de chinches e «imágenes de almas». Freud admiró el estilo picaresco del autor, que le recordaba a Rabelais y el *Quijote* de Cervantes. En 1923 Groddeck publicó el famoso *Libro del ello*,[86] donde ponía en escena su relación epistolar con Freud por medio de un conjunto de cartas ficticias enviadas por el narrador, Patrick Troll, a una amiga. Quería popularizar de tal modo los conceptos del psicoanálisis y su propia doctrina. Freud se apoderó del ello y modificó radicalmente su definición. Y fue entonces cuando comenzó a desilusionarse e irritarse con ese médico extravagante a quien tanto había querido, y al que ahora acusaba de sembrar la discordia en la jauría de sus discípulos:

Lamento que trate de alzar un muro entre usted y los demás leones que aloja la jaula del Congreso. Es difícil practicar el psicoanálisis en medio del aislamiento, pues se trata de una empresa exquisitamente social. Sería mucho más agradable que todos rugiéramos o aulláramos a coro y con el mismo ritmo, en lugar de limitarnos a gruñir en solitario sin movernos de nuestro rincón.[87]

Freud se negó a desplazarse a Baden-Baden, a pesar de que Ferenczi iba a esa ciudad a someterse a un tratamiento y de que Jones y Abraham ponían el grito en el cielo. En definitiva, Freud afirmó que las ideas de Groddeck eran buenas, pero no servían para la investigación científica.

Correspondió a Thomas Mann el mérito de hacer el más bello retrato de Groddeck. En *La montaña mágica* se lo presenta, bajo el nombre de doctor Edhin Krokovski, director médico del Berghof, como un hipnotizador a la antigua, obsesionado por la sexualidad, pero que al parecer no ha accedido todavía a las luces de la razón: «Por allí pasa, conocedor de todos los secretos de nuestras señoras. Se ruega observar el refinado simbolismo de su atuendo. Viste de negro para indicar que el ámbito específico de sus estudios es la noche». Krokovski manifiesta un pesimismo radical con respecto a la salud humana, a tal punto que solo ve en el hombre un sujeto invadido por la enfermedad. Desplazándose entre materialismo y ocultismo, se entrega a experiencias de telepatía que lo sumergen en el universo fáustico de un subconsciente desordenado.[88] Tal era el magnífico sanador del que Freud se había prendado sin mostrar nunca una verdadera adhesión a sus extravagancias.

En tanto que Karl Kraus y Otto Weininger equiparaban la judeidad a una esencia femenina responsable de la decadencia de la cultura patriarcal, Groddeck proponía, por el contrario, la necesidad de encontrar en cada ser humano una bisexualidad original reprimida en la religión judía por la práctica de la circuncisión. A sus ojos, esa práctica habría favorecido la afirmación de una unisexualidad del hombre y el rechazo de su esencia femenina frente a un Dios bisexual y omnipotente. Por esta hostilidad a la religión del padre y en nombre de una búsqueda mesiánica de la femineidad, la única capaz de salvar a la humanidad, Groddeck rechazaba pues el judaísmo por razones opuestas a las de Weininger.[89] Sin embargo, compartían la misma problemática: por un lado, el judío era equiparado a una mujer cuando todo el mal de la civilización provenía de la femineidad, y por otro, encarnaba el mal al reprimir los beneficios de lo femenino.[90]

En 1920 Freud pensaba mucho más en el valor de sus descubrimientos que en sus amistades. Muy decidido a consagrar a su obra el tiempo que le quedara de vida, aceptó que las actividades del movimiento psicoanalítico se desplazaran hacia el mundo angloparlante. Por eso dejó cada vez más en manos de Jones la gestión de los asuntos. Por su parte, iba a orientarse ahora hacia tres tipos de investigación: un estudio especulativo sobre la vida y la muerte, que iba a la par con una reformulación de su primera tópica; un análisis de los mecanismos colectivos del poder social y una interpretación del fenómeno de la telepatía: una manera de sumergirse de nuevo en ese mundo de lo irracional que no dejaba de asediarlo cuando más se definía como un pensador de la Ilustración y la razón.

TERCERA PARTE

FREUD EN SU PROPIA CASA

1

La Ilustración oscura

Pensador de la Ilustración, Freud era el heredero de Kant y de la idea de que el hombre debía escapar a toda alienación para entrar en el mundo de la razón y el entendimiento. Veía con buenos ojos la famosa máxima del coraje y la necesidad del saber —«atrévete a pensar»— y creía en el posible sometimiento de los instintos al dominio de sí mismo. Por eso estaba convencido de que las élites debían guiar a las multitudes y no conformarse con el papel de representantes del pueblo. Y en ese aspecto seguía aferrado a una figura de la autoridad patriarcal, aunque esta estuviera menoscabada. Pero al mismo tiempo quería ser el dinamitero de los ideales del progreso, porque no dejaba de reivindicar el *Sturm und Drang*, a Goethe, a Fausto y el pacto con Mefistófeles, así como la peligrosa supremacía de la pasión sobre la razón. Pertenecía además a la tradición de la «Ilustración oscura»[1] por su capacidad de dejarse hechizar por lo demoníaco, lo oculto, el *pharmakon* o la «inquietante extrañeza» (*Unheimliche*),[2] para distanciarse al punto de ello mediante la invocación del ideal de la ciencia. Y es en ese juego dialéctico entre la oscuridad y la luz donde se puede situar a Freud como heredero de Nietzsche, toda vez que su proyecto supone una voluntad de transformar el romanticismo en una ciencia.

Al tiempo que reivindicaba una filiación con Diderot, Freud se había erigido en el inventor de una visión de la sexualidad que, si bien se pretendía racional, no dejaba de estar inmersa en el recuerdo de las grandes locuras de Sade. Como él mismo decía, aspiraba a ser «un *advocatus diaboli* que no por eso ha entregado su alma al diablo».[3] Y pese a ello, rechazaba cualquier herencia de la filosofía. Quería incluso ahorrarse toda deuda a su respecto, al punto de considerarla como un «ancestro indigno».[4] En 1925 diría:

> He leído a Schopenhauer tarde en mi vida. En cuanto a Nietzs-che, el otro filósofo cuyas intuiciones e intelecciones coinciden a menudo de la manera más asombrosa con los resultados que el psi-coanálisis logró con trabajo, lo he rehuido durante mucho tiempo por eso mismo; me importa mucho menos la prioridad que conservar mi posición imparcial.[5]

Fascinado por la muerte y el amor, por el sexo y el deseo, pero preocupado por explicar de manera inteligible los aspectos más crueles y ambivalentes del alma humana, Freud ponía al sujeto moderno frente a su destino: el de un inconsciente que, sin privarlo de su libertad, lo determina a sus espaldas. Y quería a toda costa que el psicoanálisis fuera una revolución simbólica con la vocación primordial de cambiar al hombre mostrando que «el yo no es el amo en su propia casa». Mediante ese gesto —ya lo he señalado— se había diferenciado de los psicólogos y los sexólogos de su tiempo, al hacer legible, por los mitos y los sueños, la vida nocturna de la humanidad, lejos de todas las presuntas ciencias del comportamiento. Así daba un contenido existencial a ese ámbito en vez de pretender describirlo por medio de los instrumentos propios de la ciencia positiva. Lo que tomaba de Darwin no era, además, nada distinto de lo que tomaba de Sófocles: la novela trágica de un hombre que, después de verse como un dios, advierte que es otra cosa y no lo que creía: un asesino e incluso el descendiente de la especie animal.

Por añadidura, Freud admitía, no el carácter judío del psicoanálisis, sino la idea de que los judíos, después de que Moisés los condujera a través del desierto, no renunciaban jamás a nada y se inventaban sin cesar un sustituto para hacer frente a lo que habían perdido:[6] sustituto de un territorio, de una madre, de un padre, de un ancestro, de un dios, de un objeto. En otras palabras, se apoyaba en esa tradición para reflexionar sobre la cuestión universal de la herencia, la genealogía, la transmisión, la fidelidad, el exilio. Sostenía que cada pérdida permite al hombre superarse a sí mismo y por lo tanto acceder a una suerte de inmortalidad —la de las pulsiones de vida—, aun cuando en el fondo persistía en él una atracción por la nada, la muerte y la autodestrucción. A su entender, el destino humano se confundía con la búsqueda de un «más allá» de sí, un más allá de la muerte y el amor. Y con ello, la causalidad estrictamente sexual que había invocado hasta entonces contra Jung y contra todos los disidentes ya no bastaba para explicar las patologías y otras neurosis, fueran o no traumáticas.

Desde ese punto de vista, podría atribuírsele la definición del hombre dada por La Fontaine, el libertino ateo, aferrado a un orden natural del mundo: «En relación con nosotros, los hombres, yo haría nuestra suerte infinitamente más fuerte. Tendríamos un doble tesoro: uno, esa alma igual en todos en cuanto somos, sabios, locos, niños, idiotas, huéspedes del universo bajo el nombre de animales; otro, una segunda alma, entre nosotros y los ángeles».[7]

Así, Freud había inventado una «disciplina» imposible de integrar, no solo en el campo de la ciencia, sino en el de las ciencias humanas por entonces en plena expansión desde fines del siglo XIX. Para los científicos el psicoanálisis era literatura; para los antropólogos y los sociólogos daba testimonio de un resurgimiento de las antiguas mitologías; a los ojos de los filósofos se asemejaba a una extraña psicología procedente a la vez del romanticismo y el darwinismo, y en opinión de los psicólogos ponía en peligro el principio mismo de toda psicología. De tal modo, todas las disciplinas académicas rechazaban el psicoanálisis, a tal punto que este aparecía como la propiedad de un maestro cuyo proyecto era restablecer el banquete socrático más que favorecer el auge del saber moderno. Y, después de todo, el Ring, con sus anillos sagrados, sus protocolos (*Rundbriefe*) y sus juramentos, parecía legitimar esa visión de las cosas. En cuanto al objetivo terapéutico del psicoanálisis, no entraba ni en el campo de la medicina ni en el de la psicología, aun cuando, como medicina del alma, algunos lo consideraran capaz de «influir» en la psiquiatría, sin dejar de estar en la órbita del magnetismo. En realidad, la clínica freudiana consistía en un arte de la interpretación capaz de obtener del paciente la confirmación de una construcción puesta de relieve por la transferencia y el trabajo de la cura. En ese sentido, reducía a la nada el nihilismo terapéutico, que consistía en clasificar las enfermedades psíquicas sin escuchar nunca al enfermo.

Renovador de una crítica de las genealogías familiares, Freud era tanto un pensador de lo irracional como el teórico de una democracia elitista. Así, afirmaba que solo la civilización —es decir, la coacción de una ley impuesta a la omnipotencia de las pulsiones mortíferas— permite a la sociedad escapar de la barbarie tan deseada por la propia humanidad. Y si bien nunca había sido un gran lector de Sade,[8] compartía con él, no obstante, la idea de que la existencia humana se caracteriza menos por la aspiración al bien y la virtud que por la búsqueda de un permanente goce del mal: pulsión de muerte, deseo de crueldad, amor al odio, aspiración a la desdicha y el sufrimiento. Por esta razón, recuperaba la hermosa idea de que la perversión es necesaria para la civilización en su carácter de parte maldita de las sociedades. Pero, en lugar de anclar el mal en el orden natural del mundo, y en vez de hacer de la animalidad del hombre el signo de una inferioridad racial, prefería sostener que solo las artes y la cultura son capaces de arrancar a la humanidad de su propia voluntad de anonadamiento.

En una obra apasionante,[9] Gilles-Gaston Granger pone en evidencia tres grandes modalidades de lo irracional propias de la historia de las ciencias. La primera aparece cuando un científico debe enfrentarse al obstáculo constituido por un conjunto de doctrinas que rigen el pensamiento de una época y que se han tornado dogmáticas, restrictivas o estériles. Para el científico la cuestión pasa entonces por innovar y poner en entredicho un modelo dominante mediante la apelación a objetos insólitos o colocando bajo la mirada de la ciencia objetos sobre los que se arroje otra luz. Por ejemplo, el inconsciente, la locura, la sinrazón, lo femenino, lo sagrado. En síntesis, todo lo que Georges Bataille llama lo heterogéneo. El recurso a lo irracional permite entonces resucitar una figura de la razón y volver a partir a la conquista de *otra* racionalidad.

La segunda modalidad de lo irracional aparece cuando un pensamiento está anquilosándose en un dogma o un racionalismo demasiado restrictivo. Para obtener resultados convincentes e insuflarle un nuevo vigor, el científico debe ponerlo entonces en contradicción consigo mismo a fin de prolongar el acto creador que le ha dado origen.

La tercera modalidad se refiere a la adopción, por parte de científicos o creadores, de un modo de pensamiento íntegramente irracional fundado en el abandono de la razón y la adhesión a falsas ciencias o a actitudes de rechazo sistemático del saber dominante. De ahí una valorización de la magia y lo religioso, asociada a una creencia en el más allá o en el poder de un ego no controlado. Esta tercera modalidad se acompaña en general de rechazo violento del sistema anteriormente adoptado. Es fácil incluir en esta categoría las derivas revisionistas llevadas al extremo, cuando proclaman un odio por el objeto antaño adulado.

Estas tres modalidades de lo irracional son perfectamente identificables —ya lo he dicho en varias ocasiones— en la historia del psicoanálisis. Sin embargo, Freud siempre se mantuvo en los límites de las dos primeras, que son inherentes al proceso mismo de la innovación teórica. En una primera etapa, a través de su relación con Fliess, se enfrentó con lo irracional biológico, lo que a continuación le permitió, en virtud de una inversión dialéctica, elaborar hasta 1915 los principios de una nueva racionalidad. Vinieron después los años de guerra, momento de la gestación de una nueva revolución simbólica.

En una segunda etapa de 1920 a 1935, una vez construida su doctrina, Freud introdujo la duda en el corazón de la racionalidad del psicoanálisis. Pretendía así, al volcarse hacia lo irracional especulativo, combatir el positivismo que lo amenazaba desde dentro. Planteó entonces la hipótesis de una pulsión de muerte, que aplicó al análisis de las «multitudes», y luego inició un extenso debate sobre la cuestión de la telepatía, mientras se lanzaba a un combate contra la religión y en favor del psicoanálisis lego.

«La muerte es la compañera del amor. Juntos, dirigen el mundo. Eso es lo que dije en mi libro *Más allá del principio de placer.*»[10] Tal era, en 1926, el juicio emitido por el propio Freud sobre esa obra inaudita, esbozada entre marzo y mayo de 1919, atravesada por la experiencia de lo *Unheimliche* (la inquietante extrañeza), y que parecía renegar de los principios mismos de la doctrina psicoanalítica anterior a 1915. En realidad, Freud se enfrentaba cada vez más a la eventualidad de su propia muerte.[11] Pero también intentaba dar cuerpo a su metapsicología, inventando un nuevo dualismo pulsional. Y para ello convocaba a algunos grandes nombres de la ciencia, la literatura y la filosofía —Fechner, August Weismann, el Tasso (Torquato Tasso), Schopenhauer, Goethe, Gomperz, Platón—, y también los de sus allegados: Sabina Spielrein, Sándor Ferenczi y Ernstl Wolfgang Halberstadt, su nieto. A lo cual se sumaban referencias a los *Upanishads* y el nirvana.

Desde 1911 afirmaba que dos principios rigen la vida psíquica. Uno tiene por meta procurar el placer, y otro, modificar el primero imponiéndole las restricciones necesarias para la adaptación a los constreñimientos de la realidad. Pero he aquí que ahora, como si diera continuidad a su concepción del narcisismo, pretendía sustituir esos dos principios por un nuevo dualismo: la vida y la muerte. Más allá del aspecto especulativo de su reflexión, Freud se apoyaba en una realidad clínica. Después de tantos años de práctica terapéutica y de sesiones que no habían desembocado en los resultados previstos, se había dado cuenta de que su teoría de las neurosis no permitía explicar un fenómeno conocido por todos los especialistas en las enfermedades del alma: algunos pacientes se mantienen inaccesibles al tratamiento, cualquiera que este sea. Y peor aún, cuando recurren a él, sufren una regresión y su estado se agrava cada vez más. Todo sucede pues como si, inconscientemente, y sea cual fuere el talento del terapeuta, se las ingeniaran para obedecer a una compulsión de repetición capaz de arrastrarlos a su propia destrucción. Algunas personas, destacaba Freud, dan en efecto

> la impresión de un destino que las persiguiera, de un sesgo demoníaco en su vida [...]. La compulsión que así se exterioriza no es diferente de la compulsión de repetición de los neuróticos [...]. Se conocen individuos en quienes toda relación humana lleva a idéntico desenlace: benefactores cuyos protegidos (por disímiles que sean en lo demás) se muestran ingratos pasado cierto tiempo, y entonces parecen destinados a apurar entera la amargura de la ingratitud; hombres en quienes toda amistad termina con la traición del amigo; otros que en su vida repiten incontables veces el acto de elevar a una persona a la condición de eminente autoridad para sí mismos o aun para el público, y tras el lapso señalado la destronan para sustituirla por una nueva.[12]

En unas pocas frases, Freud trazaba un cuadro sin concesiones de todas las actitudes inconscientes mediante las cuales un sujeto busca autodestruirse, una circunstancia en la que el masoquismo es mucho más poderoso que el sadismo.[13] Y designaba como «eterno retorno de lo igual» esa repetición mortífera.

Lejos de conformarse con esa constatación, deducía de ella que la meta de toda vida es la muerte y que, en ese combate, las pulsiones de vida no hacen sino prolongar la trayectoria que conduce a la muerte. En consecuencia, había sin duda, en su opinión, fuerzas psíquicas que actúan «más allá del principio de placer». Y tomaba como ejemplo del dominio de ese «más allá» una práctica lúdica —el *fort da*— cuyo desenvolvimiento había observado en su nieto, Ernstl Halberstadt, que por entonces tenía dieciocho meses.

Cuando su madre se ausentaba, Ernstl se entretenía lanzando pequeños objetos lejos de su cama y acompañaba ese gesto con una expresión de satisfacción que adoptaba la forma vocal de una «o-o-o-o» prolongada, en la cual podía reconocerse la palabra alemana *fort*, es decir, «se fue». Un día, el niño se entregó al mismo juego, pero esta vez con un carretel de madera atado a un cordel: lanzaba el carretel, gritaba «o-o-o-o» y después, tirando del cordel, lo hacía volver y lo saludaba con un alegre *da* («aquí está»).

De ese modo, Ernstl transformaba un estado de pasividad o displacer ligado a la partida de su madre en una situación controlada. Por medio de ese juego encontraba pues, según Freud, la manera de expresar sentimientos hostiles, inconfesables en presencia de su madre, y vengarse de su partida. En otras palabras, soportaba un desagrado por la repetición de una separación que le procuraba una ganancia de placer. Esa era la «compulsión de repetición» que se observaba asimismo en las curas, y que no tenía demasiado que ver con la realidad de una verdadera pérdida.[14]

Sin pretender generalizar a partir de ese caso, Freud se aferraba, con todo, a otro ejemplo. Deseoso de retrotraer la condición del hombre moderno a mitos ancestrales o epopeyas literarias, comparaba el destino de los neuróticos compulsivos con el del héroe de Tasso en *La Jerusalén libertada*.[15] En la gran tradición de Homero y Virgilio, este poema épico en veinte cantos cuenta la primera cruzada y la conquista de Jerusalén. Prototipo del caballero valeroso, Tancredo, un hombre tan melancólico como Tasso, se enfrenta a los infieles y ama con un amor atormentado y no correspondido a una guerrera sarracena de rubia cabellera, una tal Clorinda, acerca de la cual nos enteraremos en el transcurso del relato que ha nacido cristiana.[16] Ignorante de su identidad, Tancredo la desafía creyendo combatir a un caballero enemigo. Serán, dice él, «el combate y la muerte», y ella replica: «Los tendrás, porque los buscas». Durante una noche entera se baten a duelo, sin desfallecer y en una especie de cuerpo a cuerpo sangriento en el que cada uno intenta reducir al otro a la nada. Al alba, cuando llega a su fin esta larga lucha a muerte, Clorinda cae, con heridas en todo el cuerpo. Si bien se niega a decirle su nombre, pide a Tancredo que la bautice y le tiende la mano en señal de perdón: «En medio de los tormentos y los remordimientos», dice él, «viviré errante y exaltado. El espanto me perseguirá en las tinieblas [...]. Y tendré en horror y execración el rostro de ese sol que me ha revelado mi crimen. Tendré miedo de mí mismo, de mí siempre querré escapar y a mí, siempre, he de volver».[17]

Tras los funerales de su amada, Tancredo penetra en el oscuro bosque tan temido por los cruzados. Un «ominoso bosque encantado», poblado de espíritus y aparecidos; *«in dem unheimlichen Zauberwald».*[18] Allí, parte en dos un ciprés. Y entonces escucha la voz de Clorinda, cuya alma se ha refugiado en ese árbol. Ella se queja del mal que él le ha infligido. A continuación, los cristianos llevarán a la Jerusalén libertada a Tancredo, después de que Herminia, otra sarracena loca de amor por él, lo haya salvado.

Freud tomaba de ese poema la temática del héroe condenado por el destino a ser sin cesar el causante de su propia infelicidad.[19] Aceptaba además la idea de que la pulsión de muerte estaba anclada a tal punto en el inconsciente que condenaba al sujeto a no liberarse jamás de ella. Pero, curiosamente, no tenía en cuenta el episodio del combate nocturno entre Tancredo y Clorinda, que, sin embargo, habría debido recordarle el de Jacob y el ángel. Y no decía una palabra de la evidente melancolía del héroe. En realidad, en ese ensayo luchaba contra sí mismo. Afirmaba una cosa y la contraria: la pulsión de muerte domina la vida humana, decía por un lado, pero, sostenía por otro, es impensable que la vida no sea más que una mera preparación para la muerte. Y sacaba de ello la conclusión de que las pulsiones de muerte, por poderosas que sean, se topan con su límite en el hecho mismo de que la vida se reproduce, más allá de la muerte. El psiquismo es pues un campo de batalla, una escena nocturna en la que se enfrentan dos fuerzas elementales —Eros y Tánatos—, condenadas a amarse y odiarse por toda la eternidad.[20]

Se comprende entonces que Freud haya podido encontrar una confirmación de sus especulaciones en los últimos trabajos del biólogo alemán August Weismann,[21] cuando, por otra parte, este rechazaba las tesis neolamarckianas sobre la herencia de los caracteres adquiridos, a la vez que proponía un modelo genético. Weismann establecía una distinción en la sustancia viviente entre una parte mortal (el «soma») y otra inmortal, el «plasma germinal» destinado a la conservación y la propagación de la especie. Esta analogía inesperada entre las teorías de Weismann y sus propias tesis permitía a Freud fundar sus especulaciones en la ciencia, y ya no en el mero corpus mitológico o literario.

Pero, mediante una nueva inversión, se proponía apoyarse en esa analogía para convertir el modelo genético en una suerte de modelo metapsicológico. Así, afirmaba que las células germinales dan prueba de un «narcisismo absoluto», al punto de ser portadoras, también ellas, de una pulsión de muerte. Y llegaba a decir que las células de los tumores malignos, tan destructivas para el organismo, podrían ser «narcisistas en este mismo sentido».[22] De ese modo transformaba las pulsiones en entidades mitológicas e incluso en diosas o semidiosas.

Es indudable que Freud se servía del modelo genético tomado de Weismann para reformular su concepción de conjunto del psiquismo. Sustituía el antiguo dualismo pulsional por uno nuevo, y a las viejas instancias de la primera tópica —consciente, preconsciente, inconsciente— añadía las de una segunda: el yo, el superyó, el ello.[23] Freud, es cierto, no había descubierto los mecanismos del funcionamiento psíquico, pero con esta refundición permitía abordarlo de otra manera. Concebido como un depósito caótico, el ello se convertía en el lugar por excelencia de las pulsiones de muerte, una entidad «amoral», un dios de las tinieblas, en tanto que el yo, más «moral», estaba incorporado en parte, pero solo en parte, a él, cual un héroe melancólico, una especie de Tancredo, heredero de Edipo. En lo concerniente al concepto de superyó, Freud lo erigía en el censor implacable y cruel de los desbordamientos del alma y por lo tanto del ello y del yo. Diría más adelante que «donde Ello era, Yo debo devenir» (*wo Es war, soll Ich werden*) y haría de esta conminación una nueva tarea para la cultura, tan importante como el desecamiento del Zuiderzee.[24]

Después de haber rechazado toda herencia filosófica, Freud se las ingeniaba ahora para introducir en su refundición de la psique dos de los más grandes nombres de la filosofía alemana: Kant y Nietzsche. Del primero tomaba el imperativo categórico transformado en superyó, y del segundo, «lo impersonal sometido a las necesidades del ser», retomado por Groddeck bajo la forma del ello.[25]

Lejos de dejar la última palabra al modelo biológico genético, Freud terminaba *Más allá del principio de placer* con la evocación de un episodio del *Banquete* de Platón durante el cual Aristófanes cuenta el mito de los humanos dobles o enteros. En el origen, dice en sustancia Aristófanes, tres especies conformaban la humanidad: el hombre, la mujer y el andrógino. Cada ser se asemejaba a una esfera compuesta de cuatro manos, cuatro piernas y dos rostros en una cabeza única con cuatro orejas y dos sexos. Esos humanos originales se desplazaban hacia delante o hacia atrás. El varón procedía del Sol, la mujer, de la Tierra, y el andrógino, de la Luna. Un día ascendieron al cielo para ocupar el lugar de los dioses. Fue entonces cuando Zeus, deseoso de castigarlos pero no de eliminarlos, decidió partirlos en dos. Sin embargo, cada pedazo, añorante de su mitad, trataba de unirse a ella al precio de morir de hambre y de inacción. Para poner fin a esa autodestrucción, Zeus trasladó los órganos sexuales a la parte delantera del cuerpo y de ese modo hizo posible el acoplamiento entre las mujeres y los hombres y la perpetuación de la raza humana. Los hombres que amaban a los hombres, en vez de alumbrar la vida, alumbrarían el espíritu. Los seres más consumados serían pues, según Aristófanes, puramente masculinos. En virtud de ese mito, el amor (Eros) procedería de un desgarramiento. Por eso es a la vez el mal y el remedio al mal para los humanos, que no dejan de soñar con un estado original de fusión sin dejar, a la vez, de separarse de él.

Freud se apoyaba apenas en una parte ínfima del discurso de Aristófanes[26] y afirmaba querer retraducir la historia de las relaciones entre Eros y Tánatos en términos fisiológicos y químicos. En consecuencia, otra vez daba un giro y pasaba de la mitología a la biología. Pero en el capítulo final de *Más allá del principio de placer* otorgaba la última palabra a la poesía contra la arrogancia de una ciencia que aspirara a ser un «catecismo». Contra el cientificismo, pero también contra sí mismo, contra su propia *hybris* de científico, reivindicaba el derecho a la duda, a la especulación y a la incertidumbre y citaba para ello a Friedrich Rückert, orientalista alemán y traductor de una *maqâma* de al-Hariri, gramático árabe del siglo XI: «Lo que no puede tomarse volando / hay que alcanzarlo cojeando. / [...] La Escritura dice: cojear no es pecado».[27]

Al escribir la última línea de ese ensayo barroco, construido a la manera de un *work in progress*, Freud se encontraba como Edipo: príncipe cojo, interrogado por una Esfinge andrógina que encarnaba a la vez el saber absoluto y la puesta en entredicho de todos los saberes. Ese texto puede interpretarse, sin duda, como la profecía de un hombre que sentía verdadera nostalgia por el mundo de otrora —el de los mitos y los sueños y su juventud vienesa— y que, pese a ello, se negaba a lamentar la grandeza perdida de los viejos tiempos o a adoptar un discurso decadente sobre presuntas catástrofes venideras. La huida en la especulación le permitía dudar de todo y abrir un nuevo camino al conocimiento del alma humana, tan tendida hacia la vida como hacia su propia destrucción. En otras palabras, aun si esta obra tenía la huella evidente de la época bélica durante la cual había sido concebida, no dejaba de ser también la consecuencia de una evolución generada por un trabajo del pensamiento.

Como Freud hacía de la pulsión de muerte una fuerza muda que atenazaba tanto la psique como el soma, solo podía descubrir su existencia si recurría a interpretaciones extraídas de la literatura, de la realidad social o de los comportamientos individuales. Así definida, la pulsión de muerte era una entidad inhallable desde el punto de vista de la biología: una quimera. Para los críticos resultó fácil entonces afirmar que las causas de la especulación freudiana no suponían un proceder intelectual sino exclusivamente un determinismo externo.

Durante varios años la obra fue mal recibida en el mundo angloparlante. William McDougall la caracterizaría en 1936 como «el ejemplar más grotesco de toda la galería de monstruos de Freud».[28] Pero fue sobre todo en el seno del comité, y entre los demás discípulos, donde la oposición fue más intensa. Eitingon y Ferenczi aceptaron la hipótesis pero Jones tomó distancia señalando que Freud siempre había estado angustiado por la muerte —tanto la propia como la de sus allegados—, que se entregaba al respecto a cálculos permanentes y que temía envejecer y se estremecía ante la idea de la degradación corporal.[29] En cuanto a Wittels, no vaciló en psicologizar aún más la invención freudiana, con la pretensión de demostrar que la teorización de la pulsión de muerte era una secuela del dolor experimentado ante la muerte de Sophie.[30]

Aun antes de afrontar esas críticas, Freud había tomado la precaución de escribir a Eitingon: «Por fin he concluido el *Más allá*. Usted podrá confirmar que estaba terminado a medias cuando Sophie vivía y estaba llena de salud».[31]

¡«Terminado a medias»! Semejante frase autorizaba todas las interpretaciones, incluida la de achacar a Freud haberse entregado a una pura negación. En 1980 Jacques Derrida afirmó que Freud había deseado la muerte de Julius, su hermano menor, y que, cuando esta se produjo, experimentó un sentimiento de culpa que nunca lo abandonaría. De lo cual deducía que aquel trataba su ensayo como un *fort-da* «para enviarse a sí mismo el mensaje de su propia muerte».[32]

Las discusiones sobre *Más allá del principio del placer* jamás terminaron. Los partidarios de la escuela americana no podían aceptar su lado especulativo que, en su opinión, hacía de Freud un «psicólogo del ello» más que un terapeuta del yo. Melanie Klein y los suyos se apoderaron del segundo dualismo pulsional, de manera estrictamente clínica, y destacaron que la pulsión de muerte contribuía a instalar al sujeto en una posición depresiva hecha de angustia y destrucción. Y fue en Francia donde ese texto, producto puro de la *Aufklärung* oscura,[33] tuvo los mejores comentarios, en su vertiente clínica y como momento decisivo de la historia del pensamiento filosófico.[34]

El 6 de mayo de 1921, al cumplir sesenta y cinco años, Freud recibió como regalo el original del busto realizado por David Paul Königsberger:

Un doble de bronce fantasmal y amenazante [...]. He dado de manera muy repentina un paso hacia el verdadero envejecimiento. Desde entonces, la idea de la muerte ya no me abandona y a veces tengo la impresión de que siete órganos se disputan aún el honor de

poder poner fin a mi vida [...]. Pero no he sucumbido a esta hipo-
condría, la considero con soberana frialdad, un poco como las especulaciones del *Más allá*.[35]

Dividido entre lo que era y lo que hacía, estaba claro pues que
Freud, a través de *Más allá del principio de placer*, se había enviado un
mensaje cuyo destino ulterior no pretendía controlar. Una vez más,
suscitó a su respecto polémicas de todo tipo.

Hacía ya tiempo que deseaba prolongar su análisis de las sociedades humanas, no como lo había hecho en *Tótem y tabú*, sino con el
propósito más político de describir el camino que lleva de la colectividad al individuo. Frente a los defensores de la psicología social en
pleno auge, quería construir una metapsicología de las relaciones entre el yo y las multitudes. Su aspiración, una vez más, era responder a
Jung —o, mejor, a su espectro— y situarse a la vez en la misma perspectiva que Hugo von Hofmannsthal y Arthur Schnitzler, que habían tenido idéntico proyecto. Y para hacerlo, no vacilaba en referirse a la concepción aristotélica del hombre como animal político.
Pero fue de Gustave Le Bon, médico polígrafo, de quien tomó, en
1921, lo esencial de su investigación, mucho menos especulativa que
Más allá del principio de placer.[36]

Ideólogo de la contrarrevolución, obsesionado por el recuerdo
de la Comuna de París y rechazado por los medios académicos, Le
Bon ambicionaba ser el fundador de una sociología del pueblo para
uso de los tiranos deseosos de liberarse del miedo que provocaba la
existencia misma de ese pueblo. A su juicio, la multitud era un conjunto bárbaro e histérico, una especie de sustrato orgánico femenino
donde el individuo quedaba abolido para fundirse en la masa de un
cuerpo amenazante. La multitud se mueve como una «medusa», decía Le Bon, la atraviesan instintos irreflexivos y está sujeta a todos los
«contagios». Por eso es capaz de obedecer a tiranos sanguinarios, toda
vez que encarna las fuerzas más oscuras del alma humana: la enfermedad mental, la sinrazón, la muerte, la decadencia. Después de describir el alma de las multitudes, Le Bon convocaba a la constitución
de una ciencia que permitiera ayudar al hombre político a ser un
psicólogo capaz de dominarlas por medio de la sugestión.[37]

Esa era pues la obra que Freud admiraba y que, en ciertos aspectos, confirmaba su aversión a los ideales de la Revolución francesa: el pueblo es peligroso tan pronto como se le otorga un poder demasiado grande y se transforma en una «masa». Y cuando se basaba en los escritos de William McDougall, el mismo que calificaría de «monstruo» *Más allá del principio de placer*, no decía otra cosa: Freud tendía, sin duda, a confundir al pueblo con una masa...

Psicólogo de origen escocés emigrado a Estados Unidos, adepto de la eugenesia y de las tesis neolamarckianas sobre la herencia de los caracteres adquiridos, McDougall sostenía, contra el conductismo, el principio de que el hombre estaba embargado por un «instinto» gregario peligroso que lo impulsaba a «pegarse» a sus semejantes. En 1920, analizado por Jung y apasionado por la telepatía y la parapsicología, McDougall acababa de publicar *The Group Mind*,[38] libro donde desplegaba ideas, clásicas en la época, sobre la desigualdad de las «razas»:

> La pequeña cantidad de negros de América a quienes puede calificarse de eminentes —como Douglass, Booker Washington, Du Bois— fueron en todos los casos, creo, mulatos o tenían cierta proporción de sangre blanca. Podemos más bien atribuir la incapacidad de la raza negra para formar una nación a la falta de hombres dotados de las cualidades de los grandes líderes, aun cuando estén por encima del nivel más bajo en el promedio de las aptitudes.[39]

Freud compartía con los ideólogos del miedo a las multitudes la idea de que la aparición de la sociedad de masas ligada al auge de la industrialización ponía en peligro la relación de las élites con el pueblo, a riesgo de favorecer la tiranía. Pero, contrariamente a ellos, sostenía que esa peligrosa actitud colectiva de las multitudes constituía la parte arcaica de la subjetividad individual, y que al pasar de una a otra —de lo arcaico a un estrato superior— el psiquismo humano avanzaba hacia el progreso. Se apoyaba así en Le Bon y McDougall sin poner en entredicho sus concepciones de la multitud o de la inferioridad de los negros con respecto a los blancos. De ese modo soslayaba la cuestión que se planteaban por entonces los fundadores de las ciencias sociales, unos modernistas y orientados hacia una explicación coherente de los fenómenos de masas, otros partidarios de una concepción instintiva o racial del alma de los pueblos.

Trazaba Freud una distinción entre las masas con conductor y las masas sin conductor. Tomaba por modelo dos masas organizadas y estables en el tiempo —la Iglesia y el ejército—, que a su entender se estructuraban en torno de dos ejes: uno vertical, concerniente a la relación entre la masa y el jefe; otro horizontal, que corresponde a las relaciones entre los individuos de una misma masa. En el primer caso los sujetos se identifican con un objeto puesto en el lugar de su ideal del yo (el jefe); en el segundo, se identifican unos con otros. Freud había pensado, claro está, en la posibilidad de que el lugar del conductor fuera ocupado, no por un hombre real, sino por una idea o una abstracción: Dios, por ejemplo. Y se refería a la experiencia comunista para mostrar que el «lazo socialista», al sustituir al lazo religioso, amenazaba desatar contra «los de fuera» la misma intolerancia que en la época de las guerras de religión.

En virtud de su teoría de la identificación, Freud asignaba al eje vertical una función primordial, de la que dependía el eje horizontal. Además, la identificación con el padre, el jefe o una idea era, a su entender, primaria con respecto a la relación entre los miembros de un mismo grupo. Y por esa vía se distanciaba de las tesis de la psicología de las masas, que seguían fundadas en la idea de que la sugestión o la hipnosis —y no la identificación— eran fuentes de la relación de fascinación existente entre las multitudes y los jefes.

Durante años esta nueva tesis freudiana serviría para interpretar el modo de funcionamiento político del fascismo.[40] En realidad, cuando publicó su ensayo, Freud pensaba en la experiencia comunista, a la que había sido profundamente hostil en 1917, a pesar de que en un primer momento le había reservado una acogida favorable como el signo de que la guerra iba a llegar a su fin: «Freud proponía un marco conceptual», destaca Michel Plon, «que permitía comenzar a pensar cuestiones que la sociología, la historia y la filosofía política de ese siglo, olvidadizas tanto de Maquiavelo como de La Boétie, estaban aún lejos de poder empezar a formular».[41]

De ese modo, Freud se diferenciaba claramente de cualquier pensamiento fundado en el odio de los pueblos, el rechazo de la democracia y la revalorización de una ideología del caciquismo. Sin embargo, su desconocimiento de la experiencia revolucionaria del siglo XX le haría cometer numerosos errores, sobre todo en relación con el movimiento psicoanalítico ruso y con sus discípulos freudo-marxistas: Wilhelm Reich y Otto Fenichel.[42] En este aspecto puede decirse que una parte de su proceder —la más inconsciente y reprimida— seguía enraizada en lo que él pretendía denunciar. Su elección de Le Bon y McDougall como modelos no era inocente. A través de ellos, recordaba, para exorcizarla mejor, la gran historia junguiana de las grutas, las cavernas o las criptas. El mundo subterráneo del caos y los Titanes.

Freud no esperaba, sin duda, la utilización inaudita que su sobrino norteamericano, Edward Bernays, iba a hacer no solo de su psicología de las masas, sino también de su consumo de tabaco. Inventor de un nuevo arte en la gestión de la opinión masiva, en la década de 1920 Bernays se apoyó, en efecto, en la conceptualidad freudiana para desplegar una formidable campaña publicitaria en favor de la industria del tabaco y en particular de los cigarrillos Lucky Strike, destinada a las mujeres. En continuidad directa con la política de emancipación de los movimientos feministas, rodó filmes publicitarios con la intención de probar que las mujeres debían tener derecho a fumar en un pie de igualdad con los hombres, y que para ellas el cigarrillo consumido en público era el equivalente, como una «antorcha de la libertad», de un jubiloso pene que podían exhibir sin la más mínima prohibición a fin de liberarse de la dominación masculina.[43]

Mientras trataba de explicar racionalmente los fenómenos irracionales, Freud comenzó a entregarse con deleite a una inmersión en las profundidades de las fábulas danubianas. En 1921, en una carta dirigida a Hereward Carrington, un especialista norteamericano en el espiritismo[44] que le había preguntado su opinión acerca de los fenómenos ocultos, respondió con estas palabras: «Si estuviera comenzando y no acabando mi carrera científica, quizá hasta hubiera llegado a elegir ese terreno de investigación». Luego pedía a su interlocutor que no mencionara su nombre, porque no creía en la «supervivencia de la personalidad después de la muerte» y sobre todo porque le interesaba establecer una línea de demarcación muy clara entre el psicoanálisis como ciencia y «esa aún inexplorada esfera»,[45] para no generar el menor malentendido al respecto.

Se recordará que este asunto de las «cosas ocultas» había comenzado en Viena durante la primera visita de Jung a la Berggasse. A continuación, había resurgido en 1910, cuando Ferenczi pretendía salir a cazar videntes y adivinas en los suburbios de Budapest para demostrarle a su adorado maestro la existencia de la transmisión de pensamientos. Freud había luego interrumpido el debate con una condena inmisericorde, en nombre de la ciencia, de las experiencias telepáticas de un tal profesor Roth a quien Ferenczi había llevado a la WPV.

Pero a partir de 1920 y hasta 1933 la cuestión de lo oculto volvió al primer plano a medida que se establecían —entre Londres, Berlín y Nueva York— las grandes reglas convencionales del análisis didáctico que harían del Verein un movimiento organizado conforme a los principios del racionalismo positivista. En ese contexto, donde el ideal de una posible cientificidad del psicoanálisis iba a la par con la institucionalización progresiva de los principios de la cura, Freud asumió de nuevo la defensa de la telepatía. En compañía de su hija Anna y de Ferenczi, «hizo girar las mesas» y se entregó a experiencias de transmisión de pensamientos durante las cuales se fingía médium y analizaba sus asociaciones verbales.

Jones y Eitingon intentaron frenar entonces su entusiasmo con el argumento de que la conversión del psicoanálisis a la telepatía aumentaría las resistencias del mundo anglosajón a la doctrina freudiana y la presentaría como la obra de un impostor. Para lograr que el psicoanálisis se incorporara a la era de la ciencia y marcar el final definitivo de su arraigo en el viejo mundo austrohúngaro, poblado de gitanos y magos, Jones proponía erradicar de los congresos internacionales las investigaciones sobre el ocultismo. Freud aceptó.

Sin embargo, en 1921 escribió un artículo (sin título) sobre esas cuestiones, que se proponía presentar en el congreso de Berlín del año siguiente. Eitingon y Jones lo disuadieron de hacerlo. Retiró el texto, que finalmente se publicaría en 1941 a título póstumo. Tras ese rechazo, volvió a la carga, el mismo año, con otro artículo, «Sueño y telepatía», que hizo publicar en *Imago*. Diez años después dictaría una conferencia sobre el tema del sueño y el ocultismo, a la cual sumaría el material de 1921 y en especial el caso de David Forsyth,[46] que debía figurar en «Psicoanálisis y telepatía».[47]

Según su opinión, la llamada ciencia «oficial» había dado un tratamiento desdeñoso tanto al ocultismo como al psicoanálisis. Y sin embargo, el progreso de las ciencias podía tener por doble efecto hacer concebible lo que antaño se rechazaba por ocultista. Es cierto, cuando uno se proponía reactivar ese tipo de interrogación —agregaba Freud— existía el riesgo de suscitar nuevas fuerzas oscurantistas. De ahí el peligro que *Herr Professor* acababa de señalar en relación con su psicología de las masas; personas irresponsables podrían plantearse manipular ciertas técnicas del ocultismo para aprovechar en su beneficio la credulidad de los hombres.

Freud disfrutaba mucho con su pasión renovada por las cifras, los enigmas y los cálculos. Así, se refería con deleite a la historia del joven que, al consultar a una adivina, le había dado la fecha de nacimiento de su cuñado. La mujer había afirmado al punto que el cuñado en cuestión moriría envenenado tras comer ostras y cangrejos. Estupefacto, el joven comprobó que lo anunciado ya se había producido: gran aficionado a los frutos de mar, el cuñado, en efecto, había estado a punto de morir el año anterior por envenenamiento con ostras. Freud llegaba a la conclusión de que en el origen de la predicción había un fenómeno de telepatía entre el joven y la vidente: ese saber se había transmitido a esta por vías desconocidas, al margen de los modos de comunicación que conocemos, y Freud planteaba la existencia de una «transferencia de pensamiento». En consecuencia, abandonaba el terreno de lo oculto y de la telepatía para optar por el de la interpretación psicoanalítica. Una vez más, jugaba con el diablo a la vez que se erigía en abogado del diablo.

Para Jones todas esas historias de videncia eran puras elucubraciones que ponían en peligro la política del Verein: «Usted podría ser bolchevique», le decía a Freud en 1926, «pero si lo anunciara no favorecería la aceptación del psicoanálisis». A lo cual Freud respondía:

> Es verdaderamente difícil no herir las susceptibilidades inglesas. No se me abre en Inglaterra ninguna perspectiva de pacificar a la opinión pública, pero me gustaría al menos explicarle mi aparente inconsecuencia en lo que toca a la telepatía [...]. Cuando aleguen ante usted que he caído en el pecado, responda calmosamente que mi conversión a la telepatía es un asunto de mi sola incumbencia, como el hecho de ser judío, de fumar con pasión y de tantas otras cosas, y que el tema de la telepatía es por esencia ajeno al psicoanálisis.[48]

El juego al que Freud se entregó durante esos años confirma que para él se trataba de afirmar, contra una primacía demasiado racional de la ciencia, un saber mágico que escapaba a las constricciones del orden establecido.[49] El hecho de que se interesara por adoptar un papel de adivino del viejo Imperio austrohúngaro y se entretuviera en simular creer en la telepatía, cuando en realidad la reducía a una manifestación del inconsciente y la transferencia, indica a las claras cuál puede ser el estatus específico del psicoanálisis en su relación ambigua con la ciencia, así como la recurrencia de su interrogación sobre sus orígenes. Como señalaría Jacques Derrida en 1981: «El psicoanálisis, entonces [...], se asemeja a una aventura de la racionalidad moderna para tragar y rechazar a la vez el cuerpo extraño llamado telepatía, asimilarlo y vomitarlo sin poder resolverse a hacer ni lo uno ni lo otro [...]. La "conversión" no es una resolución ni una solución, es aún la cicatriz parlante del cuerpo extraño».[50]

2

Familias, perros, objetos

La familia, decía Freud, es una gran felicidad pero también el comienzo de preocupaciones sin fin. En verdad, *Herr Professor* manifestaba un gran apego al espíritu familiar, a las familias en general y a las ignominias familiares. Y por eso había insertado su doctrina en la idea misma de que el crisol familiar servía de soporte ontológico a la concepción psicoanalítica. Su mundo social y su universo psíquico estaban poblados de padres, madres, hermanas, hermanos, sobrinos y primos, que estaban afectados por patologías y se sustituían unos a otros. Todos habrían podido recurrir a una terapia psicoanalítica, pues la cuestión del sexo y de lo íntimo había llegado a ser dominante en el mundo occidental de fines del siglo XIX y comienzos del siglo XX. A los ojos de Freud, la comunidad familiar era el modelo por antonomasia de toda forma de organización social. En ella residía el poder de la vida y de la transmisión.

A la vez liberal y conservador, Freud había construido su pensamiento y su movimiento sobre la base de un modelo comunitario que no debía nada al Estado ni a sus instituciones. De ahí una gran contradicción: cuanto más se internacionalizaba el movimiento freudiano, sin patria ni fronteras, más caía en desuso el modelo comunitario en el que se apoyaba. Jones era consciente de ello y Freud lo sufría. Por eso, dolorido, se refugiaba en los valores de la «solidaridad familiar» que había puesto en práctica en su doctrina, sin vacilar en subvertirlos en la teoría mientras los preservaba en su intimidad. Se rodeaba así de todo lo que le permitía protegerse mejor de las perturbaciones del tiempo presente: la casa y sus habitantes, los animales, los objetos de colección, la exploración arqueológica del alma humana por medio de la experiencia del diván.

Si sus padres se habían unido conforme a los principios de los matrimonios concertados y Amalia había traído al mundo ocho hijos en diez años, Sigmund, al contrario, se había casado por amor con la mujer de su elección. Y Martha le había dado seis hijos en ocho años. Tras ello los esposos habían dejado voluntariamente de procrear. De las cinco hermanas de Freud, cuatro tuvieron hijos. Cinco en el caso de Anna Bernays —Judith, Lucia, Edward, Hella y Martha—, tres de ellos nacidos en Viena y dos en Nueva York; dos, Rosa Graf —Hermann y Cäcilie—, nacidos en Viena; cinco, Maria Freud —Margarethe, Lilly, Martha, Theodor y Georg—, uno nacido en Roznau, dos en Viena y dos en Berlín, y una tuvo Paula Winternitz —Rosa Béatrice—, nacida en Nueva York y casada con el poeta Ernst Waldinger.[1] En cuanto a Alexander, casado tardíamente con Sophie Schreiber, tuvo un solo hijo, Harry, nacido en Viena.[2]

Había por lo tanto pocas diferencias manifiestas entre la situación de los padres de Freud —Amalia y Jacob— y la de sus hijos. Con una generación de intervalo, la cantidad de mujeres solteras o viudas era la misma y ninguna había recurrido a la contracepción o el aborto. Ninguna de ellas había podido estudiar y solo una —Anna Bernays— había logrado establecerse en el extranjero al casarse con Eli Bernays, el hermano de Martha. Entre los sobrinos de Sigmund Freud, uno solo —Hermann Graf— perdió la vida en la Gran Guerra;[3] otros dos se suicidaron —Cäcilie Graf y Tom (Martha) Seidmann-Freud—, y un cuarto —Theodor Freud— murió ahogado de manera accidental. Todos los integrantes de esta vasta comunidad vienesa se casaron con judíos o judías a pesar de no adherirse a un judaísmo de obediencia ortodoxa, si bien en algunos casos tenían la inquietud de respetar los ritos.

A diferencia de Martha, Freud era favorable a los matrimonios mixtos. Pero la sociedad en la que vivía se prestaba muy poco a ello. Y al comprobar que todos sus hijos elegían espontáneamente cónyuges judíos, cuando no estaban en modo alguno obligados a hacerlo, Freud llegó a la conclusión de que entre los judíos la vida familiar era más íntima, más cálida, y más fuertes las solidaridades.[4] Él mismo se había criado en el seno de una comunidad que proscribía los matrimonios mixtos.

Entre sus seis hijos, que atravesaron dos guerras devastadoras, solo cuatro tuvieron descendencia, una permaneció soltera (Anna) y otra murió de enfermedad (Sophie). A diferencia de sus abuelos, pero como sus padres, los hijos de Freud escogieron libremente a sus cónyuges: todos judíos. Pero gracias a la contracepción tuvieron claramente menos hijos y en su mayor parte adquirieron la ciudadanía inglesa después de huir del nazismo. Martin tuvo dos hijos, Anton Walter y Sophie; Oliver, una sola, Eva; Ernst tuvo tres, Stefan, Lucian y Clemens, y Sophie Halberstadt, dos, Ernstl y Heinz.[5] Al contrario de su madre y sus tías, las tres hijas de Freud cursaron algunos estudios, a pesar de que en Viena no había instrucción pública obligatoria para las niñas y tampoco existían verdaderas perspectivas profesionales.[6] Freud tuvo la inquietud de casarlas bien e inculcarles la idea de que habían nacido para ser madres y ocuparse de las tareas domésticas. De todos modos, no obedecía el precepto judío de los matrimonios concertados, según el cual un padre solo tiene la custodia de su hija para entregarla a otro hombre. Muy cercano a sus hijas, comprendió que nunca serían parecidas a su madre y su abuela, pero quiso evitar, con la excepción de Anna, que se emanciparan, a imagen de sus discípulas. Por lo demás, ellas no deseaban otro destino que el que les tocó.

Freud amaba profundamente no solo a su mujer, su hermano y su cuñada, sino también a sus hijos y nietos. Con los hijos se mostró siempre muy generoso; y cuando fue posible, otro tanto hizo con los sobrinos. Todos los miembros de su familia le profesaban una admiración sin límites y eran conscientes de su genio.

Los hijos de Freud vivieron dos guerras mundiales y se mantuvieron unidos en la adversidad, a pesar de conflictos incesantes. Todos tuvieron un conocimiento real de la doctrina de su padre, al igual que el hermano de este, Alexander. Sus tres hijos varones desempeñaron además un papel en el movimiento psicoanalítico y su última hija se convirtió en su discípula.

En la vivienda de dos plantas de la Berggasse que alquilaba, Freud vivía como un patriarca a la antigua. Había querido «modelar» a Martha para conseguir que se ajustara por completo a la imagen de esposa con que él soñaba. En vano. Ella se le resistía sin apartarse jamás de una actitud conciliadora. Y cuando él le buscaba las cosquillas, Martha se replegaba en sí misma. Por eso Freud le reprochaba que reprimiera su agresividad, sin dejar de profesarle una especie de adoración.

Martha criaba a los niños y reinaba sobre los habitantes de la casa, incluidas dos y a veces tres empleadas domésticas, pero no se mezclaba en los asuntos intelectuales de su esposo, aunque este reunía a sus discípulos en su domicilio. Así, cuando uno de los residentes de la Berggasse pretendía cambiar de habitación o modificar lo que fuera en la organización de los cuartos, debía dirigirse a ella.

Freud se ocupaba de la educación de sus hijos y sufría al estar separado de ellos, muy en especial cuando dejaban la casa para casarse. Ya desde muy pronto había exigido que se informasen de la realidad de la vida sexual por lecturas, y no por él mismo.

Minna, a quien se llamaba su «segunda esposa» —aun antes de que Jung hiciese correr el rumor de que había una relación carnal entre ellos—,[7] ocupaba un dormitorio contiguo al de su hermana y su cuñado, y acompañaba de buena gana a su querido «Sigi» en sus viajes de septiembre. En agosto de 1898, particularmente, había pasado unos días con él en Maloja, en la Engadina, y Freud se había sentido varias veces «molesto» por ser visto junto a una mujer que no era la suya. En 1900, durante otro viaje, Freud había vendido numerosos libros antiguos de su colección para que Minna pudiese trasladarse a Merano a fin de hacerse tratar por una afección de los bronquios.[8] No hizo falta más para que algunos imaginasen una oscura historia de aborto clandestino. Y como a continuación Minna había sufrido dolores en el bajo vientre, cualquiera pudo pensar, en efecto, que los problemas pulmonares daban para todo. Así, el rumor se extendió, sobre todo tras la publicación de los *Tres ensayos*. Cuarenta años después de la muerte de Freud, el gran rumor se convirtió en un objeto de investigación para historiadores y comentaristas.[9]

Como Martha, su cómplice en todo, Minna había engordado y, con el paso de los años, renunciado a ocuparse de su femineidad. Cuando contestaba el teléfono decía con toda naturalidad «Frau Professor Freud», a la vez que se burlaba mordazmente de los cotilleos. Lejos de ser una verdadera «segunda esposa», se comportaba más bien como una suerte de compañera de los hijos de su hermana y su cuñado: una actitud tanto más comprensible cuanto que tenía muy pocas ganas de ocupar un lugar de madre o de esposa de nadie.

Al término de la Gran Guerra, Freud, convertido en una celebridad, fue al mismo tiempo objeto de odios en todo el mundo en nombre de las diferentes concepciones de la noción de «pansexualismo». En Viena se lo acusaba de toda clase de infamias: lascivo, incestuoso, destructor de la moral familiar.[10] En Francia se lo trataba de «científico *boche*», es decir, de personaje lascivo devorado por un presunto instinto teutón.[11] En la pluma de un Charles Blondel, su doctrina se calificaba incluso de «obscenidad promovida a la jerarquía de ciencia».

La imagen que a través de esos ataques se mostraba de él estaba en contradicción radical con sus costumbres y opiniones. Se olvidaba que *Herr Professor* era, en lo personal, un partidario de la abstinencia sexual, un neurótico de la sublimación. Y como no se le conocía ninguna relación extraconyugal, era imperioso inventarle una «verdadera» vida sexual, preferentemente transgresora, a fin de justificar el carácter repugnante de su concepción de la sexualidad.

En este aspecto, el modo de vida endogámico que había adoptado y el uso abusivo que hacía de su famoso complejo de Edipo, popularizado en multitud de publicaciones, autorizaban todas las caricaturas. Y Karl Kraus se divertía de lo lindo al afirmar en voz bien alta que el psicoanálisis era una enfermedad del espíritu que se consideraba el remedio de sí misma. El brillante polemista había sido víctima, es cierto, del fanatismo del primer círculo freudiano que, en la persona de Wittels, lo había declarado afectado por una frustración edípica.[12]

En su espléndida autobiografía, Elias Canetti cuenta que durante los años veinte, en Viena, el culto del edipismo se había vuelto tan nocivo que desacreditaba los aspectos más innovadores de la doctrina freudiana. Así como defendía la idea de interpretar los juegos de palabras y los actos fallidos, Canetti rechazaba la reducción de la tragedia de Sófocles a lo que él consideraba como una psicología de la «palabrería universal». En 1980 escribía:

> Todos (incluso los hijos póstumos) sacaban a relucir su Edipo de algún modo, y al final el grupo entero quedaba homogéneamente culpabilizado: amantes de su madre y parricidas en potencia, envueltos en la bruma de aquel nombre mítico, reyes secretos de Tebas.

[...] Sabía quién era Edipo, había leído a Sófocles y no aceptaba que me escamotearan el horror de aquel destino. Cuando llegué a Viena aquello se había convertido en una letanía universal de la que nadie quedaba exceptuado; ni el esnob más recalcitrante temía hablar de su Edipo, aunque la palabra estuviera en boca de todo el mundo, incluido el más necio.[13]

En esa época Freud mantenía una familia ampliada: Amalia, Anna, Minna; sus hijos con sus cónyuges, a menudo necesitados de dinero; cuatro hermanas, de tanto en tanto; la servidumbre, y algunos de sus discípulos que apenas tenían pacientes. En varias ocasiones tuvo la fantasía de casar a tal o cual de sus hijas con uno de sus discípulos. En realidad, quería mantenerlas en el seno de la familia. Por eso veía a sus yernos y nueras como sus propios hijos.

Frágil de salud, Mathilde, la mayor de la fratría, había rozado varias veces la muerte, y las secuelas de una operación de apendicitis realizada por el cirujano que había intervenido a Emma Eckstein le impidieron ser madre. Freud había pensado casarla con Ferenczi, pero en 1909 ella había contraído matrimonio en la sinagoga con Robert Hollitscher, un comerciante textil poco dotado para los negocios y siempre pesimista, a quien Freud calificaba de «tierno y valeroso». La pareja vivía en un apartamento cerca de la Berggasse, lo que permitía a Mathilde visitar a diario a sus padres. Siempre muy elegante y con cierta apariencia de frialdad, estaba dedicada a los suyos y compartía con su madre y su tía el amor por las labores de punto. Gracias a su talento en esa materia pudo ganar algo de dinero, lo cual le posibilitó no depender por completo de su familia.

Sophie, la más bella de las hijas, que por eso despertaba los celos de Anna, se interesaba mucho menos que sus hermanas por los asuntos del intelecto. Aficionada a la danza, las veladas en la Ópera, la vida mundana y la gente joven, no se sentía cómoda en esa familia demasiado rígida. Enamorada de Hans Lampl, compañero de escuela de sus hermanos y futuro discípulo de su padre, debió no obstante renunciar a él (que también la amaba) a causa de la oposición de sus padres, que lo encontraban demasiado joven y lamentaban que no tuviera una buena posición. En Hamburgo, lejos de casa, conoció a Max Halberstadt, un fotógrafo perteneciente a la parentela ampliada de los Bernays, y se casó con él en una sinagoga de Viena. Max era creyente. Freud lo adoptó como un hijo, a tal punto que le concedió el monopolio comercial de sus retratos oficiales. A diferencia de su hermano Rudolf, Max sobrevivió a la Gran Guerra, discapacitado, sin embargo, a raíz de una neurosis traumática con cefaleas y depresión. Mucho después de su desmovilización fue víctima de la crisis financiera y, a pesar de contar con un verdadero talento, se vio en la situación de ser mantenido por su suegro, que lo mimaba y le suplicaba que tuviera confianza en el futuro.

Sophie rechazó el destino de su madre y su abuela. Temerosa de quedar embarazada por tercera vez, después del nacimiento de sus dos hijos pidió consejo a Freud, que le recomendó recurrir a la contracepción y hacerse poner un «pesario».[14] Si bien en su caso no había querido utilizar el preservativo, ahora Freud era favorable, si no al aborto, sí al menos al control de la natalidad reclamado en la época por los movimientos feministas, en el momento mismo en que las naciones europeas sancionaban leyes rigurosas contra la interrupción de los embarazos.[15] Cuando Sophie, de manera accidental, volvió a quedar encinta, Freud la alentó a aceptar la situación. Creía, erróneamente, que su rechazo de la maternidad se debía a las dificultades económicas de Max.

En 1920, debilitada por su estado, Sophie contrajo gripe y murió al cabo de pocos días, pese a los esfuerzos de Arthur Lippmann, médico internista del Hospital General de Hamburgo, que no logró salvarla. En una carta, Freud, abrumado por el dolor y la culpa, le confesó no haber advertido hasta qué punto ese embarazo no deseado había modificado el estado psíquico y físico de su hija:

> Me parece que el destino desgraciado de mi hija comporta una advertencia que nuestra corporación no suele tomar con la seriedad necesaria. Frente a una ley inhumana y carente de empatía, que impone incluso a la madre que no lo quiere la prosecución del embarazo, es manifiesto que el médico tendría que asumir como un deber la enseñanza de los caminos apropiados e inofensivos capaces de impedir los embarazos no deseados, en el marco del matrimonio.[16]

Para aliviar a Max, Mathilde se hizo cargo de Heinz (Heinerle) y Anna se ocupó de Ernstl, que se convirtió en su primer hijo «adoptado» y más adelante en su analizante. Una y otra fueron así las segundas madres de los hijos de su hermana. Cuando Heinz murió, el 19 de junio de 1923, a raíz de una tuberculosis miliar, Mathilde quedó privada otra vez de lo que más deseaba. A continuación no dejó de ocuparse de sus sobrinas y sobrinos. En cuanto a Freud, desesperado por esa pérdida, sobrevenida tres meses después del descubrimiento de su cáncer,[17] siguió queriendo a Max y ayudándolo económicamente, incluso cuando este volvió a casarse: «Quien haya sido alguna vez feliz en el matrimonio, vuelve a serlo con facilidad».[18]

Freud siempre había tenido la convicción de que la felicidad familiar estaba hecha a imagen del gran ciclo de la vida y la muerte y de la sustitución de un objeto deseado por otro, con la condición, empero, de que la compulsión de repetición no fuese de naturaleza mórbida. Creía además que si un ser perdido era reemplazado por otro, este último solo sería amado por ocupar el lugar de quien lo había sido antes que él. Tal era la filosofía freudiana de la felicidad.

Ninguno de los tres hijos varones de Freud se le parecía, y tampoco se parecían entre ellos. Pero todos participaron del impulso del movimiento psicoanalítico y de la vida de los discípulos de su padre. Martin tenía una elevada opinión de sí mismo. Practicaba esgrima, se batía en duelo, escribía poemas, no era buen alumno y multiplicaba sus relaciones con las mujeres. Alistado como voluntario en 1914, después de estudiar derecho, la guerra había sido para él el período más dichoso de su vida. En el combate había dado pruebas de insolencia y humor y sabido afrontar el peligro: no tiene ni superyó ni inconsciente, se decía en la familia. Cuando se casó con la bella y elegante Ernestine (Esti) Drucker, procedente de un medio adinerado, a Freud la muchacha le pareció «demasiado bonita» para formar parte de su hogar. En realidad, la juzgaba «maliciosamente chiflada» y poco apta para soportar las calaveradas de su hijo. Conforme a la regla que había establecido para sí mismo, la obligó a poner a su primer hijo el nombre de pila de Anton, en recuerdo de Von Freund, y a su hija el de Sophie.[19] Esti trabajaba y se negaba a quedarse embarazada una y otra vez, al mismo tiempo que padecía su condición de mujer mantenida y engañada. Pese al apoyo de su padre y su suegro, Martin no tardó en experimentar problemas económicos. Además, se peleaba con su mujer, de la que terminaría por separarse. Durante varios años, hasta el exilio de 1938, se ocupó de la administración del Verlag.

Hijo preferido de su madre, Oliver jamás pudo ejercer un verdadero oficio en épocas en que la crisis económica había sucedido a la guerra. Cuando se instaló en Berlín, después de una ruptura y un divorcio, pidió a Eitingon que lo tomara en análisis. Por sentirse demasiado cercano a la familia, Eitingon se negó, y fue Franz Alexander, húngaro de origen y futuro ciudadano norteamericano, quien aceptó la pesada tarea. Freud insistió en pagar las sesiones. Oliver se casó con Henny Fuchs, pintora con la que tuvo una hija, Eva. Freud amaba a ese hijo neurótico, frágil y extraño que sufría a causa de una terrible rivalidad con su hermano menor, Ernst, más inteligente que él.

Después de obtener su título de arquitecto en Munich, este último se enamoró de Lucie Brasch, una mujer fascinante y melancólica, rubia y de ojos azules, perteneciente a una rica familia de banqueros. La boda se celebró en Berlín el 18 de mayo de 1920 en presencia de Abraham y Eitingon, quienes, como Ernst, proclamaban su simpatía por el movimiento sionista. Lucie supo encandilar a Freud y ambos obligaron a Ernst a internarse tres meses en el sanatorio de Arosa para tratarse de la tuberculosis que había contraído durante la guerra.

Ernst profesaba una adoración tan grande a su esposa que se hizo llamar Ernst L. Freud, con la inicial «L» (por Lucie) agregada a su nombre para indicar hasta qué punto tenía una existencia «simbiótica» con ella. «Mi corazón en llamas no conoce el reposo», escribía Lucie, y también: «No puedo vivir por amor a mí misma». Entre 1921 y 1924 trajo al mundo tres hijos —Stefan Gabriel, Lucian Michael y Clemens Raphael—, apodados «los arcángeles», y luego se consagró a la causa de la familia, mientras que Ernst disfrutó de una carrera excepcional gracias al movimiento psicoanalítico. En efecto, trabajó como arquitecto para Eitingon, Abraham, Karen Horney, René Spitz, Sándor Rado, Hans Lampl y, más adelante, para Melanie Klein. Se ocupó además del acondicionamiento de la célebre «policlínica» y después del sanatorio de Tegel, fundado por Ernst Simmel. Su inclinación por el modernismo significaba una ruptura con la asfixiante estética de los interiores vieneses tan apreciados por su padre:

tapices amontonados, pesadas colgaduras, vitrinas desbordantes, paredes llenas de cuadros, muebles invadidos de objetos. Freud apenas se interesaba en este aspecto del talento de su hijo, quien, tras el exilio londinense, decoró por otra parte la última morada paterna en el más puro estilo de la Viena de antaño, por el que, sin embargo, no sintió jamás la más mínima nostalgia. Más alemán que austríaco y más inglés que alemán, Ernst estuvo a punto de emigrar a Palestina a petición de Chaim Weizmann, que quería encargarle la construcción de su casa.[20]

Freud siempre decía que su última hija había nacido al mismo tiempo que el psicoanálisis. Y como había asociado su invención a una novela familiar poblada de príncipes melancólicos y princesas ociosas, no habrá de sorprender que aquella le contara en 1915 un sueño que lo remitía a la historia común de ambos: «Hace poco soñé», le decía ella, «que tú eras un rey y yo una princesa, y que por intrigas políticas querían que nos enfrentáramos».

Fue por amor a Anna que Freud incorporó a la familia un nuevo círculo, el de los perros: «Nuestros dos perros», diría un día, «el fiel Wolf y la dulce china Lun Yu, representan el aumento más reciente de la familia».[21] En 1914 había enviado a su hija, desde Brioni, una tarjeta postal donde se veía a un chimpancé vestido y peinándose frente a un espejo: «Miss, un mono muy inteligente que se asea».[22] En tanto que a Anna le gustaban los machos, Freud apreciaba en particular la compañía de las hembras chow-chows, criaturas de largo pelaje parecidas a leones en miniatura. Y a partir de 1920 comenzó a manifestar un gran apego por ellas, como lo testimonian sus intercambios con dos mujeres que las adoraban tanto como él: Hilda Doolittle y más aún Marie Bonaparte.[23] Prefería las pelirrojas a las negras y las consideraba como seres excepcionales sobre los cuales la civilización (*Kultur*) no tenía ningún ascendiente. En consecuencia, decía, se los podía querer plenamente, porque encarnaban «una existencia perfecta en sí», desprovista de ambivalencia, una vida no humana, por tanto, pero que venía a recordar al hombre algo de un estado anterior a él mismo. ¿No estaban los perros dispuestos en todo momento a hacer fiestas a sus amos y morder a sus enemigos? Freud no dejaba de asociar el amor que le inspiraba la raza canina a un aria del *Don Giovanni* de Mozart.[24]

Con todo, en ningún momento cuestionaba la atribución exclusiva de la función simbólica a la humanidad. Muy por el contrario, como era darwiniano y había definido su descubrimiento como la tercera herida narcisista infligida al hombre, sabía que entre la humanidad y la animalidad existía una brecha: la del lenguaje y la cultura. Y por eso destacaba que la civilización no tenía ascendiente alguno sobre la animalidad, sobre esa «vida no humana», deliciosa, despojada de odio. Podría agregarse que, por la misma razón, la perversión y el goce del mal no existen en el reino animal.[25]

A decir verdad, cuando se refería a los de su casa, Freud ponía en el mismo plano a los «ocupantes humanos» y el «Estado de los perros», donde las hembras, a quien él apodaba «las damas», eran mayoritarias: «Como de costumbre», dirá Hilda Doolittle,

> Yofi está sentada en el suelo, heráldica, emblemática... El profesor le presta más atención que a mi historia... Freud me ha dicho que Yofi tuvo un bebé negro, muerto al nacer, tan negro como el diablo, porque ella había tenido un marido negro... Ahora, si tiene dos cachorros de otro color, los dueños del padre recibirán uno, pero si no hay más que uno, seguirá siendo «un Freud».[26]

Cuando Yofi murió, Arnold Zweig, que conocía la pasión de Freud por los perros, le escribió estas palabras: «Yofi era una hija que venía de lejos, que le era devota como un verdadero hijo, con un corazón más sabio que el común de nuestros hijos».[27]

Freud, que en su juventud había adorado el «Coloquio de los perros» de Cervantes, amaba la naturaleza y a los animales, y sobre todo a aquellos con los que se cruzaba en el parque de la Villa Borghese en medio de las estatuas antiguas y las columnas: pavos reales, gacelas, faisanes. La animalidad nunca dejaba de estar presente en la relación que hacía de sus casos clínicos, en sus sueños, en los de sus pacientes, en su evocación de las sociedades primigenias, en su ensayo sobre Leonardo y en *Tótem y tabú*: ratas, lobos, pájaros, caballos, buitres, quimeras, demonios, dioses de Egipto. Su atracción por los perros —sobre todo, ya se dijo, por las hembras— lo llevaba a rechazar a los gatos, demasiado femeninos en su opinión, demasiado narcisistas, demasiado ajenos a la alteridad. Y un día, con infinita malicia, la tomó injustamente con Mirra Eitingon, la mujer de su devoto discípulo: «No la aprecio. Tiene la naturaleza de un gato, y a ellos tampoco los aprecio. Ha compartido ampliamente el encanto y la gracia de un gato, pero ya no es un joven gatito adorable».[28]

Sin embargo, en 1913 Freud se había sentido seducido por una «gata narcisista» que había entrado en su despacho por la ventana entreabierta. Sin inquietarse siquiera por su presencia, se había instalado en el diván y de inmediato se complació en mezclarse con los objetos de colección. Freud se vio obligado a reconocer que esa gata no causaba ningún daño a las cosas amontonadas en su despacho y comenzó a observarla, a quererla, a alimentarla. Observaba con gusto sus ojos verdes, almendrados y helados y consideraba que su ronroneo era la expresión de un verdadero narcisismo. Debía insistir, en efecto, para que la gata le prestara atención. Sus relaciones duraron algún tiempo, hasta el día en que Freud la encontró tendida en su diván y ardiendo de fiebre. Sucumbió a una neumonía, dejando tras de sí el recuerdo de ese «encanto egoísta y femenino» propio de los felinos, que él describiría tan bien en su artículo dedicado al narcisismo.[29]

Anna no había sido deseada ni por su madre ni por su padre y había dedicado la juventud a la lucha por existir y luego a la rivalidad con su tía Minna para acceder al conocimiento de la obra paterna. En enero de 1913 había dado rienda suelta a los celos que sentía hacia su hermana: «Ya no bordo la manta de Sophie, pero la actitud no deja de parecerme desagradable cuando me digo que, de un modo u otro, me habría gustado terminarla. Pienso a menudo en su casamiento, desde luego. Pero Max, en realidad, me resulta indiferente».[30]

Por entonces se arraigó en Freud una incomprensión de las verdaderas inclinaciones sexuales de su hija, que en una carta había aludido a sus «malos hábitos» (la masturbación): «No quiero que me vuelva a pasar», escribía ella el 7 de enero. Convencido de que Anna, a quien llamaba «mi hija única», había convertido su antigua rivalidad con Sophie en celos hacia el marido de esta, la exhortó a no tener miedo de ser deseada por los hombres. Freud no sospechaba aún que estaba celosa de su hermana y no de Max. Se sentía atraída por las mujeres.

En julio de 1914, cuando ella fue a visitar a Jones, a Freud se le metió en la cabeza que corría un riesgo: «Sé de fuentes muy fiables que el doctor Jones tiene serias intenciones de hacerte la corte. [...] Me doy cuenta de que no es el hombre más conveniente para una criatura femenina de naturaleza refinada».[31] Y explicaba a Jones que Anna no pedía que la trataran como una mujer, ya que todavía estaba muy «alejada de los deseos sexuales y rechaza más bien al hombre».

Cuando prohibía a su hija dejarse cortejar por su discípulo, Freud no advertía que a ella le atraía mucho más Loe, con quien a decir verdad soñaba, que Jones. Pero este último había tomado conciencia de ello: «Tiene un bello carácter», escribiría a Freud, «y más adelante será a no dudar una mujer notable, a condición de que su represión sexual no le haga daño. Está terriblemente apegada a usted, por supuesto, y este es uno de los raros casos en que el padre real corresponde a la imagen del padre».

El apego era recíproco y Freud no vacilaba jamás en despedir a sus discípulos vieneses cautivados por Anna: August Aichhorn, Siegfried Bernfeld, Hans Lampl. Por su lado, ella no dejó de acercarse a él, sobre todo durante todo el transcurso de la guerra, cuando se propuso seguir con sus estudios para ser maestra.

Inquieto ante la idea de que Anna se quedara soltera, Freud se percató de que, a fuerza de prohibiciones y represiones, su hija rechazaba a los hombres, pero a la vez deseaba ser madre. Y para «despertar su libido» le propuso, en octubre de 1918, encargarse de analizarla.

La psicoterapia se desarrolló en dos tiempos: entre 1918 y 1920, y entre 1922 y 1924. A medida que se afirmaba su apego mutuo, reforzado por el análisis, y cuyo principal testigo, a través de una correspondencia cruzada, llegaría a ser Lou Andreas-Salomé, Freud se vio obligado a admitir que, si la libido de Anna se había «despertado», su «elección de objeto» no la llevaba en modo alguno hacia los hombres.

En esa época Freud empezó a tratar a una joven, Margarethe Csonka, cuyos padres pertenecían a la muy alta burguesía austríaca judía convertida al catolicismo. Despreocupada y mundana, amante del lujo y la libertad que le brindaban su fortuna y su elegancia, Margarethe siempre se había sentido atraída por las mujeres, sin desear, empero, tener relaciones carnales con ellas. Por eso había rechazado los avances de su amiga Christl Kmunke, partidaria de un lesbianismo declarado. En 1917 experimentó una pasión delirante por la llamativa baronesa Leonie von Puttkamer, mujer galante perteneciente a la nobleza prusiana, que era mantenida por los hombres y se exhibía abiertamente con mujeres. Vestida de manera lujosa y tocada con fabulosos sombreros, Leonie se paseaba gustosa por las más bellas avenidas vienesas acompañada de un inmenso perro lobo sujeto con una correa. La complacía deambular por los cafés y recorrer los mercados en busca de frutas con las que se deleitaba sin preocuparse en lo más mínimo por la penuria que padecían los vieneses, en el momento mismo en que brillaban las últimas luces de un imperio ya en plena descomposición.

La divertía ver a Margarethe seguirla a todas partes, adularla, servirla y jactarse de ser una suerte de trovador salido directamente de la literatura cortesana. Un día, sorprendida por su padre del brazo de la baronesa, Margarethe huyó para no tener que soportar su mirada. Leonie decidió interrumpir las relaciones y la joven, entonces, trató de suicidarse. Su padre, Arpad Csonka, la obligó a visitar a Freud para poner fin al escándalo de esa homosexualidad juzgada intolerable. Su intención era casarla lo más rápidamente posible.[32]

Sin deseo alguno de hacer un tratamiento, Margarethe decidió de todos modos obedecer el mandato paterno. Freud aceptó, aun sabiendo a ciencia cierta que jamás lograría cambiar la orientación sexual de esa paciente. Nunca, en todo caso, la vio como una «enferma». Sin embargo, le pidió respetar el principio de abstinencia y dejar de frecuentar a la baronesa durante la cura.

Margarethe llevó entonces una doble vida. En cada sesión inventaba sueños e historias de familia ajustados a la doctrina freudiana, mientras que con la baronesa se quejaba de las interpretaciones de su terapeuta:

> Sabes que desde hace un tiempo me interroga sobre mis padres y mis hermanos y que quiere saberlo todo acerca de ellos. La última vez se empeñó sobre todo con el menor. Imagina lo que me dijo hoy: que me habría gustado tener un hijo de mi padre, y como fue mi madre, claro, quien lo tuvo, la odio por eso y también a mi padre, y por esa razón me aparto por completo de los hombres. Es indignante.[33]

Freud advirtió el doble juego de Margarethe y puso fin a la cura. Así, el padre quedaba satisfecho al saber que su hija había seguido un tratamiento y ella estaba fascinada por poder seguir viviendo como pretendía. A modo de despedida, Freud le dijo estas palabras: «Sus ojos son tan astutos que si yo fuera su enemigo no me gustaría encontrármela en la calle».[34]

En realidad, aprovechó esa experiencia para modificar una vez más su definición de la homosexualidad. Si bien confirmaba que esta era la consecuencia de la bisexualidad, se decía convencido de que, cuando se trataba de una elección excluyente, dependía de una fijación infantil en la madre. En los varones esa elección excluía a la mujer, decía Freud, y en las niñas provoca una decepción con el padre. En el caso de Margarethe ese rechazo radical del padre se había traducido, en su vida, en la elección de un sustituto de la madre, y en la cura, en una transferencia negativa con el analista. Y Freud agregaba:

> No es misión del psicoanálisis solucionar el problema de la homosexualidad. Tiene que conformarse con revelar los mecanismos psíquicos que han llevado a decidir la elección de objeto, y rastrear desde ahí los caminos que llevan hasta las disposiciones pulsionales. En ese punto cesa su tarea y abandona el resto a la investigación biológica, que precisamente hoy, en los experimentos de Steinach, ha producido esclarecimientos tan importantes sobre la influencia de la primera de las series mencionadas sobre la segunda y la tercera.[35] El psicoanálisis se sitúa en un terreno común con la biología en la medida en que adopta como premisa una originaria bisexualidad del individuo humano (así como del animal).[36]

De ese modo, Freud remitía la explicación final de la homosexualidad a una causa biológica, cuando antes había afirmado su origen psíquico. Nueva y audaz interpretación, que parecía contradecir sus posiciones anteriores. Por añadidura, distinguía ahora la homosexualidad innata de la homosexualidad adquirida.

Sin lugar a dudas, si Margarethe padecía de algo no era de su homosexualidad. Lo cierto es que retomó su vida de lesbiana y se enamoró sin cesar de mujeres con las cuales no encontraba ninguna satisfacción carnal. Tuvo varios intentos de suicidio antes de casarse (sin amor) con el barón Eduard von Trautenegg, más interesado en la fortuna de la familia Csonka que en su esposa. Ambos tuvieron que convertirse al protestantismo para poder casarse, porque Eduard se había divorciado de una primera mujer y, de permanecer en el catolicismo, no podía volver a contraer matrimonio.

Cuando después del *Anschluss* Von Trautenegg se acercó a los nacionalsocialistas, aprovechó para pedir la anulación de ese matrimonio con una mujer de origen judío y apoderarse así de su fortuna. Margarethe se vio despojada de todo, y sin ser ya ni católica ni protestante. Volvía a ser judía, cuando no lo había sido nunca y a pesar de sentir muy poco afecto por los judíos. Sin marido, corría además el riesgo de que la vieran como una notoria homosexual. En consecuencia, se marchó de Austria. Tras un largo periplo que la llevó a viajar sin cesar alrededor del mundo en busca de sí misma, decididamente amante de las mujeres y fiel a su perro, siempre forzada a no establecerse en ninguna parte, regresó a Viena y murió casi centenaria después de contar varias versiones de su cura a distintos psicoanalistas o investigadores, deslumbrados por esa aventura característica de una época desaparecida para siempre.

La manera en que Freud concibió la homosexualidad femenina a partir de su encuentro con Margarethe no podía ayudarlo a escuchar lo que sucedía en la terapia psicoanalítica de Anna. ¿Cómo imaginar, en ese caso, una fijación infantil inconsciente en la madre y el rechazo de un padre que la hubiera decepcionado? El propio Freud había prohibido a su hija dejarse seducir por los hombres, y en especial por sus alumnos. Por su parte, ella soñaba con ser la discípula de un padre adorado y rechazaba el destino de su madre. En otras palabras, Freud se enfrentaba a una realidad que contradecía su teoría.

Si esa cura —que no lo era— terminó en un fiasco, la de Anna Guggenbühl, joven psiquiatra suiza formada en el Burghölzli, tuvo bastante éxito, según el testimonio de la paciente. Esta acudió al diván de Freud cuando tenía veintisiete años, por voluntad propia y con una transferencia positiva,[37] en un momento en que Anna Freud había interrumpido su análisis. Comprometida desde hacía varios años con un compañero de estudios, y con numerosas aventuras amorosas en su haber, Anna G. dudaba de sus ganas de casarse. Su deseo se atenuaba, a pesar de que su familia ya había planeado la boda.

Decidida a comprender las razones inconscientes de su vacilación, dejó
a sus padres y su trabajo con toda la libertad que le daba su deseo de
conocer a quien consideraba como el mejor oído de su época. Como
virtuoso de la interpretación contundente, Freud, después de escucharla, le explicó que en el «nivel superior» de su vida se desplegaba el
conflicto con su prometido. Para comprender su significado, añadió,
había que explorar el «nivel intermedio», que la remitía a su relación
neurótica con su hermano, y luego el «nivel inferior» —totalmente
inconsciente—, que era el de su relación con los padres.

En otras palabras, Freud afirmaba que Anna G. estaba enamorada
de su padre, que deseaba la muerte de su madre y que el apego por
su hermano, sustituto del padre, explicaba sus titubeos permanentes:
«Sus amantes son sustitutos de sus hermanos, y por eso tienen todos
la misma edad, aunque son menos maduros que ellos». La cura terminó cuando Freud le dijo a Anna Guggenbühl que se encontraba
bajo el influjo de un desafío lanzado a sus padres. Y puede suponerse
que fue la liberación del deseo reprimido de estar bajo el influjo de
su propio desafío lo que la llevó a romper su compromiso, desobede-
cer al padre y escoger por sí sola su destino.[38]

En 1922, mientras preparaba su primera ponencia para la WPV, Anna
Freud, de nuevo en análisis con su padre, sintió cuánto la atraían las
mujeres y confió su perturbación a Lou:

> Por primera vez tuve un sueño diurno en el que aparecía una
> protagonista femenina. Era incluso una historia de amor en la cual no
> he dejado de pensar. Quería aprovecharla y escribirla de inmediato,
> pero papá consideró más adecuado que la dejara de lado y pensara en
> mi ponencia. La historia me abandonó, por lo tanto, pero si en julio
> todavía la recuerdo, la pondré de todos modos por escrito. Desdicha-
> damente, solo aparecen en ella personas conocidas.[39]

La ponencia de Anna no era ajena a ese asunto. Su tema, en efecto, eran las fantasías de flagelación en los niños pequeños, y seguía
a un célebre artículo de su padre, «Pegan a un niño», donde Freud
describía el caso de una niña cuyas fantasías infantiles se parecían

mucho a las que le había contado su propia hija. Y esta, a su vez, las analizó como si no fueran suyas, explicando que la niña había logrado sustituir el recuerdo de esas escenas por «bellas historias».[40]

En 1923 Anna Freud decidió oficialmente renunciar al matrimonio. Su padre no tardó en apodarla «Antígona» y luego le regaló un pastor alemán, Wolf (o Wolfi), que pasó a ser de inmediato un miembro más de la casa. Freud reveló su desasosiego a Lou. Temía que la «genitalidad» de Anna le jugara una mala pasada y confesó que no lograba liberarla de sí mismo ni separarse de ella.[41]

Si la cura con su padre permitió a Anna afirmarse como líder de una escuela, rodeada por los mejores discípulos de aquel dentro del *Kinderseminar*, su consecuencia nefasta consistiría en hacerle odiar su propia homosexualidad. A lo largo de toda su existencia Anna se mostraría hostil a la idea de que los homosexuales pueden ejercer el psicoanálisis. Contra la opinión de su padre, mantendría la convicción —como Jones, por otra parte— de que la homosexualidad es una enfermedad.

Algún tiempo después del final del segundo período en el diván de su padre, Anna conoció a la mujer que iba a ser su compañera de toda la vida: Dorothy Tiffany Burlingham. Nacida en Nueva York y nieta del fundador de las joyerías Tiffany & Co., esta se había casado con un cirujano, Robert Burlingham, afectado por una psicosis maníaco depresiva. Para escapar a sus raptos de locura ella se había trasladado a Viena, plenamente decidida a tratar su fobia y confiar a la familia Freud el destino de sus cuatro hijos: Bob, Mary («Mabbie»), Katrina («Tinky») y Michael («Mikey»). Después de una entrevista preliminar, Anna empezó un análisis con los dos primeros y propuso a Dorothy psicoanalizarse con Theodor Reik.

Muy pronto, las dos mujeres comenzaron a tratarse como si fueran mellizas y a dedicar su tiempo libre a pasear por los alrededores de Viena en el Ford T de Dorothy. A Freud le encantaba acompañarlas. Ambas adoptaron la costumbre de usar idéntica ropa, a la vez que entablaban relaciones de intimidad muy semejantes a las que podían tener dos lesbianas. Pero Anna negó categóricamente la existencia de una relación carnal con su nueva amiga, como una manera de seguir fiel al único hombre que amó en su vida: su padre.

Una vez terminada la cura con su padre, Anna escogió a Max

Eitingon como confidente y luego hizo otra amiga, Eva Rosenfeld, una judía berlinesa perteneciente a un medio acomodado y sobrina de Yvette Guilbert, una cantante francesa admirada por Freud. Anna la ayudó a superar la muerte de dos de sus hijos, debida a la disentería. Con ella y Dorothy, fundó en 1927 una escuela privada destinada a recibir a los niños en terapia psicoanalítica con ella o con otros discípulos del entorno familiar, y cuyos padres también se analizaban en Viena. Entre esos niños estaba Peter Heller, quien más adelante se casaría con Tinky, la hija de Dorothy: «La escuela Burlingham-Rosenfeld», escribirá, «fue para mí una experiencia privilegiada, muy prometedora. La inspiraba y animaba un ideal de humanismo más puro, más sincero que los otros establecimientos a los que asistí. En ella se difundía un auténtico sentido de la comunidad en un ambiente luminoso, soleado y cálido».[42]

También en 1927, Anna impulsó a Dorothy a analizarse con Freud, lo que permitió a este aprehender mejor la naturaleza de sus relaciones, al mismo tiempo que recibía a un nuevo visitante: una hembra chow-chow llamada Lun Yu, que se entendía a las mil maravillas con Wolf.

Felices y libres, Anna y Dorothy no tardaron en comprar una pequeña granja con un huerto y animales: las dos familias pasaban en ella sus vacaciones. En el otoño de 1929, mientras se cernía sobre el mundo la amenaza de la crisis bursátil norteamericana, Dorothy se instaló con sus cuatro hijos en un apartamento de Berggasse 19. A partir de entonces no tuvo más que bajar un piso para tenderse en el diván de Freud, a quien consideraba como Dios Padre. Gracias a la instalación de una línea telefónica directa podía hablar con Anna, por la noche, sin perturbar a los habitantes de la casa: asombrosa puesta en práctica de la utopía telepática que, en esa época turbulenta, asediaba el imaginario de Freud y Ferenczi.

De ese modo cumplió Anna su anhelo de ser madre, al convertirse, por medio del psicoanálisis, en «coprogenitora» y terapeuta de los hijos de Dorothy, al mismo tiempo que era ya la madre adoptiva y la analista de su sobrino Ernstl. En cuanto a Freud, se consideró más que nunca como el patriarca dichoso de una familia recompuesta, sometida a la erosión de la antigua autoridad patriarcal, cuyo fruto era el psicoanálisis: «Nuestros vínculos simbióticos con una familia norteamericana (sin marido)», escribiría en 1929, «cuyos hijos son analíticamente seguidos por mi hija con mano firme, se tornan cada vez más sólidos, de manera que adoptamos resoluciones comunes para el verano. Nuestros dos perros, el fiel Wolf y la dulce china Lun Yu, representan el aumento más reciente de la familia».[43]

Desde comienzos de siglo Freud se había prendado con pasión de las antigüedades,[44] tan indispensables para su cotidianeidad como los cigarros o los personajes de los trágicos griegos, y tan necesarios para su horizonte como Roma, Atenas o Egipto. Mucho más lector de obras de arqueología que de psicología, había transformado su casa de la Berggasse en un verdadero museo: «Solo puede comprenderse la revolución freudiana en toda su dimensión», escribe Peter Gay, «si se recuerda cuáles eran las ideas y los supuestos científicos de fines del siglo XIX. Ahora bien, esa revolución nació en un lugar que es su antítesis, donde sus banderas y consignas son invisibles».[45]

Toda una serie de figuras inanimadas —griegas, chinas, egipcias, precolombinas— poblaban las diferentes habitaciones de la morada freudiana. Como en una película muda, los objetos procedentes de las civilizaciones antiguas hacían que sus luces y sus sombras se cernieran sobre la vida de perros y humanos. Cada año más numerosos, se desplegaban en medio de un decorado atestado donde se amontonaban tapices y colgaduras de colores, unos en el suelo, los sillones y los sofás, y otras en las paredes. Una veintena de estatuillas, entre las más conmovedoras y las más dispares, se erguían sobre el escritorio de *Herr Professor*, frente a sus manuscritos. A cada una se atribuía una personalidad propia, y todas contribuían a mantener el espíritu creativo del dueño del lugar. No bien entraba a ese cuarto donde recibía a sus pacientes en presencia de su chow-chow, Freud saludaba a su sabio chino instalado al borde del escritorio, flanqueado por una estatuilla de Imhotep —dios del saber y la medicina— a la izquierda y otra de una divinidad egipcia menor a la derecha. Así, los custodios del cuerpo y la mente velaban por el buen desarrollo de las sesiones o los ejercicios de escritura.

Por doquier, vitrinas, muebles, bibliotecas y porcelanas orientales colmaban el espacio de esa casa en forma de laberinto donde no se toleraba ningún lugar vacío, como si cada cosa —pintura al pastel del templo de Abu Simbel, Jano de piedra, Horus, Anubis, Neftis, Isis y Osiris, molde de la *Gradiva*, bajorrelieve de *La muerte de Patroclo*, camello de la dinastía Tang, budas diversos— encarnara a la vez las tres regiones de la vida psíquica y el surgimiento de una pulsión ancestral de inmediato reprimida. En medio de esa profusión de imágenes, jeroglíficos, símbolos funerarios, estatuillas sagradas —hombres y animales mezclados—, aparecían en la penumbra las huellas de una memoria judía: un aguafuerte de Rembrandt —*Los judíos en la sinagoga*—, un grabado de Kruger que mostraba a Moisés levantando las Tablas de la Ley, un candelabro (menorá) de Januká y, para terminar, dos copas para el Kidush[46] dispuestas frente a unas estatuillas egipcias.

Freud también coleccionaba fotos y cuadros: reproducción de la famosa *Lección clínica en la Salpêtrière*, de Brouillet; *Edipo y la Esfinge*, de Ingres; *La pesadilla* de Füssli; *El beso de Judas* de Durero, etc. A ellos se añadían decenas de fotografías: medallones de madres, hermanas e hijos, retratos de discípulos o mujeres admiradas: Lou Andreas-Salomé, Marie Bonaparte, Yvette Guilbert.[47]

En agosto de 1922 Cäcilie Freud, la hija de Rosa Graf, se suicidó con una fuerte dosis de veronal. Embarazada al margen del matrimonio, disculpaba a su amante. Fuera como fuese, en una carta a su madre, que quedaba así sin descendencia, explicaba que morir era muy simple y que la idea incluso le daba cierta alegría. Profundamente conmovido por ese acto, Freud no vaciló en mencionar el turbulento porvenir de Austria. Era perfectamente consciente de los conflictos políticos que agitaban a la nueva república, cuya capital, ahora bautizada «Viena la roja», era gobernada por una coalición de socialdemócratas y demócratas cristianos influidos por los principios del austromarxismo. Freud percibía el crecimiento espectacular de los populistas antisemitas y pangermanistas, que denunciaban los ambiciosos programas de la izquierda social. Sabía además que esos grupos buscaban nuevos chivos expiatorios con su denuncia de los extranjeros y más aún de los judíos llegados de Polonia, Rumanía y Ucrania.

Pero por el momento Freud seguía lanzando mandobles contra el presidente Thomas Woodrow Wilson, a quien, decididamente, no perdonaba sus «catorce puntos». No creía ni por un instante en la concepción wilsoniana del derecho de los pueblos de los desaparecidos imperios a disponer de sí mismos y solo veía en ese proyecto un intento de balcanización de la *Mitteleuropa*. En síntesis, tenía a ese presidente iluminado por el responsable de la desventura de aquellos a quienes pretendía liberar del yugo de sus amos. Lejos de respetar a los vencidos, decía, los había tratado de manera despreciativa. Por lo demás, acababa de ver confirmada su opinión a través de la lectura de un libro del periodista norteamericano William Bayard Hale,[48] que denunciaba el estilo ampuloso de Wilson y se refería al método psicoanalítico. Freud había intercambiado algunas cartas con el autor, lo cual alimentaba en él, pese a los consejos de Jones, el cultivo de cierto antiamericanismo. Ni él ni nadie de su entorno pensaban en esa fecha en el papel que iba a desempeñar Adolf Hitler en la historia del psicoanálisis.

Freud siempre se había preocupado por su salud. En varias ocasiones había constatado la existencia de una lesión sospechosa en la parte derecha del paladar y había resuelto no inquietarse demasiado por ella. Pero en vez de renunciar al tabaco, prefería creerse afectado por una simple leucoplasia.[49] No obstante, el 20 de abril de 1923 hizo que le quitaran un tumor calificado de «benigno» que él mismo caracterizó como un epitelioma. Luego se decidió a consultar a su viejo amigo Max Steiner, cofundador de la Sociedad de los Miércoles, que le aconsejó otra vez dejar de fumar, a la vez que le ocultaba el carácter cancerígeno del tumor.

Fue entonces cuando Felix Deutsch, su discípulo y médico personal, que el 7 de abril había comprobado la presencia de esa lesión, se negó a decir la verdad a su venerado maestro por temor a espantarlo, y le aconsejó una nueva operación. Conocido de los más grandes profesores de medicina de Viena, Freud habría podido elegir desde el principio a uno de los mejores. Acudió, en cambio, a Marcus Hajek, otorrinolaringólogo que —estaba seguro— lo tranquilizaría por completo. No se equivocaba. Ese doble de Fliess procedió a una nueva ablación del tumor que terminó en un desastre y una terrible hemorragia.[50] A continuación Freud tuvo que someterse a una inútil radioterapia cuyo único efecto consistió en agravar sus dolores. En esa época, plenamente absorbido por la muerte del pequeño Heinz (Heinerle), su «niño querido», seguía sin querer conocer la verdad. A fines de junio viajó a Gastein con Minna; luego se trasladó al Tirol y finalmente a Lavarone, donde la familia se reunió con él.

A fines de agosto de 1923 los miembros del comité se encontraron en San Cristoforo, al pie de la montaña donde se alojaba Freud.

En esa época había entre ellos una violenta disputa alrededor de la «técnica activa». Además, Rank y Ferenczi se sentían marginados por los berlineses —Abraham y Eitingon—, mientras que Jones seguía tratando de desarrollar el psicoanálisis fuera del mundo germanoparlante. No deseoso de tomar partido, Freud permaneció en su hotel y solo Felix Deutsch y Anna se unieron al grupo para compartir una cena en San Cristoforo. Esa noche los principales discípulos tomaron conciencia de la gravedad del cáncer de Freud.[51] Y como era necesaria una nueva operación, se embarcaron en una discusión tumultuosa sin decidirse, empero, a decirle la verdad.[52] Lo dejaron partir para hacer un último viaje al sur. En 1913 Freud se había prometido iniciar a Anna en su amor por Roma y nada ni nadie podía impedir la realización de ese proyecto. Juntos, padre e hija caminaron por la ciudad durante varias horas. Conforme a un itinerario rigurosamente establecido, visitaron el Capitolio, el Panteón, Tívoli, la Capilla Sixtina: «Son nuestros últimos días», escribió Freud a sus otros hijos. «Para facilitar la partida, el siroco se puso a soplar y las reacciones de mi mandíbula me hacen sufrir más que nunca. Anna está como unas castañuelas. Hoy incluso intentó con una opereta.»[53]

A continuación Freud riñó con Deutsch, a quien trató de «cobarde miserable». Luego se reconcilió con él. Pero en 1927 eligió a otro médico para que lo tratara: Max Schur, que había asistido a sus conferencias en 1916 y que habría de atenderlo hasta su muerte. Perteneciente a una familia de emigrados judíos de Polonia, Schur se ocupó de su prestigioso paciente tras analizarse con Ruth Mack-Brunswick. Más joven que los discípulos del primer círculo, admiraba a Freud, pero no por eso lo veneraba al extremo de mentirle.

Mucho antes de ese encuentro, al retorno de su último viaje a Roma, Freud ya había decidido acudir a Hans Pichler, un estomatólogo austríaco considerado por entonces como uno de los más grandes especialistas europeos en cirugía maxilofacial. Formado en la Northwestern University de Chicago, Pichler había adquirido durante la guerra una destreza excepcional en la reconstrucción del rostro de heridos graves.

El médico recibió a Freud el 26 de septiembre de 1923 y el 4 de octubre lo sometió a una dura prueba al practicar la ablación de una buena parte de su mandíbula superior y de su paladar derecho.

El 13 de noviembre, una nueva intervención. A partir de ese día, Pichler operó a su paciente veinticinco veces y en 1931 solicitó la ayuda de su colega norteamericano Varaztad Kazanjian, ex médico honorario del ejército británico, célebre por sus innovaciones en el perfeccionamiento de las mejores prótesis dentarias destinadas a las «caras rotas». De ese modo, Freud pudo beneficiarse con los progresos de la cirugía facial debidos a la guerra de las naciones.[54] Sin embargo, iba a sufrir un martirio durante los dieciséis años que le restaban de vida.

La «prótesis» hizo su entrada en el conjunto que conformaban los objetos de colección, los libros, los cigarros, los perros, los pacientes y el universo cotidiano de *Herr Professor* y su entorno. Maldita prótesis, horrible monstruo, instrumento de tortura, objeto mal ajustado: así calificaba Freud esa cosa innombrable que perturbaba su cuerpo enfermo. Describiría el intruso a cada uno de sus corresponsales, sin renunciar jamás al tabaco: «*Lieber Max*, el estado de tensión que genera la prótesis me absorbe por completo. Comer, beber y hablar son momentos que temo». Y a Lou Andreas-Salomé:

> *Liebe Lou*, no hay nada más irritante que un sustituto corporal alzado en rebelión, a pesar de no ser otra cosa que un artificio, como un par de gafas, una dentadura postiza o una peluca [...]. Pequeños acuerdos con este objeto intruso y salvador alimentan una ilusión, es decir, la esperanza de lograr conversar sin pensar en mi boca. [...] Todas las recientes intervenciones, presentadas como inevitables, han sido empero inútiles.

En 1931, acerca de Kazanjian: «Tiene la sonrisa de Charles Chaplin [...]. Este mago ha dado instrucciones para construir una prótesis provisoria de la mitad de tamaño y la mitad de peso de la actual. Con ella puedo masticar, hablar, fumar al menos tan bien como antes».[55]

Freud tuvo que pasar por varios tipos de operaciones: unas con anestesia local complementada con sedantes, otras con anestesia total. Después de cada intervención le costaba hablar y, con el paso de los años, tuvo cada vez más dificultades para alimentarse, a la vez que sufría de manera permanente una sordera del oído derecho que lo obligaba a mover el diván para oír bien a sus pacientes. La prótesis debía limpiarse, reajustarse y reemplazarse constantemente, al precio de interminables dolores. Cuando Freud no lograba ponérsela, reclamaba la ayuda de Anna, que a veces luchaba durante una hora con el «monstruo»: «Lejos de inspirar impaciencia o asco», escribe Peter Gay, «esa proximidad no hizo sino estrechar los lazos entre el padre y la hija. Él llegó a ser tan irreemplazable para ella como ella se había tornado indispensable para él».[56]

3

El arte del diván

Varias decenas de artículos o libros se dedicaron a los pacientes de
Freud y su suerte después de que este se estableciera como especialista en enfermedades nerviosas, más adelante como psicoanalista y
por último como formador de analistas. La consulta de los archivos
depositados en la Biblioteca del Congreso (LoC), así como de diversos testimonios o relatos de casos reconstruidos o publicados, permite establecer que Freud, a lo largo de su vida profesional, trató a alrededor de ciento sesenta personas muy diferentes unas de otras, pero
en su mayoría pertenecientes a la alta burguesía o la clase media acomodada. Es probable, además, que en el futuro se descubran otros
relatos de terapias psicoanalíticas, lo cual no debería cambiar en gran
medida las consideraciones que los historiadores pueden hacer sobre
la práctica clínica compleja de Freud.[1]

Entre 1895 y 1914 los pacientes procedían de los Imperios
Centrales y del oeste, el norte y el sur de Europa, mientras que después de 1920 empezaron a llegar del continente norteamericano, de
Francia o del Reino Unido, es decir, de los países «vencedores». En
esta etapa de su existencia Freud se convirtió esencialmente en analista de analistas, sin dejar de considerar la cura como un asunto de
familia. No solo analizó a su hija sino también a los amigos de sus
otros pacientes, así como a varios de sus discípulos, sus cónyuges o
sus allegados. Se sabe que no respetaba ninguna de las reglas técnicas
establecidas por las sociedades psicoanalíticas. Es preciso saber además que dichas «reglas» se instauraron poco a poco a partir de 1918
y que para el movimiento psicoanalítico era impensable obligar a

Freud a respetarlas. ¿Cómo forzarlo a someterse a una cura y luego a una supervisión para poder ser psicoanalista? ¿Cómo prohibirle analizar a sus parientes o a los cónyuges de estos cuando, hasta 1920, los miembros de su primer círculo todavía no habían elaborado esas reglas que, por lo demás, solo se aplicaron verdaderamente en el IPV (Verein) a medida que el oficio de psicoanalista se profesionalizaba?[2] En realidad, el primer círculo las elaboró para las generaciones venideras.

Desde 1920 se produjo un cambio esencial en la historia del conocimiento de los «casos». En vez de ser reconstruidas por Freud como otros tantos relatos clínicos, la narración de las psicoterapias del período de entreguerras quedó a cargo de los propios analizantes bajo la forma de testimonios, autoficciones o notas transmitidas a la posteridad y publicadas por historiadores o los herederos. En otras palabras, con referencia a este período, el trabajo clínico de Freud puede evaluarse y comprenderse de manera retrospectiva a través de la mirada de un analizante que cuenta su cura, y ya no sobre la base de los relatos publicados por él. La diferencia no es menor.

Sabemos además que los pacientes recibidos por Freud a título de «enfermos» —antes y después de 1914— eran más o menos obligados por su entorno a hacerse tratar: así sucedió con todas las mujeres de los *Estudios sobre la histeria*, con Ida Bauer, con Margarethe Csonka y con muchas otras. En esas condiciones, las curas tenían pocas posibilidades de vivirse como «éxitos», sobre todo cuando se trataba de mujeres jóvenes en rebelión contra sus familias, y a juicio de las cuales Freud aparecía como un médico lascivo o cómplice de los padres. Al contrario, los pacientes que acudían por su propia voluntad a analizarse en la Berggasse se sentían en general satisfechos. De ahí la siguiente paradoja: las curas fueron más «exitosas» en la medida en que eran el resultado de una decisión libremente consentida del sujeto. Y Freud postularía, en efecto, que ninguna experiencia psicoanalítica es posible sin la cooperación total del paciente. Es menester aclarar además que en la época, cuanto más aspiraba un analizante a ser analista, más probable era que la cura fuera terapéutica antes de convertirse en didáctica, porque el paciente se comprometía con una causa. En consecuencia —y salvo excepciones—, las terapias psicoanalíticas más consumadas, es decir, las más satisfactorias desde el punto de vista de los sujetos, fueron las que eran el resultado, por un lado, de una voluntad consciente, y por otro, de un compromiso militante.[3]

En su gran mayoría los pacientes de Freud eran judíos y padecían neurosis, en el sentido muy amplio dado a este término durante la primera mitad del siglo: neurosis a veces leves pero con mucha frecuencia muy graves, y que más adelante se calificarían de estados *borderline* e incluso de psicosis. Muchos de ellos eran intelectuales, a menudo célebres —músicos, escritores, creadores, médicos, etc.—,[4] deseosos no solo de tratarse sino también de experimentar la cura por la palabra con el padre fundador. De manera general, acudían a la Berggasse tras un periplo que los había llevado a hacerse examinar por todas las eminencias del mundo médico europeo: psiquiatras o especialistas en toda clase de enfermedades nerviosas. Y, dígase lo que se diga, sobre todo antes de 1914, se habían enfrentado a ese famoso «nihilismo terapéutico» tan característico del estado de la medicina psiquiátrica de la época.

En este aspecto, el inmenso éxito vivido por el psicoanálisis era la consecuencia de la invención freudiana de un sistema de interpretación de las afecciones del alma fundado en grandes epopeyas narrativas que tenían que ver más con los desciframientos de enigmas que con la nosografía psiquiátrica. En el diván de ese científico tan original, él mismo víctima de un cuerpo sufriente, rodeado de sus suntuosas colecciones de objetos y esos perros de una belleza sorprendente, cualquiera podía verse como el héroe de una escena teatral sabiamente compuesta de príncipes, princesas, profetas, reyes caídos y reinas en desamparo. Freud contaba cuentos, resumía novelas, leía poemas, evocaba mitos. Historias judías, *Witz*, relatos de deseos sexuales enterrados en las profundidades del alma: a sus ojos, todo servía para dotar al sujeto moderno de una mitología que lo devolviera al esplendor de los orígenes de la humanidad. En el plano técnico, para justificar esa posición, Freud afirmaba que un análisis correctamente encaminado —es decir, exitoso— tenía el objetivo de convencer al paciente de aceptar la verdad de una construcción científica por el simple hecho de que esta producía un beneficio superior al de la mera reconquista de un recuerdo recuperado. En otras palabras, una cura exitosa era una cura que permitía al sujeto comprender la causa profunda de sus tormentos y sus fracasos, y superarlos para realizar mejor sus deseos.

Freud recibía ocho pacientes al día en sesiones de cincuenta minutos a razón de seis veces por semana, durante varias semanas y en ocasiones algunos meses. Podía haber curas que resultaran interminables, jalonadas de retornos y recaídas. Además, Freud también recibía a otros pacientes con fines de mera consulta, de atención médica o para realizar algunas sesiones de psicoterapia. En general no tomaba notas durante las sesiones y todo su arte del diván consistía en una iniciación al viaje: Virgilio guiado por Dante en la *Divina Comedia*. Si recomendaba la abstinencia, nunca obedecía a ningún principio de «neutralidad» y prefería la «atención flotante» que facilitaba el desenvolvimiento de la actividad inconsciente. Hablaba, intervenía, explicaba, interpretaba, se equivocaba y fumaba cigarros sin ofrecerlos a los pacientes, lo cual suscitaba en ellos diversas reacciones. Para terminar, mencionaba llegado el caso algunos detalles de su propia vida y se refería a sus gustos, sus elecciones políticas, sus convicciones. En una palabra, se implicaba en la psicoterapia convencido de que acabaría con las resistencias más tenaces. Y cuando no lo lograba, intentaba comprender por qué, hasta el momento en que abandonaba toda esperanza de éxito. Por otra parte, a veces cometía indiscreciones e informaba a sus corresponsales del contenido de las sesiones que realizaba, e incluso leía a algunos pacientes cartas que había recibido en relación con ellos, sin respetar la confidencialidad que habría debido protegerlas.

Freud llevaba sus cuentas día tras día en una agenda especial (*Kassa-Protokoll*)[5] y en sus cartas hablaba sin cesar de dinero. Entre 1900 y 1914 había conquistado un estatus social equivalente al de los grandes profesores de medicina, que también atendían pacientes en privado.[6] Era, pues, tan rico como los profesionales más afamados de su generación, y su tren de vida era similar.

Durante la guerra sus ingresos se derrumbaron al unísono con la economía austríaca. Pero a partir de 1920 comenzó a reconstruir su fortuna al recibir, ya no solo a pacientes de los desaparecidos Imperios Centrales, arruinados por la crisis económica y las depreciaciones de la moneda, sino a psiquiatras o intelectuales extranjeros adinerados procedentes de Estados Unidos o deseosos de formarse en el psicoanálisis. Freud se convirtió así, poco a poco, en el analista de los analistas.

Cuando era posible, hacía que le pagaran las terapias psicoanalíticas en divisas. Con el paso de los años logró colocar activos en el extranjero, que se sumaban a sus derechos de autor, bastante considerables. Y si ganaba menos que un psicoanalista instalado en Nueva York o Londres, tenía una posición claramente más acomodada que sus discípulos alemanes, húngaros y austríacos, a quienes les costaba sobrevivir en un contexto económico desastroso. En octubre de 1921, con deseos de que Lou Andreas-Salomé viajara a Viena, como ella había dicho que quería hacer, le escribió lo siguiente:

> Si el hecho de estar cortadas las relaciones con su país natal afectara su libertad de movimiento, permítame disponer que desde Hamburgo le remitan el dinero para su viaje. Mi yerno maneja desde allí mis tenencias en marcos, y gracias a mis ganancias en monedas extranjeras sólidas (norteamericanas, inglesas, suizas) soy relativamente rico. Pero querría en verdad sacar algún placer de esas nuevas riquezas.[7]

A título de comparación, señalemos que en 1896 Freud cobraba diez florines la hora; en 1910, entre diez y veinte coronas por sesión; en 1919, doscientas coronas, o cinco dólares en el caso de un paciente norteamericano (el equivalente de setecientas cincuenta coronas), o una guinea, es decir, un poco más de una libra esterlina (seiscientas coronas), si se trataba de un paciente inglés sin fortuna. Para terminar, en 1921 pensó en pedir quinientas o mil coronas y luego fijó el precio de una hora en veinticinco dólares,[8] lo cual no le impedía aceptar sumas menores de algunos pacientes.

Por momentos no podía reprimir un antiamericanismo injusto y virulento que lo llevaba a afirmar, por ejemplo, que sus discípulos del otro lado del Atlántico solo servían para aportarle dólares. Un día sostuvo ante un interlocutor atónito que la estatua de la Libertad podía reemplazarse «por la de un mono blandiendo una Biblia». En otra ocasión, delante de uno de sus alumnos en análisis, afirmó que los norteamericanos eran tan estúpidos que su modo de pensamiento podía reducirse a un silogismo ridículo: «Ustedes, los norteamericanos, son más o menos así: el ajo es sabroso, el chocolate es sabroso, ¡pongamos pues un poco de ajo en un chocolate y comámoslos!».[9]

Freud sentía como una humillación profunda la derrota de los Imperios Centrales y la preponderancia cada vez más grande que adquirían los psicoanalistas norteamericanos en el movimiento internacional. La necesidad de hacer pagar a todos sus pacientes lo perturbaba, y se mostraba favorable a la idea de que algún día hubiese instituciones capaces de ofrecer curas gratuitas a los más desposeídos. En líneas generales, le horrorizaba la concepción norteamericana de la democracia, la libertad individual y los derechos de los pueblos a disponer de sí mismos: «Los norteamericanos», diría un día a Sándor Rado, «trasladan el principio democrático del dominio político al de la ciencia. Todo el mundo debe ser presidente por turno. Por eso son incapaces de llevar a cabo nada».[10]

Siempre había considerado que la terapia psicoanalítica no era conveniente para las personas estúpidas, incultas, de mucha edad, melancólicas, maníacas, anoréxicas o afectadas por un estado episódico de confusión histérica. Excluía asimismo de la experiencia psicoanalítica a los psicóticos y los perversos «que no anhelen reconciliarse consigo mismos». A partir de 1915 agregó a la categoría de los no analizables a las personas que padecían neurosis narcisistas graves, invadidas por pulsiones de muerte y destrucción crónicas e imposibles de sublimar. Y más adelante, cuando Ferenczi le propuso analizarlo, respondió con humor que, tratándose de un septuagenario afectado de tabaquismo y de una lesión cancerosa, ninguna indicación de cura era posible. Afirmaba en cambio que la cura era indicada para tratar la histeria, la neurosis obsesiva, las fobias, las angustias, las inhibiciones y los trastornos de la sexualidad. Y añadía que solo podía tener éxito en el caso de personas inteligentes, dotadas de sentido moral y capaces de desear implicarse en ella.

En 1928 reconoció de manera muy clara ante su discípulo húngaro István Hollos, artífice de la reforma de los psiquiátricos, que los psicóticos no le gustaban:

> Finalmente tuve que confesarme que esos enfermos no me gustaban y que les reprochaba que fueran tan diferentes a mí y a todo lo humano. Es una curiosa clase de intolerancia que, desde luego, me

hace inepto para la psiquiatría. [...] ¿Me comporto en este caso como los médicos que nos precedieron lo hacían con las histéricas? ¿Es un resultado de la opción por el intelecto afirmada cada vez con mayor claridad, la expresión de una hostilidad hacia el ello?[11]

Si estas declaraciones se toman al pie de la letra y se da crédito al fundador del psicoanálisis, cabría pensar que este solo conviene a sujetos cultos, capaces de soñar o fantasear, conscientes de su estado, deseosos de mejorar su bienestar, de una moralidad por encima de toda sospecha y susceptibles de ser curados en unas cuantas semanas o meses, en virtud de una transferencia o una contratransferencia positivas. Ahora bien, sabemos sin lugar a dudas que la mayoría de los pacientes que acudían a la Berggasse distaban bastante de ajustarse a ese perfil.

En otras palabras, desde comienzo de siglo había una gran contradicción entre las indicaciones de psicoterapia recomendadas por Freud en sus escritos y la realidad de su práctica con los pacientes. Y él era tanto más consciente de ello por el hecho de haber modificado su doctrina al describir, en «Introducción del narcisismo» y *Más allá del principio de placer*, casos en los que dudaba de toda forma de éxito terapéutico. Y sin embargo, en oposición al nihilismo —pero bajo la presión de las necesidades económicas, y siempre interesado en aceptar desafíos—, tomaba en análisis a personas calificadas de «inanalizables», con la esperanza de lograr, si no curarlas, sí al menos aliviar sus sufrimientos o modificar su condición existencial.

Ya se ha dicho que esos pacientes, maníacos, psicóticos, melancólicos, suicidas, perversos, masoquistas, sádicos, autodestructivos, narcisistas, consultaban a otros especialistas que no obtenían mejores resultados que él.[12] Pero solo Freud fue acusado de todas las ignominias, en vida y más aún después de su muerte: impostor, estafador, codicioso, etc.

Por eso es tan importante estudiar en detalle ciertas terapias psicoanalíticas, algunas de las más desastrosas y algunas de las más satisfactorias. Destaquemos en primer lugar que, de ciento veinte pacientes tratados por Freud —sin distinción de tendencias—, una veintena no sacó beneficio alguno de la cura y alrededor de diez la rechazaron al extremo de odiar al terapeuta. En su mayoría, estos pacientes recurrieron a otras terapias, en idénticas condiciones económicas, y no lograron mejores resultados. Hasta el día de hoy ningún investigador ha sido capaz de decir cuál habría sido el destino de esos pacientes si nunca hubieran hecho nada para tratar sus padecimientos.

A comienzos del siglo fue en Trieste, ciudad portuaria y barroca por entonces bajo la dominación austríaca, y vía de paso entre la *Mitteleuropa* y la península italiana, donde echó raíces una de las aventuras clínicas más singulares a las que Freud habría de enfrentarse. En octubre de 1908 vio llegar a la Berggasse a un joven estudiante de medicina, Edoardo Weiss, que le profesaba una gran admiración desde su lectura de *La interpretación de los sueños*. Weiss era hijo de un industrial judío originario de Bohemia que había hecho fortuna con el comercio de aceites alimentarios: «Cuando me preparaba para irme», diría a Kurt Eissler,

> Freud me preguntó por qué estaba tan apurado. Supuse entonces que estaba contento de conocer a alguien que venía de Trieste. En el pasado él mismo, como se sabe, había estado en la ciudad juliana. Amaba Italia y lo regocijaba la idea de que una persona procedente de Trieste se interesara en sus trabajos. Yo tenía entonces diecinueve años. Una vez terminada la visita, le pregunté cuánto le debía por la consulta, y él, de manera encantadora, me contestó que no aceptaba nada de un colega.[13]

Freud no quería llevar a cabo el análisis de quien iba a ser el introductor de su doctrina en Italia y uno de sus mejores discípulos. Por eso lo derivó para que se formara en el diván de Paul Federn, que llegaría a ser maestro y amigo de Weiss hasta en el exilio americano.

Muy semejantes a los vieneses de la Belle Époque, los intelectuales triestinos se pretendían «irredentistas». Manifestaban no solo una compleja reivindicación de su identidad italiana, sino también un profundo apego a esa cultura europea que los hacía sensibles a todos los grandes movimientos de la vanguardia literaria y artística. En cuanto a los intelectuales judíos desjudaizados y pertenecientes a la burguesía comercial —rica o sin dinero—, aspiraban a una emancipación idéntica a la de los vieneses, y planteaban a la vez una crítica feroz y melancólica de la monarquía de los Habsburgo. En síntesis, se sentían más italianos que austríacos, más judíos que italianos y lo bastante atormentados por sus neurosis familiares para sentirse atraídos por la idea de explorar su subjetividad.

En el mismo momento en que Weiss se comprometía con la causa del psicoanálisis, Italo Svevo —seudónimo de Ettore Schmitz— también se interesaba por la obra freudiana, que en esa época era comentada con pasión por la *intelligentsia* triestina: un verdadero «ciclón», según Giorgio Voghera.[14] Svevo, también procedente de una familia de comerciantes judíos, se había casado con su prima Livia Veneziani, cuyos acaudalados padres se habían convertido al catolicismo y cuyo hermano, Bruno Veneziani, homosexual, fumador y toxicómano, era un amigo de juventud de Weiss. Mientras entablaba amistad con Umberto Saba, poeta triestino, pronto analizado por Weiss, y con James Joyce, que enseñaba inglés en la Berlitz School de Trieste, Svevo, tan adicto al tabaco como Freud, publicó dos novelas sin conocer el éxito. Y cuando en 1911 conoció a Isidor Sadger, de veraneo en Bad Ischl, lo hizo partícipe de su dependencia de la nicotina.[15]

Bajo la apariencia de la normalidad más grande en su vida profesional de hombre de negocios que dirigía la empresa de sus suegros,[16] en privado Svevo no dejaba de sufrir la invasión de fantasías sexuales y homicidas. Soñaba con devorar a su mujer a pedazos empezando por los botines, se mostraba celoso y excéntrico y pensaba sin cesar en morderle la cara. Así, se parecía a tal punto a un personaje de novela que Joyce se inspiró en él para esbozar su retrato de Leopold Bloom en *Ulises*. También se acordaría de Livia y de su «larga cabellera rubia» en el momento de acometer *Finnegans Wake*.

En cuanto a Olga Veneziani, madre de Livia y de Bruno, parecía directamente salida de un relato de los grandes casos freudianos. Extremadamente nerviosa, odiaba a su yerno, sufría las calaveradas de un marido que la engañaba y «llenaba el mundo de calderas»;[17] estaba tan prendada de su único hijo varón que quería hacer de él un genio: músico glorioso y gran empresario. Por eso Bruno sufrió, desde su infancia, graves convulsiones, por las que lo trataba sin el menor resultado Augusto Murri, una de las eminencias de la medicina positivista de la época.[18] Frente al influjo de esa madre riquísima y afectada por la desmesura, aquel experimentaba un sentimiento de horror y llevaba una vida escandalosa en la que exhibía abiertamente su homosexualidad.

Por consejo de Weiss y su madre, Bruno Veneziani consultó a varios psicoanalistas: Wilhelm Stekel, Isidor Sadger, Rudolf Reitler, Karl Abraham. Luego, entre 1912 y 1914, visitó de tanto en tanto el diván de Freud, que tardó mucho en darse cuenta de que ningún tratamiento acabaría con esas patologías, tan intensamente deseadas por el paciente. El 31 de octubre de 1914, exasperado, afirmó que no había nada que hacer con ese «mal tipo», y Abraham le señaló que el narcisismo de este terrible paciente se sustraía a toda forma de interpretación.[19] Impresionado por el fracaso radical del tratamiento de su cuñado y por las sumas invertidas en su curación, una viva amargura embargó a Svevo, que se forjó la convicción de que la terapia psicoanalítica era peligrosa: es inútil, diría, querer explicar qué es un hombre. Solo la novela vivida como un autoanálisis permitiría, a su juicio, no «tratar la vida», sabiendo que esta es en sí misma una enfermedad mortal.

Veneziani regresó a Trieste mientras Svevo se proponía, en plena guerra, traducir textos de Freud, al mismo tiempo que pensaba en la génesis de una nueva novela que tendría por objeto la historia de una falsa curación psicoanalítica y por tema el tabaquismo de un hombre afectado por el síndrome «del último cigarrillo». ¿Cómo poner fin a una adicción así, como no fuera no tomando jamás la más mínima decisión de deshacerse de ella? Pregunta freudiana por excelencia.

En 1919 Bruno Veneziani, adicto también a la morfina, volvió a emprender a petición de su madre su interminable periplo curativo, en el momento mismo en que Svevo comenzaba a escribir la historia de su doble —Zeno Cosini—, que era también la de Ettore Schmitz y Edoardo Weiss. Y fue entonces cuando este último propuso a Bruno regresar al diván de *Herr Professor* y participar en las reuniones de la WPV. Pero Freud dio una respuesta negativa a ese proyecto:

> Creo que no representa un caso favorable. Le faltan dos cosas: por un lado, un conflicto entre su yo y sus exigencias pulsionales, lo cual hace que esté satisfecho consigo mismo y padezca el antagonismo de circunstancias externas; por otro, le falta un yo más o menos normal y capaz de cooperar con el analista. Sin ello, intenta siempre engañarlo y deshacerse de él mediante el fingimiento. De

ahí la existencia en él de un yo narcisista en extremo, refractario a toda influencia y servido, desgraciadamente, por un talento y unos dones personales.[20]

Freud destacaba que Olga no quería soltar a su hijo, y recomendaba enviar al paciente al sanatorio de Baden-Baden. Bruno Veneziani se trasladó de inmediato al lugar, donde, bajo la atención de Groddeck y en tres estancias sucesivas, conoció a un nuevo amante sin renunciar jamás a su toxicomanía. Emigró a continuación a la clínica Bellevue, dirigida por Binswanger, y en ella tuvo la oportunidad de verse frente a los sufrimientos melancólicos de una buena parte de la élite de la *intelligentsia* europea. Por último, más desdichado que nunca, regresó a Trieste. Internado de manera intermitente en el hospital psiquiátrico, adoptó el papel de un personaje de novela, inepto y decadente, similar al héroe descrito en 1923 por su cuñado en *La conciencia de Zeno*. Desde el fondo de su infelicidad se convirtió entonces en espectador de las grandes catástrofes de Europa, siempre en busca de una imposible alteridad.

Tras la muerte de Olga, que le legó en 1936 la mayor parte de la herencia familiar, el ex paciente de Freud se instaló en Roma para embarcarse en una ilusoria carrera de concertista barroco. Dos años después, justo antes de emigrar, Weiss lo derivó a un colega junguiano, que se hizo cargo de él y le propuso traducir obras del maestro de Zurich. Finalmente, Veneziani encontró la paz con un amante que lo ayudó a escapar de las persecuciones fascistas. Murió en 1952, con «el hígado corroído por los dolores y los venenos», tras haber cedido la mitad de las acciones de la fábrica de la familia para comprar un clavecín.[21]

Apoyado en la historia de esta vida extraviada, que le evitó la experiencia del diván, a pesar de que había soñado con analizarse con Freud, Svevo creó uno de los personajes más fascinantes de la literatura del siglo xx: un antihéroe moderno, Zeno, atormentado por su inconsistencia, su melancolía, su tabaquismo y los absurdos de una vida condenada al fracaso. En síntesis, Svevo fue el primer escritor de su generación en crear de principio a fin un paciente freudiano del primer cuarto del siglo xx, enfermo crónico, enfrentado a un psicoanalista impotente y vengativo —el doctor S.—, obsesionado con la muerte del padre y el poder de las mujeres, que rivaliza con un álter ego suicida y sueña por fin con una grandiosa catástrofe que haga estallar el planeta: «Y otro hombre», escribe, «hecho también como todos los demás, pero un poco más enfermo que ellos, robará ese explosivo y se situará en el centro de la Tierra para colocarlo en el punto donde su efecto pueda ser más fuerte. Habrá una explosión enorme que nadie oirá y la Tierra, tras recuperar la forma de nebulosa, errará en los cielos libre de parásitos y enfermedades».[22]

Como se mantenía deliberadamente al margen de la modernidad literaria, sobre todo cuando esta se inspiraba en su obra, Freud no se interesó nunca en *La conciencia de Zeno*. En cuanto a Weiss, se negó a hacer una reseña de la novela, pese a la petición del autor. Peor aún, treinta años después de la muerte de este seguía afirmando que la novela no reflejaba en absoluto el método psicoanalítico y que él mismo no se parecía al doctor S.[23] Una vez más, como la mayor parte de los psicoanalistas, buscaba en las obras literarias el reflejo de la doctrina freudiana, sin atribuir la menor importancia a la contribución que dicha doctrina había hecho a la renovación de la literatura.

Años después de su muerte Edoardo Weiss fue a su vez la víctima expiatoria de su propio método, cuando algunos comentaristas, armados con la doctrina freudiana, explicaron que su rechazo de la novela se debía a una contratransferencia negativa con Svevo, quien habría cometido el sacrilegio de no respetar su «autoridad paterna».[24]

El destino de Veneziani se asemeja en definitiva a los de Otto Gross, el barón Von Dirsztay, Victor Tausk, Horace Frink y muchos otros, como Carl Liebman.[25] Estos son en cierta forma los antihéroes de la historia de la saga freudiana. Olvidados, rechazados o maltratados por la historiografía oficial, luego revalorizados por los antifreudianos, constituyen una suerte de comunidad maldita que ya ningún historiador puede ignorar, so pena de no comprender en absoluto la complejidad de la aventura freudiana.

Después de 1920 Freud podría haber experimentado una gran felicidad al contemplar el inmenso éxito que el psicoanálisis experimentaba de un extremo a otro del planeta. En esa época era absolutamente evidente que su causa progresaba, y sin embargo la situación apenas lo satisfacía. Todo sucedía como si temiera que, después de haber sufrido el rechazo de sus ideas, ahora solo se las aceptara para deformarlas. ¿Qué hará la «chusma» cuando yo ya no esté vivo?, se decía, pensando en todas las «desviaciones» que los contemporáneos infligían a su doctrina. Como muchos fundadores, Freud pretendía ser el custodio feroz de sus conceptos e invenciones, y corría de tal modo el riesgo de legitimar a los idólatras o los cándidos.

Con ese estado de ánimo recibió en la Berggasse a todos los pacientes procedentes de los países vencedores —y en especial a los norteamericanos—, que le aportaban divisas al acudir a formarse en la profesión de psicoanalista, a la vez que deseaban conocerse a sí mismos. Por más que refunfuñara, Freud estaba sin duda obligado a admitir que esas sesiones francamente realizadas en inglés con discípulos dispuestos a cooperar le planteaban un futuro posible para el psicoanálisis, con el que ni siquiera había soñado. Fue así que se vio forzado a moderar su antiamericanismo y admitir que otras tierras prometidas se abrían a su doctrina: Francia, el Reino Unido, Estados Unidos, América Latina, Japón, etc.

Nacido en Nueva York y perteneciente a una familia de sastres judíos originarios de Ucrania, Abram Kardiner, joven médico de treinta años, viajó a Viena en octubre de 1921 para emprender una cura con Freud, como lo harían en la época varios de sus compatriotas: Adolph Stern, Monroe Meyer, Clarence Oberndorf, Albert Polon, Leonard Blumgart.[26] Apasionado por la antropología y contrario a los dogmas, ya practicaba el análisis tras una primera cura que consideraba insuficiente, en el diván de Horace Frink.

Durante seis meses contó a Freud la historia de sus padres, emigrantes pobres que huían de las persecuciones antisemitas: la llegada a la isla Ellis, la búsqueda de un empleo, la muerte de su madre enferma de tuberculosis cuando él tenía tres años, las oraciones pronunciadas en una lengua que él no conocía, el miedo al paro, el hambre y, después, la entrada en escena de una nueva mamá, llegada de Rumanía y que había suscitado en él un intenso deseo sexual. Kardiner habló de su afición a la música, del descubrimiento de su judeidad, de la lengua yiddish y del antisemitismo, de su deseo de ser un gran «doctor» y de su interés por las comunidades minoritarias —indios, irlandeses, italianos—, ese famoso *melting pot* que no dejaba de tener semejanza con el de la *Mitteleuropa*.

Kardiner evocó también sus recuerdos de adolescente. Su madrastra padecía una malformación del útero que le impedía tener más hijos, cosa que a él le alegraba. En cuanto a su padre, recordó que antaño había insultado y golpeado a su madre, con quien se había casado sin amarla. Por eso Abram había guardado en la memoria el recuerdo de esa mujer desdichada que lo había traído al mundo sin disfrutar de tiempo para criarlo. Bajo la influencia de su segunda madre adorada, el padre del paciente había podido llegar a ser un verdadero esposo dedicado a su familia. Tras amores difíciles con una muchacha, seguidos de un estado depresivo, Kardiner se había sumergido en los estudios de medicina, pasando así del estatus de hijo de un sastre judío naturalizado norteamericano al de brillante intelectual seducido por el psicoanálisis y el culturalismo. Sufría no obstante una fuerte angustia, que lo hacía frágil en todos los acontecimientos de su vida.

Contó a Freud dos sueños. En el primero veía a tres italianos que, con el pene erecto, le orinaban encima, y en el segundo se acostaba con su madrastra. Kardiner era sin lugar a dudas un «paciente freudiano» ideal, inteligente, capaz de soñar, afectado por una neurosis fóbica y una fijación amorosa con una madrastra sustituta de una madre víctima de un padre perseguido, que antes de emigrar había hecho un matrimonio concertado. Pero él deseaba simplemente esa experiencia con el maestro vienés, sin manifestar por él la más mínima idolatría. Si bien lo admiraba, discutía con franqueza sus interpretaciones.

No fue ese el caso de Clarence Oberndorf, en tratamiento al mismo tiempo que Kardiner, y fundador con Brill de la New York Psychoanalytic Society (NYPS). Freud lo despreciaba y lo consideraba estúpido y arrogante.[27] Sin embargo, Oberndorf le era mucho más fiel que Kardiner, aunque tuviera muchas reservas —con toda la razón— con respecto a la manía de los psicoanalistas de buscar «escenas primordiales» por todas partes. Y ya estimaba que las curas a la antigua habían dejado de servir en los tiempos modernos.[28]

El primer día de su análisis contó un sueño en el cual lo llevaban a un destino desconocido en una calesa tirada por dos caballos, uno negro y otro blanco. Freud sabía que su paciente, nacido en Atlanta y perteneciente a una familia sudista, había tenido en su infancia una nodriza negra por la cual sentía mucho afecto. Por eso dio de entrada a ese sueño una interpretación inapelable: Oberndorf no conseguiría casarse porque era incapaz de decidirse entre una mujer blanca y una mujer negra. Fuera de sí, el paciente discutió durante varios meses ese sueño con Freud y Kardiner.[29] Se sentía aún más humillado por el hecho de ser ya un analista curtido, formado en el diván de Federn y avezado, él mismo, en la interpretación de los sueños. Según Kardiner, permaneció soltero y Freud no dejó de despreciarlo. Freud tenía motivos para sentirse mucho más feliz con Kardiner que con Oberndorf. Como una profetisa danubiana, le explicó que se había identificado con la desdicha de su madre —lo cual testimoniaba una «homosexualidad inconsciente»—, que los tres italianos de su sueño representaban a su padre, por quien se sentía humillado, y que la ruptura con su prometida repetía un abandono primordial que nunca más se produciría porque él se había recuperado por sí solo. En relación con otro sueño, Freud interpretó que Kardiner deseaba seguir sometido a su padre para no «despertar al dragón dormido». Se equivocaba en dos aspectos —la homosexualidad inconsciente y la sumisión al padre—, y el paciente se dio cuenta.

Al cabo de seis meses Freud consideró que Kardiner estaba muy bien analizado y le pronosticó una magnífica carrera, un éxito económico excepcional y un dichoso destino en su vida amorosa: había visto bien. En 1976, apartado del dogmatismo psicoanalítico y en disidencia tanto con el edipismo generalizado como con las interpretaciones canónicas sobre la homosexualidad reprimida o la ley del padre, Kardiner recordó con deleite el tiempo pasado en la Berggasse:

> Hoy, que tengo una perspectiva de conjunto, diría que Freud llevó a cabo un brillante trabajo con mi análisis. Si era un gran analista, es porque jamás utilizaba expresiones teóricas —al menos en esa época— y formulaba sus interpretaciones en un lenguaje corriente. Con la excepción de su referencia al complejo de Edipo y al concepto de homosexualidad inconsciente, trataba el material sin separarlo de la vida cotidiana. En cuanto a su interpretación de los sueños, era excepcionalmente penetrante e intuitiva.

Y añadía, con respecto al error de Freud acerca del «dragón dormido»: «El hombre que había inventado el concepto de transferencia no sabía reconocerlo cuando se presentaba. Se le había escapado una sola cosa. Sí, por supuesto, yo le tenía miedo a mi padre cuando era pequeño, pero en 1921 el hombre al que temía era Freud en persona, que podía darme la vida o destruirla, cosa que ya no sucedía con mi padre».[30]

Lo que realza el interés de este testimonio es el hecho de que Kardiner había viajado a Viena porque juzgaba insuficiente su análisis con Frink. Ignoraba, de todos modos, que el tratamiento de este con Freud había sido muy difícil. Había notado la agresividad de Frink, sí, pero no había discernido en él signos de psicosis. Más dogmáticamente freudiano que el propio Freud, Frink había interpretado como un deseo de muerte edípica la relación de Kardiner con su padre: «Usted estaba celoso de él y celoso de que poseyera a su madrastra», le había dicho. Y esta interpretación errónea había inducido en Kardiner un recrudecimiento de la angustia y el anhelo legítimo de poner fin a la terapia psicoanalítica. Sin tratar de perjudicar a Frink, Freud la invalidó. Pero al final del análisis confió sus temores a Kardiner. Los problemas terapéuticos ya no le interesaban, dijo: «Actualmente me impaciento demasiado. Padezco una serie de discapacidades que me impiden ser un gran analista. Entre otras, soy excesivamente padre. Y me ocupo en demasía de la teoría».[31]

En abril de 1922, cuando Kardiner afirmó delante de él que el psicoanálisis no podía perjudicar a nadie, Freud le mostró dos fotografías de Frink, una tomada antes de su análisis (octubre de 1920) y otra, un año después.[32] En la primera, Frink se parecía al hombre que Kardiner había conocido, mientras que en la otra tenía un aspecto azorado y demacrado. ¿Era realmente la experiencia del diván la que había provocado esa metamorfosis? Kardiner dudaba de ello mucho más que Freud,[33] que nunca logró liberarse de la pesadilla de esa cura trágica en la que se entremezclaban relaciones conyugales, adulterio, endogamia psicoanalítica y error de diagnóstico.

Nacido en 1883, Horace Westlake Frink no era ni judío, ni hijo de inmigrantes europeos, ni rico, ni neurótico. Dotado de una inteligencia excepcional, había comenzado muy tempranamente a estudiar psiquiatría para ser psicoanalista. Víctima desde su juventud de una psicosis maníaco depresiva, había estado en análisis con Brill y luego se incorporó a la NYPS, antes de publicar, algunos años más tarde, un verdadero best seller que contribuyó a incrementar aún más la popularidad del freudismo del otro lado del Atlántico.[34] En 1918 era ya uno de los psicoanalistas más reputados de la costa Este, sin que dejara de sufrir, empero, crisis maníacas y melancólicas con delirios y obsesiones suicidas. Repartía su vida entre su esposa legítima, Doris Best, con quien había tenido dos hijos, y su amante, Angelika Bijur, su ex paciente, una riquísima heredera casada con Abraham Bijur, un ilustre jurista norteamericano analizado por él y luego por Thaddeus Ames.

Presionado por su amante que lo instaba al divorcio, Frink se trasladó a Viena para emprender una psicoterapia con Freud a fin de decidir cuál sería la mujer de su vida. A su vez, Angelika (Angie) consultó al mismo Freud, que le aconsejó divorciarse y casarse con Frink; de lo contrario, este corría el riesgo de hacerse homosexual de una manera más o menos disimulada. Y, del mismo modo, diagnosticó en su paciente una homosexualidad reprimida. En realidad, estaba encandilado por ese hombre brillante a quien calificaba de «muy amable muchacho, cuyo estado se estabilizaría con un cambio de vida». Y lo alentó a reemplazar a Brill.[35]

Para Frink era imposible aceptar semejante diagnóstico. Sin embargo, cegado por el influjo que ejercía sobre *Herr Professor*, tomó la decisión de abandonar a Doris y casarse con Angie. Escandalizado por ese comportamiento, que juzgaba contrario a toda ética, Abraham Bijur redactó un borrador de carta abierta para el *New York Times*, en el cual trataba a Freud de «gran doctor impostor». Entregó una copia a Thaddeus Ames y este la envió a Freud junto con un comentario sobre la peligrosa situación en que se veía la NYPS si la prensa la publicaba. En una carta a Jones, que intentaba apagar el incendio, Freud afirmó que Angie había entendido mal sus palabras. Señaló no obstante —y ese era su pensamiento profundo— que la sociedad toleraba mejor el adulterio que el divorcio entre dos personas desdichadas en pareja pero deseosas de volver a casarse.[36] Una manera de confesar que, en efecto, había empujado a Horace y Angie al divorcio, toda vez que, en su opinión, ya no se entendían con sus respectivos cónyuges.

En otras circunstancias Freud tomaba decisiones diferentes, sobre todo cuando tenía la convicción de que un adulterio no era más que el síntoma de un problema no resuelto con un cónyuge al que todavía se amaba. En síntesis, así como condenaba el adulterio, también favorecía las «buenas separaciones», con la condición de que resultaran en un nuevo matrimonio. En lo tocante a este asunto, se equivocaba gravemente con Frink. Y perseveró en el error al enviarle una carta insensata:

> He exigido a Angie que no repita a extraños el consejo que le he dado: casarse con usted porque usted corría el riesgo de sufrir una descompensación nerviosa. [...] ¿Puedo sugerirle que su idea de que ella ha perdido una parte de su belleza podría transformarse en la idea de la adquisición de una parte de su fortuna? Usted se queja de no comprender su homosexualidad, lo cual implica que no es consciente de su fantasía de hacer de mí un hombre rico. Si todo resulta bien, convirtamos ese obsequio imaginario en una contribución real al fondo psicoanalítico.[37]

Como todos sus discípulos, Freud contribuía a la financiación del movimiento psicoanalítico. Y en este aspecto no es de sorprender que haya sido capaz de plantear la idea de que Frink también podía participar en ese financiamiento mediante una donación, a fin de sanar de sus fantasías. En cuanto a la interpretación de que una mujer que a ojos de su amante ha perdido su belleza pueda ser deseada por su fortuna, suponía una concepción tradicional de la familia burguesa. Freud, en consecuencia, se comportaba con su paciente como una suerte de casamentero paternal a la antigua, y confundía así diván y asesoramiento conyugal. Prueba de que no había comprendido nada de la locura de Frink, a quien tomaba por un neurótico inteligente que reprimía su homosexualidad enfocada en el padre. Una vez en libertad de casarse con su amante, aquel experimentó un pavoroso sentimiento de culpa y volvió una vez más a Viena en noviembre de 1922. En el transcurso de un episodio delirante se imaginó metido en una tumba, y durante las sesiones no hacía más que dar vueltas frenéticas en círculo, a tal punto que Freud tuvo que contratar a un médico, Joe Asch, para que lo cuidara y lo vigilara en su hotel. La situación empeoró cuando Doris murió a raíz de una neumonía tras la boda de su ex marido con Angie. Frink afirmó entonces que amaba a su primera mujer y comenzó a violentar a la segunda.

En mayo de 1924 Freud se vio obligado a desautorizar a su paciente y declararlo enfermo mental e inepto para dirigir la NYPS:

> Yo había depositado todas mis esperanzas en su persona, a pesar de la naturaleza psicótica de sus reacciones en el transcurso del análisis [...]. Cuando vio que no estaba autorizado a satisfacer libremente sus deseos infantiles, se derrumbó. Sucedió lo mismo en la relación con su nueva esposa. Con el pretexto de que era imposible tratar con ella en las cuestiones de dinero, él no recibió todos los signos de afecto que no dejaba de reclamarle.[38]

Internado a petición propia en la clínica psiquiátrica del hospital Johns Hopkins de Baltimore, y puesto bajo los cuidados de Adolf Meyer, Frink se enteró de que Angie quería separarse de él. Tras una vida hecha de alternancias entre la exaltación y la melancolía, murió olvidado en 1936.

Cuarenta años después, su hija, Helen Kraft, encontró en los papeles de Adolf Meyer la correspondencia de su padre con Freud, así como varios documentos cuyo contenido hizo público, a la vez que acusaba de impostor al maestro de Viena.[39] Los partidarios del antifreudismo aprovecharon entonces para sostener que Freud había manipulado a todos sus pacientes, quienes, según ellos, habían sido víctimas de las perfidias de su doctrina. En cuanto a los psicoanalistas, siguieron ignorando tranquilamente los errores clínicos del maestro idolatrado.

Tras este episodio el aborrecimiento que Freud sentía por Estados Unidos y los estadounidenses se intensificó, lo que le valió una áspera y lúcida respuesta de Jones:

> Me acuerdo de estas palabras de Pitt: no se incoa un proceso a una nación. Son seres humanos, con las mismas potencialidades que otros. [...] Dentro de cincuenta años serán los árbitros del mundo, de modo que es imposible ignorarlos. Sea como fuere, perseveraré en mis esfuerzos por consolidar allí la implantación aún discreta del psicoanálisis.[40]

Durante esos años, en el barrio londinense de Bloomsbury, se reunía la élite inconformista de la literatura, las ciencias, la economía y las artes alrededor de Virginia Woolf, Lytton y James Strachey, Dora Carrington, John Maynard Keynes y Roger Fry. Animados de una voluntad feroz de desterrar el espíritu victoriano y poner fin a las guerras imperiales, los miembros de esa élite habían rechazado por objeción de conciencia toda participación en la gran carnicería de las trincheras y proclamaban su deseo de transformar las costumbres de la sociedad británica, instaurar la igualdad entre hombres y mujeres, combatir el imperialismo y moderar los ardores mercantiles del capitalismo.

Por eso defendían, tanto a través de sus prácticas sexuales como en sus escritos, una nueva concepción del amor capaz de provocar la expansión, sin reprimirlas, de todas las llamadas tendencias «naturales» de la persona, y en particular la homosexualidad y la bisexualidad. Pertenecientes a la burguesía intelectual inglesa y formados en las mejores universidades del reino —el Trinity College en Cambridge—, los *Bloomsburies* admiraban la obra freudiana, consideraban el puritanismo como una amenaza para la civilización y pretendían oponerse a él por medio de un ideal ético y estético fundado tanto en el liberalismo como en el socialismo. En el corazón de esa bella modernidad crítica surgió, con el apoyo de Jones, la escuela inglesa de psicoanálisis, contemporánea del nacimiento del posimpresionismo.

En 1917 Leonard y Virginia Woolf habían fundado la que sería una prestigiosa editorial, la Hogarth Press, destinada a dar a conocer a los autores que ellos estimaban. Un año después Lytton Strachey publicaba en esa editorial su biografía de cuatro victorianos eminentes, considerados como héroes en cada uno de sus ámbitos: Florence Nightingale, Thomas Arnold, Charles Gordon y Edward Manning. Pero los describía bajo una luz sombría para poder criticar, a través de su acción, los aspectos negativos de la política victoriana: evangelismo corto de miras, colonialismo, sistema educativo represivo, humanitarismo egoísta. Strachey reivindicaba, por otra parte, el derecho del escritor a interpretar libremente los hechos e introducir en el relato una escritura del yo. En ese sentido, renovaba el arte biográfico en una perspectiva intimista que no estaba lejos de la del psicoanálisis.

Además, Lytton Strachey se interesaba tanto en Freud como en la vida atormentada de los héroes de la monarquía inglesa. Y por eso, después de escribir una sátira de los victorianos eminentes, consagró dos obras a la vida amorosa de dos grandes reinas: Isabel I y Victoria. Ambas tenían como punto en común el hecho de haberse dejado dominar, al final de su vida, por amantes cuya existencia misma implicaba una contradicción con el ideal que había marcado su reinado.

Es sabido que durante más de diez años, de 1587 a 1601, Isabel sintió una pasión arrolladora por su muy joven primo, Robert Devereux, conde de Essex, que no cesó de imponerle la idea de que los más altos cargos del Estado le correspondían a él. Para tener mayor ascendiente sobre esa reina que envejecía y era víctima de oscuros tormentos sexuales, Devereux la provocaba, la amenazaba, se retiraba abruptamente en su castillo y expresaba rencor y amargura, para obtener su perdón y volver con los mismos hechizos. Para terminar de una vez con tantas locuras, que amenazaban hundir el reino en la anarquía, Isabel, carcomida por la pena y los sufrimientos, lo hizo asesinar sin aceptar jamás una relación carnal con él. En su libro, Strachey trazaba un cuadro de los misterios de la era barroca y de la implacable voluntad isabelina de encarnar una imagen perfecta, conforme a su leyenda, en vez de rebajarse a ser una mujer común y corriente.

De igual modo, se dedicaba a describir la pasión experimentada por Victoria, tras la muerte del príncipe Alberto, por el antiguo escudero de este, James Brown. Transgrediendo sus propios códigos, la reina había hecho de este favorito brutal y vulgar el instrumento de su revancha contra un reinado que, según su voluntad, debía mantener las apariencias de la mayor perfección.[41]

En cuanto a Keynes, que llegaría a ser uno de los más grandes economistas del siglo XX, tenía en común con Freud, no la memoria invertida de las dinastías heroicas, sino un franco aborrecimiento por el Tratado de Versalles. Miembro de la delegación inglesa en el momento de las negociaciones de París, se había rebelado contra la política francesa consistente en humillar a Alemania. En 1919 escribió un panfleto para denunciar esa «paz cartaginesa» y profetizar que sus consecuencias serían desastrosas para Europa, y sostener que el tratado provocaría un resentimiento popular incontrolable en el mundo germanoparlante y en el corazón de los imperios desintegrados.[42] No se equivocaba.

James Strachey, el hermano de Lytton, deseaba desde hacía tiempo viajar a Viena para formarse en el diván de *Herr Professor* a fin de ser psicoanalista. Pero, poco adinerado, no podía abonar por su cura los mismos honorarios que los psiquiatras norteamericanos. Por eso pidió a Jones que intercediera en su favor, cosa que este último hizo de inmediato. Deseoso de desplegar una política de conquista en la otra orilla del Atlántico, Jones tenía conciencia, por un lado, de que Freud nunca se entendería con sus discípulos norteamericanos, y por otro, de que el movimiento inglés era capaz de erigirse en un útil contrapeso a la futura potencia estadounidense.

En su opinión, Strachey era pues la persona indicada. Inteligente, culto, refinado, cáustico, tolerante, alejado de todo espíritu mercantil, despojado de pragmatismo y ya comprometido en una causa intelectual de la que el psicoanálisis formaba parte, no estaba a la búsqueda, a los treinta años, de un padre de reemplazo con el cual pudiera rivalizar, ni de un hermano que lo dominara, ni de una madre que se pareciera a su hermana, ni del sustituto de una nodriza posesiva. Tampoco era presa de una homosexualidad reprimida. Para terminar, no era ni judío ni inmigrante y no lo movía una voluntad de revancha social o psíquica. En síntesis, no tenía otro deseo que poner el talento de su pluma al servicio de una aventura espiritual que juzgaba excepcional. Bisexual declarado, enamoradizo de muchachos que parecían mujeres y de mujeres con apariencia de varón, no padecía ninguna patología en especial y había recibido una notable educación dentro de una sorprendente familia atípica en la que se cultivaba el amor por los libros y las libertades. A lo sumo, mostraba un síntoma permanente de indecisión y una elocución difícil ligada a «cierto» cansancio de existir.

En 1920 se casó con Alix Sargant-Florence, que terminó por ser su compañera de toda la vida. También ella provenía de una familia inconformista. Su madre, feminista comprometida y viuda al nacer Alix, la había alentado a estudiar, y fue en el Newnham College de Cambridge donde ella descubriría la obra freudiana. Desde la infancia se negaba a usar ropa femenina y a los veinte años, después de atravesar un período de anorexia mental, experimentó su primera crisis melancólica.

Cuando conoció a James se enamoró locamente; él, por su parte, la consideró deliciosa: «un verdadero varón», escribía. De viva inteligencia, Alix intentaba siempre disimular su estado detrás de un velo de risas, detalle que no escapó a Virginia Woolf, a quien le gustaba compararla con una «desesperación sepulcral». Como James, ella sufría de cierta incapacidad para escoger la actividad de su gusto, pero también padecía estados depresivos y crisis de palpitaciones.[43] Quería participar en la causa psicoanalítica.

En agosto de 1920 James y Alix se instalaron en Viena, y en octubre James comenzó su análisis con Freud:

> Todos los días, salvo el domingo, paso una hora en el diván de Freud [...], un hombre muy afable y un artista asombroso. Cada sesión se construye prácticamente como un todo orgánico y estético. A veces los efectos dramáticos son desconcertantes y hasta estrepitosos [...]. Sentimos que en nuestro interior suceden cosas terribles y no logramos saber de qué se trata; Freud, entonces, da una pequeñísima indicación y algo se aclara, captamos otra cosita y al final toda una serie de fenómenos se tornan más claros; nos hace una pregunta más, le damos una última respuesta, y mientras toda la verdad se nos devela de tal modo, él se levanta, atraviesa la habitación hasta el timbre y nos acompaña a la puerta [...]. Hay otros momentos en que uno permanece tendido durante toda la sesión con un peso enorme en el estómago.[44]

Es evidente que Freud no se comportaba de la misma manera con Strachey que con sus pacientes norteamericanos. Abram Kardiner se percató de ello cuando habló de su terapia psicoanalítica con él y con John Rickman, que también se analizaba con el profesor. Freud hablaba mucho con los norteamericanos y muy poco con los ingleses. Y Kardiner, con humor, dedujo que esa actitud había dado origen a la escuela inglesa de psicoanálisis: «El analista no abre la boca salvo para decir "buenos días" y "hasta la vista". Y así durante cuatro, cinco o seis años».[45] Rickman, por su parte, tuvo la impresión de que el silencio de Freud y sus «ausencias» se debían a su enfermedad. Versado en arqueología, señaló además que había comprado algunas estatuillas falsas y que no distinguía bien los objetos griegos de los egipcios.[46]

El testimonio de Kardiner sobre las sesiones silenciosas e interminables, típicas de la década de 1950, no corresponde a la experiencia vienesa de los años veinte. Y hay que pensar más bien que Freud no necesitaba asestar tal o cual interpretación a Strachey y que Rickman le resultaba sencillamente antipático.

Herr Professor no tuvo la curiosidad de interesarse en la obra de Virginia Woolf, pero admiraba la de Lytton Strachey y estaba impresionado con James. En cuanto a Alix, si bien no tenía la intención de analizarse, con motivo de una de sus «crisis» pidió a James que organizara una cura de a tres, cosa contraria a la ética misma del psicoanálisis. No obstante, interesado en las reacciones y contrarreacciones generadas por esa experiencia, Freud decidió analizar simultáneamente a Alix y James. En el invierno de 1922 los declaró aptos para la práctica, pero aconsejó vivamente a Alix que consultara a Abraham. Sabia decisión: Abraham era por entonces uno de los mejores clínicos de la melancolía.

Algunas semanas después de ese análisis, que iba a extenderse, con interrupciones, hasta el invierno de 1922, Freud propuso a Strachey la traducción de varias de sus obras: «En los Strachey», escribe Meisel,

> encontró la encarnación perfecta de lo que Inglaterra, su país preferido, significaba para él. Veía en ellos la sensibilidad adecuada para traducir su obra a la única lengua, además del alemán, con la cual se sentía en armonía. Era la lengua de su poeta favorito, Milton, una lengua embellecida por la urbanidad chirriante del esteticismo contemporáneo.[47]

Ayudado por Alix, James encontró por fin su camino para realizar la gran obra de su vida: la traducción completa de la obra de Freud al inglés, la futura *Standard Edition*. Tal fue pues el éxito de ese análisis fundado en una transferencia a la lengua de Freud más que a su persona. El objetivo de Strachey, su cultura, su formación, su adhesión al espíritu de los *Bloomsburies*, coincidían además con el ideal de Freud, que había querido ser a la vez escritor y hombre de ciencia.

Las primeras traducciones realizadas por Brill eran mediocres; por otra parte, antes de conocer a Strachey, Freud solo se había preocupado de difundir sus ideas en el extranjero, sin prestar demasiada atención a la manera como un traductor pudiera encarnar su estilo, trasladar sus conceptos o establecer un verdadero aparato crítico con notas, bibliografía científica, fuentes y remisiones. James comenzó por publicar en la Hogarth Press tres volúmenes de *Collected Papers*, y fue Jones quien, a continuación, tuvo la idea de llevar a cabo la edición completa y hacer que las sociedades psicoanalíticas norteamericanas financiaran el trabajo, sin dejar de poner la empresa bajo la égida de Gran Bretaña.

Consciente de que el movimiento psicoanalítico norteamericano estaba destinado a ganar amplitud, Jones —ya lo hemos dicho— tenía la inquietud de fortalecer el poderío inglés. En 1919 había fundado la British Psychoanalytical Society (BPS) para sustituir a la antigua London Psychoanalytic Society (LPS) creada en 1913, y a posteriori reunió a su alrededor a muchos adeptos, entre ellos Barbara Low, John Rickman, Sylvia Payne, Joan Riviere, Ella Sharpe y Susan Isaacs. En 1920 publicó el primer número del *International Journal of Psychoanalysis* (*IJP*), primera revista de psicoanálisis en inglés, que se convertiría en el órgano oficial del Verein y, después, de la International Psychoanalytical Association (IPA).

Con el propósito de honrar la obra de Freud, Strachey jamás fue servil. Su trabajo reflejaba sus propias orientaciones. Así, tendió a hacer caso omiso de todo lo que asociaba el texto freudiano al romanticismo alemán y la *Naturphilosophie*, para privilegiar su aspecto médico, científico y técnico. Esa decisión se expresó en la elección de algunas palabras latinas y griegas, por un lado, y en cierta «anglización», por otro. De tal modo, para traducir el ello (*Es*), el yo (*Ich*) y el superyó (*Überich*), utilizó los pronombres latinos *id*, *ego* y *superego*, mientras que para investidura (*Besetzung*) y acto fallido (*Fehlleistung*) recurrió a términos griegos: *cathexis*, *parapraxis*. Para terminar, cometió el error de traducir pulsión (*Trieb*) como *instinct*, con el pretexto de que el término *drive* (trayecto, conducción) —adoptado a continuación— no era conveniente.

Strachey contribuyó de tal manera a acentuar el irreversible proceso de anglofonización de la doctrina freudiana. Su traducción nunca dejó de ser objeto de críticas —injustas, además—, que tuvieron su ejemplo más virulento en Bruno Bettelheim, también él convertido en angloparlante a raíz de su emigración a Estados Unidos. En 1982, en una obra que gozó de gran repercusión, *Freud y el alma humana*, Bettelheim reprochó a Strachey haber privado al texto freudiano de su «alma alemana» y su «espíritu vienés».[48]

En tanto que James volvía a Londres para emprender otro tratamiento con James Glover y empezar a trabajar como psicoanalista, Alix, que acababa de curarse de una neumonía contraída en Viena, se instalaba en Berlín. Durante un año tuvo todo el tiempo libre para descubrir, maravillada, otra manera de practicar el psicoanálisis. La sociedad fundada por Abraham estaba entonces en «el apogeo de su espléndida decadencia»[49] y la ciudad imperial brillaba aún con todas sus luces antes de la catástrofe de 1933. En ella Alix conoció a la élite del movimiento psicoanalítico germanoparlante, cuyos miembros iban a emigrar pronto a Estados Unidos u otros lugares: Hanns Sachs, Sándor Rado, Franz Alexander, Otto Fenichel, Felix y Helene Deutsch, Hans Lampl, Karen Horney, Ernst Freud. Y aprendió a reconocer las ambivalencias de esa ciudad donde se codeaban las ideas más nuevas y las intolerancias más bárbaras, entre levedad, erupción fratricida y ciénaga relumbrante. En los cafés y los cabarets uno se cruzaba entonces con Bertolt Brecht, George Grosz y toda clase de artistas audaces en busca de nuevas maneras de vivir y pensar.

Alix aprendió a hablar alemán perfectamente, descubrió lo numerosos que eran los judíos en el medio psicoanalítico y saboreó los placeres de las fiestas y el teatro. Un día conoció al célebre doctor Fliess, encantador y anticuado, con su aspecto de enano y su abultado vientre. Había cambiado muy poco, y le preguntó si algún miembro de su familia había muerto en esa época del año, único modo de explicar, a su entender, por qué ella tenía fiebre e inflamación de las amígdalas.

Pero fue al conocer a Melanie Klein, radicada en Berlín desde 1921 y en análisis con Abraham, después de haber pasado por el diván de Ferenczi, cuando Alix tuvo la revelación de lo que podía ser la profundidad clínica del psicoanálisis. Ella, que no quería tener hijos, comprendió muy rápidamente que las conferencias y ponencias de Klein sobre el análisis de niños pequeños, la relación arcaica con la madre o la precocidad del complejo edípico trastocaban la perspectiva freudiana clásica al permitir una comprensión más temprana de la génesis de las neurosis y las psicosis. En tanto que Freud afirmaba que un varón de tres años no tenía conciencia alguna de la existencia de la vagina, Melanie Klein sostenía, al contrario, sobre la base de sus observaciones, que todo niño varón deseaba introducir su pene en la vagina de su madre. En otras palabras, si para Freud el niño era un ser narcisista y salvaje, que recorría «estadios» y a quien era preciso educar, para Klein estaba más cerca del caníbal sádico que busca copular con su madre y está sumido en un mundo interior tejido de fantasías, odio, locura y angustia.

En el octavo congreso del IPV, celebrado en Salzburgo en abril de 1924, Melanie Klein presentó una ponencia sobre el análisis de los niños pequeños en la que afirmaba que la preferencia marcada por el padre del otro sexo aparecía en el segundo año, y que la madre era percibida a partir de entonces como terrorífica y castradora. Había hecho esos «descubrimientos» al analizar a sus propios hijos.[50] Separada de su marido, muy pronto enroló a su hija Melitta en su pasión por la causa psicoanalítica. Por entonces, la muchacha estudiaba medicina con el objeto de ser psicoanalista. En Berlín frecuentaba el diván de las voces cantantes del movimiento —Hanns Sachs, Max Eitingon, Karen Horney— y, a la vez, se sentía odiada por su madre, quien, en efecto, la veía ya como una rival. Fue en esa ciudad donde conoció a Walter Schmideberg, psicoanalista vienés culto, alcohólico y homosexual, formado en las filas de la WPV, con quien luego se casaría. Las relaciones ulteriores de Melanie y su hija son una de las páginas más dolorosas de la historia del psicoanálisis.

Por el momento, Alix admiraba el encanto de Melanie, su erotismo, su potencia verbal, esa determinación que, sin embargo, disimulaba un fuerte sufrimiento melancólico. A través de ella, y sin conocer bien su historia, Alix descubrió que las mujeres podían tener un lugar igual a los hombres en la elaboración de las teorías psicoanalíticas. Desde Berlín tomó por tanto distancia con Viena y soñó con ayudar a Melanie a ser inglesa, así como James, en la época, se obstinaba en hacer de Freud un científico británico. Después de facilitar su incorporación a la BPS, Alix sería la traductora de Klein.[51]

Entretanto, en Berlín, daba cursos de inglés. El 31 de enero de 1925, Melanie, disfrazada de Cleopatra, la arrastró a un baile de máscaras organizado por los socialistas. Las dos mujeres bailaron toda la noche. Quince días después la «policlínica» celebraba su quinto aniversario bajo la batuta de Max Eitingon, y todos tuvieron entonces la impresión de que el movimiento psicoanalítico estaba firmemente arraigado, y lo estaría mucho tiempo, en el corazón de la ciudad berlinesa. Sin embargo, el 25 de diciembre murió Abraham, a los cuarenta y ocho años, a raíz de una septicemia desencadenada por un absceso sin duda causado por un cáncer. Melanie ya había partido con Alix hacia Inglaterra. Abatido, Freud perdía a uno de sus más fervientes discípulos.[52] Para esa fecha John Rickman ya había organizado en Londres un instituto de psicoanálisis conforme al modelo de su par de Berlín. Así, el movimiento psicoanalítico inglés estaba cobrando una considerable amplitud en el momento mismo en que los berlineses todavía se veían, frente a los vieneses, como la vanguardia del freudismo europeo.

Así como Freud no comprendía nada de la modernidad literaria que se inspiraba en su descubrimiento, también ignoraba el nuevo arte del siglo, el cinematógrafo, que había nacido al mismo tiempo que el psicoanálisis. Y sin embargo, había una gran proximidad entre los modos de enfocar el inconsciente que uno y otro ponían en práctica. Convencido de que su doctrina no debía en ningún caso popularizarse por ese medio, Freud creía que solo la palabra podía dar acceso al inconsciente. Nueva contradicción: ¿no había afirmado él mismo que el sueño era un viaje a un más allá de la razón? Un viaje visual tramado de hablas y palabras. En realidad, desconocía tanto el arte cinematográfico como el gran movimiento expresionista, que afirmaba su voluntad de expresar, mediante colores violentos o líneas de fractura, una visión de la subjetividad atormentada, pulsional, violenta, caótica, atravesada por un imaginario fantástico.

Es cierto, puede entenderse que Freud se haya negado a prestar su apoyo, por la suma de cien mil dólares, al proyecto de Samuel Goldwyn de realizar una película sobre amores célebres. Pero cuando Hans Neumann, a mediados de los años veinte, invitó a Hanns Sachs a participar en la escritura del guión de *Misterios de un alma* [*Geheimnisse einer Seele*], que debía filmar Wilhelm Pabst, cineasta de origen austríaco, Freud adoptó la misma actitud, a pesar de que se trataba de un proyecto muy distinto. Sostuvo que las abstracciones de su pensamiento no podían representarse de manera plástica. No advertía hasta qué punto el cine mudo en blanco y negro había invadido ya el dominio del sueño con sus sobreimpresiones, su técnica del fundido encadenado, sus subtítulos, sus movimientos de cámara capaces de abolir el pasado y el presente, de deslizarse de un decorado a otro, de un rostro a otro, e incluso de representar escenas primordiales, reminiscencias, objetos extraños, y ligar a la vez la alucinación a una realidad sabiamente reconstruida.

Obra maestra del cine expresionista, *Misterios de un alma* se realizó pues sin la aprobación de Freud y sin despertar siquiera en él el más mínimo interés. Werner Krauss, actor ya de renombre, interpretaba el papel del profesor Matthias, un hombre obsesionado por sus deseos de asesinar con sables y cuchillos, y curado por el psicoanálisis. Se trataba del primer filme inspirado en las tesis freudianas.[53] Hanns Sachs había redactado un opúsculo, «El enigma del inconsciente», que funcionó como instrucciones de uso para la película, y su nombre figuraba en los créditos junto al de Karl Abraham. Los dos habían hecho caso omiso de la desaprobación de Freud, que se quedó con las manos vacías, reducido a confesar a Ferenczi su hostilidad al mundo moderno: no le gustaban, le dijo entonces, ni el cine ni las mujeres peinadas *à la garçonne*.

El 25 de marzo de 1925, fecha del estreno en la gran sala del cine Gloria Palast de Berlín, la prensa recibió el filme con entusiasmo:

> Imagen tras imagen descubrimos el pensamiento de Freud. Cada rodeo de la acción podría ser una de las proposiciones del hoy tan célebre análisis de los sueños. [...] Los alumnos de Freud pueden regocijarse. Nada en el mundo sería capaz de hacerles publicidad con tanto tacto. Pero también puede estar orgullosa la gente del cine alemán.[54]

Cuando Jones asistió a una proyección de la película en Berlín, la consideró nociva para el psicoanálisis, sin pronunciar siquiera el menor juicio sobre su calidad estética. Lamentaba que en Nueva York pudieran imaginar que Freud había dado su consentimiento a la empresa, origen de una nueva controversia entre vieneses y berlineses.[55] En su biografía de Freud, Jones ni siquiera menciona el nom-

bre de Pabst. En lo sucesivo, las relaciones entre los herederos de
Freud y los cineastas siempre serían pésimas.[56]

Si bien Freud no se interesaba en la modernidad artística, nunca
dejó de examinar ciertos enigmas que rodeaban a los autores de su
predilección. Así, desde hacía algunos años, y en franco desafío a sus
discípulos de los años veinte, se adhería a una teoría conspirativa en
lo relacionado con la identidad de Shakespeare. Todos los freudianos
del primer círculo compartían entonces su idolatría por el gran dramaturgo inglés y todos se entregaban, al igual que en el caso de Leonardo da Vinci, a especulaciones infinitas sobre cada uno de los personajes de su teatro y en especial sobre Hamlet, prototipo del primer
neurótico moderno.

A mediados del siglo XIX, con el auge de la ciencia histórica y
del arte novelesco ligado a ella, había germinado la idea de que la paternidad de las obras de Shakespeare debía atribuirse a otra persona
y no a este. Los partidarios de esta tesis pretendían oponerse a la llamada historia «oficial», y afirmaban entonces que Shakespeare no
había nacido en Stratford y que no era más que el testaferro del filósofo empirista sir Francis Bacon.[57] Los «antistratfordianos» imaginaban pues la existencia, a fines del siglo XVII, de una conspiración destinada a proteger al verdadero autor de la obra que, a sus ojos, no
podía en ningún caso ser el hijo de un guantero, comerciante de pieles y lana y descendiente de campesinos. Pero ¿por qué la elección de
Bacon? Porque Delia Salter Bacon, dramaturga norteamericana iluminada, autora en 1857 de un éxito de ventas sobre la cuestión y
adepta de esa tesis, había ido a la tumba de Shakespeare y pretendía
haberle arrancado sus secretos. Tras sus pasos, una multitud de descifradores de enigmas habían imaginado que Bacon, viejo amigo del
conde de Essex, no podía correr el riesgo de pasar por un saltimban-
qui. Los antistratfordianos exhibían «un fanatismo absoluto y se ad-
herían a teorías conspirativas que rozaban la paranoia», escribe Peter
Gay, y prosigue: «Hacia fines de la década de 1880 el eminente político Ignatius Donnelly, un populista que mostraba cierta inclinación
por las causas extravagantes, lanzó así la moda de leer las obras de
Shakespeare como un gigantesco pictograma».[58]

La polémica se reactivó en 1920 por iniciativa de un maestro de
escuela, Thomas Looney, un partidario del positivismo de Auguste

Comte que, con los mismos argumentos, esta vez atribuía la paternidad de las obras de Shakespeare no a Bacon sino a Edward de Vere,
conde de Oxford.[59] A diferencia de los otros antistratfordianos, Looney aducía basarse en tesis científicas y daba muestras de tamaña erudición que sus argumentos parecían la antítesis de un delirio mono-
maníaco. Todo indicaba que estábamos ante un gran sabio solitario
que hacía al mundo el regalo de su genial descubrimiento. Por eso
Looney logró convencer a varios autores y críticos, entre ellos Mark
Twain, de la validez de su gran revisión de las verdades oficiales.[60]

Nada podía seducir más a Freud, que en la misma época manifestaba gran interés por los fenómenos ocultos, las novelas policíacas
y los relatos fantásticos. También él se veía a sí mismo como un descifrador de enigmas, solitario y grandioso, inventor de una doctrina
rechazada por la ciencia oficial. ¿No había sido admirador de las tesis
de Fliess? ¿No había descifrado la vida enigmática de Leonardo da
Vinci al admitir la idea de la presencia de un buitre en un cuadro célebre? Pese a las advertencias de Strachey y Jones, que intentaron en
vano disuadirlo de tomar en serio la nueva teoría «oxoniense», comenzó a creer en las extrapolaciones de Looney.

Convencido, después de un «examen» minucioso de los hechos,
de que el autor de las obras de Shakespeare no podía ser sino un
hombre de letras apasionado por el teatro, gran viajero y de rango
social elevado, Looney había indagado durante varios años a quién
podía corresponder ese perfil social y psicológico. Y fue así que descubrió en De Vere todos los indicios capaces de apuntalar su tesis. El
destino del conde de Oxford coincidía con su hipótesis y Looney
añadía a esa certeza la idea de que Hamlet era un «doble» del autor,
que hacía un culto de su padre y detestaba a su madre. En otras palabras, sin saberlo, hacía de Hamlet, sustituto de De Vere, un personaje
freudiano asediado por su complejo de Edipo.

Freud no renunció jamás a ese revisionismo, del que él mismo
no tardaría en ser víctima. Sucede que adoraba los rumores. En diciembre de 1928, en una larga carta a Lytton Strachey, en respuesta al
envío de la biografía de Isabel y Essex, le pedía su opinión sobre una
de sus hipótesis: creía que en el personaje de lady Macbeth se ocultaba un retrato de la reina Isabel, puesto que ambas mujeres estaban
igualmente atormentadas por un asesinato. Y añadía que Macbeth y

su esposa no eran, de hecho, más que un solo personaje escindido, y encarnaban ambos el destino de esa reina virgen, homicida, depresiva e histérica. Pero, en especial, reafirmaba su creencia en la tesis de Looney, aunque tenía la precaución de decir que se «sentía ignorante» y no tenía plena certeza acerca de la hipótesis oxoniana. Agregaba sin embargo que De Vere tenía un gran parecido con Essex, para sumirse luego en una inverosímil espiral interpretativa:

> De nacimiento tan noble como Essex y tan orgulloso como este en ese aspecto, [De Vere] encarnaba asimismo el tipo del noble tiránico. Además, aparece sin duda en *Hamlet* como el primer neurótico moderno. De igual modo, en su juventud, la reina había flirteado con él, y si su suegra[61] no hubiera hecho una campaña tan feroz por su hija, habría estado aún más cerca del destino de Essex. Era a buen seguro un amigo muy íntimo de Southampton. El destino de Essex no puede haberlo dejado indiferente. Pero ya es suficiente. Como sea, tengo la sensación de que debo presentarle mis humildes excusas por la muy mala caligrafía de la segunda mitad de mi carta.[62]

Lytton Strachey nunca respondió a esta carta de Freud. Sin embargo, en esa fecha habría podido aconsejarle con provecho que desconfiara de la hipótesis oxoniana. Un año después Freud ya no tenía dudas. Por eso recomendó la lectura del libro de Looney a Smiley Blanton, gran especialista en la cuestión shakespeariana. Atónito, este, pensando que *Herr Professor*, hombre de ciencia y de razón, se había extraviado en absurdas tonterías, estuvo a punto de interrumpir la cura.

Para explicar este extravío, Jones imaginó que Freud se identificaba con la tesis de Looney porque él mismo se había proyectado inconscientemente en una novela familiar según la cual habría podido ser hijo de su medio hermano Emanuel, más próspero en los negocios que Jacob, con lo cual su fantasía oxoniense no era más que la traducción de un deseo de cambiar una parte de su propia realidad familiar.

En vez de añadir una interpretación edípica a una divagación freudiana sobre las identidades múltiples de Shakespeare y sus personajes, se puede formular la hipótesis de que Freud siempre fue en parte heredero de cierto modelo de pensamiento que había surgido a fines del siglo XIX y que remitía a la idea de que la sociedad humana está dividida entre búsqueda racional y atracción por lo oculto y entre espíritu lógico y delirio paranoico. Desde ese punto de vista, se parecía tanto a Giovanni Morelli, inventor de un método capaz de distinguir las obras de arte de las imitaciones, como a Sherlock Holmes,[63] célebre detective y personaje de novela, maestro en el arte de resolver un enigma mediante la mera observación de algunas huellas: cenizas, pelos, hilos de tejido, jirones de piel. Desde luego, todos esos métodos de desciframiento podían, como el psicoanálisis, transformarse en su contrario y servir para fabricar falsos enigmas, cuya existencia supuesta debía aportar la prueba de la validez del enfoque destinado a interpretarlos. Por eso el cuestionamiento de la historicidad de un acontecimiento o de un personaje conducía a sustituir los hechos por fábulas, luego presentadas con un rigor indiscutible como otros tantos enigmas por descifrar a fin de demostrar que ocultaban una conspiración: Napoleón no murió en Santa Elena, Jesús se casó y tuvo hijos, tal rey no es en realidad más que su hermano mellizo, etc.

Si Freud, pese a la persistencia de sus dudas, se llenaba a tal punto de ardor cuando se trataba de poner de relieve falsos enigmas, era también porque desde la infancia lo obsesionaba la idea de que las personas que observaba a su alrededor —padre, madre, tías, hermanas, hermanos, fratrías múltiples— no eran nunca lo que parecían ser sino los sustitutos de una permanente alteridad: un padre generado por un ancestro, una madre en el lugar de una nodriza y recíprocamente, un hermano que podría ser el padre, santa Ana mezclada con María, etc. Y detrás del padre supuesto o renegado, y más allá de la madre de sustitución, se perfilaba una «novela familiar» en virtud de la cual el sujeto siempre era otro y no el que creía ser: hijo de un rey o un héroe, asesino de un padre tirano, plebeyo, niño expósito que se acostaba con su madre, impostor, etc. De esa tesis derivaba la necesidad clínica de descifrar en el inconsciente elementos insignificantes capaces de remitirse a una huella mítica.[64]

Nunca se insistirá lo suficiente en que Freud, hombre de la Ilustración y descifrador de los verdaderos enigmas de la psique humana, no dejó, como contrapunto a su apego a la ciencia, de desafiar simultáneamente a las fuerzas oscuras propias de la humanidad para iluminar su poderío subterráneo, a riesgo de extraviarse en ellas.

Tal fue para él el objetivo de esa pasión desplegada para descifrar, como si se tratara de un verdadero enigma, un rumor que, sin embargo, era una invención de principio a fin. Ese rumor parecía ajustarse a su teoría de las sustituciones infinitas, y fue así que, hasta el final de sus días, lo obsesionó este interrogante: ¿quién, entonces, se oculta siempre bajo el nombre de un «gran hombre»?

4

Entre las mujeres

A partir de los años veinte las mujeres estuvieron cada vez más presentes en el movimiento psicoanalítico, dentro del cual se desarrollaban además varios debates que las incumbían en su existencia y su práctica: la femineidad, la maternidad, el análisis de niños, la sexualidad femenina. Así como reclamaban el derecho a existir como ciudadanas con todas las de la ley, comenzaban también a ocupar el lugar que les correspondía en las filas de los psicoanalistas, y no solo a título de esposas. Y de resultas, propusieron una nueva mirada sobre la manera de enfocar la cuestión de las terapias psicoanalíticas. Por añadidura, en un principio les tocó a ellas el papel de analizar a los niños. Esta llamada función «educativa» no las obligaba a estudiar medicina, carrera todavía reservada a los hombres. Desde ese punto de vista, puede decirse que el análisis infantil favoreció la emancipación femenina. Si las mujeres psicoanalistas eran a menudo analizadas por sus esposos o los colegas de estos, analizaron a su vez a sus hijos o dejaron esta tarea en manos de otras.

En 1924 Rank y Ferenczi, que ya habían propuesto innovaciones técnicas en la conducción de las sesiones, procuraron transformar la visión freudiana de la familia para hacerla más adecuada a la modernidad de la posguerra. A principios de ese año Rank abrió las hostilidades con la publicación de un libro iconoclasta, *El trauma del nacimiento*, que llevó a Jones y Abraham a hacer sonar los tambores de guerra. Con su crítica de la concepción —que consideraba demasiado rígida— de la organización edípica del psiquismo, fundada en el lugar preponderante atribuido a la autoridad paterna, Rank sostenía la idea de que al nacer todo ser humano sufre un trauma real. Esta primera separación de la madre se convertía así, según él, en el prototipo de una angustia más determinante para la subjetividad humana que la triangulación edípica. Con ese planteamiento, Rank relanzaba el viejo debate sobre el origen traumático de las neurosis.

En vez de refutar esa tesis que desaprobaba, Freud exigió «pruebas». Parecía olvidar que él mismo había condenado, en sus adversarios, el recurso abusivo al famoso modelo experimental: «En primer lugar, y antes de cualquier aplicación extendida», dijo a Ferenczi, «habría que exigir la prueba estadística de que los primogénitos o los niños nacidos con dificultades, en estado de asfixia, manifiestan en su infancia, en promedio, una mayor disposición a la neurosis o al menos a la producción de angustia».[1] Y agregaba que también habría que estudiar el caso de los niños nacidos por cesárea. Incapaz de proporcionar esas «pruebas», Rank fue entonces acusado por Jones y Abraham de no ser ni médico ni analizado, justamente cuando iban a entrar en vigor, en el congreso de Bad-Homburg de la IPV,[2] las nuevas reglas que hacían obligatorio el análisis didáctico. Y de inmediato la manía interpretativa volvió por sus fueros: Rank, dijeron, no había resuelto su conflicto con el padre. Razón por la cual se lo obligó a entrar en análisis, durante algunas sesiones, con su maestro venerado. ¡Trabajo inútil!

En realidad, Rank ya no quería seguir dependiendo de Freud. Tentado por nuevos progresos técnicos y deseoso de marcharse de Viena con su mujer,[3] viajó a Estados Unidos, actitud que para Freud constituía una verdadera traición. En ese país dictó conferencias y seminarios, disfrutó de una excelente acogida y afirmó que, sin traicionar la doctrina del maestro, ahora era preciso tener en cuenta a la madre y desarrollar el principio de las terapias breves. Cuando volvió a Viena Freud se mostró conciliador, resueltamente decidido a no romper con ese discípulo al que tanto quería. Pero Rank, enardecido por su triunfo norteamericano, no pensaba sino en volver a irse. En diciembre de 1925 se marchó otra vez de Viena pero luego desanduvo el camino. En un gran arranque de masoquismo, hizo su autocrítica, se humilló y admitió estar afectado por un complejo de rebelión contra el padre.

Por su lado, Ferenczi sostenía entonces en *Thalassa* que todo ser humano sentía nostalgia por el útero materno y que, para no despegarse de él, buscaba regresar sin cesar a las profundidades marítimas de un estado fetal.[4] Este enfoque del psicoanálisis a través de la metáfora de la cripta se acompañaba de innovaciones técnicas. Si la sesión analítica, decía Ferenczi, repite una secuencia de la historia individual y, por otra parte, la ontogénesis recapitula la filogénesis, hay que preguntarse, en la propia sesión, cuál es el estado traumático simbólicamente repetido por la ontogénesis.

En un primer momento y a pesar de su discrepancia con la teoría del trauma del nacimiento, Ferenczi defendió la posición de Rank porque compartía con este la idea de que el vínculo con la madre debía explorarse mucho más allá de la concepción freudiana del complejo de Edipo. Esta actitud no sirvió de nada. En abril de 1926 Rank se alejó definitivamente de Freud para realizar su propio destino. Como obsequio de ruptura le dio las obras completas de Nietzsche: veintitrés volúmenes encuadernados en cuero blanco. Freud nunca había querido leer la obra de ese filósofo a quien tanto debía, como le había dicho varias veces a su querido discípulo. Abrumado de dolor pero siempre cruel en la manera de rechazar a sus mejores amigos, escribió estas palabras a Ferenczi: «Le hemos dado mucho pero a cambio él ha hecho mucho por nosotros. ¡Estamos pues en paz! Durante su última visita no tuve la oportunidad de expresarle el afecto especial que le profeso. Fui sincero y duro. Por eso podemos hacerle la cruz. Abraham tenía razón».[5] Seguía reprochándole a Rank su interpretación del sueño de Pankejeff sobre los lobos.

Tuvo de todos modos la precaución de responder en un libro apresuradamente escrito: *Inhibición, síntoma y angustia*.[6] Si bien tenía en cuenta la posición de Rank, Freud evitaba el escollo de atribuir al parto en sí mismo una realidad traumática. Admitía así la idea de que se asociara un valor paradigmático e incluso fantasmático a la separación respecto de la madre, pero soslayaba la cuestión de los disgustos que podría causar, sobre todo en Estados Unidos, la idea de que todo parto —normal o con fórceps— pudiera ser la causa de una angustia existencial o una neurosis.

Sin romper con Freud, Ferenczi se alejó de él no solo por sus innovaciones técnicas sino también por su reactivación de la cuestión del trauma y los abusos sexuales reprimidos y activos como una «impronta» psíquica, una herida imposible de cicatrizar y capaz de dañar el yo.[7] Jones se valió de eso para combatirlo sin descanso, tanto más cuanto que no soportaba su inclinación por la telepatía ni la amistad inquebrantable que Freud le profesaba. En esa querella de los antiguos y los modernos, Freud no tenía más razón que Rank. En efecto, si la tesis del trauma del nacimiento era errónea desde el punto de vista experimental, preparaba empero el camino a una nueva concepción de la angustia de separación. Freud lo admitía, y a continuación tendría la honestidad de revisar su posición y reconocer los méritos de su querido Rank.[8] Demasiado tarde.

Entretanto, Jones estaba ganando su batalla por la supremacía del mundo angloparlante sobre la Europa continental: para él, una manera de ser infiel a Freud y mantener su fidelidad a lo que a su juicio iba a ser el futuro del psicoanálisis. Había comprendido desde el comienzo, como Alix Strachey, que la única manera seria de poner en entredicho la doctrina vienesa original —centrada en la primacía de la ley del padre— pasaba por una renovación de la doble cuestión del psicoanálisis de niños y la sexualidad femenina.

Si hasta entonces Freud había concebido su complejo de Edipo conforme al modelo de la familia nuclear —padre, madre, hijo—, también había asignado a cada uno un lugar que solo permitía esclarecer la génesis de las neurosis y los conflictos originados en la infancia. Freud elaboraba una concepción crítica de la familia burguesa, que exploraba sobre la base de su famosa estructura edípica, sin advertir los peligros de esa psicologización de la vida psíquica, que terminaría además por caer en el ridículo después de haber representado una verdadera innovación.

Creía así que el niño era siempre y necesariamente el hijo de un hombre o de su sustituto, que encarnaba la autoridad paterna, y de una mujer o su sustituto, que había desplazado su investidura libidinal hacia la maternidad. En consecuencia, el niño, en el sentido freudiano, repetía inconscientemente la historia de sus padres y por lo tanto de sus ancestros. Desde ese punto de vista, el análisis no podía abordarlo en ningún caso como un ser completamente separado del par parental. En el sentido freudiano, el niño era considerado, por cierto, como un sujeto hecho y derecho, pero si era preciso tratarlo a causa de alguna patología, había que proceder «en familia» y nunca

antes de que tuviera cuatro o cinco años. Por lo demás, Freud había
llevado a cabo el análisis de Herbert Graf a través del discurso de su
padre y con su madre en el diván. Y cuando comprendió que su hija
quería ser madre sin tener necesariamente que dar a luz, aceptó la
idea de que pudiese formar una familia con una mujer que había
abandonado a su esposo, a condición, de todas formas, de que una y
otra fueran, gracias a los beneficios del psicoanálisis, tanto padres
como educadoras. Para Freud, la dicha de existir se apoyaba en un
tríptico: ideal educativo, maternidad feliz, paternidad consumada.
Impregnada de ese modelo, la escuela vienesa había disfrutado en un
principio de los favores de Ferenczi. Así, en 1913 este había descrito
el caso de un niño de cinco años, Arpad, que, obsesionado por las aves
de corral, cacareaba como un gallo.[9]

Por su lado, rodeada por August Aichhorn y Siegfried Bernfeld,
que se ocupaban de niños delincuentes, discapacitados, traumatiza-
dos o pobres, Anna Freud proseguía su carrera consagrándose a la educación infantil a través del psicoanálisis.[10] Y Freud solo la apoyaba en
la medida en que estaba convencido, como sus discípulos vieneses
del primer círculo, de que el tratamiento psíquico de los niños debía
hacerse por la mediación de la autoridad parental: «Planteamos como
elemento previo», escribiría a Joan Riviere en octubre de 1927,

que el niño es un ser pulsional, con un yo frágil y un superyó apenas
en vías de formación. En el adulto trabajamos con la ayuda de un yo
fortalecido. Por lo tanto, no seremos infieles al análisis si en nuestra
técnica tomamos en cuenta la especificidad del niño, cuyo yo es preciso
sostener en el análisis contra un ello pulsional omnipresente. Ferenczi
ha observado con mucho ingenio que si la señora Klein tiene razón,
en verdad ya no hay niños. Naturalmente, será la experiencia la que
tenga la última palabra. Hasta hoy mi única constatación es que un
análisis sin objetivo educativo no hace sino agravar el estado de los
niños y tiene efectos particularmente perniciosos en los abandonados
y asociales.[11]

Los argumentos de Freud eran perfectamente admisibles. Pero
además hacía falta que los padres aceptaran dejar a su progenie en
manos de psicoanalistas, en una época en la cual eran los psiquiatras
o los pediatras quienes se ocupaban de las patologías infantiles. En

ausencia de pacientes exteriores al círculo psicoanalítico, la experiencia de la cura se realizaba con hijos o allegados de los analistas, hecho que no debía darse por descontado y que podía incluso dar origen a estafas.

En 1919 Hermine von Hug-Hellmuth, miembro de la WPV y en análisis con Sadger, el más misógino de todos los discípulos de Freud, fabricó de principio a fin, sobre la base de sus recuerdos de infancia, una obra presentada como el auténtico diario de una verdadera adolescente llamada Grete Lainer. En el prefacio Freud afirmaba que ese diario era «una joya que testimonia la sinceridad de la que es capaz el alma infantil en el estado actual de la cultura». Todos admiraban a esa pionera del psicoanálisis de niños, dotada de un auténtico talento literario, pero nadie se dio cuenta de que no solo era una falsaria sino también una fanática de la interpretación silvestre. Durante varios años había alojado en su casa a su sobrino Rolf Hug para someterlo a su religión edípica. Ni uno solo de los comportamientos de ese pobre muchacho escapaba a la vigilancia interpretativa de su tía: su sadismo infantil, su deseo reprimido por la madre, su sexualidad pulsional, su fijación por objetos o sustitutos parentales. En septiembre de 1924, en un acceso de ira, él la estranguló.

La comunidad psicoanalítica vienesa se sintió muy salpicada por ese escándalo debido a que Rolf Hug, condenado a doce años de cárcel, afirmaba haber sido víctima del psicoanálisis. En 1930 solicitó una reparación a Federn, por entonces presidente de la WPV. Entretanto, claro está, el diario, que había tenido un considerable éxito, fue retirado de la venta. Freud se había dejado engañar por una superchería directamente emanada de su doctrina.[12]

Melanie Klein no compartía las concepciones freudianas de la familia. Y lo que había aprendido de la suya la alejaba de toda idea de mezclar pedagogía y psicoanálisis. Hija de un padre galitziano y una madre de origen eslovaco —ambos aferrados a un judaísmo ortodoxo—, había tenido una infancia desdichada.[13] Su madre, una mujer bella y culta, despreciaba a su marido, que por su parte prefería a la hija mayor, fea y poco inteligente. Por eso Melanie encontró refugio en su hermano. Criada sin principios ni ética, a la vez que presenciaba las disputas incesantes a las que se entregaban sus padres, se casó sin pasión con Arthur Klein, un primo de la rama materna, con quien tendría tres hijos no deseados.[14] Y se embarcó en la aventura psicoanalítica con un fervor cercano a la conversión mística: revancha contra la infelicidad, deseo de conjurar una existencia melancólica.

Aunque dotada de talento, Melanie no atribuía ninguna importancia a la vida real de los niños ni a su educación. Solo le interesaban los procesos inconscientes que podía descubrir en los muy pequeños. Lugar eminente de todos los odios y todas las ignominias, la familia en el sentido kleiniano era a Freud lo que las telas de Picasso eran a la pintura clásica. La nariz, la boca, los rostros eran sin duda los mismos, pero desfasados, desplazados, situados en lugares inesperados. En cuanto a las visiones que Melanie tenía de la infancia, podría hablarse de un cuadro de Max Ernst: pesadillas, naturaleza mineralizada, reconstrucción nocturna donde se mezclaban animalidad, humanidad, elementos líquidos.

Melanie Klein reivindicaba la psicología edípica pero acentuaba peligrosamente sus rasgos para sumergirse mejor en el llamado universo «preedípico» del niño: cripta maternal, apropiación por el niño del interior del cuerpo de la madre, avidez voraz, tumulto, terror al castigo, angustia, psicosis. En este aspecto era más «moderna» que los freudianos clásicos: estaba más cerca de un modelo literario del siglo XX que del siglo XIX. Y era eso lo que tanto fascinaba a Alix Strachey. En muy poco tiempo Melanie conquistó a la mayoría de los psicoanalistas británicos y sobre todo a Jones, que le encargó el análisis de sus hijos.

A sus ojos, había que eliminar todas las barreras que impedían al terapeuta acceder al inconsciente del niño. En consecuencia, oponía a la «protección» según Freud una doctrina del *infans* —el niño de dos a tres años—, es decir, del niño que aún no habla pero que ya no es un lactante porque ha reprimido a este en sí mismo.

Si Freud había sido el primero en descubrir en el adulto al niño reprimido, Melanie Klein fue la primera en identificar en el niño lo que ya está reprimido, es decir, el lactante. De resultas, proponía no solo una doctrina sino también un marco necesario para el ejercicio de terapias psicoanalíticas específicamente infantiles: un decorado apropiado, una habitación especialmente adaptada, muebles simples y robustos, una mesita y una silla, un pequeño diván. Cada niño debía tener su caja de juegos reservada para el tratamiento y compuesta de casitas, pequeños personajes, animales de granja y animales salvajes, cubos, pelotas, canicas y todo un pequeño equipamiento: tijeras, cordel, lápices, papel, plastilina.

Esta concepción del enfoque clínico de los niños iba a la par, en Melanie Klein y sus partidarios, con una refundición de la doctrina de la sexualidad femenina. Con modelos tomados de la biología darwiniana, Freud sostenía la tesis de un monismo sexual y una esencia «masculina» de la libido humana. Esa tesis derivaba de la observación clínica hecha por él de las teorías sexuales infantiles y no tenía por objetivo ni describir la diferencia de los sexos a partir de la anatomía ni resolver la cuestión de la condición femenina en la sociedad moderna.

En la perspectiva de la libido única, Freud afirmaba que en el estadio infantil la niña ignoraba la existencia de la vagina y hacía cumplir al clítoris el papel de un homólogo del pene. A su entender tenía entonces, además, la impresión de que le habían endosado un órgano castrado. En función de esa disimetría, que se movía en torno de un polo único de representaciones, el complejo de castración, decía, no se organiza de igual manera para los dos sexos. El destino de cada uno de ellos es diferente, no solo por la anatomía sino bajo el efecto de las distintas representaciones ligadas a la existencia de esta. En la pubertad la vagina se manifiesta para ambos sexos: el varón ve en la penetración una meta para su sexualidad, mientras que la niña reprime su sexualidad clitoridiana. Pero antes, cuando advierte que la niña no se le asemeja, el varón interpreta la falta de pene en ella como una amenaza de castración para sí mismo. En el momento del complejo de Edipo se aparta de la madre y escoge un objeto del mismo sexo.

La sexualidad de la niña, siempre según Freud, se organiza en torno del falo: ella quiere ser un varón. En el momento del Edipo desea un hijo del padre y este nuevo objeto se inviste con un valor fálico. Contrariamente al varón, la niña debe apartarse de un objeto del mismo sexo, la madre, en favor de otro de sexo diferente. El apego a la madre es el elemento primordial para ambos sexos.

Este llamado análisis de «la envidia del pene» se basaba en una observación empírica hecha por Freud en cierta época, y sobre la cual se apoyaba para construir su teoría de la sexualidad infantil. En esa óptica —que se ajustaba a lo que enunciaban los propios niños—, Freud constataba que las niñas se identificaban con varones. De ahí el dogma psicoanalítico que reencontraremos, por ejemplo, en Karl Abraham: las mujeres desean inconscientemente ser hombres porque, en su infancia, envidiaron el pene y anhelaron tener un hijo de su padre. Que esta tesis sea empíricamente exacta no significa que sea universalizable, toda vez que, aun cuando esté en armonía con la subjetividad infantil, puede modificarse en función de las transformaciones de la sociedad.

Si bien partidario de un monismo sexual, Freud consideraba errónea cualquier argumentación que afirmara la naturaleza instintiva de la sexualidad. A sus ojos, no existían ni «instinto maternal» ni «raza» femenina, como no fuera en las fantasías y los mitos construidos por los hombres y las mujeres. En cuanto a la diferencia sexual, Freud, inspirado en los mitos griegos, la reducía a una oposición entre un logos separador —principio masculino simbolizado— y una arcaicidad copiosa, estado de desorden materno anterior a la razón. De ahí su célebre fórmula: «La anatomía es el destino».[15] En contra de lo que haya podido decirse, Freud nunca sostuvo que la anatomía era el único destino posible para la condición humana. Y tomaba esta fórmula de Napoleón, quien había querido inscribir la historia de los pueblos venideros en la política más que en la referencia a los antiguos mitos.[16]

En otras palabras, mediante esa fórmula, si bien ponía en un lugar muy eminente las tragedias antiguas, Freud no dejaba de plantearse, bajo los rasgos de una dramaturgia moderna y casi política, el gran asunto de la diferencia sexual. La escena que describía se inspiraba así en la escena del mundo y la guerra de los pueblos concebida por el emperador.

En resumen, diremos que si para Freud la anatomía forma parte del destino humano, este no puede representar en ningún caso, para cada ser humano, un horizonte insuperable. Esa es sin duda la teoría de la libertad que surge del psicoanálisis y le es propia: reconocer la existencia de un destino para emanciparse mejor de él. Por lo demás, Freud terminaría por decir que la anatomía nunca basta para determinar lo que es femenino o masculino.[17]

En el plano clínico, la existencia de la libido única no excluía la de la bisexualidad. Al contrario, la explicaba: en la perspectiva freudiana ningún sujeto podía ser poseedor de una pura especificidad masculina o femenina. En otras palabras, si el monismo sexual es una hipótesis fundada, significa que, en las representaciones inconscientes del sujeto —sea hombre o mujer—, la diferencia de los sexos, en el sentido biológico, no existe. La bisexualidad, que es el corolario de esa organización monista, afecta por tanto a ambos sexos. La atracción de un sexo por otro no solo no es muestra de una complementariedad, sino que la bisexualidad disuelve la idea misma de una organización así. De ahí los dos modos distintos de la homosexualidad: femenina cuando la niña queda «unida» a su madre al punto de elegir una pareja del mismo sexo, masculina cuando el varón efectúa una elección similar al punto de negar la castración materna.

La tesis freudiana de la llamada escuela «vienesa» fue sostenida por algunas mujeres, en especial Marie Bonaparte, Helene Deutsch y Jeanne Lampl-De Groot. Pero desde 1920 la rechazaron otras mujeres de la llamada escuela «inglesa»: Melanie Klein, Josine Müller y muchas más. Así como estas ponían en entredicho la primacía otorgada a la ley del padre, al «falocentrismo» freudiano y al ideal educativo en el enfoque psicoanalítico de los niños, también criticaban, con toda la razón, la extravagante hipótesis freudiana de la ausencia, en la niña, de la sensación de la vagina, y oponían un dualismo a la noción de libido única. Además, en la psicoterapia con los niños no percibían esa presunta ausencia de la sensación de la vagina, y tampoco el lugar atribuido al clítoris como sustituto del pene. En esas condiciones, la escuela inglesa prolongaba la idea de una «naturaleza femenina», es decir, de una diferencia fundada en la anatomía, cuando Freud la había relativizado al poner la no diferenciación inconsciente de los dos sexos bajo la categoría de un solo principio masculino y de una organización edípica en términos de disimetría.[18] En otras palabras, los partidarios de la escuela inglesa eran más «naturalistas» que Freud: consideraban que se nace mujer de una vez y para siempre, en tanto que él decía, antes bien, que la femineidad se construye por medio de representaciones. De ahí la idea de que la mujer se ve a sí misma como un «hombre fallido».

En el congreso de Innsbruck, en septiembre de 1927, bajo la

presidencia de Max Eitingon, estalló una guerra sin cuartel entre Anna y Melanie. Esta llegó, luminosa y magistral, rodeada por primera vez por sus partidarios, boquiabiertos frente a sus planteamientos sobre los «estadios precoces del conflicto edípico», que ya no eran estadios sino «fases» o «posiciones intrapsíquicas». Cada vez más afectado por el cáncer, Freud había decidido en esa fecha retirarse del movimiento. Jones, que defendía las tesis de la escuela inglesa, tanto en el caso del análisis de niños como en la cuestión de la sexualidad femenina, no hizo nada por apagar el incendio. Había logrado aislar a Ferenczi y generar una tensión cada vez mayor entre Freud y su discípulo húngaro, juzgado «paranoico», cuando en realidad tenía buenas razones para sentirse perseguido. Jones quería disolver el comité y soñaba ya con celebrar el congreso del Verein en Inglaterra. Una vez más, su política era coherente.

El debate sobre las mujeres y los niños cobró una amplitud histórica considerable. A través de esta nueva querella de los antiguos y los modernos se ponía en marcha un cambio de paradigma ligado a las transformaciones de la sociedad occidental. Y desde ese punto de vista, la sociedad inglesa, fundada en el liberalismo, el empirismo, el individualismo —pero también en el culturalismo—, era más apta que la Europa continental para dar cabida a las tesis kleinianas, consideradas más «feministas», más democráticas y más igualitaristas que las de Freud, en las que se expresaba una adhesión todavía muy fuerte a un modelo patriarcal. Hay que señalar además que ese debate era contemporáneo del despliegue internacional del movimiento feminista, que por la vía del sufragismo condujo a la emancipación política y jurídica de las mujeres. Encontramos sus huellas en un hermoso ensayo de Virginia Woolf, *Tres guineas*, publicado en 1938. En él la autora alentaba a las mujeres a reconocer su diferencia. Por eso comparaba el sexismo masculino con los fascismos triunfantes de Alemania e Italia, ya que en la época le parecía que el instinto guerrero era patrimonio de los hombres. Sin embargo, no excluía que ese fenómeno pudiese ser de orden cultural y no sexual.[19]

Freud se quejó ante Jones de la campaña orquestada por los kleinianos contra Anna. Lo perturbaba en particular ver que la bella Joan Riviere, miembro de la aristocracia inglesa y ligada al grupo de Bloomsbury, se hubiera dejado seducir por las teorías kleinianas. Melancólica e insomne, había sido perfectamente analizada por él, que la estimaba mucho y le tenía un profundo afecto, pese a que Anna la detestaba. Joan Riviere sabría mantener distancia sin ceder jamás a ningún tipo de idolatría kleiniana.

En septiembre Jones escribió a Freud para confirmar su desacuerdo con las posiciones de Anna, pero adjudicaba las resistencias de esta a las insuficiencias del análisis con su padre: nueva oportunidad de psicologizar conflictos científicos, cuyos motivos eran, empero, indiscutiblemente históricos y políticos. Freud había actuado así contra Jung, después Jung lo había hecho contra Freud, Jones contra Rank, etc. Una vez más, un debate de envergadura entre dos enfoques diferentes de una misma realidad era interpretado por los protagonistas mismos no como un cambio de paradigma, sino como un asunto edípico.

Jones reafirmaba, de todos modos, su fidelidad inquebrantable al maestro y a su hija. Freud no quiso meterse en ese combate, aunque siguió pensando que el camino kleiniano era erróneo, sin dejar de admitir que la experiencia tendría la última palabra. Pero lo ofuscaba que las posiciones de la escuela inglesa ya fuesen un hecho consumado aun antes de la entrada en escena de Anna en el debate: «En el comportamiento de los ingleses respecto de Anna», señalaba,

hay dos aspectos imperdonables: por un lado, el reproche poco habitual entre nosotros, y contrario a todas las buenas costumbres, de que ella no se habría analizado lo suficiente, un reproche público que usted mismo repite en público. Y la observación de Mrs. Klein, que creía que Anna evitaba por principio el Edipo. Ese malentendido habría podido evitarse fácilmente con un poco de buena voluntad. Más que esas tormentas en un vaso de agua, me abruman las declaraciones teóricas de Riviere, precisamente porque siempre tuve en muy alta estima su inteligencia. En este aspecto, debo reprocharle a usted que haya llevado demasiado lejos la tolerancia. Cuando un miembro de nuestros grupos expresa opiniones esenciales tan erróneas y engañosas, se le presenta al jefe del grupo una buena oportunidad de aleccionarlo en particular, pero no es un acontecimiento al que se busque asegurar la más amplia publicidad sin condimentarlo con observaciones críticas.[20]

Contra Freud, la experiencia dio la razón a las teorías kleinianas que se afianzaron en todo el mundo entre los profesionales de la primera infancia, a medida que Londres imponía su liderazgo en la organización internacional del psicoanálisis. Pero fueron corregidas y modificadas por doquier de una manera «annafreudiana», es decir, en el sentido de la integración de un modelo educativo al desenvolvimiento de las curas de niños.[21]

Armado de su psicología edípica, de su creencia en un clítoris como sustituto del pene y de su convicción de que las niñas tendrían conciencia de la inferioridad de «su pequeño pene», Freud había permanecido anclado en una concepción de las mujeres, la femineidad y la vida amorosa deudora del romanticismo alemán y la *Naturphilosophie*. A pesar de que su doctrina del monismo sexual se alejaba del naturalismo, él no dejaba de invocarlo en la mirada que posaba sobre las mujeres y la «naturaleza» de la femineidad. Una vez más, sus posiciones eran de extrema complejidad y Freud se contradecía y estaba todo el tiempo en guerra consigo mismo.

En su opinión, las mujeres eran más pasivas que los hombres, también más bisexuales y, por consiguiente, la homosexualidad femenina era diferente de la homosexualidad masculina; la necesidad de las mujeres de ser amadas era mayor que la de los hombres y, de resultas, en el plano patológico, eran más masoquistas que sádicas, porque en ellas esa necesidad se convertía con facilidad en el goce de sufrir un maltrato. Al mismo tiempo, Freud afirmaba que las mujeres solo se complacían en las perversiones sexuales bajo la directriz de los hombres. Insistía en el hecho de que, en la infancia, las niñas se ven a sí mismas como «disminuidas» y dejadas de lado y reprochan a sus madres haberlas hecho nacer mujeres y no hombres: tienen «envidia del pene». Concebía las relaciones entre el hombre y la mujer como una complementariedad, postura que chocaba con su doctrina del monismo sexual. La mujer debe ser la dulce compañera del hombre, decía, y no gana nada con dedicarse a una actividad profesional o estudiar, porque su condición natural es mantener con el hombre tres relaciones «inevitables»: ser su progenitora, su compañera y su destructora, tres formas por las cuales pasaba para él la imagen de la madre en el transcurso de la vida: la madre misma, la amante que él elige a imagen de la primera y, para terminar, la madre tierra que vuelve a acogerlo en su seno.

Como buen darwiniano, partidario de la teoría de los «estadios» de la evolución, y como gran descifrador, al igual que Edipo frente a la Esfinge, del enigma del destino humano —es decir, de las tres edades de la vida—, siempre afirmó que la mujer encarnaba para el hombre tres formas de femineidad: la muchacha deseable, la esposa amada, la madre que tiene por el lactante un amor más intenso que por el niño convertido en adolescente. En otras palabras, la mujer concebida por Freud encerraba en sí misma no solo tres tipos de femineidad que remitían a la tierra nutricia y por lo tanto al nacimiento y la muerte, sino también, como las tres Moiras de la mitología griega (las Parcas romanas), tres modalidades del destino. En cada mujer, pensaba él, el hombre encuentra tres diosas procedentes del Olimpo: la «hiladora», que maneja el huso sobre el cual se desenvuelve la existencia; la «fatídica», que tiene el reloj de arena, es decir, la medida del tiempo, y la «inflexible», que corta el hilo de la vida. De ahí el hecho de que, para él, la mayor aportación de las mujeres a la cultura hubiera sido la invención del tejido y el trenzado.[22]

Para apuntalar el principio de esta representación de la mujer, Freud se apoyaba en uno de sus personajes favoritos: el rey Lear. En la obra de Shakespeare el monarca loco se empecina en saber cuál de sus tres hijas lo prefiere, y condena al destierro a la mejor de ellas, Cordelia, con lo cual ocasiona la destrucción de su reino y su genealogía. Y es así que, al final de la tragedia, reconociendo demasiado tarde su error, sostiene entre sus brazos el cuerpo inerte de Cordelia: «El hombre viejo en vano se afana por el amor de la mujer, como lo recibiera primero de la madre; solo la tercera de las mujeres del destino, la callada diosa de la muerte, lo acogerá en sus brazos».[23]

Padre de tres hijas y rodeado en la Berggasse por tres mujeres —Martha, Minna y Anna—, Freud encontraba en la mitología griega y los dramas de Shakespeare el eco de su concepción de las tres funciones de femineidad —la mujer-madre, la amante-esposa, la diosa Tierra— que se presentan al hombre a lo largo de su vida. Identificaba especialmente su temática en el juicio de Paris, en un cuento de Perrault («La Cenicienta») y en otro de Apuleyo («Eros y Psique»), pero también en una escena célebre de *El mercader de Venecia* de Shakespeare, vertiente cómica de la tragedia del rey Lear. En esa obra, la joven Porcia se ve obligada, por voluntad de su padre, a tomar por esposo a aquel de sus pretendientes que, de los tres cofres que se le den a elegir, sepa optar por el adecuado. Uno de los cofres es de oro, otro de plata y el tercero de plomo, y el «adecuado» es el que contiene el retrato de la muchacha. Dos de los competidores ya se han retirado derrotados al escoger el oro y la plata. Bassanio, el tercero, se decide por el plomo y obtiene a la novia que, ya antes de la prueba, se inclinaba por él.

Según Freud, cada cofre representa un tipo de femineidad, y Porcia, asimilada al plomo (metal «mudo»), es la más simple de las tres mujeres, la menos alborotadora: ama y se calla. En este aspecto se parece a la fiel Cordelia, la «muerta».

A Freud le gustaban las mujeres fieles e inteligentes, no demasiado bellas pero instruidas en las cosas de la vida, consagradas a su familia, y estaba de acuerdo en que disfrutaran de derechos cívicos. El adulterio lo horrorizaba y le disgustaban las cortesanas y los burdeles. Censuraba la misoginia de algunos de sus discípulos vieneses y de los médicos de su medio, que consideraban a la mujer como un ser fisiológicamente inferior al hombre. Esta desigualdad, decía, no existe en el inconsciente: es una construcción fantasmática. Además, veía en el odio a las mujeres y en su degradación una de las raíces inconscientes del antisemitismo.

Y así como había descrito la sexualidad infantil sobre la base de las teorías inventadas por los niños, para construir su doctrina de la sexualidad tenía en cuenta tanto las representaciones masculinas de la femineidad como las representaciones femeninas de la masculinidad. Por eso su teoría de la femineidad siguió siendo en parte deudora del estado de la sociedad donde él vivía. Y esa es una de las razones por las cuales Freud no dejó de contradecirse tanto a lo largo de los años.

Si la mujer, a su entender, se siente privada de un pene, el hombre necesita, para acceder a una mujer que no sea su madre, superar el respeto que esta le impone. Y, agregaba Freud, debe integrar la idea del incesto con la madre o la hermana. Según su explicación, ese paso de la madre a *la otra mujer* se expresaba en la necesidad experimentada por el hombre de mantener relaciones sexuales con mujeres de una clase social inferior a la suya: «La inclinación, tan a menudo observada, de los hombres de las clases sociales elevadas a elegir una mujer de inferior extracción como amante duradera, o aun como esposa».[24]

Freud prefería un buen divorcio a un mal matrimonio y creía que el uso de «preservativos» impedía el orgasmo en las mujeres del mismo modo que lo hacía el *coitus interruptus*. Sin embargo, a partir de los años veinte consideró que la contracepción femenina era preferible, con mucho, a los otros métodos utilizados para controlar la procreación. Puritano encantador, le gustaba a rabiar seducir a las mujeres por la palabra. Su arte epistolar, que lindaba con el genio, era tan rico como limitados eran sus deseos carnales, y su imaginación erótica tan lujuriosa como pobre su práctica sexual. En el fondo de sí mismo se interrogaba sobre una de las escisiones más evidentes y conocidas de la vida amorosa: ¿cómo mantener unidos en el hombre el amor y el deseo? «Cuando aman no anhelan, y cuando anhelan no pueden amar.»[25] Aunque parezca extraño, no quería ver que las mujeres estaban sometidas en la misma medida que los hombres a esa escisión y que también ellas podían, sin duda, escoger por amante o esposo a un hombre de condición inferior.

Había motivos para que esas distintas representaciones de la mujer resultaran chocantes, no solo para generaciones de feministas sino también para las mujeres que en esa época participaban en el movimiento psicoanalítico. Por otra parte, a estas últimas se les planteaba una vez más una contradicción no solo con la doctrina freudiana de la sexualidad femenina, sino con la actitud que Freud adoptaba en relación con las mujeres en general. En efecto, en vez de incitarlas a tejer o hacer punto, las impulsaba a tener una actividad profesional y ganarse la independencia social. Sabía que la organización familiar a la que se adhería en la vida privada no duraría y que las mujeres y los hombres de las generaciones futuras serían muy diferentes de los que él había conocido: veía las huellas de esa evolución en la manera de vivir de sus hijos, aun cuando, para defenderse de ella, imaginaba a estos a su imagen. Convencido con razón de que su doctrina, aunque muy alejada de las luchas feministas, tenía amplia influencia en la emancipación de las mujeres, se veía como un hombre del pasado que no había aprovechado la revolución sexual que él mismo había traído a la sociedad occidental. En cierta forma, el siglo xx era más freudiano que el propio Freud.

Sin mencionar a Amalia, Freud no vacilaba en afirmar que solo la relación con el hijo varón brindaba a una madre una satisfacción ilimitada. Y agregaba: «La madre puede transferir sobre el varón la ambición que debió sofocar en ella misma, esperar de él la satisfacción de todo aquello que le quedó de su complejo de masculinidad. El matrimonio mismo no está asegurado hasta que la mujer haya conseguido hacer de su marido también su hijo, y actuar [como] madre respecto de él».[26] En otras palabras, para Freud toda mujer es para el hombre, ante todo, una madre potencial que él necesita degradar para convertirla en un objeto sexual. En consecuencia, decía, el punto de partida de toda vida sexual depende de la oralidad: chupar el pecho o su sustituto. Cada persona repite en su vida esa elección inicial: recuperar a la madre bajo formas múltiples, de la pasión al odio y de la felicidad a la desesperación.

A la vez que construía una teoría racional de la sexualidad, opuesta a las visiones de los ideólogos obsesionados por el terror a lo femenino, Freud hacía suya la idea ancestral de que la mujer es para el hombre el enigma más grande de toda la historia de la cultura. Los hombres, decía, siempre temieron el poder secreto y aterrador poseído por las mujeres, y no están listos para emanciparse de él. Acordémonos aquí de Tiresias. Hombre y mujer a la vez, conocía el misterio sobre el cual se interrogaban los dioses y los mortales: ¿quién se beneficia más con el acto sexual, el hombre o la mujer? Consultado por Zeus y Hera, se había atrevido a afirmar que la mujer obtenía del coito nueve veces más placer que el hombre. Por revelar el secreto de un goce tan salvajemente guardado, Hera lo castigó con la ceguera, pero Zeus lo recompensó con el don de la profecía y el poder de vivir durante siete generaciones.[27]

Era sin duda esa mitología la que Freud prolongaba en términos procedentes a la vez del romanticismo negro —«¿Qué quiere la mujer?»— y de la literatura colonial: «La vida sexual de la mujer adulta», decía en 1926, «sigue siendo un *dark continent* para la psicología».[28] En esos momentos hacía alusión al best seller del periodista británico Henry Morton Stanley,[29] que había explorado el Congo a fines del siglo XIX y elaborado, como consecuencia de esa expedición, una visión ingenua y paternocéntrica de África, considerada oscura y hechizadora, femenina y salvaje, aún inexplorada por la civilización.

Y Freud comparaba la vida sexual de la mujer con ese «continente negro» hacia el cual se proyectaba la misión civilizadora de Occidente. Por medio de ese sintagma destinado al éxito expresaba tanto el temor del hombre blanco frente a un continente reinventado por el discurso colonial como la angustia experimentada por el *Hombre* (en sentido genérico) frente a los desmanes de la sexualidad femenina: naturaleza indómita, parte oscura, enigma todavía no dilucidado por la ciencia, etc. No cabe duda que en un momento muy temprano de su vida Freud había sentido ese mismo pavor. ¿No expresaba cierto temor frente a los chow-chows negros? ¿Él mismo no había nacido «negro»?

Lo cierto es que esa doctrina freudiana era en buena medida el fruto de una representación masculina de la mujer y de la femineidad heredada de finales del siglo XIX.[30] Freud lo sabía, y afirmaba que solo las mujeres más modernas, formadas en el psicoanálisis, serían capaces en el futuro de comprender la llamada sexualidad femenina «preedípica». La posteridad dio la razón a los dos enfoques —el kleiniano y el freudiano— y a muchos otros más eficaces.[31]

A partir de 1920 las principales discípulas o pacientes de Freud se diferenciaron nítidamente de las mujeres de su familia. Inglesas, norteamericanas, alemanas, austríacas, casi todas provenían de las clases más altas de la sociedad y todas habían adoptado una independencia y un modo de vida que contrastaban, no solo con los de las pioneras de la primera generación de la WPV, sino también con la situación de las mujeres de la Berggasse y de las hermanas, la madre o las hijas de Freud.

Hasta la década de 1920 —con unas pocas excepciones— las mujeres psicoanalistas que participaban en el movimiento se habían mantenido a la sombra de los hombres. Ahora más visibles, y liberadas del corsé y las amplias enaguas, hicieron pues su segunda entrada en la historia para convertirse en protagonistas hechas y derechas del movimiento psicoanalítico. Si en su mayoría estaban afectadas por la melancolía, el tedio o diversas neurosis, debidas a menudo a un contexto familiar o conyugal perturbado, encontraron en el psicoanálisis la manera de acceder a una profesión, comprometerse con una causa, transformar su existencia o más simplemente participar en una aventura intelectual. Así sucedió, en particular, con Helene Deutsch, Hilda

Doolittle, Edith Jacobson, Ruth Mack-Brunswick, Dorothy Burlingham, Joan Riviere, Marianne Kris, Margaret Stonborough-Wittgenstein.[32]

Dos mujeres muy diferentes, Lou Andreas-Salomé y Marie Bonaparte, ninguna de las dos judía —una alemana y otra francesa—, tuvieron un papel estelar en la segunda parte de la vida de Freud, integradas tanto en el círculo de sus discípulos como en su intimidad familiar. Ambas recibieron el anillo de los iniciados del Ring.

Nacida en San Petersburgo cinco años después de Freud, Lou pertenecía a una familia de la aristocracia alemana. Desde su juventud había decidido consagrarse a la vida intelectual y no someterse jamás a las normas del matrimonio burgués. Figura emblemática de esa femineidad narcisista que ella llevaba a su incandescencia, consideraba que las mujeres eran más libres que los hombres. Estos, decía, están obligados, por su cultura, a una dominación que no puede sino hacerlos sentirse culpables. En cambio, añadía, las mujeres, capaces de darse por entero en el acto sexual, no sienten ni vergüenza ni molestia. En esa perspectiva, concebía el amor sexual como una pasión física que se agota una vez saciado el deseo. En consecuencia, solo el amor intelectual, fundado en una absoluta fidelidad, es capaz de resistir al tiempo. En un opúsculo sobre el erotismo aparecido en 1910 Lou comentaba uno de los grandes temas de la literatura —de Emma Bovary a Anna Karenina—, según el cual la división entre la locura amorosa y la quietud conyugal, por lo común imposible de superar, debía vivirse plenamente. Sabía que sus argumentos en favor de un matrimonio que autorizara a cada cónyuge una libertad regeneradora eran bastante extravagantes, no solo porque iban en contra de los preceptos morales de las religiones sino porque eran incompatibles con el poderoso instinto de posesión arraigado en el hombre.

Pese a ello, no dejó a lo largo de su vida de llevar a la práctica esa división y de burlarse de las invectivas, los rumores y los escándalos. Después de Nietzsche, tocó a Freud quedar deslumbrado por esta mujer que trastocó su existencia: el mismo orgullo, la misma desmesura, la misma energía, el mismo coraje, la misma manera de amar y poseer febrilmente los objetos elegidos.[33] Uno había escogido la abstinencia sexual con la misma fuerza y la misma voluntad que empujaban a la otra a satisfacer sus deseos. Compartían la intransigencia y la certeza de que la amistad nunca debía ocultar las divergencias ni hacer mella en la libertad de cada cual.

En junio de 1887 Lou se había casado con el orientalista alemán Friedrich-Carl Andreas, docente en la Universidad de Gotinga. El matrimonio no se consumó y su primer amante fue uno de los fundadores del Partido Socialdemócrata alemán, Georg Ledebour, sucedido algún tiempo después por Friedrich Pineles, un médico vienés. Esta segunda relación terminó con un aborto y una trágica renuncia a la maternidad. Lou se instaló entonces en Munich, donde conoció al joven poeta Rainer Maria Rilke: «Fui tu mujer durante años», escribiría ella en *Mirada retrospectiva*, «porque tú fuiste la primera realidad, en la que el hombre y el cuerpo son indiscernibles uno de otro, hecho indiscutible de la vida misma. [...] Éramos hermano y hermana, pero como en ese pasado lejano, antes de que el matrimonio entre hermano y hermana se convirtiera en sacrilegio».[34]

Esa adhesión a la concepción nietzscheana del narcisismo, y más en general al culto del ego, característico de la *Lebensphilosophie* de fines de siglo, preparó el encuentro de Lou con el psicoanálisis. Como destaca Jacques Le Rider, en todos sus textos ella buscaba, en efecto, recuperar un eros cosmogónico capaz de colmar la pérdida irreparable del sentimiento de Dios.[35] Se encontró con Freud por primera vez en 1911, en Weimar. Era entonces amante de Poul Bjerre, un joven psicoanalista sueco quince años menor que ella: «El tiempo había suavizado sus rasgos», escribe Heinz Frederick Peters, su mejor biógrafo, «y ella les agregaba alguna femineidad al llevar suaves pieles, boas, esclavinas sobre los hombros. [...] Su belleza física era igualada, si no superada, por la vivacidad de su mente, su alegría de vivir, su inteligencia y su cálida humanidad».[36]

Freud, que huía de la belleza femenina, desconfió en un primer momento de la atracción que sentía hacia esa mujer excepcional. Muy pronto, sin embargo, amó en ella la inteligencia del alma, la pasión por la vida, el optimismo inquebrantable. Ella encarnaba todas las facetas de esa femineidad que le era tan cercana y tan extraña a la vez. En efecto, Lou parecía contradecir su teoría de los tres estados de la vida femenina, porque había seguido siendo una muchacha deseable sin convertirse en madre, y una mujer madura que, al negarse a adoptar el papel de esposa en el hogar, no renunció jamás a la actividad sexual. En vez de considerarla como un enigma, Freud le ofreció la más alta forma de amor de que era capaz: una amistad hecha de elegancia, seducción y cortesía, y un intercambio intelectual como nunca lo había tenido con ninguno de sus discípulos o sus interlocutores. Por primera vez, no transformaría al amigo indispensable en un indispensable enemigo.

Desde el primer encuentro Freud se dio cuenta de que Lou aspiraba a ser admirada e incluso liberada de su personalidad demasiado fuerte, y de que había vivido una tragedia al renunciar a la maternidad. Comprendió desde ese momento que ella quería verdaderamente consagrarse al psicoanálisis y que nada se lo impediría. Por eso la admitió de inmediato entre los miembros de la WPV. Su presencia muda era a los ojos de todos el testimonio de una continuidad entre Nietzsche y Freud, entre Viena y la cultura alemana, entre la literatura y el psicoanálisis. Freud estaba enamorado de ella, no cabía duda alguna, y por eso se esforzaría en destacar, como para defenderse de lo que sentía, que ese apego era ajeno a toda atracción carnal.

Instalada en Viena en 1912, Lou asistía tanto a las reuniones del círculo freudiano como a las que organizaba Alfred Adler. Celoso, Freud la dejó hacer sin privarse de tratar a su rival de «personaje repugnante». Una noche, el sufrimiento causado por su ausencia lo llevó a escribirle estas palabras:

> La eché de menos ayer por la noche en la sesión, y me alegra enterarme de que su visita al campo de la protesta masculina es ajena a su ausencia. He tomado la mala costumbre de dirigir siempre mi conferencia a cierta persona de mi círculo de oyentes, y ayer no dejé de mirar como con fascinación el lugar vacío que se había reservado para usted.[37]

Ella no tardó en abrazar con exclusividad la causa del freudismo, y fue entonces cuando se enamoró de Victor Tausk, el hombre más atractivo y melancólico del círculo freudiano, que tenía casi veinte años menos que ella. Junto a él, Lou se inició en la práctica analítica, visitó hospitales, observó casos que le interesaban, conoció a intelectuales vieneses. Después de cada reunión de los miércoles Freud la llevaba a su hotel y, después de cada cena, la cubría de flores. Un día, un discípulo particularmente fanático se aventuró a hacerla objeto de uno de los deportes favoritos del grupo: la manía de la interpretación. Mientras ella tejía, como lo hacían muchas mujeres en la época, la señaló con el dedo y le hizo notar que parecía gozar entregada a un coito continuo, simbolizado por el movimiento de las agujas. Ella no respondió.

Lou Andreas-Salomé pertenecía al mismo mundo que Freud y compartía con él los mismos valores y la misma representación elitista de la Europa de la Belle Époque, cuya profunda miseria desconocía. Por eso la sorprendió el estallido de la Gran Guerra. Si Freud ponía de relieve que ese conflicto se asemejaba a una erupción pulsional sepultada en el inconsciente de los pueblos, ella veía en la guerra en general una especie de vampiro que chupa la sangre para apaciguar la necesidad del hombre de autodestruirse:

> Siempre seremos nuestros propios asesinos. Quizá sea inevitable, pero, a causa de ello, nuestra culpa es universal y nuestro único modo de redención es aceptarla tal como es. [...] Cuando comprendí esto, me di cuenta, con asombro, de que por esa razón yo también habría combatido si hubiera sido un hombre, y de haber tenido hijos los hubiera mandado a la guerra.[38]

Freud se encontraba claramente en el campo de los vencidos, pero para Lou la guerra representaba un hundimiento aún más grande. ¿En qué campo habría combatido? ¿Con los rusos o con los alemanes? No compartía los sentimientos nacionalistas de sus compatriotas del mundo germanoparlante pero tampoco podía adherirse, sin embargo, al combate antialemán de sus hermanos rusos. Por eso consideraba ese desencadenamiento de odio como una lucha fratricida interna a su propia subjetividad. Y en el momento de la Revolución de Octubre se mostró resueltamente hostil al bolchevismo. Antaño había admirado a los revolucionarios rusos y su ideal utópico, pero ahora, como el conde Pierre Bezujov[39] cuando las tropas napoleónicas avanzan hacia Moscú, ya no veía más que la tragedia que se abatía sobre su país. Y Freud le respondió en el mismo tono: «Creo que no se puede tener simpatía por las revoluciones hasta que no han terminado. Por eso deberían ser breves. La bestia humana tiene, de un modo u otro, necesidad de ser domeñada. En síntesis, uno se vuelve reaccionario como ya lo había hecho el rebelde de Schiller frente a la Revolución francesa».[40] Ni Freud ni Lou habían comprendido la gran miseria de los pueblos. Después de la guerra Lou dedicó seis meses a ocuparse de los traumas nerviosos en un campo de trabajo de Königsberg. Mientras Freud se mostraba cada vez más pesimista con respecto a las tendencias homicidas de la humanidad, ella recuperaba su alegría de vivir a medida que, en su ciudad de Gotinga, se dedicaba a la práctica del psicoanálisis. Así, durante varios años estuvo presente en el movimiento psicoanalítico de la misma manera que Freud: siempre alejada y siempre próxima a ese círculo familiar que la había acogido pero que, ya, dejaba su lugar a la nueva generación de profesionales jóvenes y anglohablantes, menos aferrada al recuerdo del mundo de ayer.

Con Lou, Freud encontró por fin una interlocutora a quien podía tratar como una igual, como una extraña y como una mujer de su familia. Por eso la alentó a ser la protectora de su hija, con la cual él tenía tantas dificultades. Y al tomar conocimiento de los secretos que Anna le revelaba sobre su análisis, sobre su sexualidad, sobre sus conflictos, Lou se convirtió en su segunda terapeuta: supervisaba la cura llevada a cabo por Freud con la «hija-Anna» y a la vez gustaba con tacto y fruición los sabores que le ofrecía esa relación. Lou evocaba con Anna los chales, las pellizas, las pieles y los largos vestidos que le recordaban su juventud rusa impregnada de las novelas de Tolstói. Entre confidencia y confidencia, Anna le hablaba del olor de los bollos y del amor compartido por la vida canina y la recolección de setas.

Con el paso de los años Freud y Lou se vieron envejecer mientras presenciaban la descomposición de la Alemania de Goethe y Nietzsche de la que eran herederos. En 1931, cuando su querido profesor cumplió setenta y cinco años, ella le dedicó un libro en el cual expresaba su gratitud y sus desacuerdos, en especial con respecto a los errores cometidos por el movimiento en el caso de la creación artística y de la fe reducida por Freud a una alienación: un alegato contra el dogmatismo ya muy consolidado. Freud le respondió que ella ponía un orden femenino en el desorden ambivalente de su propio pensamiento.[41] No podría decirse mejor.

Lou Andreas-Salomé casi no tuvo oportunidad de conocer a Marie Bonaparte, veinte años menor que ella. Opuestas una a la otra, tanto por su origen como por su cultura, su modo de vida o su adhesión al freudismo, estas dos mujeres tuvieron en común, no obstante, el amor vibrante que profesaban a Freud. Lou provenía de un mundo en agonía, Marie era una conquistadora que enarbolaba muy alta la enseña viril de su tío bisabuelo, cuyo nombre reivindicaba mucho más que su pompa imperial: «Si alguna vez alguien escribe mi vida, que la titule "La última Bonaparte", porque lo soy. Mis primos de la rama imperial solo son Napoleón».[42] Si Lou fue para Freud la encarnación de la inteligencia, la belleza y la libertad —algo así como LA mujer—, Marie se convirtió más bien en la hija, la alumna, la paciente, la discípula, la excepcional traductora, la embajadora devota, la enamorada de los chow-chows y la organizadora del movimiento psicoanalítico francés, sobre el cual reinaría de manera a veces desastrosa durante décadas.

Ella reconcilió a Freud con la Francia que él amaba: la de Voltaire, Anatole France, Balzac, Sarah Bernhardt, Philippe Pinel, Charcot y Zola. Pero, igual que él, no se interesaba en los verdaderos representantes de la modernidad literaria —en especial los surrealistas—, que tenían empero un papel central en la introducción del psicoanálisis en Francia. Freud la llamaba *Prinzessin* (su princesa), y cuando ella pretendió rivalizar con *la otra mujer*, exclamó: «Lou Andreas-Salomé es un espejo, no tiene ni su virilidad, ni su sinceridad, ni su estilo».[43]

Hija de Roland Bonaparte, por su parte nieto de Lucien, Marie había perdido a su madre al nacer y la habían criado un padre que solo se ocupaba de sus trabajos antropológicos y una abuela paterna, verdadera tirana doméstica, ávida de éxito y notoriedad. Por eso Marie acarreaba consigo una angustia suicida que se constataba con frecuencia en los herederos de las dinastías europeas de principios del siglo XX, condenados a vagabundear en el simulacro de su grandeza perdida. Heredera por el lado de su madre de una inmensa fortuna con la que no sabía qué hacer, se asemejaba a un personaje del gran teatro freudiano de los comienzos: una verdadera princesa víctima de una neurosis aristocrática y en busca de un maestro que fuera a la vez su padre, su madre, su rey, su ancestro.

No obstante, sin olvidar jamás sus orígenes corsos y su pertenencia a la genealogía de los Bonaparte, que había hecho de ella una republicana racional y apegada a los ideales de la ciencia más evolucionada de su tiempo, no manifestaba la más mínima nostalgia por el mundo antiguo, a pesar de que su matrimonio concertado con el príncipe Jorge de Grecia, homosexual y amante de su tío Valdemar, príncipe de Dinamarca, la había elevado al rango de alteza real, de alta nobleza monárquica y colmada de honores. En realidad, al mismo tiempo que se mantenía aferrada a los códigos y rituales de su casta, Marie se burlaba de todos los convencionalismos, multiplicaba las aventuras amorosas y sufría de una indomable frigidez que la llevaba a encandilarse por todas las teorías sexológicas de su época. Habida cuenta de tal condición de princesa, atormentada por su femineidad deficiente, y cuyo nombre y lazos de parentesco remitían tanto al reino de Hamlet como a la tragedia de Edipo o el puente de Arcole, ¿habría podido escapar a un destino freudiano?

Cuando, por consejo de René Laforgue,[44] conoció a Freud en Viena el 30 de septiembre de 1925, estaba al borde del suicidio. Se instaló con su doncella en una suite del hotel Bristol, donde la recibieron con todos los honores debidos a su título de alteza real, princesa de Grecia y de Dinamarca. El lugar le pareció lúgubre.

Con el seudónimo de A. E. Narjani, acababa de publicar en Bélgica un artículo en el que ensalzaba los méritos de una intervención quirúrgica, de moda en la época, consistente en acercar el clítoris a la vagina para transferir a esta el orgasmo clitoridiano.[45] Marie creía así remediar la frigidez femenina y experimentó la operación en sí misma, en Viena, sin obtener jamás el menor resultado.[46]

En un principio Freud desconfió de esta mujer célebre y mundana que gastaba fortunas en ropa y en el mantenimiento de su tren de vida. En respuesta a Laforgue, que elogiaba los méritos intelectuales de la princesa y su deseo de emprender un análisis didáctico y terapéutico, exigió que supiera hablar alemán o inglés, olvidando que ella era tan europea como él y tan políglota como la mayoría de sus discípulos. En lo fundamental, tenía muy pocas ganas de ocuparse de una persona a quien juzgaba frívola. Pero, pese a ello, llevó a cabo con ella, de 1925 a 1928 y en períodos sucesivos, una de las terapias psicoanalíticas más exitosas de toda la historia de su práctica: le evitó el suicidio y numerosas transgresiones destructivas. Marie consignó el desarrollo de ese análisis en su «Sommaire», con el agregado de notas, reflexiones y confidencias sobre Freud, de un interés considerable para todos los historiadores.

Desde el comienzo de la cura Marie tuvo derecho a una considerable interpretación. A raíz del relato de un sueño, en el que ella se veía en su cuna y asistía a escenas de coito, Freud afirmó con tono perentorio que no solo había oído esas escenas, como la mayoría de los niños que duermen en el cuarto de sus padres, sino que las había visto a plena luz del día. Atónita y siempre deseosa de contar con pruebas materiales, ella rechazó esa afirmación y protestó que no había tenido madre. Freud no desistió y contraatacó con la presencia de una nodriza. Finalmente, Marie decidió preguntar al medio hermano de su padre, que se ocupaba de los caballos en la casa de su infancia. A fuerza de mencionarle con insistencia el elevado alcance científico del psicoanálisis, consiguió que aquel le confesara su viejo amorío con la nodriza. Un poco avergonzado, el anciano contó que había hecho el amor a plena luz delante de la cuna de Marie. Era cierto entonces que esta había visto escenas de coito, felación y cunnilingus.

Hay que comparar esta interpretación con la dada a Serguéi Pankejeff. En el primer caso Freud había inventado una escena primordial que jamás había tenido lugar, pero que permitió al paciente dar un sentido a su sueño de los lobos. En el segundo, la paciente se negaba a creer en la existencia de esa escena que, empero, como pudo verificarlo, se había producido realmente. Tanto en un caso como en otro, la noción de «escena primordial» asumía el valor de un mito, que remitía a una genealogía inconsciente.

Con esa mujer que lo colmaba de regalos Freud dio, pues, pruebas de su genio clínico. En el transcurso del análisis le evitó una relación incestuosa con su hijo y le explicó por qué los pacientes no debían desnudarse durante la sesión. Además, se negó a responder a las preguntas que ella le hacía sobre su vida sexual y le hizo entender que no debía exhibirse frente a él. Por último, impuso ciertos límites a sus experiencias quirúrgicas sin lograr, con todo, impedirle pasar a los hechos. Como él mismo sufría dolorosas intervenciones, casi no tenía manera, en semejante situación transferencial, de interpretar el goce experimentado por Marie al manejar el bisturí.

Integrada en el movimiento psicoanalítico, ella participó en el debate sobre la sexualidad femenina de una manera muy personal.

En efecto, transformó la doctrina freudiana en una tipología psicológica de los instintos biológicos, que se apartaba a la vez de la escuela vienesa y de la escuela inglesa. Distinguía en sustancia tres categorías de mujeres: las reivindicativas, que procuran apropiarse del pene del hombre; las obedientes, que se adaptan a la realidad de sus funciones biológicas o su rol social, y las esquivas, que se alejan de la sexualidad.[47]

No hay duda de que Freud estaba fascinado por esas historias de clítoris cortados y de que encontraba en la obstinación quirúrgica de Marie el eco «biologizado» de sus propias tesis. Y esa fue la razón por la cual le regaló *Neger-Eros*, la célebre obra del antropólogo vienés Felix Bryk dedicada a la práctica de la ablación entre los nandis. En ella el autor mostraba que los hombres de esta tribu buscaban así, mediante la supresión del último vestigio del órgano peniano, feminizar a ultranza el cuerpo de sus compañeras. Y Freud hacía notar a su paciente que la operación no anulaba la capacidad orgásmica de las mujeres, porque de haberlo hecho los hombres de la tribu no la habrían admitido.

Una vez más, Freud manejaba la ambivalencia. Por un lado le decía a Marie que ninguna cirugía podía resolver el problema de la frigidez femenina, y por otro la alentaba a efectuar investigaciones en ese ámbito. Ella no pedía tanto. Al punto, se apresuró a realizar investigaciones de campo sobre su tema fetiche. Y repetiría ese gesto durante toda su vida.

Tal fue el límite interpretativo con que Freud se topó en esa psicoterapia: nunca logró impedir que su querida princesa prosiguiera con su búsqueda descabellada de una inhallable femineidad. ¿Habrá que ver en este fracaso el signo de la imposibilidad en la que Freud se encontraba de escapar a la espiral infernal del «clítoris cortado», verdadero *dark continent* de su propio pensamiento de lo femenino?

Cuarta parte

FREUD, LOS ÚLTIMOS TIEMPOS

1

Entre medicina, fetichismo y religión

A medida que la medicina se tornaba cada vez más científica, los Estados sentían una necesidad creciente de reglamentar las actividades terapéuticas. Parte integrante de la medicina, la psiquiatría aspiraba a ser más racional en sus clasificaciones por el hecho de que no se basaba en los mismos criterios clínicos que la disciplina médica. No obstante, al transformar al loco en un «caso», es decir, en un «enfermo», se había acercado a esta última al extremo de considerar ya al sujeto únicamente como un objeto apto para ser incluido en un marco nosográfico. Y en ese terreno, Freud, procedente de la neurología y la fisiología, había construido su disciplina como una rama de la psicología, a la vez que era un heredero de la tradición dinámica de Franz Anton Mesmer: magnetismo, hipnotismo, sugestión, catarsis y, para terminar, transferencia.[1] El psicoanálisis devolvía la palabra al sujeto y reactivaba la idea antigua de que el paciente tiene, más que el médico, el poder de acabar por sí mismo con sus sufrimientos psíquicos.

Sin embargo, al crear en toda Europa y del otro lado del Atlántico instituciones destinadas a formar profesionales, *Herr Professor* y sus discípulos ya no podían escapar, tras la Primera Guerra Mundial, a las reglamentaciones progresivamente sancionadas por los Estados con el fin de proteger a los pacientes de los falsarios, los impostores, los que vendían drogas y otros psicoanalistas salvajes a quienes por entonces se llamaba «impostores».

Toda sociedad, como es sabido, otorga un lugar a la figura del impostor, por el hecho mismo de que solo puede reproducirse si define con claridad lo que rechaza y lo que incluye en virtud de las normas que fija para sí. Así, el impostor, sea cual fuere el nombre que se le dé, es siempre una figura de lo heterogéneo. Definido como la parte maldita,[2] es lo que escapa a la razón o el logos: el diablo, lo excluido, lo sagrado, la mancha, la pulsión, lo inconfesable. Pero es al mismo tiempo la droga (*pharmakon*), el proveedor de drogas (*pharmakos*), el drogado, el chivo expiatorio o el mártir a quien hay que castigar para que la ciudad se regenere. El impostor es pues un ser doble. Carga con la sanción pero es la condición misma de toda sanción. Envenenador o reparador, tirano o miserable, el impostor es el *otro* de la ciencia y la razón, el *otro* de nosotros mismos.[3] En relación con ese tema, Freud, hombre de la Ilustración oscura, que había sido adicto a la cocaína, estaba en terreno conocido, entre nostalgia y ejercicio de un humor mordaz. Cada día sufría más por el intruso de dos cabezas que ponía trabas a su palabra: la prótesis que llamaba su «bozal» y el cáncer que se extendía irremediablemente.

Así, los representantes de la autoridad médica veían el psicoanálisis como una extrañeza: una intrusión, un impostor. Después de todo, la doctrina freudiana reivindicaba a Edipo, sabio entre los sabios pero también monstruo y mancha, cuando, al mismo tiempo, su movimiento estaba compuesto por una élite burguesa: médicos, letrados, juristas, cada uno de ellos con su título universitario. La acusación de impostura se explica en parte por el hecho de que Freud consideraba el psicoanálisis como una disciplina en toda regla que solo los «iniciados», debidamente analizados, estaban autorizados a ejercer. De ahí su hostilidad a la creación de una enseñanza del psicoanálisis en la universidad, a pesar de que él mismo lo enseñaba en un marco universitario. En otras palabras, tachaba de antemano de «impostora» a cualquier persona que se autorizara a enseñar su doctrina sin haber sido analizada.

Por otra parte, como Jones, ¿no se mostraba deseoso de excluir de su movimiento a quienes juzgaba «peligrosos», psicóticos, desviados, suicidas, transgresores, e incluso a los «analistas legos», etc.? Rank y Ferenczi terminarían por pagar las consecuencias. Y sin embargo —hay que admitirlo—, él mismo se había extraviado al garantizar la promoción de psicóticos y falsarios —Horace Frink o Hermine von Hug-Hellmuth— e interesarse peligrosamente en toda clase de fenómenos ocultos. Y como los partidarios de la medicina científica se dedicaban entonces a cazar impostores, los psicoanalistas serían las mejores piezas de esa cacería.

Los problemas comenzaron en Austria en 1924, cuando Freud derivó a Theodor Reik a un médico norteamericano, Newton Murphy, que quería seguir una cura psicoanalítica. No advirtió que ese paciente, aparentemente neurótico, presentaba signos de psicosis. Descontento con el tratamiento, Murphy se enemistó con su analista y lo denunció por ejercicio ilegal de la medicina. Antes de que se produjera ese incidente, el fisiólogo Arnold Durig, miembro del Consejo Superior de Salud de la ciudad de Viena, ya había pedido a Freud una evaluación sobre la cuestión del análisis practicado por no médicos: *Laienanalyse*, el llamado análisis «lego».[4] Su opinión no había sido convincente y el caso cobró una amplitud considerable cuando, en febrero de 1925, se prohibió a Reik el ejercicio del psicoanálisis: situación mucho más dramática para él, dado que no contaba con ninguna otra fuente de ingresos. Durante más de un año la cuestión de la definición de la impostura enardeció los ánimos, tanto en el mundo germanoparlante como en la prensa norteamericana. Una prohibición de esas características amenazaba perjudicar ante todo a las mujeres psicoanalistas, con muchos menos títulos que los hombres, pero también a quienes afirmaban, con toda la razón, que la disciplina inventada por Freud superaba largamente el marco de una medicina del alma. La riqueza del movimiento psicoanalítico se debía a la diversidad de quienes se habían unido a él. Originarios de los cuatro puntos cardinales de Europa y casi todos políglotas, los freudianos habían adquirido una gran cultura en el ámbito de las ciencias, las letras, la sociología, la filosofía y la antropología. Pocos de ellos eran autodidactas. La voluntad de encerrarlos en un molde único contribuía a una reducción real de su poder de intervención social e ideológica.

Siempre dispuesto a combatir a la WPV, Wilhelm Stekel, presidente de la Asociación de Analistas Médicos Independientes, se lanzó a la batalla contra el psicoanálisis lego, con contundentes denuncias relacionadas con el escándalo del caso Hug-Hellmuth y los excesos cometidos por los discípulos de Freud. Sin recordar que él mismo caía en sombríos estados patológicos, reafirmó la tesis de que un análisis demasiado prolongado conducía forzosamente al suicidio.[5] Pero no aclaraba en qué aspecto los médicos podían ser mejores clínicos del alma que los no médicos. En cuanto al terrible Karl Kraus, se desfogó una vez más en *Die Fackel*, donde sostuvo que la moda del freudismo perturbaba el turismo vienés: el mundo entero, decía, se apiñaba en los palacios de la antigua capital de los Habsburgo para tener el honor de frecuentar el diván de la Berggasse. Por su lado, Julius Wagner-Jauregg, a pesar de haber sido víctima de una acusación de mala praxis, no vaciló en escribir un informe donde estipulaba que solo los médicos debían tener el privilegio de practicar la cura freudiana.[6]

Acusados de «sabotear» las curas, los psicoanalistas no médicos se convertían de tal modo en chivos expiatorios. No hay duda de que se trataba de un nuevo ataque al propio psicoanálisis. Los acusadores sabían muy bien, en efecto, que en el dominio de los tratamientos psíquicos la condición de médico no impedía ni los errores de diagnóstico ni los extravíos de los pacientes víctimas de la locura o la melancolía, que en muchos casos eran médicos. Ya hacía mucho que, de tanto en tanto, sus colegas acusaban de impostores a los psiquiatras, aunque estos eran médicos como ellos. E incluso de estar tan locos como sus pacientes: cosa que a veces, en efecto, era cierta. En realidad, como ya he dicho, en ese debate de los años veinte y treinta la preocupación por la seguridad se imponía claramente a la consideración de las cualidades clínicas de los médicos o los no médicos.

Sin embargo, se planteaba otra cuestión: ¿cómo habría de ser capaz un analista no médico de diferenciar entre un síntoma histérico y una enfermedad orgánica? Por más que se dijera que un analista con formación médica podía equivocarse aún más que un analista lego deseoso de dar prueba de su valía en materia de diagnósticos, siempre se terminaba por concluir en la necesidad de que el profesional tuviera un título de medicina y no de filosofía o psicología. Solo escapaba al dilema el psicoanálisis de niños, que se asociaba a una pedagogía.

Procedente de una familia de la mediana burguesía judía, Reik había conocido a Freud en 1911, y lo consideró desde el primer momento como un padre. Freud lo quería tanto como a Rank y le aconsejó renunciar a los estudios de medicina, que él contemplaba emprender, para consagrarse mejor a las investigaciones históricas y antropológicas. Envidiado por Jones y varios otros discípulos, Reik era objeto de burlas por su arrogancia y la manera de someterse al maestro y de justificar siempre las críticas que este le hacía.[7]

En Viena se lo llamaba el niño terrible del psicoanálisis, el «bufón del rey» e incluso «Símil Freud». Reik se complacía en imitar a *Herr Professor* con una especie de pasión que no hacía sino traducir ese ímpetu de la transferencia y la contratransferencia de las que él mismo era un brillante teórico. Se parecía a Freud, llevaba la barba de Freud, fumaba los cigarros de Freud, hablaba como Freud, pero nunca se atrevió a calificarse de amigo de Freud: «No, no soy su amigo», confesó un día, «porque no se puede ser amigo de un genio». Esta identificación con la figura del «gran hombre» no le impidió ser un autor original, y por esa razón Freud mostró a su respecto una fidelidad ejemplar, como sabía hacerlo cuando reconocía entre sus allegados un verdadero talento. Lo ayudó económicamente, le derivó pacientes y le encargó tareas intelectuales y militantes, sin omitir jamás criticarlo cuando lo estimaba necesario.

En Reik el amor por Goethe había precedido al amor por Freud. Pero, incapaz de llegar a ser un gran escritor, se había impuesto la tarea de leer la totalidad de la obra del poeta. Más adelante había descubierto en Freud la imagen sublimada de un Goethe transfigurado por el psicoanálisis. Y de resultas, el texto goethiano se había convertido para él en la fuente inagotable de todas las formas posibles de expresión autobiográfica, una manera de contarse sin que pareciera que cedía al ritual del diario íntimo. Como Freud, pensaba que los escritores y los poetas accedían al inconsciente —en especial al propio— más profundamente que los especialistas del alma. Por eso las obras literarias debían servir de modelos, no solo para la escritura de los casos clínicos, sino para el mismo método psicoanalítico en cuanto exploración científica de la subjetividad.

El texto goethiano ocupaba pues un lugar privilegiado en el centro de ese dispositivo. Enmascarado como un modelo de introspección freudiana, permitía a Reik proyectar su propia historia en la del narrador de *Poesía y verdad*, es decir, en una autobiografía reinterpretada, por su parte, a la luz del psicoanálisis y los escritos de Freud. Goethe, como es sabido, cultivaba con deleite el autodisimulo y declaraba de buen grado que ningún hombre puede conocerse jamás. Lo cual no le impidió confesarse y hablar en abundancia de sí mismo. Por esa razón ya era en esa época uno de los autores más estudiados[8] por la comunidad psicoanalítica de lengua alemana. Su *Fausto* era objeto de una gran cantidad de interpretaciones, en la misma medida que *Hamlet* o *Edipo*.

Cuando fue víctima de la acusación de impostura, pese a ser doctor en psicología y filosofía, Reik sufrió una desestabilización agravada por el hecho de que sus colegas vieneses no le prestaron ninguna ayuda. En cuanto a Freud, como no podía permanecer indiferente a la suerte de ese discípulo, su reacción consistió en enviar el 8 de marzo de 1925 una carta a Julius Tandler, a quien conocía bien desde la cuestión de las neurosis de guerra. Consejero municipal a cargo de la beneficencia y la salud, un año antes Tandler había contribuido a la designación de Freud como «ciudadano de honor de la ciudad de Viena». Si bien socialdemócrata y eminente personalidad de «Viena la roja», se lo conocía por sus posturas conservadoras. Hostil a la incorporación de las mujeres a la universidad y a la liberalización del aborto, defendía no obstante los intereses del psicoanálisis en conexión con Karl Friedjung, socialdemócrata como él, pediatra sionista, miembro de la WPV y puro representante de la cultura vienesa de fin de siglo, por la que seguía sintiendo nostalgia.[9]

En su carta, Freud señalaba que el psicoanálisis no era ni una ciencia ni una técnica de obediencia médica, y que como tal no se enseñaba en la facultad de Medicina:

> La requisitoria municipal me parece una injerencia injustificada en favor de la profesión médica y en detrimento de los pacientes y la ciencia.
>
> El interés terapéutico queda protegido en tanto que la decisión sobre si un caso determinado ha de adoptar el tratamiento psicoanalítico continúe en manos de un médico. En todos los casos del señor Reik, yo mismo he tomado estas decisiones. Después de todo, también me creo en el derecho de enviar a un paciente que se queje de dolores en los pies y dificultades para andar a un zapatero ortopédico (si puedo diagnosticar que tiene pies planos) en lugar de prescribirle un tratamiento antineurálgico y eléctrico.
>
> Si las autoridades oficiales, que hasta ahora han dado al psicoa-

nálisis tan pocos motivos de agradecimiento, desean hoy reconocerlo como tratamiento eficaz y aun peligroso en determinadas circunstancias, deben crear garantías para que tal tratamiento no sea llevado a cabo temerariamente por los legos, médicos o no.[10]

Y Freud proponía que la WPV participara en una comisión de control adecuada.

Esta intervención y la visita de Reik a Tandler no tuvieron el efecto previsto, y por esa razón Freud volvió a la carga, en septiembre de 1926, con un libro de asombrosa singularidad: *¿Pueden los legos ejercer el análisis?*, subtitulado «Diálogos con un juez imparcial».[11] Entendía por «imparcial» a un personaje que se parecía tanto a Julius Tandler como a Arnold Durig. En cuanto al protagonista principal, que supuestamente le respondía, le atribuía el papel del analista lego, poseedor de la interpretación verdadera y la escucha más sutil. Por su forma, esta obra se inspiraba en una tradición literaria picaresca que Freud conocía bien: la de Cervantes. Pero tomaba más bien de una herencia platónica la idea de hacer dialogar a dos protagonistas tan opuestos uno a otro como respetuosos de sus opiniones mutuas. Con ese diálogo, Freud ponía claramente en escena dos facetas de sí mismo y dejaba ver, una vez más, cuán identificado estaba con el interminable combate singular del ángel y Jacob, Fausto y Mefistófeles, Hamlet y el espectro, Leonardo y su buitre, el uno siempre como sustituto del otro.

Las controversias sobre el *Laienanalyse* provocaron en el movimiento psicoanalítico internacional un sismo mucho más perdurable que las relacionadas con la sexualidad femenina y el psicoanálisis de niños. En ellas se enfrentaron tres posiciones: los opositores a toda forma de análisis lego; los adeptos al análisis lego hostiles a toda forma de restricción, y los partidarios de un análisis lego enmarcado por reglas estrictas, con preferencia por la formación médica y sobre todo psiquiátrica.

Los primeros contaban con el apoyo de la casi totalidad de las sociedades norteamericanas, deseosas de librar un combate sin cuartel contra los sanadores, las sectas, los chamanes y los iluminados, numerosos en Estados Unidos. Los segundos se alineaban con Freud, Ferenczi y la Europa germanoparlante, con Rank, Ernst Kris, Anna

Freud, Sachs, Bernfeld, etc. Apoyados por Jones y la escuela inglesa, los terceros se mostraban liberales y pragmáticos y contaban en sus filas con muchos analistas legos de primera línea: Joan Riviere, Melanie Klein, James y Alix Strachey.

En el desarrollo de las controversias se invocó toda clase de argumentos: en especial el tratamiento de las psicosis y la relación que el psicoanálisis debía mantener con los progresos futuros de la química y la biología. Pero como los norteamericanos, empezando por Brill, hacían obligatorio en sus institutos el título de medicina, tuvieron que hacer frente a la furia de Freud, cada vez más inclinado a pensar que en Estados Unidos el psicoanálisis se había convertido en la criada para todo al servicio de la psiquiatría. En realidad, su expansión en ese país había sido tan grande que, en el ámbito médico, ocupaba el lugar correspondiente en Europa a la tradición psiquiátrica, mientras que, del lado de los legos, se lo asimilaba a una «autoterapia» de la felicidad: «La palabra "psicoanálisis" es tan conocida aquí como en el Este profundo», escribiría Bernfeld en 1937, y añadiría: «El nombre de Freud es menos habitual y se pronuncia "Frud" [...]. Hasta las personas muy poco cultivadas saben que el psicoanálisis cura inquietudes, malestares conyugales, la falta de éxito y otros sinsabores, aun cuando busquen una *therapy* más segura en el Liquor Bar».[12]

Olvidando que junto con Jung había soñado con sitiar la tierra prometida del saber psiquiátrico, Freud consideraba ahora que la formación médica amenazaba incluso ser nociva para la práctica del psicoanálisis por quienes no eran médicos.

Finalmente, en mayo de 1927 Reik se benefició con un sobreseimiento, ya que se había descalificado al denunciante debido a sus contradicciones. La prensa de Estados Unidos anunció que la demanda de un norteamericano «contra Freud» se había desestimado. El análisis lego parecía a salvo por algún tiempo más, pero para Reik el mal ya estaba hecho. Perseguido por sus allegados, ridiculizado por Stekel y Kraus, jamás logró recuperar la paz en Viena. Por eso decidió instalarse en Berlín. Integrado en el BPI, formó alumnos y participó durante cinco años del auge espectacular del psicoanálisis en Alemania, que llegó a su fin con el ascenso del nazismo.

Freud perdió pues la batalla del análisis lego, que en el fondo no tenía otro objetivo que la afirmación de la irreductibilidad del psicoanálisis a cualquier saber constituido. Como tal, esta disciplina nunca se impondría en el campo universitario, y quienes habían combatido por el *Laienanalyse* se vieron obligados, poco a poco, a obtener títulos universitarios y sobre todo a someterse a las reglamentaciones impuestas por los Estados. Durante la segunda mitad del siglo XX se convirtieron mayoritariamente en psicólogos.[13]

Después de haber combatido en defensa del psicoanálisis lego contra los médicos, Freud decidió lanzar sus ataques contra la religión. Deseaba poner el análisis al abrigo de los sacerdotes que se pretendían confesores o pastores del alma, según fueran católicos o protestantes. Y temía que también ellos, como los médicos, quisieran incorporar la doctrina creada por él a su práctica. Soñaba, una vez más, con atribuir a ella un estatus que todavía no existía y que, además, nunca existiría. En su carácter de no creyente, Freud siempre se había declarado el peor enemigo de la religión, que consideraba una ilusión, lo cual no le impedía interesarse en ella de múltiples maneras.[14]

Como Charcot y tantos otros científicos de su época, especialistas en las enfermedades del alma, Freud había estudiado los fenómenos de posesión con el propósito de arrebatar su significación a los representantes de la Iglesia y los exorcistas. En 1897 se había deleitado con la lectura del *Malleus Maleficarum*, ese terrible manual publicado en latín a fines del siglo XV y utilizado por la Inquisición para enviar a presuntas brujas a la hoguera.[15] Diez años después había publicado una comunicación sobre los actos obsesivos y los ejercicios religiosos en la cual comparaba la neurosis obsesiva con una «religión privada».[16] Para terminar, en 1923, a petición del consejero áulico Payer-Thurn, estudió el caso de Christoph Haizmann, un pintor bávaro que en 1677, ocho años después de haber firmado un pacto con el diablo, sufrió convulsiones de las que se curó más adelante gracias a un exorcismo. Freud se propuso hacer del diablo un sustituto del padre y mostró que en realidad el pintor, convertido en hermano Crisóstomo, jamás se había curado. En su monasterio de Mariazell seguía recibiendo la visita del Maligno cada vez que bebía más de la cuenta. Freud oponía finalmente los beneficios del psicoanálisis a los fracasos del exorcismo y criticaba las prácticas religiosas de los tiempos antiguos, juzgadas poco compatibles con la *Aufklärung*.

La histérica asociada a una bruja, el diablo sustituto del padre lascivo, la religión como versión de una neurosis obsesiva procedente de la infancia o de la noche de los tiempos: esos eran los tres temas mediante los cuales Freud pretendía abordar la cuestión. Una vez más, el razonamiento estaba afectado por un importante defecto, consistente en interpretar retroactivamente fenómenos de posesión como otros tantos casos patológicos que solo la ciencia psicoanalítica podría esclarecer. Bajo el efecto de su manía interpretativa, Freud daba así pábulo, como sus discípulos, a una crítica que no beneficiaba en nada los intereses de su doctrina. Y sin embargo, al fabricar ficciones como esas, también contribuía a introducir en el trabajo del historiador un modelo de inteligibilidad subjetiva que la ciencia positiva excluía: daba un sentido a ese delirio antiguo que parecía reencarnarse en el sujeto moderno.[17] Aquí, como en otros lugares, debido a su amor por el diablo, observaba desde una óptica inédita un campo narrativo, si bien intentaba apropiárselo de manera errónea. Contado por él, el drama de Haizmann tenía algún parecido con *La letra escarlata* de Nathaniel Hawthorne, en especial cuando se trata de las diferentes apariciones del Maligno dotado de un pene estirado en forma de serpiente y coronado por dos grandes pechos, verdadera proyección de un emblema sexual materno sobre el órgano eréctil que sustituye al padre. E incluso cuando Freud se lanza a la descripción de la «neurosis ulterior» del malhadado pintor, aterrado por visiones femeninas y enfrentado a la voz de Jesucristo y luego a la imposibilidad de distinguir a las potestades divinas del Espíritu del mal. En la última frase de su escrito Freud zanjaba las cosas en favor del demonio, siempre presente pese a todas las confesiones de curación. Mefistófeles, el amigo de siempre, el indispensable enemigo, volvía así en la pluma de un narrador ambivalente presa de sus propios tormentos: ¿Freud o Haizmann?

Con *El porvenir de una ilusión*[18] Freud arremetía contra la institución misma, la religión como sistema de dominio. De ese modo respondía a Romain Rolland, que le había enviado un ejemplar de *Lilulí*, su pieza teatral, con esta dedicatoria: «Al destructor de la ilusión». En esta farsa «aristofanesca», el escritor hacía una sátira de la ilusión personificada por una muchacha cándida que sembraba la discordia entre sus interlocutores. En cuanto a Freud, después de decir una vez más que la idea de cultura radicaba en la instauración de una muralla que obligara a los hombres a la renuncia pulsional, destacaba que las ideas religiosas que permitían precisamente mantener a la humanidad en la compulsión se desmoronaban a medida que la ciencia y la racionalidad las desmentían. Pero la religión, sin embargo, en su carácter de ilusión necesaria, no tenía que someterse al criterio de verdad ni enfrentarse a la prueba de la realidad. En cuanto neurosis infantil, decía Freud, en un mundo copernicano y darwiniano que ya ha derribado la idea de la omnipotencia divina, está destinada a ser superada. Viniendo de un hombre que no dejaba de visitar las ciudades italianas y que estaba profundamente imbuido de los valores de la civilización occidental —herencia tanto de la época medieval como del Renacimiento—, el argumento parecía un poco débil, si se tenían en cuenta las evidentes relaciones de la técnica psicoanalítica de la manifestación del inconsciente con la confesión.

Pero, en el fondo, si *Herr Professor* reducía la religión a una ilusión, preveía que estaba en vías de imponerse como una cultura. En esa época la Iglesia católica combatía el freudismo tanto como Freud combatía la religión. Pero pretendía hacerlo de manera racional, exaltando las investigaciones científicas contra el oscurantismo, como lo testimoniaba en Italia el padre Agostino Gemelli, monje franciscano, médico y ex alumno de Kraepelin, que procuraba integrar los trabajos de la psicología experimental en la neoescolástica. Gemelli había fundado en Milán una Escuela de Psicología dentro de la Universidad Católica del Sagrado Corazón y se apoyaba en las teorías de Janet, para dar así una respuesta a la doctrina demasiado «sexual» de los freudianos.

Freud creía, sin ninguna duda, que el psicoanálisis podía curar al sujeto moderno de la pérdida de la ilusión religiosa: a riesgo de ocupar su lugar y fracasar, a semejanza del socialismo que no había conseguido erradicarla.

En el aborrecimiento que sentía por el socialismo revolucionario, sustituto a sus ojos de una nueva religión, Freud apuntaba no solo a la Revolución de Octubre de 1917 sino también a un enemigo de siempre, Alfred Adler, a quien reprochaba, en el colmo de la ironía, su manía interpretativa: «Tengo frente a mí», escribía a Ferenczi, las palabras que ha escupido sobre Mussolini. Tal vez usted no las haya leído y no sabe aún cómo puede explicarse el fascismo. Voy a decírselo: por el sentimiento de inferioridad infantil de Mussolini. Él habría dado la misma explicación si M. hubiera establecido en Italia un orden social homosexual donde el coito normal fuera castigado con la prisión, o un régimen de trapenses donde estuviera prohibido hablar por ser una actitud antipatriótica. El único fenómeno al cual no ha aplicado su teoría es el socialismo, porque forma parte de él.[19]

En la última parte de *El porvenir de una ilusión* Freud la emprendía con su discípulo y amigo Oskar Pfister, pastor en Zurich. Este había ido a visitarlo a Viena en 1909 y se había mantenido de su parte durante el gran conflicto con Jung. Freud apreciaba su generosidad, su optimismo, y sabía bien que este «querido hombre de Dios», como lo llamaba, se pretendía heredero de las curas del alma (*Seelsorge*) y jamás renunciaría a su fe. Se había embarcado en la causa freudiana porque, en su juventud, lo habían conmocionado el espectáculo de la degradación moral ligada a la industrialización y la incapacidad de la vieja teología abstracta para responder a las angustias del hombre moderno.[20] Su aspiración era ser pedagogo.[21] En 1919 había fundado la Sociedad Suiza de Psicoanálisis (SSP) y había tenido que enfrentarse a los opositores al psicoanálisis lego, en especial a Raymond de Saussure,[22] que le reprochaba sus psicoterapias de corta duración.

Inconformista e incapaz de la más mínima idolatría, Pfister no vacilaba en criticar a Freud. Y si pensaba que el psicoanálisis era el heredero de la tradición del «pastorado de almas testamentario», mucho más que de la tradición de la confesión católica, tenía la convicción de que esas dos formas de terapia apuntaban a liberar al sujeto por medio de un acceso a la verdad del alma y la restauración del amor. Por eso replicó a *El porvenir de una ilusión* con un brillante ensayo publicado en la revista *Imago*: «La ilusión de un porvenir».[23] En él afirmaba con toda la razón que la verdadera fe era una protección contra la neurosis y que la posición misma de Freud era una ilusión. Desconocía —decía Pfister— la significación de las experiencias místicas, que no tenían nada que ver con la religión. Freud ignoraba además que ese modo de conocimiento de los misterios de Dios y la fe, expresado en flamígeras narraciones literarias, siempre había sido rechazado por las Iglesias: «¡Cuán remotos son para mí los mundos en que desarrolla usted su existencia! El misticismo constituye en mi caso un libro tan cerrado como la música», diría Freud a Romain Rolland.[24] Pero también confesaba, en relación con la muerte, que todo individuo inteligente conoce «un límite más allá del cual puede convertirse en místico e ingresar en su ser más personal».[25] El amigo Pfister había puesto el dedo en algo que Freud no había pensado, presente en los intersticios de la obra del maestro. *El porvenir de una ilusión* era un mal libro y Freud lo sabía.

Más allá del intercambio luminoso con Pfister, otro diálogo se desplegaba en la sombra entre Freud y Carl Liebman, un joven norteamericano afectado de fetichismo y cuya silueta, apenas sugerida, se dejaba adivinar en varias ocasiones en la correspondencia de *Herr Professor*, sin irrumpir jamás con claridad. Entre un científico célebre, cuya existencia estaba a la vista de todos, y un paciente anónimo sumido en el sufrimiento de una vida minúscula, se había entablado desde 1925 una relación importante para la evolución de la conceptualidad psicoanalítica. De nuevo se oponían, en las entrelíneas de una confrontación con Pfister, dos órdenes de realidad: conciencia crítica del médico por un lado, conciencia trágica del enfermo por otro, división entre razón y sinrazón y entre pensamiento clínico y locura.

Por su bisabuelo, Samuel Liebman, creador de la célebre cerveza Rheingold, el joven Carl Liebman, nacido en 1900 e hijo de Julius Liebman, descendía de una familia de comerciantes judíos alemanes naturalizados norteamericanos a mediados del siglo xix. Llevaba el nombre de pila de su abuelo y había pasado la infancia en la soberbia Julius Liebman Mansion que su padre había hecho construir en Brooklyn. Como un personaje de la literatura novelesca de los primeros veinticinco años del siglo, también él se asemejaba a muchos otros pacientes de Freud afectados de patologías múltiples y casi incurables. Carl siempre se había sentido diferente a los otros adolescentes. A los cinco años, mientras su niñera lo bañaba junto a su hermana, había experimentado un terrible miedo. La mujer lo había amenazado con «cortarle el pene» como «había hecho con su hermana» si seguía quejándose porque ella lo secaba demasiado vigorosamente con una toalla. A posteriori manifestó muchas veces una excitación sexual extrema al observar a jóvenes que llevaban *slips* de atletas o «suspensorios» (*athletic supporter*),[26] intensificada por su apartamiento de las actividades deportivas y su negativa a trepar a los árboles. El joven Carl, un muchachote erudito, demacrado y políglota, evitaba todo contacto con las chicas. Lo obsesionaba la supervivencia de sus espermatozoides, a los que llamaba «espermanimálculos», y cuando eyaculaba se sentía un asesino de masas. Un día creyó incluso que había matado a un bebé. En la Universidad de Yale, donde cursaba estudios destinados a hacer de él el brillante heredero de una de las dinastías más adineradas de Estados Unidos, se lo trataba de «maricón».[27] Pronto adquirió el hábito de masturbarse de manera compulsiva y usar permanentemente un suspensorio debajo de la ropa: un fetiche.

Después de obtener su título el joven buscó ayuda con un psicoanalista norteamericano. Al no encontrar ningún consuelo, viajó solo a Europa para ser «artista». En Zurich, en 1924, consultó a Pfister, que tomó conciencia de la extrema gravedad de su estado y le recomendó que visitara a Bleuler. Tras una entrevista de cuarenta y cinco minutos, este emitió un diagnóstico oscilante entre la neurosis obsesiva y la esquizofrenia. Se inclinó en definitiva por una «esquizofrenia leve» y agregó que Carl le había mencionado su compulsión de lavarse las manos y su convicción de ser observado sin cesar por la gente en la calle. Durante la conversión había manoseado todos los objetos del escritorio del psiquiatra, incluido un cenicero, sin preocuparse por la suciedad. Bleuler recomendaba una cura analítica y la elección de una profesión capaz de liberarlo de sus síntomas.

El 21 de diciembre de 1924 Freud respondió favorablemente a la solicitud de Pfister y, el 22 de febrero del año siguiente, aceptó ocuparse de la terapia analítica del joven por veinte dólares. En mayo, sin siquiera haberlo visto, se reunió con sus padres, Julius y Marie, a quienes consideró demasiado dispuestos a «sacrificarse» por su hijo. Después de algunas vacilaciones y de hacer notar a Pfister que sin duda era preferible dejar que Carl «marchara a su ruina» bajo el efecto de su insociabilidad, lo recibió por fin en septiembre. Pero muy pronto, consciente del estado de deterioro en que se encontraba el joven, escribió a sus padres para comunicarles la posibilidad de que la cura nunca resultara en una mejoría. No obstante, con el paso de los encuentros comenzó a sentir un verdadero apego por Carl, sin dejar de estar convencido de que era psicótico (demencia paranoide) e impermeable a cualquier evolución y, sobre todo, de que no vacilaría en suicidarse tan pronto como se le presentara la oportunidad. Así, Freud volvía a tomar en análisis a un paciente para quien ningún tratamiento parecía posible. Pero si él, el gran especialista en las enfermedades del alma, renunciaba a tratar a ese tipo de enfermos ¿quién lo haría en su lugar? Decidió, pues, pelear por él.

En la época, con el impulso de su refundición teórica y clínica y en el marco de los grandes debates acerca de la sexualidad femenina, Freud reflexionaba sobre la mejor manera de explicar en términos estructurales la diferencia entre neurosis, psicosis y perversión. Distinguía además las principales figuras de la negatividad capaces de marcar dicha diferencia y servir de puntos de apoyo a una caracterización de los mecanismos de defensa en acción dentro de esa trilogía.

En 1923 definía lo que llamaba desestimación o desmentida (*Verleugnung*)[28] para caracterizar un mecanismo de defensa mediante el cual el sujeto se niega a reconocer la realidad de una percepción negativa y en especial la falta de pene en la mujer. La idea de la alucinación negativa, inventada por Bernheim, se había aceptado mucho tiempo atrás en la psiquiatría y era moneda corriente en la literatura: reconocer la realidad de algo que no existe para negarla mejor. Dos años después, con motivo de un intercambio epistolar con René Laforgue sobre la cuestión de la escotomización, Freud reafirmaba con vigor su elección del término «desmentida» para referirse a ese mecanismo de defensa y, al mismo tiempo, proponía otro término, la denegación (*Verneinung*),[29] para caracterizar otro mecanismo de defensa por medio del cual el sujeto expresa de manera negativa un deseo o un pensamiento cuya existencia reprime. Por ejemplo, en una frase como «no es mi madre» pronunciada por un paciente en relación con un sueño, lo reprimido se identifica de manera negativa sin aceptarse. Freud asociaba la desmentida con el proceso de la psicosis —negación de una realidad exterior con reconstrucción de una realidad alucinatoria— y hacía de la denegación lo característico de un proceso neurótico. Pero, en ese contexto, ¿cómo caracterizar el mecanismo de defensa propio de la perversión? Para responder a esta pregunta Freud utilizaba la noción de escisión (*Spaltung*), también utilizada en la literatura psiquiátrica y sobre todo en Bleuler, para designar fenómenos de disociación de la conciencia o de discordancia que ocasionan una alienación mental o un trastorno grave de la identidad: la esquizia, por ejemplo, presente en la esquizofrenia.

Si en la clínica freudiana la desmentida, en el sentido de rechazo de la realidad, caracteriza la psicosis, y la denegación es específica de la neurosis, la desmentida propia de la perversión está «entre las dos», toda vez que es también la expresión de una escisión de la que deriva la coexistencia, dentro del yo, de dos actitudes contradictorias, una consistente en negar la realidad y otra, en aceptarla. En esta perspectiva, Freud llevaba la discordancia al corazón del yo (*Ichspaltung*), en tanto que la psiquiatría dinámica la situaba entre dos instancias y la caracterizaba como un estado de incoherencia y no como un fenómeno estructural. De ese modo, Freud incorporaba la perversión a un continuo entre neurosis y psicosis. En la neurosis hay represión de las exigencias de ello; en la psicosis, rechazo de la realidad, y en la perversión, escisión entre el saber y la creencia: «Sé que tal cosa existe pero no quiero saber nada de ella», y una variante: «Sé que tal cosa no existe pero no quiero saber nada de esa inexistencia». Para Freud, siempre dispuesto a remitir todo conflicto a una causalidad sexual, esa desmentida de la inexistencia significa que el sujeto no quiere saber nada de la falta del pene en la mujer y, por lo tanto, que la sustituye por otra cosa, conforme a su creencia.

Sin dedicarse jamás a elaborar, como los sexólogos, un gran catálogo de las perversiones sexuales, Freud no podía no abordar la cuestión, por el hecho mismo de que trataba en análisis a pacientes acerca de quienes era difícil decir si padecían una psicosis o una perversión. Y en particular los fetichistas, esos casos tan apasionantes para los especialistas en las enfermedades del alma. Según el autor de *Tótem y tabú*, que adoraba a los animales y las divinidades, y que veía al salvaje como un niño y la infancia como un estadio anterior a la edad adulta, el fetichismo[30] era ante todo una forma de religión.

Esta se caracteriza por la transformación de animales y objetos inanimados en divinidades a las que se atribuye un poder mágico. Pero como perversión sexual, esta religión individualizada vira hacia la patología cuando el sujeto solo puede apegarse a objetos inanimados y siempre venerados como otras tantas partes del cuerpo femenino. En ese sentido, Freud consideraba que el fetiche —zapatos, ropa e incluso una parte del cuerpo, pie o nariz brillante, etc.— era el sustituto de un pene. Y de esa consideración deducía la conclusión de que no había fetichismo femenino porque, decía, en las mujeres está fetichizado el conjunto del cuerpo, y no tal o cual objeto o zona corporal. A su entender, entonces, el presunto fetichismo femenino no era más que una manifestación del narcisismo en el cuerpo. Freud parecía desconocer con ello la existencia —poco común, es cierto— de mujeres verdaderamente fetichistas.[31]

Sus reflexiones estaban en ese punto cuando recibió a Carl Liebman. Consciente de estar frente a un caso difícil, y sobre todo ante un joven desdichado cuyo padre querían a toda costa verlo conforme a las altísimas aspiraciones sociales que habían concebido para él, trató por todos los medios de atribuir una significación a sus angustias, sus delirios, su práctica compulsiva de la masturbación y su fetichismo. Durante las sesiones, en vez de colocarse detrás del diván, caminaba de un lado a otro rodeando a su perro o meneando su cigarro, ansioso él mismo por no lograr ningún asidero en la patología de ese paciente, que se forjó entonces la convicción de que *Herr Professor* se negaba a considerarlo como un verdadero hombre, viril, dado que no le ofrecía cigarros.

En cierto momento de la cura, de acuerdo con sus hipótesis sobre la desmentida perversa de la falta del pene en la mujer, Freud le explicó que su fetiche era el sustituto del pene (o del falo) de su madre.[32] Por eso el joven usaba un suspensorio. Y agregó que esa prenda le servía para ocultar por completo sus órganos genitales y, por ende, para negar la existencia de la diferencia de los sexos. En razón de ello, ese fetiche expresaba la idea de que la mujer puede estar tanto castrada como no castrada, y de que es el hombre quien lo está. En otras palabras, si seguimos a Freud, el fetiche de Carl servía para disimular todas las formas posibles de falta del pene y por lo tanto para negar la existencia de la diferencia de los sexos. Freud añadió que Liebman, en su infancia, debía de haber sentido una conmoción al descubrir que su madre no tenía pene. ¿Pensaba asimismo en el recuerdo de la amenaza de amputación del pene?

De toda esta historia también deducía que Carl debía de haber visto, de niño, una estatua antigua con el sexo oculto bajo una hoja de parra, y que esa escena había constituido para él el primer momento de un esbozo de su fetiche actual. Después de comunicarle esa interpretación sobre una hipotética «escena primordial», Freud exigió a Carl dejar de masturbarse, la única manera, en su opinión, de llegar a comprender algo de sus síntomas: «Me empeño en este momento», dijo a Pfister,

> en exigirle que se resista expresamente a la masturbación fetichista a fin de confirmar, por aquello que le es personal, todo lo que adiviné acerca de la naturaleza del fetiche. Pero él no quiere creer que esa abstinencia ha de llevarnos a ese punto y que es indispensable para el progreso de la cura. Por otra parte, ligado a él por una gran simpatía, no puedo decidirme a despedirlo y correr así el riesgo de una salida funesta. Sigo adelante, pues, y es probable que se me escape cuando yo abandone definitivamente mi obra.[33]

Sobre la base de la historia de Liebman, Freud se apresuró entonces a escribir un artículo sobre el fetichismo en el cual universalizaba la idea, ya esbozada en el libro dedicado a Leonardo da Vinci, de que el objetivo y el sentido del fetiche son los mismos en todos los casos:

> el fetiche es un sustituto del pene [...]. [M]e apresuro a agregar que no es el sustituto de uno cualquiera, sino de un pene determinado, muy particular, que ha tenido gran significatividad en la primera infancia, pero se perdió más tarde. [...] Para decirlo con mayor claridad: el fetiche es el sustituto del falo de la mujer (de la madre) en que el varoncito ha creído y al que no quiere renunciar; sabemos por qué.[34]

Freud ya había formulado una hipótesis similar en una carta a Jung acerca del «pie hinchado de Edipo», al destacar que se trataba sin duda del pene erecto de la madre.[35] En su artículo de 1927 designaba el fetiche de Carl como unas «bragas íntimas [*Schamgürtel*], como las que pueden usarse a modo de traje de baño».

Armado con esa interpretación, Freud creía poder aliviar al paciente. Este, sin embargo, siguió masturbándose compulsivamente. Durante algún tiempo se encerró en su habitación de hotel para apartarse del mundo. Es indudable que Freud tenía razón al pensar que el suspensorio era el sustituto de un órgano genital, pero se obstinaba, para designarlo, en utilizar la vieja palabra alemana *Schamgürtel*, cuyo significado literal es «cinturón de vergüenza». En la época, dicha palabra remitía también a una prenda derivada del *subligaculum* latino, paños plegados o enrollados que cubren el sexo y las nalgas de los hombres. Cuando se sabe que el análisis se desarrollaba en parte en inglés, cabe preguntarse por qué Freud no se limitó a traducir *athletic support* como *suspensorium*. En efecto, lejos de llevar un cinturón de vergüenza —una manera de disimular la diferencia de los sexos—, Carl exhibía al contrario, gracias a su fetiche, un símbolo de la arrogancia fálica que tanto admiraba en los jóvenes atletas de su universidad. Bajo la ropa disimulaba, en realidad, lo que más le faltaba: un miembro recubierto por un estuche y realzado por una «concavidad».[36] ¿Se trataba del pene faltante de la madre? Freud se obstinaba en decirlo, pero nada lo prueba.

Es de imaginar en todo caso la conmoción que sintió el joven cuando Freud le contó que su fetiche lo remitía a una escena primordial en cuyo transcurso él habría descubierto la falta de pene de la madre. Es cierto, esta interpretación daba un significado a su terror antiguo por el pene cortado. Pero no hacía eco en absoluto a lo que para él era ese suspensorio fetichizado, bien conocido en los campus universitarios. Carl, no obstante, recibió la palabra freudiana a la vez que la negaba. Y Freud interpretó ese rechazo como una manifestación de resistencia. Notó, de todos modos, una leve mejoría en su paciente.

Podemos preguntarnos cómo habría reaccionado Liebman si la interpretación hubiese sido diferente y, en lugar de designar el fetiche como un cinturón de vergüenza, Freud lo hubiera erigido en el símbolo de una arrogancia fálica, sin perjuicio de considerarlo como el sustituto del pene faltante de la madre. En ese caso, ¿habría rechazado el joven la interpretación con tanta violencia? Nadie puede decirlo. Parece indudable, en todo caso, que ningún consejo, ninguna ayuda, ninguna terapia, ninguna interpretación parecían en condiciones de influir sobre el estado de ese joven, tan distanciado de sí mismo y tan replegado en la contemplación mística de su propia destrucción.

Interesado en no mentir, Freud se dirigió a Marie Liebman. Le reveló que su hijo sufría una esquizofrenia paranoide pero que, no obstante, él, Freud, abrigaba no solo temores sino también esperanzas para el futuro. El análisis se prolongó durante otros tres años. Una vez más, a despecho de su pesimismo sobre el resultado de la cura y el temor que sentía ante la idea de un posible suicidio de Carl, Freud la prolongó sin que, pese al trabajo hecho, la psicosis dejara de agravarse. Liebman se apegó cada vez más a su ilustre analista al mismo tiempo que se hundía sin límites en la locura y las obsesiones. Cuando Freud comprendió que, a pesar de toda la atención que prestaba a ese paciente, no lograría aliviarlo, lo derivó a Ruth Mack-Brunswick, convencido de que una mujer sería más apta para hacerse oír. Los resultados obtenidos por ella no fueron mejores.

En 1931 Carl visitó una última vez a Freud antes de regresar a Estados Unidos. En París tuvo algunas sesiones con Rank, que diagnosticó un trauma de nacimiento. Sus padres lo pusieron bajo vigilancia, pero él no tardó en descubrir la maniobra. Tras vagabundear y caer en la miseria material y psíquica, en el momento mismo en que la crisis económica se intensificaba, retornó al seno de su familia, donde su padre lo contrató como chófer.

Algún tiempo después intentó suicidarse clavándose un cuchillo de caza en la caja torácica, razón por la cual Abraham Brill tomó la decisión de internarlo en la lujosa clínica McLean de Harvard, donde se admitía, como en el sanatorio Bellevue, a pacientes adinerados. Pero Carl Liebman quería seguir una cura analítica con discípulos norteamericanos de Freud, por quien sentía la veneración de siempre. Su madre se opuso. Él contó entonces a quien quisiera escucharlo que Freud le había hecho descubrir el origen de su enfermedad: la vista del pene faltante de la madre. Sufrió mucho la estupidez de esa vida carcelaria y se quejó a menudo del vacío de su existencia, salpicada de ejercicios con plastilina y de la obligación de jugar al billar o hacer cerámica. Prefería a ese calvario la turbulencia de sus años vieneses, durante los cuales había escuchado toda clase de relatos sobre penes ausentes, vergonzosos o cortados.

Con el paso de los años, después de haber intentado evadirse, se convirtió en un caso célebre y fue sometido a todos los tratamientos posibles ligados a los «progresos» de la psiquiatría en centros hospitalarios: electrochoques, convulsoterapia, topectomía. A posteriori nunca olvidaría su fetiche adorado, y cuando se lo visitaba para escuchar la legendaria historia de su cura con *Herr Professor*, en medio de los chow-chows y los cigarros, repetía lo que les decía cada día a sus médicos y enfermeros: «Soy el pene de mi padre».

Tal fue el destino de ese inolvidable paciente freudiano, poseído por la locura y condenado a no curarse nunca y cuya psicoterapia, si bien nunca fue objeto de un relato por ninguno de sus protagonistas, sigue presente para siempre en las entrelíneas de una obra, de una correspondencia y de un archivo, como la huella arqueológica de una progresión de la muerte en las existencias paralelas de Freud y Liebman, una gloriosa, otra oscura.

A partir de 1929 el cansancio comenzó a afectar a Freud en el ejercicio de su práctica. Cada vez más dolorido por el cáncer y los tratamientos que se le aplicaban, bajaba de peso y toleraba cada vez menos las curas difíciles, aun cuando le aportaran la comodidad material que necesitaba para mantener a su familia, sus allegados y el movimiento psicoanalítico. Con el propósito de entretenerse, se abonó a una biblioteca atendida por Emy Moebius y su amiga Gerty Kvergic, la Fremdsprachige Leihbibliothek, frecuentada por diplomáticos y especializada en el préstamo de libros en lenguas extranjeras. Minna acudía a ella en su nombre y le llevaba novelas policíacas de Dorothy Sayers y Agatha Christie, que le encantaban. Emy se convirtió entonces en amiga de la familia y siguió siéndolo hasta su emigración a Estados Unidos.[37]

El futuro era sombrío: crisis económica en Estados Unidos, instauración de un régimen fascista en Italia, ascenso del nazismo en el mundo germanoparlante. Europa parecía otra vez presa de esa pulsión de destrucción que Freud había descrito con tanta claridad. Él señalaba con desprecio lo que llamaba la «chusma»: los imbéciles, las masas enfurecidas, la necedad del tiempo presente. En julio de 1930 soñó una vez más con el Nobel cuando la ciudad de Frankfurt le concedió el premio Goethe no solo porque «su psicología había enriquecido la ciencia médica» sino porque su obra había contribuido a la literatura y las artes. Muy honrado, Freud declaró que Goethe se habría apasionado, sin duda alguna, por los descubrimientos del psicoanálisis.

La muerte lo obsesionaba cada vez más, y cuando Amalia, a los noventa y cinco años, falleció a raíz de una terrible gangrena en la pierna, se sintió aliviado: a tal punto había temido que un día le anunciaran que su hijo la había precedido en la tumba. Opuesto a los ritos religiosos y agotado por sus propios sufrimientos, no participó de las exequias: sin duelo no hay dolor. Tuvo con todo la convicción de que en los estratos profundos de su inconsciente esa muerte iba a trastocar su vida. No sería así.

Freud había perdido a su padre antes de elaborar su obra y perdía a su madre nueve años antes de su propia muerte: ella había tenido tiempo para contemplar la gloria de su «Sigi» adorado. La enterraron junto a Jacob conforme al rito judío. Algunos días después Adolfine se refugió en la Berggasse. Había sido el principal sostén de su madre y también la víctima de todos sus ataques. Ahora su familia quedaba reducida a su hermano, sus hermanas, sus sobrinos. Freud la acogió con calidez, a pesar de que, en líneas generales, casi no prestaba atención a sus cuatro hermanas cuando acudían los domingos a visitar a Martha y Minna.

En esa época había comenzado a escribir su «Kürzeste Chronik», «La más breve crónica»,[38] una especie de diario íntimo e informal en el que anotaba día tras día, y de manera lacónica, los acontecimientos que le parecían importantes: lo sucedido a sus perros y a los objetos de su colección, las inclemencias, los asuntos familiares, los fallecimientos, las visitas, las menudencias de la vida cotidiana, la actualidad política. Inauguraba de ese modo un nuevo estilo narrativo, entre la escritura periodística —las noticias breves— y el catálogo de nombres y cosas, las listas. Una literatura minimalista, una descripción despojada de la realidad que no aspiraba a ninguna interpretación.

A pesar de la enfermedad, Freud conservaba todas sus facultades intelectuales. Quería cada día más a sus hijos, sus nietos y sus mujeres: Lou, Anna, Minna, Martha, Dorothy, Marie. A sus dos empleadas domésticas, Anna y Maria, sumó una tercera, de veintisiete años, una antigua aya de los hijos de Dorothy: Paula Fichtl. A Martha le caía bien. Hija de un molinero alcohólico de Salzburgo, había trabajado desde niña como criada y nunca quiso fundar un hogar. Huía de los hombres como de la peste después de cada nueva aventura. Entre los ya avejentados Freud encontró una verdadera familia sustituta.[39]

Herr Professor vivía pues en la Berggasse rodeado de seis mujeres, cada una de las cuales se encargaba de una tarea perfectamente definida.

Por otra parte, Freud seguía con atención los asuntos amorosos y conyugales de los otros miembros de su familia: en especial los de sus sobrinos y sobrinas. Repartía con generosidad dinero para pequeños gastos entre sus nietos. Dos nuevos interlocutores, ambos judíos, cobraron entonces gran importancia en sus intercambios epistolares: Stefan Zweig, escritor vienés, liberal y conservador, profundamente europeo, ya célebre en el mundo entero,[40] y Arnold Zweig, escritor berlinés, sionista, socialista y comunista, radicado en Palestina desde 1933. Ni uno ni otro eran sus discípulos y ninguno de ellos pasó del estatus de amigo al de enemigo.

Stefan Zweig le enviaba a Freud todas sus obras dedicadas y le recordaba sin cesar cuánto le debían los escritores contemporáneos: Proust, Joyce y otros. Pero Freud no respondía nada, ¡y con razón! Seguía sin conocer las obras de esos escritores, lo cual lo llevaba muchas veces a mostrarse severo con Zweig, en especial cuando este escribió un ensayo, *La curación por el espíritu*, en el que trazaba un paralelismo entre tres vidas: las de Mesmer, el propio Freud y Mary Baker Eddy, fundadora norteamericana de una secta, la Christian Science, que pretendía curar las enfermedades por el éxtasis y la fe.

Si bien Freud admitía la idea de que Mesmer había sido en efecto el iniciador, más allá del magnetismo, del procedimiento de la sugestión, no se consideraba su heredero. Demasiado aferrado a una concepción mitológica y genealógica de la ciencia histórica, le resultaba difícil admitir el concepto de larga duración, ya apreciado por los historiadores. Pero lo peor para él, en el momento en que arreciaba la batalla en favor del *Laienanalyse*, era que lo pusieran junto a Mary Baker Eddy, que encarnaba todo aquello de lo que el movimiento psicoanalítico quería, con toda la razón, mantenerse a distancia, a veces contra el propio Freud. Y este respondió al escritor que Eddy era ante todo una enferma mental: «Sabemos que el loco furioso desarrolla en su crisis fuerzas de las que no dispone en los tiempos normales. Lo que hay de insensato y criminal en todo lo que sucedió con Mary B. E. no se destaca en la presentación que usted hace de ella, y tampoco la indecible desolación del telón de fondo norteamericano».[41]

En cuanto al retrato que Zweig presentaba de él, Freud no se reconocía. A su entender, el escritor veía en él a un pequeñoburgués, y le reprochó haber olvidado decir que prefería la arqueología a la psicología. En rigor, ese retrato «caracterológico» era una suerte de construcción literaria, a medio camino entre la ficción y la realidad. Zweig transformaba a Freud en un ser luminoso, valiente y sano, trabajador infatigable y solitario que arrostraba a dioses y hombres y estaba animado de un coraje sin tacha. De todas formas, describía la evolución de su cuerpo y su rostro de una manera extrañamente familiar, en la que oponía los años de juventud a los de la vejez, como si hubiera proyectado en él su propio rechazo del futuro: «Desde que sale a la luz la parte inferior de la cara, huesuda pero plástica», decía de Freud, «se descubre algo duro, algo indiscutiblemente ofensivo: la voluntad inflexible, obstinada y casi sañuda de su naturaleza. Desde el fondo, la mirada, antes solo contemplativa, se abre paso ahora más sombría, más aguda y penetrante».[42]

Zweig recurría a menudo a la técnica freudiana del desciframiento de los sueños, sobre todo al utilizar el procedimiento narrativo de la integración del relato principal en otro. Y una vez terminada su famosa novela breve *Veinticuatro horas en la vida de una mujer*, inspirada en una novela epistolar de Constance de Salm, princesa del siglo XIX que animaba un salón y que a su vez se había inspirado en *La princesa de Clèves*, la envió a Freud.[43]

El motivo de esa novela breve era la pasión amorosa de una anciana inglesa (la señora C.), que revelaba al narrador un recuerdo de juventud, mientras este trataba de comprender la huida de otra mujer que residía en un hotel de la Riviera. Freud apreció el relato, que hacía pensar, además, en una exposición de caso en la que el narrador hubiera ocupado el lugar del terapeuta que libera a una paciente del peso anónimo de su pasado. La dama inglesa contaba que, veinticinco años atrás, había intentado en vano salvar a un joven pianista de su pasión por el juego. Pero este, rechazando el amor que ella le profesaba, había huido, y la señora C. sufrió a continuación, durante años, por la relación culpable que había tenido con él y que había transformado su existencia. Diez años más adelante se enteraría de que el pianista se había suicidado.

Según Freud, el motivo del relato era el de una madre que inicia a su hijo en las relaciones sexuales para salvarlo de los peligros del onanismo. Pero ella ignora que está afectada por una fijación libidinal por su hijo, y por eso el destino la sorprenderá. Freud agregaba: «Lo que digo es analítico y no intenta de manera alguna hacer justicia a la belleza literaria».[44] Cuando aceptaba no adosar su doctrina a los escritos que tenía a la vista, era capaz de las mejores interpretaciones. Pero la significación del relato le interesaba mucho más que su forma, aunque esta estuviese inspirada en sus propios escritos.

Por otro lado, Freud comenzó a mantener una cálida relación con Thomas Mann, un hombre a quien respetaba profundamente y consideraba como un gran novelista, sin tener empero un conocimiento real de su obra. En 1929 Mann publicó uno de los más bellos textos jamás escritos sobre la obra y la persona de *Herr Professor*: «El puesto de Freud en la historia del espíritu moderno».[45] Freud no se reconoció en ese deslumbrante retrato que hacía de él un desilusionador, heredero de Nietzsche y Schopenhauer, capaz de explorar todas las formas de lo irracional y de transformar el romanticismo en una ciencia. Por eso prefirió pensar que Mann hablaba más de sí mismo que del psicoanálisis y de su inventor: «El artículo de Thomas Mann es muy halagador. Al leerlo me dio la impresión de que tenía listo un ensayo sobre el romanticismo cuando le llegó el encargo de un ensayo dedicado a mí. [...] No importa, cuando Mann dice algo, lo que dice se tiene en pie».[46]

Freud no había renunciado nunca a hacer del psicoanálisis una ciencia «pura», comparable al «cálculo infinitesimal». Por eso se equivocaba gravemente con respecto a la cuestión del romanticismo alemán, cuya herencia rechazaba. En marzo de 1932 Thomas Mann lo visitó por primera vez en la Berggasse, donde fue calurosamente recibido por Martha y Minna, dos de sus fervientes lectoras, que lo consideraban un compatriota, nacido, como ellas, en el norte de Alemania.

En la misma época un nuevo «enemigo» irrumpió en el entorno vienés de Freud: Wilhelm Reich, perteneciente a una familia judía de Galitzia, tan marxista como freudiano y más sexólogo que psicoanalista. Durante diez años Reich ocupó el lugar antaño correspondiente a ese linaje de médicos locos —Fliess u Otto Gross— cuya presencia parece ir a la par con la eclosión del movimiento psicoanalítico.

Entre ellos, Reich fue con mucho el más interesante y el más fecundo: «Tenemos aquí a un doctor Reich», escribía Freud a Lou en 1927, «un bravo pero impetuoso jinete de caballos de batalla que ahora venera en el orgasmo genital el antídoto de cualquier neurosis».[47]

Es a este Freud, el de los años treinta, un Freud crepuscular, a quien Julius Tandler, gran anatomista, partidario del higienismo médico, de la eutanasia y de la eliminación de las «vidas indignas de vivirse», consagró un retrato cruel, poco conocido pero de brillante agudeza. Originario de Moravia, había participado, como hemos visto, en el auge del psicoanálisis en Viena, y consideraba a su amigo Freud como la parte oscura de sí mismo, en cierto modo su doble enigmático, tan vienés como él. En un cuaderno íntimo que llevaba en secreto lo describía como un anciano salvaje capaz de destruir todas las ilusiones de la humanidad, un «masacrador de valores», un autócrata virtuoso poseedor de un dominio inaudito de la lengua alemana. Un jefe, un verdadero hombre duro, que de no ser judío habría podido ser Bismarck. Un hombre excepcional, en todo caso, que se complacía, como un detective, en tender trampas a sus interlocutores por medio de razonamientos geniales; un pensador dotado de una intensa vida pulsional reprimida sin cesar, y con intención de formar «cazadores de sexo» (*sexus*), obstinado, terco, discutidor, que disecaba con crueldad la crueldad humana y observaba en soledad, como a través de una mirilla, un mundo aborrecible.

El Freud descrito por Tandler parecía directamente salido de una novela de Thomas Mann o de Tolstói, un alma atormentada, una naturaleza viva y desmesurada, impregnada de una energía vital sin límites y una espiritualidad desbordante:

> Raza poderosa, gran tenacidad interior, fortísima vitalidad que da a este anciano la penetración de la juventud. Este hombre de edad, verdaderamente de edad, siempre tiene impulsos apasionados, pero padece de una inhibición de su voluntad. [...] Cuando levanta un sistema, encontramos en este una lógica natural. Y cuando este hombre construye algo, tenemos la sensación de que queda resuelto un enigma vital. Y siempre, esa construcción procede de un intelecto de una agudeza incomparable.[48]

Freud jamás tuvo conocimiento de lo que su amigo había escrito sobre él. Pero en su «más breve crónica», el 7 de noviembre de 1929, anota: «Incidentes antisemitas». Por la mañana varios estudiantes nazis la habían emprendido con Tandler frente al Instituto de Anatomía, al grito de «¡Mueran los judíos!». En octubre de 1931 Freud le brindó su apoyo financiero cuando su amigo organizó el «Socorro de Invierno», destinado a auxiliar a las víctimas de la crisis económica.

Tandler murió en Moscú en 1936, cuando encabezaba allí una misión humanitaria. Contrariamente a Freud, los beneficios aportados por sus iniciativas le otorgaron el derecho a un homenaje. Las autoridades vienesas dieron su nombre a una de las plazas más célebres de la antigua capital imperial: la Julius Tandler Platz. ¿Qué viajero del siglo XXI recuerda el papel que tuvo este hombre tan típicamente vienés en la vida de Freud?

2

Frente a Hitler

En 2007, en una bella obra dedicada a los últimos años de la vida de Freud, el universitario norteamericano Mark Edmundson retomó una idea muy apreciada por los historiadores —pero también por Thomas Mann— al trazar un paralelismo entre dos vidas vienesas de la Belle Époque: una infame, la del joven Adolf Hitler, de veinte años en 1909, y otra brillante, la de un Sigmund Freud en plena ascensión a la gloria. El primero iba a convertirse en el mayor asesino de todos los tiempos, destructor de Alemania, genocida de los judíos y de la humanidad en su esencia, y el segundo, en el pensador más renombrado y controvertido del siglo xx: «Casi en todos los aspectos eran», decía Edmundson, «lo que el poeta William Blake habría llamado "enemigos espirituales"».[1]

Nacido en un medio de campesinos desclasados, maltratado por un padre estúpido y violento que se había casado con su joven y desdichada prima, en su juventud Hitler odiaba al mundo entero y más aún a Austria, a la que deseaba ver algún día bajo la dominación de la Alemania guillermina. En Linz, donde cursaba una escolaridad marcada por el fracaso permanente, en el mismo centro al que asistía un joven judío que llegaría a ser un filósofo célebre, Ludwig Wittgenstein, y a quien Hitler ya detestaba, este se había dejado seducir muy tempranamente por los símbolos y los encantamientos del nacionalismo pangermánico, del que un poco más adelante haría la punta de lanza de su combate contra los judíos. Así, se oponía al nacionalismo de su padre, muy afecto a la grandeza del imperio de los Habsburgo.

Tras la muerte de sus padres Hitler se trasladó a Viena con la esperanza de hacer fortuna como pintor y arquitecto, pero fracasó dos veces en su intento de ingresar en la Academia de Bellas Artes, lo cual exacerbó su odio por el mundo de la cultura, las artes y el espíritu. Convencido de su genio, iba con frecuencia a la Ópera disfrazado de dandi, para escuchar con fervor la música de Wagner. Sin embargo, despreciaba esa ciudad «inmóvil», embargada por el sentimiento de la inminencia de su muerte, y se mantenía apartado de sus presuntos «miasmas»: prostitución, sexualidad licenciosa, histeria, literatura inmoral, homosexualidad, pintura y arquitectura decadentes.

En síntesis, Hitler rechazaba todos los aspectos más innovadores producidos por esa ciudad, de los que estaba excluido. Perezoso, desprovisto de talento y con una preferencia por abandonarse a los afectos y no al pensamiento, adoraba a los animales para odiar mejor a los humanos. Jamás comía carne, no bebía vino ni ninguna otra bebida alcohólica y tenía la convicción de que el tabaco era la plaga más perjudicial para la salud de los pueblos. Desde el fondo de su miseria se consideraba como un notable humanista y un excelente poeta, y soñaba con rediseñar Viena y transformarla en un paraíso digno de una humanidad regenerada. También él se adhería a la medicina higienista alemana que terminaría por ser un medio de segregación racial.

Para decirlo brevemente, Hitler acumulaba pues todas las patologías que habrían podido hacer de él un paciente vienés ideal, un caso directamente salido de la nomenclatura de Krafft-Ebing, revisada y corregida a la luz de *Más allá del principio de placer.* «Si Hitler y Freud se hubiesen cruzado en la calle una tarde del frío otoño de 1909», imagina Edmundson,

> ¿qué habrían percibido? En Hitler, Freud habría visto a un don nadie, una rata de albañal (no era populista). Pero se habría sentido asimismo desolado, sin duda, por ese desventurado. Por su lado, Hitler habría visto en Freud a un burgués vienés (despreciaba a la clase media alta) y habría advertido, a no dudar, que era judío. Avergonzado por llevar un abrigo raído y zapatos agujereados, habría tenido el impulso de echarse atrás. Si su situación hubiera sido particularmente mala, habría podido tender la mano para mendigar. El hecho de que Freud le hubiese dado o no algo —tal vez le hubiera dado, porque tenía buen corazón— no habría cambiado mucho las cosas: ese encuentro habría despertado una gran furia en el joven Adolf Hitler.[2]

En 1925, con la publicación de *Mi lucha*, Hitler dejó establecidos los objetivos de su odio: los judíos, los marxistas, el Tratado de Versalles, las llamadas razas inferiores. Y afirmó sus pretensiones: llegar a ser el jefe de un nuevo Reich depurado de todos los miasmas de una presunta degeneración, un jefe capaz de tomar revancha sobre los vencedores de la Gran Guerra que habían humillado a Alemania. En esa fecha respondía a la perfección a la figura del jefe tal como Freud la había descrito en *Psicología de las masas y análisis del yo*: aquel que no necesita amar a nadie, versión última de la locura narcisista, la desmentida de la alteridad y el repliegue sobre sí mismo. Había bastado con que la situación política, social y económica de Europa se degradara a tal punto —más aún la del mundo germanoparlante— para que fuese posible la aparición de una personalidad semejante. Freud la había concebido de manera abstracta, sin imaginar ni por un instante que pudiese existir bajo los rasgos de un hombre que iba a tomar el poder en Alemania doce años después.

En 1939, sesenta y ocho años antes del brillante comentario de Mark Edmundson, Thomas Mann, exiliado en la costa Oeste de Estados Unidos, ya había reflexionado sobre esta cuestión de las dos vidas paralelas, la del monstruo y la del sabio, al publicar un extraño ensayo de inspiración freudiana que suscitó muchas polémicas: «Bruder Hitler» («Hermano Hitler»).[3] Mann sabía que Freud estaba entonces instalado en Londres, rodeado por su familia, y que solo le quedaban algunos meses de vida.

A diferencia de Bertolt Brecht y los otros exiliados alemanes, Mann se negaba a oponer de manera radical la Alemania de la *Aufklärung* y la de la barbarie hitleriana. Es cierto, sabía perfectamente que la Alemania de Goethe era muy diferente a la de los nazis, pero sentía por el «monstruo» una verdadera curiosidad clínica y se preguntaba cómo había podido producirse tamaña inversión de valores en uno de los países más civilizados de Europa. ¿Cómo era posible que hubiese llegado al poder —y en todas las instancias de la República de Weimar y el antiguo imperio bismarckiano— lo contrario de lo que la tradición cultural alemana veneraba en el más alto grado: el saber, la competencia, la ciencia, la filosofía, el progreso? Hitler era un fracasado, un «mendigo de asilo», una «adulteración» (*Verhunzung*), un «patito feo» que se creía un cisne, un «impostor», un «Lohengrin de trascocina», escribía Mann. En resumen, era todo lo contrario de lo que la ética protestante había modelado durante decenios, todo lo contrario de las creaciones más civilizadas de la *Aufklärung*. Pero resultaba que había logrado conquistar a un pueblo allí donde la socialdemocracia había fracasado: «Expulsad a Hitler», ya había escrito el mismo Mann en 1933, «ese miserable, ese impostor histérico, ese no alemán de vil origen, ese estafador del poder cuyo arte consiste únicamente en buscar con un repugnante talento de médium la cuerda sensible del pueblo y hacerla vibrar en el trance obsceno al que lo arroja un don de orador increíblemente bajo».[4] Y se negaba, con toda la razón, a trazar comparación alguna entre Napoleón y Hitler:

> Hay que prohibir, porque es un absurdo, que se los nombre en un mismo aliento; el gran hombre de guerra y el gran cobarde, el maestro cantor del pacifismo, cuyo papel llegaría a su fin el primer día de una guerra verdadera, y el ser a quien Hegel llamó «el alma del mundo» a caballo, el cerebro gigantesco que dominaba todo, la más formidable capacidad de trabajo, la encarnación de la Revolución, el tiránico portador de la libertad, cuya figura está grabada para siempre en la memoria humana como la estatua de bronce del clasicismo mediterráneo, y ese triste holgazán, ese fracasado, ese soñador de quinta categoría, ese cretino que odia la revolución social, ese sádico solapado, ese rencoroso sin honor.[5]

Para explicar esa inversión que había transformado a un monstruo llegado de la nada en el dictador de un nuevo orden germánico, Thomas Mann destacaba que había que considerarlo como «un hermano» invertido, es decir, como la parte inconsciente de la cultura alemana, su parte tenebrosa, tan irracional como podía serlo lo que Freud había descrito con el término de «pulsión»: una impresionante proyección del inconsciente en la realidad. Y en vez de cerrar los ojos ante ese hermano inmundo, Mann convocaba a sus contemporáneos a mirar el mal de frente para oponerle mejor una racionalidad sin ilusiones.[6] Y agregaba:

> ¡Un hombre como ese debe odiar el psicoanálisis! Mi secreta sospecha es que la furia con la que marchó contra cierta capital se dirigía en el fondo contra el viejo analista allí radicado, su enemigo

verdadero y esencial, el filósofo que desenmascaró la neurosis, el gran desilusionador, aquel que sabía a qué atenerse y conocía muy bien lo que era el genio.[7]

Hitler: ese era el hombre, tan bien descrito por Mann en términos freudianos, que iba a convertirse en el peor enemigo del gran desilusionador y de la ciudad de Viena, cuna inicial del psicoanálisis.

Una vez más, y contrariamente a Thomas Mann, Freud tardó algún tiempo en comprender que se estaba frente a un nuevo tipo de guerra, no una guerra entre las naciones sino algo así como la expresión misma de un principio de destrucción que, a través del exterminio de una presunta «raza» (los «semitas»), apuntaba a la aniquilación de la especie humana y su reemplazo por otra «raza» (los «arios»), la única autorizada a existir en el planeta. ¿No había afirmado Freud en 1915 que la Gran Guerra, engendrada por el nacionalismo y el progreso de las técnicas de destrucción masiva, traducía la quintaesencia de un deseo de muerte arraigado en la especie humana? Hoy, enfrentado al ascenso del nazismo en Alemania, no percibía aún la naturaleza de la máquina de muerte puesta en marcha por el nacionalsocialismo. No era el único.

Lo cierto es que en julio de 1929, cuando puso punto final a una nueva obra que era la continuación de *El porvenir de una ilusión*, no sospechaba que acababa de escribir el que sería, entre sus libros, el más leído y el más traducido, el más negro, sin duda, pero también el más luminoso, el más lírico, el más político: *El malestar en la cultura*. Se había dedicado a él mientras estaba de veraneo en Berchtesgaden, en los Alpes bávaros, lugar de residencia preferido de la princesa María Isabel de Sajonia-Meiningen, que no había sobrevivido a la caída de las monarquías alemanas. Muy cerca de allí, encaramada en lo alto del Obersalzberg, se encontraba la casa donde, desde 1927, Hitler recibía a los dirigentes del Partido Nacionalsocialista (NSDAP).[8]

En un primer momento Freud pensó dar a ese ensayo el título de «La felicidad y la cultura» («Das Glück und die Kultur»), y luego «La infelicidad en la cultura» («Das Unglück in der Kultur»), para reemplazar finalmente *Unglück* por *Unbehagen*: descontento, malestar.[9] Sea como fuere, más allá de la inquietud que le generaba el tiempo presente, para él se trataba en verdad de lanzar un manifiesto en favor de la felicidad de los pueblos: himno al amor, al progreso, a la ciencia y a la república platónica.

Después de recordar que la religión no brindaba ningún remedio a la frustración, Freud afirmaba que las fuentes principales de la infelicidad del sujeto moderno radicaban en una ausencia de ideal, que lo reducía a tres determinantes: el cuerpo biológico, el mundo exterior y las relaciones con los otros. Enfrentado a esa finitud y convertido en una suerte de «dios-prótesis» (*Art Prothesengott*), el ser humano, para escapar a su sufrimiento, no tenía otra opción que inventarse nuevas ilusiones sobre la base de tres elecciones inconscientes: la neurosis (angustia, conflicto), la intoxicación (las drogas, la bebida) y la psicosis (la locura, el narcisismo, la desmesura).

Pero había un camino muy distinto que era igualmente posible, explicaba Freud: el acceso a la civilización (a la cultura), la única capaz de permitir, mediante la sublimación,[10] la dominación de las pulsiones de destrucción, es decir, del estado de naturaleza, ese estado salvaje y bárbaro que es un componente de la psique humana desde la antigua «horda primitiva». Freud destacaba que los hombres que habían renunciado a la ilusión religiosa no tenían nada que esperar de ningún retorno a una presunta «naturaleza». A su entender, el único camino de acceso a la sabiduría, esto es, a la más alta de las libertades, consistía pues en una investidura de la libido en las formas más elevadas de la creatividad: el amor (Eros), el arte, la ciencia, el saber, la capacidad de vivir en sociedad y de comprometerse, en nombre de un ideal común, en la búsqueda del bienestar de todos. De ahí esa apología de la felicidad —o de la «vida buena»— en el progreso, que no habría disgustado a Saint-Just. Y Freud se lanzaba a plantear una defensa incondicional de las realizaciones técnicas y científicas del siglo XX: el teléfono, el transporte marítimo y aéreo, el microscopio, las gafas, la fotografía, el fonógrafo, la higiene doméstica, la limpieza, etc.

Decía además que, como «el hombre es un lobo para el hombre», para romper con su pulsión de autodestrucción primaria no hay otro recurso que vivir con sus semejantes. De tal manera, fundaba toda relación social en la existencia de la familia (célula germinal de la sociedad), por un lado, y el lenguaje, por otro: «El primero que en vez de arrojar una flecha al enemigo le lanzó un insulto fue el fundador de la civilización». Y agregaba que el primero que había renunciado al placer de orinar sobre las llamas también era el héroe de una gran conquista de la civilización —el dominio del fuego—, porque así daba a la mujer (su indispensable álter ego) la manera de mantener un fogón. Freud parodiaba aquí sin decirlo, y con razón, la célebre frase de Jean-Jacques Rousseau sobre el origen de la desigualdad:

> El primero que, tras cercar un terreno, tuvo la ocurrencia de decir «esto es mío», y halló gente lo bastante simple para creerle, fue el verdadero fundador de la sociedad civil. Cuántos crímenes, guerras, asesinatos, cuántas miserias y horrores habría ahorrado al género humano aquel que, arrancando las estacas o cegando el foso, hubiera gritado a sus semejantes: «¡Guardaos de escuchar a este impostor!».[11]

Contrariamente a Rousseau y a los herederos de los filósofos de la Ilustración francesa, Freud no creía en la posible abolición de las desigualdades. Convencido de que las fuerzas pulsionales son siempre más poderosas que los intereses racionales, sostenía que ninguna sociedad puede construirse en la renuncia a la agresividad, el conflicto y la autoafirmación. Pero no por eso dejaba de sostener que el lenguaje, la palabra y la ley eran las únicas tres maneras de pasar del estado de naturaleza al estado de cultura. Ya había formulado esta tesis en *Tótem y tabú*. Pero ahora la transformaba en un verdadero programa político articulado en torno de una filosofía psicoanalítica, una ideología, una representación del mundo (*Weltanschauung*).[12]

En síntesis, Freud afirmaba a la vez que la cultura era para el hombre una fuente de decepciones, porque lo forzaba a renunciar a sus pulsiones, pero también una necesidad racional, siempre que no indujera un exceso de represión de la sexualidad y la agresividad necesarias a toda forma de existencia. De ahí el malestar. La cultura solo es un remedio a la infelicidad, explicaba, en la medida en que también crea una infelicidad: la pérdida de las ilusiones, la compulsión. La pulsión de vida (Eros) solo es concebible porque se opone a la pulsión de muerte y se articula con la compulsión, el destino, la necesidad de vivir juntos (Ananké).

Armado de ese manifiesto, Freud rechazaba a la vez, por tanto, el *American way of life* que, al favorecer un exceso de individualismo, conducía a desastres económicos; el catolicismo que, al fundarse en el amor al prójimo, desconocía la fascinación humana por su propia destrucción, y la revolución comunista que, al creer a pie juntillas en la ilusión de la igualdad entre los hombres, pretendía abolir uno de los grandes resortes de la actividad pulsional humana: el deseo de poseer riquezas. En otras palabras, Freud se posicionaba en contra de todas las creencias modernas en el advenimiento de un «hombre nuevo» presuntamente «liberado» de todo influjo del pasado. Así, criticaba además tanto la utopía del «nuevo judío» como el sueño americano de desligarse del pasado y el proyecto comunista de abolición de las clases. Para terminar, rechazaba, como es obvio, toda forma de dictadura. Al final de su ensayo, en una última frase, con referencia una vez más a la dialéctica de Fausto y Mefistófeles, destacaba hasta qué punto el advenimiento del progreso siempre podía convertirse en su contrario:

> Hoy los seres humanos han llevado tan adelante su dominio sobre las fuerzas de la naturaleza que con su auxilio les resultará fácil exterminarse unos a otros, hasta el último hombre. Ellos lo saben; de ahí buena parte de la inquietud contemporánea, de su infelicidad, de su talante angustiado. Y ahora cabe esperar que el otro de los dos «poderes celestiales», el Eros eterno, haga un esfuerzo para afianzarse en la lucha contra su enemigo igualmente inmortal.[13]

En realidad, este manifiesto oponía a esas tres concepciones de la sociedad —la religiosa, la individualista y la comunista— una representación del hombre fundada en el psicoanálisis. Freud desconfiaba tanto de la democracia, que amenazaba otorgar demasiado poder a las masas no educadas, como de las dictaduras, que no hacían sino parodiar peligrosamente la noble figura de la autoridad. Prefería a ello una república de elegidos procedente de la tradición platónica y de la monarquía constitucional: un pueblo ilustrado por un soberano preocupado por el bien común. Por esa razón, además, sostenía, como Thomas Mann, Einstein y Ortega y Gasset, el proyecto de su compatriota austríaco Nikolaus von Coudenhove-Kalergi, que apuntaba a restablecer la unidad europea sobre el fundamento de una referencia común a la cultura grecolatina y cristiana.[14]

Freud volvía a hacer de la ciudad de Roma el principal significante de su doctrina de la cultura. Sabía que nunca más[15] iría a Italia y que de ahora en adelante la ciudad imperial, lugar de todos sus deseos, le estaba prohibida. Sabía que en ella resonaba el ruido de las botas y que entre el Coliseo y el Panteón se desplegaban los siniestros emblemas de los camisas negras. Y en vez de creer en el hombre nuevo, fuera cual fuese su proyecto, señalaba que la cultura no era otra cosa que la expresión de una constante reconciliación entre pasado y presente, entre tiempo arqueológico —el del inconsciente— y tiempo de la conciencia proyectada en el porvenir:

> Desde que hemos superado el error de creer que el olvido, habitual en nosotros, implica una destrucción de la huella mnémica, vale decir su aniquilamiento, nos inclinamos a suponer lo opuesto, a saber, que en la vida anímica no puede sepultarse nada de lo que una vez se formó, que todo se conserva de algún modo y puede ser traído a la luz de nuevo en circunstancias apropiadas, por ejemplo en virtud de una regresión de suficiente alcance.

Imaginemos, seguía diciendo, que Roma no es «morada de seres humanos, sino un ser psíquico cuyo pasado fuera igualmente extenso y rico, un ser en que no se hubiera sepultado nada de lo que una vez se produjo, en que junto a la última fase evolutiva pervivieran todas las anteriores».[16]

En otras palabras, la *Kultur*, según Freud, no era sino la construcción que él había propuesto de ella desde su *Traumbuch*, al unir todas las etapas del tiempo humano y hacer así del «yo es otro» la única «tierra prometida» dedicada al sujeto moderno. Un ello pulsional, sepultado en los escombros de una genealogía ancestral, un superyó prohibitivo, símbolo de una felicidad accesible, y un yo repartido entre memoria e historia. Ese era en efecto, en «el año 1930 d.C.»,[17] el fundamento de la esperanza en una vida mejor que Freud prometía a sus contemporáneos. En ese sistema Roma se confundía con Viena y Viena con la Berggasse, lugar poblado de todos los adornos de las culturas antiguas, último refugio de una *Mitteleuropa* en agonía donde afluían visitantes del mundo entero. Hasta esa fecha, el nombre de Hitler no figuraba aún en ninguno de los escritos del maestro.

El malestar en la cultura fue un éxito de ventas y, con motivo de su reedición en 1931, Freud agregó algunas palabras lacónicas a la frase final: «¿Pero quién puede prever el desenlace?». Pensaba entonces en la victoria electoral conseguida por los nazis el 14 de septiembre de 1930. En ese momento el NSDAP se convirtió en el segundo partido de Alemania, detrás del SPD (socialdemócrata) y delante del KPD (comunista). Hermann Göring, Joseph Goebbels y Heinrich Himmler hicieron su entrada en el Reichstag. Aniquilado por la crisis económica, el país tenía más de cuatro millones de parados.

En 1932 el Comité Permanente de Letras y Artes de la Sociedad de Naciones (SDN) sondeó a Albert Einstein a fin de interesarlo en la reunión de testimonios de intelectuales en favor de la paz y el desarme. Por eso Einstein se dirigió a Freud, a quien ya conocía: «El hombre tiene dentro de sí un apetito de odio y destrucción. En épocas normales esta pasión existe en estado latente, y únicamente emerge en circunstancias inusuales; pero es relativamente sencillo ponerla en juego y exaltarla hasta el poder de una psicosis colectiva». Y pedía al «experto en el conocimiento de las pulsiones humanas» que resolviera el enigma.[18]

Freud se apresuró a responder con un manifiesto político, «¿Por qué la guerra?», que prolongaba *El malestar en la cultura*. Contra los amos que querían convertirse en dictadores y contra los oprimidos que quisieran derrocarlos, Freud defendía un gran retorno al banquete platónico y por ello proponía a la SDN la creación de una república internacional de sabios, comunidad de elegidos «que hubieran sometido su vida pulsional a la dictadura de la razón» y capaces, por su autoridad, de imponer a las masas un verdadero Estado de derecho fundado en la renuncia al asesinato. Todo lo que promueve la cultura, decía, contribuye al debilitamiento del instinto bélico.[19] Una vez más, proponía a los grandes de este mundo el arte de una gobernanza de las naciones conforme a la doctrina psicoanalítica.

Si bien su doctrina siempre había sido el vector de una representación del mundo, una ideología, un proyecto político y un pensamiento antropológico fundados en la renuncia al asesinato y en la instauración de un Estado de derecho, Freud no había dejado de contradecirse al afirmar que el psicoanálisis no era una *Weltanschauung*.[20] Designaba con este término «un concepto específicamente

alemán cuya traducción a lenguas extranjeras acaso depare dificultades». En filosofía la palabra remitía a la idea de una metafísica del
mundo, una concepción global de la condición humana en el mundo. Pero para Freud, deseoso de hacer del psicoanálisis una ciencia de
la naturaleza —cosa que este nunca fue—, la expresión no era conveniente. A su juicio, formaba parte del discurso filosófico, la religión y el compromiso político, es decir, de toda clase de ilusiones y
otras construcciones de la mente que la razón científica —y por lo
tanto el psicoanálisis— tenía el deber de deconstruir. Por lo demás,
en 1932 Freud volvía a burlarse abiertamente de la filosofía, que consideraba como una especie de pequeña religión de uso restringido:

> La filosofía no es opuesta a la ciencia, ella misma se comporta
> como una ciencia; en parte trabaja con iguales métodos, pero se dis-
> tancia de ella en cuanto se aferra a la ilusión de poder brindar una
> imagen del universo coherente y sin lagunas, imagen que, no obstante,
> por fuerza se resquebraja con cada nuevo progreso de nuestro saber.
> [...] Pero la filosofía no tiene influjo directo sobre la multitud, y aun
> dentro de la delgada capa superior de los intelectuales interesa a un
> pequeño número, siendo apenas asible para los demás. En cambio,
> la religión es un poder inmenso que dispone de las emociones más
> potentes de los seres humanos.

Y citaba la célebre «burla» de uno de sus poetas preferidos,
Heinrich Heine: «Con sus gorros de dormir y jirones de su bata [el
filósofo] tapona los agujeros del edificio universal».[21]

Del mismo modo, como en *El malestar en la cultura*, se entregaba
a un vibrante elogio de los progresos de la ciencia como una manera
de fustigar mejor, y sin distinción, el bolchevismo, el marxismo y la
oscura dialéctica hegeliana, a la vez que, en relación con esta última,
afirmaba que no la entendía muy bien, dado que él atribuía la formación de las clases sociales a las luchas ancestrales entre hordas humanas —o «razas»— poco diferentes unas de otras.

En consecuencia, Freud seguía interpretando las luchas de los
pueblos por su emancipación conforme al modelo de *Tótem y tabú*.
Y, al mismo tiempo, admitía que el despotismo ruso ya estaba condenado antes de que la guerra fuera una causa perdida, «pues ningún
cruzamiento de las familias dominantes en Europa habría podido

engendrar una casta de zares capaz de resistir el poder deflagratorio de la dinamita».[22] En otras palabras, atribuía la derrota del Imperio ruso tanto al progreso de las técnicas científicas como a la incapacidad de las dinastías reales de renovarse, debido a los cruzamientos consanguíneos. Como los Labdácidas, esas dinastías estaban condenadas a la autodestrucción. Freud parecía olvidar que eso no bastaba para explicar el hundimiento de los viejos imperios.

Al procurar de ese modo diferenciarse de la filosofía y de la teoría de la historia, para hacer del psicoanálisis una ciencia sin dejar de mantener su análisis mitográfico de las dinastías imperiales y su concepción de una república de los elegidos, Freud cometía un error. En efecto, en nombre de ese rechazo de toda *Weltanschauung* se planteó, con su acuerdo, la idea de que, como el psicoanálisis era una ciencia, debía mostrarse «neutral» frente a todos los cambios de la sociedad, y por lo tanto «apolítico».[23] En otras palabras, a pesar de que había criticado el cientificismo y el positivismo; a pesar de que con su interés en el ocultismo pretendía desafiar la racionalidad científica, y a pesar de que había inventado una concepción original de la historia «arcaica» de la humanidad, he aquí que se negaba a ver que su doctrina era portadora de una política, una filosofía, una ideología, una antropología y un movimiento de emancipación.

Nada era más contrario al espíritu del psicoanálisis que enmascararlo como una presunta ciencia positiva y mantenerlo apartado de todo compromiso político. Después de haber criticado tanto a la religión, Freud, en nombre de una presunta «neutralidad», corría así el riesgo de ver su doctrina transformada en catecismo. Esta actitud fue un desastre para el movimiento psicoanalítico del período de entreguerras, enfrentado a la mayor barbarie que Europa hubiera conocido. Y el más vigilante en la aplicación de esta línea «neutralista», convalidada por Freud, fue Ernest Jones.

Convertido fuera de la Europa continental en el principal organizador del movimiento psicoanalítico, Jones, como buen discípulo pragmático, militante de una concepción médica de la práctica de la terapia psicoanalítica, fue así el destructor del freudismo original —el del romanticismo y la *Mitteleuropa*— y, a la vez, el salvador de una comunidad que, frente al ascenso del nazismo, no tenía otra alternativa que exiliarse en el mundo angloparlante.

En nombre de esa neutralidad y ese apoliticismo, Jones no brindó ningún apoyo a los freudianos de izquierda —sobre todo a los freudomarxistas— que en Alemania y Rusia aspiraban a vincular las dos revoluciones del siglo: la primera apuntada a transformar al sujeto mediante la exploración del inconsciente, la segunda con voluntad de transformar la sociedad a través de la lucha colectiva.

En 1921, con la ayuda del movimiento psicoanalítico ruso, Vera Schmidt había creado en Moscú una casa pedagógica: el Hogar Experimental de Niños, donde había recibido a una treintena de hijos de dirigentes y funcionarios del Partido Comunista a fin de educarlos con métodos que combinaban los principios del marxismo y del psicoanálisis. Se abolía así el sistema educativo tradicional basado en las vejaciones y los castigos corporales. Pero la empresa se fundaba en la utopía de una posible abolición de la familia patriarcal en beneficio de métodos educativos que privilegiaran lo colectivo y los intercambios igualitarios. El programa también preveía que los educadores se analizaran y no coartaran los juegos sexuales de los niños. En otras palabras, el ideal pedagógico de Vera Schmidt era un testimonio del nuevo espíritu de los años veinte, a través del cual se expresaba, inmediatamente después de la Revolución de Octubre, el sueño de una fusión posible entre la libertad individual y la igualdad social.

En ese contexto, Vera, acompañada por su marido, el matemático Otto Schmidt, había viajado a Berlín y Viena para recabar el apoyo de Freud y Abraham en favor del hogar. La discusión se refirió en esencia a la manera de tratar el complejo de Edipo en el marco de una educación colectiva. Es indudable que esa experiencia no era compatible con los principios de la psicología edípica. Y, por las mismas razones, era objeto de severas críticas de los funcionarios del Ministerio de Salud soviético.

Freud habría querido ayudar a los Schmidt, pero Jones prefirió sostener, contra el de Moscú, al grupo psicoanalítico de Kazán, que promovía una política favorable a los médicos, mucho más neutral con respecto al marxismo. Al cabo de un prolongado trámite, y a pesar del apoyo provisional de Nadezhda Krupskaia, la mujer de Lenin, se puso fin a la experiencia. Criticada tanto por los freudianos como por el régimen soviético, cada vez más imbuido por el espíritu estalinista, Vera Schmidt también lo fue por su amigo Wilhelm Reich, que la visitó en 1929. Ya célebre en Alemania, Reich consideraba que la experiencia no era suficientemente revolucionaria.[24]

Si tenemos en cuenta el debate sobre la sexualidad tal como se desarrollaba desde fines del siglo XIX, esta posición de Reich era en realidad simétrica de la de Jung. En efecto, si este último desexualizaba el sexo en beneficio de una suerte de impulso vital, Reich procedía a una desexualización de la libido en beneficio de una genitalidad biológica fundada en la expansión de una felicidad orgásmica de la que estaba excluida la pulsión de muerte. Después de haber sido miembro del Partido Socialdemócrata Austríaco, Reich se afilió al KPD[25] y militaba con ardor sin dejar de construir una mitología obrerista según la cual la genitalidad del proletariado estaría exenta del «microbio» burgués. Así, no vacilaba en afirmar que las neurosis eran más infrecuentes en la clase obrera que en las capas superiores de la sociedad. Nuevo argumento contra la pulsión de muerte.

Reich no tardó en crear una Sociedad Socialista de Información e Investigaciones Sexuales, así como clínicas de higiene sexual destinadas a la información de los asalariados (Sexpol). Sentía una admiración sin límites por Freud, en tanto que este mostraba una animadversión desmesurada hacia él. Temía su locura, su celebridad y su compromiso político. En cuanto a sus discípulos, hicieron todo lo posible por deshacerse de un hombre que hacía vacilar su conformismo, perturbaba sus convicciones y restablecía lazos con los orígenes fliessianos de la doctrina freudiana, cuya importancia ellos procuraban relativizar. Esta actitud los llevó en 1934 a cometer numerosos errores políticos.

Como ya he señalado, Freud no había dejado de reivindicar su identidad judía, al tiempo que se negaba a someterse a los ritos del judaísmo. Y, de igual modo, solo se sentía judío porque se oponía al proyecto sionista de una reconquista de la tierra prometida. En una palabra, Freud era un judío de la diáspora que no creía que, para los judíos, la respuesta al antisemitismo pudiese traducirse en el retorno a ningún territorio. Y si bien solía apoyar la instalación de colonias judías en Palestina, exhibía gran prudencia frente al proyecto de fundar un «Estado de los judíos». Lo testimonia la respuesta que dio a Chaim Koffler, miembro vienés del Keren Hayesod,[26] cuando este le pidió, como a otros intelectuales de la diáspora, su apoyo a la causa sionista en Palestina y el principio del acceso de los judíos al Muro de las Lamentaciones. Señalemos que desde 1925, gracias a la intervención de Chaim Weizmann, que quería establecer la enseñanza oficial del psicoanálisis en Palestina, Freud era miembro del consejo de administración de la Universidad de Jerusalén, al igual, por otra parte, que su discípulo inglés David Eder.[27]

Esto no le impidió declinar la propuesta de Koffler:

> No puedo hacer lo que usted desea. Mi reticencia a interesar al público en mi personalidad es insuperable y me parece que las circunstancias críticas actuales no incitan en absoluto a hacerlo. Quien quiere ejercer su influencia sobre las mayorías debe tener algo resonante y entusiasta para decirles, y eso no lo permite mi juicio reservado sobre el sionismo. Tengo sin duda los mejores sentimientos de simpatía por los esfuerzos libremente consentidos, estoy orgulloso de nuestra Universidad de Jerusalén y la prosperidad de los establecimientos de nuestros colonos me llena de júbilo. Pero, por otro lado, no creo que Palestina pueda jamás llegar a ser un Estado judío ni que el mundo cristiano, como el mundo islámico, puedan estar algún día dispuestos a confiar sus Santos Lugares a la custodia de los judíos. Me habría parecido más atinado fundar una patria judía sobre un suelo que no tuviera esa carga histórica; es cierto, sé que un designio tan racional nunca hubiera podido suscitar la exaltación de las masas ni la cooperación de los ricos. También admito, con pesar, que el fanatismo poco realista de nuestros compatriotas tiene su parte de responsabilidad en el despertar de la desconfianza de los árabes. No puedo sentir la menor simpatía por una piedad mal interpretada que hace de un pedazo de muro de Herodes una reliquia nacional y, a causa de ella, desafía los sentimientos de los habitantes del país. Juzgue usted mismo si, con un punto de vista tan crítico, soy la persona adecuada para llevar consuelo a un pueblo agitado por una esperanza injustificada.[28]

Ese mismo día —26 de febrero de 1930— Freud envió a Albert Einstein otra carta, que retomaba punto por punto esta argumentación: aborrecimiento de la religión, escepticismo con respecto a la creación de un Estado judío en Palestina, solidaridad con sus «hermanos» sionistas —a quienes a veces llamaba sus «hermanos de raza»—y, para terminar, empatía con el sionismo, cuyo ideal, empero, no compartía en razón de sus «extravagancias sagradas». Freud se declaraba de nuevo orgulloso de «nuestra» universidad y «nuestros» kibutz, pero reiteraba que no creía en la fundación de un Estado judío porque, decía, los musulmanes y los cristianos nunca aceptarían dejar sus santuarios en manos de los judíos. Por eso deploraba el «fanatismo poco realista de sus hermanos judíos» que contribuía a «despertar la desconfianza de los árabes».[29]

Así, Freud tuvo indudablemente la intuición de que la cuestión de la soberanía sobre los Santos Lugares estaría algún día en el centro de una disputa casi insoluble, no solo entre los tres monoteísmos sino entre los dos pueblos hermanos residentes en Palestina.[30] Temía con toda la razón que una colonización abusiva terminara por oponer, en torno de un fragmento de muro idolatrado, a árabes antisemitas y judíos racistas.

Así como se mostraba lúcido en la cuestión de su judaísmo y con respecto al futuro de los judíos en Palestina, Freud dio pruebas, en cambio, de una verdadera ceguera en cuanto a la naturaleza misma del antisemitismo nazi y la respuesta política que convenía dar a la cuestión de la supervivencia del psicoanálisis en Alemania, Austria e Italia durante el período de los años negros. Una vez más, la referencia a la *Weltanschauung* sirvió de pretexto para la adopción de un peligroso neutralismo.

Desde su llegada al poder Hitler llevó a la práctica la doctrina nacionalsocialista, cuya tesis central apuntaba al exterminio de todos los judíos de Europa, habida cuenta de que se los asimilaba a una «raza inferior». Ese programa debía aplicarse a todos los hombres considerados como «viciados» o perturbadores del cuerpo social. Así, la homosexualidad y la enfermedad mental se trataron como equivalentes de lo judío. En ese contexto, los artífices de la nueva medicina del Reich incluyeron en su programa la destrucción del psicoanálisis, de su vocabulario, de sus conceptos, de sus obras, de su movimiento, de sus instituciones, de sus profesionales. Entre todas las escuelas de psiquiatría dinámica y psicoterapia fue la única en recibir el calificativo de «ciencia judía», tan temido por Freud. En cuanto al programa de limpieza, fue orquestado por el siniestro Matthias Heinrich Göring, primo del mariscal.

Luterano y pietista, este psiquiatra había sido asistente de Emil

Kraepelin; se interesó luego en la hipnosis y adoptó más adelante las tesis de la psicología individual de Adler. A continuación tomó por modelo la psicología junguiana, que pensaba erigir en el prototipo de una nueva psicoterapia hitleriana centrada en la superioridad del alma alemana. Pragmático y dogmático, conservador y mezquino, nazi convencido y temible bajo su apariencia de abuelito de poblada barba, vilipendiaba el poder de la teoría freudiana, que era a su entender el fruto de lo que más odiaba en el mundo: el universalismo «judío» ligado a la *Aufklärung*. Pronto se lo llamaría el Führer de la psicoterapia.[31]

En marzo de 1933, como muchos otros austríacos, Freud no percibía el peligro que el nazismo significaba para su país. Se creía protegido por las leyes de la República y, pese a los consejos de sus amigos extranjeros, rechazaba cualquier perspectiva de marcharse de Viena:

> No existe la certeza de que el régimen hitleriano también se apodere de Austria. Es posible, desde luego, pero todo el mundo cree que la cosa no llegará aquí al mismo nivel de brutalidad que en Alemania. Personalmente no corro, sin duda, ningún peligro, y si usted supone que la vida bajo la opresión será bastante incómoda para nosotros, los judíos, no olvide, en ese aspecto, el escaso atractivo que promete a los refugiados la vida en el extranjero, sea en Suiza o en Inglaterra. Me parece que la huida solo se justificaría de existir un peligro vital directo y, después de todo, si nos muelen a palos, será una manera de morir como cualquier otra.[32]

Negándose a ver que el nazismo iba a extenderse por toda Europa, Freud pensaba que el canciller Engelbert Dollfuss, conservador y nacionalista, aliado de Mussolini, estaba en la mejor situación para oponer resistencia al Partido Nazi austríaco, que procuraba concretar lo más rápidamente posible la anexión de Austria por Alemania (*Anschluss*). Es cierto, Freud no sentía ninguna simpatía por ese dictador fascista, católico y reaccionario, pero pensaba que la instauración de un régimen autoritario sería un mal menor para los judíos. Aceptó pues las medidas de Dollfuss que cancelaban las libertades fundamentales:[33] supresión del derecho de huelga, censura de la prensa, persecución de los socialistas y marxistas. Y el 12 de febrero de 1934, cuando el canciller reprimió a sangre y fuego la huelga general declarada por los militantes socialistas, se mantuvo «neutral»:

> Hemos pasado por una semana de guerra civil [...]. No hay duda de que los rebeldes representaban a la mejor parte de la población, pero su éxito habría sido de corta duración y hubiera causado la invasión militar del país. Por añadidura, eran bolcheviques, y yo no espero que la salvación provenga del comunismo. Así, no podíamos atorgar nuestras simpatías a ninguno de los bandos combatientes.[34]

Freud no confundía el comunismo y el nazismo. Reconocía en la revolución bolchevique un ideal revolucionario, en tanto que consideraba la barbarie hitleriana como una regresión fundamental hacia los instintos más homicidas de la humanidad. Pero, enfrentado a la realidad del fascismo y del nazismo, tardó en comprender que no era posible ninguna negociación. No miraba a Hitler a la cara, no pronunciaba su nombre y no había leído *Mein Kampf*. Todo lo contrario de Thomas Mann.[35]

En ese contexto, Edoardo Weiss, radicado en Roma desde hacía dos años, visitó a Freud el 25 de abril de 1933. Había contemplado varias veces la posibilidad de huir del fascismo, pero el maestro le había aconsejado insistentemente que se quedara en su país, convencido de que no se le abría ninguna otra perspectiva, a pesar de los ataques incesantes de la Iglesia católica y sobre todo del padre Wilhelm Schmidt, director del Museo Misionero Etnológico del Vaticano en el palacio del Letrán, que denunciaba el freudismo como una teoría «nefasta» responsable, en la misma medida que el marxismo, de la «destrucción de la familia cristiana». Freud se obstinaba en rechazar cualquier posibilidad de emigración al continente americano. A sus ojos, el combate en favor de la perduración y el salvamento del psicoanálisis debía librarse en Europa.

Lo cierto es que en esa ocasión Weiss fue a Viena en compañía de Giovacchino Forzano y de Concetta, la hija de este, a quien él trataba por una agorafobia y una grave histeria. Como no lograba encauzar correctamente esa difícil cura, pidió la intervención de Freud en carácter de supervisor y con la presencia de la muchacha. La experiencia fue un éxito y Weiss pudo a continuación seguir adelante con el análisis de Concetta, sin dejar de pedir consejos a Freud por la vía epistolar.[36]

Dramaturgo marcado por la obra de D'Annunzio, Forzano había llegado a ser un amigo muy estrecho de Mussolini, con quien había escrito una pieza en tres actos sobre los Cien Días de Napoleón.[37] Los autores se apropiaban de manera grotesca de la imagen del emperador para hacer de él la prefiguración del Duce. Para seducir a Freud, en cuyas manos ponía el destino de su hija, Forzano llevó a la Berggasse la edición alemana de la obra. En el frontispicio había escrito una dedicatoria en nombre de los dos autores: «A S. F., que hará el mundo mejor, con admiración y agradecimiento».[38] Y por esa razón pidió a *Herr Professor* que, a cambio, le diera una fotografía y un libro suyos, acompañados de una mención autógrafa para Mussolini. Deseoso de proteger a Weiss, que organizaba el movimiento psicoanalítico y acababa de publicar el primer número de la *Rivista italiana di psicoanalisi*, Freud tomó de su biblioteca un ejemplar de *¿Por qué la guerra?* y redactó un texto destinado a suscitar violentas polémicas: «Para Benito Mussolini, con los humildes saludos de un anciano que reconoce en el hombre de poder un adalid de la cultura».[39]

Si bien admiraba a los conquistadores, a Freud lo horrorizaban los dictadores, como lo probaban todos sus escritos y más aún la elección de ese libro. Pero no podía en ningún caso eludir la propuesta de Forzano. Salió del apuro, pues, con humor, al rendir homenaje a un «hombre de poder» que, a la vez que se tomaba por una mezcla de Napoleón y César, había puesto en marcha excavaciones arqueológicas que enloquecían de placer al humilde sabio de Viena.[40]

Freud estaba erróneamente convencido de que Weiss tenía buenas relaciones con Mussolini, como le diría más adelante a Arnold Zweig en una carta. La realidad reveló ser mucho más compleja. Protector del psicoanálisis, Forzano, ligado a Weiss, no obtuvo de hecho ningún apoyo de Mussolini, que no tenía la más mínima intención de oponerse a la Iglesia católica. Además, el 30 de junio de 1933 el dictador denunció el psicoanálisis como un «fraude orquestado por un *pontifex maximus*», a tal punto que, pese a una gestión ante Galeazzo Ciano, Weiss no pudo impedir que los servicios de propaganda suspendieran la aparición de la *Rivista*.[41] Peor aún, la diplomacia fascista ordenó una ridícula investigación sobre las actividades de la

WPV, destinada a probar que Sigismond (*sic*) Freud mantenía relaciones sospechosas con el pensador anarquista Camillo Berneri[42] y que sus discípulos se dedicaban a hacer operaciones mercantiles apoyadas por los socialistas y los comunistas. En consecuencia, ningún psicoanalista italiano pudo inscribirse en la WPV.[43]

Tres meses después de que Hitler tomara el poder, los nazis devastaron la sede del Instituto de Sexología y dispersaron archivos, documentos, libros, objetos y toda la iconografía reunida por Magnus Hirschfeld sobre las diferentes formas minoritarias de sexualidad. Arruinaron así decenios de trabajo e investigaciones, en el momento preciso en que acababa de incorporarse al gobierno Ernst Röhm, jefe de las tropas de asalto del partido y notorio homosexual, que moriría asesinado un año después por decisión de Hitler.

Fuera de Berlín ese día, Hirschfeld, que por entonces seguía un tratamiento en Suiza, decidió exiliarse en París y luego en Niza, donde murió, desesperado por haber visto el hundimiento de la obra de toda una vida. En muy poco tiempo, los cafés, cabarets, lugares de encuentro y otras instituciones que habían hecho de Berlín la ciudad del este de Europa más floreciente de los años veinte, y la más abierta a los homosexuales, quedaron reducidos a nada a raíz de las ocupaciones, las clausuras, los saqueos y las destrucciones.[44]

El 11 de mayo de 1933 Goebbels ordenó la quema de veinte mil libros «judíos». Puesto en escena a lo largo de toda una noche en la Opernplatz, el espectáculo reunió a profesores, estudiantes y tropas de las SS y las SA. Todos desfilaron alegremente con antorchas y entonando himnos patrióticos y fórmulas encantatorias: «Contra la lucha de clases y el materialismo, entrego a las llamas los libros de Marx y Kautsky; contra la exaltación de los instintos y por el ennoblecimiento del alma humana, entrego a las llamas los escritos de Sigmund Freud». Este último replicó desde Viena: «¡Cuántos progresos hemos hecho! En la Edad Media me habrían quemado a mí; ahora se conforman con quemar mis libros».[45]

¡Qué frase! Freud habría estado más inspirado de haber dicho que la quema de los libros «judíos» llevaría a quemar, no solo a sus autores, sino a los propios judíos y a otros representantes de las llamadas «razas inferiores». Aún pensaba que el nazismo solo era la expresión de un antisemitismo recurrente. ¿Cómo podía imaginar en esa fecha que lo que había escrito en 1930 sobre las capacidades de autodestrucción del hombre pudiera realizarse con tamaña rapidez? Había pensado entonces en el *American way of life*, jamás en Europa.

En un artículo de septiembre de 1933, acompañado de inmundas caricaturas, un periodista nazi afirmó que «el judío Sigmund Freud» había inventado un método «asiático» destinado a destruir la raza alemana al obligar al ser humano a obedecer a sus pulsiones destructivas y por lo tanto a «gozar por temor a morir». Acusaba al maestro de Viena de querer propagar en la juventud toda clase de prácticas sexuales transgresoras: masturbación, perversiones, adulterio.[46] Por eso era menester, en opinión del periodista, deshacerse de esa plaga. Tal era pues el programa de destrucción de esta «doctrina judía» al que obedecía Göring.

Después de proclamar que *Mein Kampf* le serviría de guía en el momento de implementar su política en materia de salud mental, el mismo Göring dedicó entonces una atención especial a granjearse los favores de los freudianos interesados en colaborar con el régimen: Felix Boehm y Carl Müller-Braunschweig fueron los primeros en adherirse, y Harald Schultz-Hencke y Werner Kemper les pisaron los talones. Miembros de la Deutsche Psychoanalytische Gesellschaft (DPG) y del Berliner Psychoanalytisches Institut (BPI), estos cuatro hombres eran unos personajes mediocres, celosos de sus colegas judíos. El advenimiento del nacionalsocialismo fue para ellos una oportunidad de oro que les permitió hacer carrera. Con un sentimiento de inferioridad con respecto a quienes consideraban como señores, se convirtieron en servidores de los verdugos.

En 1930 la DPG tenía noventa miembros, en su mayoría judíos. A partir de 1933 estos emprendieron el camino del exilio. A esas alturas los intercambios epistolares entre Max Eitingon y Sigmund Freud se tornaron más tensos debido a la necesidad de utilizar un lenguaje codificado, habida cuenta de que sus cartas estaban sometidas a la censura. Aislado dentro del BPI, Eitingon no tardó en verse obligado a renunciar, en tanto que Jones, hostil a la izquierda freudiana alemana —Otto Fenichel, Ernst Simmel, etc.— e interesado en fortalecer el poderío angloamericano, se apoyaba en Boehm para favorecer la política de colaboración con el nuevo régimen. Esa política consistía en mantener, bajo el nazismo, una llamada práctica «neutra» del psicoanálisis, a fin de preservar a este de toda contaminación con las otras escuelas de psicoterapia, introducidas por su parte en el seno del nuevo BPI «arianizado».

Hostil a esta línea, Max Eitingon exigió, antes de tomar una decisión, que Freud le expusiera por escrito sus propias orientaciones. En una carta del 21 de marzo de 1933 este último cumplió lo solicitado y destacó que su discípulo tenía que elegir entre tres soluciones: 1) trabajar por el cese de las actividades del BPI; 2) colaborar en su perduración bajo la batuta de Boehm «para sobrevivir a tiempos desfavorables», y 3) abandonar la nave, a riesgo de dejar que los junguianos y los adlerianos se apoderaran de la joya, lo cual obligaría al IPV a desautorizarla.[47] En esta fecha, por lo tanto, Freud había optado por la segunda solución, la «neutralista» propiciada por Jones, que dos años después desembocaría en la nazificación completa del BPI en manos de Göring. Sin embargo, no deseaba imponerla a Eitingon, convencido por otra parte —equivocadamente— de que Hitler no era una amenaza para Austria, a la que creía protegida por el austrofascismo.

El 17 de abril se congratuló de que Boehm lo hubiera liberado de Reich, a quien odiaba —y que a continuación sería excluido del IPV y emigraría a Noruega y luego a la otra orilla del Atlántico—, y de Harald Schultz-Hencke, adleriano nazi, que no tardaría en reintegrarse a la BPI. Frente a tal ceguera, consistente en creer que el psicoanálisis podía sobrevivir bajo el nazismo, Eitingon decidió empero mantener su fidelidad tanto al freudismo como al sionismo. Sin hacer el menor reproche a Freud, abandonó Alemania para instalarse en Jerusalén en abril de 1934. Allí se reencontró con Arnold Zweig y fundó una sociedad psicoanalítica y un instituto según el modelo de la entidad berlinesa, sentando así las bases de un futuro movimiento psicoanalítico israelí.

Cuando Ferenczi murió, el 22 de mayo de 1933, como consecuencia de una anemia perniciosa, y en un momento en que el antiguo reino del psicoanálisis estaba reducido a cenizas, Freud experimentó la necesidad, como siempre le sucedía en circunstancias similares, de reaccionar en caliente. Cuando era cuestión de los «traidores» a la causa, de los enemigos o de quienes a sus ojos se habían vuelto «inútiles», sabía captar de un plumazo lo esencial de un momento de vida susceptible de ser incorporado a los anales de su movimiento. Tenía el sentido de la memoria más que de la historia. En lo concerniente a Ferenczi, el compañero de siempre, con quien nunca había querido romper, Freud se propuso disimular su tristeza detrás del esbozo de un balance clínico. Por eso dio a Jones una interpretación psicoanalítica por lo menos discutible de los conflictos que habían acompañado su agonía:

> Se desarrolló simultáneamente con una lógica aterradora una degeneración psíquica que adoptó la forma de una paranoia. Esta se centraba en la convicción de que yo no lo amaba lo suficiente, no quería reconocer sus trabajos y, además, lo habría analizado mal. Sus innovaciones técnicas [...] eran regresiones hacia los complejos de su infancia, cuya mayor herida era el hecho de que él, un hijo del medio de once a trece años, no había sido amado por su madre con el ardor, con la exclusividad suficientes. Así se convirtió él mismo en una mejor madre y encontró también los hijos que necesitaba, entre ellos una americana. Cuando esta se marchó, él creyó que lo influenciaba por medio de ondas que se desplazaban por encima del océano [...]. Prestaba fe a sus más extraños traumas infantiles, que a continuación defendía frente a nosotros. En esas aberraciones se extinguió su inteligencia. Pero queremos que la tristeza de su final quede entre nosotros como un secreto.[48]

Nada permite asegurar que Ferenczi se hubiera vuelto paranoico. Lo testimonia, de ser necesario, su *Diario clínico*,[49] en el cual reprochaba a Freud su desinterés gradual por el aspecto terapéutico del psicoanálisis, su hostilidad para con los pacientes psicóticos, su falta de empatía en la cura y su antiamericanismo. Es cierto, sabemos que esos reproches se justificaban en parte. Pero es forzoso constatar que ambos, Freud y Ferenczi, tenían razón, el primero en su crítica de la vuelta a la explicación exclusivamente traumática de los trastornos psíquicos, el segundo en su comprobación del rumbo errático de una técnica de la terapia psicoanalítica demasiado centrada en la frustración y la búsqueda de la explicación unívoca. Lo cierto es que Ferenczi fue realmente perseguido por Jones e injustamente criticado por los freudianos ortodoxos. Había decidido mantenerse fiel a Freud, quien nunca le comunicó lo que pensaba secretamente acerca de su estado mental. En sus últimas cartas Ferenczi dio muestras de una gran lucidez con respecto a sí mismo y a la evolución de la catástrofe europea. El 9 de abril de 1933 envió a Freud un mensaje con estas palabras: «Aquí, en Budapest, todo está en calma: ¿quién habría pensado, hace diez o catorce años, que mi patria sería un lugar relativamente tranquilo del continente europeo?».[50]

Una vez más, como después de la muerte de Karl Abraham, Freud redactó el obituario de Ferenczi. En él recordaba los años felices del viaje a Worcester y de la fundación del IPV, y luego añadía que algún día, acaso, surgiría el «bioanálisis» con que el maravilloso clínico de Budapest había soñado. También mencionaba las divergencias entre ellos, pero afirmaba que Ferenczi había tenido un papel excepcional en la historia de la ciencia analítica. Tras escribir ese adiós al amigo de siempre, experimentó una sensación de vacío y un profundo malestar.[51]

Si Freud perdía a su mejor discípulo, Jones perdía a su analista y su adversario, y estaba destinado a ocupar en lo sucesivo un lugar fundamental en el entorno del maestro. Pronto sería el actor central del movimiento psicoanalítico, antes de erigirse en el primer biógrafo de aquel cuya política había de conducir. Así, en el corazón de la tormenta, tendría a su cargo proseguir, desde Londres, con la implementación del presunto «salvamento» del psicoanálisis.

En el decimotercer congreso del IPV, que se celebró en Lucerna en agosto de 1934, precisamente cuando los psicoanalistas judíos se marchaban de la Alemania nazi, Reich fue desterrado de la comunidad freudiana en razón de su «bolchevismo», considerado peligroso para el psicoanálisis. Sin embargo, él se oponía, contra Jones y con fundadas razones, a toda forma de colaboración con el nazismo y reclamaba la disolución de la DPG. Expulsado del movimiento comunista alemán por izquierdismo, acababa de publicar su obra central, *Psicología de masas del fascismo*,[52] que respondía directamente al libro de Freud sobre la psicología de las masas. Lejos de considerar el fascismo como el producto único de una política o de una situación económica, veía en él la expresión de una estructura inconsciente y ampliaba esta definición a la colectividad para destacar que se explicaba por una insatisfacción sexual de las masas.

El error de apreciación de Freud, al que Eitingon se opuso, se confirma al leer el informe escrito por Boehm en agosto de 1934, después de una visita a aquel: «Antes de despedirnos», dice, «Freud formuló dos anhelos: primero, jamás había que elegir a Schultz-Hencke para integrar el comité de dirección de nuestra Sociedad. Le di mi palabra de no reunirme nunca con él. Segundo: "Libéreme de Reich"».[53]

Obligado a exiliarse en Noruega y tratado de psicótico por los freudianos, Reich comenzó a sentirse aún más perseguido y su paranoia se intensificó. Desde 1936 se apartó definitivamente del psicoanálisis al fundar en Oslo un Instituto de Investigaciones Biológicas de Economía Sexual que agrupaba a médicos, psicólogos, educadores, sociólogos y animadores de jardines de infancia. Paralelamente inventó un nuevo método, la vegetoterapia, futura orgonterapia. El objetivo era disociar cura por la palabra e intervención sobre el cuerpo. En esa perspectiva, Reich presentaba la neurosis como la obra de una rigidez o una constricción del organismo, que había que sanar mediante ejercicios de relajamiento muscular para liberar el «reflejo orgásmico». A continuación, atraído por la teoría de los biones (partículas de energía vital), dio libre curso a su fascinación por las teorías fisicobiológicas, intentando conciliar los temas cosmogónicos tan apreciados por el romanticismo con la tecnología cuantitativa propia de la sexología.[54]

Jones se había equivocado de enemigo al combatir a los freudomarxistas, y ahora aceptaba colaborar con los nazis, a la vez que ayudaba a los judíos a abandonar Alemania y emigrar al mundo angloparlante. En 1935 presidió oficialmente la sesión de la DPG durante la cual los nueve miembros judíos fueron forzados a dimitir. Un solo no judío se opuso a esta mascarada: se llamaba Bernhard Kamm, y se marchó de la sociedad en solidaridad con los excluidos. Tomó de inmediato el camino del exilio y se instaló en Topeka, Kansas, para trabajar en la famosa clínica de Karl Menninger, verdadero punto nodal de todos los psicoterapeutas exiliados de Europa. Freud calificó de «triste debate» todo este asunto. De allí en adelante, los freudianos partidarios de Göring terminarían sus cartas con el consabido «*Heil Hitler*».

Mientras los nazis destruían el psicoanálisis en Berlín, Freud seguía recibiendo pacientes en Viena. Entre ellos, la poetisa norteamericana Hilda Doolittle, amante de Ezra Pound y de Annie Winifred

Ellerman (llamada Bryher), ya analizada en Londres por una kleiniana a raíz de una depresión crónica. Contaría su cura en dos momentos y con once años de intervalo (1945 y 1956): por un lado un informe textual, y por otro una reinterpretación en forma de relato. En
esos dos textos Doolittle relataba de manera luminosa las intervenciones de Freud centradas en sus sueños, pero también daba testimonio de la vida cotidiana en la Berggasse y de sus encuentros con los
demás pacientes, en su mayoría psicoanalistas. Después de esta experiencia no dejaría de proseguir el trabajo analítico con otros terapeutas. En el mundo angloparlante, la obra, la vida y el diario del análisis
de Hilda Doolittle (H. D.) fueron el origen de numerosos textos dedicados al lesbianismo y los estudios de género.[55]

Psiquiatra norteamericano originario de un medio de intelectuales judíos y socialistas, Joseph Wortis también viajó a Viena en
1934 para conocer a Freud, alentado por Adolf Meyer y provisto de
una carta de recomendación de Havelock Ellis. Wortis llevaba a cabo
investigaciones sobre la homosexualidad. Rebelde a toda forma de
sometimiento transferencial, se negaba a emprender una psicoterapia, pero Freud lo obligó a hacerlo, al menos durante cuatro meses,
pues consideraba que para efectuar esas investigaciones era preciso
haber pasado por la experiencia clínica del psicoanálisis. De resultas,
Wortis se comportó como un verdadero detective, para gran regoci-
jo de Ellis, con quien mantenía una copiosa correspondencia.

El análisis, en definitiva, no se produjo, pero los dos hombres se
entregaron a un violento cuerpo a cuerpo intelectual que tuvo como
consecuencia la transformación de Wortis en un antifreudiano radical, obsesionado durante toda su vida por el espectro del maestro
de Viena. Sin embargo, logró la proeza de recoger confidencias de
Freud sobre su propia vida, sus discípulos, sus amigos y su concepción del mundo, y de elaborar así un documento de gran interés para
los historiadores. Pese a la enfermedad y la dificultad que tenía para
expresarse, Freud sabía en esa época mostrar una intensa animadversión hacia sus enemigos, como si, sabedor de que su fin se acercaba,
no vacilara, aun frente a un adversario, en dar libre curso a juicios que
en otro tiempo habría preferido enmascarar.[56]

Desde Zurich, Jung, como los freudianos, colaboraba con Göring
desde la dirección de la Allgemeine Ärztliche Gesellschaft für Psy-

chotherapie (AÄGP),[57] en la que había sucedido a Ernst Kretschmer. Fundada en 1926, esta asociación tenía el objetivo de unificar las diferentes escuelas europeas de psicoterapia bajo la égida del saber médico. Una revista, el *Zentralblatt für Psychotherapie*, fundada en 1930, servía de órgano de difusión a la entidad.

Psiquiatra de renombre internacional, Ernst Kretschmer, gran patrono de la neuropsiquiatría de Marburgo, siempre se había asignado la misión de hacer cohabitar dentro de la AÄGP todas las tendencias de la psiquiatría y la psicoterapia, incluido el psicoanálisis, a condición de que todos los profesionales interesados fueran médicos. En el congreso de Dresde de 1932 había rendido homenaje a los trabajos de Freud.[58] Ahora bien, con la llegada de Hitler al poder ya no podía aspirar a realizar ese objetivo. Por eso prefirió renunciar a la presidencia de la AÄGP. En ese mismo momento se imponía a la rama alemana de la sociedad y al *Zentralblatt*, editado en Leipzig, la obligación de ponerse al servicio de los nazis. Fue entonces cuando los psicoterapeutas alemanes, interesados a la vez en complacer al régimen y mantener sus actividades nacionales y europeas, pidieron a Jung que asumiera la dirección de la AÄGP, de la que ya era vicepresidente. Muy prestigioso en Alemania, los nazis no molestaron a Kretschmer durante el transcurso de la guerra.

Deseoso de garantizar el predominio de la psicología analítica sobre el conjunto de las escuelas de psicoterapia, Jung aceptó la presidencia de la AÄGP y, por ende, la colaboración con Göring. De ese modo pretendía proteger al mismo tiempo a los terapeutas no médicos, marginados antaño por Kretschmer, y a los colegas judíos que ya no tenían derecho a ejercer en Alemania. En realidad, los profesionales alemanes lo habían elegido debido a la confianza que inspiraba a los promotores de la psicoterapia «aria», radicalmente opuestos al pensamiento freudiano.

Impulsado por Walter Cimbal y Gustav Richard Heyer, Jung se embarcó así en una aventura de la que podría haberse librado con facilidad. Como lo demuestra una carta del 23 de noviembre de 1933 remitida a su discípulo Rudolf Allers, que debía emigrar a Estados Unidos, aceptó todas las condiciones dictadas por Göring en relación con el *Zentralblatt*:

Es absolutamente necesario contar con un jefe de redacción «normalizado» que sea mejor que todos los demás y esté mucho más capacitado que yo para prever, sin riesgo de error, lo que puede y lo que no puede decirse. En todo caso, habrá que andar con pies de plomo [...]. La psicoterapia debe procurar mantenerse dentro del Reich alemán en vez de instalarse fuera de él, sean cuales fueren las dificultades que encuentre para existir.

Y añadía: «Göring es un hombre muy amable y razonable, por lo cual nuestra colaboración se inicia bajo los mejores auspicios».[59]

Jung comenzó entonces a publicar textos favorables a la Alemania nazi. El primero apareció en 1933. Con el título de *Geleitwort* («Editorial»), mostraba una concepción clásica de la diferencia entre las razas y las mentalidades, cada una de ellas dotada, a su juicio, de una «psicología» específica:

> La tarea más noble del *Zentralblatt* será pues, sin dejar de respetar de manera imparcial todas las colaboraciones que se presenten, la de crear una concepción de conjunto que haga a los hechos fundamentales del alma humana más justicia que la recibida hasta ahora. Ya no deben borrarse las diferencias que sin duda existen —y que además son reconocidas desde hace mucho por personas clarividentes— entre la psicología germánica y la psicología judía, ya no deben borrarse, y de ese modo la ciencia saldrá beneficiada. En psicología, más que en cualquier otra ciencia, hay una «ecuación personal», y su desconocimiento desvirtúa los resultados de la práctica y la teoría. No se trata con ello, desde luego —y me gustaría que esto se entienda formalmente—, de una desvalorización cualquiera de la psicología semita, así como no se desvaloriza la psicología china cuando se habla de la psicología propia de los habitantes del Lejano Oriente.[60]

El 26 de junio de 1933, de paso por Berlín debido a un seminario, Jung concedió una entrevista radiofónica a su discípulo Adolf von Weizsäcker, neurólogo y psiquiatra partidario del nazismo. En esa ocasión, este último presentó al maestro de Zurich como un eminente protestante de Basilea y como el «investigador más grande de la psicología moderna». Hábilmente, afirmó que su teoría del psiquismo era más creativa y más cercana al «espíritu alemán» que las de

Freud y Adler. Después indujo a Jung a hacer un retrato apologético de Hitler y de la bella juventud alemana y a condenar a las democracias europeas «inmersas en el parlamentarismo». A modo de conclusión de la entrevista, Jung propuso a las naciones «enriquecerse» mediante la ejecución de un programa de renovación del alma fundado en el culto del jefe: «Como Hitler decía hace poco», declaró, «el jefe debe ser capaz de estar solo y de tener el valor de seguir su propio camino. [...] El jefe es el portavoz y la encarnación del alma nacional. Es la punta de lanza de la falange de todo el pueblo en marcha. La necesidad de las masas siempre exige un jefe, sea cual fuere la forma del Estado».[61]

Negándose a comprender que la ideología nazi apuntaba a la expulsión de todos los judíos de la profesión de psicoterapeuta, para luego exterminarlos, Jung tampoco admitía[62] que una buena cantidad de junguianos alemanes, con quienes colaboraba en el *Zentralblatt*, hubiesen adoptado las tesis del nacionalsocialismo. En este aspecto, su conducta no fue más honorable que la de los mediocres freudianos de Berlín. También ellos suponían que protegían la integridad del psicoanálisis frente a las desviaciones; también ellos consideraban al abuelito Führer de poblada barba como un hombre amable y razonable. Sin embargo, si Jung pudo aceptar sin pestañear esa colaboración, también fue porque su concepción del inconsciente coincidía en gran parte con la defendida por los artífices de la psicoterapia «arianizada». En la huella de una teoría de la diferencia de las razas, Jung consideraba el psiquismo individual como el reflejo del alma colectiva de los pueblos. En otras palabras, lejos de ser un ideólogo de la desigualdad de las razas, a la manera de Vacher de Lapouche o Gobineau, se afirmaba como un teósofo en busca de una ontología diferencial de la psique. Por eso quería elaborar una «psicología de las naciones» capaz de explicar a la vez el destino del individuo y de su alma colectiva. Dividía el arquetipo en tres instancias: el *animus* (imagen de lo masculino), el *anima* (imagen de lo femenino) y el *Selbst* (el sí mismo), verdadero centro de la personalidad. Si le damos crédito, los arquetipos constituían la base de la psique, una suerte de patrimonio mítico propio de una humanidad organizada en torno del paradigma de la diferencia. Armado de su psicología de los arquetipos, Jung incluía a los judíos en la categoría de los pueblos desarraigados, condenados al vagabundeo y tanto más peligrosos cuanto que, para escapar a su desnacionalización psicológica, no vacilaban en invadir el universo mental, social y cultural de los no judíos.

En ese contexto, evolucionó hacia una concepción desigualitaria del psiquismo arquetipal. Hasta entonces se había contentado con un enfoque en términos clásicamente diferencialistas. Pero en abril de 1934 publicó en el *Zentralblatt* un extenso artículo titulado «Zur gegenwärtigen Lage der Psychotherapie», en el cual hacía la apología del nacionalsocialismo y afirmaba a la vez la superioridad del inconsciente ario sobre el inconsciente judío. Ese texto llegaría a ser tristemente célebre y tendría un peso enorme en el destino ulterior de Jung y el movimiento junguiano.

Estaban reunidos todos los ingredientes para transformar la teoría freudiana en un pansexualismo obsceno ligado a la «mentalidad» judía. Jung parecía olvidar que veinticinco años antes había defendido el psicoanálisis contra argumentos del mismo tipo que lo comparaban con una epidemia originada en la decadencia de la Viena imperial. Aquí algunos extractos de ese artículo:

> Los judíos tienen en común con las mujeres la siguiente particularidad: como son físicamente más débiles, deben buscar los defectos en la armadura de sus adversarios y, gracias a esta técnica que se les impuso a lo largo de los siglos, están mejor protegidos en los puntos donde otros son más vulnerables. [...] El judío, que como el chino cultivado pertenece a una raza y una cultura tres veces milenarias, es psicológicamente más consciente de sí mismo que nosotros. Por eso en general no teme desvalorizar su inconsciente. En cambio, el inconsciente ario está cargado de fuerzas explosivas y de la simiente de un futuro aún por nacer. No puede, por tanto, desvalorizarlo o tacharlo de romanticismo infantil, so pena de poner su alma en peligro. Todavía jóvenes, los pueblos germánicos pueden producir nuevas formas de cultura y ese porvenir duerme aún en el inconsciente oscuro de cada ser, donde descansan gérmenes colmados de energía y prontos a abrasarse. El judío, que tiene algo de nómada, jamás ha producido y, sin duda, jamás producirá una cultura original, pues sus instintos y sus dones exigen, para expandirse, un pueblo anfitrión más o menos civilizado. Por eso, según mi experiencia, la raza judía tiene un inconsciente que solo puede compararse bajo ciertas condiciones

con el inconsciente ario. A excepción de algunos individuos creativos, el judío común y corriente ya es demasiado consciente y demasiado diferenciado para llevar en su seno las tensiones de un futuro venidero. El inconsciente ario tiene un potencial superior al inconsciente judío: [esas son] la ventaja y el inconveniente de una juventud todavía próxima a la barbarie. El gran error de la psicología médica consistió en aplicar sin distinción categorías judías —que ni siquiera son válidas para todos los judíos— a eslavos y alemanes cristianos. En consecuencia, solo vio en los tesoros más íntimos de los pueblos germánicos —su alma creadora e intuitiva— ciénagas infantiles y banales, mientras que sobre mis advertencias recaía la sospecha de antisemitismo. Esa sospecha emanaba de Freud, que no comprendía la psique germánica, como, por otra parte, tampoco la comprendían sus discípulos alemanes. El grandioso fenómeno del nacionalsocialismo, que el mundo entero contempla con asombro, ¿no los ha ilustrado?[63]

En su correspondencia de 1934 Jung se quejó varias veces porque ya resultaba imposible hablar de los judíos sin ser tachado de antisemitismo. Cuando los ataques se redoblaron, los atribuyó a una polémica anticristiana: «El mero hecho de que hable de diferencia entre psicología judía y psicología cristiana», escribía a James Kirsch,

basta para que todo el mundo proclame la idea preconcebida de que soy antisemita [...]. Esa actitud es simplemente la muestra de una susceptibilidad enfermiza que hace casi imposible cualquier discusión. Como usted sabe, Freud ya me acusó de antisemitismo porque yo me sentía incapaz de aprobar su materialismo sin alma. Con esa propensión a olfatear antisemitismo por todas partes, los judíos terminan por provocarlo realmente.[64]

A la vez que reprochaba a los judíos generar las condiciones de su persecución, Jung pretendía ayudarlos a ser mejores judíos. En una carta remitida a su alumno Gerhard Adler y fechada el 9 de junio de 1934, aprobó la idea propuesta por este, según la cual Freud era en cierta manera culpable de haberse apartado de su arquetipo judío, de sus «raíces» judías. Esto era tanto como decir que, conforme a su teoría, Jung rechazaba el modelo freudiano del judío sin religión, el judío de la Ilustración. Condenaba la figura moderna del judío desjudaizado, culpable, según él, de haber renegado de su «naturaleza» judía: «Cuando critico el aspecto judío de Freud no critico a *los judíos*, sino su condenable capacidad de renegar de su propia naturaleza, que se manifiesta en Freud».[65] Interesado en llevar a los judíos al terreno de una psicología de la diferencia, Jung se consagró a seguir con atención la evolución de sus discípulos judíos exiliados en Palestina. Por fin arraigados en la nueva Tierra Prometida, estos podrían llegar a ser verdaderos junguianos. El 22 de diciembre de 1935 envió a Erich Neumann, instalado en Tel Aviv, una carta en la que fustigaba a los intelectuales judíos europeos «siempre a la búsqueda de lo no judío». Él, en contraste, valoraba a los judíos palestinos que por fin habían encontrado su «suelo arquetípico»:

> Su convicción muy positiva de que la tierra palestina es indispensable para la individuación judía es preciosa para mí. ¿Cómo conciliar esa idea con el hecho de que los judíos en general han vivido mucho más tiempo en otros países que en Palestina [...]? ¿Será que los judíos están tan acostumbrados a no ser judíos que necesitan concretamente que el suelo palestino les recuerde su judeidad?[66]

En otras palabras, Jung era sionista por antisemitismo, mientras que Freud rechazaba el sionismo porque no creía ni por un momento en la idea de que los judíos hallarían una solución al antisemitismo en la conquista de la Tierra Prometida. Sería hasta el final un judío de la diáspora, un judío universal, en tanto que su viejo discípulo se aferraba a la idea de que los judíos solo podían sobrevivir si se aseguraban un anclaje en un verdadero territorio: oposición entre la Tierra Prometida del inconsciente, interna a la subjetividad, y el territorio de los arquetipos.

Si observamos las cosas con más detenimiento, nos damos cuenta de que Jung utilizaba a veces, en sus textos, la famosa lengua del Tercer Reich —*Lingua Tertii Imperii* (*LTI*)— tan bien descrita por el filólogo Victor Klemperer, una especie de jerga hitleriana que ponía en valor los términos alemanes más simplistas para facilitar la propaganda. Empresa de destrucción de la riqueza de la lengua alemana, la *LTI* terminaría por contaminar todos los discursos y escritos de quienes colaboraban con el régimen. A menudo, los textos escritos en esa «neolingua» multiplicaban las referencias a las presuntas especificidades del judío, siempre designado como una «cosa» inerte o nómada, despreciable, nihilista, al margen de la humanidad, en oposición al «ario» grandioso y sublime, quintaesencia de todas las formas de superioridad «racial».[67]

En este aspecto, puede ser útil comparar las posiciones respectivas de Carl Gustav Jung y Martin Heidegger, feroz enemigo del psicoanálisis. Considerando que los judíos «no tenían mundo» y que el psicoanálisis se emparentaba con un nihilismo, el filósofo anotó, en su cuaderno XIV de 1940-1941, que no había que «indignarse demasiado ruidosamente contra el psicoanálisis» del «judío Freud», como lo hacían los partidarios del biologismo racial, pero añadía al punto que aquel era un modo de pensamiento que no toleraba el ser y que reducía todo a los instintos y a un marchitamiento de lo instintivo. También él utilizaba la jerga del Tercer Reich (*LTI*).[68]

Así como Jung excluía al judío de la diáspora de todo acceso a la «individuación judía», Heidegger excluía al judío de la humanidad pensante para reducirlo a las ciénagas del instinto. Tanto de un lado como de otro, ese antisemitismo que no quería confesar su nombre pretendía suprimir el espíritu judío de la escena del mundo, en cuanto habría dado origen a una doctrina específicamente judía. Para Jung el psicoanálisis carecía de «suelo arquetípico», y para Heidegger era un nihilismo que llevaba el nombre del judío Freud. Ambos tenían en común la adhesión a una suerte de teología antijudeocristiana y politeísta.[69]

En 1936 Göring pudo por fin realizar su sueño. Creó su Deutsches Institut für Psychologische Forschung und Psychotherapie (Instituto Alemán de Investigación Psicológica y Psicoterapia), pronto llamado Göring Institut o Instituto Göring. Para marcar con claridad el triunfo del nazismo sobre el psicoanálisis, la nueva entidad se instaló en la sede de la prestigiosa BPI, símbolo del poderío freudiano que Göring había tenido tantos deseos de aniquilar. El instituto reunía a «freudianos», «junguianos», «independientes» y «adlerianos», que se detestaban unos a otros.

A lo largo de toda la guerra una veintena de freudianos prosiguieron así con sus actividades terapéuticas y sus disputas ideológicas en defensa de un «buen psicoanálisis» bajo la batuta del Instituto

Göring y bajo la bota nazi. En nombre de un presunto salvamento, esos hombres se deshonraron al colaborar en una destrucción que se habría producido de todos modos y que hubiera sido preferible que se llevase a cabo sin ellos. Se sumaron a la lengua del Tercer Reich, aceptaron la erradicación sistemática de todo el vocabulario freudiano y, afirmaran lo que afirmasen para su defensa ulterior, se negaron a analizar a pacientes judíos, que por otra parte estaban excluidos de todo tratamiento y eran enviados a los campos.

En mayo de 1936 la celebración del cumpleaños de Freud cobró dimensiones considerables. Abrumado por los honores, el ilustre sabio, ahora confinado en Viena, recibió regalos y cartas, como si todos los que le rendían homenaje —H. G. Wells, Romain Rolland, Albert Schweitzer y muchos otros— tuvieran conciencia de que su situación era desesperada: «Hasta hace poco», destacaba Albert Einstein,

> yo no podía sino advertir el poder especulativo de su pensamiento, así como su enorme influencia sobre la *Weltanschauung* de nuestra época, sin estar pese a ello en condiciones de hacerme una opinión definitiva acerca de la verdad que contenía. No hace mucho, sin embargo, tuve la oportunidad de oír hablar de algunos casos, no muy importantes en sí mismos pero que, a mi juicio, excluían toda interpretación que no fuese la proporcionada por la teoría de la represión.[70]

Ese día, su sobrina, Lilly Freud-Marlé, le envió tres ensayos que había escrito con destino a él y que le llegaron al corazón, por la conciencia que tenía de la ineluctable dispersión de los miembros de su familia ya exiliados.[71]

Al día siguiente Freud recibió la visita de Binswanger y Thomas Mann, que volvió a visitarlo el 14 de mayo en su villa de Grinzing,[72] donde aquel se instalaba con frecuencia, para leerle el discurso sobre la «vida ya vivida» que había pronunciado en su honor en el Akademische Verein für Medizinische Psychologie. Esta vez Freud se sintió verdaderamente impresionado, al extremo de aceptar que el escritor incluyera su obra en la herencia de la filosofía y lo calificara a él mismo de hijo de Nietzsche y Schopenhauer, además de «pionero de un humanismo del futuro»: «La ciencia», decía Thomas Mann, «jamás hizo el más mínimo descubrimiento que la filosofía no hubiera autorizado y orientado».[73] Y terminaba su elogio con una vibrante llamada a la libertad de los pueblos, al mismo tiempo que destacaba la gran semejanza de Freud con Fausto. Los dos hombres entablaron luego una larga conversación sobre el nombre de José, héroe bíblico, hijo de Jacob y nieto de Isaac, pero también personaje histórico, hermano de Napoleón Bonaparte, siempre muy presente en los escritos freudianos. En enero, además, Freud había escrito un texto sobre ese tema para un libro de homenaje a Romain Rolland.[74]

Mann y Freud sentían pasión por la egiptología y el primero había comenzado a escribir una voluminosa novela bíblica dedicada a José, el último de los patriarcas. En el último libro del Génesis, José, hijo preferido de Jacob, se complace en despertar los celos de sus once hermanos, a quienes cuenta dos sueños proféticos: en el primero, once gavillas del campo se inclinan ante la suya, mientras que en el segundo once estrellas se prosternan. Por haber desafiado a sus hermanos, estos lo arrojan a un pozo y luego lo venden por veinte piezas de plata a los ismaelitas, que lo llevan a Egipto; allí lo compra Putifar, comandante de la guardia del faraón. José se convierte en su mayordomo y tiene que resistir la pasión culpable que la mujer de aquel siente por él. Dios vela por su destino y José, gracias a sus talentos de descifrador de sueños, llegará a ser virrey de Egipto. Al cabo de una vida de exilio, ya poderoso, perdonará a sus hermanos y se reencontrará con su padre, que bendecirá a los hijos que José ha tenido con Asnat, hija de Putifar, y lo designará como heredero privilegiado de la Alianza divina con el linaje de Abraham. En su agonía, José profetizará el Éxodo. A continuación, al conducir a los hebreos hacia la Tierra Prometida, Moisés tomará la precaución de llevar consigo la osamenta del hijo de Jacob.

Para decirlo con otras palabras, en el mismo momento en que Freud, después de haberse sentido subyudado durante toda su vida por el combate de Jacob y el ángel, se interesaba en Moisés, Thomas Mann escribía una novela en cuatro partes donde hacía de José un héroe moderno, una especie de Narciso colmado de privilegios por un padre sometido a lo largo de toda la vida a un combate perpetuo. Convencido de que su belleza y su superioridad intelectual le acarrearían el poder y la gloria, José se envolvía en el velo nupcial de su madre, Raquel, suscitando los celos de sus hermanos. Y entonces su destino lo hacía caer en la servidumbre. Tras ser esclavo, desplegaba todos sus talentos de organizador ante el faraón Amenhotep IV. De ese modo favorecía la transformación de las antiguas mitologías en una religión monoteísta y se convertía en la encarnación de un humanista progresista.

Judío y egipcio, pragmático y administrador, el José de Thomas Mann era el héroe de una espiritualidad que solo podía consumarse en el exilio y la afirmación de una subjetividad inédita frente a un padre todavía aferrado a un universo arcaico. Mediante esta saga el escritor pretendía poner de relieve, frente al nazismo, la tesis de la predestinación de los patriarcas de Israel revisada y corregida por el humanismo que lo inspiraba.

Freud había leído los tres primeros volúmenes de esa tetralogía, aparecidos entre 1933 y 1936,[75] y se inspiró en ellos para comunicar a Mann una asombrosa interpretación del lugar ocupado por José en el destino de Napoleón Bonaparte. A los ojos del emperador, aquel habría tenido el papel de un modelo, alternativamente sublime y demoníaco. Freud partía de la idea de que el joven Bonaparte había sentido en su infancia una intensa hostilidad hacia su hermano mayor José y, para ocupar su lugar, había convertido en amor su odio primitivo, sin perder empero algo de la antigua agresividad, fijada a continuación en otros objetos. Adulado por su madre, Napoleón se habría convertido luego en un sustituto paterno para sus hermanos y habría profesado una pasión desmesurada por Josefina, encarnación femenina de José. Su amor por esta joven viuda, que sin embargo lo trataba mal y lo engañaba, solo habría sido pues, según Freud, el producto de una identificación con José. Pero, para asumir plenamente su papel de sustituto de su hermano mayor, Napoleón habría echado el ojo a Egipto, estableciendo así un lazo con la vida del hijo de Jacob. De tal modo, la campaña egipcia había marcado un momento sublime en la epopeya napoleónica porque permitió a Europa, y por ende al propio Freud, descubrir los vestigios de una fabulosa civilización y abrir un nuevo campo de estudios a la arqueología. Al repudiar luego a Josefina, Napoleón se habría tornado infiel a su mito y habría orquestado él mismo su caída al transformarse en un tirano diabólico. Incorregible soñador, habría tenido en Egipto el mismo papel que

José, hijo de Jacob, para contribuir a continuación a su propia destrucción y la de Europa.

Como la mayoría de los novelistas del siglo XIX —de Balzac a Tolstói pasando por Hugo—, Freud siempre se había interesado en el destino heroico de ese conquistador moderno, admirador de las ciencias, hostil al oscurantismo religioso, que había transformado el mundo europeo y otorgado a los judíos derechos cívicos que favorecieron su asimilación. Por otra parte, Freud le había rendido homenaje al recordar que Isaac Bernays, el abuelo de Martha, había aprovechado el Código Civil sancionado por el ocupante francés para ir a la universidad y llegar a ser más adelante gran rabino de Hamburgo. Por otra parte, el duque de Reichstadt[76] pertenecía por su madre a la casa de los Habsburgo. Todas esas genealogías estaban presentes en la memoria de Freud. Pero, a diferencia de Thomas Mann, él también consideraba al emperador como un bribón y un «magnífico canalla», que había «recorrido el mundo como un sonámbulo para hundirse mejor en el delirio de grandeza».[77] Freud parecía olvidar entonces que en su infancia había admirado a Masséna, masón y mariscal del imperio, nacido el 6 de mayo como él y a quien tomaba por judío.

Como buen anglófilo, consideraba al emperador como un producto puro del jacobinismo francés, sin dejar de proclamar que su historia familiar interesaba en el más alto grado a la doctrina psicoanalítica y que el hombre tenía genio y una «clase magnífica». Además, el destino romántico de ese hombre, que había conocido a Goethe y encarnado la voluntad de toda una época de romper con las mitologías de los orígenes para garantizar el progreso de una nueva conciencia histórica, había suscitado enorme interés en la comunidad freudiana. Jones había sido el primero en hablar a Freud de la historia de José y del complejo oriental de Bonaparte, tras lo cual Ludwig Jekels y Edmund Bergler dedicaron, cada uno por su lado, un ensayo a la vida de Napoleón y a su complejo fraterno o paterno.[78]

Lo cierto es que, en su intercambio de ideas con Thomas Mann, Freud se había acordado de su visita a la Acrópolis y de la perturbación que había experimentado al comprobar que su destino era tan diferente al de su padre.

El interés del intercambio de ideas con Mann radicaba en la similitud entre los dos modos de proceder. Como el escritor, Freud apelaba a la egiptología para traducir la historia bíblica del judaísmo en una novela de la judeidad moderna, a través de la cual un héroe forzado al exilio había sido el fruto de dos identidades: una judía, otra egipcia. Mann había escogido a José y Freud a Moisés, como si cada uno de ellos quisiera, a su manera, ilustrar la grandeza de esa judeidad de la diáspora condenada al genocidio. Mann terminaría su libro en la costa Oeste de Estados Unidos, en compañía de Brecht, Adorno y Fritz Lang, y Freud el suyo en su casa de Londres, rodeado por su familia. Así supieron, uno y otro, preservar desde el fondo de su exilio la belleza de la lengua alemana, ese único bien del que Hitler nunca pudo despojarlos.

En agosto de 1936 Jones presidió en Marienbad el decimocuarto congreso del IPV. Allí propuso abandonar la sigla alemana para adoptar el nombre de International Psychoanalytical Association (IPA). Esa decisión se justificaba porque, ahora, el inglés era mayoritario en los intercambios internacionales y los exiliados de la antigua *Mitteleuropa* lo hablaban a la perfección. Mientras volvían a enfrentarse los partidarios de Melanie Klein y los de Anna Freud, y Melita Schmideberg, apoyada por Edward Glover, libraba una batalla contra su madre, Jacques Lacan, psiquiatra francés ya conocido en su país, hacía su entrada en el movimiento psicoanalítico internacional con una ponencia sobre el «estadio del espejo». Al cabo de diez minutos, Jones le quitó la palabra. Lacan viajó entonces a Berlín a ver las manifestaciones de la undécima Olimpíada, de siniestra memoria. También él quería ver de frente a Hitler. Ante ese espectáculo, que lo horrorizó, y tras la humillación infligida por Jones, sintió que había llegado la hora de llevar a cabo una segunda «revolución freudiana». Por eso redactó un manifiesto, «Más allá del principio de realidad»,[79] que aspiraba a ser el corolario de *Más allá del principio de placer*. Por el momento, en el ámbito de la IPA nadie sospechaba todavía el impacto que en el futuro tendría la refundición lacaniana de la obra de Freud.

En noviembre, durante una reunión de la WPV, Boehm comprobó, como Anna Freud, que muchos estudiantes seguían cursos de psicoanálisis en el marco del Instituto Göring. A esas alturas Freud comenzaba a darse cuenta de que la política de «salvamento» del psicoanálisis no era, sin duda, la mejor opción. Pidió a Boehm que le expusiera la situación, justo antes de retomar sus ataques contra Adler y recomendar no hacer concesión alguna a los partidarios de la «psicología de la protesta masculina».

Boehm había logrado hacerse pasar por un defensor del freudismo, sin dejar de admitir que lo que sucedía por entonces en Alemania jamás habría sido tolerado por el movimiento un año antes. Lo inaceptable se había banalizado. Propuso de todos modos invitar a un miembro de la WPV a Berlín: «¿A quién invitará?», preguntó Freud. Y Boehm mencionó a Richard Sterba, el único no judío de esa entidad, hostil, además, a cualquier forma de colaboración con el nazismo: «Aceptaré de buen grado la invitación», respondió Sterba, «después de que inviten a uno de mis colegas judíos de Viena a hablar en el Instituto de Berlín». Quería creer que Freud desaprobaba por completo la política de Jones, cosa que todavía no sucedía. Siniestra reunión.[80]

En el Instituto Göring cada cual se dedicaba a sus investigaciones y experiencias. En las filas de la fenecida DPG, John Rittmeister, August Watermann, Karl Landauer y Salomea Kempner fueron —exterminados o asesinados— las principales víctimas de esa política, como, por otra parte, varios otros terapeutas húngaros o austríacos que nunca consiguieron exiliarse.

Algunos partidarios alemanes de Alfred Adler también participaron en esa política de colaboración. Sin embargo, los nazis jamás consideraron las tesis adlerianas como una «ciencia judía», aunque el padre fundador de la psicología individual era tan judío como Freud. Pero, a diferencia del psicoanálisis, la psicología adleriana oponía un particularismo extraño al universalismo freudiano. En síntesis, solo el psicoanálisis fue considerado como una «ciencia judía», debido a su pretensión de aplicarse a la subjetividad humana como tal. En ese concepto, caía bajo el peso de una condena mucho más radical. No solo había que exterminar a sus partidarios sino también destruir su lengua y sus conceptos.

Empeñados en combatirse unos a otros, freudianos, adlerianos y junguianos, reunidos en el Instituto Göring, colaboraron pues en su propia erradicación. Hasta su muerte Adler trató a Freud de farsante y conspirador,[81] mientras que este último no dejaba de decir cosas del mismo tipo contra su antiguo rival: «paranoico, Fliess en peque-ño», etc. Cuando Adler murió en Escocia en mayo de 1937, durante una gira de conferencias, Freud pronunció estas palabras vengativas: «Para un muchacho judío salido de los arrabales de Viena, morir en Aberdeen es un final inesperado y la prueba del camino que ha re-corrido. Ha recibido una recompensa realmente buena por haberse encargado de aportar la contradicción al psicoanálisis».[82]

Desde el verano de 1934 Freud trabajaba en su obra sobre Moi-sés, inspirada por la de Thomas Mann y la reacción común de ambos a las persecuciones antisemitas. Había hablado de ese proyecto por primera vez con Arnold Zweig, y después con Lou Andreas-Salomé: «Moisés no era judío», decía, «sino un egipcio distinguido [...], ar-diente partidario de la creencia monoteísta de la que Amenhotep IV había hecho en 1350 a.C. una religión de Estado».[83]

Lou Andreas-Salomé había recibido con alegría el anuncio de ese nuevo ensayo. Pero un año después se refirió a su decaimiento físico, que coincidía en Gotinga con la profundización cada vez más crimi-nal del furor nazi. Perseguida por el odio de Elisabeth Förster, que has-ta su muerte en 1935 contribuyó a la adaptación de la obra de Nietz-sche a los principios del nazismo, se había visto obligada a adherirse a la Asociación de Escritores del Reich y a llenar formularios para dar fe de su pertenencia a la «raza aria». Día tras día comprobaba que sus vecinos, enardecidos por el hitlerismo, enarbolaban en sus postigos os-tentosas cruces gamadas: la llamaban la «bruja». En un momento de angustia escribió un texto que pensaba entregar a un editor, dedicado a su «adhesión a la Alemania de nuestros días». Pero cuando se dio cuenta de que iban a poder utilizarlo como una prueba de su apoyo al régimen, lo rompió. Su fiel amigo Ernst Pfeiffer recogió los pedazos rotos y los conservó en sus archivos. Bajo ese título ambiguo Lou se refería al alma alemana y no a una adhesión a lo que Alemania había llegado a ser. Y se valía de un estilo que siempre la había caracterizado: culto de la naturaleza, vitalismo, aspiración a una espiritualidad.[84]

Cuando Freud se enteró de su muerte, escribió de inmediato su obituario, en el que saludaba la memoria de esa mujer excepcional a la que había amado tanto: «Quien se le acercaba recibía la más inten-sa impresión de la autenticidad y la armonía de su ser, y también po-día comprobar, para su asombro, que todas las debilidades femeninas y quizá la mayoría de las debilidades humanas le eran ajenas, o las había vencido en el curso de su vida».[85]

Algunos días más tarde un funcionario de la Gestapo irrumpió en la casa de Lou para confiscar su biblioteca, que terminaría en los sótanos del ayuntamiento. Para justificar esa requisa se adujo que había sido psicoanalista, que practicaba una «ciencia judía», que había sido amiga de Freud y que los anaqueles de su biblioteca contenían libros de autores judíos.

Cada vez más aferrado al pasado y a sus viejas amistades, Freud quiso, en ese año muy sombrío, volver al debate que lo había opuesto a sus dos discípulos preferidos: Ferenczi y Rank. Y por eso publicó en 1937 dos grandes artículos sobre la técnica psicoanalítica: «Análisis terminable e interminable» y «Construcciones en el análisis».[86]

En el primero señalaba que Rank, mediante la hipótesis de un trauma del nacimiento, procuraba eliminar la causalidad psíquica de la neurosis. Y también acometía contra la tentativa de acortar la duración de la cura, haciendo notar que estaba ligada a una coyuntura histórica: «El intento de Rank era hijo de su época», decía, «fue concebido bajo el influjo de la oposición entre la miseria europea de posguerra y la *prosperity* norteamericana, y estaba destinado a acompasar el tempo de la terapia analítica a la prisa de la vida norteamericana».

En cuanto a Ferenczi, Freud criticaba en este «maestro del análisis» el peligro que representaba la búsqueda permanente de un retorno a la hipnosis como sustituto del análisis de la transferencia. Y agregaba que la práctica del psicoanálisis era el ejercicio de una «profesión imposible»[87] y que, de antemano, nunca se podía estar seguro de su resultado. El esfuerzo terapéutico, decía, oscila entre un fragmento de análisis del ello y un fragmento de análisis del yo: en un caso se quiere llevar a la conciencia algo del ello, y en otro, corregir el yo. Sin esa oscilación, añadía, no puede haber éxito terapéutico. En consecuencia, seguía diciendo, el analista no es más normal que su paciente y, como copartícipe «activo», está sometido más que este último a los peligros del análisis. Por eso, «todo analista debería hacerse de nuevo objeto de análisis periódicamente, quizá cada cinco años, sin avergonzarse por dar ese paso. Ello significaría, entonces, que el análisis propio también, y no solo el análisis terapéutico de enfermos, se convertiría de una tarea terminable en una interminable».[88]

Este artículo mostraba que, en 1937, Freud se oponía aún al método ferencziano en relación con el dominio de la contratransferencia y la idea de sostén activo al paciente. Si la formación del terapeuta supone una tarea infinita es porque, decía en sustancia, el análisis de los analistas nunca se termina, así como la curación nunca es un hecho consumado. La noción de análisis interminable obedece pues al proverbio «lo que pronto se gana, más rápido se pierde». Como Ferenczi, Freud afirmaba así la irreductibilidad de la psicoterapia a la institucionalización y ponía al futuro didáctico en una posición idéntica a la del paciente. Una vez más, dudaba de la eficacia de la psicoterapia pero afirmaba que los fracasos experimentados obedecen también a múltiples factores: tipos de patología, resistencia de los pacientes, actitudes de los analistas. En síntesis, más allá de la crítica que hacía a Rank y Ferenczi, Freud tomaba nota de las dificultades con que él mismo se había topado en muchas terapias psicoanalíticas.

Ese texto abría el camino a numerosas interpretaciones y sobre todo a la idea de que algún día los analistas, como los pacientes, podrían recurrir durante toda su vida a nuevos «períodos» de análisis para explorar indefinidamente las causas de sus patologías.

En el segundo artículo, aún más interesante, Freud volvía a la historia de Serguéi Pankejeff para distinguir la noción de interpretación de la de construcción. Y admitía que las construcciones puestas en práctica en la cura podían perfectamente ser de la misma naturaleza que los delirios de los pacientes.

Por medio de esas dos intervenciones Freud quería tomar posición, por última vez, con respecto a una cuestión que, mucho tiempo después de su muerte, se revelaría esencial en la historia del movimiento psicoanalítico.

Por esos días Rank seguía haciendo una carrera fulgurante en Estados Unidos. Rechazado por la IPA, practicaba curas breves, cara a cara, y no dejaba de analizar lapsus, actos fallidos y sueños. Un día un paciente le pidió que lo recibiera, a pesar de que ya lo habían analizado cuatro terapeutas: dos freudianos, un junguiano y un adleriano. El hombre afirmaba no padecer de ningún problema sexual, pero necesitaba ayuda. Rank comprendió al punto que ese paciente buscaba la manera de hacer fracasar la cura misma. Por eso aceptó ayudarlo, con la única condición de abordar con él la cuestión sexual. De ese modo daba a entender que nadie podía ejercer un control sobre el devenir del análisis: ni el paciente ni el terapeuta.

Muy a menudo Rank mencionaba con nostalgia el recuerdo de Freud y de su juventud vienesa. En cuanto a Freud, despechado, consideraba que su antiguo discípulo estaba afectado desde hacía tiempo por una psicosis maníaco depresiva que se había agravado después de su mudanza definitiva al continente americano.[89]

En Berlín, Hitler había consolidado su alianza con Mussolini. Brindaba su apoyo a los nacionalistas españoles y contemplaba seriamente la posibilidad de anexionar Austria al gran Reich. En esas circunstancias, Weiss ya no tenía nada que esperar de Forzano y Freud comenzaba a comprender que Viena estaba tan amenazada como el psicoanálisis: «Es indudable», escribía a Jones en marzo de 1937,

> que la irrupción de los nazis ya no podrá impedirse; las consecuencias, incluso para el análisis, serán funestas [...]. Si nuestra ciudad cae, los bárbaros prusianos inundarán Europa. Por desdicha, el poder que nos ha protegido hasta hoy —Mussolini— parece ahora dejar las manos libres a Alemania. Querría vivir en Inglaterra como Ernst e ir a Roma como usted.[90]

A pesar de esa comprobación, Freud aún quería creer que Kurt von Schuschnigg, el sucesor de Dollfuss en la cancillería, un hombre perteneciente a la vieja nobleza imperial, conseguiría salvaguardar la independencia del país. Se equivocaba. Se negaba a admitir la realidad aun cuando la tenía frente a sus ojos, actitud idéntica a la que había adoptado durante su visita a la Acrópolis. En noviembre de 1937 Stefan Zweig lo visitó y le sugirió la necesidad de escribir un libro sobre la tragedia de los judíos: «Cuando pienso en Viena y el ánimo se me ensombrece, lo evoco a usted. De año en año su negra severidad me resulta cada vez más ejemplar. Y me siento ligado a usted con una gratitud siempre creciente».[91]

La política del pretendido «salvamento», orquestada por Jones y defendida por Freud, fue un completo fracaso que se traduciría, tanto en Alemania como en toda Europa, en una colaboración lisa y llana con el nazismo, pero sobre todo en la disolución de todas las instituciones freudianas y la emigración hacia el mundo angloparlante de la casi totalidad de sus representantes. De no habérsela implementado, el destino del freudismo en Alemania no habría cambiado en nada, pero se hubiera preservado el honor de la IPA. Y sobre todo, esa desastrosa actitud de neutralidad, de no compromiso, de apoliticismo, no se hubiera repetido a posteriori bajo otras dictaduras, como en Brasil, Argentina y muchos otros lugares del mundo.

Corroído por el cáncer, Freud iba a asistir durante los dos últimos años de su vida al derrumbe y la ruina de todo lo que había construido: editoriales destruidas, libros quemados, discípulos perseguidos, asesinados u obligados a exiliarse, institutos desmantelados, objetos saqueados, vidas humanas reducidas a la nada.

3

La muerte en acción

En los últimos años de su vida Freud entabló una hermosa relación de amistad con William Bullitt, diplomático y periodista dandi, perteneciente a una riquísima familia de abogados de Filadelfia y asesor del presidente Woodrow Wilson. Enviado en misión a Rusia y gran admirador de la Revolución de Octubre, se había reunido con Lenin con la firme intención de reanudar las relaciones entre los dos países. Pero, fracasadas las negociaciones, participó en la Conferencia de Paz y luego criticó severamente el Tratado de Versalles, que juzgaba inaceptable para los vencidos. A causa de ello se forjó una vigorosa hostilidad hacia Wilson. En 1924 se casó con Louise Bryant, una bella militante anarquista, antigua amante de Eugene O'Neill y viuda del célebre periodista John Reed, autor de *Diez días que estremecieron al mundo*, con quien había tenido una hija. Afectada hacia 1928 por la terrible enfermedad de Dercum,[1] que la hacía sufrir y la tornaba monstruosa, Louise se hundió en el alcoholismo y la locura, lo cual la llevó, por consejo de su marido, a consultar a Freud. Egocéntrico, colérico, emotivo e incapaz de soportar esa situación, Bullitt no dejaba de abrumar a Louise con sus reproches, y se separó de ella cuando advirtió que tenía un amorío con una escultora, Gwen Le Gallienne. Peor aún, aprovechó esa circunstancia para obtener la custodia de su hija, con la deliberada intención de apartar a su madre de la vida de esta.

Fue en mayo de 1930, en el momento de su divorcio, cuando Bullitt conoció a Freud en el sanatorio de Tegel, Berlín. Tratado entonces por una neumonía, deprimido y con la muerte como único pensamiento, Freud escuchó con interés las palabras de Bullitt, que le transmitió su intención de escribir una biografía de Wilson sobre la base de los muchos archivos que tenía a su disposición. Se recordará que Freud había conocido la vida del vigésimo octavo presidente norteamericano al leer la obra de Hale, *The Story of a Style*. Por eso propuso su ayuda a Bullitt. Soñaba desde siempre con escribir una verdadera psicobiografía que, por su estilo, fuera muy diferente del ensayo literario que había dedicado a Leonardo da Vinci. Esta vez, gracias a ese seductor diplomático, podría sin duda disponer de toda la documentación necesaria. Pero en esos mismos días el periodista Ray Stannard Baker estaba escribiendo una monumental biografía oficial de Wilson, y Bullitt sabía que tendría que obrar con astucia para resistir el choque que significaba semejante competidor. De ahí el interés de arrastrar a la aventura al maestro vienés, a quien también pidió que lo tomara en análisis. Paralelamente, puso a su amigo Edward Mandell House[2] al tanto de su proyecto que, recomendaba, no debía divulgarse de ninguna manera.

En octubre Freud, al poco tiempo de haber sufrido una nueva operación, se sintió muy feliz de volver a ver a Bullitt para compartir algunas sesiones de trabajo y de análisis. Juntos, consultaron más de un millar de páginas dactilografiadas y discutieron punto por punto cada momento importante de la vida y la actividad de Wilson. Freud escribió entonces un primer borrador de algunas partes del futuro manuscrito mientras Bullitt se encargaba de otras, y tomaron la decisión de publicar la obra en Estados Unidos, bajo la responsabilidad del diplomático. En enero de 1932 este remitió a su coautor la suma de dos mil quinientos dólares en carácter de anticipo de la edición norteamericana, pero en la primavera estalló una disputa cuya clave nadie conocería jamás y que no pareció afectar en exceso a Freud. El año siguiente este declaró que Bullitt era el único norteamericano que comprendía a Europa y deseaba hacer algo por su futuro. Finalmente, tras ser nombrado embajador en Moscú por Roosevelt, Bullitt decidió, de acuerdo con Freud, dejar madurar la obra y que cada uno firmara los capítulos de cuya redacción se había encargado.

La obra se publicaría en inglés en 1967[3] tras la muerte de Edith Bolling Galt, segunda mujer de Wilson, y en vísperas de la de Bullitt. La portada lleva el nombre de los dos autores. En esa fecha el libro no despertó la atención ni de los historiadores, ni de los políticos, ni de los psicoanalistas.

Además, los herederos de Freud solo creyeron reconocer la pluma del maestro en el prefacio. Es cierto, el estilo de la obra era muy diferente al de los otros libros de Freud. Se trataba de una verdadera psicobiografía cuyo método se ajustaba por entero a la teoría freudiana de las sustituciones. En otras palabras, Bullitt había logrado escribir un libro tan fiel a la doctrina freudiana que parecía ser demasiado servilmente freudiano para haber salido de la pluma de Freud. Le faltaban la duda, la ambivalencia, las hipótesis osadas, todas esas cosas tan características del proceder de *Herr Professor*.[4]

De un antiamericanismo virulento, la obra proponía un análisis de la locura de un hombre de Estado, en apariencia normal, en el ejercicio de sus funciones. Identificado desde su más tierna infancia con la figura de su padre, pastor presbiteriano y gran autor de sermones, Wilson se había tomado en un principio, según Bullitt, por el hijo de Dios, para convertirse luego a una religión de su propia cosecha en la que se atribuía el lugar de Dios, y había decidido abrazar la carrera política para realizar sus sueños mesiánicos. Cuando llegó a la presidencia todavía no había cruzado las fronteras de Estados Unidos, que consideraba, en el mismo concepto que la Inglaterra de Gladstone, como el país más hermoso del mundo. Por lo demás, era por completo ignorante de la geografía de Europa y no sabía que en ese continente se hablaban varias lenguas. Así, con motivo de las negociaciones del Tratado de Versalles pareció «olvidar» la existencia del paso del Brennero y cedió a Italia el Tirol del Sur y sus austríacos, sin saber que hablaban en alemán. De igual manera, dio pleno crédito a un allegado que le dijo que la comunidad judía estaba constituida por cien millones de individuos repartidos en los cuatro puntos cardinales del mundo. Odiaba Alemania y pensaba que sus habitantes vivían como animales salvajes.

No contento con estas acusaciones, Bullitt afirmaba que, para llevar a buen puerto su política internacional, el presidente norteamericano se había apoyado en silogismos delirantes. Así, como Dios es bueno y la enfermedad es mala, Wilson deducía que si Dios existe, la enfermedad no existe. Este tipo de razonamientos le permitía negar la realidad en beneficio de una creencia en la omnipotencia de sus discursos, lo cual lo llevó, según los autores, al desastre diplomático. De tal modo, había creado la Sociedad de Naciones antes de que se iniciara la discusión sobre las condiciones de paz, y a raíz de ello los vencedores, seguros de la protección norteamericana, pudieron despedazar tranquilamente Europa y condenar a Alemania con toda impunidad.

Wilson creyó entonces, según Bullitt, tener en los «catorce puntos» la clave de la fraternidad universal.[5] Pero en vez de tratar con sus socios y discutir cuestiones económicas y financieras, les soltó un sermón de la montaña y se marchó de Europa, convencido de haber instaurado la paz eterna sobre la Tierra.

Tratándose de la «libido» de Wilson, Bullitt afirmaba que era particularmente débil. Casado una primera vez con una amiga de su prima, Ellen Axson, apenas unos meses después de la muerte de esta contrajo matrimonio con Edith Bolling Galt. Ambas mujeres eran sustitutas de su madre, añadía el diplomático, y bastaban para satisfacer sus tibios deseos. Y Bullitt llegaba entonces a la conclusión de que, conforme muestra la experiencia, los hombres que han sido felices en pareja suelen volver a casarse muy rápidamente. Se reconocía en ello la tesis freudiana de las sustituciones: una mujer sustituye a la madre y una segunda a la primera.

Cualquiera que haya sido el motivo de la disputa entre Freud y Bullitt, esa obra, rechazada por los historiadores, tachada de apócrifa por la comunidad freudiana y ridiculizada por los antifreudianos, era fiel en no pocos puntos a la concepción freudiana de la historia. En efecto, describía el encuentro entre un destino individual, donde interviene una determinación inconsciente, y una situación histórica precisa sobre la cual actúa esa determinación. Pero también hacía pensar en una ensoñación sobre un héroe caído. Sea como fuere, con su prefacio que apoyaba el proceder de Bullitt, Freud daba una consistencia aún más fuerte a su antiamericanismo, a su aborrecimiento de la democracia igualitaria y a su convicción de que la vieja Europa había sido destruida por un don Quijote oscurantista.

La personalidad de Wilson se prestaba a un análisis semejante y Freud tenía buenas razones para detestar a este idealista fanático que pretendía otorgar a los pueblos de Europa el derecho a disponer de sí mismos, como si hubiesen sido ignorantes en materia de derecho y democracia. Pero ese retrato psicológico tenía el defecto de hacer de la neurosis de Wilson, y de su postura de profeta iluminado que había reprimido su odio al padre, las únicas causas de lo que Freud y Bullitt veían como fracasos de su política. Olvidaban el importante papel desempeñado por Clemenceau. Además, la hipótesis de la «libido débil» distaba de confirmarse: se sabe, en efecto, que durante su primer matrimonio Wilson había tenido una relación oculta con otra mujer.[6] En el fondo, lo criticable era el principio mismo de la aplicación del método interpretativo al trabajo histórico. Y sabemos hasta qué punto es nociva en ese ámbito la pretensión de esclarecer un destino a la luz de un presunto complejo edípico.

El gran tema de esos últimos años fue para Freud la escritura de una «novela histórica» dedicada a la cuestión de la identidad judía: *Moisés y la religión monoteísta*. La génesis de esta obra fundamental, única en su género y una de las más comentadas del mundo, merece relatarse, en virtud de la gran conexión de su historia con la del avance del nazismo en Europa.

Desde hacía mucho, e incluso antes de hablar sobre el tema con Lou Andreas-Salomé, Zweig o Mann, Freud estaba obsesionado con la figura del primer profeta del judaísmo que prefiguraba a Jesucristo para los cristianos y precedía a Mahoma para los musulmanes. Admiraba en primerísimo lugar a aquel a quien Miguel Ángel había representado tan magníficamente, un Moisés capaz de dominar sus pulsiones, un Moisés del Renacimiento italiano, un Moisés de la Ilustración mucho más resplandeciente que el del texto sagrado, un Moisés que había sacado a su pueblo del letargo imponiéndole leyes, indicándole el camino de la Tierra Prometida e inventando una nueva intelectualidad (*Geistigkeit*).[7] Una vez más, frente al resurgimiento de un antisemitismo cuyo alcance genocida él no alcanzaba a discernir, Freud se preguntaba por qué el judío se había granjeado tanto odio.[8] Pero, sobre todo, se hacía la pregunta sobre la identidad judía: ¿cómo llega uno a ser judío?

Como en *Tótem y tabú*, pretendía meterse de lleno en la cuestión del origen. Por lo demás, la semejanza entre las dos obras es sorprendente: varios relatos literarios yuxtapuestos, la misma interrogación a contrapelo de la evolución de las ciencias humanas de la época, la misma inquietud por privilegiar mitos de origen a fin de inventar otros mitos necesarios para la exploración del psiquismo inconsciente, la misma fascinación por la exégesis y la arqueología, la misma voluntad de asociar el psicoanálisis tanto a las ciencias de la naturaleza como al poder fundacional de los mitos.

En 1934 Freud comenzó a escribir un primer ensayo, «Moisés, un egipcio», en el cual toma como fuentes de inspiración a Mann, Goethe y Schiller, pero también muchos trabajos de historiadores egiptófilos interesados en dar una denominada interpretación «racional» de la historia bíblica. En ese texto retomaba la tesis, muy en boga desde fines del siglo XVIII, según la cual Moisés habría sido un alto dignatario egipcio, partidario del monoteísmo y asesinado por su pueblo.[9] Y para explicar esa «egipcianidad» recurría a la noción de «novela familiar» aplicable, como decía Rank, a numerosos relatos, leyendas y mitos, entre ellos el de Edipo.[10] Un niño «expósito» debido a un destino supuestamente trágico es recogido por una familia que lo cría. En la edad adulta, el personaje descubre que no es quien cree ser y cumple su destino. En la mayoría de los casos la primera familia, la de nacimiento del niño, es de alto rango, y la segunda, donde este crece, es de humilde condición. En la historia de Edipo las dos familias son de alto rango, mientras que en la de Moisés, tal como la presenta la Biblia, la primera es humilde (los hebreos) y la segunda, de sangre real (el faraón).

Con intención de demostrar que Moisés era egipcio, Freud proponía invertir los términos de la leyenda. La verdadera familia, de sangre real, decía, era la que abandona al niño en el agua dentro de una cesta, y la otra, humilde, la familia inventada (los hebreos). Así, el héroe habría descendido de sus alturas para ir hacia el pueblo de Israel a fin de salvarlo.[11]

En un segundo ensayo, «Si Moisés era egipcio...», Freud exploró la historia del nacimiento del monoteísmo a partir del reino de Amenhotep IV (Akenatón), en el siglo XIV a.C. Se deleitaba con esta nueva inmersión en una historia arcaica en la que se encadenaban los unos a los otros los nombres más prestigiosos de la antigüedad egipcia, y llegaba a la conclusión de que Moisés, personaje pintoresco de novela, había transmitido la religión de sus padres al pueblo de Israel.[12] Luego había impuesto a este el rito egipcio de la circuncisión a fin de probar que Dios lo había elegido mediante esa alianza.

Para contar la continuación de esa historia, Freud se remitía a los trabajos de un exégeta berlinés, Ernst Sellin, que en 1922, sobre la base de una lectura del relato del profeta Oseas, había propuesto la idea de que Moisés habría sido víctima de un asesinato colectivo cometido por su pueblo, que prefería entregarse al culto de los ídolos. Convertida en una tradición esotérica, la doctrina mosaica, según Sellin, habría sido transmitida a posteriori por un círculo de iniciados. Y sobre ese sustrato habría nacido la fe en Jesús, también un profeta asesinado, y fundador del cristianismo. De esta interpretación cristiana que hacía Sellin del relato bíblico,[13] Freud deducía la idea de que los hebreos, una vez liberados de su cautiverio, no habrían tolerado la nueva religión. En consecuencia, habrían matado al hombre que se pretendía profeta y luego borrado de su memoria el recuerdo de ese asesinato.[14]

Conforme a la hipótesis de Eduard Meyer,[15] orientalista y egiptólogo, a continuación Freud asociaba a este acontecimiento otra historia bíblica, más tardía, concerniente a la alianza forjada por los israelitas con las tribus beduinas instaladas en el país de Madián,[16] cuyo dios, Yahvé, era una divinidad brutal y pulsional. Dentro de esas tribus, otro Moisés, un levita recogido por Jetró, había desposado a la hija de este y se había convertido en sacerdote tras escapar de las persecuciones del faraón. De esos dos relatos nació la leyenda bíblica de un Moisés único, fundador de una religión que unía el antiguo culto de Yahvé y el nuevo monoteísmo importado de Egipto.[17] Y Freud añadía que la religión arcaica de Yahvé había excluido y luego reprimido el monoteísmo mosaico, mucho más intelectual. Sin embargo, al cabo de varios siglos, este había resurgido. Y Yahvé había sido dotado entonces de los atributos intelectuales del monoteísmo, mientras que la figura escindida de Moisés se reunificaba bajo los rasgos de un solo profeta que imponía la ley de un Dios único: un Dios del verbo y la elección, portador de un mensaje altamente intelectual.

Una vez más, Freud aplicaba a ese relato reinventado su doctrina de las sustituciones valiéndose de su talento de descifrador de enigmas: un Moisés disimula otro, este toma los atributos del primero y recíprocamente, en tanto que el recuerdo del asesinato sigue reprimido. Pero, más aún, recuperaba una figura apreciada por él: la oposición entre un Moisés oscurantista, primitivo y destructor, y un Moisés legislador y racional.[18]

En 1937, entre enero y agosto, Freud publicó esos dos ensayos, mientras continuaba trabajando en un tercero. De todos modos, antes de terminarlo redactó dos «advertencias preliminares», una en Viena en marzo de 1938, otra en Londres en junio del mismo año. En la primera hacía un balance de la situación política de Europa y tomaba nota del hecho de que la Rusia soviética no había logrado extirpar «el opio del pueblo» (la religión) de la nueva sociedad comunista, a pesar de haber otorgado a los individuos cierta dosis de libertad sexual. Constataba luego que el pueblo italiano vivía ahora bajo el yugo de un régimen autoritario, mientras que Alemania retrocedía hacia la más oscura de las barbaries. Y sacaba como conclusión que las democracias conservadoras se habían convertido, en el mismo concepto que la Iglesia católica, en las guardianas del progreso cultural. Por eso afirmaba no querer escandalizar a sus compatriotas austríacos con la publicación de la última parte de su estudio sobre Moisés, que contribuía una vez más a desacralizar la religión monoteísta —y por lo tanto el judeocristianismo— al transformarla en una novela histórica, poblada de mitos y héroes neuróticos. Y se decía convencido de que el psicoanálisis no tenía «un hogar más preciado que la ciudad donde ha nacido y crecido».[19] Por entonces Freud todavía creía que su movimiento contaba con la protección de la Iglesia católica y el gobierno austríaco que, a su entender, sabría resistir al nazismo. Y sin embargo, también tenía conciencia, desde marzo de 1937, de que ya nada detendría a Hitler. En síntesis, en vísperas del *Anschluss* sabía sin querer saber y todavía esperaba.

En la segunda advertencia preliminar, escrita en junio de 1938, ya exiliado en Londres, Freud daba un giro:

> De pronto sobrevino la invasión alemana; el catolicismo reveló ser, para decirlo con palabras bíblicas, una «caña flexible». En la certidumbre de que ahora no me perseguirían solo por mi modo de pensar, sino también por mi «raza», abandoné con muchos amigos la ciudad que había sido mi patria desde mi temprana infancia y durante setenta y ocho años.

424   FREUD, LOS ÚLTIMOS TIEMPOS

Hallé la más amistosa acogida en la bella, libre y generosa Inglaterra. Aquí vivo ahora, como huésped bien visto, y he recobrado el aliento, pues aquella opresión ha desaparecido y ahora vuelvo a tener permitido hablar y escribir —casi estuve por decir: pensar— como quiero o debo. Oso, pues, mostrar la última parte de mi trabajo.[20]

Hubieron de ser necesarios cinco años, por tanto, entre la toma del poder por los nazis en 1933 y el *Anschluss*, para que Freud comprendiese. Pero no habría de ser el único que no mirara a Hitler a la cara. Ese desconocimiento de la situación de Austria y de la naturaleza del nazismo confirma en todo caso hasta qué punto Freud, por lo común tan lúcido, estaba más apegado a Viena y a su judeidad vienesa de lo que él mismo creía, y hasta qué punto su obra era, mucho más de lo que suponía, el producto de una historia inmediata que él no controlaba, lo cual la hace, además, tan interesante. Cuanto más exploraba los mitos de origen, más interpretaba los textos sagrados para tornarlos compatibles con sus construcciones y más hablaba del tiempo presente, es decir, de las mutaciones del antisemitismo y su impacto sobre la redefinición de la identidad judía.

En el tercer ensayo, «Moisés, su pueblo y la religión monoteísta», Freud retomaba la tesis de los dos Moisés, el madianita y el egipcio, para ligar el destino del judaísmo al del cristianismo. El pueblo que el profeta había elegido, decía, habría matado al padre fundador pero reprimido el recuerdo del asesinato, que habría retornado con el cristianismo. Freud se inspiraba aquí en el antiguo antijudaísmo cristiano para interpretarlo a contrapelo de su enfoque clásico, el del pueblo deicida. Y de resultas vinculaba el judaísmo al cristianismo al hacer del primero la religión del padre, del segundo la religión del hijo, y de los cristianos los legatarios de un asesinato reprimido por los judíos: «El viejo dios-padre se oscureció detrás de Cristo, y Cristo, el hijo, advino a su lugar, en un todo como lo había ansiado cada hijo varón en aquel tiempo primordial».[21]

Siempre según Freud, Pablo de Tarso, continuador del judaísmo, también habría sido su destructor: con la introducción de la idea de redención habría logrado conjurar el espectro de la culpa humana, pero al precio de contradecir la idea de que los judíos eran el pueblo elegido. En consecuencia, al renunciar al signo manifiesto de esa elección —la circuncisión—, habría transformado el cristianismo en una doctrina universal capaz de dirigirse a todos los hombres.

Pero Freud afirmaba también que el odio hacia los judíos era alimentado por su creencia en la superioridad del pueblo elegido y la angustia de castración que suscitaba la circuncisión como signo de la elección. A su entender, ese rito apuntaba a ennoblecer a los judíos y llevarlos a despreciar a los otros, los incircuncisos. Desde el mismo punto de vista, tomaba al pie de la letra, para desplazar su significación, la queja principal del antijudaísmo, es decir, la negativa de los judíos a admitir que habían dado muerte a Dios. El pueblo judío, decía, se obstina en negar el asesinato del padre y los cristianos no dejan de acusar a los judíos de deicidas, porque se han liberado de la culpa original desde que Cristo, sustituto de Moisés, sacrificó su vida para redimirlos. En otras palabras, si el cristianismo es una religión del hijo que confiesa el asesinato y lo redime, el judaísmo sigue siendo una religión del padre que se niega a reconocer el asesinato de Dios. Y no por ello los judíos dejan de ser perseguidos por el asesinato del hijo, del que son inocentes. Freud llegaba a la conclusión de que esa negativa exponía a los judíos al resentimiento de los otros pueblos.

Después de admitir que la historia de los judíos no puede separarse de la del antijudaísmo de los cristianos, Freud explicaba que el antisemitismo moderno da fe de un desplazamiento hacia los judíos del odio al cristianismo:

> Todos estos pueblos que hoy se precian de odiar a los judíos solo se hicieron cristianos tardíamente en la historia, a menudo forzados a ello por una sangrienta compulsión. Uno podría decir que todos son «falsos conversos», y bajo un delgado barniz de cristianismo han seguido siendo lo que sus antepasados eran, esos antepasados suyos que rendían tributo a un politeísmo bárbaro. No han superado su inquina contra la religión nueva que les fue impuesta, pero la desplazaron a la fuente desde la cual el cristianismo llegó a ellos. [...] Su odio a los judíos es, en el fondo, odio a los cristianos; no cabe asombrarse, pues, si en la revolución nacionalsocialista alemana este íntimo vínculo entre las dos religiones monoteístas halla tan nítida expresión en el hostil trato dispensado a ambas.[22]

En otras palabras, si el judaísmo, religión «fósil», es superior al cristianismo por su fuerza intelectual, pero inepto para la universalidad, hay que asociarlos históricamente —en su diferencia misma— para fecundar una cultura judeocristiana capaz de oponerse al antisemitismo moderno.

En el fondo, este proceder consistía en sacar a la luz las raíces inconscientes del antisemitismo a partir del propio judaísmo, y ya no en considerarlo como un fenómeno exterior a este. Una manera de recuperar la problemática de *Tótem y tabú*, cuya continuación era de hecho *Moisés y la religión monoteísta*. Si la sociedad había nacido, en efecto, debido a un crimen cometido contra el padre, que ponía fin al reino despótico de la horda salvaje, y luego debido a la instauración de una ley donde se revalorizaba la figura simbólica del padre, eso significaba que el judaísmo debía obedecer al mismo patrón. Y, efectivamente, el asesinato de Moisés había engendrado el cristianismo, fundado en el reconocimiento de la culpa: el monoteísmo participaba así de la historia interminable de la instauración de la ley del padre sobre la cual Freud había levantado toda su doctrina.

De ese modo, Freud obedecía a la conminación de volver a la autoridad eminente de la Biblia y a la religión de sus padres. Pero, lejos de adoptar la solución de la conversión como respuesta al antisemitismo, o la del sionismo, se redefinía una vez más como un judío sin Dios[23] —judío de reflexión y de saber—, a la vez que rechazaba el autoodio judío. Yo diría de buen grado que se proponía separar el judaísmo del sentimiento de la judeidad propio de los judíos incrédulos, soslayando así tanto la alianza como la elección, considerada como una suerte de delirio. Sin embargo, en el momento mismo en que desjudaizaba a Moisés para hacer de él un egipcio, Freud asignaba a la judeidad, comprendida a la vez como esencia y como pertenencia, una posición de eternidad. Ese sentimiento, en virtud del cual un judío sigue siéndolo en su subjetividad aun cuando adopte una posición de exterioridad con respecto al judaísmo, Freud lo experimentaba en sí mismo y no vacilaba en asimilarlo a una herencia filogenética. En algunos aspectos se mantenía fiel al judaísmo de Moisés por la vía de su reivindicación permanente de una identidad judía y asignaba como misión al psicoanálisis la asunción de la herencia de ese judaísmo, un judaísmo convertido en una judeidad[24] de la diáspora.

Al escribir el *Moisés*, Freud tuvo absoluta conciencia de redactar una especie de testamento que atestiguaba tanto su negativa a marcharse de Viena, ciudad donde se había realizado una fusión inédita entre una judeidad de la diáspora y una nueva manera de concebir la universalidad del inconsciente, como su deseo de exilarse y vivir por fin en un lugar donde pudiera producirse el renacimiento de su doctrina. De ahí su sueño de vivir en Inglaterra, país por antonomasia de la alianza entre un sistema monárquico y la democracia liberal. Sin duda esa era para él una suerte de respuesta al hundimiento de la vieja Europa de la Ilustración, una respuesta fundada en la alianza del espíritu de disidencia espinosista y de las tres grandes figuras míticas de la cultura occidental que siempre habían estado presentes en la elaboración de su doctrina: Edipo, tirano del mundo griego; Hamlet, príncipe cristiano, y Moisés, profeta judío reinventado por Miguel Ángel, el italiano, y luego egipcianizado por los eruditos alemanes del siglo XIX. En 1938, ese Moisés, resplandeciente con las luces de un gran deseo de Inglaterra, era a los ojos de Freud todo lo contrario de Wilson, el norteamericano de la triste figura.

De hecho, Freud temía a esa democracia norteamericana que desacreditaba la idea misma de una república de elegidos, en beneficio del predominio de las masas. Y maldecía el nazismo que daba libre curso a la destrucción del hombre por las pulsiones salvajes. Tanto de un lado como de otro, esas dos modalidades de gobernanza ponían en entredicho la noción misma de autoridad tal como él la entendía. Y estaba convencido, en especial desde la crisis económica de 1929 y la publicación de *El malestar en la cultura*, de que la búsqueda inmoderada de riquezas era tan peligrosa como el sometimiento a la tiranía. Por eso creía que Estados Unidos sería un día devorado por sus tres demonios: la locura puritana, la búsqueda individual de la proeza sexual y la especulación ilimitada. Razón por la cual solo la vieja Europa imperial de los Habsburgo había contado con su favor durante tanto tiempo, porque protegía a las minorías y alentaba el control de las pulsiones. Pero la Primera Guerra Mundial la había devorado. Se imponía entonces el deseo de Inglaterra.

En 1938 solo ese país podía ser para Freud una tierra de acogida. Reinaba sobre un imperio, era el heredero de un pasado glorioso, cultivaba la libertad individual y el respeto por las dinastías reales.

Para terminar, siempre había sabido resistir las tentaciones dictatoriales, al precio de un regicidio y de la restauración de la dignidad monárquica. Freud amaba a Cromwell, gran protector de los judíos,[25] pero admiraba también el hecho de que las familias reales británicas no hubiesen sido apartadas del poder —aunque fuera simbólico— por una república jacobina cualquiera: «Freud era un patriarca», escribe Mark Edmundson, «que obró con un talento incomparable para deconstruir el patriarcado. Escribió y vivió para poner fin a la forma de autoridad que él mismo encarnaba y aprovechaba».[26]

El *Moisés*, testamento de una judeidad freudiana en el exilio, dio lugar a numerosas interpretaciones contradictorias. Los enfoques críticos que se perfilaron son tres. El primero, debido a David Bakan, inscribiría la obra freudiana en la tradición de la mística judía.[27] El segundo —de Carl Schorske a Peter Gay, pasando por Yirmiyahu Yovel— mostraría por el contrario un Freud ateo, descentrado de su judeidad y presa de la doble problemática de la disidencia espinosista y la integración en la cultura alemana. El tercero y último, el de Yosef Yerushalmi, intentaría poner de manifiesto las ambivalencias judaicas de Freud frente a su judeidad. Por mi parte, me inclino por las dos últimas opciones.

Por el lado de los intelectuales israelíes especialistas en la historia judía, la obra freudiana disfrutaría de muy poco aprecio y se la criticaría injustamente. Martin Buber reprochó a Freud su escasa seriedad científica[28] y Gershom Scholem prefirió a Jung —al menos por algún tiempo—, que se había convertido en un sionista cada vez más ferviente a medida que se afinaban su antisemitismo y su apoyo a la Alemania nazi.

A comienzos de 1938 el cáncer de Freud se extendió hasta la base de la órbita. Las lesiones de la cavidad bucal se agravaban semana tras semana y los tejidos necrosados, que le causaban dolor, requerían una limpieza cotidiana. Las intervenciones quirúrgicas y las electrocoagulaciones retrasaban el avance del mal. Deseoso todavía de trabajar y conservar intacta su lucidez, Freud, que adelgazaba a ojos vista, se negaba a tomar analgésicos. Pese a los estragos que la enfermedad le producía en el rostro y al aumento de la sordera causada por las infecciones posoperatorias, su interés era mantener una apariencia digna. Por eso exigió a Pichler la ablación de un ateroma de la mandíbula que había crecido de tamaño al extremo de impedirle acicalarse la barba: «Tal vez haya usted notado que he embellecido. ¿No me desfiguraba acaso un quiste sebáceo, un ateroma que usted jamás mencionó, sin duda por tacto? Me han quitado ese adorno».[29]

Contrariamente a Freud, Hitler sentía horror por la monarquía de los Habsburgo y, desde que Austria se había convertido en una pequeña república y Viena en una ciudad dañada pero siempre orgullosa de su pasado imperial, no soñaba en otra cosa que en reducirla a la nada: «La Austria germana debe volver a la gran patria alemana», había afirmado en *Mein Kampf*, «pero no debido a alguna razón económica. No, no, aun cuando esta fusión, económicamente hablando, sea indiferente e incluso perjudicial, debe producirse como sea: una sola sangre exige un solo Reich».[30]

A comienzos de 1938, en consecuencia, Hitler esperaba con impaciencia el momento propicio para una intervención en Austria a fin de realizar su proyecto de fusión, el mismo con el que había soñado desde su juventud. Se sentía sencillamente investido de la misión «grandiosa» de conquistar Viena, presentarse en ella a pleno día, como un espectro en medio de una tormenta primaveral. Por eso convocó a Kurt von Schuschnigg al Berghof para obligarlo a ceder dos ministerios a simpatizantes nazis, en especial el del Interior a Arthur Seyss-Inquart, bajo la amenaza de una invasión militar. Schuschnigg aceptó y luego intentó en vano organizar un plebiscito para salvaguardar la independencia de Austria, actitud que desató una furia «histérica» en Hitler, convencido —con razón, además— de que Italia, Francia e Inglaterra no reaccionarían: «La suerte está echada, escribió Goebbels, nos encaminamos a todo tren directamente a Viena y el Führer mismo se traslada a Austria».[31]

Desesperado, Schuschnigg solicitó la ayuda de los británicos, lo que le valió un cínico telegrama de lord Halifax: «El gobierno de Su Majestad no está en condiciones de garantizar vuestra protección». El 11 de marzo aquel renunció a su cargo y por la noche pronunció por radio un vibrante discurso, mientras que en todas las ciudades austríacas las multitudes ya se lanzaban a las calles a atacar a los judíos al grito de «muerte a Judas», glorificaban el nombre de Hitler y ocupaban los edificios públicos.

En la Berggasse Freud escuchó el discurso de Schuschnigg, que terminaba con estas palabras: «Dios salve a Austria». El 12 de marzo escribió en su agenda: «Finis Austriae». Por segunda vez, plenamente decidido a mantener hasta el final su rango de patriarca del psicoanálisis, asistía a la agonía de un mundo que había sido el suyo. Y sin embargo, se sabía amenazado: había recibido la visita de John Wiley, amigo de William Bullitt y cónsul general de Estados Unidos en Viena, que tenía ahora la misión de ocuparse de su exilio y el de su familia. Wiley no tardaría en alertar a Cordell Hull, secretario de Estado del presidente Roosevelt, acerca del peligro que corría Freud pese a su edad y su mala salud.[32] En París, Bullitt se presentó en la embajada alemana para advertir al conde Von Wilczek a fin de que *Herr Professor* no sufriese ningún daño. Por último, Dorothy Burlingham quedó a cargo de alertar por teléfono a la embajada norteamericana en Viena en caso de que se produjera el más mínimo incidente.

El 13 de marzo, en el momento de la proclamación oficial del *Anschluss*,[33] el Comité Directivo de la WPV se reunió en la Berggasse en presencia de Freud y bajo la presidencia de Anna. Jones había hecho saber que deseaba implementar en Viena la misma política de presunto «salvamento» que en Berlín. Único no judío del comité, Richard Sterba se negó a desempeñar el papel de Felix Boehm y declaró que tenía la intención de marcharse de Austria con su familia en el más breve plazo con destino a Suiza y luego a Estados Unidos. En consecuencia, se tomó la decisión de disolver la WPV y establecer su sede en el lugar donde Freud decidiera vivir. Se cumplía así el primer acto político de un descentramiento que iba a hacer del psicoanálisis el equivalente de una judeidad de la diáspora. Si Viena dejaba de ocupar un lugar central en el movimiento —aunque ese lugar ya estuviera en tela de juicio—, significaba que Freud podía a su vez abandonarla para hacer en el exilio, y antes de morir, una refundación de otro orden: conmemorativa, esta vez. Frente a la destrucción organizada, había que transmitir a toda costa a las generaciones venideras la huella de lo que había sido la historia de su vida, de su doctrina, de su enseñanza y del primer cenáculo de sus discípulos: libros, archivos, manuscritos, cartas, colecciones, notas de trabajo, declaraciones textuales, recuerdos colectivos, etc. Todo eso pertenecía ahora al futuro mucho más que al pasado. Salvar las huellas, salvar la historia, salvar la memoria, salvar el recuerdo de Viena. Esas tareas eran tan indispensables como la de salvar vidas, y no podían estar más alejadas de cualquier ánimo de colaboración con el nazismo.

Freud recibió con claridad el mensaje que le dirigían los miembros del comité y, esta vez, renunció a toda pretensión de «salvamento» con estas palabras:

> Después de que Tito destruyera el Templo de Jerusalén, el rabino Johanan ben Zakkai solicitó autorización para abrir en Jamnia una escuela consagrada al estudio de la Torá. Nosotros vamos a hacer lo mismo. Después de todo, estamos acostumbrados a ser perseguidos en nuestra historia y nuestras tradiciones, y algunos de nosotros por experiencia, con una excepción.[34]

Cada vez más excitadas por el anuncio de la llegada de Hitler, las masas intensificaron aún más sus ataques contra los judíos, los comunistas y los socialdemócratas. Freud había creído que los austríacos eran menos brutales que los alemanes. Estaba equivocado: la ferocidad de los primeros fue superior a la de los maestros del nazismo, a tal punto que despertó el asombro de estos. Arrancados a la fuerza de sus oficinas, los judíos fueron despojados en el acto de todos sus bienes y luego transformados en «cuadrillas de limpieza» bajo la vigilancia de bandas de saqueadores que los golpeaban e insultaban al grito de «*Heil Hitler!*»: «El Hades había abierto sus puertas y liberado a los espíritus más viles, más despreciables e impuros, señaló el dramaturgo Carl Zuckmayer. Viena se había convertido en una pesadilla de Hieronymus Bosch».[35]

Hitler había preparado bien su entrada en Austria. Se detuvo en primer lugar en Braunau am Inn, su ciudad natal, donde lo esperaba una multitud alborozada. Se trasladó luego a Linz, donde, profundamente emocionado por la recepción que le brindaban los habitantes, lloró al pronunciar un discurso en el que se presentaba como un héroe designado por la Providencia para llevar a cabo la sagrada misión de aniquilar la identidad austríaca. Por último, el 15 de marzo, tomó la palabra en Viena frente a una muchedumbre delirante de alegría, para ser luego triunfalmente recibido por los altos dignatarios de la Iglesia católica, que brindaron sin demora su apoyo al *Anschluss*, el nacionalsocialismo, las leyes antisemitas y toda forma de cruzada contra el bolchevismo.[36] El cardenal Innitzer, primado de Austria, puso su firma en la declaración de anexión y agregó, de su puño y letra, «Heil Hitler».

En muy poco tiempo se concretó la expoliación de las empresas judías y se invistió de inmediato a un Nazi Kommissar de todos los poderes de confiscación, liquidación, detención y estímulo a la delación. Vino a continuación, y muy rápidamente, la deportación a los campos de concentración, que no eran todavía lugares de exterminio. Sin darle demasiado crédito, Freud se había enterado de su existencia gracias a la lectura del diario Das Neue Tagebuch, editado en Francia por Leopold Schwarzchild, un periodista alemán exiliado, el mismo que más adelante publicaría en Estados Unidos la primera versión del «Bruder Hitler» de Thomas Mann.

Freud había supuesto que el catolicismo austríaco protegería a los judíos. Se equivocaba una vez más, y gravemente. En cuanto a Forzano, el amigo de Weiss, envió un mensaje inútil a Mussolini: «Recomiendo a Su Excelencia a un glorioso anciano de ochenta y dos años que lo admira mucho: Freud, un judío».[37]

Esta vez resultaba urgente organizar con la mayor rapidez posible la partida de Freud a Inglaterra. El 16 de marzo de 1938 Jones llegó a Viena, seguido al día siguiente por Marie Bonaparte. A semejanza del capitán del Titanic que se había negado a dejar su nave, Freud afirmó que nunca abandonaría su puesto. Pero Jones tuvo entonces la idea de replicarle con otra historia: la del oficial del mismo transatlántico al que la explosión de una caldera había arrojado al mar. Durante la investigación se le preguntó en qué momento había dejado el barco y respondió: «No lo dejé, fue él el que me abandonó». Freud reconoció que su caso era idéntico. Y como Viena lo había abandonado a los nazis, aceptó emigrar a Inglaterra.

Pero, conforme a las decisiones tomadas por el comité de la WPV, quería llevar con él a sus últimos discípulos vieneses. Ahora bien, Jones sabía que los kleinianos nunca aceptarían que estos se incorporaran masivamente en la BPI. Además, para la recepción de refugiados judíos el gobierno británico imponía cupos muy restringidos. En síntesis, para negociar esa partida fue menester movilizar todas las fuerzas disponibles: Marie Bonaparte, dispuesta a poner en juego su fortuna y sus relaciones; Bullitt, Wiley y Cordell Hull, que hacían valer su posición en Estados Unidos,[38] y Jones, que apeló a todas sus relaciones en Londres: su cuñado Wilfred Trotter, que integraba el consejo de la Royal Society; sir William Bragg, médico eminente y premio Nobel, y sir Samuel Hoare, ministro del Interior y miembro del Partido Conservador.

Llegó la hora. La víspera, 15 de marzo, integrantes de las SA habían allanado el local de la Verlag, en el número 7 de la Berggasse. Martin Freud, director editorial, fue amenazado por un joven corpulento que le apoyó en la sien el cañón de su pistola. Aquel no había tenido tiempo de destruir todos los documentos que probaban que Freud tenía activos en bancos extranjeros. Ese mismo día otra cohorte nazi organizó un registro en el domicilio familiar. Martha mostró mucha sangre fría al tratar a los saqueadores como visitantes comunes y corrientes e invitarlos a dejar sus armas en el paragüero de la entrada. La pandilla confiscó varios pasaportes y se llevó seis mil chelines a cambio de un recibo oficial.

En Estados Unidos ya circulaba el rumor de que Freud había sido ejecutado por los nazis. Enviado por un diario, un reportero se trasladó entonces a Viena y fue a la Berggasse en compañía de Emy Moebius. Martha los recibió y les dijo que en ese momento Freud estaba descansando.[39]

Por su lado, a partir del 17 de marzo Marie Bonaparte comenzó, con la ayuda de Anna, Martha y Paula, a seleccionar, ordenar y embalar los tesoros que Freud había acumulado durante toda una vida. Siempre deseosa de salvar las huellas, Marie rescató documentos importantes que *Herr Professor*, por su parte, habría querido tirar o quemar. Como compartía la vida cotidiana de la familia, podía sustraer objetos para trasladarlos clandestinamente al extranjero por medio de la legación griega, donde se alojaba. Recuperó así varias monedas de oro que Freud había dejado de lado. Un día escondió bajo sus faldas una estatuilla de bronce que representaba a la diosa Atenea con una copa para libaciones en la mano derecha, una lanza en la izquierda, un casco corintio en la cabeza y un peto ornado con un rostro de Medusa sobre el pecho. Sabedora de que Freud estaba apegado a ese icono guerrero, que aliaba las virtudes del combate a las de la inteligencia, se había propuesto salvarla para dársela cuando él se alojara en su casa parisina. Freud había obtenido la autorización para llevarse sus colecciones y una parte de sus libros. Pero, obligado a dejar en

Viena unos ochocientos volúmenes de un valor incalculable, convocó al gran librero Heinrich Hinterberger, que seleccionó una buena cantidad de libros de arte.[40]

El 20 de marzo, bajo la batuta de Jones —siempre aferrado a la idea de la colaboración con los nazis—, los miembros del Comité Directivo de la WPV aceptaron firmar un protocolo de acuerdo que ponía a la organización bajo la tutela de la DPG. Por orden de Matthias Göring, Müller-Braunschweig participó en esa reunión, donde se estableció una especie de *Anschluss* por el que los psicoanalistas berlineses «arianizados» se anexionaban a los vieneses, los mismos que, empero, habían rechazado toda forma de «salvamento». En su carácter de director comercial del Verlag, Martin Freud estampó su firma junto a las de su tía Anna, Marie Bonaparte, Eduard Hitschmann, Heinz Hartmann, Ernst Kris y Robert Walder.[41] Los miembros judíos de ese comité firmaban al mismo tiempo su dimisión, dado que la tutela los excluía de facto de toda función dentro de la WPV. Furioso por la ausencia de Sterba, Jones señaló que el *Shabbes Goy*[42] se había sustraído a sus deberes.

Un mes después, confortablemente instalado en el número 7 de la Berggasse, ahora *judenfrei*, Müller-Braunschweig informó a Sterba de su intención de transformar el local del Verlag en instituto «arianizado», a fin de asegurar la presunta «supervivencia» del psicoanálisis en Austria. Y le pidió que, en su condición de único «ario» de la WPV, se prestara a esa siniestra operación.[43] La respuesta de Sterba consistió en desestimar la petición. Antes de marchar al exilio, este último tuvo la oportunidad de comprobar que en la entrada de la casa de Freud colgaba una imponente cruz gamada. Cuando se reencontró con Jones en Londres, tomó conciencia de que había contribuido al fracaso de una política que desaprobaba. No obstante, no consiguió un visado para radicarse en Inglaterra; procuró entonces emigrar a Sudáfrica para reunirse con Wulf Sachs y se exilió luego a Estados Unidos. Freud y su hija, por su parte, habían aprobado la decisión de Jones de poner la WPV bajo tutela, después de haber rechazado el 13 de marzo su política de «salvamento».

En la reunión del 20 de marzo también había participado Anton Sauerwald, ex alumno de Josef Herzig, eminente profesor de química de la Universidad de Viena. En su carácter de *Nazi-Kommissar*,

Sauerwald tenía la misión de despojar a los judíos de su fortuna para «desjudaizar la economía austríaca». Por eso debía ocuparse de los bienes de la familia Freud, así como de todas las operaciones relativas a la WPV y el Verlag. Violentamente antisemita, comenzó por insultar a todos los no judíos que habían osado mezclarse con «*Jüdische Schweinereien*».[44] Pero como tenía frente a sí a un ilustre sabio, cuya dignidad le infundía respeto, se puso a leer varias obras de psicoanálisis y sobre todo a diferenciarse de los otros funcionarios nazis. Cuando se dio cuenta de que Freud tenía una fortuna y había colocado dinero en el extranjero, decidió no «denunciarlo» y, al contrario, ayudarlo a obtener las autorizaciones necesarias para su exilio. Pensaba recuperar algún día, en su propio beneficio, el dinero así salvado del embargo y con ese fin se asoció con un abogado, Alfred Indra, otro personaje dudoso que, en esos tiempos turbulentos, hacía fortuna asesorando a ricas familias judías vienesas obligadas a pagar rescates exorbitantes. Allegado a la familia Wittgenstein, relacionado con Marie Bonaparte, el letrado Indra, ex oficial del ejército imperial, coleccionista de objetos de arte, lector asiduo de Karl Kraus, aficionado a la montería y los chistes, pasaba por ser un notable jurista cuando daba a entender a sus clientes que las autoridades nazis eran estúpidas y fáciles de embaucar. Se convirtió en el abogado de Freud y colaboró con todos los miembros de su entorno.[45]

El 22 de marzo Anna Freud fue llevada al hotel Metropole,[46] cuartel general de la Gestapo, para someterla a un interrogatorio en regla sobre sus «actividades subversivas». Marie Bonaparte exigió que la llevaran con ella, pero los SS, impresionados por su condición de alteza real, no quisieron saber nada. Con habilidad, Anna logró convencer a sus carceleros de su apoliticismo. De vuelta a la Berggasse, encontró a Freud en un estado de agitación extrema. Él nunca supo que Anna había llevado consigo veronal, por si la torturaban.

Para evitar en el futuro intrusiones semejantes, la princesa decidió montar guardia en la escalera: «Visón negro azulado ceñido sobre los hombros, en las manos guantes claros y en la cabeza un gran sombrero de frágil apariencia. A su lado, un bolso de cocodrilo marrón. Envuelta en una nube de *Stephanotis*, su perfume preferido, se mantenía en cuclillas».[47] Sin que *Herr Professor* lo supiera, Paula le llevaba té o chocolate.

A esas alturas ya habían sido detenidas y torturadas más de siete mil quinientas personas y millares de judíos encarcelados ignoraban todavía a qué lugar se los deportaría. A principios de abril, un primer tren de los llamados presos «políticos» partió con rumbo a Dachau. Ayudados o no por Jones o por sus amigos extranjeros, los psicoanalistas huían abandonando sus bienes, su casa, sus muebles, su clientela, su pasado y a veces a varios de sus parientes que no podían seguirlos por carecer de visados o de «certificados de no objeción» (*Unbedenklichkeitserklärung*) demostrativos de que habían pagado el famoso impuesto de salida (*Reichsfluchtsteuer*) necesario para toda partida oficial.

Ernst Freud, Lucie y sus tres hijos, Stefan, Lucian y Clemens, se habían marchado de Alemania y vivían en Londres; Oliver, Henny y su hija Eva estaban instalados en el sur de Francia,[48] y Max Halberstadt se había radicado en Sudáfrica con su segunda mujer, Bertha, y Eva, la hija de ambos. En cuanto al joven Ernstl Halberstadt, el «niño del carretel», planeaba desde Londres unirse a su padre en Johannesburgo, tras un periplo por Palestina junto a Eitingon y un retorno a Viena. Tras el *Anschluss*, había saltado de un tren para escapar a París: «Me había tocado una suerte insolente, no me habían reprimido y no me había pasado nada enojoso. Además, tuve la dicha de poder esperar a mi familia en Inglaterra».[49]

Convertido en un abogado célebre que libraba un valeroso combate contra la pena de muerte, Albert Hirst tuvo el tiempo justo para volver a Viena y ayudar a los suyos a emigrar a Estados Unidos. Después de tantos años durante los cuales había estado mal dispuesto contra Freud, se dio cuenta de que, en definitiva, había superado su neurosis y sus problemas sexuales. En 1972 consideró que había tenido una «buena vida» gracias a Dios, Estados Unidos y Freud.[50]

El 19 de abril Freud festejó en familia el cumpleaños de su hermano Alexander y le legó, cuando este se aprestaba a partir a Suiza, su colección de cigarros. No había renunciado a fumar, pero por el momento el tabaco no le gustaba. Esforzándose por superar su anglofobia, Alexander, acompañado por su esposa Sophie Schreiber, planeaba llegar a Londres y luego emigrar a Canadá. Su hijo Harry estaba por entonces en Davos, donde recibía tratamiento médico. Después de la guerra, incorporado al ejército norteamericano, volvería a Viena.

Mientras seguían adelante con múltiples gestiones, los miembros de la familia Freud se preguntaban cómo resolver el problema de las cuatro tías, ancianas nonagenarias que desde hacía tiempo no tenían ninguna actividad. Mantenidas por sus dos hermanos, Sigmund y Alexander, y por su hermana, Anna Bernays-Freud, habían tenido una vida marcada por la tragedia. Adolfine Freud (Dolfi) vivía sola desde la muerte de Amalia, rodeada por Regine Debora (Rosa) Graf, Maria (Mitzi) Freud y Pauline Regine (Paula) Winternitz, viudas las tres, con tres hijas como descendencia, radicadas en el extranjero. Margarethe Freud-Magnus, hija de Maria, vivía en Dinamarca, y su hermana Lilly Marlé-Freud[51] seguía en Londres con su carrera de actriz junto a su marido, Arnold Marlé, aprovechando, llegado el caso, el apoyo económico que le brindaba su tío. En cuanto a Rose Winternitz, hija de Paula, afectada de trastornos mentales, se había casado con el poeta Ernst Waldinger y acababa de marcharse de Austria rumbo a Estados Unidos, donde Paul Federn se haría cargo de ella.[52]

Es cierto, Freud percibía el peligro que corrían sus hermanas, pero no podía imaginar que los nazis iban a tratar de exterminar a personas ancianas sin recursos ni actividades. Pensaba, como todos sus allegados, que las persecuciones antisemitas se focalizaban ante todo en los judíos activos que tenían fortuna o ejercían profesiones. En síntesis, estaba convencido de que sus hermanas podrían emigrar un poco más adelante, después de los discípulos y los demás miembros de la familia. Por añadidura, los impuestos exigidos para permitirles salir eran tan exorbitantes que él no tenía manera de financiar su partida, con el agravante de que las autoridades británicas exigían que los exiliados pudiesen costearse sus necesidades una vez instalados en Gran Bretaña.

Freud había reclamado que lo acompañaran quince personas sobre quienes recaía una amenaza inmediata: Martha, Minna, Anna, Paula, Martin, su mujer Esti y sus dos hijos —Anton Walter y Sophie—, Ernstl Halberstadt, Mathilde y Robert Hollitscher y Max Schur, su mujer y sus dos hijos, Peter y Eva. Bullitt estaba convencido de que Freud jamás lograría reunir la suma necesaria para organizar ese operativo, ni siquiera con la ayuda de Marie Bonaparte. Y ofreció la entrega de diez mil dólares para contribuir a la partida de esa «comitiva».[53]

Fue entonces cuando Freud y Alexander decidieron dar a sus cuatro hermanas ciento sesenta mil chelines austríacos, y pidieron a Alfred Indra y Anton Sauerwald que administraran esa fortuna en espera de días mejores. Cuando salió de Viena, después de pagar todos los impuestos reclamados, Alexander ya no tenía un centavo y en el exilio tuvo que recurrir a la ayuda de sus amigos o sus parientes. Su fortuna había sido embargada y su abogado nazi, Erich Führer, había aprovechado la situación para enriquecerse.

Tras varias semanas de negociaciones, Jones obtuvo los visados de entrada en Inglaterra y los permisos de trabajo necesarios para Freud y las personas que lo acompañaban. Pero aún había que conseguir la autorización para salir de Austria. Comisionado para tasar las colecciones de Freud, Hans von Demel, el conservador del Kunsthistorisches Museum, estimó una cantidad de treinta mil marcos del Reich [Reichsmarks, RM], suma inferior a la realidad. A ello se agregaba el cálculo de los activos imponibles —125.318 RM—, sobre los cuales Freud debía pagar aún un impuesto de 31.329 RM. Pero como los bienes del Verlag y su cuenta bancaria habían sido embargados, él no podía saldar esa «deuda» obligatoria. Y fue Marie Bonaparte quien pagó el rescate.

Acompañada por Dorothy Burlingham, Minna partió el 5 de mayo, seguida diez días después por Mathilde y Robert. Ya separada de Martin, que tenía numerosos amoríos, Esti tomó el tren con Sophie y Anton Walter. Siempre había detestado a Freud, que no la quería y la consideraba «clínicamente loca», a la vez que procuraba darle excelentes consejos que ella nunca seguía. Al marcharse a París, Esti dejaba atrás a una parte de su familia. Su madre, Ida Drucker, sería asesinada en Auschwitz.

Martin salió de Viena el 14 de mayo para reunirse con Esti y sus hijos en París, pero al día siguiente volvió a marcharse, sin ella, y acompañado por su hijo varón, rumbo a Londres. Sophie vivió con su madre en París y Anton Walter con el padre en la capital inglesa. En junio de 1940 Esti y Sophie partieron hacia el sur de Francia, de allí pasaron a Casablanca y luego emigraron a Estados Unidos, donde la familia Bernays les prestó ayuda. Muchos de sus amigos vieneses perecieron exterminados en las cámaras de gas.

No pocos años después, cuando Sophie, ya ciudadana norteamericana, sintió la necesidad de criticar severamente las teorías de su abuelo, recordó que le debía la vida: «Debo pues a mi abuelo el hecho de haberme contado entre los pocos que tuvieron la fortuna de poder marcharse de Viena antes del comienzo de la mortal persecución de los judíos. Cuando mi hermano se enteró de mis críticas a las teorías del abuelo, me dijo: "Sin el abuelo, los nazis habrían hecho pantallas con tu piel"».[54]

Deseoso también él de conservar huellas del esplendor de los comienzos, August Aichhorn[55] pidió a Edmund Engelmann, fotógrafo vienés perteneciente a una familia judía de Galitzia, que tomara una serie de fotografías de los lugares todavía intactos e hiciera retratos de Freud. Para burlar la vigilancia de los nazis, Engelmann tuvo que evitar los flashes y los proyectores. Llevó consigo una Rolleiflex y una Leica, dos objetivos y la cantidad de películas que cabían en su maletín. Durante varios días fotografió minuciosamente, en blanco y negro, objetos, muebles y habitaciones desde diferentes ángulos, y mostró así, entre penumbras y claroscuros, cuánto más cerca estaba ese lugar, a imagen misma de una travesía del sueño, de un grabado de Max Ernst que de un cuadro renacentista. Amenazado por la Gestapo, Engelmann debió irse muy rápidamente de Viena. Por prudencia, dejó los negativos en manos de Aichhorn. Pero volvió justo después de la partida de Freud: «Unos obreros habían empezado a reacondicionar las habitaciones. Habían lijado y encerado el parqué: la sombra del diván ya no estaba».[56]

El 4 de junio Freud tomó el Orient Express con Anna, Martha, Paula y su perra Lun. Josefine Stross, pediatra, había ocupado el lugar de Max Schur, obligado a operarse de urgencia a raíz de una crisis de apendicitis aguda flemonosa. El 10 de junio Schur tuvo que huir del hospital en una silla de ruedas, vendado y con un drenaje en el estómago, para escapar con su familia de la Gestapo. Gracias al visado obtenido por Freud y Jones pasó a París, luego a Londres y por fin a Nueva York, donde emprendió todos los trámites necesarios para su radicación definitiva en el continente americano.

El día de su partida Freud firmó una declaración obligatoria redactada por Alfred Indra, en la cual reconocía haber sido bien tratado: «Declaración. Confirmo de buen grado que hasta el día de hoy, 4 de junio de 1938, ni mi persona ni los integrantes de mi casa hemos sido importunados. Las autoridades y los funcionarios del Partido se han comportado en todo momento de manera correcta y deferente conmigo y con los integrantes de mi casa. Viena, 4 de junio de 1938. Prof. Dr. Sigm. Freud».[57] Durante decenios, historiadores, testigos y comentaristas estuvieron convencidos de que Freud había incluido por sí mismo, al final de esta declaración, la siguiente frase: «Puedo recomendar cordialmente la Gestapo a todos». Otra leyenda más verdadera que la realidad. Rumor absurdo. Era imposible, en efecto, ridiculizar de ese modo un documento oficial. Lo cierto es que Martin afirmó que su padre la había colado en la parte inferior de la declaración.[58]

Freud y las cuatro mujeres que viajaban con él atravesaron algunas ciudades antes de llegar a la frontera francesa. En varias ocasiones Freud estuvo a punto de caer víctima de un paro cardíaco, y Josefine Stross le administró estricnina y otros estimulantes. Por fin, el 5 de junio, hacia las tres y media, el convoy franqueó el Rin por el puente de Kehl. Freud exclamó: «Ahora somos libres».[59]

Al llegar el tren a la estación del Este, Paula se impresionó mucho por la recepción brindada a Freud, pero señaló lo perdido que estaba este en medio de los fotógrafos y periodistas. Flanqueado por Bullitt, particularmente elegante con su sombrero de fieltro de borde ondulado y su pañuelo de encaje, pero también por Marie Bonaparte, que lucía un vestido de alta costura y una estola de marta cebellina, parecía llegado de otro mundo. Lo seguía Martha, envarada en un impermeable arrugado y con el bolso aferrado por las dos manos, mientras que Anna sonreía, con la cara oculta a medias por un pobre bonete de lana que le cruzaba la frente. Dos lujosos automóviles con chófer llevaron a los exiliados a la propiedad de la princesa en Saint-Cloud. Pasaron allí el día, para viajar después a Calais y atravesar el canal de la Mancha. En las fotos se ve a Freud tocado con una gorra que le cae sobre las gafas, el cuerpo tendido en un sillón de mimbre, las piernas disimuladas bajo unas mantas, el rostro inerte, la mejilla derecha ennegrecida y hundida, la barba blanca. Lun está prudentemente acostada a su izquierda.

Al día siguiente los viajeros llegaron a la estación Victoria, donde los esperaban Jones, su mujer y Ernst. Dejaron a Lun en manos de un veterinario ya que debía cumplir una cuarentena obligatoria de seis meses y luego se alojaron provisionalmente en Elsworthy Road.

A su llegada, Freud se reencontró con su sobrino Sam, a quien no había vuelto a ver desde su estancia en Manchester, y se enteró de los numerosos artículos periodísticos que anunciaban su llegada, al mismo tiempo que recibía una avalancha de telegramas, cartas, flores y obsequios. Anna le regaló un pequinés al que él, por antífrasis, bautizó como Jumbo. El 17 de julio, al escribirle a su hermano Alexander sobre el exilio, señaló que Jones tropezaba con muchas dificultades ante las autoridades británicas para conseguir la entrada de los emigrados, porque existía el riesgo de que estos no encontraran trabajo: «Jones ha conseguido una multitud de cosas, pero solo para analistas». En su carta explicaba que había ayudado a Harry con unas palabras de recomendación y agregaba que Martin no sabía todavía qué iba a hacer, que Robert había encontrado un empleo y que Minna estaba enferma.[60] El 27 de septiembre se instaló con su familia en una bella casa en el 20 de Maresfield Gardens, Hampstead. Ernst Freud la había acondicionado según el modelo de la Berggasse: sería la última residencia de Freud.

El 11 de octubre recibió la visita de Anton Sauerwald, que llegaba sin duda a reclamarle dinero. Cuando Alexander le preguntó al visitante qué hacía en Londres, Sauerwald explicó que la policía vienesa lo había contratado como experto en explosivos, pero que en realidad los fabricaba él mismo por cuenta de organizaciones secretas nazis. ¡Extraña historia! Según Max Schur, Sauerwald adujo que Hitler se sentía en «estado de sitio» debido a que los judíos eran demasiado individualistas para asimilarse a una población. En consecuencia, había que eliminarlos, decía, pero eso no impedía que a título personal un individuo —aunque fuese nazi— pudiera ayudar a otro, como él mismo había hecho en el caso de la familia Freud.[61]

Durante los dieciocho meses que le quedaban de vida, Freud tuvo la gran dicha de ser honrado, visitado, reconocido, admirado, celebrado como nunca antes. También se sentía libre y pudo terminar su libro sobre Moisés y escribir un opúsculo, el *Esquema del psicoanálisis*, donde efectuaba una síntesis de su obra y profetizaba el próximo descubrimiento de poderosas sustancias químicas capaces de actuar directamente sobre el cerebro. Reafirmaba que Shakespeare se llamaba Edward de Vere y hacía la apología de su *Ödipuskomplex*.[62]

Mientras los tumores cancerosos proliferaban en los huesos de su mandíbula, Freud asistía a la destrucción de la Europa continental. Pero al mismo tiempo cobraba conciencia de la fuerza de su doctrina en el mundo angloparlante. El 25 de junio recibió a una delegación de la Royal Society que lo invitó a firmar su libro oficial, el mismo donde figuraba el nombre de Charles Darwin. Lo visitaron también muchos escritores e intelectuales. Llevado por Stefan Zweig, Salvador Dalí hizo varios croquis de su devastado rostro, conforme al principio surrealista de «la voluta y el caracol». Freud parecía indiferente y ese día explicó al pintor que solo se interesaba en la pintura clásica para discernir en ella la expresión del inconsciente, mientras que en el arte surrealista prefería observar la expresión de la conciencia.

Cuando Arthur Koestler fue a verlo, en el otoño, se quedó estupefacto al oír a Freud murmurar, con referencia a los nazis: «Vea, no hicieron otra cosa que desencadenar la fuerza de agresión reprimida en nuestra civilización. Tarde o temprano un fenómeno de ese tipo debía producirse. No sé si, desde ese punto de vista, puedo culparlos».[63] Una vez más, Freud afirmaba que el mundo en el cual vivía estaba hecho a imagen de lo que él había descrito en su obra. Judío húngaro nacido en Budapest, sionista de derechas, allegado a Vladimir Jabotinsky y fino conocedor del psicoanálisis, aunque prefería la parapsicología, Koestler no ignoraba que su madre, Adele Jeiteles, había conocido a Freud con ocasión de una consulta, en 1890, y que lo vilipendiaba.[64] Víctima de una melancolía crónica, detestaba en la misma medida a su hijo (a quien trataba de perverso), que, como lo testimonia su autobiografía, le pagaba con la misma moneda.[65] En el momento de su encuentro, los dos hombres no evocaron su juventud vienesa.

Cuando recibió la visita de su viejo amigo vienés Walter Schmideberg, Freud fue más lejos aún, ya que lo saludó con un «*Heil Hitler!*», como si consintiera por fin en pronunciar, a través de ese chiste lúgubre, el nombre infame del destructor de su obra.[66]

Los miembros de la BPI vivieron como una verdadera intrusión la llegada de la familia Freud. Sucedía que, desde hacía años, los kleinianos dominaban la sociedad británica y habían elaborado sus propias tesis, que no tenían demasiado que ver con el freudismo original. Por añadidura, habían marginado a los viejos freudianos y consideraban al propio Freud como un patriarca de otra época, directamente salido del siglo XIX. Les parecían rígidas las costumbres de sus mujeres —Martha, Minna, Anna, Paula— y ridículas sus maneras de hablar y vestirse. Apenas entendían sus rituales, esa cortesía estudiada, ese humor glacial, esos gustos alimentarios. En una palabra, los veían como seres extraños aferrados a viejas mitologías y poco abiertos al nuevo enfoque del inconsciente centrado en las posiciones, las relaciones objetales, el núcleo psicótico, las pulsiones destructivas discernidas en los niños pequeños. Los kleinianos y los freudianos no hablaban el mismo lenguaje. En ese contexto, Jones, que siempre había apoyado a Melanie Klein, tuvo un papel esencial en la incorporación de Anna Freud a la BPI.

El 29 de julio de 1938 Anna participó en el decimoquinto congreso de la IPA, celebrado en París bajo la presidencia de Jones. Leyó en él el capítulo del *Moisés* dedicado al progreso del espíritu humano y la grandeza del Imperio británico. Freud había transmitido a sus partidarios un mensaje de un antiamericanismo virulento, en el cual los exhortaba a la vigilancia contra todo intento de transformar el psicoanálisis en «criada para todo» de la psiquiatría. En su discurso de clausura del congreso, Jones elogió su política de «salvamento» del psicoanálisis en Berlín sin decir una palabra del exilio de los judíos ni del éxodo de la flor y nata de la *intelligentsia* freudiana. Y se atrevió a congratularse por la puesta bajo tutela de la WPV.[67] Después de esas siniestras palabras, los participantes acudieron a una recepción en Saint-Cloud, en los jardines de la suntuosa residencia de la princesa, donde Freud había pasado algunas horas a su llegada a Francia.

Max Eitingon había viajado a París para participar en el congreso. Se trasladó a continuación a Londres para hacer una última visita a Freud. Se lo acusaba entonces de ser un agente del NKVD, implicado en el secuestro del general Yevgeny Miller, que había sido organizado por Nikolái Skoblin, agente doble germano-soviético y esposo de la cantante Nadezhda Plevitskaia, a quien Eitingon conocía bien. No hacía falta tanto para que a continuación, a raíz de sus vínculos con Plevitskaia, el rumor se extendiera. ¿No habría sido también hermano de Leonid Eitingon, otro espía soviético y organizador en 1940 del asesinato de Trotski a manos de Ramón Mercader? Aunque no existía la más mínima relación de parentesco entre

Leonid y Max, la leyenda de un Eitingon freudiano y estalinista, agente doble y triple, mercader de pieles e instigador de crímenes, no dejaría de reaparecer, y perdura aún en nuestros días en la pluma de autores obstinados en demostrar la presunta confluencia de destino entre dos internacionales, la comunista y la psicoanalítica.[68]

En ruta hacia América, los exiliados vieneses reunidos en París pensaron una última vez, antes del apocalipsis, en esa Europa de sueño cuyos fulgores jamás volverían a ver. La gran Yvette Guilbert, tan admirada por Freud, cantó «Dites-moi que je suis belle» frente a una multitud subyugada por su potencia vocal y sus ochenta años. En Italia, en cumplimiento de las primeras leyes antisemitas, Mussolini entregaba entonces a los judíos a la deportación. En enero de 1939 Edoardo Weiss también se veía obligado a exiliarse a Estados Unidos, dejando atrás a su hermana, su cuñado y la familia de su mujer, exterminados en su totalidad por los nazis. Nunca más querría acordarse de las esperanzas que había depositado en Mussolini a través de su amistad con Forzano.

El día mismo de su mudanza a Maresfield Gardens, Freud, que acababa de sufrir una nueva y espantosa operación en la London Clinic, tomó conocimiento de los acuerdos de Munich en virtud de los cuales Francia y el Reino Unido entregaban Checoslovaquia a Hitler. En esta ocasión, Neville Chamberlain, recibido en Londres como el salvador de la paz, pronunció un discurso sobre la inutilidad de librar batalla por un país lejano que los ingleses no conocían. Sin creer demasiado en ella, Freud aprobó no obstante esa política, que permitiría a los nazis anexionarse de inmediato la región de los Sudetes: «Naturalmente, nosotros también agradecemos esta tregua, que, sin embargo, no puede proporcionarnos auténtica alegría».[69]

Tres semanas después escribió para el diario de Koestler, *Die Zukunft*, una breve nota en la cual, con palabras de Mark Twain y Nikolaus von Coudenhove-Kalergi, ponía de relieve hasta qué punto el combate contra el antisemitismo debía ser librado ante todo por no judíos. Mientras tanto, los alemanes seguían adelante con las persecuciones exhibiendo a mujeres alemanas o austríacas a quienes habían rapado porque les reprochaban haber tenido relaciones amorosas con judíos. Durante la Noche de los Cristales Rotos destruyeron edificios, comercios y sinagogas y deportaron a treinta mil personas a los campos de Dachau y Buchenwald. En Viena, al detener al profesor Arthur Freud, nacido en Moravia y sionista militante, un oficial nazi lanzó un grito de victoria, convencido de haber capturado finalmente a su célebre homónimo.[70]

El espectro de Freud iba a asediar durante largos años la conciencia de los hitlerianos.[71] Pero Freud se preocupaba por sus hermanas:

> Los últimos pavorosos acontecimientos registrados en Alemania agravan el problema de lo que podremos hacer por las cuatro ancianas, cuyas edades oscilan entre los setenta y cinco y los ochenta años. No tenemos medios suficientes para mantenerlas en Inglaterra, y el dinero que les dejamos a nuestra marcha, que ascendía a unos sesenta mil chelines austríacos, quizá haya sido confiscado ya. [...] Hemos estado dando vueltas a la idea de buscarles casa en la Riviera francesa, en Niza o en algún lugar cercano. Pero ¿sería esto posible?[72]

Para responder a esas preocupaciones, Marie Bonaparte intentó conseguir visados de las autoridades francesas o, en su defecto, de la legación griega. En vano. Era demasiado tarde. Con perfecta lucidez respecto de las persecuciones que afectaban a los judíos, la princesa desplegó gran energía para salvar vidas, e incluso propuso a Roosevelt, en una carta del 12 de diciembre, crear un Estado judío en el sur de California para acoger en el más breve plazo a millares de refugiados.[73] Tampoco aceptaría jamás en Francia el menor intento de «salvamento» y marcharía al exilio en febrero de 1941.[74]

El 7 de diciembre Freud recibió en su domicilio a técnicos de la BBC para grabar un discurso que había redactado.[75] Lo leyó en inglés, con una voz ahogada por su prótesis, y al final del mensaje añadió una frase en alemán: «A los ochenta y dos años, dejé mi casa en Viena como consecuencia de la invasión alemana y vine a Inglaterra, donde espero terminar mi vida en libertad». Es el único documento existente de la voz de Freud.

Durante el último año de su vida se rodaron en Maresfield Gardens varios filmes mudos, algunos de ellos en color.[76] En cada imagen vemos a un Freud cada vez más encorvado caminar por su jardín del brazo de Anna y siempre con la compañía de Lun y Jumbo; la mandíbula, trabada por su «bozal», y los labios en movimiento como si masticara algo. En su rostro se lee un inmenso sufrimiento.

Freud seguía recibiendo numerosas visitas de sus amigos londinenses y de todos los que acudían a darle un último adiós antes de su partida hacia otros continentes. Sufría cada vez más y se tendía en la mecedora del jardín o en su diván, a menudo bajo un mosquitero. Prefería comer solo al abrigo de las miradas y, por lo demás, ya no tenía apetito. Un olor fétido comenzaba a desprenderse de su boca, pero en sus ojos centelleantes seguía brillando la llama del dios Eros. Freud siempre había dicho que prefería, en la hora de la agonía, asistir con plena conciencia al naufragio de su Konrad, y no estar senil o derrumbarse a causa de un ataque cerebral: morir con las botas puestas, como el rey Macbeth. Sabía que Max Schur se ocuparía de él hasta el final antes de emigrar definitivamente a Estados Unidos.

De acuerdo con las indicaciones de Hans Pichler, George Exner, especialista en cirugía facial, seguía la fase terminal de la enfermedad con Wilfred Trotter, cuñado de Jones, miembro de la Royal Society y especialista en tratamientos contra el cáncer. En febrero Marie Bonaparte hizo ir a Londres al profesor Antoine Lacassagne, autoridad suprema del Instituto Curie de París, que se vio obligado a admitir que no era posible ninguna operación más. Para no decepcionar a Anna y Minna, que querían mantener las esperanzas, sugirió un tratamiento intensivo con rayos X y no con radio, lo cual dio pábulo a este comentario de Freud: «Ya no hay duda de que se trata de un nuevo ataque de mi viejo y querido carcinoma, con el que comparto mi existencia desde hace ya dieciséis años. ¿Quién sería el más fuerte en ese momento? Como es natural, no podíamos decirlo de antemano».[77] Y confesó entonces a su querida princesa que quería terminar de una vez.

A comienzos de marzo, algunos meses antes de la aparición de la edición alemana del *Moisés* en Amsterdam, Jones organizó en el hotel Savoy una cena de gala con motivo del vigésimo quinto aniversario de la fundación de la BPI, a la que acudieron Anna, Martin, Ernst, Virginia Woolf, H. G. Wells y muchos otros. Demasiado débil para moverse, Freud envió un mensaje de apoyo: «Los acontecimientos de estos últimos años han querido que Londres se convirtiera en la capital y el centro del movimiento psicoanalítico. Pueda la sociedad cumplir con mucha brillantez las funciones que así le corresponden».[78] Durante el verano Wells intentó en vano obtener la nacionalidad británica para el moribundo, a fin de responder a un anhelo de juventud que era querido para este desde la partida de su hermano a Manchester: «No se necesitaba nada más que una pequeña moción de un simple diputado [...]. Me apena que no haya podido ser así».[79] A principios de agosto Freud dejó de recibir a sus cuatro últimos pacientes, pero Dorothy Burlingham y Smiley Blanton prosiguieron hasta fin de mes una cura de objetivos didácticos.

El 3 de septiembre de 1939, día de la declaración de guerra de Francia e Inglaterra a Alemania, Jones se despidió de su viejo maestro. En ese momento crítico, señaló que por fin se encontraban en el mismo campo, unidos contra la misma barbarie:

> La última vez que Inglaterra combatió contra Alemania, hace ya veinticinco años de esto, estábamos a uno y otro lado del frente, pero hallamos la manera de comunicarnos nuestra amistad. Aquí estamos hoy, muy cerca uno de otro y unidos en nuestras simpatías militares. Nadie puede decir si veremos el final de esta guerra, pero, de todos modos, ha sido una vida muy interesante y ambos hemos hecho nuestra aportación a la existencia humana, aunque en medidas muy diferentes.[80]

Descendiente de una familia aristocrática de Auvernia, Raphaël de Valentin, el héroe de *La piel de zapa*, creado por Balzac, soñaba con la gloria. Empujado por Rastignac, abandona la creación artística para probar suerte en el mundo, hasta arruinarse y pensar en el suicidio. En ese momento descubre en el local de un anticuario un talismán —una piel de zapa— dotado del poder mágico de cumplir todos los deseos de su poseedor. Como Fausto, Valentin no quiere renunciar a nada y firma, para su desgracia, un pacto con el Diablo. Cada vez que se embriaga con sus placeres, la piel se encoge. Matar los sentimientos para vivir hasta viejo o morir joven aceptando el martirio de las pasiones: tal es la temática de esa novela, que expone el enigma de la condición humana.

Al decidir leer ese libro en vísperas de su muerte, Freud se enfrentaba, es cierto, a la imagen de su cuerpo descompuesto y su agonía por inanición, pero, antes que nada, la novela desplegaba ante su vista la historia de una vida mala que habría podido ser la suya si él no hubiera sobrevivido a su combate contra sí mismo. Freud era el hombre que había querido enseñar a los hombres hasta qué punto los embarga el deseo de su propia destrucción y les había dicho que solo el acceso a la cultura es capaz de contener esa pulsión. Creía que lo que les pasaba estaba ya inscrito en su inconsciente aun antes de que se les revelara, y tenía la convicción de que el complejo de Edipo era el nombre de esa inscripción. Sin embargo, en ese instante no se enfrentaba al complejo sino a la piel de zapa —Edipo o Macbeth—, es decir, al límite de su libertad.[81] Libraba un último combate contra el suplicio de la muerte, en paz consigo mismo cuando el mundo entraba en guerra; cuando el ello triunfaba del yo; cuando la enfermedad corroía el interior de su boca al punto de asomar a la superficie en la mejilla, y cuando, finalmente, por encima de su casa aullaban las sirenas que anunciaban las primeras alertas aéreas. El 25 de agosto había puesto punto final a su agenda y a su vida con estas palabras: «Pánico de guerra» (*Kriegspanik*).

El 21 de septiembre Freud recordó a Schur la promesa que este le había hecho de ayudarlo a poner fin cuando llegara el momento, y le pidió que hablara de ello con Anna: «Si ella cree que es justo, acabemos de una vez, entonces». A sus ojos, vivir en esas condiciones ya no tenía ningún sentido.[82] Schur, que había vuelto a Londres el 8 de agosto, le estrechó la mano y prometió darle el calmante adecuado. Administró una primera vez una dosis de tres centígramos de morfina y luego la repitió dos veces, con varias horas de intervalo. Sabía que la dosis calificada de «calmante» no podía superar los dos centígramos. En consecuencia, había escogido la muerte mediante una sedación profunda y continua.

Freud murió el sábado 23 de septiembre de 1939, a las tres de la mañana.[83] Era la festividad de Yom Kipur, la más sagrada del año judío, día de expiación de los pecados del becerro de oro. Durante la jornada los judíos londinenses practicantes se congregaron en la sinagoga para implorar el gran perdón de ese Dios a quien Freud tanto había maltratado. Por doquier se apilaban bolsas de arena destinadas a proteger los edificios contra las incursiones enemigas; algunas estatuas habían sido trasladadas de su emplazamiento y se habían cavado trincheras.

Ese mismo día, en el otro extremo de una Europa abandonada desde hacía tiempo por los freudianos, Adam Czerniakow, un viejo ingeniero químico, aceptó su designación, por el alcalde de Varsovia, como presidente del Judenrat, mientras que en Sokolow Podlaski, un distrito cercano, los nazis incendiaban la sinagoga. Czerniakow escondió en su cajón un frasco con veinticuatro pastillas de cianuro.[84] También él sabría morir en el momento deseado.

El cuerpo de Freud fue incinerado en el crematorio de Golders Green sin ningún ritual, y sus cenizas se depositaron en una crátera de la antigua Grecia adornada con escenas de ofrenda. Frente a un centenar de personas, Jones tomó la palabra en inglés para hacer el elogio de su maestro, a la vez que recordaba los nombres de todos los miembros del comité, muertos o dispersos: «Si hay un hombre de quien pueda decirse que domeñó la muerte misma y le sobrevivió a pesar del rey de las Tinieblas, que no le inspiraba temor alguno, ese hombre lleva el nombre de Freud».[85]

Tras él, Stefan Zweig pronunció en alemán una espléndida oración fúnebre: «Gracias por los mundos que nos has abierto y que ahora recorremos solos, sin guía, fieles para siempre y venerando tu memoria, Sigmund Freud, el amigo más precioso, el maestro adorado».[86]

Zweig se suicidaría en Petrópolis, Brasil, en febrero de 1942.

Epílogo

Desde Nueva York, a donde había conseguido emigrar, Harry Freud, el hijo de Alexander, anunció a las cuatro hermanas que habían quedado en Viena la muerte de su hermano Sigmund: «Está ahora en el otro mundo, que esperamos mejor [...]. Pasó sus últimos días en su despacho, donde le habían instalado la cama. Desde allí podía ver el jardín y, en los mejores momentos, alegrarse con la vista de la naturaleza. Deseo que recibáis esta noticia con sosiego. Las otras noticias de la familia son buenas».[1]

En lo que respecta al sosiego, las cuatro ancianas pronto iban a verse obligadas a vivir, como otras mujeres perseguidas, en el antiguo apartamento de Alexander. En nombre del impuesto punitivo —la JUVA— se las despojó de sus posesiones, de las que disponía Erich Führer, el administrador nazi de los bienes de Alexander. Harry alertó a Alfred Indra, que intentó ponerse en contacto con Anton Sauerwald. Pero este había sido movilizado y estaba en el frente ruso. El 20 de junio de 1940 Indra reclamó el auxilio urgente de Harry. Pero las gestiones emprendidas no sirvieron de nada. El 15 de enero de 1941 las cuatro mujeres remitieron una carta desesperada al abogado: «Estamos confinadas en una sola habitación que debe hacer las veces de dormitorio y sala de estar. Como usted sabe, somos personas de edad, a menudo enfermas y con la necesidad de guardar cama, y una ventilación normal y la limpieza son imposibles sin afectar a la salud».[2]

Para entonces, como tenían más de sesenta y cinco años, no se las había tenido en cuenta a la hora de decidir quiénes irían en los primeros convoyes hacia los campos de trabajo. Pero después de la conferencia de Wannsee de enero de 1942 fueron deportadas al gueto de Theresienstadt (Terezin), donde Adolfine murió de desnutrición el 29 de septiembre de ese mismo año.[3] En cuanto a las otras tres hermanas, se las trasladó a campos de exterminio, de los que nunca volverían: Maria y Paula a Maly Trostinec el 23 de septiembre de 1942 y Rosa Graf a Treblinka el 29 de septiembre de 1942 o el 1 de marzo de 1943.

El 27 de julio de 1946, Samuel Rajzman, originario de Varsovia, prestó este testimonio ante el tribunal de Nuremberg acerca del *Obersturmbannführer* Kurt Franz, comandante delegado del campo:

> El tren venía de Viena. Yo estaba en el andén cuando sacaron a la gente de los vagones. Una mujer de cierta edad se acercó a Kurt Franz, presentó un *Ausweis* [documento de identidad] y dijo ser la hermana de Sigmund Freud. Pidió que la destinaran a un trabajo de oficina sencillo. Franz examinó con cuidado el documento y dijo que probablemente se trataba de un error. La llevó al tablero de horarios ferroviarios y dijo que un tren regresaba a Viena dos horas después. Ella podía dejar sus objetos de valor y sus documentos aquí, ir a las duchas y, después del baño, los documentos y el billete para Viena estarían a su disposición. Como es evidente, la mujer entró en las duchas y jamás salió de ellas.[4]

Tras la muerte de su padre y abuelo, los hijos y nietos de Freud tuvieron que adaptarse, como sus discípulos, a un mundo muy diferente al que habían conocido. Debieron afrontar el tiempo de la guerra sin haber tenido la oportunidad de saborear una nueva paz. Pero esta vez, en virtud de su exilio, se encontraban en el campo de los vencedores, quienes los veían como intrusos que lo habían perdido todo.[5] Nunca olvidaron que eran judíos, pero a medida que descubrían la magnitud de la destrucción que se había abatido sobre su mundo de antaño y sobre quienes no habían podido escapar, quisieron romper con los horrores del pasado. Como muchas víctimas que habían conseguido sobrevivir, se enfrentaron entonces a la cuestión del exterminio de los judíos. Y varios de ellos participaron en la cacería de los nazis.

Muy dotada para la costura, Mathilde estableció en Londres, junto con otros austríacos exiliados, una tienda de moda. Martin siguió viviendo como antes, solitario, seductor y sin dinero, considerándose un «viejo judío enfermo». Terminó por trabajar como encargado de un quiosco de tabaco y diarios cerca del Museo Británico. Radicado en Filadelfia, Estados Unidos, Oliver procuró en vano adoptar un niño superviviente del genocidio y luego ocupó un puesto de investigador en una empresa de transporte, donde se hacía llamar «profesor Freud». Niño mimado por la fortuna, Ernst, el más elegante, prosiguió con su carrera de arquitecto inglés. Dos de sus hijos tuvieron un destino excepcional: Lucian Freud, uno de los pintores figurativos más innovadores de la segunda mitad del siglo XX, y Clemens, convertido en sir Clement, político, periodista, humorista, dueño de restaurantes, propietario de un club nocturno, que siguió como observador el desarrollo de los procesos de Nuremberg y publicó su autobiografía, *Freud Ego*.[6]

Lucian tuvo catorce hijos de varias mujeres diferentes; Clement, cinco, uno de ellos adoptado, y Stefan (Stephen), el hermano mayor, el olvidado, el ferretero, el marginal, pasó la vida en medio de disputas con sus hermanos, que por otra parte se detestaban entre sí. Hija de Lucian, Esther Freud contó en varias de sus novelas las distintas facetas de su difícil existencia entre un padre ausente, a quien solo conoció de adolescente, y una madre atormentada. Muchas veces evocó el silencio de ese padre sobre los acontecimientos de los años treinta.[7] En cuanto al propio Lucian, glacial, pernicioso, mágico, de una increíble belleza, cultor del secreto y la provocación y entusiasta de Velázquez, su pintor preferido, adoraba a su abuelo, del que se acordaba muy bien, y le horrorizaban todas las formas de expresión antisemita.

Hacia los diez años, ya muy original en su manera de observar el mundo que lo rodeaba, había querido «ver a Hitler», el enemigo absoluto. Durante una manifestación nazi en Berlín había llegado incluso a fotografiarlo,[8] y nunca olvidó sus rasgos y sus gestos. Asfixiado por una madre (Lucie) que mantenía con él una relación fusional, solo se desprendió de ese influjo gracias a su genio creativo. A la inversa de su abuelo, a quien tanto se parecía, Lucian se interesaba no en la palabra sino en el cuerpo en su desnudez misma, no en la represión del deseo sino en la libido en toda su violencia pulsional. Para pintar se quitaba la ropa y exigía que sus modelos también se desnudaran, incluso cuando hacía el retrato de sus parientes, en particular de sus hijas. Todo sucedía como si Lucian actualizara en su obra pictórica la parte oscura de la de Sigmund, de quien se pretendía el heredero demoníaco. Así como rechazaba el complejo edípico, consideraba a *Herr Professor* como un fabuloso zoólogo, fascinado —él, el primer científico en determinar el sexo de las anguilas— por el mundo animal. Lucian tenía un vínculo casi animalista con el cuerpo fantaseado de su abuelo.

Sabía que le debía en parte su libertad y rememoraba con intensa emoción la escena en que Marie Bonaparte había recurrido al duque de Kent para que Ernst y su familia pudiesen obtener la nacionalidad británica. En razón de esa deuda contraída con la familia real, cincuenta y cinco años después obsequió a la reina Isabel II el retrato que había hecho de ella. La obra generó tanto escándalo como las teorías freudianas: la prensa afirmó que el pintor había «travestido» el rostro de la soberana al darle un cuello de jugador de rugby y un mentón azul que parecía cubierto por una barba incipiente. En razón de ese sacrilegio, sugirió un periodista, había que encerrar a Lucian en la Torre de Londres.[9]

Enrolado en el ejército, Anton Walter, el hijo de Martin, mucho más politizado que su padre, tuvo a su cargo, en abril de 1945, la liberación del aeropuerto de Zeltweg, en Estiria. Lanzado en paracaídas en medio de la noche, reivindicó su nombre y, para su gran sorpresa, los oficiales austríacos, deseosos de terminar de una vez con la guerra, no le brindaron una recepción demasiado inamistosa. A continuación, ascendido al grado de capitán, se especializó en la búsqueda de viejos criminales nazis y contribuyó, con sus investigaciones, a entregar a la justicia a Bruno Tesch, cuya empresa fabricaba el Zyklon B para el campo de Auschwitz. Juzgado culpable por el tribunal militar de Hamburgo, Tesch fue condenado a muerte y ahorcado en marzo de 1946. Gracias a su tenacidad, Anton también contribuyó a la condena de Alfred Trzebinski, médico de las SS, torturador y especializado en las experiencias de inyección de bacterias en niños. Más adelante Anton Walter trabajó, hasta jubilarse, como ingeniero químico en diversas empresas inglesas.

En cuanto a su primo Harry Freud, incorporado al ejército norteamericano, también volvió a Austria para rastrear a Anton

Sauerwald, a quien acusaba de haber saqueado los bienes de su familia. Detenido y juzgado por las autoridades norteamericanas, el antiguo comisario-gerente se declaró «no culpable». Su mujer pidió a Anna Freud que prestara testimonio. Esta aceptó de buen grado y en un escrito afirmó que Sauerwald había brindado ayuda a la familia.[10] El hombre fue liberado.

Tras la muerte de su padre, Anna decidió permanecer en Londres y vivir en la casa familiar del número 20 de Maresfield Gardens, en Hampstead. Después de que murieran Martha y Minna la acompañó allí Dorothy, que había vuelto de Nueva York en 1940 y estaba convencida de no poder prescindir más de su amiga.[11] Juntas, ambas prosiguieron con sus actividades en favor de la infancia y fundaron las Hampstead Nurseries y la Hampstead Child Therapy Clinic, un centro de investigación y clínica donde aplicaron sus teorías en estrecha colaboración con los padres de los niños que se trataban en él.

En 1946 Anna se enteró por su gran amiga Kata Levy,[12] hermana de Anton von Freund, de la suerte que habían corrido sus cuatro tías, sin saber aún en qué campo habían encontrado la muerte. De inmediato transmitió la información a sus tres primas, Margarethe Magnus, Lilly Freud-Marlé y Rose Waldinger. Martha se apresuró a acompañarlas en su duelo y Anna se sintió culpable de no haber sido lo bastante vigilante. Durante años puso a los austríacos en la picota y no quiso oír hablar más de la Berggasse. No obstante, ayudó desde Londres a su viejo amigo Aichhorn a reconstruir la WPV.

Se enfrentó a la cuestión del exterminio al hacerse cargo, entre 1945 y 1947, de seis pequeños huérfanos judíos alemanes, nacidos entre 1941 y 1942 y cuyos padres habían sido enviados a la cámara de gas. Internados en el campo de Theresienstadt (Terezin), en la sección de niños sin madre, habían sobrevivido pegados unos a otros y privados de juguetes y comida. Cuando los albergaron en Bulldogs Bank y luego, al ser confiados a Anna —que restableció entonces su relación con la lengua alemana—, hablaban entre sí en un lenguaje grosero, rechazaban los regalos, rompían los muebles, mordían, pegaban, aullaban, se masturbaban, insultaban a los adultos. En una palabra, para sobrevivir no habían tenido otra opción que constituir una entidad única que les servía de fortaleza. Al cabo de un año de tratamiento recuperaron una vida normal. Hijos del genocidio y del abandono absoluto, fueron los primeros en experimentar un nuevo enfoque psicoanalítico, que mostraría a las generaciones futuras que nunca hay nada que esté determinado de antemano y que, aun en las situaciones más extremas, siempre es posible una nueva vida.[13] En ese dominio Anna reveló sus verdaderos dones de clínica.

Sus amigos vieneses que se habían radicado en Estados Unidos la amaban por su devoción, su rectitud y su sentido de la fidelidad. Con ellos, Anna podía evocar, con nostalgia, la grandeza pasada del freudismo original. Ella seguía siendo la memoria viva de una época devorada por dos guerras mundiales.

Heredera legal, con su hermano Ernst, de los archivos y la obra de su padre, Anna se inclinó por Jones —y no por su amigo Siegfried Bernfeld— para que escribiera la primera biografía autorizada de Freud, que se publicaría en tres volúmenes entre 1953 y 1957: una obra magistral basada en archivos y fuentes indiscutibles. Por medio de ella, la diáspora freudiana pudo representarse sus orígenes bajo la forma de una historia, oficial, es cierto, pero no hagiográfica o piadosa. Jones privilegiaba la idea de que Freud, sabio solitario y universal, había logrado por la sola fuerza de su genio apartarse de las «falsas ciencias» de su época para develar al mundo la existencia del inconsciente. Tenía poco interés en situar la obra de Freud y su persona en la larga duración de la historia, y omitía por completo su propia política de presunto «salvamento» del psicoanálisis, que no lamentaba en modo alguno. Disimulaba los suicidios, los rumbos erráticos y los relatos de terapias psicoanalíticas, y trataba muy mal a Breuer, Fliess, Jung, Reich, Rank y muchos otros.

Pero, sobre todo, transformaba a Freud en un científico más inglés que vienés, más positivista que romántico, mucho menos atormentado por sus decisiones de lo que había sucedido en los hechos. En síntesis, construía para uso de sus contemporáneos un monumento conmemorativo en honor del príncipe y el sabio al que había servido. Esta monumental biografía suscitó un enorme debate historiográfico que, a lo largo de cuarenta años, sería tan intenso como las querellas entre psicoanalistas.

Ningún historiador podría, en el futuro, escapar a una confrontación con esa primera biografía escrita por un contemporáneo de Freud, que también había sido su discípulo y el organizador de su movimiento. Es cierto, Jones había cedido a la ilusión introspectiva al presentar a un héroe en marcha hacia su destino, pero en definitiva había sido el primero en tener acceso a los archivos, recurrir a una metodología coherente y atenerse a ella.

Jones incorporó a su trabajo las investigaciones de Siegfried Bernfeld, mientras que Anna supervisaba estrechamente, en el mismo momento, la publicación de las correspondencias, en especial la mantenida con Fliess,[14] en la que se censuraba todo lo que a su juicio amenazaba deslucir la imagen ideal que ella se había forjado de su padre: un héroe sin miedo y sin tacha, un Freud «históricamente correcto» para un psicoanálisis pragmático, reglamentado y pronto esclerosado.[15]

En 1972 Max Schur corrigió la versión de Jones y dio de Freud la imagen más vienesa de un científico ambivalente, adepto a la cocaína, angustiado por la muerte y vacilante entre el error y la verdad. Reveló además, por primera vez, la existencia de Emma Eckstein, y abrió así el camino para que otros investigaran la historia de los pacientes de Freud.

Anna y Dorothy vivieron una vida dichosa pero complicada. Jamás aceptaron que se las considerara lesbianas a pesar de que formaban una verdadera pareja, y Anna nunca estuvo dispuesta en vida a confesar públicamente o permitir revelar que su padre la había analizado.

Los niños que ambas mujeres habían amado y criado juntas, y que estaban muy perturbados, volvían regularmente a Londres. Bob frecuentó el diván de Anna durante cuarenta y cinco años y fue, como su hermana Mabbie, uno de los diez casos relatados en la primera parte de The Psycho-Analytical Treatment of Children.[16] Asmático y depresivo, murió en 1969, a los cincuenta y cuatro años. Cinco años después, siempre en análisis en Londres y de manera episódica en Nueva York con Marianne Kris, Mabbie se mató en el número 20 de Maresfield Gardens con barbitúricos. Si bien era la preferida de Dorothy, nunca había soportado el conflicto que oponía a su padre psicótico, rechazado por la familia Freud, y su madre, que encarnaba a sus ojos el mundo de la salud y de los sanadores del alma.

Hijo del psicoanálisis, como Anna y los hijos de Dorothy, Ernstl Halberstadt se interesó durante toda su vida en los niños, las relaciones precoces de los bebés con su madre, los prematuros, la infancia de todos los países: en Jerusalén, Moscú, Johannesburgo. En busca de una identidad que pudiera vincularlo a su abuelo, se hizo llamar W. Ernst Freud para que no lo confundieran con su tío. A la muerte de Anna viajó a Alemania para ejercer el psicoanálisis y restableció así, para practicarla, el lazo con la lengua de su infancia. Fue de tal modo el único psicoanalista entre los descendientes varones de la familia Freud.

Con frecuencia evocaba su llegada a Londres y las rarezas muy freudianas de su primo, el joven Lucian, que había roto con los suyos, detestaba a su madre[17] y soñaba con un gran destino de pintor. Un día, en un tren, a los dieciséis años, Lucian se había levantado de improviso para tomar una maleta en la que ocultaba un secreto: «Un cráneo de caballo. Lo contempló largamente y después lo guardó. Lo había encontrado en Dartmoor y se había apegado a él».[18]

La reconstrucción de la vida del «gran hombre» y las diferentes publicaciones controladas no bastaron para unir por completo una comunidad psicoanalítica dispersa por los cuatro puntos cardinales del mundo ni para dar al movimiento freudiano el rostro civilizado y honorable que este quería mostrar de sí mismo a la opinión pública.

Además hacía falta, para completar la empresa editorial e historiográfica, reconstruir una memoria verdadera a fin de que nadie olvidara lo que había sido el esplendor de la *Mitteleuropa* destruida por el nazismo. Esa sería la obra de Kurt Eissler.

Nacido en Viena en 1908 y analizado por Aichhorn, Eissler había emigrado a Chicago en 1938, dejando atrás a un hermano al que deportarían. Se instaló a continuación en Nueva York, tras su incorporación al servicio médico del ejército norteamericano para dirigir, con el grado de capitán, una consulta en un campo de entrenamiento. Íntegramente volcado en el pasado, manifestaba una intensa hostilidad hacia la escuela norteamericana, a la que reprochaba el abandono del freudismo original. Por eso decidió consagrar su vida a la constitución de un corpus de archivos que permitiera a las nuevas generaciones conocer la vida y la obra de Freud hasta en sus más mínimos detalles: una vida vienesa, una vida europea. Bernfeld había pensado en ello antes que él, pero Eissler lo dejó a un lado para apoyarse en Anna, como había hecho Jones en el caso de su iniciativa biográfica. Se puso en contacto con Luther Evans, el director de la prestigiosa Biblioteca del Congreso (LoC) de Washington, que aceptó recibir en ella los futuros archivos Freud.

En febrero de 1951 Eissler fundó los Sigmund Freud Archives (SFA), de los que fue conservador, rodeado por un consejo de administración exclusivamente compuesto de psicoanalistas miembros de la IPA: Bertram Lewin, Ernest Jones, Willi Hoffer, Hermann Nunberg y Siegfried Bernfeld. A ellos se añadían algunos miembros honorarios: Albert Einstein, Thomas Mann, Anna Freud.

Durante treinta años Eissler reunió un fabuloso tesoro: cartas, documentos oficiales, fotografías, textos, conversaciones con todas las personas que habían conocido a Freud, incluyendo a los pacientes, los vecinos o los visitantes más anodinos. Todos los psicoanalistas que habían conocido a *Herr Professor* y la mayoría de los miembros de su familia le entregaron sus documentos y testimonios. De conformidad con Anna Freud, Eissler puso en práctica una política tan notable en el plano archivístico como desastrosa para la investigación. En efecto, preocupado por clasificar, ordenar, dominar y controlar toda la memoria de un mundo del que solo había conocido los últimos instantes, negó a los historiadores profesionales el acceso a los archivos y reservó su consulta a los psicoanalistas debidamente formados en el círculo restringido de la IPA. Ahora bien, desde la década de 1960 esos psicoanalistas se dedicaban a trabajos cada vez más clínicos y, de todos modos, estaban muy poco preparados para emprender investigaciones historiográficas o simplemente históricas.[19]

Desde 1970 el idioma inglés dominó claramente los trabajos historiográficos. El trabajo jonesiano fue sucedido, de un lado, por una mirada disidente, y de otro, por un enfoque científico. Inaugurada por Ola Andersson en 1962, la historiografía científica se expandió a continuación gracias al innovador trabajo de Henri F. Ellenberger. Su *Historia del descubrimiento del inconsciente*, que yo tomé como punto de partida para emprender mis propias investigaciones sobre la historia del psicoanálisis en Francia, fue en efecto la primera[20] en introducir la larga duración en la aventura freudiana y situar el psicoanálisis en la historia de la psiquiatría dinámica. Freud salía desacralizado de ella y se dejaba ver bajo los rasgos de un científico dividido entre la duda y la certeza.

Ellenberger dio origen, sin haberlo querido, a una historiografía revisionista, crítica en un primer momento, sobre todo con la publicación de una obra de Frank J. Sulloway dedicada a los orígenes biológicos del pensamiento freudiano, y después más radicalmente antifreudiana, a través de varios ensayos —de quienes optan por el *Freud bashing*—[21] que hacían de Freud un estafador, violador e incestuoso, y oponían así una leyenda negra a una leyenda dorada.

Paralelamente, los trabajos de los historiadores norteamericanos o ingleses sobre la Viena de fin de siglo —Carl Schorske, William Johnston—, seguidos en Francia por los de Jacques Le Rider, transformaron la mirada posada sobre las circunstancias sociales y políticas que habían rodeado el descubrimiento freudiano. El Freud de Jones fue sucedido a continuación por un hombre inmerso en el movimiento de ideas que había estremecido el Imperio austrohúngaro de la década de 1880. Ese Freud encarnaba, de algún modo, todas las aspiraciones de una generación de intelectuales vieneses obsesionados con la judeidad, la sexualidad, el declive del patriarcado, la feminización de la sociedad y, por último, una voluntad común de explorar las fuentes profundas de la psique humana. En cuanto a la historiografía disidente, cobró cuerpo hacia 1975, tras la publicación de *Freud y sus discípulos*, de Paul Roazen.[22]

A partir de los años 1975-1980, por lo tanto, ya se daban las condiciones para que se impusiera una verdadera escuela histórica del freudismo. En ese contexto, frente a la aparición de los trabajos científicos y los enfoques críticos, los representantes de la legitimidad psicoanalítica (IPA) perdieron terreno y ya no lograron impedir que los historiadores produjeran obras que escapaban a la imagen oficial. En lo sucesivo conservarían un solo monopolio: el de la administración y el control de los famosos archivos depositados en la Biblioteca del Congreso.

Frente a esa realidad, Kurt Eissler y Anna Freud tomaron una decisión catastrófica al poner la fijación de la correspondencia con Fliess en manos de Jeffrey Moussaieff Masson, brillante políglota, ex profesor de sánscrito y discípulo de Paul Brunton, místico judío convertido a su vez a la espiritualidad hinduista por el gurú Ramana Maharshi. Debidamente sometido a análisis por la camarilla, Masson, seductor e inteligente, exhibía en apariencia todas las cualidades requeridas para emprender ese trabajo. Sin embargo, en medio de sus investigaciones el afortunado elegido se transformó en un contestatario radical. Como si fuera el profeta de un freudismo revisado, comenzó a creer que América había sido pervertida por una mentira freudiana original. Afirmó así que las cartas de Freud encerraban un «secreto»: Freud, decía, habría abandonado la teoría de la seducción por cobardía, para no revelar al mundo las atrocidades cometidas por los adultos en niños inocentes. Por eso habría inventado la teoría de la fantasía: sería en consecuencia un falsario.[23]

En 1984 Masson publicó un ensayo sobre ese tema que fue uno de los más grandes éxitos de venta en la historia de la literatura psicoanalítica norteamericana. En él cuestionaba violentamente la doctrina freudiana y reactivaba a la vez el viejo debate entre Freud y Ferenczi sobre el trauma y los abusos sexuales. Y ahora el autor se apoyaba en la idea, muy en boga en los años ochenta, de que una inmensa mentira freudiana habría pervertido a América desde el triunfo de Freud en 1909, una mentira que sería solidaria de un poder fundado en la opresión: la colonización de las mujeres por los hombres, de los niños por los adultos, del afecto y la emoción por el dogma y los conceptos.

Eissler no se repuso nunca del terremoto que él mismo había desencadenado.[24] Quería profundamente a Masson y había contemplado la posibilidad de que fuera su sucesor en la dirección de los SFA, y en lugar de ello se vio obligado a quitarle su cargo. Trabajador incansable, Eissler jamás había dejado de responder con erudición a todas las críticas y ataques lanzados contra Freud. Y habría querido, desde luego, que la persona a quien él había formado siguiera ese mismo camino.[25] Para colmo, había impuesto la designación de Masson a Anna, que desconfiaba de él, y pensado incluso en encargarle la transformación del número 20 de Maresfield Garden en museo.[26]

A raíz de este asunto, la corriente revisionista norteamericana —en especial Peter Swales, Adolf Grünbaum[27] y muchos otros— se lanzó durante diez años a despedazar la doctrina freudiana y al propio Freud, reconvertido en un científico diabólico culpable de entregarse a relaciones carnales dentro de su familia. Ya en 1981, Peter Swales, autor iconoclasta, experto en el freudismo y fino conocedor de los archivos, afirmaba sin pruebas que Freud había tenido relaciones sexuales con su cuñada, quien, embarazada, habría sido obligada por él a abortar. Eissler sentía cierta simpatía por Swales, en tanto que Anna, superada por los acontecimientos, ya no sabía cómo afrontar las locuras revisionistas.

En 1986, cuatro años después de su muerte, el Freud Museum abrió sus puertas. Con el paso de los años se afirmó como un importante centro de investigaciones, exposiciones y conferencias. En él podían verse las colecciones de Freud, su despacho y su biblioteca, y consultar veinticinco mil documentos.[28] En Viena, tras no pocas peripecias, se había creado en 1971 un primer Freud Museum, sin objetos, sin muebles, sin biblioteca: un museo del recuerdo de lo que había desaparecido en 1938; en síntesis, un museo anterior al segundo museo.

Como consecuencia del caso Masson se impuso en los medios la imagen de un Freud maltratador, violador, mentiroso e infame debido a la publicación de novelas y ensayos dedicados a su inexistente vida sexual, mientras que el interés por el psicoanálisis decaía en las sociedades occidentales —sobre todo en Francia— y, por el lado de los historiadores más clásicos, se ponía en marcha un retorno a la tradición historiográfica, con la publicación en 1988 de la obra de Peter Gay, historiador especializado en la época victoriana.

La crisis de los archivos llegó a su punto culminante en el momento en que se organizaba en la Biblioteca del Congreso una exposición sobre Freud, programada desde bastante tiempo atrás. Cuarenta y dos investigadores independientes, en su mayoría norteamericanos, firmaron entonces un escrito conjunto y lo enviaron a James Billington, director de la biblioteca, a Michael Roth, comisario de la exposición, y a James Hutson, responsable de la División de Manuscritos. Entre los firmantes se contaban autores excelentes —Phyllis Grosskurth, Elke Mühlleitner, Nathan Hale, Patrick Mahony— que criticaban con razón el carácter demasiado institucional del futuro catálogo y reclamaban que se incluyeran en él sus propios trabajos. Pero, para apoyar esta iniciativa colectiva, Peter Swales y Adolf Grünbaum desataron una violenta campaña de prensa contra Freud, en la que reiteraban las acusaciones habituales. Espantados frente a esa cacería de brujas, los organizadores de la exposición prefirieron postergarla, a pesar de que muchos periodistas e intelectuales norteamericanos manifestaban en la prensa su hostilidad a esas posturas extremistas.

En ese contexto, y por iniciativa de Philippe Garnier, psiquiatra y psicoanalista francés, y de mí misma, se hizo desde Francia otra recogida de firmas que criticaba tanto a los contestatarios como a los organizadores de la exposición de la Biblioteca del Congreso, incapaces de imponer su autoridad y demasiado aferrados a una antigua ortodoxia. Firmado por ciento ochenta intelectuales y profesionales de todos los países, de todas las tendencias y de todas las nacionalidades, esta segunda campaña conoció un éxito importante.[30] El principal efecto de la ofensiva antifreudiana de Adolf Grünbaum y Peter Swales consistió en marginar a los otros firmantes y favorecer el academicismo. Inaugurada en octubre de 1998, la exposición de la Biblioteca del Congreso presentaba, en efecto, a un Freud cuyas teorías ya no tenían importancia alguna en relación con la ciencia y la verdad: «No me importa que las ideas de Freud sean verdaderas o falsas», decía Michael Roth. «Lo importante es que han impregnado toda nuestra cultura y nuestra manera de comprender el mundo a través del cine, el arte, los cómics o la tele.»[31]

Pese al éxito en Francia de dos best sellers, *El libro negro del psicoanálisis*, obra colectiva que reúne las colaboraciones de unos cuarenta autores, y *El crepúsculo de un ídolo*, un panfleto de Michel Onfray, las tesis de los adeptos del *Freud bashing* no echaron raíces en el medio universitario francés, ni siquiera con el auge de las terapias cognitivas. Más aún, fueron rechazadas después de haber hecho las delicias de cierta prensa escrita y audiovisual ávida de sensaciones freudianas.[32]

No obstante, dichas tesis contribuyeron a instalar en la opinión una imagen turbia de la vida y la obra de Freud, una imagen fundada, llegado el caso, en los rumores más delirantes que, sin embargo, se exponían como verdades establecidas. De ahí mi decisión de emprender este trabajo biográfico e histórico, en un momento en que por fin los SFA se abrían a los investigadores, en tanto que, por la vía de internet, se multiplicaban publicaciones y debates de suma riqueza.

En abril de 2014, algunos días antes de mi partida a Washington, fui al crematorio de Golders Green, Londres,[33] lugar de inhumación laico situado frente al cementerio judío del mismo nombre, y que recibe a creyentes, no creyentes, escritores, comunistas, actores, libre-

pensadores. Me demoré frente a los mausoleos, las estatuas y las criptas de estilo gótico, llenas de placas, inscripciones, urnas y objetos
diversos. Sabía que unos meses antes, durante la noche de Año Nuevo,[34] unos vándalos habían roto el cristal detrás del cual estaba la crátera griega con las cenizas de Sigmund Freud y Martha Bernays. Con
la intención, sin duda, de sustraer objetos de valor, los ladrones habían hecho caer la urna de su gran pie de mármol, dejando así al visitante el triste espectáculo de un monumento decapitado. Presas del
pánico, habían huido sin llevarse nada.

Al observar ese lugar maltratado, cubierto de ofrendas y recuerdos, donde descansan en pequeñas cajas las cenizas de los miembros
de la familia Freud y algunos amigos cercanos, y escuchar a Eric Willis, el responsable del crematorio, contarme la larga historia de ese
sabio que había ido a morir a Londres, no pude dejar de pensar que
esta profanación —o, mejor, esta «decapitación»— señalaba en verdad que Freud, setenta y cinco años después de su muerte, seguía
perturbando la conciencia occidental con sus mitos, sus dinastías
principescas, su travesía de los sueños, sus historias de hordas salvajes,
de Gradiva en marcha, de un buitre encontrado en Leonardo, de un
asesinato del padre y de un Moisés que pierde las Tablas de la Ley.

Lo imaginaba blandiendo su bastón contra los antisemitas, poniéndose su mejor camisa para visitar la Acrópolis, descubriendo
Roma como un amante loco de felicidad, fustigando a los imbéciles,
hablando sin notas frente a un público de norteamericanos atónitos,
reinando en su morada inmemorial en medio de sus objetos, sus
chow-chows pelirrojos, sus discípulos, sus mujeres, sus pacientes locos, y esperando a Hitler a pie firme sin conseguir pronunciar su
nombre, y me dije que aún seguiría siendo, durante mucho tiempo,
el más grande pensador de su tiempo y del nuestro.

Agradecimientos

Doy las gracias a Anthony Ballenato, que ha realizado en internet numerosas investigaciones en inglés y me ha acompañado a Londres y la Biblioteca del Congreso de Washington.

A Olivier Mannoni, traductor de las obras de Freud, que me ilustró en muchas ocasiones. A Isabelle Mons, germanista y biógrafa de Lou Andreas-Salomé, por la ayuda prestada. Y también a Christian Sommer, que me ayudó a analizar un escrito de Martin Heidegger sobre Freud y el psicoanálisis.

A Lisa Appignanesi, Dany Nobus y todo el equipo del Freud Museum de Londres, que me brindaron un cálido recibimiento. A John Forrester, profesor de historia y filosofía de las ciencias de la Universidad de Cambridge, fino conocedor de la obra freudiana y de las relaciones entre Freud y Minna Bernays. A Julia Borossa, directora de programa en psicoanálisis de la Universidad de Middlesex. A Eric Willis, que me recibió en el crematorio de Golders Green, Londres.

A Inge Scholz-Strasser y Daniela Finzi por su acogida en el Freud Museum de Viena.

A Margaret McAleer, conservadora en jefe de la División de Manuscritos de la Biblioteca del Congreso, que me ayudó en mis investigaciones. Y a Anton O. Kris, director de los Sigmund Freud Archives (SFA), que me habló de sus recuerdos. También a François Delattre, embajador de Francia en Estados Unidos, que me recibió cálidamente. Estoy en deuda con Catherine Albertini, agregada cultural de la embajada de Francia en Estados Unidos, por su apoyo y su entusiasmo. No olvido la ayuda que me prestó Jean-Louis Desmeure.

A Maurizio Serra, diplomático y biógrafo de Italo Svevo, que me ayudó, a lo largo de un apasionante intercambio epistolar, a comprender con claridad las relaciones entre Edoardo Weiss, Giovacchino Forzano y Bruno Veneziani. A Albrecht Hirschmüller por sus valiosas indicaciones sobre la vida de Freud.

Doy las gracias asimismo a Carlo Bonomi por su conocimiento de las relaciones de Freud con la pediatría y por todo lo que me aportó en relación con la cuestión de los traumas infantiles. Guido Liebermann, historiador del psicoanálisis en Palestina, me dio testimonios decisivos sobre la vida de Max Eitingon. Debo mucho a Patrick Mahony y a los intercambios que mantenemos desde hace veinte años. Doy las gracias a Henri Rey-Flaud, que estuvo presente a lo largo de toda la redacción de este libro. No olvido mi deuda con Carl Schorske y Jacques Le Rider.

A Gilles Pécout, que dio cabida a mi seminario sobre la historia del psicoanálisis en el Departamento de Historia de la Escuela Normal Superior. Y a todos los fieles oyentes que han seguido ese seminario desde hace más de veinte años. A Thomas Piketty por su tasación de la fortuna de Freud. A Luc Fachetti por su paciencia y a Jean-Claude Baillieul por la minuciosidad de sus correcciones. No olvido el apoyo que me brinda desde hace tantos años André Gueslin en el Departamento de Historia de la Universidad de París VII-Diderot.

Para terminar, muchísimas gracias a Olivier Bétourné, que editó y corrigió este libro con talento y entusiasmo.

Notas

Introducción

1. Especialista en las ediciones de las obras de Freud, Gerhard Fichtner (1932-2012) dedicó la vida a buscar sus inéditos y reunir sus cartas. Cf. Gerhard Fichtner, «Les lettres de Freud en tant que source historique» y «Bibliographie des lettres de Freud», *Revue internationale d'histoire de la psychanalyse*, 2, 1989, pp. 51-80 y 81-108, respectivamente. Cf. asimismo Ernst Falzeder, «Existe-t-il encore un Freud unconnu?», *Psychothérapies*, 27(3), 2007, pp. 175-195.

2. En el epílogo y la bibliografía se refieren todas las fuentes utilizadas en esta obra. Al final del volumen el lector también encontrará indicaciones genealógicas y cronológicas que permiten comprender las disputas suscitadas en torno de los archivos de Freud. La mayoría de las biografías existentes se mencionan en las diferentes notas.

PRIMERA PARTE

1. Los comienzos

1. Karl Marx y Friedrich Engels, *Manifeste du parti communiste* (1848), París, Éditions Sociales, 1966, p. 25 [hay trad. cast.: *Manifiesto del Partido Comunista*, Moscú, Progreso, 1964, entre otras ediciones].

2. Cf. Vincenzo Ferrone y Daniel Roche, eds., *Le Monde des Lumières* (1997), París, Fayard, 1999 [hay trad. cast.: *Diccionario histórico de la Ilustración*, Madrid, Alianza, 1998].

3. William Michael Johnston, *L'Esprit viennois: une histoire intellectuelle et sociale, 1848-1938* (1972), París, Presses Universitaires de France, 1985,

p. 27. Cf. asimismo Jean Clair, ed., *Vienne, 1880-1938: l'apocalypse joyeuse*, catálogo de la exposición, París, Centre Georges Pompidou, 1986.

4. En Élisabeth Roudinesco, *Retour sur la question juive*, París, Albin Michel, 2009 [hay trad. cast.: *A vueltas con la cuestión judía*, Barcelona, Anagrama, 2011], he abordado esta problemática.

5. Todos los documentos relativos al estado civil de la familia Freud fueron publicados por Marianne Krüll, *Sigmund, fils de Jakob: un lien non dénoué* (1979), París, Gallimard, 1983. Cf. asimismo Renée Gicklhorn, «La famille Freud à Freiberg» (1969), *Études freudiennes*, 11-12, enero de 1976, pp. 231-238; Ernest Jones, *La Vie et l'œuvre de Sigmund Freud*, vol. 1, *La Jeunesse, 1856-1900* (1953), París, Presses Universitaires de France, 1958 [hay trad. cast.: *Vida y obra de Sigmund Freud*, vol. 1, *Infancia y juventud, 1856-1900*, Buenos Aires, Hormé, 1989]; Henri F. Ellenberger, *Histoire de la découverte de l'inconscient* (1970), París, Fayard, 1994, pp. 439-446 [hay trad. cast.: *Historia del descubrimiento del inconsciente: historia y evolución de la psiquiatría dinámica*, Madrid, Gredos, 1976], y Peter Gay, *Freud, une vie* (1988), París, Hachette, 1991 [hay trad. cast.: *Freud: una vida de nuestro tiempo*, Barcelona, Paidós, 1990]. Cf. también Emmanuel Rice, *Freud and Moses: The Long Journey Home*, Nueva York, State University of New York Press, 1990. Kallamon (Salomón) a veces se escribe Kalman, Kallmann o Kelemen. Tysmenitz puede transcribirse como Tysmienica o Tismenitz. Freiberg es a veces Freyberg o, en checo, Príbor o Prbor. Para Jacob se constata también Jakob, y para Peppi, Pepi. Cf. asimismo la carta de Freud al burgomaestre de la ciudad de Príbor, 25 de octubre de 1931, LoC, caja 38, carpeta 42 [hay trad. cast.: «Carta al burgomaestre de la ciudad de Príbor», en *Obras completas* (en lo sucesivo *OC*), 24 vols., traducción de José Luis Etcheverry, Buenos Aires, Amorrortu, 1978-1985, vol. 21, 1979, pp. 257-258].

6. Carta de Freud a Martha Bernays, 10 de febrero de 1886, en *Correspondance, 1873-1939* (1960), París, Gallimard, 1967, pp. 223-224 [hay trad. cast.: «A Martha Bernays», en *Epistolario, 1873-1939*, Madrid, Biblioteca Nueva, 1963, p. 233]. La tesis errónea de la «neurosis judía» estaba muy en boga en la época, sobre todo en virtud de la enseñanza de Charcot. Cf. Élisabeth Roudinesco, *Histoire de la psychanalyse en France* (1982-1986) y *Jacques Lacan: esquisse d'une vie, histoire d'un système de pensée* (1993), en un solo volumen (en lo sucesivo *HPF-JL*), París, Librairie Générale Française, 2009, col. «La Pochothèque» [hay trad. cast.: *La batalla de cien años: historia del psicoanálisis en Francia*, 3 vols., Madrid, Fundamentos, 1988-1993, y *Lacan: esbozo de una vida, historia de un sistema de pensamiento*, Buenos Aires, Fondo de Cultura Económica, 1994].

7. Varios comentaristas han imaginado, erróneamente, que Jacob había mantenido un fuerte apego a los ritos ortodoxos.

8. Dejo testimonio de mi agradecimiento a Michel Rotfus, que me dio a conocer varias fuentes sobre la evolución de los judíos de las cuatro provincias del imperio de los Habsburgo.

9. Sigmund Freud, *Lettres de famille de Sigmund Freud et des Freud de Manchester, 1911-1938*, París, Presses Universitaires de France, 1996 [hay trad. cast.: *Viena y Manchester: correspondencia entre Sigmund Freud y su sobrino Sam Freud (1911-1938)*, edición de Thomas Roberts, Madrid, Síntesis, 2000].

10. En 1979, con el propósito de cristianizar el destino de Freud, Marie Balmary descubrió una presunta «falta oculta» en la vida de Jacob y adujo, sin fundamentos, que Rebekka se habría suicidado saltando de un tren. Cf. Marie Balmary, *L'Homme aux statues: Freud et la faute cachée du père*, París, Grasset, 1979.

11. El acta de nacimiento lo designa con su nombre de pila judío, Schlomo (Shelomoh), nacido en Freiberg el martes Rosch Hodesch Iyar de 5616 del calendario judío, es decir, el 6 de mayo de 1856. La casa natal estaba en la calle de los Cerrajeros, 117. Marie Balmary pretende que Amalia habría quedado embarazada antes de casarse y que Freud habría nacido el 6 de marzo y no el 6 de mayo de 1856. Estas afirmaciones carecen de todo fundamento. El documento original está ahora disponible en internet y la fecha del 6 de mayo no suscita duda alguna.

12. Traducido del hebreo por Yosef Hayim Yerushalmi, *Le «Moïse» de Freud: judaïsme terminable et interminable* (1991), París, Gallimard, 1993, pp. 139-140 [hay trad. cast.: *El Moisés de Freud: judaísmo terminable e interminable*, Buenos Aires, Nueva Visión, 1996]. Yerushalmi plantea la hipótesis de que Freud, en contra de lo que siempre afirmó, sabía hebreo. Es indiscutible que sabía más de lo que decía. En 1930 escribiría estas palabras a Abraham Roback, que le había enviado un ejemplar dedicado de su libro: «Mi educación fue tan poco judía, que hoy me siento incapaz de leer incluso su dedicatoria, que evidentemente está escrita en hebreo. En mi vida ulterior he tenido ocasión de lamentar muchas veces estos fallos de mi educación». Cf. carta de Freud a Roback, 20 de febrero de 1930, en S. Freud, *Correspondance, 1873-1939, op. cit.*, p. 430 [hay trad. cast.: «A A. A. Roback», en *Epistolario, 1873-1939, op. cit.*, pp. 440-441].

13. Sigmund Freud, *L'Interprétation des rêves* (1900), París, Presses Universitaires de France, 1967, p. 171 [hay trad. cast.: *La interpretación de los sueños*, en *OC*, vol. 4, 1979, p. 207]. He elegido la traducción de Ignace Meyerson, revisada por Denise Berger. Traducida por primera vez con el

título de *La Science des rêves*, la obra se reeditó en francés como *L'Interpréta-tion des rêves*. En realidad, *Die Traumdeutung* debe traducirse como «La inter-pretación del sueño». Ese es el título escogido en la edición de las obras completas: *L'Interprétation du rêve*, en *Œuvres complètes: psychanalyse* (en lo sucesivo *OC.P*), vol. 4, París, Presses Universitaires de France, 2003, así como el elegido por Jean-Pierre Lefebvre para la edición aparecida en Seuil en 2010.

14.	Sigmund Freud, «En mémoire du professeur S. Hammerschlag» (1904), en *OC.P*, vol. 6, 2006, p. 41 [hay trad. cast.: «En memoria del profe-sor S. Hammerschlag», en *OC*, vol. 7, 1978, p. 230]. Cf. Théo Pfrimmer, *Freud, lecteur de la Bible*, París, Presses Universitaires de France, 1982. Cf. asimismo Ernst Hammerschlag (nieto de Samuel), LoC, caja 113, carpeta 20, s.d.

15.	El nombre dado a esta niñera es fuente de incertidumbres. Resi Wittek es el registrado en un documento oficial del 5 de junio de 1857. El de Monika Zajic figura en otro documento como pariente del cerrajero Zajic, en cuya casa vivía la familia Freud en Freiberg. No hay duda de que ambos nombres corresponden a una misma persona. Cf. M. Krüll, *Sigmund, fils de Jacob...*, *op. cit.*, p. 335.

16.	Carta 141 de Freud a Fliess, 3 de octubre de 1897, en Sigmund Freud, *Lettres à Wilhelm Fliess, 1887-1904*, edición completa, París, Presses Universitaires de France, 2006, p. 341 [hay trad. cast.: *Cartas a Wilhelm Fließ (1887-1904)*, traducción de J. L. Etcheverry, Buenos Aires, Amorrortu, 1994, p. 290]. Véase asimismo Sigmund Freud, *La Naissance de la psychanaly-se* (1950), edición incompleta, edición de Marie Bonaparte, Anna Freud y Ernst Kris, París, Presses Universitaires de France, 1956 [hay trad. cast.: *Frag-mentos de la correspondencia con Fliess*, en *OC*, vol. 1, 1982].

17.	Sigmund Freud, *Trois essais sur la théorie sexuelle* (1905), París, Gallimard, 1987 [hay trad. cast.: *Tres ensayos de teoría sexual*, en *OC*, vol. 7, *op. cit.*].

18.	Marianne Krüll planteó esta hipótesis, y muchos la siguieron...

19.	Sigmund Freud, «Les souvenirs-écrans» (1899), en *Névrose, psycho-se et perversion*, París, Presses Universitaires de France, 1973, pp. 121-126 [hay trad. cast.: «Sobre los recuerdos encubridores», en *OC*, vol. 3, 1981, pp. 305-311]. Cf. asimismo Siegfried Bernfeld, «An unknown autobiographi-cal fragment by Freud», *American Imago*, 4(1), agosto de 1946, pp. 3-19, y Siegfried Bernfeld y Suzanne Cassirer-Bernfeld, «Freud's early childhood», *Bulletin of the Menninger Clinic*, 8, 1944, pp. 107-115. Como ya he señalado, he evitado cuidadosamente reconstruir la vida de Freud sobre la base de una reinterpretación de sus sueños.

20. Carta 141 de Freud a Fliess, 3 de octubre de 1897, en S. Freud, *Lettres à Wilhelm Fliess...*, *op. cit.*, p. 340 [*Cartas a Wilhelm Fließ...*, *op. cit.*, p. 289].

21. S. Freud, *L'Interprétation du rêve*, *op. cit.*, p. 412 [*La interpretación de los sueños*, *op. cit.*, *OC*, vol. 5, 1979, p. 479].

22. Citado en Fritz Wittels, *Freud, l'homme, la doctrine, l'école*, París, F. Alcan, 1925, pp. 46-47 [hay trad. cast.: *Freud: el hombre, la doctrina, la escuela*, Santiago de Chile, Pax, 1936]. Reeditado en Edward Timms, ed., *Freud et la femme-enfant: les mémoires de Fritz Wittels*, París, Presses Universitaires de France, 1999 [hay trad. cast.: *Freud y la mujer niña: memorias de Fritz Wittels*, Barcelona, Seix Barral, 1997].

23. Otros galitzianos tendrán un destino prestigioso: Isidor Isaac Rabi, cuyos padres emigraron a Estados Unidos en 1899, obtendría el premio Nobel de Física en 1944; de igual manera, Roald Hoffmann, nacido en 1937 y exiliado en Estados Unidos, sería premio Nobel de Química, y Georges Charpak, emigrado a Francia, premio Nobel de Física. Freud soñaba con ese galardón, que nunca obtuvo.

24. S. Freud, *L'Interprétation du rêve*, *op. cit.*, p. 175 [*La interpretación de los sueños*, *op. cit.*, vol. 4, p. 211].

25. Sigmund Freud, «Sur la préhistoire de la technique analytique» (1920), en *OC.P*, vol. 15, 2002, p. 268 [hay trad. cast.: «Para la prehistoria de la técnica analítica», en *OC*, vol. 18, 1979, p. 259]. Akibah Ernst Simon, «Freud und Moses», en *Entscheidung zum Judentum: Essays und Vorträge*, Frankfurt, Suhrkamp, 1980, pp. 196-211. Jones señala que ese regalo se le entregó al cumplir catorce años.

26. S. Freud, *L'Interprétation du rêve*, *op. cit.*, p. 127 [*La interpretación de los sueños*, *op. cit.*, vol. 4, p. 157].

27. Alain de Mijolla, «Mein Onkel Josef à la une», *Études freudiennes*, 15-16, abril de 1979, pp. 183-192, y Nicholas Rand y Maria Torok, *Questions à Freud*, París, Les Belles Lettres, 1995.

28. Sigmund Freud, *Lettres de jeunesse* (1989), París, Gallimard, 1990 [hay trad. cast.: *Cartas de juventud: con correspondencia en español inédita*, Barcelona, Gedisa, 1992]. Freud recibirá en consulta a la esposa de Eduard, Pauline Silberstein (1871-1891), afectada por una psicosis melancólica. La joven se suicidará lanzándose desde el último piso de su edificio. Cf. James W. Hamilton, «Freud and the suicide of Pauline Silberstein», *The Psychoanalytic Review*, 89(6), 2002, pp. 889-909.

29. Carta de Freud a E. Silberstein, 27 de febrero de 1875, en S. Freud, *Lettres de jeunesse*, *op. cit.*, pp. 133-134.

30. S. Freud, *L'Interprétation du rêve*, *op. cit.*, p. 191 [*La interpretación de los sueños*, *op. cit.*, vol. 4, p. 230].

31. La *Neue Freie Presse* sucedió a *Die Presse*, fundado durante la primavera de marzo de 1848.

32. S. Freud, *Lettres de jeunesse, op. cit.*, p. 46; reproducido en S. Freud, «Les souvenirs-écrans», *op. cit.*

33. Carta de Freud a Emil Fluss, septiembre de 1872, en *ibid.*, p. 228. Meseritsch (o Gross-Meseritsch) es una ciudad de Moravia situada entre Freiberg y Viena. Algunos periodistas creyeron discernir un rasgo antisemita en esta descripción.

34. *Ibid.*, p. 230.

35. Anna Freud-Bernays, *Eine Wienerin in New York: die Erinnerungen der Schwester Sigmund Freuds*, edición de Christfried Tögel, Berlín, Aufbau-Verlag, 2004.

36. Judith Heller-Bernays (1885-1977), Lucy Leah-Bernays (1886-1980), Hella Bernays (1893-1994) y Martha (1894-1979). Sobre el destino excepcional de Edward Bernays (1891-1995), teórico moderno de la propaganda, véase *infra*. Martha Bernays, hermana de Eli, se casaría con Sigmund Freud.

37. Hermann Graf (1897-1917) y Cäcilie Graf (1899-1922).

38. Margarethe Freud-Magnus, llamada Gretel (1887-1984), Lilly Freud-Marlé (1888-1970), Martha Gertrud, llamada Tom Seidmann-Freud (1892-1930), Theodor Freud (1904-1927) y Georg Freud (mellizo mortinato, 1904). Cf. Christfried Tögel, «Freuds Berliner Schwester Maria (Mitzi) und ihre Familie», *Luzifer-Amor*, 33, 2004, pp. 33-50, y Lilly Freud-Marlé, *Mein Onkel Sigmund Freud*, Berlín, Aufbau-Verlag, 2006.

39. Rose Winternitz-Waldinger (1896-1969). Sobre el destino y los testimonios de los sobrinos y sobrinas de Freud, recogidos por Kurt Eissler para la Biblioteca del Congreso, véase *infra*.

40. Comprobada por todos los demógrafos, este descenso no puede atribuirse simplemente a la contracepción que comenzaba a difundirse en las clases acomodadas, con el uso del preservativo o la práctica del *coitus interruptus*. En Élisabeth Roudinesco, *La Famille en désordre*, París, Fayard, 2002 [hay trad. cast.: *La familia en desorden*, Buenos Aires, Fondo de Cultura Económica, 2003], he abordado este problema.

41. Marie Bonaparte, diario inédito.

42. Jacques Le Rider, *Modernité viennoise et crise de l'identité*, París, Presses Universitaires de France, 1994, y P. Gay, *Freud, une vie, op. cit.*, pp. 22-27. En un texto polémico, Jacques Bénesteau ha afirmado que en Viena no había antisemitismo alguno a raíz de la presencia masiva de los judíos en las profesiones liberales e intelectuales, y que Freud inventó las persecuciones antisemitas en su contra; véase Jacques Bénesteau, *Mensonges freudiens*, Spri-

mont (Bélgica), Mardaga, 2002, pp. 190-191. Al contrario, esa presencia contribuyó a un fuerte aumento del antisemitismo en Viena.

43. Sobre el nacimiento de la pareja infernal del semita y el ario, cf. Maurice Olender, *Les Langues du paradis. Aryens et sémites: un couple providentiel*, París, Gallimard/Seuil, 1989, col. «Hautes Études» [hay trad. cast.: *Las lenguas del Paraíso. Arios y semitas: una pareja providencial*, Buenos Aires, Fondo de Cultura Económica, 2005].

44. André Bolzinger, *Portrait de Sigmund Freud: trésors d'une correspondance*, París, Campagne Première, 2012, p. 132.

45. Sigmund Freud, *Sigmund Freud présenté par lui-même* (1925), París, Gallimard, 1984, p. 16 [hay trad. cast.: *Presentación autobiográfica*, en *OC*, vol. 20, 1979, p. 8].

46. En la huella de Luise von Karpinska, psicóloga polaca, se debe a Maria Dorer el primer estudio científico, en 1932, sobre el lugar de las tesis de Herbart en la génesis de la teoría freudiana del inconsciente: cf. Maria Dorer, *Les Bases historiques de la psychanalyse*, París, L'Harmattan, 2012. El historiador y psicoanalista sueco Ola Andersson retomaría esta cuestión en 1962 en *Freud avant Freud: la préhistoire de la psychanalyse, 1886-1896*, Le Plessis-Robinson, Synthélabo, 1997, col. «Les Empêcheurs de penser en rond», con prefacio de Per Magnus Johansson y Élisabeth Roudinesco y, en un apéndice, un intercambio epistolar entre Andersson y Ellenberger.

47. Josef Paneth también daría un respaldo económico a Freud. Cf. el testimonio de Marie Paneth (nuera de Josef) del 7 de marzo de 1950, recogido por Kurt Eissler.

48. E. Jones, *La Vie et l'œuvre...*, vol. 1, *op. cit.*, p. 32. Sin embargo, como veremos más adelante, Freud no se apartaría tanto como creía de la especulación filosófica.

49. Para el estudio del método anatomoclínico (Xavier Bichat), cf. Michel Foucault, *Naissance de la clinique: une archéologie du regard médical*, París, Presses Universitaires de France, 1963 [hay trad. cast.: *El nacimiento de la clínica: una arqueología de la mirada médica*, Buenos Aires, Siglo XXI, 1966]. Sobre la fisiología y el método experimental, cf. Georges Canguilhem, «Claude Bernard», en *Études d'histoire et de philosophie des sciences*, París, Vrin, 1968 [hay trad. cast.: «Claude Bernard», en *Estudios de historia y de filosofía de las ciencias*, Buenos Aires, Amorrortu, 2009, pp. 135-182].

50. Carta de Freud a Silberstein, en S. Freud, *Lettres de jeunesse*, *op. cit.*, p. 171.

51. Se encontrará una bella descripción de la vida de ese medio en la obra de Albrecht Hirschmüller, *Josef Breuer* (1978), París, Presses Universitaires de France, 1991, pp. 52-72.

52. El lector hallará un buen análisis de este período de la vida de Freud en Frank J. Sulloway, *Freud, biologiste de l'esprit* (1979), prefacio de Michel Plon, París, Fayard, 1998. En este libro Sulloway propone la hipótesis (discutible) de que Freud habría seguido siendo a lo largo de toda su vida un biólogo oculto (un criptobiólogo), a pesar de su orientación hacia la psicología. Cf. asimismo Filip Geerardyn y Gertrudis van de Vijver, eds., *Aux sources de la psychanalyse: une analyse des premiers écrits de Freud (1877-1900)*, París y Montreal, L'Harmattan, 2006.

53. Jacques Le Rider, *Les Juifs viennois à la Belle Époque*, París, Albin Michel, 2012, p. 142.

54. Elise Gomperz (1848-1929), la mujer de Theodor Gomperz, sufría de trastornos nerviosos. Consultó a Charcot, que en 1892 la derivó a Freud a fin de que este la sometiera a un tratamiento catártico. Freud utilizó la electroterapia y la hipnosis. Nada permite decir que este tratamiento fue un fracaso, como lo sugiere Mikkel Borch-Jacobsen, *Les Patients de Freud: destins*, Auxerre, Éditions Sciences Humaines, 2011. Elise siguió siendo durante toda su vida lo que era, una mujer «nerviosa» y melancólica, pero sus relaciones con Freud fueron excelentes hasta el final.

55. Fleischl murió de manera prematura en 1891, y el sucesor de Brücke fue Exner.

56. S. Freud, *Sigmund Freud présenté...*, op. cit., p. 17 [*Presentación autobiográfica*, op. cit., p. 9].

2. AMORES, TEMPESTADES Y AMBICIONES

1. S. Freud, *L'Interprétation du rêve*, op. cit., p. 414 [*La interpretación de los sueños*, op. cit., vol. 5, p. 479]. Esta cita corresponde al *Fausto* de Goethe.

2. Sigmund Freud, «Grande est la Diane des Éphésiens» (1911), en *OC.P*, vol. 11, 2009, pp. 51-53, según un poema de Goethe [hay trad. cast.: «¡Grande es Diana Efesia!», en *OC*, vol. 12, 1980, pp. 366-368].

3. Es decir, con abundante pelo oscuro al nacer.

4. Monique Schneider, «Freud, lecteur et interprète de Goethe», *Revue germanique internationale*, «Goethe cosmopolite», 12, 1999, pp. 243-256.

5. Novela epistolar de Goethe aparecida en 1774.

6. Se encontrará una descripción bastante exhaustiva de las «enfermedades» de Freud en la obra de Max Schur, *La Mort dans la vie de Freud* (1972), París, Gallimard, 1975 [hay trad. cast.: *Sigmund Freud: enfermedad y muerte en su vida y en su obra*, 2 vols., Barcelona, Paidós, 1980]. Por otra par-

te, en su correspondencia Freud se presta gustoso a contar sus «enfermedades» en términos técnicos, como suelen hacerlo los médicos.

7. Cf. *ibid.*, p. 86. Freud menciona a veces en sus cartas, de manera indirecta, su práctica de la masturbación.

8. Cf. Jean Bollack, *Jacob Bernays: un homme entre deux mondes*, Villeneuve-d'Ascq, Presses Universitaires du Septentrion, 1998. Freud se inspiró en la teoría de la catarsis de Jacob Bernays y recomendó a Arnold Zweig la lectura de sus cartas. Sigmund Freud y Arnold Zweig, *Correspondance, 1927-1939* (1968), París, Gallimard, 1973, p. 84 [hay trad. cast.: *Correspondencia 1927-1939*, Barcelona, Gedisa, 2000].

9. La publicación de la correspondencia del noviazgo entre Sigmund Freud y Martha Bernays (mil quinientas cartas de 1882 a 1886) está en proceso de realización bajo la dirección de Ilse Grubrich-Simitis y Albrecht Hirschmüller. Han aparecido los dos primeros volúmenes, que abarcan el período 1882-1883. Otros tres deberán aparecer próximamente. Cf. Sigmund Freud y Martha Bernays, *Sein mein, wie ich mir's denke*, vol. 1, *Die Brautbriefe*, Frankfurt, S. Fischer Verlag, 2011, y vol. 2, *Unser Roman in Fortsetzungen*, Frankfurt, S. Fischer Verlag, 2013. Yo utilicé además S. Freud, *Correspondance, 1873-1939*, *op. cit.*, que contiene noventa y tres cartas de Freud a Martha. Ernest Jones y Peter Gay analizaron intensamente esa correspondencia, que se conserva en la Biblioteca del Congreso y a la que tuvieron acceso. Cf. asimismo Katja Behling, *Martha Freud* (2003), prólogo de Anton W. Freud y prefacio de Judith Dupont, París, Albin Michel, 2006, e Ilse Grubrich-Simitis, «L'affectif et la théorie. Sigmund et Martha: prélude freudien. Germes de concepts psychanalytiques fondamentaux», *Revue française de psychanalyse*, 76(3), 2012, pp. 779-795. Esa correspondencia, todavía inédita en parte, es una fuente importante para comprender la evolución de Freud. Además de las misivas amorosas que yo menciono, contiene numerosas observaciones sobre su trabajo, sus encuentros, sus gustos, su vida cotidiana, sus angustias, sus investigaciones y algunos retratos inolvidables de sus maestros y contemporáneos. Cf. también la obra de A. Bolzinger, *Portrait de Sigmund Freud...*, *op. cit.* Las investigaciones de Hanns Lange sobre la familia figuran en el catálogo del Freud Museum de Londres. Algunos extractos se citan en la obra de E. Rice, *Freud and Moses...*, *op. cit.*

10. Carta de Freud a Martha Bernays, 30 de junio de 1884, en S. Freud, *Correspondance, 1873-1939*, *op. cit.*, pp. 130-131 [*Epistolario, 1873-1939*, *op. cit.*, p. 134].

11. Hermana de Freud. Eli devolvió la totalidad de la suma.

12. Carta inédita de Freud a Martha Bernays, 27 de diciembre de 1883, citada por E. Jones, *La Vie et l'œuvre...*, vol. 1, *op. cit.*, p. 130.

13. La correspondencia entre Freud y Minna Bernays está en curso de traducción al francés y será publicada por Éditions du Seuil. Agradezco a Olivier Mannoni haberme permitido acceder a ella. Cf. Sigmund Freud y Minna Bernays, *Briefwechsel, 1882-1938*, texto fijado por Albrecht Hirschmüller, Tubinga, Diskord, 2005. [La versión francesa de la correspondencia entre Sigmund Freud y Minna Bernays, con el título de *Correspondance (1882-1938)*, se publicó en marzo de 2015, con posterioridad a la aparición de este libro de Élisabeth Roudinesco. *(N. del T.)*]

14. Sobre la génesis de este extraordinario rumor siempre de actualidad, véase *infra*.

15. Sobre este punto la mejor referencia es Sigmund Freud, *De la cocaïne*, edición de Robert Byck, Bruselas, Complexe, 1976 [hay trad. cast.: *Escritos sobre la cocaína*, Barcelona, Anagrama, 1980]. Esta obra reúne los cinco textos de Freud sobre el tema: «Über coca» (1884), «Contribución al conocimiento de los efectos de la cocaína» (1885), «Sobre el efecto general de la cocaína» (1885), «Addenda a "Über coca"» (1885) y «Anhelo y temor de la cocaína» (1887), y contiene además comentarios de varios investigadores. Cf. asimismo Jacques Michel, «La cocaïne et Freud», en Jean-Claude Beaune, ed., *La Philosophie du remède*, Seyssel, Champ Vallon, 1993, pp. 1-14; Françoise Coblence, «Freud et la cocaïne», *Revue française de psychanalyse*, 66(2), 2002, pp. 371-383, y F. J. Sulloway, *Freud, biologiste de l'esprit*, *op. cit.*, pp. 21-22.

16. Carta de Freud a Martha Bernays, 2 de junio de 1884, en S. Freud, *De la cocaïne*, *op. cit.*

17. Se acusó a Freud, sobre todo, de haber asesinado con premeditación a su amigo Fleischl para eliminar a un rival; de haber contribuido al auge del tercer flagelo de la humanidad (tras el alcohol y la morfina), y, por último, de haber escrito el conjunto de su obra bajo la influencia de la cocaína. En realidad, dejó de consumirla de manera regular en 1887 y de manera definitiva en 1892, y desde entonces aumentó aún más su consumo de tabaco. Sobre las acusaciones sin fundamento, cf. E. M. Thornton, *Freud and Cocaine: The Freudian Fallacy*, Londres, Blond & Briggs, 1983. Por su parte, los historiadores oficiales minimizaron durante muchos años la importancia del episodio de la cocaína.

18. *Allotrion*: término griego que significa lo que es distinto o ajeno a uno mismo.

19. Carta de Freud a Martha Bernays, 5 de octubre de 1882, en S. Freud y M. Bernays, *Sein mein...*, vol. 1, *op. cit.*, p. 367.

20. Cf. W. M. Johnston, *L'Esprit viennois...*, *op. cit.*, pp. 267-283.

21. H. F. Ellenberger, *Histoire de la découverte...*, *op. cit.*, p. 455, según el

retrato de Bernard Sachs, alumno norteamericano de Theodor Meynert. Cf. también A. Hirschmüller, *Josef Breuer, op. cit.*, p. 122.

22. Sigmund Freud, «Esquisse d'une psychologie scientifique», en *La Naissance de la psychanalyse, op. cit.* [hay trad. cast.: *Proyecto de psicología*, en *OC*, vol. 1, *op. cit.*, pp. 323-389]. Cf. asimismo Christine Lévy-Friesacher, *Meynert-Freud, «l'amentia»*, París, Presses Universitaires de France, 1983.

23. Los pacientes afectados de neurosis eran tratados igualmente en servicios de psiquiatría o por psiquiatras particulares. Además, se apelaba con frecuencia al término «neuropsicosis» para designar esas patologías, cuyos perfiles varían según las épocas.

24. La mejor obra sobre Josef Breuer es la que le dedicó Albrecht Hirschmüller, que cito en abundancia. Señalemos que Ernest Jones, por su parte, da una imagen detestable, injusta y errónea de Breuer, a quien presenta como un terapeuta temeroso, incapaz de comprensión alguna en lo referido a la sexualidad.

25. A. Hirschmüller, *Josef Breuer, op. cit.*, p. 59.

26. *Ibid.*, p. 129.

27. Término propuesto en 1769 por el médico escocés William Cullen (1710-1790) para definir las enfermedades nerviosas que ocasionaban trastornos de la personalidad. Cf. Élisabeth Roudinesco y Michel Plon, *Dictionnaire de la psychanalyse* (1997), París, Librairie Générale Française, 2011, col. «La Pochothèque» [hay trad. cast.: *Diccionario de psicoanálisis*, Buenos Aires, Paidós, 1998].

28. Conforme a la expresión utilizada por Henri Ellenberger, que sigue siendo el mejor historiador de la psiquiatría dinámica y en especial de la historia de la evolución del magnetismo y del paso de las curas magnéticas a la psicoterapia. Cf. asimismo Jean Clair, ed., *L'Âme au corps: arts et sciences, 1793-1993*, catálogo de la exposición, París, Réunion des Musées Nationaux/Gallimard/Electa, 1993.

29. Me referí extensamente a la trayectoria de Charcot y la cuestión de la histeria y su desmantelamiento por Joseph Babinski, así como a las críticas que le dirigió Léon Daudet (su ex alumno). Cf. *HPF-JL, op. cit.* Aquí, veo la cuestión bajo una luz diferente. Cf. asimismo Jean-Martin Charcot, *Leçons du mardi à la Salpêtrière, professeur Charcot: policlinique 1887-1888*, 2 vols., París, Lecrosnier & Babé, 1892 [hay trad. cast.: *Lecciones sobre las enfermedades del sistema nervioso: dadas en la Salpêtrière*, 3 vols., Madrid, Librería de Hernando y Compañía, 1898]; Jean-Martin Charcot y Paul Richer, *Les Démoniaques dans l'art* (1887), París, Macula, 1984 [hay trad. cast.: *Los endemoniados en el arte*, Jaén, Del Lunar, 2000], y Georges Didi-Huberman, *L'Invention de l'hystérie: Charcot et l'iconographie photographi-*

que de la Salpêtrière, París, Macula, 1982 [hay trad. cast.: *La invención de la histeria: Charcot y la iconografía fotográfica de la Salpêtrière*, Madrid, Cátedra, 2007]. Véase también Marcel Gauchet y Gladys Swain, *Le Vrai Charcot: les chemins imprévus de l'inconscient*, París, Calmann-Lévy, 1997 [hay trad. cast.: *El verdadero Charcot: los caminos imprevistos del inconsciente*, Buenos Aires, Nueva Visión, 1997].

30. La estancia de Freud en París fue de cuatro meses y medio.

31. Hippolyte Taine, *Les Origines de la France contemporaine*, París, Laffont, 1986, col. «Bouquins». La obra comenzó a publicarse en 1875. La tesis de las muchedumbres patológicas y el miedo que inspiran reaparece en Gustave Le Bon, *Psychologie des foules* (1895), París, Presses Universitaires de France, 1963 [hay trad. cast.: *Psicología de las masas*, Madrid, Morata, 1983]. Es sabido que Freud se apoyaría en esta obra para elaborar su psicología colectiva, sin hacer suyo, no obstante, el tema del desigualitarismo y el inconsciente hereditario «a la francesa».

32. Su libro *La France juive* [*La Francia judía*] se publicó en 1886.

33. Cartas de Freud a Minna Bernays, 3 de diciembre de 1885, y a Martha Bernays, 19 de octubre de 1885, en S. Freud, *Correspondance, 1873-1939*, *op. cit.*, pp. 200 y 186, respectivamente [*Epistolario, 1873-1939*, *op. cit.*, pp. 208 y 193, respectivamente].

34. Carta de Freud a Martha Bernays, 20 de enero de 1886, en *ibid.*, p. 209 [*ibid.*, p. 218]. Él mismo traduciría al alemán las *Lecciones del martes* y, a la muerte de Charcot, en 1893, escribió un hermoso obituario donde mostraba la importancia que había tenido para él la enseñanza del maestro de la Salpêtrière. Cf. Sigmund Freud, «Charcot», en *Résultats, idées, problèmes*, vol. 1, *1890-1920*, París, Presses Universitaires de France, 1984, pp. 61-73 [hay trad. cast.: «Charcot», en *OC*, vol. 3, *op. cit.*, pp. 7-24].

35. Véase *infra*. Cf. Carlo Bonomi, «Pourquoi avons-nous ignoré Freud le "pédiatre"? Le rapport entre la formation pédiatrique de Freud et les origines de la psychanalyse», en André Haynal, ed., *La Psychanalyse: cent ans déjà... Contributions à l'histoire intellectuelle du xxe siècle*, Ginebra, Georg, 1996, pp. 87-153.

36. Este hecho fue verificado por Albrecht Hirschmüller, quien consultó en Viena el registro de la comunidad judía en relación con el nacimiento de los tres hijos varones de Freud. En él no se menciona la circuncisión. Cf. Emanuel Rice, «The Jewish heritage of Sigmund Freud», *Psychoanalytic Review*, 81(2), verano de 1994, pp. 236-258. Carlo Bonomi consultó el mismo registro. Sobre la resistencia al conformismo, cf. Sigmund Freud, *Lettres à ses enfants* (2010), París, Aubier, 2012, p. 96 [hay trad. cast.: *Cartas a sus hijos*, Buenos Aires, Paidós, 2012].

37. En el capítulo 3 del *Tratado teológico político*, publicado en 1670, Spinoza atribuye la supervivencia del pueblo judío al odio de las naciones.

38. S. Freud, *Lettres à ses enfants*, *op. cit.* La cuestión del círculo de familia se tratará en la tercera parte de este libro.

39. Cartas de Freud a Jung del 19 de septiembre de 1907 y el 2 de febrero de 1910 (tras el viaje a Estados Unidos), en Sigmund Freud y Carl Gustav Jung, *Correspondance*, vol. 1, *1906-1909*, y vol. 2, *1910-1914*, París, Gallimard, 1975, pp. 142 (vol. 1), y 22 (vol. 2) [hay trad. cast.: *Correspondencia*, Madrid, Trotta, 2012]. Agradezco a John Forrester que me haya informado sobre su artículo dactilografiado que se ocupa del tema: «The Minna affair: Freud's other women?». Freud tuvo ya en época muy temprana la impresión de ser viejo, justamente a causa de la desaparición de su «libido». Volveré a esta cuestión.

40. Por eso escogerá como modelo de parentesco la tragedia de Edipo.

41. S. Freud, «Charcot», *op. cit.*, p. 62 [«Charcot», *op. cit.*, p. 15; la frase está en francés en el texto de Freud: «La théorie, c'est bon, mais ça n'empêche pas d'exister». *(N. del T.)*].

42. Moriz Benedikt había sostenido en 1864 que la histeria era una enfermedad sin causas uterinas. También afirmaba la existencia de la histeria masculina. Sobre el destino de este extraño pionero, cf. Henri F. Ellenberger, *Médecines de l'âme: essais d'histoire de la folie et des guérisons psychiques*, París, Fayard, 1995.

43. Sigmund Freud, «Über männliche Hysterie» (1886). Esta conferencia está inédita, al igual que la segunda, pronunciada el 26 de noviembre. Su contenido se conoce por las reseñas: *Anzeiger der k. k. Gesellschaft der Ärtze* (Viena), 25, 1886, pp. 149-152; *Münchener medizinische Wochenschrift*, 33, 1886, p. 768, y *Wiener medizinische Wochenschrift*, 36(43), 1886, pp. 1445-1447. Ellenberger fue el primero en contar cuál era el contenido de los debates que enfrentaban a Freud con sus colegas vieneses. Cf. Henri F. Ellenberger, «La conférence de Freud sur l'hystérie masculine. Vienne le 15 octobre 1886» (1968), en *Médecines de l'âme...*, *op. cit.*, pp. 207-225. Cf. asimismo F. J. Sulloway, *Freud, biologiste de l'esprit*, *op. cit.*, p. 31. Las conferencias se publicarán próximamente en *OC.P*, vol. 1.

44. En su autobiografía Freud se refiere a la mediocre recepción que se brindó a su conferencia e insiste en el hecho de que uno de los oyentes negaba la existencia de la histeria masculina. Cf. S. Freud, *Sigmund Freud présenté...*, *op. cit.* Por otra parte, afirmó que en vísperas de su muerte Meynert le habría confesado que él mismo era un caso de histeria masculina. La confidencia parece demasiado buena para ser cierta.

45. Hippolyte Bernheim, *Hypnotisme, suggestion, psychothérapie: avec considérations nouvelles sur l'hystérie* (1891), París, Fayard, 1995, col. «Corpus des œuvres de philosophie en langue française». Cf. asimismo É. Roudinesco y M. Plon, *Dictionnaire de la psychanalyse, op. cit.*

46. La transferencia se convertiría en un concepto fundamental de la teoría freudiana.

47. S. Freud, *Sigmund Freud présenté…, op. cit.*, p. 47 [*Presentación autobiográfica, op. cit.*, pp. 26-27].

48. Josef Breuer y Sigmund Freud, *Études sur l'hystérie* (1895), París, Presses Universitaires de France, 1967 [hay trad. cast.: *Estudios sobre la histeria*, en *OC*, vol. 2, 1978]. Anna von Lieben aparece bajo el nombre de señora Cäcilie M.

49. Entrevista de Kurt Eissler a Henriette Motesiczky von Kesseleökeö (1882-1978), hija de Anna von Lieben, LoC, caja 116, 1973. Cf. además Peter Swales, «Freud, his teacher, and the birth of psychoanalysis», en Paul E. Stepansky, ed., *Freud: Appraisals and Reappraisals*, Hillsdale (New Jersey), The Analytic Press, 1986, pp. 3-82.

50. Es decir, otorrinolaringólogo.

51. Freud envió a Fliess 287 cartas. Los intercambios epistolares entre ambos se extendieron de 1887 a 1904. S. Freud, *Lettres à Wilhelm Fliess…*, edición completa, *op. cit.*, y *La Naissance de la psychanalyse*, edición expurgada, *op. cit.*

52. W. A. Hack (1851-1887), un otorrinolaringólogo de Friburgo de Brisgovia, ya se había empeñado antes que él en describir la neurosis nasal refleja.

53. Wilhelm Fliess, *Les Relations entre le nez et les organes génitaux féminins, présentées selon leurs significations biologiques* (1897), París, Seuil, 1977, col. «Le Champ freudien» (dirigida por Jacques Lacan). En un artículo de 1895 dedicado a una monografía de Paul Julius Moebius (1853-1907) sobre la migraña, Freud elogiaba a Fliess, notable investigador berlinés. Cf. Sigmund Freud, «La migraine de Moebius» (1895), en *OC.P*, vol. 3, 2005, pp. 97-103.

54. S. Freud, *Esquisse d'une psychologie…, op. cit.* Nueva traducción con el título de *Projet d'une psychologie*, en S. Freud, *Lettres à Wilhelm Fliess…, op. cit.*, pp. 593-693.

55. Max Schur fue el primero en revelar, en 1966, el calvario de Emma, cuya identidad fue ocultada durante mucho tiempo por los psicoanalistas. Su historia, descrita con amplitud en las cartas de Freud a Fliess, fue a posteriori objeto de numerosos comentarios. Cf. M. Borch-Jacobsen, *Les Patients de Freud…*, pp. 66-73. Carlo Bonomi plantea la hipótesis de que

Emma vivió su operación como una repetición de la ablación que había sufrido en su niñez y que Freud menciona en su correspondencia con Fliess. Cf. Carlo Bonomi, «Withstanding trauma: the significance of Emma Eckstein's circumcision to Freud's Irma dream», *The Psychoanalytic Quarterly*, 83(3), julio de 2013, pp. 689-740.

56. Carta 56 de Freud a Fliess, 8 de marzo de 1895, en S. Freud, *Lettres à Wilhelm Fliess...*, *op. cit.*, p. 153 [*Cartas a Wilhem Fließ...*, *op. cit.*, p. 119].

57. S. Freud, *Projet d'une psychologie*, *op. cit.*, p. 657 [*Proyecto de psicología*, *op. cit.*, pp. 401-403].

58. Carta 118 de Freud a Fliess, 17 de enero de 1897, en S. Freud, *Lettres à Wilhelm Fliess...*, *op. cit.*, p. 286 [*Cartas a Wilhelm Fließ...*, *op. cit.*, p. 239].

59. Albert Hirst (1887-1974), LoC, caja 115, carpeta 12. Su verdadero nombre era Albert Hirsch, pero se cambió el apellido al emigrar a Estados Unidos. Se analizó con Freud, que le dijo desde el comienzo que su costumbre de masturbarse no era nociva. En vez de hacerlo tenderse en el diván, una vez hizo que se sentara en una silla y le pidió que adoptara la posición utilizada para masturbarse. Hirst también padecía problemas de eyaculación. David J. Lynn, «Sigmund Freud's psychoanalysis of Albert Hirst», *Bulletin of History of Medicine*, 71(1), primavera de 1997, pp. 69-93.

60. Las transcripciones de las conversaciones de 1952 con Eissler se encuentran en la Biblioteca del Congreso.

61. Cf. F. J. Sulloway, *Freud, biologiste de l'esprit*, *op. cit.*, p. 132 y ss.

62. El mejor historial sobre las relaciones entre Freud y Fliess es el reunido por Érik Porge, ed., *Vol d'idées? Wilhelm Fliess, son plagiat et Freud*, seguido de *Pour ma propre cause*, de Wilhelm Fliess, París, Denoël, 1994 [hay trad. cast.: *¿Robo de ideas? Wilhelm Fliess, su plagio y Freud*, seguido de *Por mi propia causa*, de Wilhelm Fliess, Buenos Aires, Kliné, 1998]. Véanse también M. Schur, *La Mort dans la vie...*, *op. cit.*, y, desde luego, F. J. Sulloway, *Freud, biologiste de l'esprit*, *op. cit.*

63. Otto Weininger, *Sexe et caractère* (1903), Lausana, L'Âge d'Homme, 1975 [hay trad. cast.: *Sexo y carácter*, Barcelona, Península, 1985]. Traducido a diez lenguas, ese libro fue en su época un verdadero best seller y tuvo veintiocho reediciones hasta 1947, para caer luego en el olvido. Cf. Jacques Le Rider, *Le Cas Otto Weininger: racines de l'antiféminisme et de l'antisémitisme*, París, Presses Universitaires de France, 1982.

64. Paul Julius Moebius (1853-1907): neurólogo alemán, autor de varias patografías, convencido de la existencia de una inferioridad mental de las mujeres con respecto a los hombres. Sostenía la idea de que las manifes-

taciones histéricas se producen en el plano corporal por obra de representaciones psicológicas.

65. En la obra de Érik Porge, ed., *Vol d'idées?...*, *op. cit.*, se encontrarán todos los documentos relacionados con el caso. Peter Swales imaginó, sin aportar la más mínima prueba en apoyo de su conjetura, que durante el encuentro en el lago de Achen Freud habría intentado asesinar a Fliess: cf. Peter Swales, «Freud, Fliess and fratricide: the role of Fliess in Freud's conception of paranoia», en Laurence Spurling, ed., *Sigmund Freud: Critical Assessments*, vol. 1, *Freud and the Origins of Psychoanalysis*, Londres y Nueva York, Routledge, 1982, pp. 302-329.

66. Sigmund Freud, «Lettre à Fritz Wittels», 15 de agosto de 1924, *Revue internationale d'histoire de la psychanalyse*, 8, 1993, p. 98 [hay trad. cast.: carta 209, «A Fritz Wittels», en *Epistolario, 1873-1939*, *op. cit.*, pp. 395-397].

67. Ernest Jones, Max Schur, Peter Gay y, por supuesto, la propia Marie Bonaparte se cuentan entre quienes informaron de este episodio.

68. Carta de Freud a Ferenczi, 6 de octubre de 1910, en Sigmund Freud y Sándor Ferenczi, *Correspondance*, vol. 1, *1908-1914*, París, Calmann-Lévy, 1992, p. 231 [hay trad. cast.: *Correspondencia completa, 1908-1919*, tomo I, vol. 1, Madrid, Síntesis, 2001]. Véase también Chawki Azouri, *«J'ai réussi là où le paranoïaque échoue»: la théorie a-t-elle un père?*, París, Denoël, 1990 [hay trad. cast.: *«He triunfado donde el paranoico fracasa»: ¿tiene un padre la teoría?*, Buenos Aires, Ediciones de la Flor, 1995].

69. Carta 146 de Freud a Fliess, 14 de noviembre de 1897, en S. Freud, *Lettres à Wilhelm Fliess...*, *op. cit.*, p. 331, 339, 351 y 357 [*Cartas a Wilhelm Fließ...*, *op. cit.*, p. 305]. Freud terminará por reducir su presunto autoanálisis a un fragmento; véase *ibid.*, p. 430.

70. Hubo que esperar los trabajos de la historiografía científica para que se pusiera en entredicho la leyenda dorada de un Freud autoengendrado, propia del movimiento psicoanalítico. Señalemos que Octave Mannoni reemplazó en 1967 el término «autoanálisis» por «análisis original», como una manera de mostrar que el lugar ocupado por las teorías fliessianas en la doctrina de Freud era la expresión de una división compleja entre saber y delirio. Cf. Octave Mannoni, *Clefs pour l'imaginaire ou L'Autre scène*, París, Seuil, 1969, pp. 115-131 [hay trad. cast.: *La otra escena: claves de lo imaginario*, Buenos Aires, Amorrortu, 1990].

71. Carta 244 de Freud a Fliess, 7 de mayo de 1900, en S. Freud, *Lettres à Wilhelm Fliess...*, *op. cit.*, p. 521 [*Cartas a Wilhelm Fließ...*, *op. cit.*, p. 452].

72. Génesis 32, 22-29, *La Bible: Ancien Testament*, París, Gallimard, 1992, col. «Bibliothèque de la Pléiade», pp. 109-110.

73. Señalemos al respecto que Freud sentía gran admiración por el

escritor vienés Richard Beer-Hofmann y que le gustaba en especial una de sus piezas teatrales más conocidas, *Jaákobs Traum* [«El sueño de Jacob»], publicada en 1918. El combate con el ángel estuvo presente a lo largo de toda su vida. Y él lo utilizó para referirse al tirano interior que lo acechaba, y sobre todo a su cáncer. Israel es también el nombre que se daría en 1948 al Estado judío soñado por Theodor Herzl. Un Estado condenado al combate perpetuo contra los hombres y contra sí mismo, temática retomada por Freud en 1930 y luego en *Moisés y la religión monoteísta*.

3. LA INVENCIÓN DEL PSICOANÁLISIS

1. Para ser reemplazado por el de «sujeto depresivo», cansado de sí mismo. En Élisabeth Roudinesco, *Pourquoi la psychanalyse?*, París, Fayard, 1999 [hay trad. cast.: *¿Por qué el psicoanálisis?*, Barcelona, Paidós, 2000], me refiero a esta problemática. Cuanto más se emancipen las mujeres a lo largo del siglo XX, menos histéricas se las considerará. En consecuencia, la histeria masculina será cada vez más estudiada.

2. El historiador Mark Micale imagina que Freud (en los *Estudios sobre la histeria*) omitió exponer casos de histeria masculina en razón de su proximidad demasiado grande con esta neurosis. Y propone la hipótesis, sin apoyarla en la más mínima prueba, de que la neurastenia de Freud era una histeria enmascarada y que este la habría «teorizado» simulando su propio caso detrás de su descripción de los casos de mujeres histéricas. Cf. Mark Micale, *Hysterical Men: The Hidden History of Male Nervous Illness*, Cambridge (Massachusetts), Harvard University Press, 2008.

3. J. Breuer y S. Freud, *Études sur l'hystérie*, *op. cit.*, pp. 41-47 [*Estudios sobre la histeria*, *op. cit.*, pp. 77-84].

4. Breuer atribuyó a Anna O. (Bertha Pappenheim), que hablaba inglés, la invención de dos expresiones: *talking cure* (cura por la palabra) y *chimney sweeping* (deshollinamiento de chimenea que permitía una rememoración).

5. Debemos a Albrecht Hirschmüller la mejor reconstrucción biográfica de la historia de Bertha Pappenheim.

6. Como ya he señalado, no me ocupo —o me ocupo muy poco— de la cuestión de la implantación del psicoanálisis en Francia, que ya he estudiado extensamente. Sobre las relaciones de Freud y Janet, el lector puede remitirse a *HPF-JL*, *op. cit.*

7. J. Breuer y S. Freud, *Études sur l'hystérie*, *op. cit.*, «Avant-propos à la première édition» [*Estudios sobre la histeria*, *op. cit.*, «Prólogo a la primera edición», p. 23].

8. J. Breuer y S. Freud, *Études sur l'hystérie, op. cit.*, p. 247 [*Estudios sobre la histeria, op. cit.*, p. 309].

9. Sobre todo por Ernest Jones, Ola Andersson, Henri F. Ellenberger, Peter Swales, Albrecht Hirschmüller y Mikkel Borch-Jacobsen.

10. La mayoría de estas pacientes figuran bajo su verdadero nombre y con su verdadera trayectoria en É. Roudinesco y M. Plon, *Dictionnaire de la psychanalyse, op. cit.*

11. Cf. Dora Edinger, *Bertha Pappenheim: Leben und Schriften*, Frankfurt, Ner-Tamid-Verlag, 1963.

12. Liga de Mujeres Judías.

13. Sigmund Freud y Stefan Zweig, *Correspondance* (1987), París, Payot & Rivages, 1995, pp. 88-89 [hay trad. cast.: *Correspondencia: con Sigmund Freud, Rainer Maria Rilke y Arthur Schnitzler*, Barcelona, Paidós, 2004].

14. E. Jones, *La Vie et l'œuvre...*, vol. 1, *op. cit.*, p. 249. Sobre la revisión de esta leyenda puede consultarse, además de los textos de Henri F. Ellenberger y Albrecht Hirschmüller, el de John Forrester, «The true story of Anna O.», *Social Research*, 53(2), «Sexuality and madness», verano de 1986, pp. 327-347 [hay trad. cast.: «La verdadera historia de Anna O.», en *Seducciones del psicoanálisis: Freud, Lacan y Derrida*, México, Fondo de Cultura Económica, 1995, pp. 29-32]. Por mi parte, di a conocer a Mikkel Borch-Jacobsen el pasaje muy esclarecedor de un manuscrito inédito de Marie Bonaparte sobre las confidencias de Freud. Cf. Mikkel Borch-Jacobsen, *Souvenirs d'Anna O.: une mystification centenaire*, París, Aubier, 1995. A pesar de todos estos trabajos, los psicoanalistas siguen prefiriendo la leyenda de Anna O. a la historia de Bertha Pappenheim. Cf. É. Roudinesco y M. Plon, *Dictionnaire de la psychanalyse, op. cit.*, p. 1127.

15. Sigmund Freud, carta a Robert Breuer, 26 de junio de 1925, citada en A. Hirschmüller, *Josef Breuer, op. cit.*, p. 268.

16. Sigmund Freud, «L'hérédité et l'étiologie des névroses» (1896), en *OC.P*, vol. 3, *op. cit.*, pp. 105-120 [hay trad. cast.: «La herencia y la etiología de las neurosis», en *OC*, vol. 3, *op. cit.*, pp. 139-156; el término aparece en la p. 151. *(N. del T.)*]. Publicado en francés el 30 de marzo de 1896.

17. Según el testimonio de Marie Bonaparte, que debía la información al propio Freud.

18. La Iglesia medieval privilegiaba la devoción y las peregrinaciones, en tanto que la Iglesia salida del concilio de Trento (1542) instauró la confesión en respuesta a la ofensiva de los protestantes. Jacques Le Goff mantuvo siempre la convicción, como Michel Foucault y Michel de Certeau, de que la invención freudiana tiene elementos en común con esa práctica.

19. S. Freud, «L'hérédité et l'étiologie...», *op. cit.*, p. 120 [«La herencia y la etiología...», *op. cit.*, p. 154].

20. Sigmund Freud, «Sur l'étiologie de l'hystérie» (1896), en *OC.P*, vol. 3, *op. cit.*, pp. 147-180 [hay trad. cast.: «La etiología de la histeria», en *OC*, vol. 3, *op. cit.*, pp. 185-218].

21. Carta 109 de Freud a Fliess, 2 de noviembre de 1896, en S. Freud, *Lettres à Wilhelm Fliess...*, *op. cit.*, p. 258 [*Cartas a Wilhelm Fließ...*, *op. cit.*, pp. 213-214].

22. Carta 120 de Freud a Fliess, 8 de febrero de 1897, en *ibid.*, p. 294 [*ibid.*, p. 246].

23. Freud era un gran lector de las obras de Jacob Burckhardt. Estas figuran en un lugar privilegiado de su biblioteca y tienen algunas anotaciones en los márgenes.

24. Sigmund Freud, *«Notre cœur tend vers le sud»: correspondance de voyage, 1895-1923*, París, Fayard, 2005 [hay trad. cast.: *Cartas de viaje, 1895-1923*, Madrid, Siglo XXI, 2006].

25. Carta 138 de Freud a Fliess, 6 de septiembre de 1897, en S. Freud, *Lettres à Wilhelm Fliess...*, *op. cit.*, p. 333 [*Cartas a Wilhelm Fließ...*, *op. cit.*, p. 283].

26. Carta 139 (llamada «del equinoccio») de Freud a Fliess, 21 de septiembre de 1897, en *ibid.*, pp. 334-336 [*ibid.*, pp. 284-286], también en *La Naissance de la psychanalyse*, *op. cit.*, p. 192 [*Fragmentos de la correspondencia...*, *op. cit.*, p. 301].

27. Sobre esta cuestión, cf. Carlo Bonomi, *Sulla soglia della psicoanalisi: Freud e la follia infantile*, Turín, Bollati Boringhieri, 2007.

28. En 1977 la historiadora Katharina Rutschky dio el nombre de «pedagogía negra» a esos métodos educativos. La psicoanalista suiza Alice Miller hizo suya la expresión, y Michael Haneke ilustró los perjuicios de esa pedagogía en su filme *La cinta blanca* [*Das weiße Band*], de 2009.

29. Daniel Paul Schreber, *Mémoires d'un névropathe* (1903), París, Seuil, 1975 [hay trad. cast.: *Memorias de un enfermo de nervios*, Madrid, Sexto Piso, 2003, entre otras ediciones]. Cf. Sigmund Freud, «Remarques psychanalytiques sur l'autobiographie d'un cas de paranoïa» (1911), en *Cinq psychanalyses*, París, Presses Universitaires de France, 1954, pp. 263-321, y, con el título de «Remarques psychanalytiques sur un cas de paranoïa (*Dementia paranoides*) décrit sous forme autobiographique», en *OC.P*, vol. 10, 2009, pp. 225-305 [hay trad. cast.: *Puntualizaciones psicoanalíticas sobre un caso de paranoia (Dementia paranoides) descrito autobiográficamente*, en *OC*, vol. 12, *op. cit.*, pp. 1-76].

30. Jean-Jacques Rousseau, *Les Confessions* (1780), en *Œuvres com-*

plètes, vol. 1, París, Gallimard, 1959, col. «Bibliothèque de la Pléiade», pp. 108-109 [hay trad. cast.: *Las confesiones*, Madrid, Alianza, 2007, entre otras ediciones].

31. Cf. Jacques Derrida, «Ce dangereux supplément», en *De la grammatologie*, París, Éditions de Minuit, 1967 [hay trad. cast.: «Ese peligroso suplemento», en *De la gramatología*, México, Siglo XXI, 1978, pp. 181-208]. Cf. asimismo Thomas Laqueur, *La Fabrique du sexe: essai sur le genre et le corps en Occident* (1990), París, Gallimard, 1992 [hay trad. cast.: *La construcción del sexo: cuerpo y género desde los griegos hasta Freud*, Madrid, Cátedra, 1994].

32. Carta 142 de Freud a Fliess, 15 de octubre de 1897, en S. Freud, *La Naissance de la psychanalyse*, *op. cit.*, p. 198 [*Fragmentos de la correspondencia...*, *op. cit.*, p. 307], y *Lettres à Wilhelm Fliess...*, *op. cit.*, p. 344 [*Cartas a Wilhelm Fließ...*, *op. cit.*, p. 293].

33. *Ibid.*, pp. 198-199 y 344-345, respectivamente [*ibid.*, p. 308 y p. 294, respectivamente].

34. Del que existen varias versiones.

35. «Novela familiar» es una expresión creada por Freud y Rank en 1909 para designar la manera en que un sujeto modifica sus lazos genealógicos inventándose otra familia distinta de la suya. Cf. Otto Rank, *Le Mythe de la naissance du héros – (suivi de) La Légende de Lohengrin*, París, Payot, 1983 [hay trad. cast.: *El mito del nacimiento del héroe*, Barcelona, Paidós, 1992].

36. La expresión aparece por primera vez en Sigmund Freud, «D'un type particulier de choix d'objet chez l'homme» (1910), en *OC.P*, vol. 10, *op. cit.*, p. 197 [hay trad. cast.: «Sobre un tipo particular de elección de objeto en el hombre (Contribuciones a la psicología del amor, I)», en *OC*, vol. 11, 1979, p. 164]. Señalemos que Freud se equivoca al referirse a la primera aparición del famoso «complejo» en su obra, que sitúa en *L'Interprétation du rêve*, *op. cit.*, p. 229, n. 1 [*La interpretación de los sueños*, *op. cit.*, vol. 4, p. 272, n. 25].

37. Sigmund Freud, «Fragment d'une analyse d'hystérie (Dora)» (1905), en *Cinq psychanalyses*, *op. cit.*, pp. 1-91, y *OC.P*, vol. 6, *op. cit.*, pp. 183-291 [hay trad. cast.: *Fragmento de análisis de un caso de histeria*, en *OC*, vol. 7, *op. cit.*, pp. 1-107]. La mejor reconstrucción de la historia de Dora es la propuesta por Patrick Mahony, *Dora s'en va: violence dans la psychanalyse* (1996), París, Les Empêcheurs de Penser en Rond, 2001. Cf. asimismo Arnold Rogow, «A further footnote to Freud's "Fragment of an analysis of a case of hysteria"», *Journal of the American Psychoanalytical Association*, 26(2), abril de 1978, pp. 331-356; Hélène Cixous, *Portrait de Dora, suivi de La Prise de l'école de Madhubaî*, París, Éditions Des Femmes, 1986, y Hannah S. Decker, *Freud, Dora and Vienna, 1900*, Nueva York, The Free Press, 1991, libro en

que se encontrará una bella descripción de los judíos de Bohemia de fin de siglo [hay trad. cast.: *Freud, Dora y la Viena de 1900*, Madrid, Biblioteca Nueva/Asociación Psicoanalítica de Madrid, 1999].

38. P. Mahony, *Dora s'en va...*, *op. cit.*, p. 201.

39. La enfermedad de Ménière.

40. Al igual que Felix Deutsch, Ida emigró a Estados Unidos y escapó a las persecuciones nazis. Murió de cáncer en 1945. Deutsch se enteró de su muerte diez años después y afirmó, según un informante, que había sido una de «las histéricas más repelentes que yo haya conocido». Kurt Eissler señaló su oposición a ese testimonio en una carta a Anna Freud del 10 de agosto de 1952. Por lo demás, parece ser que, en contra de las palabras que Deutsch le había atribuido en 1923, Ida nunca habló del orgullo de ser un caso célebre.

41. S. Freud, «Préface à la deuxième édition», en *L'Interprétation du rêve*, *op. cit.*, p. 4 [«Prólogo a la segunda edición», en *La interpretación de los sueños*, *op. cit.*, vol. 4, p. 20].

42. E. Jones, *La vie et l'œuvre...*, vol. 1, *op. cit.*, p. 384.

43. Karl Albert Scherner, *La Vie du rêve* (1861), Nimes, Théétète Éditions, 2003; Alfred Maury, *Le Sommeil et les rêves: études psychologiques sur ces phénomènes et les divers états qui s'y rattachent*, París, Didier, 1861; Léon d'Hervey de Saint-Denys, *Les Rêves et les moyens de les diriger: observations pratiques* (1867), Île Saint-Denis, Oniros, 1995, y Joseph Delbœuf, *Le Sommeil et les rêves − Le Magnétisme animal − Quelques considérations sur la psychologie de l'hypnotisme* (1885), París, Fayard, 1993 [hay trad. cast.: *El dormir y el soñar*, Madrid, Daniel Jorro, 1904]. Se encontrará un estudio de conjunto en Jacqueline Carroy, *Nuits savantes: une histoire des rêves (1800-1945)*, París, École des Hautes Études en Sciences Sociales, 2012. Freud había reunido en su biblioteca una impresionante cantidad de obras sobre el sueño.

44. Cf. F. J. Sulloway, *Freud, biologiste de l'esprit*, *op. cit.*, p. 309. Henri F. Ellenberger dedicó páginas muy hermosas a las obras sobre el sueño en general y a la de Freud en particular. Cf. asimismo É. Roudinesco y M. Plon, *Dictionnaire de la psychanalyse*, *op. cit.*

45. Franz von Thun und Hohenstein (1847-1916), aristócrata, propietario terrateniente y burócrata característico de la monarquía imperial. Fue en dos ocasiones gobernador de Bohemia y luego ocupó brevemente, de marzo de 1898 a octubre de 1899, el cargo de ministro presidente de Austria.

46. Carl E. Schorske, *Vienne, fin de siècle: politique et culture* (1961), París, Seuil, 1981, en especial el capítulo 4, «Politique et parricide dans *L'Interprétation du rêve* de Freud» [hay trad. cast.: *La Viena de fin de siglo: política y cul-*

tura, Buenos Aires, Siglo XXI, 2011, en especial «Sigmund Freud: política y parricidio en *La interpretación de los sueños*»]. Cf. asimismo Jacques Le Rider, «Je mettrai en branle l'Achéron: fortune et signification d'une citation de Virgile», *Europe*, 86(954), octubre de 2008, pp. 113-122.

47. Carta de Freud a Werner Achelis, 30 de enero de 1927, en S. Freud, *Correspondance, 1873-1939, op. cit.*, p. 408 [*Correspondance, 1873-1939, op. cit.*, p. 419; traducción modificada]. Freud había anunciado su elección a Fliess; cf. carta 206, 17 de julio de 1899, en S. Freud, *Lettres à Wilhelm Fliess...*, *op. cit.*, p. 458 [*Cartas a Wilhelm Fließ...*, *op. cit.*, p. 396]. Cf. Ferdinand Lassalle, *Der italienische Krieg und die Aufgabe Preussens*, Berlín, F. Duncker, 1859.

48. La expresión *splendid isolation* se utilizaba habitualmente para definir la política exterior británica de fines del siglo xix. Freud la hacía suya conminado por Fliess, que intentaba consolarlo.

49. Sigmund Freud, *Sur l'histoire du mouvement psychanalytique* (1914), París, Gallimard, 1991, p. 39 [hay trad. cast.: *Contribución a la historia del movimiento psicoanalítico*, en *OC*, vol. 14, 1979, p. 21].

50. Freud vivió toda su vida en Viena, y el hecho de que detestara la ciudad no hacía sino apegarlo más a ella.

51. Didier Anzieu, *L'Auto-analyse de Freud et la découverte de la psychanalyse* (1959), París, Presses Universitaires de France, 1988 [hay trad. cast.: *El autoanálisis de Freud y el descubrimiento del psicoanálisis*, 2 vols., México, Siglo XXI, 1978-1979]; M. Schur, *La Mort dans la vie...*, *op. cit.*, y Jacques Lacan, *Le Séminaire, Livre II, Le Moi dans la théorie de Freud et dans la technique de la psychanalyse (1954-1955)*, edición de Jacques-Alain Miller, París, Seuil, 1978, pp. 177-207 [hay trad. cast.: *El Seminario de Jacques Lacan. Libro 2. El yo en la teoría de Freud y en la técnica psicoanalítica. 1954-1955*, Buenos Aires, Paidós, 1983].

52. Alison Rose, *Jewish Women in Fin de Siècle Vienna*, Austin, University of Texas Press, 2008.

53. Carta 248 de Freud a Fliess, 12 de junio de 1900, en S. Freud, *Lettres à Wilhelm Fliess...*, *op. cit.*, p. 527 [*Cartas a Wilhelm Fließ...*, *op. cit.*, p. 457]. Hubo que esperar hasta el 6 de mayo de 1977 para que ese deseo de Freud se cumpliera gracias a la instalación de una placa sobre la pared de la casa de Bellevue. Cf. asimismo *ibid.*, p. 532 [*ibid.*, p. 460].

54. En 1988 Gerd Kimmerle y Ludger M. Hermanns dieron el nombre de *Luzifer-Amor* a una revista de historia del psicoanálisis, dirigida desde 2004 por Michael Schröter. Cf. Renata Sachse, «*Luzifer-Amor* numéro 51: *Zeitschrift zur Geschichte der Psychoanalyse*», *Essaim*, 32, enero de 2014, pp. 103-111.

55. Norman Kiell, ed., *Freud without Hindsight: Reviews of His Work, 1893-1939*, Madison, International Universities Press, 1988, y H. F. Ellenberger, *Histoire de la découverte...*, *op. cit.*

56. Sobre las relaciones de Freud con los surrealistas franceses, que no abordo en este libro, cf. *HPF-JL*, *op. cit.*

57. La carta, del 5 de marzo de 1902, llevaba la firma del emperador Francisco José. Cf. H. F. Ellenberger, *Histoire de la découverte...*, *op. cit.*, pp. 476-478.

SEGUNDA PARTE

1. Una época tan bella

1. Conversación inédita, archivos de Marie Bonaparte.

2. Cf. Jean-Yves Tadié, *Le Lac inconnu: entre Proust et Freud*, París, Gallimard, 2012 [hay trad. cast.: *El lago desconocido: entre Proust y Freud*, Barcelona, Ediciones del Subsuelo, 2013]. Y, sobre las relaciones de Freud con los escritores franceses —André Gide, Romain Rolland, André Breton, etc.—, véase *HPF-JL*, *op. cit.*

3. Cf. J. Le Rider, *Les Juifs viennois à la Belle Époque*, *op. cit.*

4. Carta de Freud a Ferenczi, 8 de junio de 1913, en S. Freud y S. Ferenczi, *Correspondance*, vol. 1, *op. cit.*, pp. 519-520.

5. Alfred Kubin, *Reflexión*, 1902. Peter Gay ha advertido con mucha claridad este detalle...

6. Testimonio de Judith Heller-Bernays, marzo de 1953, LoC, caja 120, carpeta 36.

7. Martin Freud, *Freud, mon père* (1958), París, Denoël, 1975, pp. 54-55 [hay trad. cast.: *Sigmund Freud, mi padre*, Buenos Aires, Hormé, 1966].

8. Sigmund Freud, *La Psychopathologie de la vie quotidienne* (1905), París, Gallimard, 1997, con un excelente prefacio de Laurence Kahn [hay trad. cast.: *Psicopatología de la vida cotidiana*, en *OC*, vol. 6, 1979].

9. En mi caso, por consejo de mi madre, fue el primer libro de Freud que leí, antes de abordar la obra clásica consagrada a Leonardo da Vinci.

10. Sobre Otto Gross, hijo de Hans, véase *infra*.

11. «De esa lobreguez está tan lleno el aire / que nadie sabe cómo podría evitarla.»

12. Carta 267 de Freud a Fliess, 8 de mayo de 1901, en S. Freud, *La Naissance de la psychanalyse*, *op. cit.*, pp. 293-294, y *Lettres à Wilhelm Fliess...*, *op. cit.*, p. 556 [*Cartas a Wilhelm Fließ...*, *op. cit.*, p. 484].

13. *Ibid.* (*Lettres...*) [*ibid.*]. Divisa inscrita en el escudo de armas de París: «Las olas lo azotan, pero no se hunde».

14. Carta de Freud a Martha Freud, 1 de septiembre de 1900, en S. Freud, «*Notre cœur tend vers le sud*»..., *op. cit.*, p. 132.

15. Tarjetas postales de Freud a Martha Freud, 2 y 3 de septiembre de 1901, en *ibid.*, p. 15.

16. Carl E. Schorske, *De Vienne et d'ailleurs: figures culturelles de la modernité* (1998), París, Fayard, 2000, p. 264 [hay trad. cast.: *Pensar con la historia: ensayos sobre la transición a la modernidad*, Madrid, Taurus, 2001].

17. Tarjeta postal de Freud a Martha Freud, 4 de septiembre de 1904, en S. Freud, «*Notre cœur tend vers le sud*»..., *op. cit.*

18. En una carta de 1936 Freud le contará a Romain Rolland la perturbación que había experimentado ese día en la Acrópolis. Cf. Sigmund Freud, «Un trouble de mémoire sur l'Acropole» (1936), en *Huit études sur la mémoire et ses troubles*, París, Gallimard, 2010, pp. 41-61 [hay trad. cast.: «Carta a Romain Rolland (Una perturbación del recuerdo en la Acrópolis)», en *OC*, vol. 22, 1979, pp. 209-221]. Este texto ha sido objeto de decenas de comentarios. Henri Rey-Flaud interpreta ese fenómeno de extrañeza como un punto «psicótico» en el universo psíquico de Freud. Cf. Henri Rey-Flaud, *Je ne comprends pas de quoi vous me parlez: pourquoi refusons-nous de reconnaître la réalité?*, París, Aubier, 2014. Yo diría, por mi parte, que también hay que leerlo como una reflexión sobre «José», personaje bíblico pero hermano de Bonaparte, sobre el estatus del judaísmo y sobre la cuestión de la vida ya vivida, como dirá Thomas Mann.

19. Sigmund Freud, *Le Mot d'esprit dans sa relation avec l'inconscient* (1905), París, Gallimard, 1988 [hay trad. cast.: *El chiste y su relación con lo inconciente*, en *OC*, vol. 8, 1979]. Freud introdujo muy pocas modificaciones en este libro, al contrario de lo que había hecho con los otros dos de la misma línea.

20. Theodor Lipps, *Komik und Humor: eine psychologisch-ästhetische Untersuchung* (1898), Bremen, Dogma, 2013.

21. S. Freud, *Le Mot d'esprit...*, *op. cit.*, p. 411 [*El chiste...*, *op. cit.*, p. 223]. Jacques Lacan conceptualizó la noción de *Witz* y calificó la obra de «texto canónico». La utilizó además como una poderosa fuente de inspiración para definir su concepción del significante, al extremo de proponer traducir el término como *trait d'esprit* [agudeza]. En inglés, James Strachey se inclinó por la palabra *joke*.

22. Utilizado aquí por primera vez.

23. Me he ocupado de esta cuestión en *HPF-JL*, *op. cit.* Cf. asimismo É. Roudinesco y M. Plon, *Dictionnaire de la psychanalyse*, *op. cit.*

24. Adolf Albrecht Friedländer, «Hysterie und moderne Psychoanalyse», *Psychiatrie*, actas del XVI Congreso Internacional de Medicina, Budapest, 1909, sección 12, pp. 146-172.

25. La tesis del *genius loci* fue retomada por Pierre Janet en el famoso congreso de Londres que lo enfrentó a Jones y Jung. Cf. Pierre Janet, «La psycho-analyse», informe al XVII Congreso de Medicina de Londres, 1913, *Journal de psychologie normale et pathologique*, 11, marzo-abril de 1914, pp. 1-36 y 97-130. Véase también *HPF-JL*, *op. cit.*

26. Bruno Goetz, «Souvenirs sur Sigmund Freud», en Roland Jaccard (presentación), *Freud: jugements et témoignages*, París, Presses Universitaires de France, 1976, pp. 221-222 [hay trad. cast.: «Recuerdos sobre Sigmund Freud», en Graciela Musachi, *El oriente de Freud*, Buenos Aires, Editores Contemporáneos, 2001].

27. Bruno Walter, *Thème et variations: souvenirs et réflexions de Bruno Walter*, Lausana, M. et P. Foetisch, 1952, y André Haynal, «Freud psychothérapeute. Essai historique», *Psychothérapies*, 27(4), 2007, pp. 239-242. La «cura» de Gustav Mahler se contó muchas veces.

28. A. Haynal, «Freud psychothérapeute...», *op. cit.*, y É. Roudinesco y M. Plon, *Dictionnaire de la psychanalyse*, *op. cit.*

29. Stefan Zweig, *Le Monde d'hier: souvenirs d'un européen* (1944), París, Belfond, 1993, p. 91 [hay trad. cast.: *El mundo de ayer: memorias de un europeo*, Barcelona, Acantilado, 2001].

2. DISCÍPULOS Y DISIDENTES

1. En 1923, arruinado por la derrota de los Imperios Centrales, se suicidó cortándose la arteria radial.

2. La PMG se reuniría entre octubre de 1902 y septiembre de 1907. No se cuenta ni con fotografías ni con transcripciones de los debates sostenidos en ella entre 1902 y 1906. Para el período siguiente pueden consultarse: Herman Nunberg y Ernst Federn, eds., *Les Premiers psychanalystes: minutes de la Société psychanalytique de Vienne*, vol. 1, *1906-1908* (1962), París, Gallimard, 1976, con introducción de Herman Nunberg [hay trad. cast.: *Las reuniones de los miércoles: actas de la Sociedad Psicoanalítica de Viena, 1906-1908*, Buenos Aires, Nueva Visión, 1979]; *ibid.*, vol. 2, *1908-1910* (1967), París, Gallimard, 1978 [hay trad. cast. parcial: *Las reuniones de los miércoles: actas de la Sociedad Psicoanalítica de Viena, 1908-1909*, Buenos Aires, Nueva Visión, 1979]; *ibid.*, vol. 3, *1910-1911* (1967), París, Gallimard, 1978, e *ibid.*, vol. 4, *1912-1918* (1975), París, Gallimard, 1983. En esos volúmenes se in-

cluye la transcripción de doscientas cincuenta reuniones. Cf. asimismo Elke Mühlleitner, *Biographisches Lexikon der Psychoanalyse: die Mitglieder der Psychologischen Mittwoch-Gesellschaft und der Wiener Psychoanalytischen Vereinigung, 1902-1938*, Tubinga, Diskord, 1992, al igual que Ernst Falzeder y Bernhard Handlbauer, «Freud, Adler et d'autres psychanalystes: des débuts de la psychanalyse organisée à la fondation de l'Association psychanalytique internationale», *Psychothérapies*, 12(4), 1992, pp. 219-232. En este capítulo me apoyo en el seminario inédito que dicté sobre el tema en la Universidad de París VII-Diderot en 1998.

3. Entre 1902 y 1907 la Sociedad Psicológica de los Miércoles contó con veintitrés miembros de varias nacionalidades, entre ellos, además de Freud, nueve vieneses de pura cepa, seis austríacos, tres rumanos (de Bucovina), un polaco (de Galitzia), un checo (de Praga) y dos húngaros. De los diecisiete miembros judíos, cinco sería exterminados por los nazis (Alfred Bass, Adolf Deutsch, Alfred Meisl, Isidor Isaak Sadger y Guido Brecher). Los otros, todavía vivos en 1938 (once), emigraron a Gran Bretaña o Estados Unidos. En ese primer círculo eran mayoría los médicos (diecisiete), y el índice de suicidio un poco más alto que en otros sectores de la población: dos de veintitrés. Las mujeres estarán representadas a partir de 1910, cuando la PMG se convierta en la Wiener Psychoanalytische Vereinigung [Asociación Psicoanalítica de Viena] (WPV). Margarethe Hilferding, vienesa, morirá a manos de los nazis, al igual que su marido, Rudolf Hilferding.

4. Olga Hönig (1877-1961) había sido víctima de abuso sexual por parte de sus hermanos. Se negó a dar un testimonio a Kurt Eissler.

5. Sigmund Freud, «Analyse d'une phobie chez un petit garçon de cinq ans (le petit Hans)» (1909), en *Cinq psychanalyses, op. cit.*, pp. 93-198, y *OC.P*, vol. 9, 1998, pp. 1-131 [hay trad. cast.: *Análisis de la fobia de un niño de cinco años*, en *OC*, vol. 10, 1980, pp. 1-118]. Cf. asimismo Max Graf, «Réminiscences sur le professeur Freud» (1942), *Tel Quel*, 88, verano de 1981, pp. 52-101 [hay trad. cast.: «Reminiscencias del profesor Freud», *Fort-da. Revista de psicoanálisis con niños*, 8, septiembre de 2005], y «Entretien avec Kurt Eissler» (1952), *Bloc-notes de la psychanalyse*, 14, 1995, pp. 123-159 [hay trad. cast.: «Reportaje a Max Graf», *Fort-da. Revista de psicoanálisis con niños*, 10, noviembre de 2008]. Kurt Eissler también mantuvo una conversación con Herbert Graf, depositada en la Biblioteca del Congreso.

6. Wilhelm Stekel, *Autobiography: The Life Story of a Pioneer Psychoanalyst*, edición de Emil A. Gutheil, Nueva York, Liveright, 1950; Vincent Brome, *Les Premiers disciples de Freud: les luttes de la psychanalyse* (1967), París, Presses Universitaires de France, 1978, y Paul Roazen, *La Saga freudienne*

(1976), París, Presses Universitaires de France, 1986 [hay trad. cast.: *Freud y sus discípulos*, Madrid, Alianza, 1978]. Steckel se suicidó en Londres, donde estaba exiliado, el 25 de junio de 1940.

7. El escritor Manès Sperber le consagró una admirable biografía: *Alfred Adler et la psychologie individuelle: l'homme et sa doctrine* (1970), París, Gallimard, 1972. Véase también Paul E. Stepansky, *Adler dans l'ombre de Freud* (1983), París, Presses Universitaires de France, 1992. La editorial Payot publica las obras de Adler traducidas al francés. La ruptura entre él y Freud fue, por ambas partes, de una extrema violencia. Con toda la razón, Henri F. Ellenberger atribuye a Adler y su enseñanza un lugar importante en la historia de la psiquiatría dinámica y las psicoterapias. Sus intervenciones en la Sociedad Psicológica de los Miércoles fueron diez.

8. Sigmund Freud, *Sigmund Freud: correspondance avec le pasteur Pfister, 1909-1939* (1963), París, Gallimard, 1966, p. 86 [hay trad. cast.: *Correspondencia, 1909-1939*, México, Fondo de Cultura Económica, 1966].

9. J. Keith Davies y Gerhard Fichtner, *Freud's Library: A Comprehensive Catalogue – Freuds Bibliothek: völlstandiger Katalog*, Londres y Tubinga, The Freud Museum/Diskord, 2006, p. 20. Acompaña esta obra un disco compacto que contiene la totalidad de los títulos de la biblioteca de Freud.

10. Carta de Freud a Jung, 19 de septiembre de 1907, en S. Freud y C. G. Jung, *Correspondance*, vol. 1, *op. cit.*, pp. 141-142.

11. Cf. Alexander Grinstein, *Freud à la croisée des chemins* (1990), París, Presses Universitaires de France, 1998. En este libro se encontrará un extenso análisis de la significación posible de los libros escogidos por Freud. Cf. asimismo Sérgio Paulo Rouanet, *Oz dez amigos de Freud*, Río de Janeiro, Companhia das Letras, 2003.

12. Su verdadero nombre era Otto Rosenfeld. Cf. E. James Lieberman, *La Volonté en acte: la vie et l'œuvre d'Otto Rank* (1985), París, Presses Universitaires de France, 1991.

13. Es decir, exteriores al cenáculo de origen. El vienés Hanns Sachs tampoco formaba parte del primerísimo círculo. Se incorporó a la WPV en 1909 y en 1920 se radicó en Berlín para participar de la expansión del Berliner Psychoanalytisches Institut (BPI). Theodor Reik, otro vienés, se asoció en 1911. Amigo de Jung, el pastor Oskar Pfister visitó a Freud en 1909 y trabó amistad con él. Ambos intercambiaron una importante correspondencia: *Sigmund Freud: correspondance avec le pasteur Pfister...*, *op. cit.* Cf. É. Roudinesco y M. Plon, *Dictionnaire de la psychanalyse*, *op. cit.*

14. Los tres títulos terminaron por fusionarse para dar origen al *Internationale Zeitschrift für Psychoanalyse und Imago* (*IZP-Imago*), que dejaría de aparecer en 1941 para ser reemplazado por el *International Journal of Psy-*

choanalysis (IJP), fundado por Jones en 1920. Cf. É. Roudinesco y M. Plon, *Dictionnaire de la psychanalyse, op. cit.*

15. Amigo muy honrado, el mejor de los hombres. Cf. A. Bolzinger, *Portrait de Sigmund Freud..., op. cit.*

16. Cf. Alain de Mijolla, «Images de Freud, au travers de sa correspondance», *Revue internationale d'histoire de la psychanalyse*, 2, 1989, pp. 9-50, y G. Fichtner, «Les lettres de Freud...» y «Bibliographie des lettres de Freud», *op. cit.* Élisabeth Roudinesco, seminario inédito sobre la correspondencia de Freud, 1999.

17. S. Freud, *Sur l'histoire du mouvement..., op. cit.*, p. 13 [*Contribución a la historia..., op. cit.*, p. 7].

18. S. Freud, *Sigmund Freud présenté..., op. cit.*

19. Sigmund Freud, «Une difficulté de la psychanalyse» (1917), en *OC.P*, vol. 15, *op. cit.*, pp. 41-51 [hay trad. cast.: «Una dificultad del psicoanálisis», en *OC*, vol. 17, 1979, pp. 125-135].

20. Que en 1936 se convertiría en la International Psychoanalytical Association (IPA). A partir de 1910, todos los grupos constituidos, incluida la WPV, se reunieron en esta organización centralizada.

21. Sándor Ferenczi, «De l'histoire du mouvement psychanalytique» (1911), en *Œuvres complètes: psychanalyse*, vol. 1, *1908-1912*, París, Payot, 1968, p. 166 [hay trad. cast.: «Sobre la historia del movimiento psicoanalítico», en *Obras completas*, vol. 1, *1908-1912: psicoanálisis I*, Madrid, Espasa-Calpe, 1981, pp. 177-187].

22. Magnus Hirschfeld (1868-1935): psiquiatra alemán, militó por una mejor comprensión de los «estados sexuales intermedios» (homosexualidad, travestismo, hermafroditismo, transexualismo) y entre 1908 y 1911 participó en la fundación de la Asociación Psicoanalítica de Berlín. En 1897 había creado la primera organización en favor de la igualdad de derechos: el Comité Científico Humanitario (Wissenschaftlich-humanitäres Komitee), que se convertiría luego en el Instituto Hirschfeld. Cf. Laure Murat, *La Loi du genre: une histoire culturelle du troisième sexe*, París, Fayard, 2006.

23. Sándor Ferenczi, «États sexuels intermédiaires», en *Les Écrits de Budapest*, París, EPEL/École Lacanienne de Psychanalyse, 1994, p. 255 [hay trad. cast.: «Estados sexuales intermedios», en *Obras completas*, vol. 1, *op. cit.* Cf. asimismo Sándor Ferenczi, *Œuvres complètes...*, vol. 1, *op. cit.*; *Œuvres complètes: psychanalyse*, vol. 2, *1913-1919*, París, Payot, 1970 [hay trad. cast.: *Obras completas*, vol. 2, *1913-1919: psicoanálisis I*, Madrid, Espasa-Calpe, 1981]; *Œuvres complètes: psychanalyse*, vol. 3, *1919-1926*, París, Payot, 1974 [hay trad. cast.: *Obras completas*, vol. 3, *1919-1926: psicoanálisis III*, Madrid,

Espasa-Calpe, 1981]; *Œuvres complètes: psychanalyse*, vol. 4, *1927-1933*, París, Payot, 1982 [hay trad. cast.: *Obras completas*, vol. 4, *19127-1933: psicoanálisis IV*, Madrid, Espasa-Calpe, 1984], y *Journal clinique, janvier-octobre 1932*, París, Payot, 1985 [hay trad. cast.: *Sin simpatía no hay curación: el diario clínico de 1932*, Buenos Aires, Amorrortu, 1997]. Véanse también Sándor Ferenczi y Otto Rank, *Perspectives de la psychanalyse: sur l'indépendance de la théorie et de la pratique* (1924), París, Payot, 1994 [hay trad. cast.: *Metas para el desarrollo del psicoanálisis: de la correlación entre teoría y práctica*, México, Epeele, 2005]; Sándor Ferenczi y Georg Groddeck, *Correspondance, 1921-1933*, París, Payot, 1982 [hay trad. cast.: *Correspondencia, 1921-1933*, Jaén, Del Lunar, 2003], y Sigmund Freud y Sándor Ferenczi, *Correspondance*, vol. 1, *op. cit.*; *Correspondance*, vol. 2, *1914-1919*, París, Calmann-Lévy, 1996 [hay trad. cast.: *Correspondencia completa, 1908-1919*, t. I, vol. 1, *1914-1916*, y t. I, vol. 2, *1917-1919*, Madrid, Síntesis, 2001], y *Correspondance*, vol. 3, *1920-1933*, París, Calmann-Lévy, 2000.

24. Encontramos este tema en Sigmund Freud, *Totem et tabou: quelques concordances entre la vie psychique des sauvages et celle des névrosés* (1912), París, Gallimard, 1993, y *OC.P*, vol. 11, *op. cit.*, pp. 189-385 [hay trad. cast.: *Tótem y tabú: algunas concordancias en la vida anímica de los salvajes y de los neuróticos*, en *OC*, vol. 13, 1980, pp. 1-164].

25. Carta de Ferenczi a Freud, 23 de mayo de 1919, en S. Freud y S. Ferenczi, *Correspondance*, vol. 2, *op. cit.*, pp. 393-394.

26. Karl Abraham, *Œuvres complètes* (1965), 2 vols., París, Payot, 1989 [hay trad. cast.: *Obras completas*, Barcelona, RBA, 2004], y Sigmund Freud y Karl Abraham, *Correspondance complète, 1907-1925* (1965), París, Gallimard, 2006 [hay trad. cast.: *Correspondencia completa, 1907-1926*, Madrid, Síntesis, 2005].

27. Freud y Eitingon intercambiaron 821 cartas: Sigmund Freud y Max Eitingon, *Correspondance, 1906-1939* (2004), París, Hachette Littératures, 2009. Véase también Guido Liebermann, *La Psychanalyse en Palestine, 1918-1948: aux origines du mouvement analytique israélien*, París, Campagne Première, 2012.

28. Sobre el desarrollo del psicoanálisis en Berlín véase *infra*.

29. «Policlínica» [*policlinique*]: clínica en la ciudad (*polis*). No confundir con el término «policlínica» [*polyclinique*], lugar de tratamiento de las diversas patologías.

30. Se encontrará una muy bella descripción de las actividades de la clínica en la obra de H. F. Ellenberger, *Histoire de la découverte...*, *op. cit.* Véase también É. Roudinesco y M. Plon, *Dictionnaire de la psychanalyse*, *op. cit.*

31. Eugen Bleuler, *Dementia praecox ou groupe des schizophrénies* (1911), París, EPEL-GREC, 1993 [hay trad. cast.: *Demencia precoz: el grupo de las esquizofrenias*, Buenos Aires, Hormé, 1960].

32. No hay en francés una edición estándar de las obras de Jung. La editorial Albin Michel publicó algunas traducciones de estas. Cf. en especial Carl Gustav Jung, *Psychogenèse des maladies mentales*, París, Albin Michel, 2001 [hay trad. cast.: *Psicogénesis de las enfermedades mentales*, vol. 1, *Psicología de la demencia precoz*, Barcelona, Paidós, 1987, y vol. 2, *El contenido de las psicosis*, Barcelona, Paidós, 1990]. Entre 1906 y 1914 Freud y Jung intercambiaron 359 cartas publicadas en dos volúmenes por Gallimard en 1975. La mejor fuente para la historia de la vida privada de Jung es la biografía de Deirdre Bair, *Jung: une biographie*, París, Flammarion, 2007. La autora tuvo acceso, en particular, a los «Protocolos», transcripción de conversaciones que sirvieron de esbozo a la autobiografía de Jung. Los diferentes biógrafos dieron varias versiones de las relaciones de este con Freud. El lector encontrará un excelente análisis del destino de Jung en H. F. Ellenberger, *Histoire de la découverte...*, *op. cit.* Cf. asimismo Carl Gustav Jung, *Ma vie: souvenirs, rêves et pensées*, recogidos por Aniéla Jaffé (1962), París, Gallimard, 1966 [hay trad. cast.: *Recuerdos, sueños, pensamientos*, Barcelona, Seix Barral, 1971]. La obra completa de Jung está disponible en inglés y alemán [y en curso de publicación en castellano, por la editorial Trotta de Madrid *(N. del T.)*]. El 29 de agosto de 1953 Jung mantuvo una conversación con Kurt Eissler; cf. LoC, caja 114, carpeta 4.

33. Carta de Freud a Abraham, 3 de mayo de 1908, en S. Freud y K. Abraham, *Correspondance complète...*, *op. cit.*, p. 71.

34. «Usted será quien, como Josué, si yo soy Moisés, tomará posesión de la tierra prometida de la psiquiatría, que yo solo puedo columbrar a la distancia.» Carta de Freud a Jung, 17 de enero de 1909, en S. Freud y C. G. Jung, *Correspondance*, vol. 1, *op. cit.*, p. 271.

35. Cf. Élisabeth Roudinesco, «Carl Gustav Jung: de l'archétype au nazisme. Dérives d'une psychologie de la différence», *L'Infini*, 63, otoño de 1998, pp. 73-94.

36. Carta de Freud a Abraham, 3 de mayo de 1908, en S. Freud y K. Abraham, *Correspondance complète...*, *op. cit.*, p. 71. Como todos sus contemporáneos, y según ya he señalado, Freud utilizaba la palabra «raza», así como los términos «semita» y «ario», inventados por los filólogos del siglo XIX. Cf. É. Roudinesco, *Retour sur la question juive*, *op. cit.*

37. La lectura de la obra de Théodore Flournoy, *Des Indes à la planète Mars* (1900), París, Seuil, 1983, había influido mucho a Jung. Cf. *HPF-JL*, *op. cit.*

38. Lo que Ellenberger llama una «neurosis creativa».

39. Jung llegará a ser el iniciador de una escuela de psicología analítica que no evitará los escollos del sectarismo. Su antisemitismo será cada vez más notorio a partir de la década de 1930. Numerosos trabajos se consagraron a su ruptura con Freud. Al respecto, Deirdre Bair y Peter Gay propusieron versiones sensiblemente diferentes, pero más objetivas, no obstante, que la de Jones. El relato más interesante es el de Linda Donn, *Freud et Jung: de l'amitié à la rupture* (1988), París, Presses Universitaires de France, 1995 [hay trad. cast.: *Freud y Jung: los años de amistad, los años perdidos*, Buenos Aires, Javier Vergara, 1990].

40. D. Bair, *Jung...*, *op. cit.*, p. 257.

41. Carta de Jung a Freud, 28 de octubre de 1907, en S. Freud y C. G. Jung, *Correspondance*, vol. 1, *op. cit.*, p. 149. Freud fue el primero en formular la hipótesis de ese «complejo de autoconservación». El autor del atentado era un sacerdote católico, amigo del padre de Jung. Cf. D. Bair, *Jung...*, *op. cit.*, p. 115.

42. El caso fue revelado en 1975 por Stephanie Zumstein-Preiswerk, sobrina de Helene, y estudiado por H. F. Ellenberger, *Médecines de l'âme...*, *op. cit.*

43. Psiquiatra inspirado por la corriente fenomenológica de Edmund Husserl y Martin Heidegger, Ludwig Binswanger (1881-1966) también fue durante toda su vida un admirador de Freud y su doctrina. Cf. Sigmund Freud y Ludwig Binswanger, *Correspondance, 1908-1938* (1992), París, Calmann-Lévy, 1995 [hay trad. cast.: *Correspondencia de Sigmund Freud* (edición crítica en orden cronológico), vols. 2-5, Madrid, Biblioteca Nueva, 1995-2002].

44. Hay varias versiones de este encuentro del que Freud no habla ni en la *Contribución a la historia del movimiento psicoanalítico* ni en la *Presentación autobiográfica*. He cotejado, por lo tanto, las diferentes fuentes. Cf. C. G. Jung, *Ma vie...*, *op. cit.*, y «Entretien dactylographié de Carl Gustav Jung avec Kurt Eissler» (1953), LoC. D. Bair hace un relato muy creíble en *Jung...*, *op. cit.*, pp. 182-189. Cf. asimismo Ludwig Binswanger (que cuenta en parte el acontecimiento), *Discours, parcours et Freud: analyse existentielle, psychiatrie clinique et psychanalyse*, París, Gallimard, 1970, pp. 267-277 [hay trad. cast.: *Mis recuerdos de Sigmund Freud*, Buenos Aires, Almagesto, 1992], y M. Freud, *Freud, mon père*, *op. cit.* Véase también L. Donn, *Freud et Jung...*, *op. cit.*

45. Los partidarios del espiritismo creían que un fluido emanado de un sujeto cataléptico podía ser la causa de los crujidos de muebles, los movimientos de veladores y los desplazamientos de objetos.

46. Ernest Jones, *La Vie et l'œuvre de Sigmund Freud*, vol. 2, *Les Années de maturité, 1901-1919*, París, Presses Universitaires de France, 1958, p. 36 [hay trad. cast.: *Vida y obra de Sigmund Freud*, vol. 2, *Los años de madurez: 1901-1919*, Buenos Aires, Hormé, 1989]. El propio Freud, como es sabido, no apreciaba demasiado a sus primeros discípulos de la Sociedad de los Miércoles, como le confiaría más adelante a Binswanger: «Entonces, ¿se da cuenta ahora de lo que es esa banda?», en L. Binswanger, *Discours, parcours...*, *op. cit.*, p. 271. De ahí su voluntad de rodearse de un nuevo cenáculo.

47. L. Binswanger, *Discours, parcours...*, *op. cit.*, pp. 268-269.

48. Sigmund Freud, *Le Délire et les rêves dans la «Gradiva» de W. Jensen* (1907), París, Gallimard, 1986, y, con el mismo título, París, Seuil, 2013, col. «Points Essais», con un hermoso prefacio de Henri Rey-Flaud [hay trad. cast.: *El delirio y los sueños en la «Gradiva» de W. Jensen*, en OC, vol. 9, 1979, pp. 1-79].

49. Carta de Freud a Schnitzler, 8 de mayo de 1906, en *Correspondance, 1873-1939*, *op. cit.*, p. 270 [*Epistolario, 1873-1939*, *op. cit.*, p. 282].

50. Otto Gross, *Psychanalyse et révolution: essais*, París, Éditions du Sandre, 2011, con una extensa y notable presentación de Jacques Le Rider. D. Bair, *Jung...*, *op. cit.*, pp. 209-223, hace un relato interesante de las relaciones entre Jung y Otto Gross.

51. Hay que vincular las tesis de Hans Gross con las de la «pedagogía negra».

52. Sobre este aspecto de la vida de Gross puede consultarse la obra de Martin Burgess Green, *Les Sœurs Von Richthofen: deux ancêtres du féminisme dans l'Allemagne de Bismarck, face à Otto Gross, Max Weber et D. H. Lawrence* (1974), París, Seuil, 1979.

53. Ernest Jones trabajaba por entonces en la clínica. Cf. carta de Jones a Freud, 13 de mayo de 1908, en Sigmund Freud y Ernest Jones, *Correspondance complète, 1908-1939* (1993), París, Presses Universitaires de France, 1998, p. 47 [hay trad. cast.: *Correspondencia completa, 1908-1939*, Madrid, Síntesis, 2001].

54. Hubo muchos otros, entre ellos Victor Tausk, Georg Groddeck y Wilhelm Reich, los tres más célebres e inventivos.

55. Citado en O. Gross, *Psychanalyse et révolution...*, *op. cit.*, p. 78.

56. Ernest Jones, *Free Associations: Memories of a Psycho-analyst*, Nueva York, Basic Books, 1959. Además de la biografía de Freud, Jones escribió numerosos artículos incluidos en varias compilaciones: *Hamlet et Œdipe* (1949), París, Gallimard, 1967 [hay trad. cast.: *Hamlet y Edipo*, Barcelona, Mandrágora, 1975], y *Essais de psychanalyse appliquée*, vol. 1, *Essais divers*, y vol. 2, *Psychanalyse, folklore, religion* (1923-1964), París, Payot,

1973 [hay trad. cast.: *Ensayos de psicoanálisis aplicado*, en *Obras escogidas*, Barcelona, RBA, 2006]. Entre 1908 y 1939 Freud y Jones intercambiaron 671 cartas.

57. Cartas de Freud a Jung, 3 de mayo y 18 de julio de 1908, respectivamente, en S. Freud y C. G. Jung, *Correspondance*, vol. 1, *op. cit.*, pp. 210 y 233.

58. Su verdadero nombre era Louise Dorothea Kann.

59. Entre las dos guerras, la APsA se convertiría en la mayor potencia psicoanalítica de la IPA, ya que logró reunir en su seno a todas las sociedades psicoanalíticas americanas compuestas, a continuación, por casi todos los emigrados de lengua alemana escapados de Europa tras el ascenso del nazismo al poder en 1933. Desde Londres, Jones mantendría un poder real sobre esa asociación.

60. James Jackson Putnam se carteó con Freud. Cf. Nathan G. Hale, ed., *L'Introduction de la psychanalyse aux États-Unis: autour de James Jackson Putnam* (1958), París, Gallimard, 1978.

61. Sobre la historia de la implantación del psicoanálisis en Canadá, cf. É. Roudinesco y M. Plon, *Dictionnaire de la psychanalyse, op. cit.*

62. Lisa Appignanesi y John Forrester, *Freud's Women*, Nueva York, Basic Books, 1992 [hay trad. cast.: *Las mujeres de Freud*, Buenos Aires, Planeta, 1996].

63. En 1910, consciente de los efectos nefastos de esa manía, Freud dio el nombre de «psicoanálisis silvestre» a un error técnico cometido por el analista, consistente en introducir en la mente del paciente, ya en la primera sesión, secretos que cree haber adivinado. Cf. Sigmund Freud, «De la psychanalyse sauvage» (1910), en *OC.P*, vol. 10, *op. cit.*, pp. 118-125 [hay trad. cast.: «Sobre el psicoanálisis "silvestre"», en *OC*, vol. 11, *op. cit.*, pp. 217-227].

64. La historia de Sabina Spielrein fue motivo de unas cuantas novelas y películas, en especial la muy lograda de David Cronenberg, *Un método peligroso* [*A Dangerous Method*], de 2011, y se la contó varias veces. Hay además varios relatos sobre ella. Cf. Aldo Carotenuto y Carlo Trombetta, eds., *Sabina Spielrein entre Freud et Jung: dossier découvert par Aldo Carotenuto et Carlo Trombetta* (1980), edición francesa establecida por Michel Guibal y Jacques Nobécourt, París, Aubier-Montaigne, 1981 [hay trad. cast.: *Una secreta simetría: Sabina Spielrein entre Freud y Jung*, Barcelona, Gedisa, 1984]. En ese libro se reúnen los principales artículos de Sabina Spielrein. Véase asimismo «Sabina Spielrein, un classique méconnu de la psychanalyse» (documento colectivo), *Le Coq-Héron*, 197, agosto de 2009. Y también É. Roudinesco y M. Plon, *Dictionnaire de la psychanalyse, op. cit.* Deirdre Bair relata en detalle, con la aportación de nuevos elementos, el tratamiento de Sabina y sus relaciones con Jung y Bleuler.

65. Informe de Carl Gustav Jung, citado por D. Bair, *Jung...*, *op. cit.*, p. 139, que lo consultó en los archivos del Burghölzli.

66. Carta de Freud a Jung, 27 de octubre de 1906, en S. Freud y C. G. Jung, *Correspondance*, vol. 1, *op. cit.*, p. 47.

67. Sabina Spielrein, «Über den psychologischen Inhalt eines Fallen von Schizophrenie (*Dementia praecox*)», *Jahrbuch für psychoanalytische und psychopathologische Forschungen*, 3, agosto de 1911, pp. 329-400 [hay trad. cast.: «Sobre el contenido psicológico de un caso de esquizofrenia (*Dementia praecox*)», *Clínica y Pensamiento*, núm. extra 1, 2005, pp. 29-106]. El texto fue reproducido y comentado en Carl Gustav Jung, *Métamorphoses et symboles de la libido* (1912), París, Buchet-Castel, 1953, reeditado con el título de *Métamorphoses de l'âme et ses symboles: analyse des prodromes d'une schizophrénie*, Ginebra, Georg, 1973 [hay trad. cast.: *Símbolos de transformación: análisis del preludio a una esquizofrenia*, Madrid, Trotta, 2012].

68. Sabina Spielrein, «La destruction comme cause du devenir» (1912), en A. Carotenuto y C. Trombetta, eds., *Sabina Spielrein entre Jung...*, *op. cit.*, pp. 212-262.

69. Carta de Freud a Sabina Spielrein, en *ibid.*, p. 273. A posteriori, Freud no dejaría nunca de reprocharle a Sabina su apego constante a Jung; llegó al extremo de hacerle interpretaciones salvajes sobre su presunto deseo de tener un hijo de él, idealizado como «caballero germánico», como una manera de expresar mejor su rebelión contra un padre de quien, en realidad, ella habría anhelado un hijo.

70. Élisabeth Roudinesco, «Les premières femmes psychanalystes», *Mil neuf cent: revue d'histoire intellectuelle*, 16, 1998, pp. 27-41; reeditado en *Topique*, 71, 2000, pp. 45-56; véase también seminario inédito, 1998. Cf. asimismo É. Roudinesco y M. Plon, *Dictionnaire de la psychanalyse*, *op. cit.* Entre las cuarenta y dos mujeres integrantes de la WPV en 1938, la tasa de suicidio, locura y muerte violenta era un poco más alta que entre los hombres. É. Roudinesco, seminario inédito, y É. Roudinesco y M. Plon, *Dictionnaire de la psychanalyse*, *op. cit.*

71. Antonia Anna Wolff (1888-1953): paciente y luego amante y discípula de C. G. Jung.

72. D. P. Schreber, *Mémoires d'un névropathe*, *op. cit.*, y S. Freud, «Remarques psychanalytiques...», *op. cit.*

73. Tesis retomada en *Tótem y tabú*.

74. Martin Stingelin, «Les stratégies d'autolégitimation dans l'autobiographie de Schreber», en Daniel Devreese, Zvi Lothane y Jacques Schotte, eds., *Schreber revisité: colloque de Cerisy*, Lovaina, Presses Universitaires de Louvain, 1998, pp. 115-127.

75. Luiz Eduardo Prado de Oliveira, ed., *Le Cas Schreber: contributions psychanalytiques de langue anglaise*, París, Presses Universitaires de France, 1979, y C. Azouri, «*J'ai réussi où...*», *op. cit.*

76. Elias Canetti, *Masse et puissance* (1960), París, Gallimard, 1966 [hay trad. cast.: *Masa y poder*, Barcelona, Muchnik, 1994].

77. Rudolf von Urbantschitsch (1879-1964): psiquiatra y psicoanalista, emigraría a California en 1936.

78. La reconstrucción de esta trágica historia se debe a Ulrike May. Cf. Renate Sachse, «À propos de la recherche d'Ulrike May: sur dix-neuf patients en analyse chez Freud (1910-1920)», *Essaim*, 2, 2008, pp. 187-194, y Ulrike May, «Freuds Patientenkalender: Siebzehn Analytiker in Analyse bei Freud (1910-1920)», *Luzifer-Amor*, 19(37), 2006, pp. 43-97. Cf. asimismo M. Borch-Jacobsen, *Les Patients de Freud...*, *op. cit.*

79. C. G. Jung menciona el caso del «hombre del sol fálico» en *Métamorphoses et symboles de la libido*, *op. cit.* Jung había puesto el tratamiento de este paciente en manos de su alumno Johann Honneger, afectado por trastornos maníacos, que puso fin a sus días en marzo de 1911 con una dosis masiva de morfina.

3. EL DESCUBRIMIENTO DE AMÉRICA

1. La mejor obra sobre la introducción del psicoanálisis en Estados Unidos es Nathan Hale, *Freud et les Américains: l'implantation de la psychanalyse aux États-Unis* (1971, 1995), París, Les Empêcheurs de Penser en Rond, 2001. Cf. asimismo Eli Zaretsky, *Le Siècle de Freud: une histoire sociale et culturelle de la psychanalyse* (2004), París, Albin Michel, 2008 [hay trad. cast.: *Secretos del alma: una historia social y cultural del psicoanálisis*, Madrid, Siglo XXI, 2012].

2. N. Hale, *Freud et les Américains...*, *op. cit.*, p. 43.

3. Sigmund Freud, «La morale sexuelle "civilisée" et la maladie nerveuse des temps modernes» (1908), en *La Vie sexuelle*, París, Presses Universitaires de France, 1973, pp. 28-46, y con el título de «La morale sexuelle "culturelle"», *OC.P*, vol. 8, 2007, pp. 196-219 [hay trad. cast.: «La moral sexual "cultural" y la nerviosidad moderna», en *OC*, vol. 9, *op. cit.*, pp. 159-181].

4. Hay numerosas versiones del viaje de los tres hombres a Estados Unidos. Pueden leerse las de Ernest Jones, Peter Gay, Linda Donn, Deirdre Bair, Nathan Hale y, por último, Vincent Brome, *Les Premiers disciples...*, *op. cit.*, y *Jung: Man and Myth*, Nueva York, Atheneum, 1981. A ello se agregan los testimonios mismos de los protagonistas: Jung menciona el periplo en *Ma vie...*, *op. cit.*, así como en su conversación con Kurt Eissler conserva-

da en la Biblioteca del Congreso. Freud habla del viaje en «*Notre cœur tend vers le sud*»..., *op. cit.* También hay que leer las diferentes correspondencias entre Ferenczi, Jung, Freud, Putnam y Stanley Hall. Consulté asimismo, sobre este punto, la obra de Saul Rosenzweig, *Freud, Jung, and Hall the King-Maker: The Historic Expedition to America, with G. Stanley Hall as Host and William James as Guest*, Saint Louis y Seattle, Rana House/Hogrefe & Huber, 1992, y Anthony Ballenato, «Freud et la modernité américaine: l'introduction de la psychanalyse à New York (1909-1917)», máster II, Universidad de París VII, 2007-2008, bajo la dirección de Élisabeth Roudinesco. Anthony Ballenato utilizó archivos inéditos.

5. Freud omitió referirse a este incidente en su diario de viaje, y se contentó con señalar que había sido víctima de un ataque de debilidad a causa del cansancio.

6. C. G. Jung, *Ma vie...*, *op. cit.*, pp. 187-189. El tema de lo arcaico es recurrente en la historia del psicoanálisis y reaparecerá bajo otras formas en los debates ulteriores entre Freud y Rank; más tarde entre los freudianos y los kleinianos, y por último con los lacanianos. Lo abordé en *HPF-JL*, *op. cit.* Cf. asimismo las posiciones de Nicolas Abraham y Maria Torok sobre la cuestión de la cripta, y H. Rey-Flaud, *Je ne sais pas de quoi...*, *op. cit.*

7. Cosa que permite una vez más a los antifreudianos afirmar que Freud era antisemita, y a los junguianos, que Jung no lo era porque simpatizaba con un judío y un buen número de sus discípulos también lo eran. William Stern (1871-1938) había sido invitado a Worcester en la misma calidad que muchos otros psicólogos.

8. Esos son los términos exactos pronunciados por Freud y comunicados por Jung en su conversación de la Biblioteca del Congreso con Kurt Eissler. Cf. asimismo V. Brome, *Jung: Man and Myth*, *op. cit.*, p. 117. Sobre la génesis de la frase inventada por Lacan en 1955 y atribuida a Freud, tras su propio encuentro con Jung, cf. Élisabeth Roudinesco, *HPF-JL*, *op. cit.*, y «Lacan, the plague», *Psychoanalysis and History*, 10(2), julio de 2008, pp. 225-236. Lacan pretende que Freud habría dicho: «No saben que les traemos la peste». Hoy se sabe, pues, que Freud jamás pronunció esa frase. Pero la leyenda es tenaz.

9. Carta de Freud a Ferenczi, 10 de enero de 1909, en S. Freud y S. Ferenczi, *Correspondance*, vol. 1, *op. cit.*, p. 40.

10. Propagado a continuación por Jung, el rumor de un Freud incestuoso se convirtió con el paso de los años en una de las grandes temáticas de la historiografía psicoanalítica en el mundo angloparlante, sobre todo a partir de la publicación, en 1947, de la obra de Helen Walker Puner, *Freud: His Life and Mind*, Nueva York, Howell, Soskin; reedición, New Brunswick

(New Jersey), Transaction Publishers, 1992, con presentación de Paul Roazen y prefacio de Erich Fromm [hay trad. cast.: *Freud, su vida y su mente*, Barcelona, Luis Miracle, 1951]. Ningún historiador serio pudo jamás presentar la más mínima prueba de la existencia de esa «relación», que dio lugar a un sinnúmero de artículos y varios libros. Cf. Élisabeth Roudinesco, *Mais pourquoi tant de haine?*, París, Seuil, 2010 [hay trad. cast.: *¿Por qué tanto odio?*, Buenos Aires, Libros del Zorzal, 2011].

11.   Hay varias versiones de esta historia. Cf. la conversación de Carl Gustav Jung con Kurt Eissler, 29 de agosto de 1953, LoC, caja 114, carpeta 4, reproducida por Deirdre Bair, y C. G. Jung, *Ma vie...*, *op. cit.*, p. 185. Esta es la traducción de las palabras de Jung: «La hermana menor tenía una gran transferencia con Freud y él no era insensible a eso». Y: «Oh, ¿un amorío? No sé hasta qué punto, pero, Dios mío, uno sabe bien cómo son esas cosas, ¿no?». Más adelante presento la versión original, en alemán, de esta declaración (véase la nota 7 en la tercera parte, capítulo 2).

12.   Cf. D. Bair, *Jung...*, *op. cit.*, p. 254.

13.   El mejor relato de este episodio está en William A. Koelsch, «"Incredible daydream": Freud and Jung at Clark, 1909», The Fifth Annual S. Clarkson Lecture, 1909, Worcester, Friends of the Goddard Library, Clark University, 1984 (celebración del septuagésimo quinto aniversario de la visita de Freud). Versión francesa: «"Une incroyable rêverie": Freud et Jung à Clark, 1909», puede consultarse en «D'un divan l'autre», http://www.dundivanlautre.fr/sur-freud/w-koelsch-freud-et-jung-a-la-clark-university. Koelsch investigó los archivos de la universidad y proporcionó numerosos detalles sobre los conferenciantes invitados en 1909 y presentes en las conferencias dictadas por Freud entre el 6 y el 10 de septiembre. Es preciso completar esta fuente con los comentarios de Deirdre Bair, que brinda detalles sobre las reacciones de Jung. Señalemos que Freud estaba convencido de que algún día los negros serían mayoritarios en Estados Unidos.

14.   En una de sus conferencias Jung expuso el caso de una niña: se trataba de su propia hija.

15.   A continuación, Freud puso por escrito esas cinco conferencias, muy pronto traducidas a varios idiomas. Cf. Sigmund Freud, *Sur la psychanalyse: cinq conférences* (1910), París, Gallimard, 1991; cita sobre Bell en pp. 92-93 [hay trad. cast.: «Cinco conferencias sobre psicoanálisis», en *OC*, vol. 11, *op. cit.*, pp. 1-51; cita en pp. 37-38].

16.   S. Freud, *Sigmund Freud présenté...*, *op. cit.*, p. 88 [*Presentación autobiográfica*, *op. cit.*, pp. 48-49].

17.   Emma Goldman, *Living my Life*, vol. 1, Nueva York, A. A. Knopf, 1931, p. 173 [hay trad. cast.: *Viviendo mi vida*, Madrid, Fundación de Estu-

dios Libertarios Anselmo Lorenzo/Nossa y Jara, 1995], y A. Ballenato, «Freud et la modernité américaine...», *op. cit.*, p. 30.

18. L. Donn, *Freud et Jung...*, *op. cit.*, p. 138.

19. Testimonio de Judith Bernays Heller, LoC, citado, y Marion Ross, «Carnets, miscellaneous, 1914-1975», LoC, caja 121, carpeta 7.

20. Freud retomaría esta idea en *Psychologie des masses et analyse du moi* (1921), en *OC.P*, vol. 16, 2010, pp. 1-85 [hay trad. cast.: *Psicología de las masas y análisis del yo*, en *OC*, vol. 18, *op. cit.*, pp. 63-136; mención de la parábola de Schopenhauer en p. 96].

21. Testimonio de Barbara Low (1877-1955), s.d., LoC, caja 121, carpeta 5.

22. Del que terminaría curándose.

23. Carta de Freud a Jung, 17 de octubre de 1909, en *Correspondance*, vol. 1, *op. cit.*, p. 336. Sigmund Freud, *Un souvenir d'enfance de Léonard de Vinci* (1910), París, Gallimard, 1987, con un excelente prefacio de Jean-Bertrand Pontalis y una buena bibliografía de las fuentes en las que se basó Freud. Con el mismo título, también en *OC.P*, vol. 10, *op. cit.*, pp. 79-164 [hay trad. cast.: *Un recuerdo infantil de Leonardo da Vinci*, en *OC*, vol. 11, *op. cit.*, pp. 53-127]. Escrito entre enero y marzo de 1910, el ensayo se publicó en mayo de ese mismo año.

24. Pueden consultarse en la biblioteca de Freud, con las anotaciones de puño y letra. En su obra cita a veces la versión original de los textos italianos, aunque en su biblioteca tenía la traducción alemana. En francés: Eugène Müntz, *Léonard de Vinci, l'artiste, le penseur, le savant*, París, Hachette, 1899 [hay trad. cast.: *Leonardo de Vinci: el artista, el pensador, el sabio*, Buenos Aires, El Ateneo, 1956]; Giorgio Vasari, *La Vie des meilleurs peintres, sculpteurs et architectes* (1550), 2 vols., edición dirigida por André Chastel, París, Berger-Levrault, 1983 [hay trad. cast.: *Las vidas de los más excelentes arquitectos, pintores y escultores italianos desde Cimabue a nuestros días*, Madrid, Cátedra, 2007]; Dmitri S. Merezhkovski, *Le Roman de Léonard de Vinci: la résurrection des dieux* (1902), París, Gallimard, 1934 (se trata de la parte central de una trilogía titulada *Cristo y Anticristo*) [hay trad. cast.: *El romance de Leonardo, el genio del Renacimiento*, Barcelona, Edhasa, 2004], y Nino Smiraglia Scognamiglio, *Ricerche e documenti sulla giovinezza di Leonardo da Vinci, 1452-1482*, Nápoles, Riccardo Margheri Di Gius, 1900.

25. Marie Bonaparte se enfrentaría a toda una intriga al publicarse su traducción francesa del libro de Freud.

26. S. Freud, *Un souvenir d'enfance...*, *op. cit.*, p. 89 [*Un recuerdo infantil...*, *op. cit.*, p. 77].

27. Códice Atlántico: recopilación de dibujos y notas de Leonardo da

Vinci conservado en la Biblioteca Ambrosiana de Milán. Cf. Sigmund
Freud, *Eine Kindheitserinnerung des Leonardo da Vinci*, en *Studienausgabe*,
vol. 10, Frankfurt, S. Fischer Verlag, 1982, p. 109, n. 1.

28. Freud utilizaba aquí por primera vez este término.

29. Leonardo pintó el primero de esos cuadros entre 1503 y 1506, y
el segundo entre 1508 y 1516.

30. En 1956 Meyer Schapiro reprocharía a Freud no solo su confusión entre el buitre y el milano, sino también, y sobre todo, su desconocimiento de la historia del arte. Así como el primer error me parece mínimo,
es preciso tener en cuenta el segundo, que es un testimonio de los peligros
propios de la interpretación, aun cuando sepamos que Freud tenía conocimiento de los bosquejos, que comenta en notas añadidas en 1919 y 1923.
Cf. Meyer Schapiro, «Léonard et Freud», en *Style, artiste et société: essais*, París,
Gallimard, 1982 [hay trad. cast.: «Freud y Leonardo: un estudio histórico
del arte», en *Estilo, artista y sociedad: teoría y filosofía del arte*, Madrid, Tecnos,
1999]. Kurt Eissler respondió a Schapiro en *Léonard de Vinci: étude psychanalytique* (1961), París, Gallimard, 1982. Véase también Jacques Lacan, *Le
Séminaire, Livre IV, La Relation d'objet (1956-1957)*, texto establecido por
Jacques-Alain Miller, París, Seuil, 1994, pp. 411-435 [hay trad. cast.: *El Seminario de Jacques Lacan. Libro 4. La relación de objeto. 1956-1957*, Buenos
Aires, Paidós, 1998]. Los antifreudianos trataron a Freud de estafador y falsario. Cf. Han Israëls, «L'homme au vautour: Freud et Léonard de Vinci», en
Catherine Meyer, ed., *Le Livre noir de la psychanalyse: vivre, penser et aller
mieux sans Freud*, París, Les Arènes, 2005 [hay trad. cast.: «El hombre del buitre: Freud y Leonardo da Vinci», en *El libro negro del psicoanálisis: vivir, pensar
y estar mejor sin Freud*, Buenos Aires, Sudamericana, 2007].

31. S. Freud, *Un souvenir d'enfance...*, *op. cit.*, p. 152 [*Un recuerdo infantil...*, pp. 112-113].

32. Sobre todo, como hemos visto, al hacer de la paranoia una manifestación de defensa contra la homosexualidad.

33. Dan Brown aprovechará ampliamente este juego del desciframiento infinito para escribir *El código Da Vinci*. Por otra parte, un caricaturista anónimo, al dibujar el rostro de Freud, pondrá en lugar de su nariz y
su frente el cuerpo en éxtasis de una mujer desnuda, acompañado por esta
frase: *What's on a man's mind*. Vendida en millares de ejemplares, la caricatu-
ra se reprodujo a continuación casi tanto como *La Gioconda* en prendas de
vestir y diversos artículos de consumo.

34. La expresión aparece por primera vez en 1910 en S. Freud, «D'un
type particulier de choix...», *op. cit.*, p. 197 [«Sobre un tipo particular de
elección...», *op. cit.*, p. 164]. Reiteremos que Freud se equivoca al referirse a

la aparición del complejo en su obra, que remonta a *La interpretación de los sueños*.

35. *Ibid.*

36. S. Freud, *Totem et tabou...*, *op. cit.*

37. Dediqué mi seminario de 1995 al estudio de las relaciones entre el psicoanálisis y la antropología. Retomo aquí varios elementos de ese curso. Cf. asimismo Élisabeth Roudinesco, prefacio a Georges Devereux, *Psychothérapie d'un indien des plaines: réalité et rêve*, reedición, París, Fayard, 1998, y É. Roudinesco y M. Plon, *Dictionnaire de la psychanalyse*, *op. cit.* Véase también Claude Lévi-Strauss, *Le Totémisme aujourd'hui*, París, Presses Universitaires de France, 1962 [hay trad. cast.: *El totemismo en la actualidad*, México, Fondo de Cultura Económica, 1965]. Freud citaba en abundancia la obra del historiador francés Salomon Reinach, *Cultes, mythes et religions*, 5 vols., París, Ernest Leroux, 1905-1923.

38. Edward Burnett Tylor, *La Civilisation primitive* (1871), 2 vols., París, Reinwald, 1876-1878 [hay trad. cast.: *Cultura primitiva*, 2 vols., Madrid, Ayuso, 1976-1981]; William Robertson Smith, *Lectures on the Religion of the Semites: The Fundamental Institutions* (1889), Nueva York, Macmillan, 1927; Edward Westermarck, *Histoire du mariage* (1891), 4 vols., París, Mercure de France, 1934-1938 [hay trad. cast.: *Historia del matrimonio en la especie humana*, Madrid, La España Moderna, 1900]; James Jasper Atkinson, «Primal law», en Andrew Lang, ed., *Social Origins*, Londres, Nueva York y Bombay, Longmans, Green, and Co., 1903, y James George Frazer, *Le Rameau d'or* (1911-1915), 4 vols., París, Laffont, 1981-1984, col. «Bouquins» [hay trad. cast.: *La rama dorada: magia y religión*, México, Fondo de Cultura Económica, 2011 (traducción de la edición inglesa resumida de 1922)]. En la biblioteca de Freud está la edición inglesa de la obra de Frazer.

39. Remito aquí a las entradas de É. Roudinesco y M. Plon, *Dictionnaire de la psychanalyse*, *op. cit.*, y a Alfred L. Kroeber, «*Totem and Taboo*: an ethnological psychoanalysis» (1920), *American Anthropologist*, 22, 1920, pp. 48-55 [hay trad. cast.: «Tótem y tabú: un psicoanálisis etnológico», *Artefacto* (México), 6, «El parricidio», 1998]; Bronislaw Malinowski, *Les Argonautes du Pacifique occidental* (1922), París, Gallimard, 1963 [hay trad. cast.: *Los argonautas del Pacífico occidental: un estudio sobre comercio y aventura entre los indígenas de los archipiélagos de la Nueva Guinea melanésica*, Barcelona, Planeta-Agostini, 1986], y *La Sexualité et sa répression dans les sociétés primitives* (1927), París, Payot, 1932 [hay trad. cast.: *Sexo y represión en la sociedad primitiva*, Buenos Aires, Nueva Visión, 1974]; E. Jones, *Essais de psychanalyse appliquée*, vol. 2, *op. cit.*, y Eugène Enriquez, *De la horde à l'État: essai de psychanalyse du lien social*, París, Gallimard, 1983.

40. S. Freud, «*Notre cœur tend vers le sud*»..., *op. cit.*, p. 331.

41. Testimonio de Jerome Alexander, 21 de octubre de 1951, LoC, caja 120, carpeta 2.

42. Sigmund Freud, «Le *Moïse* de Michel-Ange» (1914), en *L'Inquiétante étrangeté et autres textes*, París, Gallimard, 1985, pp. 83-125 [hay trad. cast.: «El Moisés de Miguel Ángel», en *OC*, vol. 13, *op. cit.*, pp. 213-242].

43. Cf. E. Jones, *La vie et l'œuvre...*, vol. 2, *op. cit.*, pp. 386-390, e Ilse Grubrich-Simitis, *Freud, retour aux manuscrits: faire parler des documents muets* (1993), París, Presses Universitaires de France, 1997, pp. 217-218 [hay trad. cast.: *Volver a los textos de Freud: dando voz a documentos mudos*, Madrid, Biblioteca Nueva/Asociación Psicoanalítica de Madrid, 2003].

44. Phyllis Grosskurth, *Freud: l'anneau secret* (1991), París, Presses Universitaires de France, 1995.

45. Gerhard Wittenberger y Christfried Tögel, eds., *Die Rundbriefe des «Geheimen Komitees»*, 4 vols., Tubinga, Diskord, 1995-2006 [hay trad. cast. parcial: *Las circulares del «Comité Secreto»*, 2 vols., Madrid, Síntesis, 2002 (vol. 1, *1913-1920*, vol. 2, *1921*)].

46. Carta de Freud a Mitzi Freud, 13 de julio de 1914, papeles de familia, LoC.

47. Cf. P. Gay, *Freud, une vie, op. cit.*, p. 401. Phyllis Grosskurth hace una buena descripción de las actividades del comité durante la guerra, y luego entre 1920 y 1927. Para comprender bien el período previo al conflicto es menester, desde luego, hacer un examen cruzado de la correspondencia entre Freud y sus discípulos.

48. Sigmund Freud, «Pour introduire le narcissisme» (1914), en *La Vie sexuelle*, *op. cit.*, pp. 81-105, y *OC.P*, vol. 12, 2005, pp. 213-247 [hay trad. cast.: «Introducción del narcisismo», en *OC*, vol. 14, *op. cit.*, pp. 65-98].

4. LA GUERRA DE LAS NACIONES

1. Carta de Freud a Abraham, 26 de julio de 1914, en S. Freud y K. Abraham, *Correspondance complète...*, *op. cit.*, p. 234.

2. Mathilde, la mayor de las hijas de Freud, casada con Robert Hollitscher, y Sophie, esposa de Max Halberstadt, vivían en Hamburgo.

3. Carta de Freud a Andreas-Salomé, 25 de noviembre de 1914, en Lou Andreas-Salomé, *Correspondance avec Sigmund Freud, 1912-1936, suivi du Journal d'une année, 1912-1913* (1966), París, Gallimard, 1970, p. 29 [hay trad. cast.: *Sigmund Freud, Lou Andreas-Salomé: correspondencia*, México, Siglo XXI, 1977].

4. Carta de Freud a Ferenczi, 23 de agosto de 1914, en S. Freud y S. Ferenczi, *Correspondance*, vol. 1, *op. cit.*

5. Peter Gay dedica hermosas páginas a este momento freudiano de la guerra. Cf. P. Gay, *Freud, une vie*, *op. cit.*, pp. 395-411. Cf. asimismo P. Grosskurth, *Freud: l'anneau secret*, *op. cit.*, pp. 56-86.

6. Sigmund Freud, «Actuelles sur la guerre et la mort» (1915), en *OC.P*, vol. 13, 2005, pp. 125-157 [hay trad. cast.: «De guerra y muerte. Temas de actualidad», en *OC*, vol. 14, *op. cit.*, p. 282]. He escogido la excelente traducción de Marc Crépon y Marc B. de Launay: Sigmund Freud, «Considération actuelle sur la guerre et la mort», en *Anthropologie de la guerre*, edición bilingüe, París, Fayard, 2010, p. 267, con epílogo de Alain Badiou («Le malaise des fils dans la "civilisation" contemporaine»).

7. Homero, *L'Odysée*, traducción de Victor Bérard, París, Les Belles Lettres, 1925, vol. 2, pp. 178-179 [hay trad. cast.: *Odisea*, Madrid, Gredos, 1982, entre otras ediciones].

8. S. Freud, «Considération actuelle...», *op. cit.*, p. 313 [«De guerra y muerte...», *op. cit.*, p. 301].

9. Carta de Freud a Ferenczi, 11 de marzo de 1914, en S. Freud y S. Ferenczi, *Correspondance*, vol. 1, *op. cit.*, p. 583.

10. A. Bolzinger, *Portrait de Sigmund Freud...*, *op. cit.*, p. 80.

11. Carta de Freud a Ferenczi, 6 de noviembre de 1917, en S. Freud y S. Ferenczi, *Correspondance*, vol. 2, *op. cit.*

12 . Y a partir de 1920: el yo, el ello y el superyó.

13. Sigmund Freud, «Pulsions et destin des pulsions», «Le refoulement», «L'inconscient», «Complément métapsychologique à la doctrine du rêve» y «Deuil et mélancolie», en *OC.P*, vol. 13, *op. cit.* [hay trad. cast.: «Pulsiones y destino de pulsión», «La represión», «Lo inconsciente», «Complemento metapsicológico a la doctrina de los sueños» y «Duelo y melancolía», en *OC*, vol. 14, *op. cit.*]. Cf. asimismo Sigmund Freud, *Métapsychologie*, París, Gallimard, 1986, y Sándor Ferenczi, «La métapsychologie de Freud», en *Œuvres complètes...*, vol. 4, *op. cit.*, pp. 253-265 [hay trad. cast.: «La metapsicología de Freud», en *Obras completas*, vol. 4, *op. cit.*]. Los textos metapsicológicos de Freud se cuentan entre los más comentados por la comunidad psicoanalítica internacional, pero son pocos los comentarios que suscitan entre los investigadores. Cf. É. Roudinesco y M. Plon, *Dictionnaire de la psychanalyse*, *op. cit.*

14. El 30 de diciembre de 1914 Victor Tausk había hecho una comunicación al respecto a la WPV. A continuación Freud escribió un primer esbozo de su texto.

15. S. Freud y K. Abraham, *Correspondance complète...*, *op. cit.*, pp. 376-383.

16. Sigmund Freud, *Vue d'ensemble des névroses de transfert: un essai métapsychologique* (1985), París, Gallimard, 1986 [hay trad. cast.: *Sinopsis de las neurosis de transferencia: ensayo de metapsicología*, Barcelona, Ariel, 1989]. Texto hallado en 1983 en los archivos de Ferenczi y comentado por Ilse Grubrich-Simitis.

17. Sándor Ferenczi, «Le développement du sens de réalité et ses stades» (1913), en *Œuvres complètes...*, vol. 2, *op. cit.*, pp. 51-65 [hay trad. cast.: «El desarrollo del sentido de realidad y sus estadios», en *Obras completas*, vol. 2, *op. cit.*, pp. 63-79].

18. La teoría de la recapitulación afirma que el desarrollo individual de un organismo reproduce las etapas de la evolución de sus ancestros.

19. Cf. Lucille B. Ritvo, *L'Ascendant de Darwin sur Freud* (1990), París, Gallimard, 1992. En esta obra se encontrará el mejor análisis de la teoría freudiana de la recapitulación, tomada tanto de Darwin como de Jean-Baptiste Lamarck. Ese análisis contradice, con toda la razón, la tesis de Frank J. Sulloway, para quien Freud es un criptobiólogo. Sería más bien un biólogo del alma, un heredero del romanticismo y un continuador de las filosofías del sujeto.

20. S. Freud, *Vue d'ensemble des névroses...*, *op. cit.*, p. 132, y carta de Ferenczi a Freud, 26 de octubre de 1915, en S. Freud y S. Ferenczi, *Correspondance*, vol. 2, *op. cit.*, p. 97.

21. Jean-Baptiste Lamarck, *Philosophie zoologique* (1809), París, Éditions Culture et Civilisation, 1969 [hay trad. cast.: *Filosofía zoológica*, Barcelona, Alta Fulla, 1986].

22. Contrariamente a una extendida idea, se sabe que ambas concepciones de la evolución de la humanidad no se oponían. Como Lamarck, Darwin tenía en cuenta la idea de la herencia de los caracteres adquiridos. Esta tesis, sostenida por Freud y Ferenczi contra Jones, había sido invalidada por August Weismann.

23. Carta de Freud a Abraham, 11 de noviembre de 1917, en S. Freud y K. Abraham, *Correspondance complète...*, *op. cit.*, p. 449.

24. Sigmund Freud, *Conférences d'introduction à la psychanalyse* (1916-1917), París, Gallimard, 1999, y, con el título de *Leçons d'introduction à la psychanalyse*, OC.P, vol. 14, 2000 [hay trad. cast.: *Conferencias de introducción al psicoanálisis*, en *OC*, vols. 15 y 16, 1978].

25. Cf. *HPF-JL*, *op. cit.*

26. S. Freud y K. Abraham, *Correspondance complète...*, *op. cit.*, pp. 452-453.

27. Phyllis Grosskurth, *Melanie Klein: son monde et son œuvre* (1986), París, Presses Universitaires de France, 1990, p. 101 [hay trad. cast.: *Melanie Klein: su mundo y su obra*, Barcelona, Paidós, 1990], y Sigmund Freud, «Les

voies nouvelles de la thérapeutique psychanalytique» (1918), en *La Technique psychanalytique*, París, Presses Universitaires de France, 1975, pp. 131-141, y, con el título de «Les voies de la thérapie psychanalytique», *OC.P*, vol. 15, *op. cit.*, pp. 97-109 [hay trad. cast.: «Nuevos caminos de la técnica psicoanalítica», en *OC*, vol. 17, *op. cit.*, pp. 151-163].

28. S. Freud, «Les voies nouvelles...», *op. cit.*, p. 141 [«Nuevos caminos...», *op. cit.*, p. 163]. Como es sabido, este programa comenzaría a hacerse realidad con la fundación en Berlín del primer Instituto de Psicoanálisis, modelo que se repetiría en el mundo entero.

29. Sigmund Freud, Sándor Ferenczi y Karl Abraham, *Sur les névroses de guerre*, París, Payot & Rivages, 2010, con un bello prefacio de Guillaume Piketti. Ernst Simmel (1882-1947): psiquiatra y psicoanalista alemán, fundador del sanatorio Schloss Tegel en 1925, sobre el modelo de las grandes clínicas Bellevue y del Burghölzli. Detenido por la Gestapo en 1933, logró emigrar a Estados Unidos gracias a Ruth Mack-Brunswick, que pagó un rescate a los nazis. Se instaló en Los Ángeles y mantuvo durante toda su vida la nostalgia por el viejo mundo europeo. Sobre la trayectoria de V. Tausk, véase *infra*.

30. Fundado en enero de 1919.

31. S. Zweig, *Le Monde d'hier...*, *op. cit.*

32. Sigmund Freud, «Faut-il enseigner la psychanalyse à l'Université?» (1920), en *OC.P*, vol. 15, *op. cit.*, pp. 109-115 [hay trad. cast.: «¿Debe enseñarse el psicoanálisis en la universidad?», en *OC*, vol. 17, *op. cit.*, pp. 165-171].

33. W. Johnston, *L'Esprit viennois...*, *op. cit.*, p. 398.

34. Carta de Freud a Jones, 18 de abril de 1919, en S. Freud y E. Jones, *Correspondance complète...*, *op. cit.*, p. 409.

35. P. Grosskurth, *Freud: l'anneau secret*, *op. cit.*, p. 101, y G. Wittenberger y C. Tögel, eds., *Die Rundbriefe...*, *op. cit.*, reuniones del 1 y el 11 de diciembre de 1921 y el 11 de enero de 1922. Jones se había negado a incorporar a la IPV a cierto psicoanalista holandés preso a raíz de su homosexualidad, y se valía de este caso como pretexto para justificar su postura.

36. Sobre esta cuestión se publicó una gran cantidad de obras, y yo misma me referí a ella en varias ocasiones. Cf. Élisabeth Roudinesco, «Psychanalyse et homosexualité: réflexions sur le désir pervers, l'injure et la fonction paternelle», conversación con François Pommier, *Cliniques méditerranéennes*, 65(1), primavera de 2002, pp. 7-34 [hay trad. cast.: «Psicoanálisis y homosexualidad: reflexiones sobre el deseo perverso, la injuria y la función paterna», *El Rapto de Europa: crítica de la cultura*, 3, 2003, pp. 85-102].

37. La petición lanzada por Magnus Hirschfeld había reunido, con el paso de los años, seis mil firmas, entre ellas las de Albert Einstein y Stefan Zweig. El artículo en cuestión establecía: «La fornicación contra natura, practicada entre personas de sexo masculino o entre personas y animales, es castigada con pena de prisión».

38. Sobre esa tarea de detección en Francia y el papel de Joseph Babinski, discípulo de Charcot, cf. *HPF-JL, op. cit.*

39. En 1927 obtendría el premio Nobel por haber perfeccionado la malarioterapia. Admirador del nacionalismo alemán, expresó al final de su vida simpatías por el nazismo. Cf. Clare Chapman, «Austrians stunned by Nobel Prize-winner's Nazi ideology», *Scotland on Sunday*, 25 de enero de 2004.

40. Esos tratamientos de shock recibían el nombre de «electroterapia» o «faradización».

41. El expediente de este caso, que incluye documentos, testimonios y la instrucción, fue exhumado y publicado por Kurt Eissler, ed., *Freud und Wagner-Jauregg vor der Kommission zur Erhebung militärischer Pflichtverletzungen*, Viena, Löcker, 1979; versión francesa, *Freud sur le front des névroses de guerre*, París, Presses Universitaires de France, 1992, con un excelente prefacio de Érik Porge. En él pueden consultarse sobre todo «L'expertise sur le traitement électrique des névroses de guerre», las declaraciones de los testigos y la de Sigmund Freud, «Rapport d'expertise sur le traitement électrique des névrosés de guerre», en *OC.P*, vol. 15, *op. cit.*, pp. 217-225 [hay trad. cast.: «Informe sobre la electroterapia de los neuróticos de guerra», en *OC*, vol. 17, *op. cit.*, pp. 209-213], así como numerosos documentos. Cf. asimismo el relato que al respecto hace H. F. Ellenberger, *Histoire de la découverte...*, *op. cit.*, pp. 860-862. Como no tuvo acceso a la totalidad de los archivos, Ellenberger da una versión diferente de la de Eissler, que tiene no obstante el mérito de rectificar los errores de Jones. Los documentos utilizados por Eissler se encuentran en la Biblioteca del Congreso.

42. K. Eissler, ed., *Freud sur le front...*, *op. cit.*, p. 29.

43. Testimonio recogido por K. Eissler, *ibid.*, p. 143.

44. *Ibid.*, p. 169.

45. Rica familia industrial que había adoptado a Rosa.

46. La identidad de Ernst Lanzer fue revelada por primera vez en 1986 por Patrick Mahony en un libro notable, *Freud et l'Homme aux rats*, París, Presses Universitaires de France, 1991. Además de hacer una rigurosa investigación histórica, Mahony compara la versión dada por Freud en el llamado caso del «Hombre de las Ratas» con las notas preliminares escritas por él mismo y no incorporadas al relato del caso. Se incluirán más adelan-

te, en Sigmund Freud, *L'Homme aux rats: journal d'une analyse* (notas de Freud transcritas por Elsa Ribeiro Hawelka), París, Presses Universitaires de France, 1974. Cf. Sigmund Freud, «Remarques sur un cas de névrose obsessionnelle: "l'Homme aux rats"» (1909), en *Cinq psychanalyses, op. cit.*, pp. 199-261, y, con el título de «Remarques sur un cas de névrose de contrainte», *OC.P*, vol. 9, *op. cit.*, pp. 131-215 [hay trad. cast.: *A propósito de un caso de neurosis obsesiva*, en *OC*, vol. 10, *op. cit.*, pp. 119-194, y «Anexo. Apuntes originales sobre el caso de neurosis obsesiva», en *ibid.*, pp. 195-249].

47. En 1965, Leonard Shengold fue el primero en señalar que el relato provenía de la famosa obra de Octave Mirbeau, *Le Jardin des supplices* (1899), París, Gallimard, 1988 [hay trad. cast.: *El jardín de los suplicios*, Madrid, Impedimenta, 2010].

48. En este aspecto, no comparto la opinión de M. Borch-Jacobsen, *Les Patients de Freud...*, *op. cit.*, p. 111. Las distorsiones que existen entre las notas y el relato del caso, puestas en evidencia por Patrick Mahony, muestran al contrario que Freud encontró en Lanzer un paciente ejemplar por quien sintió una verdadera empatía.

49. Publicado bajo la forma de «extracto».

50. Patrick Mahony estima, al contrario, que estamos aquí frente a un drama edípico en el cual Lanzer desempeñaría el papel de una «Esfinge vienesa». Y propone una interpretación kleiniana del caso: Lanzer se habría identificado con su madre para introyectar el pene de su padre. Se han escrito decenas de comentarios sobre esta historia, a tal punto que el «caso» del «Hombre de las Ratas» eclipsó la historia del paciente.

51. Aun cuando a veces lo dude, como informa S. Freud, *L'Homme aux rats: journal...*, *op. cit.*, pp. 77 y 85.

52. S. Freud, «Remarques sur un cas de névrose obsessionnelle...», *op. cit.*, p. 261 [*A propósito de un caso de neurosis obsesiva, op. cit.*, p. 194].

53. En la Biblioteca del Congreso hay varias fotografías donde se ve a Pankejeff, su hermana y su madre delante de una pila de animales. Los distintos comentaristas no las han tenido en cuenta, a pesar de que Pankejeff se refiere a ellas en el relato que hace de su vida. La verdadera identidad de este paciente, apodado «Hombre de los Lobos», se reveló en 1973. Para reconstruir su historia hay que cruzar varias fuentes contradictorias; véanse Muriel Gardiner, ed., *L'Homme aux loups par ses psychanalystes et par lui-même* (1971), París, Gallimard, 1981 [hay trad. cast.: *El hombre de los lobos por el hombre de los lobos*, Buenos Aires, Nueva Visión, 1976], y Karin Obholzer, *Entretiens avec l'Homme aux loups: une psychanalyse et ses suites* (1980), París, Gallimard, 1981 [hay trad. cast.: *Conversaciones con el Hombre de los Lobos: un psicoanálisis y sus consecuencias*, Buenos Aires, Nueva Visión, 1996]. En estas

dos obras, escritas al final de su vida, Pankejeff se equivoca con frecuencia y da versiones opuestas de su análisis con Freud: una, destinada a los psicoanalistas, se confió a Muriel Gardiner, y otra, dirigida al «gran público», a Karin Obholzer, una periodista austríaca. Cf. además Patrick Mahony, *Les Hurlements de l'Homme aux loups* (1984), París, Presses Universitaires de France, 1995, una reconstrucción muy fiable. Cf. asimismo M. Borch-Jacobsen, *Les Patients de Freud...*, *op. cit.*, y Mikkel Borch-Jacobsen y Sonu Shamdasani, *Le Dossier Freud: enquête sur l'histoire de la psychanalyse*, París, Les Empêcheurs de Penser en Rond, 2006. Estos dos textos cargan demasiado contra Freud, aunque los documentos citados son indiscutibles. A ellos deben añadirse las entrevistas realizadas por Kurt Eissler y depositadas en la Biblioteca del Congreso, cinco carpetas, 1954-1955, caja 116.

54. Carta de Freud a Ferenczi, 13 de febrero de 1910, en S. Freud y S. Ferenczi, *Correspondance*, vol. 1, *op. cit.*, p. 149. Pankejeff no menciona esta escena.

55. Sigmund Freud, «Extrait de l'histoire d'une névrose infantile» (1918), en M. Gardiner, ed., *L'Homme aux loups...*, *op. cit.*, pp. 172-268; con el título de «À partir de l'histoire d'une névrose infantile», en *OC.P*, vol.13, *op. cit.*, pp. 1-119, y con el título de «Extrait de l'histoire d'une névrose infantile: l'Homme aux loups», en *Cinq psychanalyses*, *op. cit.*, pp. 371-477 [hay trad. cast.: *De la historia de una neurosis infantil*, en *OC*, vol. 17, *op. cit.*, pp. 1-111].

56. De ahí las diferencias entre los testimonios de Pankejeff y las confidencias recibidas o reconstruidas por Freud en el relato de la terapia.

57. S. Freud, «Extrait de l'histoire...», *op. cit.*, p. 190 [*De la historia de una neurosis...*, *op. cit.*, p. 29].

58. Había utilizado esta expresión en una carta a Fliess del 2 de mayo de 1897, con referencia a los actos de seducción.

59. S. Freud, «Extrait de l'histoire...», *op. cit.*, p. 197 [*De la historia de una neurosis...*, *op. cit.*, pp. 36-37 y 74].

60. Ruth Mack-Brunswick, «Supplément a l'Extrait d'une névrose infantile», en M. Gardiner, ed., *L'Homme aux loups...*, *op. cit.*, pp. 268-317 [hay trad. cast.: «Suplemento a la "Historia de una neurosis infantil" de Freud», en M. Gardiner, ed., *El Hombre de los Lobos...*, *op. cit.*].

61. Otto Rank, *Le Traumatisme de la naissance: influence de la vie prénatale sur l'évolution de la vie psychique individuelle et collective. Étude psychanalytique* (1924), París, Payot, 1928 [hay trad. cast.: *El trauma del nacimiento*, Barcelona, Paidós, 1985], y *Technik der Psychoanalyse*, vol. 1, Leipzig y Viena, Deutike, 1926. Cf. asimismo P. Grosskurth, *Freud: l'anneau secret*, *op. cit.*, pp. 173-174.

62. S. Freud y S. Ferenczi, *Correspondance*, vol. 3, *op. cit.*, pp. 289-293.

63. Cf. la tercera parte de este volumen.

64. Sobre los comentarios de Jacques Lacan, Serge Leclaire, Nicolas Abraham, Maria Torok, Jacques Derrida y Gilles Deleuze, cf. *HPF-JL, op. cit.* Carlo Ginzburg señala que el sueño puede haber sido inspirado por leyendas relativas a los hombres lobos: en vez de convertirse en uno de ellos, como habría sido su destino tres siglos antes, Pankejeff se habría convertido en un neurótico al borde de la psicosis. Cf. Carlo Ginzburg, «Freud, l'Homme aux loups, et les loups-garous», en *Mythes, emblèmes, traces: morphologie et histoire*, París, Flammarion, 1989 [hay trad. cast.: «Freud, el Hombre de los Lobos y los hombres-lobo», en *Mitos, emblemas e indicios: morfología e historia*, Buenos Aires, Prometeo Libros, 2013].

65. M. Gardiner, ed., *L'Homme aux loups...*, *op. cit.*, y K. Obholzer, *Entretiens avec l'Homme aux loups...*, *op. cit.*

66. Es lo que afirman, en especial, Mikkel Borch-Jacobsen y muchos más.

67. Testimonio recogido en 1926 por Theodor Reik, *Le Besoin d'avouer: psychanalyse du crime et du châtiment*, París, Payot, 1973, pp. 400-401.

68. No abordo aquí la historia del psicoanálisis en Francia.

69. Carta de Freud a Eitingon, 21 de enero de 1920, en S. Freud y M. Eitingon, *Correspondance...*, *op. cit.*, p. 208.

70. Carta de Freud a Pfister, 27 de enero de 1920, en S. Freud, *Sigmund Freud: correspondance avec le pasteur Pfister...*, *op. cit.*, p. 119. Sobre las circunstancias de esta muerte, véase la nota 16 en la tercera parte, capítulo 2.

71. S. Freud, *Lettres à ses enfants*, *op. cit.*, p. 492.

72. Sigmund Freud, «Contribution à la discussion sur le suicide» (1910), en *OC.P*, vol. 10, *op. cit.*, pp. 75-79 [hay trad. cast.: «Contribuciones para un debate sobre el suicidio», en *OC*, vol. 11, *op. cit.*, pp. 231-232].

73. S. Freud y S. Ferenczi, *Correspondance*, vol. 3, *op. cit.*, p. 22. Mark Twain envió el siguiente telegrama al diario que había anunciado su muerte: «Noticia de mi fallecimiento un tanto exagerada».

74. Sigmund Freud, «Victor Tausk», en *OC.P*, vol. 15, *op. cit.*, pp. 203-209 [hay trad. cast.: «Victor Tausk», en *OC*, vol. 17, *op. cit.*, pp. 266-268], y L. Andreas-Salomé, *Correspondance avec Sigmund Freud...*, *op. cit.* Este asunto suscitó un considerable debate historiográfico. Cf. Victor Tausk, *Œuvres psychanalytiques*, París, Payot, 1975 [hay trad. cast.: *Trabajos psicoanalíticos*, Barcelona, Granica, 1977]; Paul Roazen, *Animal, mon frère, toi: l'histoire de Tausk et Freud* (1969), París, Payot, 1971 [hay trad. cast.: *Hermano animal: la historia de Freud y Tausk*, Madrid, Alianza, 1973], y Kurt Eissler, *Le Suicide de Victor Tausk: avec les commentaires du Pr Marius Tausk* (1983), París, Presses Universitaires de France, 1988.

75. Sándor Ferenczi, «La technique psychanalytique» (1919), en *Œuvres complètes...*, vol. 2, *op. cit.*, pp. 327-338 [hay trad. cast.: «La técnica psicoanalítica», en *Obras completas*, vol. 2, *op. cit.*, pp. 425-437].

76. Jones cuenta su versión de las disensiones internas del comité en el último volumen de su biografía: Ernest Jones, *La Vie et l'œuvre de Sigmund Freud*, vol. 3, *Les Dernières années, 1919-1939* (1957), París, Presses Universitaires de France, 1969, pp. 48-87 [hay trad. cast.: *Vida y obra de Sigmund Freud*, vol. 3, *La etapa final, 1919-1939*, Buenos Aires, Hormé, 1989]. Es preciso cotejarla con las de los otros miembros del comité, por medio de la lectura de los *Rundbriefe*. Cf. asimismo P. Grosskurth, *Freud: l'anneau secret*, *op. cit.*

77. Carta de Freud a Ferenczi, 25 de diciembre de 1920, en S. Freud y S. Ferenczi, *Correspondance*, vol. 3, *op. cit.*, p. 44.

78. Carta de Freud a Groddeck, 5 de junio de 1917, citada y traducida en A. Bolzinger, *Portrait de Sigmund Freud...*, *op. cit.*, pp. 202-203 [hay trad. cast.: «A Georg Groddeck», en *Epistolario, 1873-1939*, *op. cit.*, pp. 357-358]. Cf. asimismo Georg Groddek, *Ça et moi: lettres à Freud, Ferenczi et quelques autres*, París, Gallimard, 1977. La obra de Groddeck se conoce en Francia gracias al trabajo de Roger Lewinter, y también gracias a Catherine Clément, «La sauvagerie de l'amour même», *L'Arc*, 78, «Georg Groddeck», 1980, pp. 1-4.

79. Jacquy Chemouni, «Psychopathologie de la démocratie», *Frénésie (histoire, psychiatrie, psychanalyse)*, 10, primavera de 1992, pp. 265-282.

80. «La naturaleza sana, el médico cura.»

81. Georg Groddeck, *«Nasamecu»: la nature guérit*, prefacio de Catherine Clément, París, Aubier-Montaigne, 1992.

82. Georg Groddeck, *Lebenserinnerungen* (1929), en *Der Mensch und sein Es: Briefe, Aufsätze, Biografisches*, Wiesbaden, Limes Verlag, 1970.

83. Recordemos que en 1911 Freud había firmado, con Ellis, Hirschfeld y Eduard Bernstein, una petición a los hombres y las mujeres de todos los países civilizados para promover una política higienista encaminada a mejorar la salud física y psíquica de la «raza» humana. Cf. Paul Weindling, *L'Hygiène de la race*, vol. 1, *Hygiène raciale et eugénisme médical en Allemagne, 1870-1933* (1989), París, La Découverte, 1998, p. 53. Sobre la evolución de la idea eugénica, cf. *HPF-JL*, *op. cit.*

84. Georg Groddeck, *Conférences psychanalytiques à l'usage des malades prononcés au sanatorium de Baden-Baden*, 3 vols., edición de Roger Lewinter, París, Champ Libre, 1982 [hay trad. cast. parcial: *Las primeras 32 conferencias psicoanalíticas para enfermos*, Buenos Aires, Paidós, 1983].

85. Georg Groddeck, *Le Chercheur d'âme: un roman psychanalytique*

(1921), París, Gallimard, 1982 [hay trad. cast.: *El escrutador de almas: novela psicoanalítica*, México, Era, 1986].

86. Georg Groddeck, *Le Livre du ça* (1923), París, Gallimard, 1973 [hay trad. cast.: *El libro del ello: cartas psicoanalíticas a una amiga*, Buenos Aires, Sudamericana, 1968].

87. Carta de Freud a Groddeck, 21 de diciembre de 1924, citada y traducida en A. Bolzinger, *Portrait de Sigmund Freud...*, *op. cit.*, p. 203 [hay trad. cast.: «A Georg Groddeck», en *Epistolario, 1873-1939*, *op. cit.*, p. 400]. Cf. asimismo G. Groddeck, *Ça et moi...*, *op. cit.*

88. Cf. É. Roudinesco y M. Plon, *Dictionnaire de la psychanalyse*, *op. cit.*

89. Georg Groddeck, *Un problème de femme* (1903), París, Mazarine, 1979, y «Le double sexe de l'être humain» (1931), *Nouvelle Revue de Psychanalyse*, 7, primavera de 1973, pp. 193-199 [hay trad. cast.: «La bisexualidad del ser humano», *Revista de la Asociación Española de Neuropsiquiatría*, 21(79), 2001, pp. 83-87]. Cf. asimismo J. Le Rider, *Modernité viennoise...*, *op. cit.*

90. En 1965 dos biógrafos de Groddeck imaginaron que este había mantenido correspondencia con Hitler. Roger Lewinter invalidó el rumor en un artículo de *Le Monde* del 7 de septiembre de 1980.

TERCERA PARTE

1. LA ILUSTRACIÓN OSCURA

1. Expresión utilizada por Theodor Adorno.

2. Freud designa con el término *Unheimliche* («lo extraño familiar») una impresión pavorosa que emana de cosas conocidas desde hace mucho y familiares desde siempre: el miedo a la castración, la figura del doble y el autómata. Cf. Sigmund Freud, «L'inquiétante étrangeté» (1919), en *L'Inquiétante étrangeté et autres essais*, París, Gallimard, 1985, pp. 209-263 [hay trad. cast.: «Lo ominoso», en *OC*, vol. 17, *op. cit.*, pp. 215-251]. Cf. asimismo Jean Clair, *Malinconia: motifs saturniens dans l'art de l'entre-deux-guerres*, París, Gallimard, 1996, en particular el capítulo «De la métaphysique à l'"inquiétante étrangeté"», pp. 59-85 [hay trad. cast.: *Malinconia: motivos saturninos en el arte de entreguerras*, Madrid, Visor, 1999, capítulo «De la melancolía a la "inquietante extrañeza"», pp. 53-75].

3. Sigmund Freud, *Au-delà du principe de plaisir* (1920), en *Essais de psychanalyse*, París, Payot, 1981, col. «Petite Bibliothèque Payot», pp. 117-205, y en *OC.P*, vol. 15, *op. cit.*, pp. 273-339 [hay trad. cast.: *Más allá del principio de*

placer, en *OC*, vol. 18, *op. cit.*, pp. 1-62]. Sobre la génesis del texto y sus variantes, cf. I. Grubrich-Simitis, *Freud: retour aux manuscrits...*, *op. cit.*, pp. 228-239. Una polémica importante se suscitó entre Ilse Grubrich-Simitis, por un lado, y Michael Schröter y Ulrike May, por otro, acerca de la génesis de *Más allá del principio de placer*. Encontramos su eco en la revista *Luzifer-Amor*, 51, 2013, íntegramente dedicada a esa obra, y en *Psyche*, 67(7), julio de 2013, pp. 679-688, y 67(8), agosto de 2013, pp. 794-798.

4. Según la observación de Jacques Derrida, que escribió uno de los comentarios más deslumbrantes sobre *Más allá del principio de placer*, véase Jacques Derrida, *La Carte postale: de Socrate à Freud et au-delà*, París, Aubier-Flammarion, 1980 [hay trad. cast.: *La tarjeta postal: de Sócrates a Freud y más allá*, México, Siglo XXI, 2001].

5. S. Freud, *Sigmund Freud présenté...*, *op. cit.*, p. 100 [*Presentación autobiográfica*, *op. cit.*, p. 56].

6. Carta de Freud a Ernst Freud, 17 de enero de 1938, en S. Freud, *Lettres à ses enfants*, *op. cit.*, p. 389.

7. Jean de La Fontaine, «Les deux rats, le renard et l'œuf», en *Fables*.

8. Cf. J. K. Davies y G. Fichtner, eds., *Freud's Library...*, *op. cit.* Freud se interesaba en la vida de Sade pero no en sus obras. Cf. Élisabeth Roudinesco, *La Part obscure de nous-mêmes: une histoire des pervers*, París, Albin Michel, 2007 [hay trad. cast.: *Nuestro lado oscuro: una historia de los perversos*, Barcelona, Anagrama, 2009].

9. Gilles-Gaston Granger, *L'Irrationnel*, París, Odile Jacob, 1998. Ya me apoyé en esta obra en É. Roudinesco, *Pourquoi la psychanalyse?*, *op. cit.*

10. George Sylvester Viereck, «Entretien avec Sigmund Freud» (1926), traducción y presentación de Claude-Noëlle Pickman, *Revue de l'Association Analyse freudienne*, 13, nueva serie, «Nouvelles formes de la parentalité», otoño de 1996, pp. 115-127 [hay trad. cast.: «Sigmund Freud, entrevistado por George Sylvester Viereck», en Christopher Silvester, ed., *Las grandes entrevistas de la historia, 1859-1992*, Buenos Aires, Aguilar, 1997]. Cf. asimismo Emilio Rodrigué, *Freud: le siècle de la psychanalyse*, 2 vols., París, Payot, 2000 [edición original: *Sigmund Freud: el siglo del psicoanálisis*, 2 vols., Buenos Aires, Sudamericana, 1996].

11. En un texto fechado el 31 de enero de 1919 expresa el anhelo de que al morir su cuerpo sea incinerado. Conversación con Eric Willis, responsable del crematorio de Golders Green, el 24 de abril de 2014. Cf. asimismo Helen P. Fry, *Freuds' War*, Stroud, History Press, 2009.

12. S. Freud, *Au-delà du principe...*, *op. cit.*, p. 26 [*Más allá del principio...*, *op. cit.*, pp. 21-22].

13. S. Freud, «Pulsions et destin des pulsions», *op. cit.* Sobre la génesis

de la noción de sadomasoquismo, cf. É. Roudinesco y M. Plon, *Dictionnaire de la psychanalyse*, *op. cit.*

14. En una nota ulterior, Freud agregaría: «Teniendo el niño cinco años y nueve meses, murió la madre. Ahora que realmente "se fue" (o-o-o-o), el muchachito no mostró duelo alguno por ella. Es verdad que entretanto había nacido un segundo niño, que despertó sus más fuertes celos». S. Freud, *Au-delà du principe...*, *op. cit.*, p. 18 [*Más allá del principio...*, *op. cit.*, p. 16]. Se trata de Heinz (Heinerle) Halberstadt (1918-1923), segundo hijo de Sophie, que murió a los cuatro años.

15. Freud cita la versión italiana antigua: Torquato Tasso, *La Gerusalemme liberata*, Ferrara, Vittorio Baldini, 1581, canto XIII. En francés he utilizado la siguiente versión: *La Jérusalem délivrée*, París, Charpentier, 1845, traducida por Auguste Desplaces y precedida por una noticia sobre la vida y las obras del autor; canto XIII, p. 292 [hay trad. cast.: *La Jerusalén libertada*, Madrid, Aguilar, 1957].

16. El eunuco Arsete se lo informa en el canto XII, temeroso de que al cambiar de armadura tomen a Clorinda por el guerrero que mató a Arimón, compañero de Tancredo.

17. T. Tasso, *La Jérusalem délivrée*, *op. cit.*, canto XII, pp. 198-199.

18. Los términos que utiliza Freud.

19. S. Freud, *Au-delà du principe...*, *op. cit.*, p. 27 [*Más allá del principio...*, *op. cit.*, p. 22].

20. La temática no era nueva, sobre todo en los románticos. Cf. H. F. Ellenberger, *Histoire de la découverte...*, *op. cit.*, pp. 549-552.

21. August Weismann, *Essais sur l'hérédité et la sélection naturelle*, París, C. Reinwald, 1892. Freud cita esencialmente tres artículos de este volumen. Cf. Charles Lenay, «Les limites naturelles de la durée de vie et la question de l'hérédité de l'acquis», *Études sur la mort*, 124, «Mort biologique, mort cosmique», diciembre de 2003, pp. 43-58.

22. S. Freud, *Au-delà du principe...*, *op. cit.*, p. 64 [*Más allá del principio...*, *op. cit.*, p. 49]. F. J. Sulloway, *Freud, biologiste de l'esprit*, *op. cit.*, p. 390, califica de «fábula biogenética» la concepción freudiana de la pulsión de muerte.

23. Freud teorizaría esta tópica dos años después. Cf. Sigmund Freud, *Le Moi et le ça* (1923), en *OC.P*, vol. 16, *op. cit.*, pp. 255-303 [hay trad. cast.: *El yo y el ello*, en *OC*, vol. 19, 1979, pp. 1-59].

24. Sigmund Freud, «La décomposition de la personnalité psychique», en *Nouvelles conférences d'introduction à la psychanalyse* (1933), París, Gallimard, 1984, p. 110, y, bajo el título de *Nouvelle suite des leçons d'introduction à la psychanalyse*, *OC.P*, vol. 19, 1995 [hay trad. cast.: «La descomposición de la personalidad psíquica», en *Nuevas conferencias de introducción al psicoanálisis*,

en *OC*, vol. 22, p. 74]. Sobre las diferentes traducciones de este sintagma, y en especial sobre la de Lacan, cf. Jacques Lacan, «La chose freudienne ou sens du retour à Freud en psychanalyse», en *Écrits*, París, Seuil, 1966, pp. 401-436 [hay trad. cast.: «La cosa freudiana o sentido del retorno a Freud en psicoanálisis», en *Escritos*, vol. 1, tercera edición revisada y corregida, México, Siglo XXI, 2009, pp. 379-410].

25. François Requet, «Nietzsche et Freud: le rapport entre cruauté, culpabilité et civilisation», máster de la Universidad del Franco Condado, sección de filosofía, 2005-2006.

26. Señalaba además que debía a Heinrich Gomperz, el hijo de Theodor y de Elise (su antigua paciente), indicaciones de las que se valía. Y remitía las palabras de Aristófanes a un mito idéntico incluido en las *Upanishads*. La traducción alemana del *Banquete* que figura en la biblioteca de Freud data de 1932.

27. S. Freud, *Au-delà du principe...*, *op. cit.*, p. 81 [*Más allá del principio...*, *op. cit.*, p. 62].

28. William McDougall, *Psycho-analysis and Social Psychology*, Londres, Methuen, 1936, p. 96.

29. E. Jones, *La Vie et l'œuvre...*, vol. 3, *op. cit.*, pp. 304-326. Cf. asimismo F. J. Sulloway, *Freud, biologiste de l'esprit*, *op. cit.*, p. 377.

30. Carta de Freud a Wittels, 18 de diciembre de 1923, citada en E. Jones, *La Vie et l'œuvre...*, vol. 3, *op. cit.*, p. 45.

31. Carta de Freud a Eitingon, 18 de julio de 1920, en S. Freud y M. Eitingon, *Correspondance...*, *op. cit.*, p. 230.

32. J. Derrida, *La Carte postale...*, *op. cit.*, p. 378.

33. Cf. Yirmiyahu Yovel, *Spinoza et autres hérétiques* (1989), París, Seuil, 1991, col. «Libre examen» [hay trad. cast.: *Spinoza, el marrano de la razón*, Madrid, Anaya & Mario Muchnik, 1995].

34. Sobre todo en Jacques Lacan, *Le Séminaire, Livre XI, Les Quatre concepts fondamentaux de la psychanalyse (1964)*, París, Seuil, 1973 [hay trad. cast.: *El Seminario de Jacques Lacan. Libro 11. Los cuatro conceptos fundamentales del psicoanálisis. 1964*, Buenos Aires, Paidós, 1986]. Cf. asimismo Jean Laplanche, *Vie et mort en psychanalyse*, París, Flammarion, 1970 [hay trad. cast.: *Vida y muerte en psicoanálisis*, Buenos Aires, Amorrortu, 1973], y É. Roudinesco y M. Plon, *Dictionnaire de la psychanalyse*, *op. cit.* La noción de pulsión de muerte se aceptó muy pronto en Japón con la creación, en 1928, del primer instituto de psicoanálisis de Tokio. El psicólogo Yaekichi Yabe, de paso por Viena en 1930, contó a Freud que para los japoneses la idea de que la vida tendía a la muerte formaba parte de la enseñanza del budismo clásico. Cf. É. Roudinesco y M. Plon, *Dictionnaire de la psychanalyse*, *op. cit.*

35. Carta de Freud a Ferenczi, 8 de mayo de 1921, en S. Freud y S. Ferenczi, *Correspondance*, vol. 3, *op. cit.*, p. 61.

36. Sigmund Freud, *Psychologie des foules et analyse du moi* (1921), en *Essais de psychanalyse, op. cit.*, pp. 117-205 [hay trad. cast.: *Psicología de las masas y análisis del yo*, en *OC*, vol. 18, *op. cit.*, pp. 63-136]. He escogido aquí, como en el caso de *Más allá del principio de placer*, la traducción de Jean Laplanche y Jean-Bertrand Pontalis, pero también hay que remitirse a otra traducción, *Psychologie des masses et analyse du moi*, en *OC.P*, vol. 16, *op. cit.*, pp. 1-85. Freud comenta el texto de Le Bon en la traducción alemana de Rudolf Eisler, donde *foule* se vierte como *Masse*. En la versión de las *OC.P* los traductores citan en nota los pasajes franceses del texto original de Le Bon y traducen del alemán al francés el utilizado por Freud. La obra de Gustave Le Bon, *Psychologie des foules* (1895), París, F. Alcan, 1905, fue durante decenios, y hasta mucho después de la muerte de su autor, en 1931, uno de los más grandes éxitos de venta de todos los tiempos, admirada tanto por los adversarios de la Ilustración, hostiles a la Revolución de 1789, como por los dictadores: Mussolini y Hitler.

37. Sobre el papel de Gustave Le Bon en la historia del psicoanálisis en Francia, cf. *HPF-JL, op. cit.*, pp. 277-278. Marie Bonaparte le profesaba una gran admiración, al extremo de compararlo con Freud.

38. William McDougall, *The Group Mind* (1920), Londres, Ayer Co. Pub., 1973. Freud cita la edición original en inglés. *Group mind* significa «mentalidad de grupo».

39. McDougall hace referencia aquí a tres escritores norteamericanos, militantes de los derechos de los negros: Frederick Douglass (1818-1895), Booker T. Washington (1856-1915) y W. E. B. Du Bois (1868-1963).

40. En Francia, sobre todo, Georges Bataille la utilizó en abundancia al fundar, con René Allendy, Adrien Borel, Paul Schiff y otros, una sociedad de psicología colectiva. Cf. *HPF-JL, op. cit.*, pp. 615-647 y 1653-1677. Sobre la refundición llevada a cabo por Lacan, cf. *ibid.*, pp. 1718-1719. Señalemos que Elias Canetti, que también había estudiado la cuestión de la irrupción de lo irracional en los fenómenos de masas, no cita jamás la obra de Freud, de la que tenía, no obstante, perfecto conocimiento. Cf. E. Canetti, *Masse et puissance, op. cit.*

41. Michel Plon, «"Au-delà" et "en deçà" de la suggestion», *Frénésie (histoire, psychiatrie, psychanalyse)*, 8, 1989, p. 96.

42. Véase *infra*.

43. En internet pueden encontrarse fragmentos de esos filmes, así como una entrevista a Edward Bernays sobre el tema poco antes de su muerte en 1995. Entre 1922 y 1931 Freud escribiría varias veces a ese so-

brino que se ocupaba de la gestión de sus derechos de autor en Estados Unidos, LoC, caja 1, carpeta 1-5.

44. Sobre la historia del espiritismo en el origen del psicoanálisis, cf. H. F. Ellenberger, *Histoire de la découverte...*, *op. cit.*, pero también el muy asombroso libro de Arthur Conan Doyle, *Histoire du spiritisme* (1927), París, Dunod, 2013 [hay trad. cast.: *Historia del espiritismo: sus hechos y sus doctrinas*, Madrid, Eyras, 1983], y É. Roudinesco y M. Plon, *Dictionnaire de la psychanalyse*, *op. cit.*

45. Carta de Freud a Carrington, 24 de julio de 1921, en S. Freud, *Correspondance, 1873-1939*, *op. cit.*, p. 364 [hay trad. cast.: «A Hereward Carrington», en *Epistolario, 1873-1939*, *op. cit.*, p. 377].

46. Wladimir Granoff y Jean-Michel Rey, *L'Occulte, objet de la pensée freudienne*, París, Presses Universitaires de France, 1983.

47. Sigmund Freud, «Psychanalyse et télépathie» (1921), en *OC.P*, vol. 16, *op. cit.*, pp. 99-119 [hay trad. cast.: «Psicoanálisis y telepatía», en *OC*, vol. 18, *op. cit.*, pp. 165-184]; «Rêve et télépathie» (1922), en *OC.P*, vol. 16, *op. cit.*, pp. 119-145 [hay trad. cast.: «Sueño y telepatía», en *OC*, vol. 18, *op. cit.*, pp. 185-211], y «Rêve et occultisme», en *Nouvelles conférences...*, *op. cit.*, pp. 45-79, y en *OC.P*, vol. 19, *op. cit.*, pp. 112-139 [hay trad. cast.: «Sueño y ocultismo», en *Nuevas conferencias...*, *op. cit.*, pp. 29-52].

48. E. Jones, *La Vie et l'œuvre...*, vol. 3, *op. cit.*, p. 447.

49. En *HPF-JL*, *op. cit.*, mostré que se trata también de un síntoma recurrente en la historia del psicoanálisis.

50. Jacques Derrida, «Télépathie» (1981), en *Psyché: inventions de l'autre*, París, Galilée, 1987, pp. 237-271.

2. FAMILIAS, PERROS, OBJETOS

1. En un texto de cuarenta páginas dirigido a Kurt Eissler el 28 de octubre de 1952, Ernst Waldinger evoca la vida cotidiana de los Freud en Viena en el período de entreguerras: LoC, caja 121, carpeta 33.

2. Sobre el destino de los diferentes sobrinos de Freud, véase *infra*, y el árbol genealógico al final del volumen.

3. Al igual que Rudolf Halberstadt, el hermano de Max.

4. Cf. Joseph Wortis, *Psychanalyse à Vienne, 1934: notes sur mon analyse avec Freud* (1954), París, Denoël, 1974, p. 159 [hay trad. cast.: *Mi análisis con Freud*, Buenos Aires, Editorial Universitaria, 1965].

5. Ernstl Halberstadt, el niño del carretel, fue, entre los hijos de las hijas de Freud, el único que volvió a vivir en Alemania y también el único

que fue psicoanalista. Anna y Mathilde no tuvieron hijos. Eva Freud (1924-1944) murió sin descendencia. Sobrevivieron seis nietos de Freud: cinco varones —Anton Walter, Stefan, Lucian, Clemens y Ernstl— y una mujer, Sophie. Sobre el destino de los nietos y sobrinos de Freud, véase *infra*.

6. Sobre la vida de los hijos de Freud, cf. S. Freud, *Lettres à ses enfants*, *op. cit.*; Elisabeth Young-Bruehl, *Anna Freud* (1988), París, Payot, 1991 [hay trad. cast.: *Anna Freud*, Buenos Aires, Emecé, 1991], y Günter Gödde, *Mathilde Freud: die älteste Tochter Sigmund Freuds in Briefen und Selbstzeugnissen*, Giessen, Psychosozial-Verlag, 2003. Cf. asimismo, a pesar de sus interpretaciones discutibles, la obra bien documentada de Eva Weissweiler, *Les Freud: une famille viennoise* (2006), París, Plon, 2006. Véanse también Paul Ferris, *Dr. Freud: A Life*, Washington, Counterpoint, 1998, y Hans Lampl, conversación con Kurt Eissler, 1953, LoC, caja 114, carpeta 13.

7. Estas son las palabras exactas de Jung en una entrevista en alemán con Kurt Eissler, realizada en 29 de agosto de 1953: «*Die jüngere Schwester hatte eine grosse Übertragung, und Freud, und Freud was not insensible*». Y, ante otra pregunta de Eissler sobre la «relación», responde: «*Och, Bindung? Ich weiss nicht wieviel!? Ja! Aber, Gott, man weiss ja, wie die Sachen sind, nicht war!?*». Traducción: «La hermana menor tenía una gran transferencia con Freud, y él *was not insensible* [no era insensible]». Eissler le pide entonces que aclare si había o no una relación carnal, y Jung responde: «Ah, ¿una relación? No sé hasta qué punto, pero, Dios mío, uno sabe bien cómo son esas cosas, ¿no?», LoC, caja 114, carpeta 4. Al parecer, en 1957 dio otro testimonio del mismo tipo a su amigo John Billinsky, quien lo haría público en 1969, tras la muerte de Jung. Pero Deirdre Bair afirma que Billinsky atribuyó a Jung palabras que este no pronunció; cf. D. Bair, *Jung...*, *op. cit.*, p. 1057. Se recordará que Jung había intentado hacer hablar a Freud de su sexualidad durante el periplo americano.

8. Christfried Tögel, «Freud Diarium», http://www.freud-biographik.de/freud-diarium/.

9. Decenas de novelas, artículos y ensayos se dedicaron a esa «relación» que sin duda jamás existió y que, en todo caso, se convirtió en uno de los tópicos del antifreudismo de fines del siglo xx, especialmente en la pluma de Peter Swales, Franz Maciejewski y Michel Onfray. Este último llega a afirmar que Freud obligó a Minna a abortar un hijo suyo en 1923, olvidando que en esa fecha ella tenía... cincuenta y ocho años. Cf. Michel Onfray, *Le Crépuscule d'une idole: l'affabulation freudienne*, París, Grasset, 2010 [hay trad. cast.: *El crepúsculo de un ídolo: la fabulación freudiana*, Buenos Aires, Taurus, 2011]. Sobre la vida privada de Freud, cf. Ronald W. Clark, *Freud, the Man and the Cause: A Biography*, Nueva York, Random House, 1980 [hay trad.

cast.: *Freud: el hombre y su causa*, Barcelona, Planeta, 1985]. Sobre sus viajes, cf. S. Freud, «*Notre cœur tend vers le sud*»..., *op. cit.* En mi prefacio a este último libro enumeré todas las fuentes concernientes al rumor. Véase también E. Weissweiler, *Les Freud...*, *op. cit.*, pp. 124-125. En esa obra la autora retoma la hipótesis de la «relación» y el «aborto» y destaca que se trata en verdad de una interpretación y no de un hecho establecido. Tras los pasos de Peter Gay y John Forrester, he dedicado por mi parte un extenso estudio a ese extraordinario rumor: É. Roudinesco, *Mais pourquoi tant de haine?*, *op. cit.*

10. Todo ese griterío tendría eco en numerosos ensayos, novelas o biografías imaginarias tras la muerte de Freud, pero sobre todo después de la publicación de la biografía de Jones y los trabajos de la historiografía científica o crítica (de Ellenberger a Sulloway).

11. Esta campaña germanófoba seguía a la que se había lanzado contra Einstein. Cf. *HPF-JL*, *op. cit.*, y Charles Blondel, *La Psychanalyse*, París, Félix Alcan, 1924. En 1910, el psiquiatra alemán Alfred Hoche (1865-1943), de obediencia eugénica, había calificado de «epidemia» el psicoanálisis y caracterizado a sus miembros como una «secta»; véase Alfred Hoche, «Eine psychische Epidemie unter Ärzten», *Medizinische Klinik*, 6(26), 1910.

12. «Karl Kraus», edición de Éliane Kaufholz, *Cahiers de l'Herne*, 28, 1975; Karl Kraus, *Aphorismes: dires et contre-dires*, París, Payot, 2011 [hay trad. cast.: *Dichos y contradichos*, Barcelona, Minúscula, 2003], y Fritz Wittels, «La névrose de *Fackel*», en H. Nunberg y P. Federn, eds., *Les Premiers psychanalystes...*, vol. 2, *op. cit.*, pp. 373-378. Durante esa sesión de enero de 1910 Freud había considerado errada la posición de Wittels.

13. Elias Canetti, *Le Flambeau dans l'oreille: histoire d'une vie, 1921-1931* (1980), París, Albin Michel, 1982, p. 134 [hay trad. cast.: *La antorcha al oído: historia de una vida, 1921-1931*, Madrid, Alianza/Muchnik, 1984, p. 126].

14. Anillo contraceptivo o «diafragma».

15. El aborto se consideraba, desde fines del siglo XIX, como un crimen contra el individuo, la raza y la nación. Jean-Yves Le Naour y Catherine Valenti, *Histoire de l'avortement, XIXe-XXe siècle*, París, Seuil, 2003.

16. Carta de Freud a Lippmann, 15 de febrero de 1920, en S. Freud, *Lettres à ses enfants*, *op. cit.*, p. 569. Freud no decía nada de la contracepción fuera del matrimonio, y tampoco del aborto. Señalemos que el uso del pesario ya se recomendaba a comienzos del siglo XX en los libros de higiene sexual; lo hacía en particular la célebre Anna Fischer-Dückelmann (1856-1917), vienesa emigrada a Suiza y autora de un best seller sobre el tema. El propio Freud, en una carta del 26 de enero de 1920, anunció a su madre la muerte de Sophie; cf. LoC, caja 3, carpeta 1.

17. A fines de febrero de 1923 Freud detectó por primera vez, en el lado derecho de su mandíbula, lo que llamaba una «leucoplasia» y que era en realidad un epitelioma, como se confirmaría el 7 de abril de ese mismo año. Cf. M. Schur, *La Mort dans la vie...*, *op. cit.*, pp. 415-436.

18. El 20 de noviembre de 1923 Max se casó con Bertha Katzenstein (1897-1982), con quien tuvo una hija: Eva Spangenthal, medio hermana de Ernstl. Cf. S. Freud, *Lettres à ses enfants*, *op. cit.*, pp. 533-534.

19. Anton Walter Freud (1921-2004) y Sophie Freud-Lowenstein (nacida en 1924). Cf. Sophie Freud, *À l'ombre de la famille Freud: comment ma mère a vécu le xxe siècle* (2006), París, Éditions Des Femmes/Antoinette Fouque, 2008.

20. Archivos de la British Architectural Library (RIBA). El catálogo puede consultarse en internet, http://riba.sirsidynix.net.uk/uhtbin/webcat. El proyecto no se concretó.

21. Carta de Freud a Binswanger, 11 de enero de 1929, en S. Freud y L. Binswanger, *Correspondance...*, *op. cit.*, pp. 278-279.

22. Tarjeta postal de Freud a Anna Freud, abril de 1914, en Sigmund Freud y Anna Freud, *Correspondance 1904-1938* (2006), París, Fayard, 2012, p. 111 [hay trad. cast.: *Correspondencia 1904-1938*, Barcelona, Paidós, 2014].

23. Un psicoanalista, Jean-Pierre Kamieniak, imaginó que los perros eran para Freud sustitutos que le servían para hacer el duelo por su hija y su nieto. No es así, aun cuando Freud señalara que la presencia canina lo consolaba de esa pérdida o que la muerte de un perro le recordaba la de los seres humanos. En realidad, asociaba esa presencia indispensable de la raza canina a su alrededor a la de las mujeres, pero jamás vio a los perros como sustitutos de nada. Cf. Jean-Pierre Kamieniak, «Citizen Canis: Freud et les chiens», *Le Coq-Héron*, 215, abril de 2013, pp. 96-108. Las posiciones de Freud a ese respecto aparecen en los intercambios inéditos con Marie Bonaparte.

24. Marie Bonaparte, archivos inéditos.

25. Es lo que mostré en É. Roudinesco, *La Part obscure...*, *op. cit.* No comparto la opinión de Élisabeth de Fontenay, quien, sin haber podido tener acceso a los archivos inéditos de Marie Bonaparte, se equivoca al imaginar que Freud habría atribuido a los animales una capacidad simbólica casi similar a la de los humanos. Y le adjudica la paternidad original de una presunta «cuarta herida narcisista» inexistente en sus dichos. Cf. Élisabeth de Fontenay, «L'homme et les autres animaux. Préface», *Le Coq-Héron*, 215, abril de 2013, p. 12.

26. Hilda Doolittle, *Pour l'amour de Freud* (1956), París, Éditions Des Femmes/Antoinette Fouque, 2010, p. 113 [hay trad. cast.: *Tributo a Freud*, Barcelona, El Cobre, 2004].

27. Carta de Zweig a Freud, en S. Freud y A. Zweig, *Correspondance...*, *op. cit.*, p. 176.

28. Carta de Freud a Arnold Zweig, 10 de febrero de 1937, en S. Freud y M. Eitingon, *Correspondance...*, *op. cit.*, p. 909.

29. Lou Andreas-Salomé, «Journal d'une année», en *Correspondance avec Sigmund Freud...*, *op. cit.*, p. 324 [hay trad. cast.: *Aprendiendo con Freud: diario de un año, 1912-1913*, Barcelona, Laertes, 2001].

30. Carta de A. Freud a S. Freud, enero de 1913, en S. Freud y A. Freud, *Correspondance...*, *op. cit.*, p. 89.

31. Carta de S. Freud a A. Freud, 16 de julio de 1914, en *ibid.*, p. 114.

32. Sigmund Freud, «Sur la psychogenèse d'un cas d'homosexualité féminine» (1920), en *Névrose, psychose et perversion, op. cit.*, pp. 245-270, y, con el título de «De la psychogenèse d'un cas d'homosexualité féminine», en *OC.P*, vol. 15, *op. cit.*, pp. 233-263 [hay trad. cast.: «Sobre la psicogénesis de un caso de homosexualidad femenina», en *OC*, vol. 18, *op. cit.*, pp. 137-164]. La vida de Margarethe Csonka (1900-1999) generó una importante literatura, en la que cabe destacar el relato de Ines Rieder y Diana Voigt, dos historiadoras del lesbianismo que la conocieron poco antes de su muerte. Cf. Ines Rieder y Diana Voigt, *Heimliches Begehren: die Geschichte der Sidonie C.*, Viena, Deuticke, 2000, traducido al francés con el muy discutible título de *Sidonie Csillag, homosexuelle chez Freud, lesbienne dans le siècle*, París, EPEL, 2003 [hay trad. cast.: *Sidonie Csillag: la «joven homosexual» de Freud*, Buenos Aires, El Cuenco de Plata, 2004]. En esta obra, que es una recopilación de testimonios, Margarethe aparece bajo el seudónimo de Sidonie Csillag. En la traducción francesa su «caso» es reinterpretado de manera «lacaniana» por Jean Allouch. Mikkel Borch-Jacobsen hace una interpretación menos fantasiosa de esta historia, si bien afirma que Freud se dejó engañar por Margarethe. Cf. M. Borch-Jacobsen, *Les Patients de Freud...*, *op. cit.*, pp. 180-186. Señalemos que Kurt Eissler recogió el testimonio de Margarethe Csonka von Trautenegg, que confirma que esta no apreciaba mucho a Freud y no tenía gran cosa que decirle, LoC, caja 2.

33. Citado en I. Rieder y D. Voigt, *Sidonie Csillag...*, *op. cit.*, p. 66.

34. *Ibid.*, p. 77.

35. Se trata de tres series de caracteres: 1) sexuales somáticos; 2) sexuales psíquicos, y 3) modo de elección del objeto.

36. S. Freud, «Sur la psychogenèse...», *op. cit.*, p. 270 [«Sobre la psicogénesis...», *op. cit.*, pp. 163-164]. Eugen Steinach (1861-1944): médico austríaco, pionero de la endocrinología y de los principios de la diferenciación sexual. Ganó celebridad por haber inventado una vasoligadura de los canales que a su juicio podría regenerar las células hormonales y, por lo tanto,

favorecer el rejuvenecimiento. Freud se sometió a esa operación en 1923. Como el cáncer es una enfermedad de la vejez, se consideraba que al estimular las células hormonales se podía retrasar la aparición de una recaída.

37. El análisis de Anna G. transcurrió entre el 1 de abril y el 14 de julio de 1921, a razón de una hora al día.

38. Anna G., *Mon analyse avec le professeur Freud*, edición dirigida por Anna Koellreuter, París, Aubier, 2010. La edición alemana es mucho más fiable: *Wie benimmt sich der Prof. Freud eigentlich?*, Giessen, Psychosozial-Verlag, 2009.

39. Carta de A. Freud a L. Andreas-Salomé, en Lou Andreas-Salomé y Anna Freud, *Correspondance, 1919-1937*, París, Hachette Littérature, 2006, p. 43.

40. Sigmund Freud, «Un enfant est battu. Contribution à la connaissance de la genèse des perversions sexuelles» (1919), en *Névrose, psychose et perversion*, *op. cit.*, pp. 219-243 [hay trad. cast.: «"Pegan a un niño". Contribución al conocimiento de la génesis de las perversiones sexuales», en *OC*, vol. 17, *op. cit.*, pp. 173-200], y Anna Freud, «Fantasme d'"être battu" et "rêverie"» (1922), en Marie-Christine Hamon, ed., *Féminité mascarade: études psychanalytiques*, París, Seuil, 2004, pp. 57-75 [hay trad. cast.: «Relación entre fantasías de flagelación y sueño diurno», *Revista de Psicoanálisis* (Buenos Aires), 4(2), 1946, pp. 258-271].

41. Carta de Freud a L. Andreas-Salomé, en L. Andreas-Salomé, *Correspondance avec Sigmund Freud...*, *op. cit.* Esta correspondencia está expurgada y en ella no se encuentra ninguna alusión a ese análisis.

42. Peter Heller, *Une analyse d'enfant avec Anna Freud* (1983), París, Presses Universitaires de France, 1996, p. 31.

43. Carta de Freud a Binswanger, 11 de enero de 1929, en S. Freud y L. Binswanger, *Correspondance...*, *op. cit.*, pp. 278-279. La correspondencia entre Anna Freud y Dorothy Burlingham se conserva en el Freud Museum de Londres. Todavía no es accesible a los investigadores.

44. Alrededor de tres mil objetos, dos mil de los cuales se trasladarían a Inglaterra. Cf. Richard H. Armstrong, *A Compulsion for Antiquity: Freud and the Ancient World*, Ithaca, Cornell University Press, 2005.

45. Peter Gay, «Notice biographique», en Edmund Engelmann, *La Maison de Freud, Berggasse 19, Vienne* (fotografías) (1976), París, Seuil, 1979, p. 124.

46. Januká: fiesta judía. Kidush: ceremonia del comienzo del sabbat. Sobre estos objetos y las discusiones relacionadas con ellos, cf. Y. H. Yerushalmi, *Le «Moïse» de Freud...*, *op. cit.*, pp. 201-203, y Erica Davies, «Eine Welt wie im Traum: Freuds Antikesammlung», catálogo de la exposición «Meine

alten und dreckigen Götter»: aus Sigmund Freuds Sammlung, edición de Lydia Marinelli, Frankfurt, Stroemfeld, 1998. Sobre los objetos mexicanos de Freud cf. Rubén Gallo, *Freud au Mexique* (2010), París, Campagne Première, 2013 [hay trad. cast.: *Freud en México: historia de un delirio*, México, Fondo de Cultura Económica, 2013].

47. Varias decenas de libros ilustrados dan testimonio de la fantástica organización que gobernaba la vida cotidiana de la Berggasse. Véanse Ernst Freud, Lucie Freud e Ilse Grubrich-Simitis, eds., *Sigmund Freud: lieux, visages, objets* (1976), con una parte biográfica escrita por Kurt Eissler, Bruselas, Complexe, 1979, y Sigmund Freud, *Chronique la plus brève: carnets intimes, 1929-1939* (1992), anotados y presentados por Michael Molnar, París, Albin Michel, 1992.

48. William Bayard Hale, *The Story of a Style*, Nueva York, B. W. Huebsch, Inc., 1920.

49. Afección de las mucosas caracterizada por la presencia de placas de color blanco.

50. Varias obras se dedicaron al cáncer de Freud. Cf. en especial M. Schur, *La Mort dans la vie...*, *op. cit.* Ernest Jones y Peter Gay dieron versiones perfectamente ajustadas a la realidad.

51. Se trataba de un carcinoma verrugoso, que el médico norteamericano Lauren V. Ackerman (1905-1993) describiría por primera vez en 1948. En 1923 se hablaba de «cáncer del maxilar superior de evolución lenta». Cf. M. Schur, *La Mort dans la vie...*, *op. cit.*

52. Algunos años después, en Londres, Jones informó de esta discusión a Freud. Furioso, este dio rienda suelta a su ira: ¿con qué derecho (*mit welchem Recht*) habían decidido ocultarle la verdad? Freud no soportaba el «tutelaje» (*Bevormundung*). Cf. P. Grosskurth, *Freud: l'anneau secret*, *op. cit.*, p. 124. Ernest Jones y Peter Gay dan la misma versión.

53. S. Freud, «*Notre cœur tend vers le sud*»..., *op. cit.*, p. 338.

54. Sharon Romm y Edward Luce, «Hans Pichler: oral surgeon to Sigmund Freud», *Oral Surgery, Oral Medicine and Oral Pathology*, 57(1), enero de 1984, pp. 31-32, y Xavier Riaud, *Pionniers de la chirurgie maxillo-faciale (1914-1918)*, París, L'Harmattan, 2010. Algunos comentaristas han afirmado que el cáncer maxilofacial de Freud —descrito por varios historiadores de la medicina y certificado por los archivos— carecía de gravedad o era imaginario; que la causa principal de su agravamiento radicaba en la operación fallida de Hajek, la radioterapia y los malos tratamientos de Schur, y que la cocaína era responsable de la aparición de una primera lesión. Cf. J. Bénesteau, *Mensonges freudiens*, *op. cit.*, pp. 162-163. En esta obra, íntegramente compuesta de rumores, los nombres de Pichler y Kazanjian no figu-

ran en ninguna parte. Por añadidura, el autor confunde «papilomatosis» y «carcinoma» y da a entender que el cáncer de Freud fue inventado por sus idólatras a fin de presentarlo como un mártir. La presunta «inexistencia del cáncer de Freud» es, como la hipotética relación incestuosa con Minna, uno de los grandes temas predilectos de la escuela revisionista.

55. A. Bolzinger, *Portrait de Sigmund Freud...*, *op. cit.*, pp. 71-72. Todas estas citas están tomadas de la correspondencia de Freud y fueron traducidas por el autor.

56. P. Gay, *Freud, une vie*, *op. cit.*, p. 508.

3. El arte del diván

1. Al final del volumen se encontrará una lista no exhaustiva de los pacientes de Freud establecida por Richard G. Klein y Ernst Falzeder, a la que yo agregué algunos nombres. Cf. asimismo Ulrike May, «Neunzehn Patienten in Analyse bei Freud (1910-1910), Teil I: Zur Dauer von Freuds Analysen», y «Teil II: Zur Frequenz von Freuds Analysen», *Psyche: Zeitschrift für Psychoanalyse und ihre Anwendungen*, 61(6), junio de 2007, pp. 590-625, y 61(7), julio de 2007, pp. 686-709. David J. Lynn y George E. Vaillant, «Anonymity, neutrality and confidentiality in the actual methods of Sigmund Freud: a review of 43 cases, 1907-1939», *American Journal of Psychiatry*, 155(2), febrero de 1998, pp. 163-171, analizaron y evaluaron cuarenta y tres casos de Freud. Mikkel Borch-Jacobsen ha presentado un retrato muy interesante, pero demasiado contrario a Freud, de treinta y un pacientes; cf. M. Borch-Jacobsen, *Les Patients de Freud...*, *op. cit.* Cf. también la obra ya antigua de P. Roazen, *La Saga freudienne*, *op. cit.*; Manfred Pohlen, *En analyse avec Freud* (2006), París, Tallandier, 2010, y É. Roudinesco y M. Plon, *Dictionnaire de la psychanalyse*, *op. cit.* Algunos de los archivos depositados en la Biblioteca del Congreso y dedicados a los pacientes todavía no se han desclasificado, aunque se puede tener acceso a ellos. He identificado algo más de ciento veinte pacientes, cuya lista presento al final del libro.

2. He abordado esta cuestión en *HPF-JL*, *op. cit.* Cf. asimismo É. Roudinesco y M. Plon, *Dictionnaire de la psychanalyse*, *op. cit.*, donde se encontrará la bibliografía concerniente a este tema.

3. Si los psicoanalistas no pudieron realizar jamás una verdadera evaluación de la práctica de Freud fue sin duda porque no quisieron enfrentarse a esas curas no contadas por él. Fueran de la tendencia que fuesen —kleinianos, lacanianos, poslacanianos, ferenczianos, etc.—, se conformaron con comentar, como si se tratara de un cuerpo canonizado, la historia

de Anna O. y los «casos» relatados en los *Estudios sobre la histeria*, así como los famosos «cinco psicoanálisis», de los cuales solo tres pueden calificarse de curas. Por eso dejaron el campo libre a los antifreudianos, que lo aprovecharon para transformar a Freud en un impostor incapaz de curar a ningún paciente. La realidad, como hemos visto, es indudablemente mucho más compleja.

4. Ernst Blum, Marie Bonaparte, Maryse Choisy, Jakob Julius David, Viktor von Dirsztay, Hilda Doolittle, Henri Flournoy, Horace W. Frink, Bruno Goetz, Abram Kardiner, Carl Liebman, Gustav Mahler, Raymond de Saussure, James y Alix Strachey, Bruno Walter, Margaret Wittgenstein, Joseph Wortis, etc.

5. Puede consultarse en la Biblioteca del Congreso.

6. A petición mía, el matemático Henri Roudier evaluó la fortuna de Freud en las diferentes etapas de su vida. En florines y coronas antes de la Primera Guerra Mundial y luego, desde 1924, en chelines y dólares. Señalemos que ninguno de los «métodos» que se propusieron para evaluar los honorarios de las sesiones de Freud y convertirlos a euros o dólares del siglo XXI tiene fundamento científico, y además los autores se contradicen entre sí: cuatrocientos cincuenta euros para unos, mil para otros y mil trescientos para un tercer grupo. No se puede en ningún caso tomar en serio esas conversiones, que pretenden sin duda dar a entender que Freud era un estafador o un codicioso, y su fortuna solo puede evaluarse si se la compara con la de sus contemporáneos que ejercían la misma profesión que él y pertenecían a la misma clase social. Está claro que se había hecho rico en comparación con la relativa pobreza en que vivía su padre a la misma edad que él. Cf. Henri Roudier, «Freud et l'argent», inédito. Cf. asimismo Christfried Tögel, «Sigmund Freud's practice: visits and consultation, psychoanalyses, remuneration», *The Psychoanalytic Quarterly*, 78(4), octubre de 2009, pp. 1033-1058. Véase la evaluación de Thomas Piketty, nota 8 de este capítulo.

7. Carta de Freud a Andreas-Salomé, octubre de 1921, en L. Andreas-Salomé, *Correspondance avec Sigmund Freud...*, *op. cit.*, p. 138. Freud alude a la pérdida parcial de la fortuna de la familia de Lou como consecuencia de la revolución bolchevique.

8. En la misma fecha, los honorarios de una sesión en Nueva York ascendían a cincuenta dólares. Thomas Piketty calculó a petición mía los ingresos de Freud: «Freud era un médico acomodado, lo cual no tenía nada de escandaloso dado el muy alto nivel de desigualdad que caracterizaba la época. El ingreso medio era por entonces de mil doscientos a mil trescientos francos oro por año y por habitante. Hoy, en 2013-2014, el ingreso me-

dio (antes de impuestos) es del orden de los veinticinco mil euros por año y por habitante adulto. Para comparar las cantidades lo mejor es, por lo tanto, multiplicarlas, expresadas en francos oro de 1900-1910, por un coeficiente del orden de 20. Christfried Tögel atribuye a Freud un ingreso de unos veinticinco mil florines, lo que correspondería actualmente a quinientos mil euros anuales. Son unos ingresos muy elevados, por supuesto, pero bastante representativos del más alto nivel de la época. A desigualdad constante, correspondería más bien a alrededor de doscientos cincuenta mil euros de ingreso anual en nuestros días».

9. Carta de Freud a Ferenczi, 27 de agosto de 1925, en S. Freud y S. Ferenczi, *Correspondance*, vol. 3, *op. cit.*, p. 252, y Smiley Blanton, *Journal de mon analyse avec Freud*, París, Presses Universitaires de France, 1973, p. 72 [hay trad. cast.: *Diario de mi análisis con Freud*, Buenos Aires, Corregidor, 1974]. No comparto la opinión de Patrick Mahony, que interpretó con talante kleiniano el antiamericanismo de Freud mediante la hipótesis de que este protegía así de manera defensiva la imagen idealizada de su madre, en tanto que América representaba para él una «madre arcaica» cuyo poder demoníaco habría reprimido. Cf. Louise Grenier e Isabelle Lasvergnas, eds., *Penser Freud avec Patrick Mahony*, Montreal, Liber, 2004, p. 39.

10. Carta de Freud a Rado, 30 de septiembre de 1925, LoC.

11. Carta de Freud a Hollos, 4 de octubre de 1928, en István Hollos, «Mes adieux à la Maison jaune», *Le Coq-Héron*, 100, 1986.

12. A título de ejemplo señalaremos que el arquitecto vienés Karl Mayreder (1856-1935), tratado por Freud durante diez semanas de 1915 a causa de su melancolía crónica, batió todas las marcas al consultar a cincuenta y nueve médicos, cuyas recetas y otras terapias fueron totalmente ineficaces. Pero a continuación solo se acusó a Freud de no haberlo curado. Esta tesis de la responsabilidad exclusiva de Freud se retoma en M. Borch-Jacobsen, *Les Patients de Freud...*, *op. cit.*; Frank Cioffi, *Freud and the Question of Pseudoscience*, Chicago, Open Court, 1999, y J. Bénesteau, *Mensonges freudiens*, *op. cit.*

13. Conversación de Edoardo Weiss con Kurt Eissler, 13 de diciembre de 1953, LoC, caja 121, carpeta 34, con diversos comentarios y recuerdos. Cf. asimismo Anna Maria Accerboni, «Sigmund Freud dans les souvenirs d'Edoardo Weiss, pionnier de la psychanalyse italienne», *Revue internationale d'histoire de la psychanalyse*, 5, 1992, pp. 619-633.

14. Giorgio Voghera, *Gli anni della psicoanalisi*, Pordenone, Edizioni Studio Tesi, 1980.

15. Cf. Maurizio Serra, *Italo Svevo ou l'Antivie*, París, Grasset, 2013, pp. 258-259, e Italo Svevo, *Romans*, edición establecida y presentada por Mario Fusco, París, Gallimard, 2010, col. «Quarto» (contiene *Ecrits intimes*,

Une vie, Senilità y *La Conscience de Zeno*) [hay trad. cast.: *La conciencia de Zeno*, Barcelona, Círculo de Lectores, 2001; *Senectud*, Barcelona, Acantilado, 2001, y *Una vida*, Madrid, Joseph K, 2003].

16. Una empresa de pintura de cascos de barcos.
17. Son los términos utilizados por Svevo.
18. M. Serra, *Italo Svevo...*, *op. cit.*, p. 261.
19. S. Freud y K. Abraham, *Correspondance...*, *op. cit.*, pp. 352-354.
20. Anna Maria Accerboni Pavanello, «La sfida di Svevo alla psicoanalisi», en Riccardo Cepach, ed., *Guarire dalla cura: Italo Svevo e i medici*, Trieste, Comune di Trieste, 2008, pp. 110-112. Cf. asimismo M. Serra, *Italo Svevo...*, *op. cit.*, p. 249.
21. M. Serra, *Italo Svevo...*, *op. cit.*, p. 264.
22. Italo Svevo, *La Conscience de Zeno*, en *Romans*, *op. cit.*, p. 908.
23. Mario Lavagetto, *L'impiegato Schmitz e altri saggi su Svevo*, Turín, Einaudi, 1975. También reproducido en M. Serra, *Italo Svevo...*, *op. cit.*
24. A. M. Accerboni Pavanello, «La sfida di Svevo...», *op. cit.*
25. Véanse *infra* las relaciones entre Freud y Oskar Pfister.
26. Entre los pacientes de Freud hay una veintena de norteamericanos, casi todos de Nueva York. Thaddeus Ames (1885-1963) lo había conocido en Viena entre 1911 y 1912. Monroe Meyer (1892-1939), psiquiatra melancólico, se suicidaría a los cuarenta y siete años con un picahielos. Los antifreudianos acusarán a Freud de haber causado esa muerte voluntaria, producida dieciocho años después de la estancia de Meyer en Viena. Leonard Blumgart (1881-1959) se mantuvo fiel a la ortodoxia freudiana.
27. Así le dijo a Jones. Cf. P. Gay, *Freud, une vie*, *op. cit.*, p. 651.
28. Testimonio de Clarence Oberndorf del 12 de diciembre de 1952, LoC.
29. Clarence Oberndorf (1882-1954) era un ortodoxo del freudismo, hostil al psicoanálisis lego. Fue autor de la primera obra oficial sobre la historia del psicoanálisis en Estados Unidos [*A History of Psychoanalysis in America*, Nueva York, Grune & Stratton, 1953. *(N. del T.)*].
30. Abram Kardiner, *Mon analyse avec Freud* (1977), París, Belfond, 1978, pp. 141 y 89 [hay trad. cast.: *Mi análisis con Freud: reminiscencias*, México, Joaquín Mortiz, 1979].
31. *Ibid.*, pp. 103-104.
32. Freud las había recibido en octubre de 1921, cuando Kardiner comenzaba su análisis.
33. A. Kardiner, *Mon analyse avec Freud*, *op. cit.*, p. 101.
34. Horace W. Frink, *Morbid Fears and Compulsions: Their Psychology and Psychoanalytic Treatment*, Nueva York, Moffat, Yard & Co., 1918.

35. La primera cura de Frink duró cinco meses, de marzo a julio de 1921. La segunda se extendió de abril a julio de 1922, y la tercera transcurrió entre noviembre y diciembre de ese mismo año. Cf. P. Roazen, *La Saga freudienne, op. cit.*, y Lavinia Edmunds, «Freud's American tragedy», *Johns Hopkins Magazine*, 30, 1988, pp. 40-49. Véanse también L. Grenier e I. Lasvergnas, eds., *Penser Freud...*, *op. cit.*, pp. 40-45, y M. Borch-Jacobsen, *Les Patients de Freud...*, *op. cit.*, pp. 198-202. La comunidad psicoanalítica y varios biógrafos de Freud callan sobre el análisis de Frink; la excepción es P. Gay, *Freud, une vie, op. cit.*, p. 652, que lo cuenta correctamente y destaca el antiamericanismo de aquel. Por otra parte, el asunto se menciona en S. Freud y E. Jones, *Correspondance complète...*, *op. cit.* Cf. igualmente É. Roudinesco y M. Plon, *Dictionnaire de la psychanalyse, op. cit.*

36. Carta de Freud a Jones, 6 de noviembre de 1921. Abraham Bijur murió en mayo de 1922 sin haber publicado su carta abierta.

37. Carta de Freud a Frink, 17 de noviembre de 1921, LoC. Citada en parte en L. Grenier e I. Lasvergnas, eds., *Penser Freud...*, *op. cit.*, p. 43.

38. Carta de Freud a Jones, 25 de septiembre de 1924, en S. Freud y E. Jones, *Correspondance complète...*, *op. cit.*, p. 639.

39. Medical Archives of Johns Hopkins Medical Institutions, The Frink Family Collection, y Michael Specter, «Sigmund Freud urged his disciple to divorce: wanted him to marry another woman, daughter finds», *Los Angeles Times*, 12 de noviembre de 1987.

40. Carta de Jones a Freud, 20 de septiembre de 1924, en S. Freud y E. Jones, *Correspondance complète...*, *op. cit.*, p. 641.

41. Jeannine Hayat, «Lytton Strachey: l'historien intime de deux reines», *LISA e-journal*, enero de 2007, y Lytton Strachey, *Victoriens éminents* (1918), París, Gallimard, 1933 [hay trad. cast.: *Victorianos eminentes*, Madrid, Aguilar, 1989], *La Reine Victoria* (1921), París, Payot, 1923 [hay trad. cast.: *Reina Victoria: símbolo de una era*, Buenos Aires, El Ateneo, 2004], y *Élisabeth et le comte d'Essex, histoire tragique* (1928), París, Gallimard, 1929 [hay trad. cast.: *Isabel y Essex*, Barcelona, Lumen, 1984]. Cf. Floriane Reviron, «De Lytton Strachey à Virginia Woolf», en Frédéric Regard, ed., *La Biographie littéraire en Angleterre, XVIII-XIXe: configuration, reconfiguration du soi artistique*, Saint-Étienne, Publications de l'Université de Saint-Étienne, 1999, pp. 117-139.

42. John Maynard Keynes, *Les Conséquences économiques de la paix* (1919), seguido de Jacques Bainville, *Les Conséquences politiques de la paix*, París, Gallimard, 2002, col. «Tel» [hay trad. cast. del primero: *Las consecuencias económicas de la paz*, Barcelona, RBA, 2012]. Bainville fue uno de los críticos más virulentos de Keynes. Cf. Gilles Dostaler y Bernard Maris, *Capitalisme*

et pulsion de mort, París, Albin Michel, 2008. Estos dos autores comparan la crítica hecha por Keynes de la capacidad de autodestrucción del capitalismo con la teorización freudiana de la pulsión de muerte.

43. Cf. la excelente obra de Perry Meisel y Walter Kendrick, eds., *Bloomsbury/Freud: James et Alix Strachey, correspondance 1924-1925* (1985), París, Presses Universitaires de France, 1990.

44. *Ibid.*, p. 43.

45. A. Kardiner, *Mon analyse avec Freud, op. cit.*, p. 117.

46. Testimonio de Lionel S. Penrose del 28 de julio de 1953, LoC, caja 117. Sobre la trayectoria de John Rickman, analizado a continuación por Sándor Ferenczi y Melanie Klein, cf. É. Roudinesco y M. Plon, *Dictionnaire de la psychanalyse, op. cit.*

47. P. Meisel y W. Kendrick, eds., *Bloomsbury/Freud...*, *op. cit.*, p. 8.

48. James Strachey, «Bibliography: list of English translations of Freud's works», *International Journal of Psycho-Analysis*, 26(1-2), 1945, pp. 67-76; «Editor's note», en Sigmund Freud, *The Standard Edition of the Complete Psychological Works of Sigmund Freud*, 24 vols., Londres, The Hogarth Press, 1953-1974, vol. 3, 1962, pp. 71-73 [hay trad. cast.: «Nota introductoria», en S. Freud, *OC*, vol. 3, *op. cit.*, pp. 71-73], y «General preface», en *ibid.*, vol. 1, 1966, pp. XIII-XXII [hay trad. cast.: «Prólogo general», en *OC*, vol. 1, *op. cit.*, pp. xv-xxv], y James Strachey y Allan Tyson, «A chronological hand-list of Freud's works», *International Journal of Psycho-Analysis*, 37(1), 1956, pp. 19-33. Cf. asimismo Bruno Bettelheim, *Freud et l'âme humaine* (1982), París, Laffont, 1984 [hay trad. cast.: *Freud y el alma humana*, Barcelona, Crítica, 1983].

49. Según las palabras de P. Meisel y W. Kendrick, eds., *Bloomsbury/Freud...*, *op. cit.*, p. 13.

50. Melanie Klein, *La Psychanalyse des enfants* (1932), París, Presses Universitaires de France, 1969 [hay trad. cast.: *El psicoanálisis de niños*, en *Obras completas*, vol. 2, Buenos Aires, Paidós, 1987]. Melanie tuvo tres hijos: Hans Klein, Erich Klein (futuro Eric Clyne) y Melitta, que terminaría por ser su peor enemiga.

51. Sobre la trayectoria de Melanie Klein, de la que nos ocuparemos en el próximo capítulo, cf. P. Grosskurth, *Melanie Klein...*, *op. cit.*

52. Melanie Klein se instaló definitivamente en Londres en septiembre de 1926.

53. Cf. R. W. Clark, *Freud, the Man...*, *op. cit.*

54. Patrick Lacoste, *L'Étrange cas du professeur Freud: psychanalyse à l'écran*, París, Gallimard, 1990, pp. 93-94.

55. E. Jones, *La Vie et l'œuvre...*, vol. 3, *op. cit.*, p. 132.

56. Sobre todo cuando John Huston quiso filmar una película sobre la vida de Freud a partir de un guión de Jean-Paul Sartre. Cf. Élisabeth Roudinesco, *Philosophes dans la tourmente*, París, Fayard, 2005 [hay trad. cast.: *Filósofos en la tormenta*, Buenos Aires, Fondo de Cultura Económica, 2007].

57. Francis Bacon (1561-1626): filósofo, hombre de ciencia y lord canciller.

58. Peter Gay, «Freud et l'homme de Stratford», en *En lisant Freud: explorations et divertissements* (1990), París, Presses Universitaires de France, 1995, p. 17 [hay trad. cast.: «Freud y el hombre de Stratford», en *Freud, otra vez: exploraciones y divertimentos*, Buenos Aires, Ada Korn, 1995].

59. J. Thomas Looney, «*Shakespeare» Identified in Edward de Vere, the Seventeenth Earl of Oxford*, Londres, Cecil Palmer, 1920. En 2012 Roland Emmerich retomó la tesis de Looney en su filme *Anónimo* [*Anonymous*].

60. Entre los ochenta y dos candidatos alternativos a la paternidad de la obra de Shakespeare figuraban, entre otros, Christopher Marlowe, Cervantes, John Donne, Robert Devereux (Essex) y Daniel Defoe. Dos discípulos de Looney también imaginaron que la reina Isabel había tenido un hijo con De Vere.

61. Edward de Vere (1550-1604), decimoséptimo conde de Oxford, lord gran chambelán, poeta, par y cortesano del período isabelino, había contraído matrimonio con Anne Cecil, condesa de Oxford (1558-1588), hija de William Cecil (1520-1598), consejero de Estado de la reina Isabel (1558-1603), y de Mildred Cooke (1526-1589). Cayó en desgracia y se lo envió a la Torre de Londres por haber seducido a Anne Vavasour (1560-1650), dama de honor de Isabel. Henry Wriothesley (1573-1624), tercer conde de Southampton, amigo del segundo conde de Essex (1565-1601), presunto destinatario de los *Sonetos* de Shakespeare y supuesto amante de este. Muchos autores intentaron probar que Shakespeare era homosexual. Sobre el absurdo de la atribución de la paternidad de las obras de Shakespeare a De Vere, cf. Alan H. Nelson, *Monstrous Adversary: The Life of Edward de Vere, 17th Earl of Oxford*, Liverpool, Liverpool University Press, 2003.

62. Carta de Freud a Lytton Strachey, 25 de diciembre de 1928, en P. Meisel y W. Kendrick, *Bloomsbury/Freud...*, *op. cit.*, pp. 373-375.

63. Numerosos libros se dedicaron a la semejanza entre Freud y el detective inventado por Arthur Conan Doyle, también él apasionado por el espiritismo.

64. El historiador Carlo Ginzburg ha designado este fenómeno como el surgimiento, en el enfoque racional de los signos, de una cosa turbia y perturbadora que escapa siempre a la ciencia.

4. ENTRE LAS MUJERES

1. Freud a Ferenczi, carta del 26 de marzo de 1924, en S. Freud y S. Ferenczi, *Correspondance*, vol. 3, *op. cit.*, p. 155.

2. Noveno congreso de la IPV, 2 a 5 de septiembre de 1925.

3. Beata Rank (1896-1967), apodada Tola, también sería psicoanalista.

4. O. Rank, *Le Traumatisme de la naissance...*, *op. cit.*, y Sándor Ferenczi, *Thalassa: essai sur la théorie de la génitalité*, en *Œuvres complètes*, vol. 3, *op. cit.*, pp. 250-323 [hay trad. cast.: *Thalassa: ensayo sobre la teoría de la genitalidad*, en *Obras completas*, vol. 3, *op. cit.*, pp. 303-383].

5. Carta de Freud a Ferenczi, 23 de abril de 1926, en S. Freud y S. Ferenczi, *Correspondance*, vol. 3, *op. cit.*, p. 285, y Sigmund Freud y Otto Rank, *The Letters of Sigmund Freud and Otto Rank: Inside Psychoanalysis*, edición de James Lieberman y Robert Kramer, Baltimore, The Johns Hopkins University Press, 2012, carta del 4 de agosto de 1922; versión francesa: *Correspondance 1907-1926*, París, Campagne Première, 2015.

6. Sigmund Freud, *Inhibition, symptôme et angoisse* (1926), en *OC.P*, vol. 17, 1992, pp. 203-287 [hay trad. cast.: *Inhibición, síntoma y angustia*, en *OC*, vol. 20, *op. cit.*, pp. 71-161].

7. Sándor Ferenczi, «Confusion des langues entre les adultes et l'enfant: le langage de la tendresse et de la passion» (1932), en *Œuvres complètes*, vol. 4, *op. cit.*, pp. 125-138 [hay trad. cast.: «Confusión de lengua entre los adultos y el niño: el lenguaje de la ternura y la pasión», en *Obras completas*, vol. 4, *op. cit.*, pp. 139-149].

8. Sobre la estancia de Rank en París y sus relaciones con Anaïs Nin, cf. *HPF-JL*, *op. cit.*, p. 451 y ss., y J. Lieberman, *La Volonté en acte...*, *op. cit.* A continuación Rank se radicaría definitivamente en Estados Unidos.

9. Sándor Ferenczi, «Un petit homme coq», en *Œuvres complètes*, vol. 2, *op. cit.*, pp. 72-79 [hay trad. cast.: «Un pequeño hombre gallo», en *Obras completas*, vol. 2, *op. cit.*, pp. 89-96].

10. Anna Freud, *Le Traitement psychanalytique des enfants* (1927), París, Presses Universitaires de France, 1951.

11. Carta de Freud a J. Riviere, 9 de octubre de 1927, en «Lettres de Sigmund Freud à Joan Riviere (1921-1939)», *Revue internationale d'histoire de la psychanalyse*, 6, 1993, p. 470.

12. Hermine von Hug-Hellmuth, *Journal d'une petite fille*, París, Denoël, 1998, con carta prefacio de Sigmund Freud; el texto, presentado como una obra auténtica, se editó por primera vez en francés en 1928. Cf. asimismo Hermine von Hug-Hellmuth, *Essais psychanalytiques: destin et écrits d'une pionnière de la psychanalyse des enfants*, textos reunidos, presentados y

traducidos por Dominique Soubrenie, prefacio de Jacques Le Rider, epílogo de Yvette Tourne, París, Payot, 1991. Cuando escribí para *Libération*, en 1991, la reseña de esta obra que revelaba la superchería, recibí cartas de psicoanalistas que me acusaban de «conspirar» contra Freud. Todavía creían que el asesinato y la falsificación eran calumnias inventadas por los antifreudianos.

13. Como muchas mujeres psicoanalistas de esta generación, con la excepción de Karen Horney. Cf. É. Roudinesco, «Les premières femmes psychanalystes», *op. cit.*

14. Phyllis Grosskurth describe muy bien la infancia de Melanie Klein y las relaciones con sus padres, su marido y sus hijos, sobre la base de su «autobiografía» inédita y los archivos conservados en el Melanie Klein Trust. Tuve la oportunidad de conversar con Grosskurth durante una de sus visitas a París.

15. Cf. Sigmund Freud, «Sur le plus général des rabaissements de la vie amoureuse» (1912), en *La Vie sexuelle, op. cit.*, p. 65 [hay trad. cast.: «Sobre la más generalizada degradación de la vida amorosa (Contribuciones a la psicología del amor, II)», en *OC*, vol. 11, *op. cit.*, p. 181], y «La féminité», en *Nouvelles conférences…, op. cit.* [hay trad. cast.: «La feminidad», en *Nuevas conferencias…, op. cit.*].

16. Durante un encuentro con Goethe en Erfurt, el 2 de octubre de 1808, el emperador mencionó las tragedias del destino que él desaprobaba y que, a su entender, suponían una época más oscura que la suya: «Qué nos importa hoy el destino», dijo, «la política es el destino». He comentado esta frase en *La Famille en désordre, op. cit.*, capítulo «Les femmes ont un sexe».

17. S. Freud, «La féminité», *op. cit.*, p. 153 [«La feminidad», *op. cit.*, p. 106].

18. Los textos del debate histórico entre Viena y Londres se tradujeron al francés en M.-C. Hamon, ed., *Féminité mascarade…, op. cit.* Cf. asimismo Sigmund Freud, «Quelques conséquences psychologiques de la différence anatomique entre les sexes» (1925), en *La Vie sexuelle, op. cit.*, pp. 123-132 [hay trad. cast.: «Algunas consecuencias psíquicas de la diferencia anatómica entre los sexos», en *OC*, vol. 19, *op. cit.*, pp. 259-276], y Helene Deutsch, *Psychanalyse des fonctions sexuelles de la femme*, París, Presses Universitaires de France, 1994. El título de *Féminité mascarade* proviene de un texto célebre de Joan Riviere, «La féminité en tant que mascarade» [«La femineidad como máscara»], en el cual la autora muestra que las mujeres intelectuales que han alcanzado un éxito completo en su integración social y su vida conyugal son condenadas a exhibir su femineidad como una máscara para disimular mejor su angustia.

19. Virginia Woolf, *Trois guinées* (1938), precedido de «L'autre corps», prefacio de Viviane Forrester, París, Éditions Des Femmes, 1978 [hay trad. cast.: *Tres guineas*, Barcelona, Lumen, 1999].

20. Carta de Freud a Jones, 9 de octubre de 1927, en S. Freud y E. Jones, *Correspondance complète...*, *op. cit.*, p. 727.

21. Numerosas obras se dedicaron a la historia del psicoanálisis infantil a partir de 1945, y en especial a la escuela inglesa representada por D. W. Winnicott y John Bowlby. Cf. É. Roudinesco y M. Plon, *Dictionnaire de la psychanalyse*, *op. cit.*, y para Francia, *HPF-JL*, *op. cit.*

22. S. Freud, «La féminité», *op. cit.*, p. 177 [«La feminidad», *op. cit.*, p. 122].

23. Sigmund Freud, «Le thème des trois coffrets» (1913), en *L'Inquiétante étrangeté...*, *op. cit.*, p. 81 [hay trad. cast.: «El motivo de la elección del cofre», en *OC*, vol. 12, *op. cit.*, p. 317].

24. S. Freud, «Sur le plus général des rabaissements...», *op. cit.*, p. 61 [«Sobre la más generalizada degradación...», *op. cit.*, p. 179].

25. *Ibid.*, p. 59 [*ibid.*, p. 176].

26. S. Freud, «La féminité», *op. cit.*, p. 179 [«La feminidad», *op. cit.*, p. 124; traducción ligeramente modificada].

27. Nicole Loraux, *Les Expériences de Tirésias: le féminin et l'homme grec*, París, Gallimard, 1989 [hay trad. cast.: *Las experiencias de Tiresias: lo femenino y el hombre griego*, Buenos Aires, Biblos, 2003].

28. Sigmund Freud, *La Question de l'analyse profane* (1926), París, Gallimard, 1985, p. 75 [hay trad. cast.: *¿Pueden los legos ejercer el análisis? Diálogos con un juez imparcial*, en *OC*, vol. 20, *op. cit.*, p. 199].

29. Henry Morton Stanley, *Through the Dark Continent, or, The Sources of the Nile around the Great Lakes of Equatorial Africa, and down the Livingstone River to the Atlantic Ocean* (1878), 2 vols., Mineola (Nueva York), Dover Publications, 1988 [hay trad. cast.: *El continente misterioso: las fuentes del Nilo, los grandes lagos del África ecuatorial, del río Livingstone al océano Atlántico*, Barcelona, Manuel Salvat, 1890]. Véase también Michèle Lurdos, «Au cœur du continent noir: Henry Morton Stanley», en Jean Sévry, ed., *Regards sur les littératures coloniales*, vol. 3, *Afrique anglophone et lusophone*, París, L'Harmattan, 1999, pp. 97-108.

30. Cf. Georges Duby y Michelle Perrot, eds., *Histoire des femmes en Occident*, vol. 4, *Le XIXe siècle*, edición de Geneviève Fraisse y Michelle Perrot, París, Plon, 1991 [hay trad. cast.: *Historia de las mujeres en Occidente*, vol. 4, *El siglo XIX*, Madrid, Taurus, 2000].

31. Sobre los debates posteriores en relación con la sexualidad femenina, y en especial sobre las posiciones respectivas de Simone de Beauvoir,

Jacques Lacan y sus sucesores, cf. *HPF-JL*, *op. cit.*, así como É. Roudinesco y M. Plon, *Dictionnaire de la psychanalyse*, *op. cit.*, y Élisabeth Roudinesco, «Soudain, *Le Deuxième sexe...*», *Les Temps modernes*, 647-648, enero-marzo de 2008, pp. 192-213. Es considerable la literatura dedicada a la cuestión y sobre todo a la distinción del sexo y el género (*gender*), tanto dentro como fuera del movimiento psicoanalítico. Cf. también L. Appignanesi y J. Forrester, *Freud's Women*, *op. cit.*

32. Cf. Célia Bertin, *La Femme à Vienne au temps de Freud*, París, Stock/ Laurence Pernoud, 1989, y Ursula Prokop, *Margaret Stonborough-Wittgenstein: intellectuelle, mécène et bâtisseuse* (2005), Lausana, Éd. Noir sur Blanc, 2010. Cercano a Margaret, Freud no tuvo contacto ni con el Círculo de Viena, fundado por Moritz Schlick, ni con Ludwig Wittgenstein, hermano de aquella y amigo de Karl Kraus, que criticó su teoría del sueño. Cf. Ludwig Wittgenstein, «Entretiens sur Freud» (1943-1946), en R. Jaccard, presentación, *Freud: jugements et témoignages*, *op. cit.*, pp. 251-266 [hay trad. cast.: «Conversaciones sobre Freud», en *Lecciones y conversaciones sobre estética, psicología y creencia religiosa*, Barcelona, Paidós/Universidad Autónoma de Barcelona, 1992, pp. 115-128].

33. Cf. É. Roudinesco y M. Plon, *Dictionnaire de la psychanalyse*, *op. cit.*

34. Lou Andreas-Salomé, *Ma vie* (1901), París, Presses Universitaires de France, 2009 [hay trad. cast.: *Mirada retrospectiva: compendio de algunos recuerdos de la vida*, Madrid, Alianza, 2005].

35. J. Le Rider, *Modernité viennoise...*, *op. cit.*, y Lou Andreas-Salomé, *L'Amour du narcissisme: textes psychanalytiques* (1977), París, Gallimard, 1980 [hay trad. cast.: *El narcisismo como doble dirección: obras psicoanalíticas*, Barcelona, Tusquets, 1982].

36. Heinz Frederick Peters, *Ma sœur, mon épouse: biographie de Lou Andreas-Salomé* (1962), París, Gallimard, 1967, col. «Tel», p. 257 [hay trad. cast.: *Lou Andreas-Salomé, mi hermana, mi esposa: biografía*, Barcelona, Paidós, 1995]. La vida y la obra de Lou Andreas-Salomé fueron objeto de muchos trabajos. Entre los mejores, Angela Livingstone, *Lou Andreas-Salomé, sa vie de confidente de Freud, de Nietzsche et de Rilke et ses écrits sur la psychanalyse, la religion et la sexualité* (1984), París, Presses Universitaires de France, 1990, e Isabelle Mons, *Lou Andreas-Salomé: en toute liberté*, París, Perrin, 2012.

37. Carta de Freud a Andreas-Salomé, 10 de noviembre de 1912, en L. Andreas-Salomé, *Correspondance avec Freud...*, *op. cit.*, p. 17.

38. Lou Andreas-Salomé, citada en H. F. Peters, *Ma sœur, mon épouse...*, *op. cit.*, p. 283.

39. Personaje central de *Guerra y paz*, novela de Tolstói.

40. Carta de Freud a Andreas-Salomé, 17 de febrero de 1918, en L. Andreas-Salomé, *Correspondance avec Sigmund Freud...*, *op. cit.*, p. 98.

41. Lou Andreas-Salomé, *Lettre ouverte à Freud* (1931), París, Seuil, 1994, col. «Points».

42. Marie Bonaparte, «Chronologie biographique en huit cahiers», octubre de 1951, inédito, y Célia Bertin, *Marie Bonaparte*, París, Plon, 1999 [hay trad. cast.: *Marie Bonaparte: biografía*, Barcelona, Tusquets, 2013]. La primera edición de este libro, de 1982, se titulaba *La Dernière Bonaparte* [«La última Bonaparte»]. Sobre la trayectoria de Marie Bonaparte y su papel en la historia del psicoanálisis en Francia, cf. *HPF-JL*, *op. cit.*, y É. Roudinesco y M. Plon, *Dictionnaire de la psychanalyse*, *op. cit.*

43. Marie Bonaparte, «Sommaire de mon analyse et de ma correspondance avec Freud, avec Agenda (Cahiers noirs)», 14 de diciembre de 1925. Los archivos de Marie Bonaparte, conservados en la Biblioteca del Congreso, están cerrados a la consulta hasta 2020. Tengo una copia gracias a Célia Bertin. Además del «Sommaire», en esos archivos hay ciento veintiséis cartas (1926-1938) —de las cuales Ernest Jones y Max Schur publicaron quince— y una larga conversación sobre temas varios. Cf. asimismo Marie Bonaparte, *Cinq cahiers écrits par une petite fille entre sept ans et demi et dix ans et leurs commentaires*, 4 vols., París y Londres, impresos por el autor/ Imago Publishing, 1939-1951, y «Extraits du Cahier 1», *L'Infini*, 2, primavera de 1984, pp. 76-89. Véase, en *ibid.*, Élisabeth Roudinesco, «Entretien avec Philippe Sollers sur l'histoire de la psychanalyse en France», pp. 62-75. En la Biblioteca Nacional de Francia se conserva y puede consultarse una correspondencia de Marie Bonaparte con Anne Berman, que tiene por tema esencial la situación del psicoanálisis francés.

44. René Laforgue (1894-1962), psiquiatra y psicoanalista, fundador del movimiento psicoanalítico francés y de la Sociedad Psicoanalítica de París (SPP, 1926) junto con Édouard Pichon, Eugénie Sokolnicka, Marie Bonaparte, Rudolph Loewenstein y Raymond de Saussure. Cf. *HPF-JL*, sobre todo el capítulo «Histoire des douze».

45. A. E. Narjani, «Considérations sur les causes anatomiques de la frigidité chez la femme», *Bruxelles médical*, 27(4), 1924.

46. En especial con el profesor Halban. Esta amputación, que no es otra cosa que una ablación, se denomina «operación Halban-Narjani».

47. Marie Bonaparte, *Sexualité de la femme* (1951), París, Presses Universitaires de France, 1957 [hay trad. cast.: *La sexualidad de la mujer*, Barcelona, Península, 1972].

CUARTA PARTE

1. Entre medicina, fetichismo y religión

1. Cf. H. F. Ellenberger, *Histoire de la découverte…*, *op. cit.*, en especial las muy bellas páginas dedicadas a la historia de la psiquiatría dinámica, de Mesmer a Freud.

2. Cf. Georges Bataille, *La Part maudite*, en *Œuvres complètes*, vol. 7, París, Gallimard, 1976 [hay trad. cast.: *La parte maldita, precedida de La noción de gasto*, Barcelona, Icaria, 1987]. He abordado esta cuestión en Élisabeth Roudinesco, *Le Patient, le thérapeute et l'État*, París, Fayard, 2004 [hay trad. cast.: *El paciente, el terapeuta y el Estado*, Buenos Aires, Siglo XXI, 2005].

3. Recordemos que, en la tragedia de Sófocles, Edipo, tras su crimen, pasa del estatus de sabio y tirano al de mancha y chivo expiatorio.

4. En francés, *Laienanalyse* debe traducirse como *analyse profane* [«análisis profano»]. En alemán *laien* significa a la vez lego, aficionado y profano, en oposición a lo que es sagrado. La palabra francesa *laïc* [lego, laico] remite al ideal republicano de la laicidad, que no conviene cuando se trata de las batallas libradas en esa época a favor del psicoanálisis practicado por quienes no eran médicos.

5. Recordemos que Wilhelm Stekel se suicidaría en Londres en 1940.

6. Peter Gay da una buena versión de este asunto. Cf. asimismo Harald Leupold-Löwenthal, «Le procès de Theodor Reik», y Susann Heenen-Wolff, «La discussion sur l'"analyse profane" dans l'*Internationale Zeitschrift für Psychoanalyse* de l'année 1927», *Revue internationale d'histoire de la psychanalyse*, 3, 1990, pp. 57-69 y 71-88, respectivamente. Véase también *International Journal of Psycho-Analysis*, 8, 1927. Para el debate francés, cf. *HPF-JL*, *op. cit.*

7. Cf. Richard Sterba, *Réminiscences d'un psychanalyste viennois* (1982), Toulouse, Privat, 1986, pp. 66-67, y Theodor Reik, *Le Psychologue surpris: deviner et comprendre les processus inconscients* (1935), París, Denoël, 2001. Retomo aquí algunos elementos de mi prefacio a la reedición de ese libro.

8. Cf. Pascal Hachet, *Les Psychanalystes et Goethe*, París, L'Harmattan, 1995. Fue Kurt Eissler quien hizo el estudio más magistral sobre Goethe, al dedicar dos mil páginas a la dilucidación de un período de diez años de la vida del poeta, reconocido como la inauguración de una nueva etapa de creatividad; cf. Kurt Eissler, *Goethe: A Psychoanalytic Study, 1775-1786*, 2 vols., Detroit, Wayne State University Press, 1963.

9. Emigraría en 1938 a Palestina, donde se reunió con Max Eitingon.

10. Carta de Freud a Tandler, 8 de marzo de 1925, en S. Freud, *Corres-*

pondance, 1873-1939, op. cit., pp. 389-390 [hay trad. cast.: «A Julius Tandler», en *Epistolario, 1873-1939, op. cit.*, pp. 401-402; traducción levemente modificada].

11. S. Freud, *La Question de l'analyse profane, op. cit.*, con un excelente prefacio de Jean-Bertrand Pontalis y un apéndice de Michel Schneider sobre las controversias.

12. Ludger M. Hermanns, «Document inédit: lettre de Siegfried Bernfeld à Anna Freud sur la pratique de la psychanalyse à San Francisco, le 23 novembre 1937», *Revue internationale d'histoire de la psychanalyse*, 3, 1990, pp. 331-341, cita en p. 335.

13. Sobre las grandes controversias francesas, cf. *HPF-JL, op. cit.*

14. Debe señalarse que el tercer monoteísmo, el islam, está casi ausente de la obra de Freud, que solo hace contadas referencias a él. Cf. Fethi Benslama, *La Psychanalyse à l'épreuve de l'islam*, París, Aubier, 2002.

15. Heinrich Institoris y Jakob Sprenger, *Le Marteau des sorcières: Malleus Maleficarum* (1486), París, Jérôme Millon, 2005 [hay trad. cast.: *El martillo de las brujas para golpear a las brujas y sus herejías con poderosa maza: Malleus Maleficarum*, Valladolid, Maxtor, 2004]. Freud consultó este libro en latín, pero tenía una traducción alemana.

16. Sigmund Freud, «Actes obsédants et exercices religieux» (1907), en *Religion*, París, Gallimard, 2012, pp. 91-118 [hay trad. cast.: «Acciones obsesivas y prácticas religiosas», en *OC*, vol. 9, *op. cit.*, pp. 97-109], y «Une névrose diabolique au XVIIe siècle» (1923), en *L'Inquiétante étrangeté...*, *op. cit.*, pp. 265-320 [hay trad. cast.: «Una neurosis demoníaca en el siglo XVII», en *OC*, vol. 19, *op. cit.*, pp. 67-106].

17. El mejor comentario de este enfoque es el de Michel de Certeau, *L'Écriture de l'histoire*, París, Gallimard, 1975, pp. 291-312 [hay trad. cast.: *La escritura de la historia*, México, Universidad Iberoamericana, 1993].

18. Sigmund Freud, *L'Avenir d'une illusion* (1927), en *Religion, op. cit.*, pp. 134-235 [hay trad. cast.: *El porvenir de una ilusión*, en *OC*, vol. 21, *op. cit.*, pp. 1-55].

19. Carta de Freud a Ferenczi, 26 de enero de 1927, en S. Freud y S. Ferenczi, *Correspondance*, vol. 3, *op. cit.*, p. 330.

20. La correspondencia de Freud y Pfister, publicada en francés por Gallimard en 1966, es incompleta y poco fiable, además de carecer de índice. Está en preparación una nueva edición.

21. Danielle Milhaud-Cappe, *Freud et le mouvement de pédagogie psychanalytique, 1908-1937: A. Aichhorn, H. Zulliger, O. Pfister*, París, Vrin, 2007.

22. Cf. É. Roudinesco y M. Plon, *Dictionnaire de la psychanalyse, op. cit.*

23. Oskar Pfister, «L'illusion d'un avenir» (1928), *Revue française de psychanalyse*, 41(3), 1977, pp. 503-546.

24. Carta de Freud a R. Rolland, 20 de julio de 1929, acerca del sentimiento oceánico; cf. *HPF-JL* [hay trad. cast.: «A Romain Rolland», en *Epistolario, 1873-1939, op. cit.*, p. 434]. Freud, sin embargo, amaba a Mozart.

25. Cf. Michel de Certeau, *La Fable mystique*, XVIe-XVIIe *siècle*, vol. 2, París, Gallimard, 2013, p. 36.

26. *Slip* abierto o cerrado en las nalgas, acompañado de una concavidad destinada a proteger o sostener los órganos genitales del hombre durante las competencias deportivas. Podía utilizárselo como traje de baño y simbolizaba la arrogancia masculina. En el argot norteamericano de los campus se daba a esa prenda el nombre de *jockstrap*.

27. He reconstruido la historia de Carl Liebman sobre la base de los relatos que él mismo entregó a sus psiquiatras, después de 1935, durante su ingreso en la clínica psiquiátrica McLean de Harvard, y que están incorporados a su historia clínica. A ellos se agregan algunos intercambios epistolares de Julius y Marie Liebman con Freud y las indicaciones de Leopold Stieglitz, el médico de la familia. He consultado las cartas de Freud a Pfister y Ferenczi; este último da su propia versión del caso. Cf. David J. Lynn, «L'analyse par Freud d'un homme psychotique, A. B., entre 1925 et 1930» (1993), traducción de L. E. Prado de Oliveira, *Filigrane: écoutes psychothérapeutiques*, 16(1), 2007, pp. 109-122, y Alex Beam, *Gracefully Insane: The Rise and Fall of America's Premier Mental Hospital*, Nueva York, Public Affairs, 2001, capítulo 6, pp. 93-117. Cf. asimismo la conversación de Julius Liebman con Kurt Eissler, 6 de febrero de 1954, LoC, caja 114, carpeta 16. Con frecuencia se designa a Carl (o Karl) Liebman con las iniciales «A. B., el joven psicótico». Señalemos que Mikkel Borch-Jacobsen da una versión que minimiza demasiado la lucidez de Freud sobre la tragedia de esta psicoterapia. Cf. M. Borch-Jacobsen, *Les Patients de Freud…, op. cit.*

28. Sigmund Freud, «L'organisation génitale de la vie sexuelle infantile» (1923), en *La Vie sexuelle, op. cit.*, pp. 113-116 [hay trad. cast.: «La organización genital infantil (Una interpolación en la teoría de la sexualidad)», en *OC*, vol. 19, *op. cit.*, pp. 141-149]. El término se había utilizado por primera vez en 1914 en «Introducción del narcisismo».

29. Sigmund Freud, «La négation» (1925), en *OC.P*, vol. 17, *op. cit.*, pp. 165-171 [hay trad. cast.: «La negación», en *OC*, vol. 19, *op. cit.*, pp. 249-257]. He optado por la traducción de Jean Hyppolite de 1956, retomada por Olivier Mannoni: «denegación». Sobre este muy prolongado debate que desembocará en la creación del concepto de forclusión por Lacan, cf. *HPF-JL, op. cit.*

30. La primera descripción del fetichismo fue obra del magistrado francés Charles de Brosses (1709-1777), y la conceptualización del término se debe a Alfred Binet (1857-1911).

31. En especial Erzsébet Bathory (1560-1614), célebre condesa húngara convencida de que, si se bañaba en la sangre de otras mujeres, conservaría la juventud. Cf. É. Roudinesco, *La Part obscure...*, *op. cit.* Algunas mujeres toman por fetiche el cuerpo o parte del cuerpo de su hijo.

32. Freud no distingue ambos términos y utiliza de manera indistinta «pene» o «falo».

33. Carta de Freud a Pfister, 11 de abril de 1927, en S. Freud, *Sigmund Freud: correspondance avec le pasteur Pfister...*, *op. cit.*, p. 160.

34. Sigmund Freud, «Le fétichisme» (1927), en *La Vie sexuelle*, *op. cit.*, pp. 134 y 137; en *OC.P*, vol. 18, 2002, pp. 123-133, y en *Trois mécanismes de défense*, traducción de Olivier Mannoni, París, Payot, 2012, col. «Petite Bibliothèque Payot», pp. 69-81 [hay trad. cast.: «Fetichismo», en *OC*, vol. 21, *op. cit.*, pp. 141-152, cita en pp. 147-148].

35. Carta de Freud a Jung, 15 de octubre de 1909, en S. Freud y C. G. Jung, *Correspondance*, vol. 1, *op. cit.*, p. 346.

36. En francés, *Schamgürtel* se tradujo como *gaine pubienne* [«faja pubiana»] o *cache-sexe* [«taparrabos»]. Solo Olivier Mannoni señaló que esa palabra remitía al *subligaculum* utilizado por los romanos, mientras que en nuestros días designa una prenda sadomasoquista compuesta de correas y abierta en las partes sexuales. En la *Standard Edition*, la palabra escogida por James Strachey y Joan Riviere para traducir *Schamgürtel* es perfectamente equivalente al suspensorio: *support-belt* y *suspensory-belt*, términos que no tienen nada que ver con un cinturón de vergüenza o una faja pubiana.

37. Carta de Emy I. Moebius a Kurt Eissler, 11 de septiembre de 1952, LoC, caja 21, carpeta 8.

38. S. Freud, *Chronique la plus brève...*, *op. cit.*,

39. Detlef Berthelsen, *La Famille Freud au jour le jour: souvenirs de Paula Fichtl* (1987), París, Presses Universitaires de France, 1991 [hay trad. cast.: *La vida cotidiana de Sigmund Freud y su familia: recuerdos de Paula Fichtl*, Barcelona, Ediciones 62, 1995]. Antes de la Primera Guerra Mundial, cuando sus hijos menores vivían con él, Freud tenía cuatro personas a su servicio.

40. Su primer encuentro data de 1908. Cf. Stefan Zweig, *Appels aux Européens* (1932-1934), traducción y prefacio de Jacques Le Rider, París, Bartillat, 2014, col. «Omnia Poche».

41. Carta de Freud a S. Zweig, 17 de febrero de 1931, en S. Freud y S. Zweig, *Correspondance*, *op. cit.*, p. 74, y Stefan Zweig, *Sigmund Freud: la guérison par l'esprit* (1931), París, Librairie Générale Française, 2010, col. «Livre

de poche» [hay trad. cast.: *La curación por el espíritu (Mesmer, Mary Baker-Eddy, Freud)*, Barcelona, Acantilado, 2006].

42. S. Zweig, *Sigmund Freud: la guérison...*, *op. cit.*, p. 52.

43. Las obras de Stefan Zweig están reunidas en *Romans, nouvelles et récits*, 2 vols., edición de Jean-Pierre Lefebvre, París, Gallimard, 2013, col. «Bibliothèque de la Pléiade» [hay trad. cast.: *Veinticuatro horas en la vida de una mujer*, Barcelona, Acantilado, 2001].

44. Carta de Freud a S. Zweig, 4 de septiembre de 1926, en S. Freud y S. Zweig, *Correspondance*, *op. cit.*, p. 48. Freud haría otros comentarios sobre varias novelas breves de Zweig.

45. Thomas Mann, «Freud dans l'histoire de la pensée moderne» (1929), en *Sur le mariage – Lessing – Freud et la pensée moderne – Mon temps*, edición bilingüe, París, Aubier-Flammarion, 1970, pp. 107-149 [hay trad. cast.: «El puesto de Freud en la historia del espíritu moderno», en *Schopenhauer, Nietzsche, Freud*, Madrid, Alianza, 2000, pp. 136-168].

46. Carta de Freud a Andreas-Salomé, 28 de julio de 1929, en L. Andreas-Salomé, *Correspondance avec Sigmund Freud...*, *op. cit.*, p. 225.

47. Carta de Freud a Andreas-Salomé, 9 de mayo de 1928, en *ibid.*, p. 216.

48. Estas notas serían exhumadas en 1985 por Karl Sablik, «Freud et Julius Tandler: une mystérieuse relation», *Revue internationale d'histoire de la psychanalyse*, 3, 1990, p. 96.

2. FRENTE A HITLER

1. Mark Edmundson, *La Mort de Sigmund Freud: l'héritage de ses derniers jours* (2007), París, Payot & Rivages, 2009, p. 9. Sobre la vida de Hitler, la mejor fuente es Ian Kershaw, *Hitler (1889-1945)* (1998-2000), 2 vols., París, Flammarion, 2009 [hay trad. cast.: *Hitler, 1889-1936*, Barcelona, Península, 1999, y *Hitler, 1936-1945*, Barcelona, Península, 2000]. También Vincent Brome había hecho ese paralelismo histórico en *Les Premiers disciples...*, *op. cit.* Y asimismo C. Schorske, *Vienne, fin de siècle...*, *op. cit.* Debe señalarse, por otra parte, que muchos psicoanalistas dedicaron a Hitler una literatura «psicobiográfica» muy débil, cuyas tesis fueron luego invalidadas por Kershaw.

2. M. Edmundson, *La Mort de Sigmund Freud...*, *op. cit.*, pp. 13-14.

3. Texto escrito en 1938, después del *Anschluss*: Thomas Mann, *Bruder Hitler* (1939), Berlín, Heyne Verlag, 1991 [hay trad. cast.: «Hermano Hitler», en *Hermano Hitler y otros textos sobre la cuestión judía*, Barcelona, Global Rhythm, 2007]. La primera versión en inglés se remonta a marzo de 1939

y su título era «That man is my brother», *Esquire*, 11(3), marzo de 1939. Traducción francesa: «Frère Hitler», en *Les Exigences du jour*, París, Grasset, 1976. Cf. asimismo Jean Finck, *Thomas Mann et la psychanalyse*, París, Les Belles Lettres, 1982.

4. Thomas Mann, «Allemagne ma souffrance», en *Les Exigences du jour*, *op. cit.*, p. 186.

5. T. Mann, «Frère Hitler», *op. cit.*, p. 309.

6. Mann retomaría esta temática de la doble Alemania en *Doctor Faustus*. Y otro tanto hace Ian Kershaw cuando afirma, al final de su biografía de Hitler: «La Alemania que había engendrado a Adolf Hitler, que había reconocido su futuro en su visión y lo había servido de tan buena gana; en síntesis, la Alemania que había tomado parte en su *hybris*, tuvo que compartir también su némesis».

7. T. Mann, «Frère Hitler», *op. cit.*, p. 308.

8. Residencia de descanso apodada «el Berghof», comprada por Hitler en 1933 gracias a los derechos de autor de *Mi lucha*. Sería destruida en 1945.

9. En francés hay varias traducciones de *El malestar en la cultura*. En alemán Freud utiliza la palabra *Kultur* para designar a la vez la civilización (*Zivilisation*) y el espíritu de la Ilustración, en el sentido francés y alemán (*Aufklärung*). Se niega pues a distinguir la cultura que abarca un conjunto de tradiciones, modos de pensamiento, representaciones y creencias, de la civilización, término más amplio que supone la idea de una razón universal propia de la humanidad, que opone el «salvaje», el «bárbaro» o el «ineducado» al sujeto civilizado. En consecuencia, se puede traducir *Kultur*, en el sentido freudiano, tanto por «cultura» como por «civilización». En Francia, debates intensos enfrentaron a los partidarios de la palabra «cultura» con los adeptos al término «civilización». He estudiado esa historia en *HPF-JL*, *op. cit.*, sobre todo con referencia a la valorización que hacía Édouard Pichon de la «civilización francesa» en detrimento de la *Kultur* alemana. Cf. asimismo Jacques Le Rider, Michel Plon, Gérard Raulet y Henri Rey-Flaud, *Autour du «Malaise dans la culture» de Freud*, París, Presses Universitaires de France, 1998, y Pierre Pellegrin, presentación, dossier y notas, en Sigmund Freud, *Malaise dans la culture*, París, Garnier-Flammarion, 2010, pp. 7-88 y 177-214. Las dos mejores traducciones francesas del libro son las de Bernard Lortholary, París, Seuil, 2010, y Marc Crépon y Marc B. de Launay, en S. Freud, *Anthropologie de la guerre*, *op. cit.*, edición bilingüe. Estos tres traductores optaron por *Le Malaise dans la civilisation*. Cf. asimismo Sigmund Freud, *Malaise dans la culture*, en *OC.P*, vol. 18, *op. cit.*, pp. 245-333 [hay trad. cast.: *El malestar en la cultura*, en *OC*, vol. 21, *op. cit.*, pp. 57-140].

10. Desplazamiento de la pulsión hacia una meta no sexual.

11. Jean-Jacques Rousseau, *Discours sur l'origine et les fondements de l'inégalité* (1755), París, Gallimard, 1965, col. «Idées», p. 87 [hay trad. cast.: *Discurso sobre el origen de la desigualdad entre los hombres*, Madrid, Aguilar, 1981].

12. Sobre este término, véase *infra*.

13. S. Freud, *Le Malaise dans la civilisation*, *op. cit.* (traducción de Bernard Lortholary), p. 173 [*El malestar en la cultura*, *op. cit.*, p. 140].

14. Richard Nikolaus von Coudenhove-Kalergi (1894-1972): diplomático austríaco que fue el primero en adoptar el *Himno a la alegría* de Beethoven como himno europeo. Tras el *Anschluss* se exilió en Francia y luego en Suiza y Estados Unidos. Se haría gaullista después de adoptar la ciudadanía francesa. Su padre, Heinrich Johann Maria von Coudenhove-Kalergi, es autor de un libro sobre el antisemitismo, que Freud conocía bien: *Das Wesen des Antisemitismus*, Berlín, S. Calvary, 1901.

15. Desde su último viaje con su hija Anna, en 1923.

16. S. Freud, *Le Malaise dans la civilisation*, *op. cit.* (traducción de Bernard Lortholary), pp. 50-52 [*El malestar en la cultura*, *op. cit.*, pp. 69-71].

17. Son las palabras de Freud.

18. Carta de Albert Einstein a Freud, en S. Freud, *OC.P*, vol. 19, *op. cit.*, p. 67 [hay trad. cast.: «Carta de Einstein», en S. Freud, *OC*, vol. 22, *op. cit.*, p. 185].

19. Sigmund Freud, «Pourquoi la guerre?» (1932), en *OC.P*, vol. 19, *op. cit.*, pp. 69-81 [hay trad. cast.: «¿Por qué la guerra?», en *OC*, vol. 22, *op. cit.*, pp. 187-198, cita en p. 196].

20. Los traductores franceses se inclinaron ora por conservar este término en alemán, ora por traducirlo como «visión del mundo». En la *Standard Edition* no se traduce. Remito a Sigmund Freud, «Sur une *Weltanschauung*», en *Nouvelles conférences...*, *op. cit.*, pp. 211-243, y, con el título «D'une vision du monde», en *Nouvelle suite des leçons...*, *op. cit.* (*OC.P*), pp. 242-269 [hay trad. cast.: «En torno de una cosmovisión», en *Nuevas conferencias...*, *op. cit.*, pp. 146-168]. Literalmente, el término está compuesto de *Welt*, mundo, y *Anschauung*, contemplación, visión, experiencia, y tiene varios significados: ideología, concepción política del mundo, visión del mundo e incluso discurso filosófico.

21. S. Freud, «Sur une *Weltanschauung*», *op. cit.*, p. 215 [«En torno de una cosmovisión», *op. cit.*, pp. 148-149; traducción ligeramente modificada].

22. *Ibid.*, p. 237 [*ibid.*, p. 164].

23. Conviene leer, al respecto, el bello artículo de Bernd Nitzschke, «La psychanalyse considérée comme une science "a"-politique», *Revue internationale d'histoire de la psychanalyse*, 5, 1992, pp. 170-182.

24. Todavía no se ha escrito la historia del psicoanálisis en Rusia. En este aspecto, la obra de Alexandre Etkind, *Histoire de la psychanalyse en Russie*, París, Presses Universitaires de France, 1993, es insuficiente. Cf. Jean Marti, «La psychanalyse en Russie (1909-1930)», *Critique*, 346, «La psychanalyse vue du dehors», marzo de 1976, pp. 199-237, y Alberto Angelini, *La psicoanalisi in Russia: dai precursori agli anni trenta*, Nápoles, Liguori, 1988. Yo misma investigué parte de esa historia en *HPF-JL*, *op. cit.*, para el período 1930-1950. El movimiento psicoanalítico ruso fue progresivamente erradicado a partir de 1930. La calificación de «ciencia burguesa» solo aparecería en 1949, en el marco de la cruzada estalinista contra las ciencias y las artes, orquestada por Trofim Lysenko y Andréi Zhdánov.

25. Kommunistische Partei Deutschlands, Partido Comunista Alemán.

26. Keren Hayesod: organismo fundado en 1920 con vistas a la radicación de inmigrantes en Palestina.

27. Sobre el tema, véase G. Liebermann, *La Psychanalyse en Palestine...*, *op. cit.* David Montague Eder (1866-1936): psiquiatra y psicoanalista, fundador con Ernest Jones del movimiento psicoanalítico inglés y primo de Israel Zangwill (1864-1926), militante sionista y socialista.

28. Carta de Freud a Koffler, 26 de febrero de 1930, traducción francesa de Jacques Le Rider. El manuscrito original y la copia dactilografiada por un desconocido se conservan en la colección Abraham Schwadron de la Universidad Hebrea de Jerusalén. Ya he publicado esta carta y comentado su contenido en Élisabeth Roudinesco, «À propos d'une lettre inédite de Freud sur le sionisme et la question des lieux saints», *Cliniques méditerranéennes*, 70, 2004, pp. 5-17. Cf. asimismo É. Roudinesco, *Retour sur la question juive*, *op. cit.*

29. Carta de Freud a Einstein, 26 de febrero de 1930, citada en P. Gay, *Freud, une vie*, *op. cit.*, p. 688.

30. Sobre la imposible resolución de la cuestión de los Santos Lugares, cf. Charles Enderlin, *Le Rêve brisé: histoire de l'échec du processus de paix au Proche-Orient, 1995-2002*, París, Fayard, 2002, y *Au nom du Temple: Israël et l'irrésistible ascension du messianisme juif (1967-2013)*, París, Seuil, 2013.

31. Entre las mejores fuentes para el estudio de la colaboración de los psicoanalistas con el nazismo, cf. Jean-Luc Évard, presentación y traducción, *Les Années brunes: la psychanalyse sous le IIIe Reich*, París, Confrontation, 1984; Hans-Martin Lohmann, ed., *Psychoanalyse und Nationalsozialismus: Beiträge zur Bearbeitung eines unbewältigten Traumas*, Frankfurt, Fischer, 1984; Geoffrey Cocks, *La Psychothérapie sous le IIIe Reich: l'Institut Göring* (1985), París, Les Belles Lettres, 1987; Regine Lockot, *Erinnern und Durcharbeiten: zur Geschichte der Psychoanalyse und Psychotherapie im Nationalsozialismus*,

Frankfurt, Fischer, 1985, y Jennyfer Curio, «Ce qui est arrivé à la psychanalyse en Allemagne», memoria para el DEA [diploma de estudios avanza-
dos] de psicopatología y psicoanálisis, bajo la dirección de Émile Jalley, Université de Paris-Nord, 1997. Ernest Jones y Peter Gay omiten mencionar
este episodio.

32. Carta de Freud a Ferenczi, 2 de abril de 1933, en S. Freud y S. Ferenczi, *Correspondance*, vol. 3, *op. cit.*, pp. 512-513.

33. Los historiadores dan el nombre de austrofascismo a este episodio
de la historia de Austria, que se extendió de marzo de 1933 a julio de 1934,
fecha en que los nazis austríacos asesinaron a Dollfuss.

34. Carta de Freud a H. Doolittle, 5 de marzo de 1934, en H. Doolittle, *Pour l'amour de Freud*, *op. cit.*, p. 256.

35. Que utilizaba el término *Hitlerei* (hitlería) para designar la política
hitleriana. El sufijo *ei* marca habitualmente el lugar de ejercicio de una profesión.

36. Carta de Maurizio Serra a Élisabeth Roudinesco, 5 de marzo de
2014. Cf. Roberto Zapperi, *Freud e Mussolini: la psicoanalisi in Italia durante
il regime fascista*, Milán, Franco Angeli, 2013.

37. Sobre la que haría en 1934 una película conforme a los cánones
de la estética fascista. Cf. Giovacchino Forzano, «*Les Cent Jours* (Campo di
Maggio), trois actes et treize tableaux, tirés d'un scénario de M. Benito Mussolini, par Giovacchino Forzano, adaptation française d'André Mauprey»,
Les Cahiers de Bravo (París), 23, suplemento al número de enero de 1932.

38. El ejemplar alemán del libro de Forzano figura, en efecto, en el
catálogo de la biblioteca de Freud (2583) con la dedicatoria en italiano.

39. Dedicatoria manuscrita en alemán fechada el 26 de abril de 1933.
Cf. Anna Maria Accerboni, «Psychanalyse et fascisme: deux approches incompatibles. Le rôle difficile d'Edoardo Weiss», *Revue internationale d'histoire
de la psychanalyse*, 1, 1988, pp. 225-245; Paul Roazen, «Questions d'éthique
psychanalytique: Edoardo Weiss, Freud et Mussolini», *Revue internationale
d'histoire de la psychanalyse*, 5, 1992, pp. 151-167, y Glauco Carloni, «Freud
and Mussolini: a minor drama in two acts, one interlude and five charac-
ters», en Arnaldo Novelletto, ed., *L'Italia nella psicoanalisi*, catálogo de exposición, Roma, Istituto della Enciclopedia Italiana, 1989, pp. 51-60. Los
comentarios de Weiss enviados a Kurt Eissler se conservan en la Biblioteca
del Congreso, caja 121.

40. Hay que ser muy ignorante de la historia para pensar que Freud
habría sido «fascista», como no deja de afirmarlo Michel Onfray en su controvertido *Le Crépuscule d'une idole…*, *op. cit.*, pp. 524-533 y 590-591. Este
autor no consultó ni los archivos de la Biblioteca del Congreso ni la corres-

pondencia de Freud y Weiss sobre el tema. No tiene en cuenta las fuentes adecuadas, tergiversa las citas de la obra de Cocks y critica a Paul-Laurent Assoun, autor de un *Dictionnaire thématique, historique et critique des œuvres psychanalytiques*, París, Presses Universitaires de France, 2009, para afirmar que la comunidad psicoanalítica ha mantenido silencio sobre la historia de esta dedicatoria, olvidando que la mayoría de los historiadores del freudismo y los biógrafos de Freud la comentaron en diversas oportunidades.

41. Como le diría a Paul Roazen, Edoardo Weiss siempre negó la existencia de ese encuentro. Accerboni afirma, por el contrario, que lo hubo. Es posible que el contacto entre Weiss y Ciano se haya producido de manera indirecta.

42. En 1935 Camillo Berneri envió a Freud su obra *Le Juif antisémite*, París, Vita, 1935, con la siguiente dedicatoria: «En respetuoso homenaje». También había escrito un artículo sobre el libro dedicado a Leonardo da Vinci. Biblioteca Freud, núm. 217, Freud Museum de Londres.

43. Giancarlo Gramaglia, «Enquête sur Sigmund Freud et sur la Wiener Psychoanalytische Vereinigung effectuée par la diplomatie fasciste italienne en 1935», *Revue internationale d'histoire de la psychanalyse*, 5, 1992, pp. 143-150.

44. Elena Mancini, *Magnus Hirschfeld and the Quest for Sexual Freedom: A History of the First International Sexual Freedom Movement*, Nueva York, PalgraveMacmillan, 2010.

45. E. Jones, *La Vie et l'œuvre...*, vol. 3, *op. cit.*, p. 209.

46. Karen Brecht, Volker Friedrich, Ludger M. Hermanns, Isidor J. Kaminer *et al.*, «*Ici la vie continue d'une manière fort surprenante»: contribution à l'histoire de la psychanalyse en Allema*gne (1985), edición francesa establecida por Alain de Mijolla y Vera Renz, París, Association Internationale d'Histoire de la Psychanalyse (AIHP)/Goethe Institut, 1987, pp. 237-238. El artículo se publicó en la *Deutsche Volksgesundheit aus Blut and Boden*.

47. Carta de Freud a Eitingon, 21 de marzo de 1933, en S. Freud y M. Eitingon, *Correspondance...*, *op. cit.*, p. 785. En su controvertido texto Onfray afirma que Eitingon compartía la opinión de Jones sobre el «salvamento» del psicoanálisis; cf. M. Onfray, *Le Crépuscule d'une idole...*, *op. cit.*, p. 549.

48. Carta de Freud a Jones, 29 de mayo de 1933, en S. Freud y E. Jones, *Correspondance complète...*, *op. cit.*, p. 824. La «americana», Elizabeth Severn, participaba de la experiencia del análisis mutuo. Ferenczi la menciona en su diario clínico bajo las iniciales R. N.

49. S. Ferenczi, *Journal clinique...*, *op. cit.* Este diario se publicó mucho después de la muerte de Ferenczi, y Freud no lo conoció.

50. Carta de Ferenczi a Freud, 9 de abril de 1933, en S. Freud y S. Ferenczi, *Correspondance*, vol. 3, *op. cit.*, p. 514.

51. Sigmund Freud, «Ferenczi», en *OC.P*, vol. 19, *op. cit.*, pp. 309-315 [hay trad. cast.: «Sándor Ferenczi», en *OC*, vol. 22, *op. cit.*, pp. 226-228], y *Chronique la plus brève...*, *op. cit.*, p. 153.

52. Wilhelm Reich, *La Psychologie de masse du fascisme* (1933), París, Payot, 1978 [hay trad. cast.: *Psicología de masas del fascismo*, Barcelona, Bruguera, 1980], y *Reich parle de Freud: Wilhelm Reich discute de son œuvre et de ses relations avec Sigmund Freud* (1967), conversación con Kurt Eissler, París, Payot, 1970 [hay trad. cast.: *Reich habla de Freud: Wilhelm Reich comenta su obra y su relación con Sigmund Freud*, Barcelona, Anagrama, 1970]. Sobre el destino de la izquierda freudiana, cf. Russell Jacoby, *Otto Fenichel: destins de la gauche freudienne* (1983), París, Presses Universitaires de France, 1986.

53. K. Brecht *et al.*, «*Ici la vie continue d'une manière fort surprenante*»..., *op. cit.*, p. 247. El relato de Boehm es perfectamente compatible con la posición de Freud, como lo testimonia la carta de este a Eitingon fechada el 17 de abril de 1933, en S. Freud y M. Eitingon, *Correspondance...*, *op. cit.*, p. 789.

54. Acusado de estafa por haber comercializado acumuladores de orgones, Reich terminó su vida, en 1957, en la penitenciaría de Lewisburg, Pensilvania. Una parte de sus archivos, y en especial los concernientes a sus relaciones con Freud, se conservan en la Biblioteca del Congreso.

55. Cf. H. Doolittle, *Pour l'amour de Freud*, *op. cit.* Escribí un prefacio para la reedición francesa de este libro.

56. J. Wortis, *Psychanalyse à Vienne...*, *op. cit.* Joseph Wortis (1906-1995) introdujo en Estados Unidos la insulinoterapia en el tratamiento de la esquizofrenia. Brindó su ayuda a los republicanos durante la Guerra Civil española, participó a continuación en la campaña antifreudiana orquestada por los partidos comunistas, denunció el psicoanálisis como una «ciencia burguesa» y escribió en 1950 el primer estudio serio sobre la llamada psiquiatría «soviética».

57. Sociedad Médica General de Psicoterapia.

58. Ernst Kretschmer, *Archiv für Psychiatrie und Krankheiten*, 96, 1932, p. 219.

59. Carta de Jung a Allers, 23 de noviembre de 1933, en Carl Gustav Jung, *Correspondance*, vol. 1, *1906-1940* (1972), París, Albin Michel, 1992, pp. 181-182.

60. Carl Gustav Jung, «Geleitwort», *Zentralblatt für Psychotherapie*, 6(1), 1933, pp. 10-11, reeditado en Carl Gustav Jung, *Gesammelte Werke*, vol. 10, Olten y Friburgo de Brisgovia, Walter Verlag, 1974, pp. 581-583. Traducido

y publicado en francés con el título de «Éditorial», *Cahiers jungiens de psychanalyse*, 82, primavera de 1995, pp. 9-10.

61. Carl Gustav Jung, «Une interview à Radio-Berlin», 26 de junio de 1933, en C. G. *Jung parle: rencontres et interviews*, edición de William McGuire y Richard F. C. Hull, París, Buchet-Castel, 1985, pp. 55-61 [hay trad. cast.: «Una entrevista en Radio Berlín», en *Encuentros con Jung*, Madrid, Trotta, 2000, pp. 77-83]. La versión original de este texto se conoció en 1987 y fue objeto de un análisis de Matthias von der Tann, «A Jungian perspective on the Berlin Institute for Psychotherapy: a basis for mourning», *The San Francisco Jung Institute Library Journal*, 8(4), 1989, pp. 43-73.

62. Explica esta política en dos cartas del 22 de enero de 1934, una a Poul Bjerre, otra a Alfons Maeder, en C. G. Jung, *Correspondance*, vol. 1, *op. cit.*, pp. 184-188.

63. Carl Gustav Jung, «Zur gegenwärtigen Lage der Psychotherapie», *Zentralblatt für Psychotherapie*, 7, 1934, pp. 1-16, reproducido sin modificaciones en C. G. Jung, *Gesammelte Werke*, vol. 10, *op. cit.*, pp. 181-201 [hay trad. cast.: «Acerca de la situación actual de la psicoterapia», en *Civilización en transición*, vol. 10 de la *Obra completa*, Madrid, Trotta, 2001]. Versión inglesa: «The state of psychotherapy today», en *Collected Works*, vol. 10, Princeton, Princeton University Press, 1970, pp. 157-176. Versión francesa: «La situation actuelle de la psychothérapie», *Cahiers jungiens de psychanalyse*, 96, otoño de 1999, pp. 43-63. Cf. asimismo la versión del texto traducida en Y. H. Yerushalmi, *Le «Moïse» de Freud...*, *op. cit.*, pp. 103-104, y É. Roudinesco, *Retour sur la question juive*, *op. cit.*, p. 153, donde cito el texto según la traducción de Jacques Le Rider. No comparto ni la opinión de Deirdre Bair, que exime a Jung de todo antisemitismo y considera que su colaboración con Göring se debía a la influencia de Cimbal (cf. D. Bair, *Jung...*, *op. cit.*, p. 665), ni la de Richard Noll, *Jung, le «Christ aryen»: les secrets d'une vie* (1997), París, Plon, 1999 [hay trad. cast.: *Jung, el Cristo ario*, Barcelona, Ediciones B, 2002], que reduce el conjunto de su obra a una doctrina nazi. Sobre el antisemitismo de Jung, cf. asimismo Andrew Samuels, «Psychologie nationale, national-socialisme et psychologie analytique: réflexions sur Jung et l'antisémitisme», *Revue internationale d'histoire de la psychanalyse*, 5, 1992, pp. 183-219. Organicé sobre el tema el XVI coloquio de la Société Internationale d'Histoire de la Psychiatrie et de la Psychanalyse (SIHPP), «Carl Gustav Jung, l'œuvre, la clinique, la politique», celebrado el 24 de noviembre de 2001 con la participación de Deirdre Bair, Mireille Cifali, Christian Jambet, Michel Plon y Andrew Samuels.

64. Carta de Jung a Kirsch, 26 de mayo de 1934, en C. G. Jung, *Correspondance*, vol. 1, *op. cit.*, p. 216.

65. Carta de Jung a Adler, 9 de junio de 1934, en *ibid.*, p. 219.

66. Carta de Jung a Neumann, 22 de diciembre de 1935, en *ibid.*, pp. 268-269.

67. Victor Klemperer, *LTI, la langue du IIIe Reich: cahiers d'un philologue* (1975), París, Albin Michel, 1996 [hay trad. cast.: *LTI: la lengua del Tercer Reich. Apuntes de un filólogo*, Barcelona, Minúscula, 2002].

68. «*Mann sollte sich nicht allzulaut über die Psychoanalyse des Juden "Freud" empören, wenn man und solange man überhaupt nicht anders über Alles und Jedes "denken" kann als so, daß Alles als "Ausdruck" "des Lebens" einmal und auf "Instinkte" und "Instinktschwund zurückführt". Diese "Denk"-weise, die überhaupt im voraus kein "Sein" zuläßt, ist der reine Nihilismus.*» Extracto del «Überlegungen XIV» (1940-1941), texto establecido por Peter Trawny, en Martin Heidegger, *Gesamtausgabe*, vol. 96, Frankfurt, Klostermann, 2014, p. 218. Cf. asimismo Peter Trawny, *Heidegger et l'antisémitisme: sur les «Cahiers noirs»* (2014), París, Seuil, 2014.

69. Sobre las relaciones que Heidegger mantendría con el psiquiatra suizo alemán Medard Boss (1903-1990), formado en el Burghölzli, cf. Martin Heidegger, *Séminaires de Zurich* (1987), París, Gallimard, 2010. Sobre las relaciones de Lacan y Heidegger, cf. *HPF-JL, op. cit.*, pp. 1773-1791.

70. Carta de Einstein a Freud, 21 de abril de 1936, en S. Freud, *Chronique la plus brève…, op. cit.*, p. 200.

71. Lilly Freud-Marlé, *Mein Onkel Sigmund Freud: Erinnerungen an eine grosse Familie*, cartas reunidas por Christfried Tögel, Berlín, Aufbau, 2006.

72. Famoso lugar de veraneo, situado al nordeste de Viena, con restaurantes y residencias de descanso. Desde 1934 Freud alquilaba en Grinzing una hermosa casa con jardín, donde se instalaba con su familia en primavera o verano.

73. Thomas Mann, «Freud et l'avenir», en R. Jaccard, presentación, *Freud: jugements et témoignages, op. cit.*, pp. 15-43 [hay trad. cast.: «Freud y el futuro», en Thomas Mann, *Freud, Goethe, Wagner, Tolstoi*, Buenos Aires, Poseidón, 1944].

74. S. Freud, «Un trouble de mémoire…», *op. cit.*

75. Los tres volúmenes figuran en su biblioteca (núm. 2345): *Las historias de Jacob* (1933), *El joven José* y *José en Egipto*. El último volumen, *José el proveedor*, se publicaría en 1943. La versión francesa es *Joseph et ses frères*, 4 vols., París, Gallimard, 1980, col. «L'Imaginaire» [hay trad. cast.: *José y sus hermanos*, 4 vols., Madrid, Guadarrama, 1977]. Carta de Freud a Mann, 29 de noviembre de 1936, en S. Freud, *Correspondance, 1873-1939, op. cit.*, pp. 471-473 [hay trad. cast.: «A Thomas Mann», en *Epistolario, 1873-1939, op. cit.*, pp. 480-482].

76. Napoleón Francisco Carlos José Bonaparte (1811-1832), llamado «el Aguilucho», rey de Roma y duque de Reichstadt, hijo de Napoleón y María Luisa de Austria.

77. Carta de Freud a Arnold Zweig, 15 de julio de 1934, en S. Freud y A. Zweig, *Correspondance...*, *op. cit.*, pp. 123-124. Zweig acababa de escribir una pieza teatral sobre la toma de Jaffa —acaecida el 7 de marzo de 1799— y la visita de Napoleón a los apestados.

78. Freud conocía la vida de Bonaparte por Bergler y por la obra de Albert Vandal, *L'Avènement de Bonaparte*, París, Plon-Nourrit et Cie., 1910, que tenía en su biblioteca (núm. 3497). E. Jones, *La Vie et l'œuvre...*, vol. 3, *op. cit.*, pp. 218-219. También había leído los volúmenes de Adolphe Thiers sobre el Consulado y el Imperio.

79. Jacques Lacan, «Au-delà du principe de réalité» (1936), en *Écrits*, *op. cit.*, pp. 73-92 [hay trad. cast.: «Más allá del principio de realidad», en *Escritos*, vol. 1, *op. cit.*, pp. 81-98].

80. R. Sterba, *Réminiscences d'un psychanalyste...*, *op. cit.*, p. 142.

81. Abraham H. Maslow, «Was Adler a disciple of Freud? A note», *Journal of Individual Psychology*, 18, 1962, p. 125.

82. Carta de Freud a Arnold Zweig, 22 de junio de 1937, citada por primera vez por Ernest Jones, no incluida en la correspondencia entre Freud y Zweig; también la cita P. E. Stepansky, *Adler dans l'ombre...*, *op. cit.*, p. 262.

83. Carta de Freud a Andreas-Salomé, 6 de enero de 1935, en L. Andreas-Salomé, *Correspondance avec Sigmund Freud...*, *op. cit.*, p. 252.

84. Lou Andreas-Salomé, «Mein Bekenntnis zum heutigen Deutschland» (1934), inédito, archivos de Lou Andreas-Salomé en Gotinga. En 2008 Dorian Astor pretendió que ese texto, al que los investigadores no tienen acceso, era de inspiración nazi y contenía pasajes antisemitas. Cf. Dorian Astor, *Lou Andreas-Salomé*, París, Gallimard, 2008, pp. 348-353. Isabelle Mons invalidó esta tesis con sólidos argumentos. Cf. I. Mons, *Lou Andreas-Salomé...*, *op. cit.*, pp. 300-308. No he consultado ese archivo, pero Isabelle Mons me dio a conocer las notas que tomó tras examinarlo.

85. Sigmund Freud, «Lou Andreas Salomé», en *OC.P*, vol. 20, 2010, p. 11 [hay trad. cast.: «Lou Andreas-Salomé», en *OC*, vol. 23, 1980, pp. 299-300].

86. El primer artículo se publicó en francés con diversos títulos: «Analyse terminée et analyse interminable», «L'analyse avec fin et l'analyse sans fin». Cf. Sigmund Freud, «L'analyse avec fin et l'analyse sans fin» y «Constructions dans l'analyse», en *Résultats, idées, problèmes*, vol. 2, *1921-1938*, París, Presses Universitaires de France, 1985, pp. 231-268 y 269-281, respectivamente, y en *OC.P*, vol. 20, *op. cit.* (el primero traducido como

«L'analyse finie et l'analyse infinie»), pp. 13-55 y 57-75, respectivamente [hay trad. cast.: «Análisis terminable e interminable» y «Construcciones en el análisis», en *OC*, vol. 23, *op. cit.*, pp. 211-254 y 255-270, respectivamente]. Cf. asimismo S. Freud, *Nouvelles conférences...*, *op. cit.*

87. De ese modo, incluía el análisis en la categoría de las profesiones imposibles, como las de gobernar o educar.

88. S. Freud, «L'analyse avec fin...», *op. cit.*, p. 265 [«Análisis terminable...», *op. cit.*, p. 251].

89. E. J. Lieberman, *La Volonté en acte...*, *op. cit.*, p. 441, y J. Wortis, *Psychanalyse à Vienne...*, *op. cit.*, p. 135. Jones haría suya la tesis de la «locura» de Rank, como la de Ferenczi.

90. Carta de Freud a Jones, 2 de marzo de 1937, en S. Freud y E. Jones, *Correspondance complète...*, *op. cit.*, p. 863.

91. Carta de S. Zweig a Freud, 15 de noviembre de 1937, en S. Freud y S. Zweig, *Correspondance*, *op. cit.*, p. 113.

3. LA MUERTE EN ACCIÓN

1. Cf. Mary V. Dearborn, *Queen of Bohemia: The Life of Louise Bryant*, Boston, Houghton Mifflin, 1996. La enfermedad de Dercum es una adiposis dolorosa acompañada de trastornos mentales. Louise Bryant murió en Francia en 1936.

2. Edward Mandell House (1858-1938): diplomático y político, asesor de Wilson en la redacción de los «catorce puntos». En 1919 se lo hizo a un lado.

3. Sigmund Freud y William Bullitt, *Le Président Thomas Woodrow Wilson: portrait psychologique* (1967), París, Payot, 1990 [hay trad. cast.: *El Presidente Thomas Woodrow Wilson: un estudio psicológico*, Buenos Aires, Letra Viva, 1973]. Solo la introducción, traducida del alemán, se reproduce en las *OC.P*: Sigmund Freud, «Introduction à *Thomas Woodrow Wilson* de S. Freud y W. C. Bullitt», en *OC.P*, vol. 18, *op. cit.*, pp. 363-372, con una noticia explicativa sobre las condiciones en que Bullitt publicó el texto. Para la interpretación de este, cf. asimismo É. Roudinesco y M. Plon, *Dictionnaire de la psychanalyse*, *op. cit.* El dinero remitido por Bullitt sirvió para sacar a flote el Verlag. También puede leerse la argumentación planteada por P. Gay, *Freud, une vie*, *op. cit.*, pp. 869-870.

4. De ahí la severidad de Erik Erikson, quien destacó que el texto parecía haber sido escrito por un estudiante poco dotado que no entendía ni la lengua ni el pensamiento de su maestro.

5. Redactado por Wilson sin concertarlo con sus pares europeos, el discurso pretendía reformular las fronteras de los antiguos Imperios Centrales y manejar las relaciones internacionales mediante la creación de una Sociedad de Naciones (SDN).

6. Véase al respecto Catherine Clément, *Pour Sigmund Freud*, París, Mengès, 2005, pp. 127-143.

7. La palabra alemana *Geistigkeit* significa «espiritualidad» o «intelectualidad», e incluso «vida del espíritu». El término «espiritualismo» no es conveniente para la hipótesis freudiana. Hay varias traducciones francesas de la obra. He elegido la de Cornélius Heim, *L'Homme Moïse et la religion monothéiste* (1939), París, Gallimard, 1986 [hay trad. cast.: *Moisés y la religión monoteísta*, en *OC*, vol. 23, *op. cit.*, pp. 1-132]. Cf. asimismo la traducción de Jean-Pierre Lefebvre, París, Seuil, 2012, col. «Points Essais», con una excelente presentación, y *OC.P*, vol. 20, *op. cit.*, pp. 132-219. Entre los mejores comentaristas, además de Y. H. Yerushalmi, cuyo *Le «Moïse» de Freud...*, *op. cit.*, fue un verdadero acontecimiento, deben retenerse los nombres de Jacques Le Rider, *Freud, de l'Acropole au Sinaï: le retour à l'Antique des Modernes viennois*, París, Presses Universitaires de France, 2002; Edward Said, *Freud et le monde extra-européen* (2003), París, Le Serpent à Plumes, 2004 [hay trad. cast.: *Freud y los no europeos*, Barcelona, Global Rhythm, 2006], y Henri Rey-Flaud, *«Et Moïse créa les Juifs...»: le testament de Freud*, París, Aubier, 2006. He comentado la mayor parte de estas obras, así como la de Freud, en *Retour à la question juive, op. cit.* Cf. asimismo Ilse Grubrich-Simitis, «Un rêve éveillé: le *Moïse* de Freud», *Revue française de psychanalyse*, 56(4), 1992, pp. 1241-1243. Por otra parte, en 1994 organicé junto con René Major el coloquio de Londres de la SIHPP, durante el cual Jacques Derrida respondió a Yerushalmi con *Mal d'archive: une impression freudienne*, París, Galilée, 1995 [hay trad. cast.: *Mal de archivo: una impresión freudiana*, Madrid, Trotta, 1996]. Este acontecimiento fue objeto de un comentario malévolo y trufado de errores durante un coloquio de homenaje a Yerushalmi, organizado en París por Sylvie-Anne Goldberg, en el Museo de Arte e Historia del Judaísmo, el 11 de abril de 2011. Cf. Sylvie-Anne Goldberg, ed., *L'Histoire et la mémoire de l'histoire: hommage à Y. H. Yerushalmi*, París, Albin Michel, 2012. Publiqué una respuesta sobre el tema a Sylvie-Anne Goldberg y Michael Molnar en el *Bulletin de la SIHPP*, 30 de agosto de 2012.

8. El nombre y las obras de Spinoza no figuran en el catálogo de la biblioteca de Freud, quien nunca hizo referencia al célebre pasaje sobre la supervivencia de los judíos, en Baruch Spinoza, *Traité théologique-politique*, París, Presses Universitaires de France, 1999, capítulo 3 [hay trad. cast.: *Tratado teológico-político*, Buenos Aires, Lautaro, 1946].

9. La mejor obra sobre la génesis del mito de la nacionalidad egipcia de Moisés desde fines del siglo XVII es Jan Assmann, *Moïse l'Égyptien: un essai d'histoire de la mémoire*, París, Aubier, 2001; reedición, París, Flammarion, 2010, col. «Champs» [hay trad. cast.: *Moisés el egipcio*, Madrid, Anaya, 2003]. Cf. asimismo Jacques Le Rider, «Moïse égyptien», *Revue germanique internationale*, 14, 2000, pp. 127-150. En la biblioteca de Freud hay una cantidad impresionante de obras de egiptólogos y de exégetas de la Biblia. En ese ámbito, él exhibía una inmensa erudición.

10. O. Rank, *Le Mythe de la naissance...*, *op. cit.*

11. En el relato bíblico la hija del faraón encuentra al niño en la canastilla, lo adopta y hace que su madre lo alimente.

12. En 1912 Karl Abraham había publicado un artículo sobre el tema: «Amenhotep IV: contribution psychanalytique à l'étude de sa personnalité et du culte monothéiste d'Aton», en *Œuvres complètes*, vol. 1, *op. cit.*, pp. 232-257 [hay trad. cast.: «Amenhotep IV: una contribución psicoanalítica para la comprensión de su personalidad y del culto monoteísta de Atón», en *Obras completas*, *op. cit.*, pp. 635-662].

13. Ernst Sellin, *Mose und seine Bedeutung für die Israelitisch-jüdische Religionsgeschichte*, Leipzig y Erlangen, A. Deichertsche Verlagsbuchhandlung, 1922. La tesis de Sellin sobre el asesinato de Moisés ya había sido refutada en esa época por Abraham Shalom Yahuda (1877-1951). Freud la había conocido a través de Arnold Zweig.

14. En la versión bíblica Moisés destruye las Tablas de la Ley al ver a los hebreos adorar al becerro de oro. Vuelve a subir al Sinaí para que Yahvé le entregue nuevas tablas y muere a los ciento veinte años sin haber alcanzado la Tierra Prometida. Su sucesor es Josué. Los hebreos deambulan durante cuarenta años por el desierto.

15. Eduard Meyer, *Die Israeliten und ihre Nachbarstämme: Alttestamentliche Untersuchungen*, Halle, Max Niemeyer, 1906.

16. Hijo de Abraham, cuyos descendientes son los madianitas. Freud menciona a otros historiadores y exégetas. Sus obras, así como las de Meyer, forman parte del catálogo de su biblioteca. La de Sellin, de 1922, no figura en él.

17. En el relato bíblico las dos historias están ligadas. En la edad adulta, Moisés mata a un egipcio y huye al país de Madián, donde descubre su vocación: desde el interior de una zarza, Yahvé lo convoca a volver a Egipto y liberar a los hebreos sometidos a la esclavitud.

18. Jacques Lacan identificó perfectamente ese dualismo freudiano en *Le Séminaire, Livre VII, L'Éthique de la psychanalyse (1959-1960)*, texto establecido por Jacques-Alain Miller, París, Seuil, 1986, p. 203 ss. [hay trad. cast.:

El Seminario de Jacques Lacan. Libro 7. La ética del psicoanálisis. 1959-1960, Buenos Aires, Paidós, 1988].

19. S. Freud, *L'Homme Moïse...*, *op. cit.* (traducción de Heim), p. 133 [*Moisés y la religión monoteísta, op. cit.*, p. 53].

20. *Ibid.*, pp. 135-136 [*ibid.*, p. 55].

21. *Ibid.*, p. 180 [*ibid.*, p. 84].

22. *Ibid.*, p. 185 [*ibid.*, p. 88].

23. Cosa que destaca muy bien Peter Gay, *Un Juif sans Dieu: Freud, l'athéisme et la naissance de la psychanalyse* (1987), París, Presses Universitaires de France, 1989 [hay trad. cast.: *Un judío sin Dios: Freud, el ateísmo y la construcción del psicoanálisis*, Buenos Aires, Ada Korn, 1994]. He desarrollado esta tesis en *Retour sur la question juive, op. cit.*

24. Lo que lleva a Yerushalmi a decir que Freud hizo del psicoanálisis una prolongación del judaísmo sin Dios: un judaísmo interminable. Yo hablaría más bien de una judeidad interminable. He desarrollado esta tesis en *Retour sur la question juive, op. cit.*

25. En 1655, a petición del rabino Menasseh ben Israel, Cromwell había puesto fin a la proscripción de los judíos y autorizado la libertad de cultos.

26. M. Edmundson, *La Mort de Sigmund Freud...*, *op. cit.*, p. 116.

27. David Bakan, *Freud et la tradition de la mystique juive* (1958), París, Payot, 1977.

28. Martin Buber, *Moïse*, París, Presses Universitaires de France, 1986 [hay trad. cast.: *Moisés*, Buenos Aires, Imán, 1949]; C. E. Schorske, *Vienne, fin de siècle...*, *op. cit.*; Y. Yovel, *Spinoza et autres hérétiques, op. cit.*, y P. Gay, *Un Juif sans Dieu...*, *op. cit.*

29. Carta de Freud a Marie Bonaparte, 27 de enero de 1938, archivos inéditos. Citada por Max Schur.

30. Citado en I. Kershaw, *Hitler...*, vol. 2, *op. cit.*, p. 129.

31. *Ibid.*, p. 144.

32. En ese sentido, el 15 de marzo Wiley envió al secretario de Estado un telegrama, cuya reproducción facsimilar figura en S. Freud, *Chronique la plus brève...*, *op. cit.*, p. 229.

33. La unificación de Austria y Alemania.

34. R. Sterba, *Réminiscences d'un psychanalyste...*, *op. cit.*, pp. 145-146. La «excepción» era Sterba.

35. I. Kershaw, *Hitler...*, vol. 2, *op. cit.*, p. 149. Peter Gay hace una excelente descripción del furor que se desató en Austria en marzo de 1938.

36. El 2 de abril de 1938 Francia, Gran Bretaña y Estados Unidos reconocieron la legalidad del *Anschluss*.

37. Carta de Giovacchino Forzano a Mussolini, 14 de marzo de 1938, citada en P. Roazen, «Questions d'éthique psychanalytique...», *op. cit.*, p. 162. A pesar de las afirmaciones de Concetta Giovacchino al respecto, Mussolini parece no haber dado curso a esta petición de su padre. Pedí a Maurizio Serra que investigara la cuestión, pero en los archivos no se encontró nada. En su testimonio conservado en la Biblioteca del Congreso, Edoardo Weiss dice que jamás tuvo la más mínima prueba de las intenciones favorables de Mussolini con referencia a Freud, en las que, sin embargo, Forzano creía.

38. Sobre la emigración de Freud, además de los archivos de la Biblioteca del Congreso y los de Marie Bonaparte, pueden consultarse las obras ya citadas de Ernest Jones, Max Schur, Martin Freud, Eva Weissweiler, Richard Sterba, Mark Edmundson, Detlef Berthelsen (sobre Paula Fichtl) y Elisabeth Young-Bruehl. También hay que cotejar los epistolarios de Freud con Ernest Jones, Max Eitingon, Arnold Zweig, Minna Bernays, Anna Freud y los otros hijos. Cf. asimismo S. Freud, *Chronique la plus brève...*, *op. cit.*; K. Brecht *et al.*, «*Ici la vie continue d'une manière fort surprenante*»..., *op. cit.*, y Sophie Freud, *À l'ombre de la famille Freud...*, *op. cit.* La consulta de todas estas fuentes permite conocer en detalle y día a día la totalidad de las gestiones financieras, jurídicas y administrativas que desembocaron en la emigración de Freud y de los miembros de su familia, así como en el traslado a Inglaterra de sus archivos y colecciones. Un rumor propagado por Barbara Hannah pretende que Franz Riklin Jr. habría sido enviado a Viena por Jung para entregar a Freud una suma importante de dinero a fin de ayudarlo a exiliarse. D. Bair, *Jung...*, *op. cit.*, p. 692, invalidó este rumor. Cf. asimismo el testimonio de Robert McCully recogido por Kurt Eissler, LoC, s.d., caja 121, carpeta 17.

39. Testimonio de Emy Moebius, que emigraría a Florida, LoC, documento citado.

40. Un año después los adquirió Jacob Schatsky, bibliotecario del Instituto Psiquiátrico de Nueva York.

41. «Le protocole d'accord signé à Vienne le 20 mars 1938», *Revue internationale d'histoire de la psychanalyse*, 5, 1992, pp. 32-35.

42. Se llama así al no judío encargado de ayudar a los judíos practicantes a llevar a cabo ciertas tareas corrientes el día del sabbat.

43. Carta de Müller-Braunschweig a Sterba, 5 de mayo de 1938, que, según la fórmula ritual, terminaba con el «*Heil Hitler*», en R. Sterba, *Réminiscences d'un psychanalyste...*, *op. cit.*, p. 151.

44. «Puercos judíos.»

45. Sobre el papel de Alfred Indra, cf. Alexander Waugh, *Les Wittgens-*

tein: une famille en guerre (2008), París, Perrin, 2011 [hay trad. cast.: *La familia Wittgenstein*, Barcelona, Lumen, 2009]. Sobre el detalle de las leyes antijudías aplicadas a la familia Freud y a las hermanas de Sigmund, cf. Harald Leupold-Löwenthal, «L'émigration de la famille Freud en 1938», *Revue internationale d'histoire de la psychanalyse*, 2, 1989, pp. 442-461, y Alfred Gottwaldt, «Les sœurs de Sigmund Freud et la mort: remarques concernant leur destin de déportation et de meurtre de masse», *Revue française de psychanalyse*, 68(4), 2004, pp. 1307-1316.

46. En el sitio de este suntuoso hotel, destruido en 1945, Simon Wiesenthal instalaría su Centro de Documentación de la Resistencia Austríaca. En 1985 se levantó un monumento en recuerdo de las víctimas.

47. D. Berthelsen, *La Famille Freud...*, *op. cit.*, p. 81.

48. Eva Freud (1924-1944) murió en Marsella a raíz de una septicemia provocada por un aborto. Cf. É. Roudinesco y M. Plon, *Dictionnaire de la psychanalyse*, *op. cit.*

49. W. Ernst Freud, «Souvenirs personnels à propos de l'Anschluss de 1938», *Revue internationale d'histoire de la psychanalyse*, 3, 1990, pp. 409-417.

50. D. J. Lynn, «Sigmund Freud's psychoanalysis of Albert Hirst», *op. cit.*, y «Obituary», *Insurance Advocate*, 85, 1974, p. 89. El testimonio de Hirst está depositado en la Biblioteca del Congreso, documento citado.

51. Lilly adoptó a Angela, su sobrina huérfana, hija de Tom Seidmann-Freud, que se había suicidado en 1930, al igual que su marido, que se había matado poco tiempo antes que ella. En una carta a su hermana Mitzi, del 28 de diciembre de 1930, Freud explica que no puede tomar a su cargo a Angela en Viena, LoC, caja 3, carpeta 11.

52. Había nacido en Estados Unidos, donde su madre había emigrado, para después retornar a Viena. Cf. Ernst Waldinger, «My uncle Sigmund Freud», *Books Abroad*, 15, enero de 1941. Un extenso testimonio de Waldinger se conserva en la Biblioteca del Congreso, documento citado.

53. Freud insistió, en vano, para que se incluyera en la comitiva a Maximilian Steiner, miembro de la WPV desde 1908.

54. Sophie Freud, *À l'ombre de la famille Freud...*, *op. cit.*, p. 206. Nacida en 1924, Sophie Freud se casó en Estados Unidos con Paul Lowenstein, inmigrante alemán que se había evadido de un campo de tránsito en Francia. Psicosocióloga, se especializó en la protección de la infancia.

55. August Aichhorn (1878-1949) permaneció en Viena, debido a la detención de su hijo por los nazis y su deportación a Dachau como preso político. Tras la guerra y la liberación del hijo, participó en la reconstrucción de la WPV. Ernst Federn (1914-2007), hijo de Paul Federn, fue deportado a Buchenwald, de donde se escapó, como también lo haría Bruno Bet-

telheim (1903-1990). Federn volvió a instalarse en Viena en 1972, después de un periplo americano. Bettelheim vivió en Chicago.

56. E. Engelmann, *La Maison de Freud...*, *op. cit.*, p. 27. Las fotografías se vendieron en el mundo entero: eran el testimonio vivo de cuarenta y siete años de vida consagrados a la ciencia, el arte y la cultura.

57. «*Erklärung. Ich bestätige gerne, dass bis heute den 4. Juni 1938, keinerlei Behelligung meiner Person oder meiner Hausgenossen vorgekommen ist. Behörden und Funktionäre der Partei sind mir und meinen Hausgenossen ständig korrekt und rücksichtsvoll entgegen getreten. Wien, den 4. Juni 1938. Prof. Dr. Sigm. Freud.*» Este documento, con la firma manuscrita de Freud, figura en el catálogo Nebehay del 11 de mayo de 1989. Fue adquirido por la Biblioteca Nacional de Austria (Österreichische Nationalbibliothek), donde puede consultarse.

58. Ernest Jones, Peter Gay, Mark Edmundson y muchos otros han comentado profusamente la frase. En Francia, Alain de Mijolla fue uno de los primeros en poner en tela de juicio la veracidad de esta declaración. Cf. Alain de Mijolla, dir., *Dictionnaire international de la psychanalyse: concepts, notions, biographies, œuvres, événements, institutions*, París, Calmann-Lévy, 2002, vol. 1, p. 683 [hay trad. cast.: *Diccionario Akal internacional de psicoanálisis: conceptos, nociones, biografías, obras, acontecimientos, instituciones*, 2 vols., Madrid, Akal, 2008].

59. El mejor testimonio sobre este viaje es el de Paula Fichtl recogido por Detlef Berthelsen. Ella describe en detalle las reacciones de los viajeros, la ropa que llevaban, lo que comían.

60. Carta de S. Freud a Alexander Freud, 17 de julio de 1938, LoC, papeles de familia.

61. M. Schur, *La Mort dans la vie...*, *op. cit.*, p. 588, y S. Freud, *Chronique la plus brève...*, *op. cit.*, p. 449. Hay varias versiones sobre la actitud de Sauerwald. Cf. asimismo el testimonio de Ernst Waldinger, documento citado.

62. Sigmund Freud, *Abrégé de psychanalyse* (1940), París, Presses Universitaires de France, 1967, y *OC.P*, vol. 20, *op. cit.* [hay trad. cast.: *Esquema del psicoanálisis*, en *OC*, vol. 23, *op. cit.*, pp. 133-209].

63. Arthur Koestler, *Hiéroglyphes*, París, Calmann-Lévy, 1955, p. 493 [hay trad. cast.: *Autobiografía*, vol. 2, *La escritura invisible*, Barcelona, Debate, 2000]. Ernest Jones destaca que Koestler publicó dos versiones diferentes sobre su visita a Freud, ambas con errores. Véase E. Jones, *La Vie et l'œuvre...*, vol. 3, *op. cit.*, p. 269.

64. Adele Jeiteles (1871-1970), que murió casi centenaria, provenía de una gran familia judía del Imperio austrohúngaro. Su tío, afectado por una

psicosis melancólica, también había consultado a Freud en 1900, antes de suicidarse.

65. Kurt Eissler realizó en 1953 una entrevista con Arthur Koestler y otra con su madre; esta sería utilizada por el biógrafo del escritor, que presenta un terrible retrato de Koestler. Véase Michael Scammell, *Koestler: The Literary and Political Odyssey of a Twentieth-Century Skeptic*, Nueva York, Random House, 2009, y Arthur Koestler, *Œuvres autobiographiques*, París, Laffont, 1993, col. «Bouquins».

66. Melitta Schmideberg, «Contribution à l'histoire du mouvement psychanalytique en Angleterre» (1971), *Confrontation*, 3, primavera de 1980, pp. 11-22.

67. Ernest Jones, citado en Edward Glover, «Fifteenth International Psycho-Analytical Congress», *Bulletin of IPA*, 20, 1939, pp. 116-127. Cf. asimismo *HPF-JL*, *op. cit.*, pp. 1606-1607.

68. Alexandre Etkind retomó esta tesis en su *Histoire de la psychanalyse en Russie*, *op. cit.*, y tras él muchos otros hicieron lo mismo. Sin embargo, G. Liebermann, *La Psychanalyse en Palestine...*, *op. cit.*, invalidó la tesis sobre la base de una consulta en los archivos.

69. Carta de Freud a Marie Bonaparte, 4 de octubre de 1938, en S. Freud, *Correspondance, 1873-1939*, *op. cit.*, p. 493 [hay trad. cast.: «A Marie Bonaparte», en *Epistolario, 1873-1939*, *op. cit.*, p. 501]. En el *Times* del 7 de noviembre de 1938, Winston Churchill dirá: «Debían elegir entre el deshonor y la guerra. Eligieron el deshonor, y tendrán la guerra».

70. Sigmund Freud, «Un mot sur l'antisémitisme» (1938), en *OC.P*, vol. 20, *op. cit.*, pp. 326-329 [hay trad. cast.: «Comentario sobre el antisemitismo», en *OC*, vol. 23, *op. cit.*, pp. 289-295]. Finalmente liberado, Arthur Freud dejó un testimonio escrito citado por Martin Gilbert, *Kristallnacht: Prelude to Destruction*, Nueva York, HarperCollins, 2006, pp. 54-55 [hay trad. cast.: *La noche de los cristales rotos: el preludio de la destrucción*, Madrid, Siglo XXI, 2008].

71. M. Edmundson, *La Mort de Sigmund Freud...*, *op. cit.*, p. 163.

72. Carta de Freud a Marie Bonaparte, 12 de noviembre de 1938, en S. Freud, *Correspondance, 1873-1939*, *op. cit.*, p. 497 [hay trad. cast.: «A Marie Bonaparte», en *Epistolario, 1873-1939*, *op. cit.*, p. 504]. Freud se equivocaba: se trataba de ciento sesenta mil chelines. [La edición castellana citada dice correctamente «ciento sesenta mil». *(N. del T.)*]

73. C. Bertin, *Marie Bonaparte*, *op. cit.*, p. 327.

74. Cf. *HPF-JL*, *op. cit.*

75. El texto se reproduce en facsímil en Ruth Sheppard, *Sigmund Freud: à la découverte de l'inconscient* (2012), París, Larousse, 2012. [La graba-

ción puede escucharse en www.youtube.com/watch?v=_sm5YFnEPBE. *(N. del T.)*]

76. Cf. *Sigmund Freud: l'invention de la psychanalyse*, documental de 1997 dirigido por Élisabeth Kapnist, con guión de esta y Élisabeth Roudinesco y producción de Françoise Castro. [Puede verse en https://www.youtube.com/watch?v=I0jw6tYp0yI (primera parte) y https://www.youtube.com/watch?v=BuR8Jpvd7nA (segunda parte). *(N. del T.)*]

77. Carta de Freud a A. Zweig, 5 de marzo de 1939, en S. Freud y A. Zweig, *Correspondance...*, *op. cit.*, p. 221. Véanse asimismo los archivos inéditos de Marie Bonaparte. Cf. igualmente Denis Toutenu, «Freud, une photo inédite: la consultation du Pr Lacassagne à Londres le 26 février 1939», *Revue française de psychanalyse*, 66(4), 2002, pp. 1319-1323. El informe médico se encuentra en LoC, caja 120, carpeta 53.

78. Carta de Freud a Jones, 7 de marzo de 1939, en S. Freud y E. Jones, *Correspondance complète...*, *op. cit.*, p. 877.

79. S. Freud, *Chronique la plus brève...*, *op. cit.*, p. 306.

80. Carta de Jones a Freud, 3 de septiembre de 1939, en S. Freud y E. Jones, *Correspondance complète...*, *op. cit.*, p. 878. El día anterior los nazis habían invadido Polonia.

81. Según las palabras de Jean-Paul Sartre, citadas como epígrafe de este libro.

82. Las notas de Max Schur se conservan en la Biblioteca del Congreso. Su contenido es diferente a la versión que él mismo da en su libro *La Mort dans la vie...*, *op. cit.* Peter Gay las tuvo ampliamente en cuenta en su *Freud, une vie*, *op. cit.*, pp. 830-832, y señala que, sin duda, a Freud se le aplicaron tres inyecciones y no dos. Cf. asimismo M. Edmundson, *La Mort de Sigmund Freud...*, *op. cit.*, pp. 195-197. En su testimonio, Paula Fichtl afirma que Schur no estaba presente en el momento de la muerte de Freud y que fue Josefine Stross quien administró la dosis letal. Si bien es cierto que Schur debía volver a Estados Unidos lo más pronto posible, nada prueba que no estuviera presente a la cabecera de Freud. Paula se equivoca además con respecto a la dosis, el día y la cantidad de inyecciones. Su versión fue retomada por Roy B. Lacoursière, «Freud's death: historical truth and biographical fictions», *American Imago*, 65(1), primavera de 2008, pp. 107-128. En este artículo, Lacoursière afirma que Stross habría dejado archivos sobre la cuestión, pero no dice cuál es su contenido y tampoco los consultó. Freud leyó la novela de Balzac en francés, en una edición de 1920 perteneciente a Anna. Referencia LDFRD 5680. Para saber más habrá que esperar a la apertura, en el Freud Museum, de la correspondencia de Josefine Stross.

83. Y no a las 23.45, como dice Marie Bonaparte en su diario.

84. Raul Hilberg, *La Destruction des Juifs d'Europe* (1961), París, Fayard, 1988, p. 190 [hay trad. cast.: *La destrucción de los judíos europeos*, Madrid, Akal, 2005].

85. E. Jones, *La Vie et l'œuvre...*, vol. 3, *op. cit.*, p. 282.

86. Stefan Zweig, «Sur le cercueil de Sigmund Freud» (1939), en *Sigmund Freud: la guérison...*, *op. cit.*, p. 149 [hay trad. cast.: «Palabras pronunciadas junto al ataúd de Sigmund Freud, el 26 de septiembre de 1939 en el crematorio de Londres», en *Tiempo y mundo: impresiones y ensayos, 1904-1940*, Barcelona, Juventud, 1959, pp. 35-38].

Epílogo

1. Carta de Harry Freud a Dolfi, Paula, Rosa y Mitzi, 25 de septiembre de 1939, LoC, caja 3, carpeta 7 y siguientes.

2. H. Leupold-Löwenthal, «L'émigration de la famille Freud...», *op. cit.*, p. 459.

3. Cuarenta y siete mil judíos vieneses fueron deportados y asesinados. El nombre de Adolfine no figura en las listas de muertos de Theresienstadt de esa fecha. Debido a una confusión de nombres, muchas veces se da el 5 de febrero de 1943 como fecha de su deceso. En una novela descabellada, el escritor macedonio Goce Smilevski acusa a Freud de ser responsable de la deportación de sus hermanas, cuyos nombres se habría negado a incluir en su «lista» de candidatos a la emigración. Con un razonamiento semejante, podría hacerse responsables del exterminio de sus parientes a todos los judíos vieneses que lograron exiliarse en 1938. Cf. Goce Smilevski, *La Liste de Freud* (2010), París, Belfond, 2013 [hay trad. cast.: *La hermana de Freud*, Madrid, Alfaguara, 2013]. Cf. asimismo Michel Rotfus, blog «Médiapart», entrada del 11 de octubre de 2013, «Goce Smilevski, *La Liste de Freud*: "Poétiser à Auschwitz", dit-il».

4. *Procès des grands criminels de guerre devant le Tribunal Militaire International, Nuremberg, 14 novembre 1945-1er octobre 1946*, vol. 8, Nuremberg, 1947, nota de las actas del 20 de febrero al 7 de marzo de 1946, pp. 359-360, citado por Harald Leupold-Löwenthal y Alfred Gottwaldt. Pudo establecerse que el testimonio de Samuel Rajzman se refería a Rosa Graf. Christfried Tögel cree que Rosa fue transportada el 1 de marzo de 1943: cf. Christfried Tögel, «Bahnstation Treblinka: zum Schicksal von Sigmund Freuds Schwester Rosa Graf», *Psyche: Zeitschrift für Psychoanalyse und ihre Anwendungen*, 44(11), 1990, pp. 1019-1024. En cuanto a Alfred Gottwaldt, destaca la posibilidad de que también las otras dos hermanas fueran asesina-

das en Treblinka, y señala que Rosa había llegado el 29 de septiembre de 1942, en el transporte Bs 800. Han circulado varios rumores sobre la deportación de las hermanas de Freud. Michel Onfray llega a decir que Rosa, Mitzi y Paula se habrían cruzado con Rudolf Höss en Auschwitz e imagina que este habría sido, para ellas, un sustituto de su hermano, porque Freud, también verdugo y fascista partidario de Mussolini, habría sido incapaz de ver la diferencia entre un verdugo y una víctima. Cf. M. Onfray, *Le Crépuscule d'une idole…, op. cit.*, p. 566.

5. En Inglaterra, al comienzo de la guerra, considerados como «extranjeros enemigos» (*enemy aliens*), vivieron en campos de internamiento.

6. Clement Freud, *Freud Ego*, Londres, BBC Worldwide Publishing, 2001.

7. Esther Freud, *Marrakech Express* (1993), París, Le Livre de Poche, 1999 [hay trad. cast.: *Una infancia en Marraquech*, Barcelona, Círculo de Lectores/Galaxia Gutenberg, 1998], y *Nuits d'été en Toscane: roman* (2007), París, Albin Michel, 2009.

8. Cf. Geordie Greig, *Rendez-vous avec Lucian Freud* (2013), París, Christian Bourgois, 2014, p. 59.

9. *Ibid.*

10. S. Freud, *Chronique la plus brève…, op. cit.*, p. 304. David Cohen dedicó a este asunto un libro que generó numerosas interpretaciones: David Cohen, *Escape of Sigmund Freud*, Londres, Overlook Press, 2012.

11. En un primer momento Dorothy se instaló en otra casa de Maresfield Gardens.

12. Kata Levy (1883-1969): psicoanalista húngara analizada por Freud. En 1956 emigró a Londres con su marido. La Cruz Roja le había informado del exterminio de las hermanas de Freud.

13. Anna Freud y Sophie Dann, «Survie et développement d'un groupe d'enfants: une expérience bien particulière», en Anna Freud, *L'Enfant dans la psychanalyse*, París, Gallimard, 1976, pp. 110-160 [hay trad. cast.: «La crianza en grupo: un experimento», en *El psicoanálisis y la crianza del niño*, Barcelona, Paidós, 1980, pp. 79-128]. Jenny Aubry se inspiró en esa tesis para llevar a cabo su propia experiencia con niños abandonados. Cf. Jenny Aubry, *Psychanalyse des enfants séparés: études cliniques, 1952-1986*, París, Denoël, 2003. Cf. asimismo la ponencia inédita de Maria Landau en el marco de la tercera jornada de la Asociación Jenny Aubry, dedicada a la separación, 18 de abril de 2013. Reseña en Michel Rotfus, blog «Médiapart», entrada del 26 de abril de 2013, «Les enfants et la psychanalyse, 3ème journée de l'Association Jenny Aubry: les maladies de la séparation».

14. Cuya versión expurgada apareció en 1950 con el título de *Aus des Anfängen der Psychoanalyse* [«Los orígenes del psicoanálisis»].

15. Sobre la génesis de la obra y las dificultades con que tropezó Jones, cf. M. Borch-Jacobsen y S. Shamdasani, *Le Dossier Freud...*, *op. cit.*, pp. 365-418.

16. A. Freud, *Le Traitement psychanalytique...*, *op. cit.*

17. Después del intento de suicidio de Lucie, en respuesta a la muerte de Ernst, Lucian realizará, a partir de 1972, una quincena de retratos de ella.

18. E. Weissweiler, *Les Freud...*, *op. cit.*, p. 374. En el parque nacional de Dartmoor se desarrolla *El sabueso de los Baskerville*, la novela de Arthur Conan Doyle.

19. No comparto la opinión de Mikkel Borch-Jacobsen, para quien Kurt Eissler engañó —e incluso estafó— al pueblo norteamericano al valerse de la Biblioteca del Congreso como una caja fuerte destinada a confiscar los archivos en su beneficio y ocultarlos a los investigadores. Cf. M. Borch-Jacobsen y S. Shamdasani, *Le Dossier Freud...*, *op. cit.*, p. 424.

20. Reeditada en Fayard por iniciativa de Olivier Bétourné, conforme a la elección del propio Ellenberger, que a continuación dejó en manos de la SIHPP la administración de sus archivos, de los que hoy me ocupo yo misma con la ayuda de su hijo, Michel Ellenberger.

21. «Destrucción o denigración de Freud.»

22. Todas estas obras se citan en las notas.

23. Jeffrey Moussaieff Masson, *Le Réel escamoté: le renoncement de Freud à la théorie de la séduction* (1984), París, Aubier-Montaigne, 1984 [hay trad. cast.: *El asalto a la verdad: la renuncia de Freud a la teoría de la seducción*, Barcelona, Seix Barral, 1985].

24. Janet Malcolm, *Tempête aux Archives Freud* (1984), París, Presses Universitaires de France, 1988 [hay trad. cast.: *En los archivos de Freud*, Barcelona, Alba, 2004].

25. Tuve la oportunidad de conocer a J. M. Masson cuando se publicó la traducción francesa de su libro. Estaba realmente convencido de que todos los niños eran víctimas de abusos sexuales cometidos por adultos. Nacido en 1941, autor de numerosas obras, hoy es vegetariano y militante del derecho de los animales y vive en Auckland con su familia y sus muchos perros. Tuve con Eissler un breve intercambio de cartas entre diciembre de 1994 y enero de 1995 acerca de Henri F. Ellenberger, mientras me ocupaba de la edición de *Médecines de l'âme...*, *op. cit.*

26. Cf. E. Young-Bruehl, *Anna Freud*, *op. cit.*, pp. 412-413.

27. Adolf Grünbaum, *Les Fondements de la psychanalyse: une critique philosophique* (1984), París, Presses Universitaires de France, 1996. En esta obra, Grünbaum arremete con furia contra tres filósofos —Karl Popper, Jürgen Habermas y Paul Ricœur— y les reprocha no haber criticado suficiente-

mente el psicoanálisis. En É. Roudinesco, *Pourquoi la psychanalyse?*, *op. cit.*, he analizado ese libro.

28. Como ya señalé, yo misma organicé allí, en 1994, con René Major y en el marco de la Sociedad Internacional de Historia de la Psiquiatría y el Psicoanálisis (SIHPP), un coloquio sobre los archivos.

29. Documento dactilografiado del 31 de julio de 1995. Tuve algunos intercambios epistolares sobre el tema con Carl Schorske, Peter Gay, Yosef Yerushalmi, Patrick Mahony, Ilse Grubrich-Simitis, John Forrester y varios otros. En una carta que me remitió en esos momentos, Schorske indicaba que veía en esa ofensiva el retorno de cierto macartismo.

30. Entrevista de Nicolas Weill y Raphaëlle Rérolle con Élisabeth Roudinesco y de Nicolas Weill con Mikkel Borch-Jacobsen, *Le Monde*, 14 de junio de 1996.

31. Entrevista con Patrick Sabatier, *Libération*, 26 de octubre de 1998. Cf. Michael S. Roth, ed., *Freud: Conflict and Culture. Essays on His Life, Work and Legacy*, Nueva York, Knopf, 1998.

32. Coordiné dos libros colectivos en respuesta a esos best sellers, con Sylvain Courage, Pierre Delion, Christian Godin, Roland Gori, Franck Lelièvre, Guillaume Mazeau, Jack Ralite y Jean-Pierre Sueur: *Pourquoi tant de haine? Anatomie du «Livre noir de la psychanalyse»*, París, Navarin, 2005, y *Mais pourquoi tant de haine?*, *op. cit.*

33. En compañía de Anthony Ballenato.

34. La irrupción se produjo la noche del 31 de diciembre de 2013 al 1 de enero de 2014.

Bibliografía

Para escribir este libro consulté numerosos archivos, cuya lista presento aquí. Recurrí a las diferentes ediciones de las obras completas de Freud en alemán e inglés, pero también a varias obras y manuales de referencia, indispensables para el conocimiento de la obra y la vida de Freud. La más vasta cronología de la vida de este establecida hasta el día de hoy está disponible en alemán; también la he consultado. Señalemos que las obras prepsicoanalíticas de Freud están en proceso de fijación.

Tratándose de Francia, me he inclinado por mencionar diferentes traducciones según el caso.

1. Algunas de las primeras traducciones realizadas para Gallimard, las Presses Universitaires de France y Payot por Samuel Jankélévitch, Yves Le Lay, Ignace Meyerson, Blanche Reverchon-Jouve, Marie Bonaparte y Anne Berman.
2. Las traducciones realizadas a continuación por Fernand Cambon, Cornélius Heim, Philippe Koeppel, Patrick Lacoste, Denis Messier, Marielène Weber y Rose-Marie Zeitlin bajo la dirección de Jean-Bertrand Pontalis (1924-2013) en Gallimard.
3. Las *Œuvres complètes de Freud. Psychanalyse* (*OC.P*), edición iniciada en 1988 y todavía no terminada, por un equipo compuesto por Jean Laplanche (1924-2012), Pierre Cotet, André Bourguignon (1920-1996), François Robert y una veintena de autores, en las Presses Universitaires de France. Los artífices de esta empresa, muy controvertida, pretenden volver a una «germanidad natural» del texto freudiano. Por eso se atribuyen la condición de «freudólogos», convencidos de que la lengua de Freud no es el alemán sino el «freudiano», es decir, un «lenguaje del alemán que no es el alemán sino una lengua inventada por Freud». Así

traducida, la obra de Freud comporta numerosos neologismos, entre los cuales *souhait* [anhelo] o *désirance* [deseancia, añoranza] en lugar de *désir* [deseo](*Wunsch*), *animique* [anímico] en lugar de *âme* [alma] (*Seele*) o de psique, *fantaisie* [fantasía] en lugar de *fantasme* [fantasma] (*Fantasie*).

4. Las traducciones realizadas bajo la dirección de Jean-Pierre Lefebvre en las Éditions du Seuil, col. «Points Essais».
5. Las traducciones de Olivier Mannoni en Payot, col. «Petite Bibliothèque Payot».
6. Algunas otras traducciones.*

En esta bibliografía se hallarán asimismo las referencias de los volúmenes de correspondencia de Freud traducidos al francés.

1. FUENTES MANUSCRITAS

1. The Library of Congress (LoC), Washington D. C., Manuscript Division, Sigmund Freud Collection, The Papers of Sigmund Freud: proyectos, correspondencia ológrafa y dactilografiada de los escritos de Freud, papeles de familia, historiales de pacientes, documentos jurídicos y de sucesión, legajos militares y escolares, certificados, cuadernos, datos genealógicos, entrevistas realizadas por Kurt Eissler, testimonios, fotografías y dibujos, recortes periodísticos y otros impresos. Material para alimentar las numerosas facetas de la vida de Freud y el estudio de sus escritos: relaciones con la familia, los amigos, los colegas.

* En lo que se refiere a la traducción castellana de las *Obras completas*, la primera fue la de Luis López Ballesteros, publicada en Madrid por la editorial Biblioteca Nueva en diecisiete volúmenes entre 1922 y 1934 (por tanto, en vida de Freud). En 1948 se la refundió en dos volúmenes y en 1967-1968 se agregó un tercero, con traducción de Ramón Rey Ardid; por último, entre 1972 y 1975 se publicó la edición en rústica en nueve volúmenes. Una segunda edición es la realizada por la Editorial Americana de Buenos Aires entre 1943 y 1944 con traducción de Ludovico Rosenthal. El proyecto preveía veintidós volúmenes, pero solo se publicaron diecinueve. Ya completa, la misma traducción fue reeditada por el sello Santiago Rueda, también de Buenos Aires, entre 1952 y 1956. Para terminar, la editorial Amorrortu de Buenos Aires, con traducción de J. L. Etcheverry, publicó entre 1978 y 1985 la obra completa en veinticuatro volúmenes, según el formato adoptado por la *Standard Edition* inglesa. Como ya se ha señalado, es esa última traducción de J. L. Etcheverry la que hemos utilizado en este volumen. *(N. del T.)*

2. Archivos, obras y documentos del Freud Museum de Londres y el Freud Museum de Viena.

3. Archivos de Marie Bonaparte (fuente: Célia Bertin).

4. Archivos de Élisabeth Roudinesco (cartas, documentos, notas, seminarios).

5. Archivos de Henri F. Ellenberger, Sociedad Internacional de Historia de la Psiquiatría y el Psicoanálisis (SIHPP), biblioteca Henri-Ey, hospital Sainte-Anne.

2. FUENTES IMPRESAS

Obras completas de Freud en alemán e inglés

Gesammelte Schriften (*GS*), 12 volúmenes: Viena, 1924-1934.

Gesammelte Werke (*GW*), 18 volúmenes y uno complementario no numerado. Vols. 1-17: Londres, 1940-1952. Vol. 18: Frankfurt, 1968. Volumen complementario: Frankfurt, 1987. Toda la edición, desde 1960: Frankfurt, S. Fischer Verlag.

Studienausgabe, 10 volúmenes y uno complementario no numerado: Frankfurt, S. Fischer Verlag, 1969-1975.

The Standard Edition of the Complete Psychological Works of Sigmund Freud (*SE*), 24 volúmenes: textos editados por James Strachey en colaboración con Anna Freud, Alix Strachey y Alan Tyson, Londres, The Hogarth Press and the Institute of Psycho-Analysis, 1953-1974.

Obras completas de Freud en francés

Œuvres complètes de Freud. Psychanalyse (*OC.P*), 1886-1939, 21 volúmenes (edición incompleta, faltan los vols. 1 y 21), París, Presses Universitaires de France, 1988-2014, con un glosario, un índice y un volumen de presentación: *Traduire Freud*, de André Bourguignon, Pierre Cotet, Jean Laplanche y François Robert. El vol. 1, de próxima aparición, contiene artículos y conferencias sobre la histeria, las fobias, las neuropsicosis de defensa, J.-M. Charcot, H. Bernheim, la hipnosis, la sugestión y otros problemas clínicos. La mayoría de esos textos han aparecido traducidos en diversas revistas. El vol. 21, de próxima aparición, contiene un índice y un glosario.

Cronología de las principales obras y artículos

1884-1887. *De la cocaïne*, cinco artículos sobre la cocaína, edición de Robert Byck, traducción de E. Sznycer, Bruselas, Complexe, 1976; otra versión: *Un peu de cocaïne pour me délier la langue*, traducción de M. Roffi, París, Max Milo, 2005. [Hay trad. cast.: *Escritos sobre la cocaína*, traducción de E. Hegewicz, Barcelona, Anagrama, 1980.]

1891. *Contribution à la conception des aphasies: une étude critique*, traducción de C. van Reeth, París, Presses Universitaires de France, 1983; otra versión: *Pour concevoir les aphasies: une étude critique*, traducción de F. Cambon, París, EPEL, 2010. [Hay trad. cast.: *La afasia*, traducción de R. Alcalde, Buenos Aires, Nueva Visión, 1973.]

1893. «Charcot», traducción de J. Altounian, A. Bourguignon y A. Rauzy, en *Résultats, idées, problèmes*, vol. 1, París, Presses Universitaires de France, 1984. [Hay trad. cast.: «Charcot», en *Obras completas* [en lo sucesivo *OC*], 24 vols., traducción de J. L. Etcheverry, Buenos Aires, Amorrortu, 1979-1985, vol. 3, 1981.]

1895. *Études sur l'hystérie*, traducción de A. Berman, prefacio de M. Bonaparte, París, Presses Universitaires de France, 1967; otra versión con el mismo título, traducción de J. Altounian, P. Cotet, P. Haller, C. Jouanlanne, F. Kahn, R. Lainé, M.-T. Schmidt, A. Rauzy y F. Robert, en *OC.P*, vol. 2, 2009. [Hay trad. cast.: *Estudios sobre la histeria*, en *OC*, vol. 2, 1978.]

«Deux comptes rendus contemporains sur la conférence "De l'hystérie"», traducción de F. Kahn y F. Robert, en *OC.P*, vol. 2, 2009. [Hay trad. cast.: «Sobre la histeria», traducción de F. G. Rodríguez y M. S. Vallejo, *Affectio Societatis* (Antioquía, Colombia), 11(20), enero-junio de 2014.]

«Obsessions et phobies» (publicado en francés), en *OC.P*, vol. 3, 1989. [Hay trad. cast.: «Obsesiones y fobias. Su mecanismo psíquico y su etiología», en *OC*, vol. 3, 1981.]

1896. «L'hérédité et l'étiologie des névroses» (publicado en francés), en *OC.P*, vol. 3, 1989. [Hay trad. cast.: «La herencia y la etiología de las neurosis», en *OC*, vol. 3, 1981.]

«L'étiologie de l'hystérie», traducción de J. Bissery y J. Laplanche, en *Névrose, psychose et perversion*, París, Presses Universitaires de France, 1973; otra versión: «Sur l'étiologie de l'hystérie», traducción de J. Altounian y A. Bourguignon, en *OC.P*, vol. 3, 1989. [Hay trad. cast.: «La etiología de la histeria», en *OC*, vol. 3, 1981.]

1899. «Sur les souvenirs-écrans», traducción de D. Berger, P. Bruno, D. Guérineau y F. Oppenot, en *Névrose, psychose et perversion*, París, Presses Universitaires de France, 1973; otra versión: «Des souvenirs-couverture», traducción de J. Doron, en *OC.P*, vol. 3, 1989; y una tercera: «Sur les souvenirs-écrans», traducción de D. Messier, en *Huit études sur la mémoire et ses troubles*, París, Gallimard, 2010. [Hay trad. cast.: «Sobre los recuerdos encubridores», en *OC*, vol. 3, 1981.]

1900. *L'Interprétation des rêves*, traducción de I. Meyerson, París, Presses Universitaires de France, 1926; otra versión: *L'Interprétation du rêve*, traducción de J. Altounian, P. Cotet, R. Lainé, A. Rauzy y F. Robert, en *OC.P*, vol. 4, 2003; y una tercera con el mismo título, traducción de J.-P. Lefebvre, París, Seuil, 2010. [Hay trad. cast.: *La interpretación de los sueños*, en *OC*, vols. 4 y 5, 1979.]

1901. *Psychopathologie de la vie quotidienne*, traducción de S. Jankélévitch, París, Payot, 1969; otra versión: *La Psychopathologie de la vie quotidienne*, traducción de D. Messier, París, Gallimard, 1997; y una tercera, *Sur la psychopathologie de la vie quotidienne*, traducción de J. Altounian y P. Cotet, en *OC.P*, vol. 5, 2012. [Hay trad. cast.: *Psicopatología de la vida cotidiana (Sobre el olvido, los deslices en el habla, el trastrocar las cosas confundido, la superstición y el error*, en *OC*, vol. 6, 1979.]

Le Rêve et son interprétation, traducción de H. Legros, París, Gallimard, 1925; otra versión: *Sur le rêve*, traducción de C. Heim, París, Gallimard, 1988; una tercera con el mismo título, traducción de J.-P. Lefebvre, París, Seuil, 2011; y una cuarta: *Du rêve*, traducción de P. Cotet y A. Rauzy, en *OC.P*, vol. 5, 2012. [Hay trad. cast.: *Sobre el sueño*, en *OC*, vol. 5, 1979.]

1903. «La méthode psychanalytique de Freud», traducción de A. Berman, en *La Technique psychanalytique*, París, Presses Universitaires de France, 1953; otra versión con el mismo título, traducción de J. Altounian, P. Cotet, J. Laplanche y F. Robert, en *OC.P*, vol. 6, 2006. [Hay trad. cast.: «El método psicoanalítico de Freud», en *OC*, vol. 7, 1978.]

1904. «De la psychothérapie», traducción de A. Berman, en *La Technique psychanalytique*, París, Presses Universitaires de France, 1953; otra versión con el mismo título, traducción de P. Cotet y F. Lainé, en *OC.P*, vol. 6, 2006. [Hay trad. cast.: «Sobre psicoterapia», en *OC*, vol. 7, 1978.]

1905. «Fragment d'une analyse d'hystérie» (Dora), traducción de M. Bonaparte y R. M. Loewenstein, en *Cinq psychanalyses*, París, Presses Universitaires de France, 1966; otra versión con el mismo título, traducción de F. Kahn y F. Robert, en *OC.P*, vol. 6, 2006. [Hay trad. cast.: *Fragmento de análisis de un caso de histeria*, en *OC*, vol. 7, 1978.]

Le Mot d'esprit et ses rapports avec l'inconscient, traducción de M. Bonaparte y el doctor M. Nathan, París, Gallimard, 1930; otra versión: *Le Mot d'esprit et sa relation à l'inconscient*, traducción de D. Messier, París, Gallimard, 1988; y una tercera: *Le Trait d'esprit et sa relation à l'incons-*

cient, traducción de J. Altounian, P. Haller, D. Hartmann, C. Jouanlanne, F. Kahn, R. Lainé, A. Rauzy y F. Robert, en *OC.P*, vol. 7, 2014. [Hay trad. cast.: *El chiste y su relación con lo inconciente*, en *OC*, vol. 8, 1979.] *Trois essais sur la théorie de la sexualité*, traducción de B. Reverchon-Jouve, París, Gallimard, 1923; otra versión: *Trois essais sur la théorie sexuelle*, traducción de P. Koeppel, París, Gallimard, 1987; una tercera con el mismo título, traducción de P. Cotet y F. Rexand-Galais, en *OC.P*, vol. 6, 2006; una cuarta con el mismo título, traducción de M. Géraud, París, Seuil, 2012; y una quinta con el mismo título, traducción de C. Cohen-Skalli, O. Mannoni y A. Weill, París, Payot, 2014. [Hay trad. cast.: *Tres ensayos de teoría sexual*, en *OC*, vol. 7, 1978.]

1906. «L'établissement des faits par voie diagnostique et la psychanalyse», traducción de A. Rauzy, en *L'Inquiétante étrangeté et autres essais*, París, Gallimard, 1985; otra versión: «Diagnostic de l'état des faits et psychanalyse», traducción de A. Rauzy, en *OC.P*, vol. 8, 2007; y una tercera con el mismo título, traducción de O. Mannoni, en *L'Inquiétant familier*, París, Payot, 2011. [Hay trad. cast.: «La indagatoria forense y el psicoanálisis», en *OC*, vol. 9, 1979.]

1907. *Délire et rêves dans un ouvrage littéraire: la «Gradiva» de Jensen*, traducción de M. Bonaparte, París, Gallimard, 1931; otra versión: *Le Délire et les rêves dans la «Gradiva» de W. Jensen*, traducción de P. Arhex y R.-M. Zeitlin, París, Gallimard, 1991; una tercera con el mismo título, traducción de J. Altounian, P. Haller, D. Hartmann y C. Jouanlanne, en *OC.P*, vol. 8, 2007; y una cuarta con el mismo título, traducción de D. Tassel, prefacio de H. Rey-Flaud, París, Seuil, 2013. [Hay trad. cast.: *El delirio y los sueños en la «Gradiva» de W. Jensen*, en *OC*, vol. 9, 1979.]

«Les explications sexuelles données aux enfants: lettre ouverte au Dr. M. Fürst», traducción de D. Berger, en *La Vie sexuelle*, París, Presses Universitaires de France, 1969; otra versión: «Sur les éclaircissements sexuels apportés aux enfants: lettre ouverte au Dr. M. Fürst», traducción de P. Cotet y F. Rexand-Galais, en *OC.P*, vol. 8, 2007. [Hay trad. cast.: «El esclarecimiento sexual del niño (Carta abierta al doctor M. Fürst)», en *OC*, vol. 9, 1979.]

«Actes obsédants et exercices religieux», traducción de M. Bonaparte, en *L'Avenir d'une illusion*, París, Presses Universitaires de France, 1971; otra versión: «Actions de contrainte et exercices religieux», traducción de F. Kahn y F. Robert, en *OC.P*, vol. 8, 2007; y una tercera: «Actes compulsionnels et exercices religieux», traducción de D. Messier, en *Religion*, París, Gallimard, 2012. [Hay trad. cast.: «Acciones obsesivas y prácticas religiosas», en *OC*, vol. 9, 1979.]

1908. «Le créateur littéraire et la fantaisie», traducción de B. Féron, en *L'In-quiétante étrangeté et autres essais*, París, Gallimard, 1985; otra versión: «Le poète et l'activité de fantaisie», traducción de P. Cotet, R. Lainé y M.-T. Schmidt, en *OC.P*, vol. 8. 2007; y una tercera con el mismo título, traducción de O. Mannoni, en *L'Inquiétant familier*, París, Payot, 2011. [Hay trad. cast.: «El creador literario y el fantaseo», en *OC*, vol. 9, 1979.]

«La morale sexuelle "civilisée" et la maladie nerveuse des temps modernes», traducción de D. Berger, en *La Vie sexuelle*, París, Presses Universitaires de France, 1969; otra versión: «La morale sexuelle "culturelle"», traducción de P. Cotet y R. Lainé, en *OC.P*, vol. 8, 2007. [Hay trad. cast.: «La moral sexual "cultural" y la nerviosidad moderna», en *OC*, vol. 9, 1979.]

«Les théories sexuelles infantiles», traducción de J.-B. Pontalis, en *La Vie sexuelle*, París, Presses Universitaires de France, 1969; otra versión con el mismo título, traducción de R. Lainé y A. Rauzy, en *OC.P*, vol. 8. 2007. [Hay trad. cast.: «Sobre las teorías sexuales infantiles», en *OC*, vol. 9, 1979.]

«Le roman familial des névrosés», traducción de J. Laplanche, en *Névrose, psychose et perversion*, París, Presses Universitaires de France, 1973; la misma versión en *OC.P*, vol. 8, 2007. [Hay trad. cast.: «La novela familiar de los neuróticos», en *OC*, vol. 9, 1979.]

1909. «Analyse d'une phobie chez un petit garçon de cinq ans» (el pequeño Hans), traducción de M. Bonaparte y R. M. Loewenstein, en *Cinq psychanalyses*, París, Denoël et Steele, 1935; otra versión con el mismo título, traducción de R. Lainé y J. Stute-Cadiot, en *OC.P*, vol. 9, 1998. [Hay trad. cast.: *Análisis de la fobia de un niño de cinco años*, en *OC*, vol. 10, 1980.]

«Remarques sur un cas de névrose obsessionnelle» (el Hombre de las Ratas), traducción de M. Bonaparte y R. M. Loewenstein, en *Cinq psychanalyses*, París, Denoël et Steele, 1935; otra versión: «Remarques sur un cas de névrose de contrainte», traducción de P. Cotet y F. Robert, en *OC.P*, vol. 9, 1998. [Hay trad. cast.: *A propósito de un caso de neurosis obsesiva*, en *OC*, vol. 10, 1980.]

1910. *Cinq leçons sur la psychanalyse*, traducción de Y. Lelay, reeditado con el título de *La Psychanalyse*, París, Payot, 1923; otra versión: *Sur la psychanalyse: cinq conférences*, traducción de C. Heim, París, Gallimard, 1991; una tercera: *De la psychanalyse*, traducción de R. Lainé y J. Stute-Cadiot, en *OC.P*, vol. 10, 1993; y una cuarta: *Cinq conférences sur la psychanalyse*, traducción de B. Lortholary, París, Seuil, 2012. [Hay trad. cast.: *Cinco conferencias sobre psicoanálisis*, en *OC*, vol. 11, 1979.]

«Les perspectives d'avenir de la thérapeutique analytique», traducción de A. Berman, en *La Technique psychanalytique*, París, Presses Universitaires de France, 1953; otra versión con el mismo título, traducción de F. Cambon, París, Gallimard, 1985; y una tercera: «Les chances d'avenir de la thérapie psychanalytique», traducción de R. Lainé y J. Stute-Cadiot, en *OC.P*, vol. 10, 1993. [Hay trad. cast.: «Las perspectivas futuras de la terapia psicoanalítica», en *OC*, vol. 11, 1979.]

«À propos de la psychanalyse dite "sauvage"», traducción de A. Berman, en *La Technique psychanalytique*, París, Presses Universitaires de France, 1953; otra versión: «De la psychanalyse "sauvage"», traducción de J. Altounian, A. Balseinte y E. Wolff, en *OC.P*, vol. 10, 1993. [Hay trad. cast.: «Sobre el psicoanálisis "silvestre"», en *OC*, vol. 11, 1979.]

«Des sens opposés dans les mots primitifs», traducción de M. Bonaparte y E. Marty, en *L'Inquiétante étrangeté et autres essais*, París, Gallimard, 1933; otra versión con el mismo título, traducción de F. Cambon, París, Gallimard, 1985; y una tercera: «Du sens opposé des mots originaires», traducción de J. Altounian, A. Bourguignon y P. Cotet, en *OC.P*, vol. 10, 1993. [Hay trad. cast.: «Sobre el sentido antitético de las palabras primitivas», en *OC*, vol. 11, 1979.]

Un souvenir d'enfance de Léonard de Vinci, traducción de M. Bonaparte, París, Gallimard, 1927; otra versión con el mismo título, traducción de J. Altounian, A. Bourguignon, P. Cotet y R. Lainé, prefacio de J.-B. Pontalis, París, Gallimard, 1987; una tercera con el mismo título, traducción de los anteriores y A. Rauzy, en *OC.P*, vol. 10, 1993; y una cuarta con el mismo título, traducción de D. Tassel, París, Seuil, 2011. [Hay trad. cast.: *Un recuerdo infantil de Leonardo da Vinci*, en *OC*, vol. 11, 1979.]

1911. «Le maniement de l'interprétation du rêve en psychanalyse», traducción de A. Berman, en *La Technique psychanalytique*, París, Presses Universitaires de France, 1953; otra versión con el mismo título, traducción de P. Cotet, R. Lainé, A. Rauzy, F. Robert y J. Stute-Cadiot, en *OC.P*, vol. 11, 1998. [Hay trad. cast.: «El uso de la interpretación de los sueños en el psicoanálisis», en *OC*, vol. 12, 1980.]

«Remarques psychanalytiques sur l'autobiographie d'un cas de paranoïa» (el presidente Schreber), traducción de M. Bonaparte y R. M. Loewenstein, en *Cinq psychanalyses*, París, Denoël et Steele, 1935; otra versión: «Remarques psychanalytiques sur un cas de paranoïa (*Dementia paranoides*) décrit sous forme autobiographique», traducción de P. Cotet y R. Lainé, en *OC.P*, vol. 10, 1993; y una tercera: *Le Président Schreber: un cas de paranoïa*, traducción de O. Mannoni, París, Payot,

2011. [Hay trad. cast.: *Puntualizaciones psicoanalíticas sobre un caso de paranoia (*Dementia paranoides*) descrito autobiográficamente*, en *OC*, vol. 12, 1980.]

«Grande est la Diane des Éphésiens», traducción de J. Altounian, A. Bourguignon, P. Cotet y A. Rauzy, en *Résultats, idées, problèmes*, vol. 1, París, Presses Universitaires de France, 1984; otra versión con el mismo título y los mismos traductores, en *OC.P*, vol. 11, 1998; y una tercera con el mismo título, traducción de D. Messier, en *Religion*, París, Gallimard, 2012. [Hay trad. cast.: «¡Grande es Diana Efesia!», en *OC*, vol. 12, 1980.]

1912. «Conseils au médecin dans le traitement psychanalytique», traducción de A. Berman, en *La Technique psychanalytique*, París, Presses Universitaires de France, 1953; otra versión con el mismo título, traducción de J. Altounian, F. Baillet, A. Bourguignon, E. Carstanjen, P. Cotet, R. Lainé, C. von Petersdorff, A. Rauzy, F. Robert y J. Stute-Cadiot, en *OC.P*, vol. 11, 1998. [Hay trad. cast.: «Consejos al médico sobre el tratamiento psicoanalítico», en *OC*, vol. 12, 1980.]

«La dynamique du transfert», traducción de A. Berman, en *La Technique psychanalytique*, París, Presses Universitaires de France, 1953; otra versión: «Sur la dynamique du transfert», traducción de A. Rauzy, en *OC.P*, vol. 11, 1998. [Hay trad. cast.: «Sobre la dinámica de la transferencia», en *OC*, vol. 12, 1980.]

«Contributions à la psychologie de la vie amoureuse», tres textos (1910-1918): 1) «Un type particulier de choix d'objet chez l'homme»; 2) «Sur le plus général des rabaissements de la vie amoureuse», y 3) «Le tabou de la virginité», traducción de J. Laplanche, en *La Vie sexuelle*, París, Presses Universitaires de France, 1969; otra versión: «D'un type particulier de choix d'objet chez l'homme», «Du rabaissement généralisé de la vie amoureuse» y «Le tabou de la virginité», traducción de J. Altounian, F. Baillet, A. Bourguignon, P. Cotet y A. Rauzy, en *OC.P*, vols. 10, 11 y 15, 1993, 1998 y 1996, respectivamente. [Hay trad. cast.: «Sobre un tipo particular de elección de objeto en el hombre (Contribuciones a la psicología del amor, I)», «Sobre la más generalizada degradación de la vida amorosa (Contribuciones a la psicología del amor, II)» y «El tabú de la virginidad (Contribuciones a la psicología del amor, III)», en *OC*, vol. 11, 1979.]

Totem et tabou, traducción de S. Jankélévitch, París, Payot, 1923; otra versión con el mismo título, traducción de M. Weber, París, Gallimard, 1993; una tercera con el mismo título, traducción de J. Altounian, F. Baillet, A. Bourguignon, E. Carstanjen, P. Cotet y A. Rauzy, en *OC.P*, vol. 11, 1998; una cuarta con el mismo título, traducción de M. Crépon y M. de Launay, en *Anthropologie de la guerre*, París, Fayard, 2010; y una quinta con el mismo título, traducción de D. Tassel, París, Seuil, 2011. [Hay trad. cast.: *Tótem y tabú: algunas concordancias en la vida anímica de los salvajes y de los neuróticos*, en *OC*, vol. 13, 1980.]

1913. «Le thème des trois coffrets», traducción de E. Marty y M. Bonaparte, en *Essais de psychanalyse appliquée*, París, Gallimard, 1952; otra versión: «Le motif du choix des coffrets», traducción de B. Féron, en *L'Inquiétante étrangeté et autres essais*, París, Gallimard, 1985; y una tercera con el mismo título, traducción de P. Cotet y R. Lainé, en *OC.P*, vol. 12, 2005. [Hay trad. cast.: «El motivo de la elección del cofre», en *OC*, vol. 12, 1980.]

«Le début du traitement», traducción de A. Berman, en *La Technique psychanalytique*, París, Presses Universitaires de France, 1981; otra versión: «Sur l'engagement du traitement», traducción de J. Altounian, P. Haller y D. Hartmann, en *OC.P*, vol. 12, 2005. [Hay trad. cast.: «Sobre la iniciación del tratamiento (Nuevos consejos sobre la técnica del psicoanálisis, I)», en *OC*, vol. 12, 1980.]

1914. «Le *Moïse* de Michel Ange», traducción de P. Cotet y R. Lainé, en *L'Inquiétante étrangeté et autres essais*, París, Gallimard, 1985; otra versión con el mismo título, traducción de J. Altounian, A. Bourguignon, P. Cotet, P. Haller, D. Hartmann, R. Lainé, J. Laplanche, A. Rauzy y F. Robert, en *OC.P*, vol. 12, 2005; y una tercera con el mismo título, traducción de O. Mannoni, en *L'Inquiétant familier*, París, Payot, 2011. [Hay trad. cast.: «El *Moisés* de Miguel Ángel», en *OC*, vol. 13, 1980.]

«Remémoration, répétition et perlaboration», traducción de A. Berman, en *De la technique psychanalytique*, París, Presses Universitaires de France, 1981; otra versión con el mismo título, traducción de J. Altounian, A. Bourguignon, P. Cotet, P. Haller, D. Hartmann, R. Lainé, J. Laplanche, A. Rauzy y F. Robert, en *OC.P*, vol. 12, 2005. [Hay trad. cast.: «Recordar, repetir y reelaborar (Nuevos consejos sobre la técnica del psicoanálisis, II)», en *OC*, vol. 12, 1980.]

«Observation sur l'amour de transfert», traducción de A. Berman, en *La Technique psychanalytique*, París, Presses Universitaires de France, 1953; otra versión: «Remarques sur l'amour de transfert», traducción de J. Altounian, A. Bourguignon, P. Cotet, P. Haller, D. Hartmann, R. Lainé, J. Laplanche, A. Rauzy y F. Robert, en *OC.P*, vol. 12, 2005. [Hay trad. cast.: «Puntualizaciones sobre el amor de transferencia (Nuevos consejos sobre la técnica del psicoanálisis, III)», en *OC*, vol. 12, 1980.]

«Pour introduire le narcissisme», traducción de J. Laplanche, en *La Vie sexuelle*, París, Presses Universitaires de France, 1969; otra versión con el mismo título y el mismo traductor, en *OC.P*, vol. 12, 2005; y una tercera con el mismo título, traducción de O. Mannoni, París, Payot, 2012. [Hay trad. cast.: «Introducción del narcisismo», en *OC*, vol. 14, 1979.]

Sur l'histoire du mouvement psychanalytique, traducción de C. Heim, París, Gallimard, 1991; otra versión: *Contribution à l'histoire du mouvement psychanalytique*, traducción de P. Cotet y R. Lainé, en *OC.P*, vol. 12, 2005. [Hay trad. cast.: *Contribución a la historia del movimiento psicoanalítico*, en *OC*, vol. 14, 1979.]

«De la fausse reconnaissance ("déjà raconté") au cours du traitement psychanalytique», traducción de A. Berman, en *La Technique psychanalytique*, París, Presses Universitaires de France, 1981; otra versión: «De la fausse reconnaissance ("déjà raconté") pendant le travail psychanalytique», traducción de P. Cotet y R. Lainé, en *OC.P*, vol. 12, 2005. [Hay trad. cast.: «Acerca del *fausse reconnaissance* ("*déjà raconté*") en el curso del trabajo psicoanalítico», en *OC*, vol. 13, 1980.]

«Extrait de l'histoire d'une névrose infantile» (el Hombre de los Lobos), escrito en 1914 y publicado en 1918, traducción de M. Bonaparte y R. M. Loewenstein, en *Cinq psychanalyses*, París, Presses Universitaires de France, 1954; otra versión: «À partir d'une névrose infantile», traducción de J. Altounian y P. Cotet, en *OC.P*, vol. 13, 1988. [Hay trad. cast.: *De la historia de una neurosis infantil*, en *OC*, vol. 17, 1979.]

1915. «Considérations actuelles sur la guerre et sur la mort», traducción de S. Jankélévitch, en *Essais de psychanalyse*, París, Payot, 1927; otra versión con el mismo título, traducción de A. Bourguignon, A. Cherki y P. Cotet, París, Payot, 1981; una tercera: «Actuelles sur la guerre et la mort», traducción de J. Altounian, A. Balseinte, A. Bourguignon, A. Cherki, P. Cotet, J.-G. Delarbre, D. Hartmann, J.-R. Ladmiral, J. Laplanche, J.-L. Martin, A. Rauzy y P. Soulez, en *OC.P*, vol. 13, 1988; y una cuarta: «Considération actuelle sur la guerre et la mort», traducción de M. Crépon y M. de Launay, en *Anthropologie de la guerre*, París, Fayard, 2012. [Hay trad. cast.: «De guerra y muerte. Temas de actualidad», en *OC*, vol. 14, 1979.]

«Un cas de paranoïa en contradiction avec la théorie psychanalytique», traducción de D. Guérineau, en *Névrose, psychose et perversion*, París, Presses Universitaires de France, 1973; otra versión: «Communication d'un cas de paranoïa contredisant la théorie psychanalytique», traducción de J. Altounian, A. Bourguignon, P. Cotet, J.-G. Delarbre y D. Hartmann, en *OC.P*, vol. 13, 1988. [Hay trad. cast.: «Un caso de paranoia que contradice la teoría psicoanalítica», en *OC*, vol. 14, 1979.]

1915-1917. Conjunto de textos sobre la metapsicología: «Pulsions et destin des pulsions», «Le refoulement», «L'inconscient», «Complément métapsychologique à la doctrine du rêve» y «Deuil et mélancolie», traducción de A. Berman y M. Bonaparte, en *Métapsychologie*, París, Gallimard, 1952; otra versión con los mismos títulos, traducción de J. Laplanche, J.-B. Pontalis, J.-P. Briand, J.-P. Grossein y M. Tort, en *Métapsychologie*, París, Gallimard, 1968; y una tercera con los mismos títulos salvo el primero, «Pulsions et destins de pulsions», traducción de J. Altounian, A. Balseinte, A. Bourguignon, A. Cherki, P. Cotet, J.-G. Delarbre, D. Hartmann, J.-R. Ladmiral, J. Laplanche, J.-L. Martin, A. Rauzy y P. Soulez, en *OC.P*, vol. 13, 1988. [Hay trad. cast.: «Pulsiones y destinos de pulsión», «La represión», «Lo inconsciente», «Complemento metapsicológico a la doctrina de los sueños» y «Duelo y melancolía», en *OC*, vol. 14, 1979.]

«Pulsion et destins des pulsions», traducción de O. Mannoni, París, Payot, 2012.

Vue d'ensemble des névroses de transfert: un essai métapsychologique, traducción de P. Lacoste, París, Gallimard, 1986; otra versión con el mismo título, traducción de J. Laplanche, en *OC.P*, vol. 13, 1988. [Hay trad. cast.: *Sinopsis de las neurosis de transferencia: ensayo de metapsicología*, traducción de A. Ackermann Pilári y A. Vicens, Barcelona, Ariel, 1989.]

1916-1917. «Fugitivité», traducción de M. Bonaparte, *Revue française de psychanalyse*, 20(3), 1956; otra versión: «Passagèreté», traducción de J. Altounian, A. Bourguignon, P. Cotet y A. Rauzay, en *OC.P*, vol. 13, 1988; y una tercera: «Éphémère destinée», traducción de D. Messier, en *Huit études sur la mémoire et ses troubles*, París, Gallimard, 2010. [Hay trad. cast.: «La transitoriedad», en *OC*, vol. 14, 1979.]

Introduction à la psychanalyse, traducción de S. Jankélévitch, París, Payot, 1922; otra versión: *Conférences d'introduction à la psychanalyse*, traducción de F. Cambon, París, Gallimard, 1999; y una tercera: *Leçons d'introduction à la psychanalyse*, traducción de A. Bourguignon, J.-G. Delarbre, D. Hartmann y F. Robert, en *OC.P*, vol. 14, 2000 (veintiocho conferencias). [Hay trad. cast.: *Conferencias de introducción al psicoanálisis*, en *OC*, vols. 15 y 16, 1978.]

«Parallèle mythologique à une représentation obsessionnelle plastique», traducción de B. Ferron, en *L'Inquiétante étrangeté et autres essais*, París, Gallimard, 1985; otra versión: «Parallèle mythologique avec une représentation de contrainte d'ordre plastique», traducción de J. Altounian, A. Bourguignon, P. Cotet, J.-G. Delarbre, J. Doron, R. Doron, J. Dupont, D. Hartmann, R. Lainé, J. Laplanche, C. von Petersdorff,

A. Rauzy, F. Robert, J. Stute-Cadiot, C. Vincent y A. Zäh-Gratiaux, en *OC.P*, vol. 15, 2002. [Hay trad. cast.: «Paralelo mitológico de una representación obsesiva plástica», en *OC*, vol. 14, 1979.]

1917. «Une difficulté de la psychanalyse», traducción de M. Bonaparte y E. Marty, en *Essais de psychanalyse appliquée*, París, Gallimard, 1933; otra versión con el mismo título, traducción de B. Féron, en *L'Inquiétante étrangeté et autres essais*, París, Gallimard, 1985; y una tercera con el mismo título, traducción de J. Altounian, A. Bourguignon, P. Cotet y A. Rauzy, en *OC.P*, vol. 15, 1996. [Hay trad. cast.: «Una dificultad del psicoanálisis», en *OC*, vol. 17, 1979.]

«Sur les transpositions des pulsions, plus particulièrement dans l'érotisme anal», traducción de J. Laplanche, en *La Vie sexuelle*, París, Presses Universitaires de France, 1969; otra versión: «Des transpositions pulsionnelles, en particulier celles de l'érotisme anal», traducción de J. Altounian, A. Bourguignon, P. Cotet y J. Stute-Cadiot, en *OC.P*, vol. 15, 1996. [Hay trad. cast.: «Sobre las trasposiciones de la pulsión, en particular del erotismo anal», en *OC*, vol. 17, 1979.]

«Un souvenir d'enfance en *Fiction et vérité* de Goethe», traducción de M. Bonaparte y E. Marty, en *Essais de psychanalyse appliquée*, París, Gallimard, 1933; otra versión: «Un souvenir d'enfance de *Poésie et vérité* de Goethe», traducción de B. Féron, en *L'Inquiétante étrangeté et autres essais*, París, Gallimard, 1985; y una tercera con el mismo título, traducción de J. Altounian, A. Bourguignon, P. Cotet y R. Lainé, en *OC.P*, vol. 15, 1996. [Hay trad. cast.: «Un recuerdo de infancia en *Poesía y verdad*», en *OC*, vol. 17, 1979.]

1919. «Les voies nouvelles de la thérapeutique psychanalytique», traducción de A. Berman, en *La Technique psychanalytique*, París, Presses Universitaires de France, 1981; otra versión: «Les voies de la thérapeutique psychanalytique», traducción de J. Altounian y P. Cotet, en *OP.C*, vol. 15, 1996. [Hay trad. cast.: «Nuevos caminos de la terapia psicoanalítica», en *OC*, vol. 17, 1979.]

«Doit-on enseigner la psychanalyse à l'Université?», traducción de J. Dor, en *Résultats, idées, problèmes*, vol. 1, París, Presses Universitaires de France, 1984; otra versión: «Faut-il enseigner la psychanalyse à l'Université?», traducción de J. Dupont, en *OC.P*, vol. 15, 1996. [Hay trad. cast.: «¿Debe enseñarse el psicoanálisis en la universidad?», en *OC*, vol. 17, 1979.]

«On bat un enfant. Contribution à l'étude de la genèse des perversions sexuelles», traducción de H. Hoesli, *Revue française de psychanalyse*, 6(3-4), 1933; otra versión: «Un enfant est battu. Contribution à la connais-

sance de la genèse des perversions sexuelles», traducción de D. Guérineau, en *Névrose, psychose et perversion*, París, Presses Universitaires de
France, 1973; y una tercera con el mismo título, traducción de J. Altounian y P. Cotet, en *OC.P*, vol. 15, 1996. [Hay trad. cast.: «"Pegan a
niño." Contribución al conocimiento de la génesis de las perversiones
sexuales», en *OC*, vol. 17, 1979.]

«L'inquiétante étrangeté», traducción de M. Bonaparte y E. Marty, en
Essais de psychanalyse appliquée, París, Gallimard, 1952; otra versión con
el mismo título, traducción de B. Ferron, en *L'Inquiétante étrangeté et
autres essais*, París, Gallimard, 1985; una tercera: «L'inquiétant», traducción de J. Altounian, A. Bourguignon, P. Cotet y J. Laplanche, en *OC.P*,
vol. 15, 1996; y una cuarta, *L'Inquiétant familier*, traducción de O. Mannoni, París, Payot, 2011. [Hay trad. cast.: «Lo ominoso», en *OC*, vol. 17,
1979.]

«Introduction à *La Psychanalyse des névroses de guerre*», traducción de J.
Altounian, en *Résultats, idées, problèmes*, vol. 1, París, Presses Universitaires de France, 1984; otra versión: «Introduction a *Sur la psychanalyse des
névroses de guerre*», traducción de A. Bourguignon y C. von Petersdorff,
en *OC.P*, vol. 15, 1996; y una tercera: «De la psychanalyse des névroses
de guerre», traducción de O. Mannoni, en *Sur les névroses de guerre*, París, Payot, 2010. [Hay trad. cast.: «Introducción a *Zur Psychoanalyse der
Kriegsneurosen*», en *OC*, vol. 17, 1979.]

1920. «Sur la psychogenèse d'un cas d'homosexualité féminine», traduc-
ción de D. Guérineau, en *Névrose, psychose et perversion*, París, Presses
Universitaires de France, 1973; otra versión: «De la psychogenèse d'un
cas d'homosexualité féminine», traducción de J. Altounian, P. Cotet, C.
Vincent y A. Zäh-Gratiaux, en *OC.P*, vol. 15, 1996. [Hay trad. cast.:
«Sobre la psicogénesis de un caso de homosexualidad femenina», en
OC, vol. 18, 1979.]

Au-delà du principe de plaisir, traducción de J. Laplanche y J.-B. Pontalis,
en *Essais de psychanalyse*, París, Payot, 1981; otra versión con el mismo
título, traducción de J. Altounian, A. Bourguignon, P. Cotet y A. Rauzy,
en *OC.P*, vol. 15, 1996; y una tercera con el mismo título, traducción
de J.-P. Lefebvre, París, Seuil, 2014. [Hay trad. cast.: *Más allá del principio
de placer*, en *OC*, vol. 18, 1979.]

1921. «Psychanalyse et télépathie», traducción de B. Chabot, en *Résultats, idées,
problèmes*, vol. 2, París, Presses Universitaires de France, 1995; otra versión
con el mismo título y traducción de J. Altounian, A. Bourguignon, J.
Laplanche, A. Rauzy, B. Chabot y J. Stute-Cadiot, en *OC.P*, vol. 16,
1991. [Hay trad. cast.: «Psicoanálisis y telepatía», en *OC*, vol. 18, 1979.]

Psychologie collective et analyse du moi, traducción de S. Jankélévitch, París, Payot, 1924; otra versión: *Psychologie des foules et analyse du moi*, traducción de J. Laplanche y J.-B. Pontalis, en *Essais de psychanalyse*, París, Payot, 1972; una tercera con el mismo título, traducción de J. Altounian, A. y O. Bourguignon y A. Rauzy, París, Payot, 1981; una cuarta: *Psychologie des masses et analyse du moi*, traducción de J. Altounian, A. Bourguignon, P. Cotet y A. Rauzy, en *OC.P*, vol. 16, 1991; y una quinta: *Psychologie de masse et analyse du moi*, traducción de D. Tassel, París, Seuil, 2014. [Hay trad. cast.: *Psicología de las masas y análisis del yo*, en *OC*, vol. 18, 1979.]

1922. «De quelques mécanismes névrotiques dans la jalousie, la paranoïa et l'homosexualité», traducción de J. Lacan, *Revue française de psychanalyse*, 5(3), 1932; otra versión: « Sur quelques mécanismes névrotiques dans la jalousie, la paranoïa et l'homosexualité», traducción de D. Guérineau, en *Névrose, psychose et perversion*, París, Presses Universitaires de France, 1973; y una tercera: «De quelques mécanismes névrotiques dans la jalousie, la paranoïa et l'homosexualité», traducción de J. Altounian y F. M. Gathelier, en *OC.P*, 16, 1991. [Hay trad. cast.: «Sobre algunos mecanismos neuróticos en los celos, la paranoia y la homosexualidad», en *OC*, vol. 18, 1979.]

«Rêve et télépathie», traducción de J. Altounian, A. y O. Bourguignon, G. Goran, J. Laplanche y A. Rauzy, en *Résultats, idées, problèmes*, vol. 2, París, Presses Universitaires de France, 1995; otra versión con el mismo título, traducción de los mismos más B. Chabot, F.-M. Gathelier y J. Stute-Cadiot, en *OC.P*, vol. 16, 1991. [Hay trad. cast.: «Sueño y telepatía», en *OC*, vol. 18, 1979.]

«Une névrose démoniaque au xviie siècle», traducción de M. Bonaparte y E. Marty, en *Essais de psychanalyse appliquée*, París, Gallimard, 1952; otra versión: «Une névrose diabolique au xviie siècle», traducción de B. Féron, en *L'Inquiétante étrangeté et autres essais*, París, Gallimard, 1985; una tercera con el mismo título, traducción de P. Cotet y R. Lainé, en *OC.P*, vol. 16, 1991; y una cuarta con el mismo título, traducción de O. Mannoni, en Honoré de Balzac, *La Peau de chagrin, suivi de Une névrose diabolique au xviie siècle*, París, Payot & Rivages, 2014. [Hay trad. cast.: «Una neurosis demoníaca en el siglo xvii», en *OC*, vol. 19, 1979.]

1923. *Le Moi et le ça*, traducción de J. Laplanche, en *Essais de psychanalyse*, París, Payot, 1981; otra versión con el mismo título, traducción de C. Baliteau, A. Bloch, J.-M. Rondeau y J. Stute-Cadiot, en *OC.P*, vol. 16, 1991. [Hay trad. cast.: *El yo y el ello*, en *OC*, vol. 19, 1979.]

«L'organisation génitale de la vie sexuelle infantile», traducción de J. Laplanche, en *La Vie sexuelle*, París, Presses Universitaires de France, 1969; otra versión: «L'organisation génitale infantile», traducción de J. Doron y R. Doron, en *OC.P*, vol. 16, 1991. [Hay trad. cast.: «La organización genital infantil (Una interpolación en la teoría de la sexualidad)», en *OC*, vol. 19, 1979.]

1924. «Le déclin du complexe d'Œdipe», traducción de D. Berger, en *La Vie sexuelle*, París, Presses Universitaires de France, 1969; otra versión: «La disparition du complex d'Œdipe», traducción de P. Cotet, H. Hildebrand y A. Lindenberg, en *OC.P*, vol. 17, 1992. [Hay trad. cast.: «El sepultamiento del complejo de Edipo», en *OC*, vol. 19, 1979.]

1925. *Ma vie et la psychanalyse*, traducción de M. Bonaparte, París, Gallimard, 1925; otra versión: *Sigmund Freud présenté par lui-même*, traducción de F. Cambon, París, Gallimard, 1984; una tercera, *Autoprésentation*, traducción de J. Altounian, C. Avignon, A. Balseinte, A. Bourguignon, M. Candelier, C. Chiland, P. Cotet, J.-G. Delarbre, J. Doron, R. Doron, M. Hanus, D. Hartmann, H. Hildebrand, R. Lainé, J. Laplanche, A. Lindenberg, C. von Petersdorff, M. Pollack-Cornillot, A. Rauzy y M. Strauss, en *OC.P*, vol. 17, 1992. [Hay trad. cast.: *Presentación autobiográfica*, en *OC*, vol. 20, 1979.]

«Résistances à la psychanalyse», artículo escrito en francés, *La Revue juive*, 1, 1925, reeditado en *Résultats, idées, problèmes*, vol. 2, París, Presses Universitaires de France, 1985; traducido de la versión alemana con el título de «Les résistances contre la psychanalyse», traducción de J. Altounian y P. Cotet, en *OC.P*, vol. 17, 1992. [Hay trad. cast.: «Las resistencias contra el psicoanálisis», en *OC*, vol. 19, 1979.]

«Note sur le "Bloc-notes magique"», traducción de J. Laplanche y J.-B. Pontalis, en *Résultats, idées, problèmes*, vol. 2, París, Presses Universitaires de France, 1985; otra versión: «Note sur le "Bloc magique"», traducción de J. Altounian y P. Cotet, en *OC.P*, vol. 17, 1992; y una tercera: «Note sur le "Bloc-notes magique"», traducción de D. Messier, en *Huit études sur la mémoire et ses troubles*, París, Gallimard, 2010. [Hay trad. cast.: «Nota sobre la "pizarra mágica"», en *OC*, vol. 19, 1979.]

«La négation», traducción de J. Laplanche, en *Résultats, idées, problèmes*, vol. 2, París, Presses Universitaires de France, 1985; reeditado sin modificaciones en *OC.P*, vol. 17, 1992; otra versión: «La dénégation», traducción de O. Mannoni, en *Trois mécanismes de défense*, París, Payot, 2012. Este artículo fue objeto de una decena de traducciones, y fue Jean Hyppolite quien, en 1956, propuso el término «denegación» en vez de «negación». [Hay trad. cast.: «La negación», en *OC*, vol. 19, 1979.]

«Quelques conséquences psychologiques de la différence anatomique entre les sexes», traducción de D. Berger, en *La Vie sexuelle*, París, Presses Universitaires de France, 1969; otra versión: «Quelques conséquences psychiques de la différence des sexes au niveau anatomique», traducción de M. Candelier, C. Chiland y M. Pollack-Cornillot, en *OC.P*, vol. 17, 1992. [Hay trad. cast.: «Algunas consecuencias psíquicas de la diferencia anatómica entre los sexos», en *OC*, vol. 19, 1979.]

1926. *Inhibition, symptôme et angoisse*, traducción de M. Tort, París, Presses Universitaires de France, 1965; otra versión con el mismo título, traducción de J. Doron y R. Doron, en *OC.P*, vol. 17, 1992; y una tercera con el mismo título, traducción de O. Mannoni, París, Payot, 2014. [Hay trad. cast.: *Inhibición, síntoma y angustia*, en *OC*, vol. 20, 1979.] *Psychanalyse et médecine*, traducción de M. Bonaparte, París, Gallimard, 1928; otra versión: *La Question de l'analyse profane*, traducción de J. Altounian, A. y O. Bourguignon, P. Cotet y A. Rauzy, París, Gallimard, 1985; y una tercera con el mismo título y los mismos traductores, en *OC.P*, vol. 18, 1994. [Hay trad. cast.: *¿Pueden los legos ejercer el análisis? Diálogos con un juez imparcial*, en *OC*, vol. 20, 1979.]

1927. «Le fétichisme», traducción de D. Berger, en *La Vie sexuelle*, París, Presses Universitaires de France, 1969; otra versión: «Fétichisme», traducción de R. Lainé, en *OC.P*, vol. 18, 1994; y una tercera: «Le fétichisme», traducción de O. Mannoni, en *Trois mécanismes de défense*, París, Payot, 2012. [Hay trad. cast.: «Fetichismo», en *OC*, vol. 21, 1979.] *L'Avenir d'une illusion*, traducción de M. Bonaparte, París, Presses Universitaires de France, 1971; otra versión con el mismo título, traducción de J. Altounian, A. Balseinte, A. Bourguignon, P. Cotet, J.-G. Delarbre y D. Hartmann, en *OC.P*, vol. 18, 1994; una tercera con el mismo título, traducción de B. Lortholary, París, Seuil, 2011; una cuarta con el mismo título, traducción de D. Messier, en *Religion*, París, Gallimard, 2012; y una quinta con el mismo título, traducción de C. Gillie, prefacio de P.-L. Assoun, París, Cerf, 2012. [Hay trad. cast.: *El porvenir de una ilusión*, en *OC*, vol. 21, 1979.]

1928. «Un événement de la vie religieuse», traducción de M. Bonaparte, en *L'Avenir d'une illusion*, París, Presses Universitaires de France, 1971; otra versión: «Une expérience vécue religieuse», traducción de A. Balseinte y E. Wolff, en *OC.P*, vol. 18, 1994; y una tercera: «Une expérience vécue à caractère religieux», traducción de D. Messier, en *Religion*, París, Gallimard, 2012. [Hay trad. cast.: «Una vivencia religiosa», en *OC*, vol. 21, 1979.] «Dostoïevski et le parricide», traducción de J.-B. Pontalis y C. Heim, en *Résultats, idées, problèmes*, vol. 2, París, Presses Universitaires de France, 1985; otra versión: «Dostoïevski et la mise à mort du père», traducción de J. Altounian, A. Bourguignon, E. Carstanjen y P. Cotet, en *OC.P*, vol. 18, 1994. [Hay trad. cast.: «Dostoievski y el parricidio», en *OC*, vol. 21, 1979.]

1930. *Malaise dans la civilisation*, traducción de C. Odier (1934), París, Presses Universitaires de France, 1971; otra versión: *Le Malaise dans la culture*, traducción de P. Cotet, R. Lainé, J. Stute-Cadiot y J. André, París, Presses Universitaires de France, 1995; una tercera con el mismo título, traducción de P. Cotet, R. Lainé y J. Stute-Cadiot, en *OC.P*, vol. 18, 1994; una cuarta: *Malaise dans la civilisation*, traducción de B. Lortholary, París, Seuil, 2010; y una quinta con el mismo título, traducción de M. Crépon y M. de Launay, en *Anthropologie de la guerre*, París, Fayard, 2010. [Hay trad. cast.: *El malestar en la cultura*, en *OC*, vol. 21, 1979.]

1931. «Des types libidinaux», traducción de D. Berger, en *La Vie sexuelle*, París, Presses Universitaires de France, 1969; otra versión con el mismo título, traducción de M. Candelier, C. Chiland y M. Pollack-Cornillot, en *OC.P*, vol. 19, 1995. [Hay trad. cast.: «Tipos libidinales», en *OC*, vol. 21, 1979.]

«Sur la sexualité féminine», traducción de D. Berger, en *La Vie sexuelle*, París, Presses Universitaires de France, 1969; otra versión: «De la sexualité féminine», traducción de M. Candelier, C. Chiland y M. Pollack-Cornillot, en *OC.P*, vol. 19, 1995. [Hay trad. cast.: «Sobre la sexualidad femenina», en *OC*, vol. 21, 1979.]

1933. *Nouvelles conférences d'introduction à la psychanalyse*, traducción de A. Berman, París, Gallimard, 1936; otra versión: *Nouvelle suite des leçons d'introduction à la psychanalyse*, traducción de M. R. Zeitlin, París, Gallimard, 1984; y una tercera con el mismo título, traducción de J. Altounian, A. Bourguignon, P. Cotet, A. Rauzy y M. R. Zeitlin, en *OC.P*, vol. 19, 1995. [Hay trad. cast.: *Nuevas conferencias de introducción al psicoanálisis*, en *OC*, 22, 1979 (siete conferencias: «Revisión de la doctrina de los sueños», «Sueño y ocultismo», «La descomposición de la personalidad psíquica», «Angustia y vida pulsional», «La feminidad», «Esclarecimientos, aplicaciones, orientaciones» y «En torno de una cosmovisión»).]

Pourquoi la guerre?, traducción de M. Blaise Briod, París, Institut International de Coopération Intellectuelle, Société des Nations, 1933; otra versión con el mismo título, traducción de J. Altounian, A. Bouguignon, P. Cotet y A. Rauzy, en *OC.P*, vol. 19, 1995; y una tercera: «Pourquoi la guerre? Lettre à Albert Einstein», traducción de M. Crépon y M. de

Launay, en *Anthropologie de la guerre*, París, Fayard, 2010. [Hay trad. cast.: «¿Por qué la guerra? (Einstein y Freud)», en *OC*, vol. 22, 1979.]

1936. «Un trouble de mémoire sur l'Acropole», traducción de M. Robert, en *Résultats, idées, problèmes*, vol. 2, París, Presses Universitaires de France, 1985; otra versión: «Un trouble du souvenir sur l'Acropole: lettre à Romain Rolland», traducción de P. Cotet y R. Lainé, en *OC.P*, vol. 19, 1995; y una tercera: «Un trouble de mémoire sur l'Acropole», traducción de D. Messier, en *Huit études sur la mémoire et ses troubles*, París, Gallimard, 2010. [Hay trad. cast.: «Carta a Romain Rolland (Una perturbación del recuerdo en la Acrópolis)», en *OC*, vol. 22, 1979.]

1937. «Analyse terminée et analyse interminable», traducción de A. Berman, *Revue française de psychanalyse*, 11(1), 1939; otra versión: «L'analyse avec fin et l'analyse sans fin», traducción de J. Altounian, A. Bourguignon, P. Cotet, J. Laplanche y F. Robert, en *Résultats, idées, problèmes*, vol. 2, París, Presses Universitaires de France, 1985; y una tercera: «L'analyse finie et l'analyse infinie», traducción de J. Altounian, A. Bourguignon, P. Cotet, J. Laplanche y F. Robert, en *OC.P*, vol. 20, 2010. [Hay trad. cast.: «Análisis terminable e interminable», en *OC*, vol. 23, 1980.]

«Constructions dans l'analyse», traducción de E. R. Hawelka, U. Huber y J. Laplanche, en *Résultats, idées, problèmes*, vol. 2, París, Presses Universitaires de France, 1985; otra versión con el mismo título, traducción de J. Altounian, P. Cotet, J. Laplanche y F. Robert, en *OC.P*, vol. 20, 2010. [Hay trad. cast.: «Construcciones en el análisis», en *OC*, vol. 23, 1980.]

1938. «Un mot sur l'antisémitisme», traducción de P. Cotet y R. Lainé, en *OC.P*, vol. 20, 2010. [Hay trad. cast.: «Comentario sobre el antisemitismo», en *OC*, vol. 23, 1980.]

1939. *Moïse et le monothéisme*, traducción de A. Berman, París, Presses Universitaires de France, 1948; otra versión: *L'Homme Moïse et la religion monothéiste*, traducción de C. Heim, París, Gallimard, 1986; una tercera con el mismo título, traducción de J. Altounian, P. Cotet, P. Haller, C. Jouanlanne, R. Lainé y A. Rauzy, en *OC.P*, vol. 20, 2010; una cuarta con el mismo título, traducción de J.-P. Lefebvre, París, Seuil, 2012; y una quinta con el mismo título, traducción de O. Mannoni, París, Payot, 2014. [Hay trad. cast.: *Moisés y la religión monoteísta*, en *OC*, vol. 23, 1980.]

1940. *Abrégé de psychanalyse*, traducción de A. Berman, París, Presses Universitaires de France, 1951; otra versión con el mismo título, traducción de A. Berman revisada por J. Laplanche, París, Presses Universitai-

res de France, 1985; y una tercera con el mismo título, traducción de
F. Kahn y F. Robert, en *OC.P*, vol. 20, 2010. [Hay trad. cast.: *Esquema
del psicoanálisis*, en *OC*, vol. 23, 1980.]

Compilaciones de cartas de Freud en francés

La Naissance de la pyschanalyse: lettres à Wilhelm Fliess, edición incompleta
establecida por M. Bonaparte, A. Freud y E. Kris, traducción de A. Berman, París, Presses Universitaires de France, 1956. Incluye «Esquisse
d'une psychologie scientifique» (1895). [Hay trad. cast.: *Fragmentos de
la correspondencia con Fliess*, en *OC*, vol. 1, 1982 (incluye el «Proyecto
de psicología»).]
Lettres à Wilhelm Fliess, 1887-1904, edición completa establecida por J. M.
Masson, revisada y aumentada por M. Schröter, transcripción de G.
Fichtner, traducción de F. Kahn y F. Robert, París, Presses Universitaires de France, 2006. Incluye «Esquisse d'une psychologie scientifique»
(1895). La presentación de Masson no figura en la edición francesa.
[Hay trad. cast.: *Cartas a Wilhelm Fließ (1887-1904)*, traducción de
J. L. Etcheverry, Buenos Aires, Amorrortu, 1994, que incluye el prólogo y la introducción de J. M. Masson.]
Correspondance, 1873-1939, traducción de A. Berman y J.-P. Grossein, París,
Gallimard, 1960. [Hay trad. cast.: *Epistolario, 1873-1939*, traducción de
la edición inglesa de J. Merino Pérez, Madrid, Biblioteca Nueva,
1963.]
«Notre cœur tend vers le sud.» Correspondance de voyage, 1895-1923, traducción de J.-C. Capèle, edición y presentación de C. Tögel con la colaboración de M. Molnar, prefacio de É. Roudinesco, París, Fayard,
2005. [Hay trad. cast.: *Cartas de viaje, 1895-1923*, traducción de C.
Martín, Madrid, Siglo XXI, 2006.]
Lettres à ses enfants, edición establecida por M. Schröter con la colaboración
de I. Meyer-Palmedo y E. Falzeder, traducción de F. Cambon, París,
Aubier, 2012. [Hay trad. cast.: *Cartas a sus hijos*, traducción de F. Martín
y A. Obermeier, Buenos Aires, Paidós, 2012.]

Correspondencia de Freud en francés

Karl Abraham: *Correspondance complète, 1907-1926*, traducción del alemán,
presentación y notas de F. Cambon, París, Gallimard, 2006. [Hay trad.
cast.: *Correspondencia completa, 1907-1926*, traducción de T. Schilling,
Madrid, Síntesis, 2005.]

Lou Andreas-Salomé: *Correspondance, 1912-1936*, seguido de *Journal d'une année, 1912-1913*, traducción del alemán de L. Jumel, prefacio y notas de E. Pfeiffer, París, Gallimard, 1970. [Hay trad. cast.: *Sigmund Freud, Lou Andreas-Salomé: correspondencia*, traducción de J. Muñoz, México, Siglo XXI, 1977.]

Ludwig Binswanger: *Correspondance, 1908-1938*, edición e introducción de G. Fichtner, traducción del alemán de R. Menahem y M. Strauss, prefacio de J. Gillibert, París, Calmann-Lévy, 1995. [Hay trad. cast.: *Correspondencia de Sigmund Freud* (edición crítica en orden cronológico), vols. 2-5, traducción de N. Caparrós, Madrid, Biblioteca Nueva, 1995-2002.]

Hilda Doolittle: *Visage de Freud*, traducción del inglés de F. de Gruson, París, Denoël, 1977; otra versión: *Pour l'amour de Freud*, traducción de N. Casanova y E. Ochs, prefacio de É. Roudinesco, París, Éditions Des Femmes/Antoinette Fouque, 2010. [Hay trad. cast.: *Tributo a Freud*, traducción de A. Palomas, Barcelona, El Cobre, 2004.]

Max Eitingon: *Correspondance, 1906-1939*, edición de M. Schröter, traducción del alemán de O. Mannoni, París, Hachette Littératures, 2009.

Sándor Ferenczi: *Correspondance, 1906-1939*, 3 vols., edición dirigida por A. Haynal, traducción del alemán del grupo de traducción del *Coq-Héron*, París, Calmann-Lévy, 1992-2000. [Hay trad. cast. parcial: *Correspondencia completa, 1908-1919*, traducción de T. Schilling, 4 vols., Madrid, Síntesis, 2001.]

Anna Freud: *Correspondance, 1904-1938*, edición de I. Meyer-Palmedo, traducción del alemán de O. Mannoni, prefacio de É. Roudinesco, París, Fayard, 2012. [Hay trad. cast.: *Correspondencia 1904-1938*, traducción de M. Fernández Polcuch y S. Villegas, Buenos Aires, Paidós, 2014.]

Familia Freud: *Lettres de famille de Sigmund Freud et des Freud de Manchester, 1911-1938*, presentación y traducción del inglés de C. Vincent, París, Presses Universitaires de France, 1996. [Hay trad. cast.: *Viena y Manchester: correspondencia entre Sigmund Freud y su sobrino Sam Freud (1911-1938)*, traducción de P. Navarro Serrano, Madrid, Síntesis, 2000.]

Ernest Jones: *Correspondance complète, 1908-1939*, edición de R. Andrews Paskauskas, traducción del inglés y el alemán de P.-E. Dauzat con la colaboración de M. Weber y J.-P. Lefebvre, introducción de R. Steiner, París, Presses Universitaires de France, 1998. [Hay trad. cast.: *Correspondencia completa, 1908-1939*, traducción de E. Sánchez-Pardo González, Madrid, Síntesis, 2001.]

Carl Gustav Jung: *Correspondance, 1906-1914*, 2 vols., edición de W. McGuire, traducción del alemán y el inglés de R. Fivaz-Silbermann,

París, Gallimard, 1975. [Hay trad. cast.: *Correspondencia*, traducción de A. Guéra Miralles, Madrid, Trotta, 2012.]

Oskar Pfister: *Correspondance, 1909-1939*, edición de E. L. Freud y H. Meng, traducción del alemán de L. Jumel, prefacio de D. Widlöcher, París, Gallimard, 1991. Versión incompleta. [Hay trad. cast.: *Correspondencia, 1909-1939*, traducción de M. Rodríguez Cabo, México, Fondo de Cultura Económica, 1966.]

Romain Rolland: *Correspondance, 1923-1936*, edición y traducción de H. Vermorel y M. Vermorel, prefacio de A. Bourguignon, París, Presses Universitaires de France, 1993.

Eduard Silberstein: *Lettres de jeunesse, 1882-1939*, traducción del alemán de C. Heim, París, Gallimard, 1990. [Hay trad. cast.: *Cartas de juventud: con correspondencia en español inédita*, traducción de A. Ackermann Pilári, Barcelona, Gedisa, 1992.]

Sabrina Spielrein: *Sabina Spelrein entre Freud et Jung*, legajo descubierto por Aldo Carotenuto y Carlo Trombetta, edición francesa de M. Guibal y J. Nobécourt, traducción del italiano de M. Armand y del alemán de M. de Launay y P. Rusch, París, Aubier-Montaigne, 1981. [Hay trad. cast.: *Una secreta simetría: Sabina Spielrein entre Freud y Jung*, traducción de R. Alcalde, Barcelona, Gedisa, 1984.]

Edoardo Weiss: *Lettres sur la pratique psychanalytique*, precedido de *Souvenirs d'un pionnier de la psychanalyse*, traducción de J. Etoré, introducción de J. Chazaud y M. Grotjahn, Toulouse, Privat, 1975. [Hay trad. cast.: *Problemas de la práctica psicoanalítica: correspondencia Freud-Weiss*, traducción de J. Bodmer, Barcelona, Gedisa, 1979.]

Arnold Zweig: *Correspondance, 1927-1939*, edición de E. y L. Freud, traducción del alemán de L. Weibel con la colaboración de J.-C. Gehrig, prefacio de M. Robert, París, Gallimard, 1973. [Hay trad. cast.: *Correspondencia 1927-1939*, traducción de M. Miller, Barcelona, Gedisa, 2000.]

Stefan Zweig: *Correspondance, 1908-1939*, traducción del alemán de G. Hauer y D. Plassard, texto y notas de H.-U. Lindken, prefacio de R. Jaccard, París, Payot & Rivages, 1995. [Hay trad. cast.: *Correspondencia: con Sigmund Freud, Rainer Maria Rilke y Arthur Schnitzler*, traducción de R. S. Carbó, Barcelona, Paidós, 2004.]

Compilación de textos en francés e inglés

Herman Nunberg y Ernst Federn, eds., *Les Premiers psychanalystes: minutes de la Société psychoanalytique de Vienne, 1906-1918*, 4 vols., traducción de N. Schwab-Bakman, París, Gallimard, 1976-1983. [Hay trad. cast. parcial: *Las reuniones de los miércoles: actas de la Sociedad Psicoanalítica de Viena*, 2 vols. (*1906-1908* y *1908-1909*), traducción de I. Pardal, Buenos Aires, Nueva Visión, 1979.]

Revue internationale d'histoire de la psychanalyse (*RIHP*), seis números, 1988-1993, bajo la dirección de Alain de Mijolla, París, Presses Universitaires de France.

J. Keith Davies y Gerhard Fichtner, *Freud's Library: A Comprehensive Catalogue* — *Freuds Bibliothek: völlstandiger Katalog*, Londres y Tubinga, The Freud Museum/Diskord, 2006. Acompaña esta obra un disco compacto que contiene los títulos de los volúmenes de la biblioteca de Freud.

En preparación, bajo la dirección de Mark Solms, la publicación de doscientos artículos, textos e intervenciones de Freud de 1877 a 1900. Cf. Filip Geerardyn y Gertrudis van de Vijver, eds., *Aux sources de la psychanalyse: une analyse des premiers écrits de Freud (1877-1900)*, París y Montreal, L'Harmattan, 2006.

Laurence Joseph y Céline Masson, eds., *Résumé des œuvres complètes de Freud*, 4 vols., París, Hermann, 2009.

3. OBRAS DE REFERENCIA

Jean Laplanche y Jean-Bertrand Pontalis, *Vocabulaire de la psychanalyse*, París, Presses Universitaires de France, 1967. [Hay trad. cast.: *Diccionario de psicoanálisis*, traducción de F. Cervantes Gimeno, Barcelona, Paidós, 1996.]

Élisabeth Roudinesco y Michel Plon, *Dictionnaire de la psychanalyse* (1997), cuarta edición, París, Librairie Générale Française, 2011, col. «La Pochothèque». [Hay trad. cast.: *Diccionario de psicoanálisis*, segunda edición revisada y actualizada, traducción de J. Piatigorsky y G. Villalba, Buenos Aires, Paidós, 2008.]

Paul-Laurent Assoun, *Dictionnaire thématique, historique et critique des œuvres psychanalytiques*, París, Presses Universitaires de France, 2009.

4. CRONOLOGÍA COMPLETA DE LA VIDA Y LA OBRA DE FREUD

Véase Christfried Tögel, *Freud-Diarium*, 470 páginas en alemán: http://www.freud-biographik.de.

Los pacientes de Freud

Altman, Rosa: 1898
Ames, Thaddeus H.: 1921

Banfield Jackson, Edith: 1930-1936
Bauer, Ida (caso «Dora»): 1900
Beddow, David: 1933-1934
Bernfeld Suzanne Paret (de soltera Cassirer): 1932-1934
Bieber (dentista): 1919
Blanton, Smiley: 1929, 1930; y de manera intermitente: 1935, 1937, 1938
Blum, Ernst: 1922
Blumgart, Leonard: 1921
Bonaparte, Eugénie: algunas sesiones después de 1925
Bonaparte, Marie: 1925-1938
Boss, Medard: algunas sesiones alrededor de 1925
Brunswick, David: 1927-1931
Brunswick, Mark: 1924-1928
Brunswick, Ruth Mack: 1922
Bryant, Louise: 1930
Bullitt, William C.: 1930
Burlingham, Dorothy: 1927-1939
Burrow, Trigant: 1924

Cherniakova, Sascha: 1905
Choisy, Maryse: 1924, tres sesiones
Csonka, Margarethe: 1920

David, Jakob Julius: ?

Deutsch, Helene: 1918-1919
Dirsztay, Viktor von: 1909, 1917-1920
Doolittle, Hilda: 1933-1934
Dorsey, John: 1935-1936
Dubovitz, Margit: 1920

Eckstein, Emma: 1895-1904
Eder, David: 1913
Eim, Gustav: 1893
Eitingon, Max: 1909

Fellner, Oscar: 1895-1900
Ferenczi, Sándor: 1914-1916
Ferstel, baronesa Marie von (de soltera Thorsch): 1899-1903
Fischer-Colbrie, Arthur: 1915-1916
Flournoy, Henri: 1922
Forsyth, David: 1920
Forzano, Concetta: 1933, una consulta
Freud, Anna: 1918-1921, 1924-1929
Freund, Anton von: 1918-1919
Freund, Rózsi von (de soltera Brody): 1915-1916
Frink, Horace W.: 1920-1921

Gattel, Felix: 1897-1898
Goetz, Bruno: 1905
Gomperz, Elise (de soltera Von Sichorsky): 1886-1892
Graf, Herbert, por medio de Max Graf: 1908
Grinker, Roy: 1935-1936
Guggenbühl, Anna: 1921

Haller, Maggie: 1901-1912
Hartmann, Dora (de soltera Karplus): 1920
Hartmann, Heinz: 1925
Hering, Julius: 1919
Hinkle-Moses, Beatrice: 1909
Hirschfeld, Elfriede: 1908
Hirst, Ada (Hirsch de nacimiento): 1908
Hirst, Albert (Hirsch de nacimiento): 1909
Hitschmann, Eduard: 1907
Hoesch-Ernst, Lucy: 1913-1914
Hönig, Olga: 1897

Jekels, Ludwig: 1905
Jeteles, Adele: 1890
Jokl, Robert Hans: 1919

Kann, Loe: 1912-1914
Kardiner, Abram: 1921
Karpas, Morris J.: 1909, algunas sesiones
Kosawa, Heisaku: 1932
Kremzir, Margit (de soltera Weiss de Szurda): 1900, catorce sesiones
Kriser, Rudolf: 1916, 1917-1919

Lampl-De Groot, Jeanne (de soltera De Groot): 1922-1925, 1931
Landauer, Karl: 1912
Lanzer, Ernst (caso del «Hombre de las Ratas»): 1907-1908
Lehrman, Phillip: 1928-1929
Levy, Kata (de soltera Toszegh): 1918
Lieben, baronesa Anna von: 1887
Liebman, Carl: 1925-1930

Mahler, Gustav: 1908, cuatro horas
Mayreder, Karl: 1915, diez semanas
McCord, Clinton: 1929
Meyer, Monroe: 1921
Money-Kyrle, Roger: 1922-1924
Moser, Fanny (de soltera Sulzer-Wart) (caso «Emmy von N.»): 1889-1890

Nacht, Tamara: 1911
Nunberg, Margarethe (de soltera Rie): 1918-1919

Oberhozer, Emil: 1913
Oberndorf, Clarence: 1921
Öhm, Aurelia (de soltera Kronich) (caso «Katharina»): 1893

Palmstierna, Vera (de soltera Duke): 1934
Pálos, Elma: 1912
Pankejeff, Serguéi (o Sergius) Konstantínovich (caso del «Hombre de los
    Lobos»): 1910-1914
Polon, Albert: 1921
Powers, Lillian Delger: 1924-1926
Putnam, James J.: 1911, seis horas

Rank, Otto: 1924
Reik, Theodor: 1930
Revesz-Rado, Erszébet: 1918
Rickman, John: 1920-1922
Riviere, Joan: 1922-1926
Rosanes, Flora: 1896
Rosenfeld, Eva: 1929-1932

Sarasin, Philippe: 1923, dos horas
Saussure, Raymond de: 1920
Schmideberg, Walter: 1935-1937
Schwarcz, Aranka: 1916, 1917, 1918
Silberstein, Pauline: 1891, una consulta
Sokolnicka, Eugenie: 1913
Spitz, René A.: 1910-1911
Stekel, Wilhelm: 1900, algunas semanas
Stern, Adolph: 1919
Strachey, Alix: 1920
Strachey, James: 1920
Swoboda, Hermann: 1900

Tansley, Arthur: 1922, 1923, 1924
Thayer, Scofield: 1921

Van der Leeuw, Jan: 1934
Van Emden, Jan: 1912
Veneziani, Bruno: 1912-1914
Vest, Anna von: 1903 y 1925
Vezeg, Kurt Redlich Edler von: 1905

Wallentin-Metternich, condesa Claire: 1911, dos meses
Walter, Bruno: 1906, una consulta
Walter, Margarethe: 1936, una consulta
Weiss, Amalia (hermana de Edoardo Weiss): 1921-1922
Weiss, Ilona (caso «Elisabeth von R.»): 1892
Wittgenstein, Margaret: una consulta
Wortis, Joseph: 1934-1935

Young, George M.: 1920-1921

Árboles genealógicos

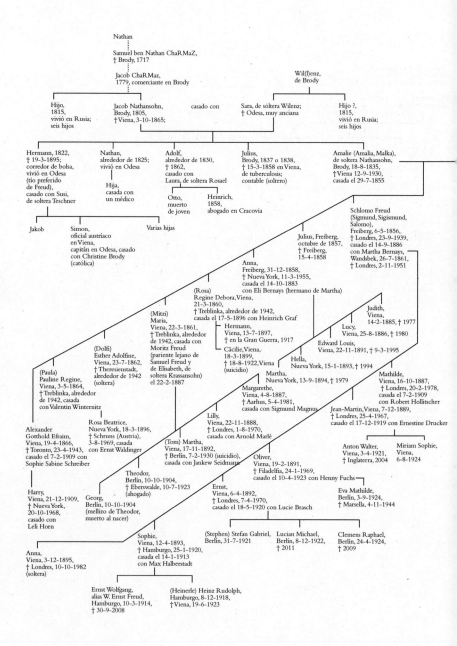

Nathan

Samuel ben Nathan ChaRMaZ,
† Brody, 1717

Jacob ChaRMaz,
1779, comerciante en Brody

Wil(l)enz,
de Brody

Hijo,
1815,
vivió en Rusia;
seis hijos

Jacob Nathansohn,
Brody, 1805,
†Viena, 3-10-1865;

casado con

Sara, de soltera Wilenz;
† Odesa, muy anciana

Hijo ?,
1815,
vivió en Rusia;
seis hijos

Hermann, 1822,
† 19-3-1895;
corredor de bolsa,
vivió en Odesa
(tío preferido
de Freud),
casado con Susi,
de soltera Teschner

Nathan,
alrededor de 1825;
vivió en Odesa

Hija,
casada con
un médico

Adolf,
alrededor de 1830,
† 1862,
casado con
Laura, de soltera Rosael

Otto,
muerto
de joven

Heinrich,
1858,
abogado en Cracovia

Julius,
Brody, 1837 o 1838,
† 15-3-1858 en Viena,
de tuberculosis;
contable (soltero)

Amalie (Amalia, Malka),
de soltera Nathansohn,
Brody, 18-8-1835,
†Viena 12-9-1930,
casada el 29-7-1855

Jakob

Simon,
oficial austríaco
en Viena,
capitán en Odesa, casado
con Christine Brody
(católica)

Varias hijas

Schlomo Freud
(Sigmund, Sigismund,
Salomo),
Freiberg, 6-5-1856,
† Londres, 23-9-1939,
casado el 14-9-1886
con Martha Bernays,
Wandsbek, 26-7-1861,
† Londres, 2-11-1951

Julius, Freiberg,
octubre de 1857,
† Freiberg,
15-4-1858

Anna,
Freiberg, 31-12-1858,
† Nueva York, 11-3-1955,
casada el 14-10-1883
con Eli Bernays (hermano de Martha)

Judith,
Viena,
14-2-1885, † 1977

(Rosa)
Regine Debora, Viena,
21-3-1860,
† Treblinka, alrededor de 1942,
casada el 17-5-1896 con Heinrich Graf

Lucy,
Viena, 25-8-1886, † 1980

(Mitzi)
Maria,
Viena, 22-3-1861,
† Treblinka, alrededor
de 1942, casada con
Moritz Freud
(pariente lejano de
Samuel Freud y
de Elisabeth, de
soltera Krassansohn)
el 22-2-1887

Hermann,
Viena, 13-7-1897,
† en la Gran Guerra, 1917

Edward Louis,
Viena, 22-11-1891, † 9-3-1995

Cäcilie, Viena,
18-3-1899,
† 18-8-1922, Viena
(suicidio)

Hella,
Nueva York, 15-1-1893, † 1994

Mathilde,
Viena, 16-10-1887,
† Londres, 20-2-1978,
casada el 7-2-1909
con Robert Hollitscher

(Dolfi)
Esther Adolfine,
Viena, 23-7-1862,
† Theresienstadt,
alrededor de 1942
(soltera)

Martha,
Nueva York, 13-9-1894, † 1979

Margarethe,
Viena, 4-8-1887,
† Aarhus, 5-4-1981,
casada con Sigmund Magnus

Jean-Martin, Viena, 7-12-1889,
† Londres, 25-4-1967,
casado el 17-12-1919 con Ernestine Drucker

(Paula)
Pauline Regine,
Viena, 3-5-1864,
† Treblinka, alrededor
de 1942, casada
con Valentin Winternitz

Rosa Beatrice,
Nueva York, 18-3-1896,
† Schruns (Austria),
3-8-1969, casada
con Ernst Waldinger

Lilly,
Viena, 22-11-1888,
† Londres, 1-8-1970,
casada con Arnold Marlé

Anton Walter,
Viena, 3-4-1921,
† Inglaterra, 2004

Miriam Sophie,
Viena,
6-8-1924

Alexander
Gotthold Efraim,
Viena, 19-4-1866,
† Toronto, 23-4-1943,
casado el 7-2-1909 con
Sophie Sabine Schreiber

(Tom) Martha,
Viena, 17-11-1892,
† Berlín, 7-2-1930 (suicidio),
casada con Jankew Seidmann

Oliver,
Viena, 19-2-1891,
† Filadelfia, 24-1-1969,
casado el 10-4-1923 con Henny Fuchs

Theodor,
Berlín, 10-10-1904,
† Eberswalde, 10-7-1923
(ahogado)

Eva Mathilde,
Berlín, 3-9-1924,
† Marsella, 4-11-1944

Harry,
Viena, 21-12-1909,
† Nueva York,
20-10-1968,
casado con
Leli Horn

Georg,
Berlín, 10-10-1904
(mellizo de Theodor,
muerto al nacer)

Ernst,
Viena, 6-4-1892,
† Londres, 7-4-1970,
casado el 18-5-1920 con Lucie Brasch

Anna,
Viena, 3-12-1895,
† Londres, 10-10-1982
(soltera)

Sophie,
Viena, 12-4-1893,
† Hamburgo, 25-1-1920,
casada el 14-1-1913
con Max Halberstadt

(Stephen) Stefan Gabriel,
Berlín, 31-7-1921

Lucian Michael,
Berlín, 8-12-1922,
† 2011

Clemens Raphael,
Berlín, 24-4-1924,
† 2009

Ernst Wolfgang,
alias W. Ernst Freud,
Hamburgo, 10-3-1914,
† 30-9-2008

(Heinerle) Heinz Rudolph,
Hamburgo, 8-12-1918,
†Viena, 19-6-1923

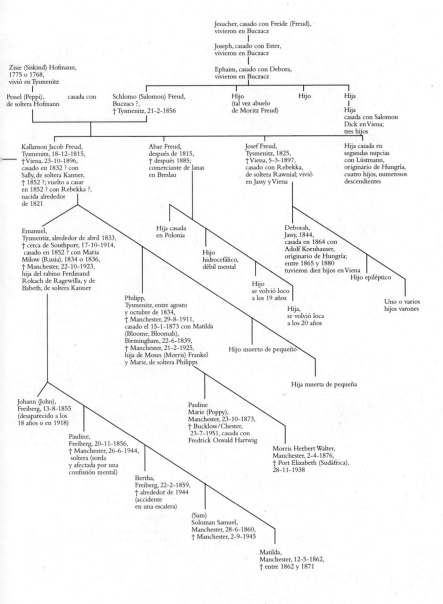

Jesucher, casado con Freide (Freud),
vivieron en Buczacz

Joseph, casado con Ester,
vivieron en Buczacz

Ephaim, casado con Debora,
vivieron en Buczacz

Zisie (Siskind) Hofmann,
1775 o 1768,
vivió en Tysmenitz

Pessel (Peppi),   casada con
de soltera Hofmann

Schlomo (Salomon) Freud,
Buczacs ?,
† Tysmenitz, 21-2-1856

Hijo
(tal vez abuelo
de Moritz Freud)

Hijo

Hija

Hija
casada con Salomon
Dick en Viena;
tres hijos

Kallamon Jacob Freud,
Tysmenitz, 18-12-1815,
† Viena, 23-10-1896,
casado en 1852 ? con
Sally, de soltera Kanner,
† 1852 ?; vuelto a casar
en 1852 ? con Rebekka ?,
nacida alrededor
de 1821

Abae Freud,
después de 1815,
† después 1885;
comerciante de lanas
en Breslau

Josef Freud,
Tysmenitz, 1825,
† Viena, 5-3-1897,
casado con Rebekka,
de soltera Rawnial; vivió
en Jassy y Viena

Hija casada en
segundas nupcias
con Lüstmann,
originario de Hungría,
cuatro hijos, numerosos
descendientes

Emanuel,
Tysmenitz, alrededor de abril 1833,
† cerca de Southport, 17-10-1914,
casado en 1852 ? con Maria
Milow (Rusia), 1834 o 1836,
† Manchester, 22-10-1923,
hija del rabino Ferdinand
Rokach de Ragewilla, y de
Babeth, de soltera Kanner

Hija casada
en Polonia

Hijo
hidrocefálico,
débil mental

Deborah,
Jassy, 1844,
casada en 1864 con
Adolf Kornhauser,
originario de Hungría;
entre 1865 y 1880
tuvieron diez hijos en Viena

Hijo epiléptico

Hijo
se volvió loco
a los 19 años

Uno o varios
hijos varones

Philipp,
Tysmenitz, entre agosto
y octubre de 1834,
† Manchester, 29-8-1911,
casado el 15-1-1873 con Matilda
(Bloome, Bloomah),
Birmingham, 22-6-1839,
† Manchester, 21-2-1925,
hija de Moses (Morris) Frankel
y Marie, de soltera Philipps

Hija,
se volvió loca
a los 20 años

Hijo muerto de pequeño

Johann (John),
Freiberg, 13-8-1855
(desaparecido a los
18 años o en 1918)

Pauline,
Freiberg, 20-11-1856,
† Manchester, 26-6-1944,
soltera (sorda
y afectada por una
confusión mental)

Pauline
Marie (Poppy),
Manchester, 23-10-1873,
† Bucklow/Chester,
23-7-1951, casada con
Fredrick Oswald Hartwig

Hija muerta de pequeña

Morris Herbert Walter,
Manchester, 2-4-1876,
† Port Elizabeth (Sudáfrica),
28-11-1938

Bertha,
Freiberg, 22-2-1859,
† alrededor de 1944
(accidente
en una escalera)

(Sam)
Soloman Samuel,
Manchester, 28-6-1860,
† Manchester, 2-9-1945

Matilda,
Manchester, 12-5-1862,
† entre 1862 y 1871

Sigmund Freud y su familia

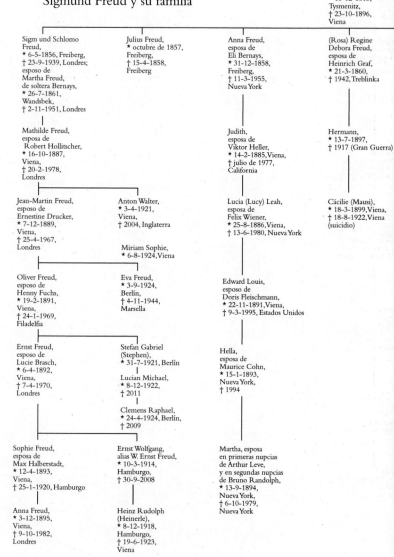

Jacob Freud,
* 18–12–1815,
Tysmenitz,
† 23–10–1896,
Viena

Sigm und Schlomo
Freud,
* 6–5–1856, Freiberg,
† 23–9–1939, Londres;
esposo de
Martha Freud,
de soltera Bernays,
* 26–7–1861,
Wandsbek,
† 2–11–1951, Londres

Julius Freud,
* octubre de 1857,
Freiberg,
† 15–4–1858,
Freiberg

Anna Freud,
esposa de
Eli Bernays,
* 31–12–1858,
Freiberg,
† 11–3–1955,
Nueva York

(Rosa) Regine
Debora Freud,
esposa de
Heinrich Graf,
* 21–3–1860,
† 1942, Treblinka

Mathilde Freud,
esposa de
Robert Hollitscher,
* 16–10–1887,
Viena,
† 20–2–1978,
Londres

Judith,
esposa de
Viktor Heller,
* 14–2–1885, Viena,
† julio de 1977,
California

Hermann,
* 13–7–1897,
† 1917 (Gran Guerra)

Jean-Martin Freud,
esposo de
Ernestine Drucker,
* 7–12–1889,
Viena,
† 25–4–1967,
Londres

Anton Walter,
* 3–4–1921,
Viena,
† 2004, Inglaterra

Miriam Sophie,
* 6–8–1924, Viena

Lucia (Lucy) Leah,
esposa de
Felix Wiener,
* 25–8–1886, Viena,
† 13–6–1980, Nueva York

Cäcilie (Mausi),
* 18–3–1899, Viena,
† 18–8–1922, Viena
(suicidio)

Oliver Freud,
esposo de
Henny Fuchs,
* 19–2–1891,
Viena,
† 24–1–1969,
Filadelfia

Eva Freud,
* 3–9–1924,
Berlín,
† 4–11–1944,
Marsella

Edward Louis,
esposo de
Doris Fleischmann,
* 22–11–1891, Viena,
† 9–3–1995, Estados Unidos

Ernst Freud,
esposo de
Lucie Brasch,
* 6–4–1892,
Viena,
† 7–4–1970,
Londres

Stefan Gabriel
(Stephen),
* 31–7–1921, Berlín

Lucian Michael,
* 8–12–1922,
† 2011

Clemens Raphael,
* 24–4–1924, Berlín,
† 2009

Hella,
esposa de
Maurice Cohn,
* 15–1–1893,
Nueva York,
† 1994

Sophie Freud,
esposa de
Max Halberstadt,
* 12–4–1893,
Viena,
† 25–1–1920, Hamburgo

Ernst Wolfgang,
alias W. Ernst Freud,
* 10–3–1914,
Hamburgo,
† 30–9–2008

Martha, esposa
en primeras nupcias
de Arthur Leve,
y en segundas nupcias
de Bruno Randolph,
* 13–9–1894,
Nueva York,
† 6–10–1979,
Nueva York

Anna Freud,
* 3–12–1895,
Viena,
† 9–10–1982,
Londres

Heinz Rudolph
(Heinerle),
* 8–12–1918,
Hamburgo,
† 19–6–1923,
Viena

Amalia Freud,
de soltera Nathansohn.
* 18-8-1835,
Brody,
† 12-9-1930,
Viena

(Mitzi) Maria Freud, esposa de Moritz Freud, * 22-3-1861, Viena, † 1942, Treblinka	(Dolfi) Esther Adolfine Freud, * 23-7-1862, Viena, † 1942, Theresienstadt	(Paula) Pauline Regine Freud, esposa de Valentin Winternitz, * 3-5-1864, Viena, † 1942, Treblinka	Alexander Gotthold Efraim Freud, esposo de Sophie Sabine Schreiber, * 19-4-1866, Viena, † 22-4-1943, Toronto

Margarethe,
esposa de
Sigmund Magnus,
* 4-8-1887, Viena,
† 5-4-1981, Aarhus

Rosa (Rosi) Beatrice,
esposa de
Ernst Waldinger,
* 18-3-1896,
Nueva York,
† 3-8-1969,
Schruns (Austria)

Harry,
esposo de
Leli Horn,
* 21-12-1909,
Viena,
† 20-10-1968,
Nueva York

Lilly,
esposa de
Arnold Marlé,
* 22-11-1888, Viena,
† 1-8-1970, Londres

Martha (Tom),
esposa de
ankew Seidmann,
17-11-1892, Viena,
7-2-1930, Berlín
(uicidio)

Theodor,
* 10-10-1904,
erlín,
10-7-1923,
berswalde
(ahogado)

Georg,
10-10-1904,
Berlín,
al nacer

Índice onomástico

Comte, Auguste, 310-311
Cooke, Mildred, 534 n. 61
Copérnico, Nicolás, 138
Cordelia (personaje de Shakespeare),
    328, 329
Cosini, Zeno (personaje de Svevo), 290
Coudenhove-Kalergi, Heinrich Johann
    Maria von, 546 n. 14
Coudenhove-Kalergi, Nikolaus von,
    379, 444, 546 n.14
Courage, Sylvain, 566 n. 32
Crépon, Marc, 508 n. 6
Cromwell, Oliver, 62, 156, 428
Cronenberg, David, 499 n. 64
Csonka, Arpad, 269
Csonka von Trautenegg, Margarethe,
    268-270, 282, 525 n. 32
Cullen, William, 477 n. 27
Curio, Jennyfer, 548 n. 31
Czerniakow, Adam, 448-449

D'Annunzio, Gabriele, 390
Da Vinci, Caterina, 181, 182
Da Vinci, Leonardo; véase Leonardo da
    Vinci
Da Vinci, Piero, 178
Dalí, Salvador, 442
Dante, 102, 284
Darwin, Charles, 38, 46, 185-186, 238,
    442, 509 n. 19
Daudet, Léon, 477 n. 29
David (Biblia), 25
David, Jakob Julius, 529 n. 4
David, teniente, 212
Davies, J. Keith, 493 n. 9
Davy, Herbert, 159
Dearborn, Mary V., 554 n. 1
Decker, Hannah S., 486 n. 37
Defoe, Daniel, 534 n. 60
Dekker, Eduard Douwes (Multatuli), 135
Delage, Yves, 103
Delbœuf, Joseph, 103
Deleuze, Gilles, 514 n. 64

Delion, Pierre, 566 n. 32
Demel, Hans von, 438
Demetrio, orfebre, 45
Derrida, Jacques, 248, 255
Deutsch, Adolf, 492 n. 3
Deutsch, Felix, 100-101, 277, 278, 306,
    487 n. 40
Deutsch, Helene, 226, 306, 324, 332
Devereux, Georges, 187
Devereux, Robert, 301
Diana, mitología, 45
Dickens, Charles, 311
Diderot, Denis, 237
Didi-Huberman, Georges, 478 n. 29
Dido, mitología, 104
Dirsztay, Viktor von, 164, 292
Dolfi; véase Freud, Esther
Dollfuss, Engelbert, 388, 414
Donn, Linda, 175
Donna Albiera, 182
Donne, John, 534 n. 60
Donnelly, Ignatius, 310
Doolittle, Hilda, 265, 333, 396-397, 529
    n. 4
Dora, caso; véase Bauer, Ida
Dorer, Maria, 473 n. 46
Dostaler, Gilles, 532 n. 42
Douglass, Frederick, 250, 520 n. 39
Doyle, Arthur Conan, 183, 534 n. 63
Drosnes, Leonid, 216, 217
Drucker, Ernestine, 263
Drucker, Ida, 438
Drumont, Édouard, 59, 64
Du Bois, W. E. B., 520 n. 39
Du Bois-Reymond, Emil, 40, 42, 250
Dubois, Rosalie, 57
Duby, Georges, 537 n. 30
Durero, Albrecht, 276
Durig, Arnold, 347, 351

Ebner-Eschenbach, Marie von, 55
Eckstein, Emma, 71-72, 73, 109, 261,
    457

Looney, Thomas, 310-312
Loraux, Nicole, 537 n. 27
Lorenzo de Médicis, 178
Lortholary, Bernard, 545 n. 9
Low, Barbara, 177, 305
Lowenstein, Paul, 559 n. 54
Luce, Edward, 527 n. 54
Ludwig, Carl, 43
Lueger, Karl, 64
Lukács, Georg, 206
Lurdos, Michèle, 537 n. 29
Lustgarten, Sigmund, 171
Lynn, David J., 481 n. 59, 528 n. 1, 542 n. 27, 559 n. 50
Lysenko, Trofim, 547 n. 24

Macaulay, Thomas Babington, 135
Macbeth (personaje de Shakespeare), 311-312, 446, 448
Macbeth, lady (personaje de Shakespeare), 311-312
Maciejewski, Franz, 522 n. 9
Mack-Brunswick, Ruth, 220, 333, 364, 510 n. 29
Madián (Biblia), 422
Maeder, Alfons, 162
Maharshi, Ramana, 460
Mahler, Gustav, 117, 128, 129, 529 n. 4
Mahoma, 420
Mahony, Patrick, 100, 462, 512 n. 50, 566 n. 29
Major, René, 555 n. 7, 566 n. 28
Malcolm, Janet, 565 n. 24
Malinowski, Bronislaw, 185, 187
Mancini, Elena, 549 n. 44
Mann, Thomas, 68, 97, 232, 369, 372, 374, 375-376, 379, 389, 405, 406-409, 411, 420, 421, 432, 459
Mannheimer, Isaac Noah, 23
Manning, Edward, 300
Mannoni, Octave, 482 n. 70
Mannoni, Olivier, 476 n. 13, 542 n. 29, 543 n. 36

Mantegazza, Paolo, 99
Maquiavelo, Nicolás, 251
María, Virgen, 26, 45, 182, 183, 313
María Isabel de Sajonia-Meiningen, 376
María Luisa de Austria, 553 n. 76
Maris, Bernard, 532 n. 42
Marlé, Arnold, 437
Marlowe, Christopher, 534 n. 60
Marr, Wilhelm, 37
Marti, Jean, 547 n. 24
Marx, Karl, 17, 391, 467 n. 1
Maslow, Abraham H., 553 n. 81
Masséna, André, 408
Masson, Jeffrey Moussaieff, 460-461, 462, 565 n. 25
Mathilde, caso, 82
Matrona (Hombre de los Lobos), 216
Matthias, profesor (personaje de Misterios de un alma), 309
Maury, Alfred, 103
Mausi; véase Graf, Cäcilie
May, Ulrike, 501 n. 78, 517 n. 3
Mayreder, Karl, 530 n. 12
Mazeau, Guillaume, 566 n. 32
McCully, Robert, 558 n. 38
McDougall, William, 247, 250, 252
Medusa, mitología, 433
Mefistófeles, 13, 44, 45, 102, 237, 351, 354, 379
Meisel, Perry, 304
Meisl, Alfred, 492 n. 3
Melzi, Francesco, 179, 180
Mendelssohn, Moses, 18
Menninger, Karl, 396
Mercader, Ramón, 443
Merezhkovski, Dmitri, 135, 179
Mesmer, Franz Anton, 57, 85, 345, 367
Meumann, Ernst, 168
Meyer, Adolf, 166, 175, 299, 397
Meyer, Conrad Ferdinand, 135
Meyer, Eduard, 422
Meyer, Monroe, 293, 531 n. 26
Meynert, Theodor, 53-54, 65

Rutherford, Ernest, 173, 175
Rutschky, Katharina, 485 n. 28

Saba, Umberto, 289
Sabatier, Patrick, 566 n. 31
Sablik, Karl, 544 n. 48
Saborsky, familia, 210, 214
Sachs, Bernard, 477 n. 21
Sachs, Hanns, 162, 189, 193, 306, 307-309, 352, 493 n. 13
Sachs, Wulf, 434
Sachse, Renate, 488 n. 54, 501 n. 78
Sade, Donatien Alphonse François, marqués de, 237
Sadger, Isidor Isaak, 131, 289, 290, 320
Said, Edward, 555 n. 7
Saint-Denys, Hervey de, 103
Saint-Just, Louis-Antoine de, 17, 377
Salm, Constance de, 368
Saltarelli, Jacopo, 179
Samuels, Andrew, 551 n. 63
Sansón (Biblia), 25
Sardou, Victorien, 60
Sargant-Florence, Alix, 302-303, 304, 306, 307
Sartre, Jean-Paul, 7, 534 n. 56, 562 n. 81
Sauerwald, Anton, 434-435, 438, 441, 451, 454-455
Saúl (Biblia), 25
Saussure, Raymond de, 356, 529 n. 4
Sayers, Dorothy, 365
Scammell, Michael, 561 n. 65
Schapiro, Meyer, 505 n. 30, 505 n. 30
Schatsky, Jacob, 558 n. 40
Scheffel, Viktor von, 31
Scheftel, Pavel Naumovich, 161
Scherner, Karl Albert, 103
Schiff, Paul, 520 n. 40
Schiller, Friedrich von, 337, 4021
Schlick, Moritz, 538 n. 32
Schloffer, Frieda, 152
Schmideberg, Melitta, 409
Schmideberg, Walter, 307, 442

Schmidt, Otto, 384
Schmidt, Vera, 384
Schmidt, Wilhelm, 389
Schmitz, Ettore; véase Svevo, Italo
Schneider, Monique, 474 n. 4, 541 n. 11
Schnitzler, Arthur, 31, 98, 117, 151, 210, 249
Scholem, Gershom, 83, 428
Schönberg, Arnold, 117
Schönberg, Ignaz, 50-51
Schopenhauer, Arthur, 128, 176-177, 238, 241, 369, 405
Schorske, Carl, 106, 122, 428, 460, 566 n. 29
Schreber, Daniel Gottlieb, 162
Schreber, Daniel Paul, 90, 162-163, 164, 188
Schreber, Gottlieb Moritz, 90
Schreiber, Sophie, 257, 436
Schröter, Michael, 488 n. 54, 517 n. 3
Schubert, Gotthilf Heinrich von, 103
Schultz-Hencke, Harald, 392, 393, 396
Schur, Eva, 437
Schur, Helen, 437
Schur, Max, 202, 278, 441, 446, 448, 457, 480 n. 55, 482 n. 67
Schur, Peter, 437
Schuschnigg, Kurt von, 414, 429
Schwarzschild, Leopold, 432
Schweitzer, Albert, 405
Schweninger, Ernst, 230
Schwerdtner, Karl Maria, 134
Schwyzer, Emil, 164
Scognamiglio, Smiraglia, 179, 180
Seidmann-Freud, Martha (Tom), 257, 472 n. 38, 559 n. 51
Sellin, Ernst, 422
Serra, Maurizio, 530 n. 15, 531 nn. 18, 20, 21 y 23, 548 n. 36, 558 n. 37
Severn, Elizabeth, 549 n. 48
Seyss-Inquart, Arthur, 429
Sforza, Ludovico, 178

Wittgenstein, Margaret, 435, 529 n. 4
Wittmann, Blanche, 57
Wolff, Antonia Anna (llamada Toni), 162, 500 n. 71
Woolf, Leonard, 300
Woolf, Virginia, 300, 303-304, 325, 446
Wortis, Joseph, 397, 529 n. 4, 550 n. 56
Wriothesley, Henry, 534 n. 61
Wulff, Moshe, 215

Yabe, Yaekichi, 519 n. 34
Yahuda, Abraham Shalom, 556 n. 13
Yahvé, 422, 556 n. 17
Yerushalmi, YosefHayim, 428, 566 n. 29
Yocasta, mitología, 94
Young-Bruehl, Elisabeth, 522 n. 6, 558 n. 38, 565 n. 26
Yovel, Yirmiyahu, 428

Zajic, cerrajero, 470 n. 15
Zajic, Monika, 26, 470 n. 15

Zakkai, Johanan ben, 431
Zangwill, Israel, 547 n. 27
Zapperi, Roberto, 548 n. 36
Zaretsky, Eli, 501 n. 1
Zeissl, Hermann von, 52
Zellenka, Giuseppina o Peppina, 98, 99
Zellenka, Hans, 98, 100
Zeus, mitología, 246, 331
Zhdánov, Andréi, 547 n. 24
Ziehen, Theodor, 216
Zola, Émile, 135, 338
Zuckmayer, Carl, 431
Zulliger, Hans, 541 n. 21
Zumstein-Preiswerk, Stephanie, 497 n. 42
Zweig, Arnold, 367, 390, 393, 411, 475 n. 8, 556 n. 13
Zweig, Stefan, 31, 83, 98, 117, 129, 210, 224, 367, 368, 414, 420, 442, 449, 511 n. 37

«Para viajar lejos no hay mejor nave que un libro».

EMILY DICKINSON

Gracias por tu lectura de este libro.

En **penguinlibros.club** encontrarás las mejores
recomendaciones de lectura.

Únete a nuestra comunidad y viaja con nosotros.

penguinlibros.club

Penguin
Random House
Grupo Editorial

 penguinlibros